林存光

1966 年生，山东济宁人，山东省泰山学者，中国政法大学政治与公共管理学院教授、博士生导师，尼山世界儒学中心孔子研究院特聘专家，主要从事孔子与儒学、儒家政治哲学与政治文化、中国政治思想史等方面的教学与研究工作，出版有《孔子新论》《儒教中国的形成——早期儒学与中国政治文化的演进》《历史上的孔子形象——政治与文化语境下的孔子和儒学》《政治的境界——中国古典政治哲学研究》《中国古典和谐政治理念与治国方略研究》《中国政治思想通史·秦汉卷》《"文明以止"：中华民族的人文精神与文明特性研究》《天下为公与民惟邦本——儒家两大核心政治理念的历史考察与义理阐释》《论儒教作为一种文教——孔子、儒学与儒教问题评论集》《道义、权力与政治——儒家政治哲学与政治文化论集》《儒学的多维诠释》《中国人的政治智慧》等。

2016 年国家社会科学基金项目成果

山东省泰山学者人才工程专项经费资助项目

林存光
儒学著作集

古典儒家政治哲学

林存光　著

山东友谊出版社·济南

图书在版编目（CIP）数据

古典儒家政治哲学 / 林存光著. -- 济南：山东友
谊出版社, 2024. 6. -- ISBN 978-7-5516-2939-3

Ⅰ. D092.2; B222.05

中国国家版本馆CIP数据核字第2024QU3968号

古典儒家政治哲学
GUDIAN RUJIA ZHENGZHI ZHEXUE

责任编辑：赵　锐
装帧设计：刘一凡

主管单位：山东出版传媒股份有限公司
出版发行：山东友谊出版社
　　　　　地址：济南市英雄山路 189 号　邮政编码：250002
　　　　　电话：出版管理部（0531）82098756
　　　　　　　　发行综合部（0531）82705187
　　　　　网址：www.sdyouyi.com.cn
印　　刷：济南精致印务有限公司

开本：710 mm×1000 mm　1/16
印张：42　　　　　　　　字数：620 千字
版次：2024 年 6 月第 1 版　印次：2024 年 6 月第 1 次印刷
定价：158.00 元

总序：理解儒学

回顾本人30多年所走过的学术历程，大体言之，盖始终围绕孔子和儒学、"儒教"中国以及儒家政治哲学与政治文化诸论题而不断开展研究和思考，当然，亦不仅仅局限于此而已。以对孔子生平与学思的考察和探求立基，进而对两千多年来中国历史上的种种孔子观念与历史形象作系统的现象学梳理，揭示其背后的各种意蕴及不同动机和诉求；从文化与政治整合互动之综合性的关系视角，并运用意识形态的理论立场、观点和方法，深入考察和探究儒学的意识形态化问题，进而审视和反思"儒教"中国亦即与帝制相结合的儒家建制或"儒教"传统的形成与演化、成长与衰落、重兴与解体的历史过程及相关问题；立足于主体性的精神境界视角，系统阐释中国古典四大思想流派（儒、墨、道、法）之政治哲学的理论意蕴及其思想范式意义，进而指导学生共同协作而全面地对中国人的政治思想传统特别是儒家政治哲学与政治文化开展历时性考察与理论反思。所有这些学术努力与理论尝试无疑都需要穿越两千多年的时空隧道与历史迷雾，探本溯源地对孔子与古典儒家以及先秦诸子百家学术的思想和理念往复重新地作深切体究与同情理解，乃至立足思想比较的视角并借鉴和运用各种理论资源，以期彻底领悟和把握其真精神、真面目、真血脉。学术研究需要付出艰辛的努力，我们的努力虽然微不足道，但对于理解孔子和儒学、讲好孔子和儒家的故事，相信决不是毫无意义的。而借着撰写此自序的机会，笔者愿意就如何更好理解孔子和儒学或讲好孔子和儒家故事的问题，再略陈一己之浅见，以求教于学界贤达。

自孔子开宗立派以来，儒家之学经历无数代的传习承继而不断演化发展已有两千五百多年之久，对这一历时久远而内涵丰富的学术思想流派和人文精神传统，究竟应如何来理解和诠释、传承与弘扬，迄今依然是摆在我们面前的一道富有挑战而亟须应答的难题，需要认真而理性地加以对待和思考。要言之，漠视和盲信乃是理解的大敌，反之，唯有在同情理解的基础上，才能更好地讲好孔子和儒家的故事。

为此，在我看来，今日亟宜表出之的仍是梁漱溟先生那对待儒家所抱持的客观而理性的立场与态度。熊十力先生曾著有《原儒》的名作，对此，梁先生作过一番极其耐人寻味的评论——"假若今天我来写《原儒》"，他在评论中说："熊著《原儒》直从赞扬儒家发端，所谓'原学统'也，'原外王'也，'原内圣'也，无非站在儒家立场而说话。若使在我，则断断不出于此途。"为何这样讲呢？因为"说话非同诗歌之比"，"诗歌多从自家情怀出发，可以只顾我歌唱我的，不计其他"，而"说话或著书，原在以我所明了的某事某理晓喻于人"，故"当从彼此共同承认的一些事理入手，慢慢讲到他初时不曾懂得的事理上来，引导他接受"，尤其是，面对"当前思想界既为外来学术思想所统治，而儒学早失其传统地位的情势"，如果一味站在赞扬儒家的立场而"只顾自己说自己的话，自己肯定自己的话"，那是起不了什么作用的。因此，依梁先生之见，"应当不忙去赞扬儒家（这是既为外来的学术思想占统治地位的当前思想界所不能接受的），而先要人们从客观上认识得它"，而且，"今天写《原儒》正宜从世界各地不同文化和学术来作种种比较对照功夫"，正如俗语所说"不怕不识货，只怕货比货"，"一事一物必有其特征，而特征皆从比较对照中认识出来"。①

梁先生的上述立场与态度，真可谓先得我心。尽管当下儒学的热闹场景与梁先生所处的冷落遭遇难以同日语，但就对儒家的客观认识和理解来讲，梁先生所言仍极富教益而不失其深刻的启示意义，甚或可作为我们原儒时的箴规。因为"说话非同诗歌之比"，吾人今日也正不必"直从赞扬儒家发端"或忙着站在"去赞扬儒家"的立场说话。因为徒以狂热或冷漠的乖戾之气去作弘扬或贬低，都无益于我们认识儒家的真价值、理解儒学的真意义，借用徐复观先生的一句话说就是，"不仅是枉费精神，而且也会麻痹真实地努力，迷误前进的方向"②。正唯如此，依余浅见，我们要想认识儒家和理解儒学，依然需要拥有冷静而清明、客观而理性的心智，需要"作种种比较对照功夫"来切实把握儒家和儒学的根本特征，需要以刚大之气和虚灵不昧之心对历史上的儒学所蕴含的真价值及其内在的阴暗面加以充分而深切的认识和理解、作出客观而公允的反思和评价。即使是在今日亟欲要表彰、尊崇孔孟儒家之道而发明光大之，亦不可不兼通世界学术或兼究外国之学说，诚如王国维先生所说："至周秦诸子之说，虽若时与儒家相反对，然欲知儒家之价值，亦非尽知其反对诸家之说不可，况乎其各言之有故，持之成理者哉！今日之时代，已入研究自由之时代，而非教权专制之时代。苟儒家之说而有价值也，则因研究诸子之学而益明；其无价值也，虽罢斥百家，适足滋世人之疑惑耳。……若夫西洋哲学之于中国哲学，其

---

① 中国文化书院学术委员会编：《梁漱溟全集》第七卷，山东人民出版社 2005 年版，第 752 页。

② 徐复观：《中国艺术精神》，春风文艺出版社 1987 年版，自叙，第 2 页。

关系亦与诸子哲学之于儒教哲学等。今即不论西洋哲学自己之价值，而欲完全知此土之哲学，势不可不研究彼土之哲学。异日发明光大我国之学术者，必在兼通世界学术之人，而不在一孔之陋儒，固可决也。""夫尊孔孟之道，莫若发明光大之；而发明光大之之道，又莫若兼究外国之学说。"①

另如明儒吕坤所言："天地间真滋味，惟静者能尝得出；天地间真机括，惟静者能看得透；天地间真情景，惟静者能题得破。作热闹人，说孟浪语，岂无一得？皆偶合也。"(《呻吟语·存心》)故吾人今日要想真切地认识和体知、全面理解和系统诠释，乃至富有意义地传承和弘扬、创新和发展儒学，都须首先静心以思之，孔子儒家所为之学、所求之道、所认之理，究竟是一种什么性质的学问和道理。如此而思之不切、体之不真，便着急忙慌地"作热闹人，说孟浪语"，在自家书斋中杜撰和制造出种种既时髦又廉价而且即时就变成明日黄花的"某某儒学"的名称与标签，不仅"枉费精神"，也实在可惜了这些"儒学"之名！

历史地讲，两千四五百年前，正当古老的中华文明向轴心时代的"精神觉醒"转生蜕变之际，孔孟降生，相距百余年，先后相继，讲学兴教，开宗立派，确立和奠定了儒家思想学说的基本范式与核心教义。孔孟之道带给世人的无疑是一种高度自觉的道德良知和修齐治平的深刻智慧，而在过去的两千四五百年的岁月中，在孔孟之道的思想之光的浸润和形塑下，确乎形成了一种悠久深厚的德性、智识和文明的儒学传统，一种对于中国人的心灵或民情世道有着深远历史影响的道德人文精神传统。对孔孟之道的思想内涵与历史地形成的儒家精神与儒学传统，我们理应本着极具温情和敬意的态度来加以系统的领会和深刻的理解。

任何对儒学的理解都不可能不回归反求之于孔孟之道的儒家思想源头，就

---

① 王国维：《奏定经学科大学文学科大学章程书后》，见彭华选编：《王国维儒学论集》，四川大学出版社2010年版，第95—97页。

此古典思想源头而言，我们似可以探本溯源或正本清源地讲，所谓儒学，实可从三个层面来对其思想义涵获得某种实质性的理解。第一，作为人类自我反思的一种特殊思想形式，孔孟古典儒家对于人的全面反思，亦即对于人之为人或人何以为人的自我反省与思考奠立了儒学之为儒学的理论根本，人是一种文化性和礼义性的存在，其生存须扎根于礼义化的文化传统的血脉之中，同时人亦是一种道德性和伦理性的存在，其天赋的孝悌亲亲和仁恕忠信之德最能体现其优异灵秀而独特的人类品质或美好的伦理德性。第二，作为修己安民或修齐治平的一种圣贤学问，孔孟古典儒家之"学"可以说关乎着三个紧密相关的重要的意义维度或思想主题，一是个体生命之德性修养，二是人与人相与相交的关系性或伦理性，三是社会民生之福祉安乐。因为人生活在家—国—天下的多层级共同体的秩序连续体中，唯有人人以"修身为本"，乃至层层递进而以合乎人道或仁义道德的方式来齐家、治国和平天下，才能实现家齐、国治、天下太平和民生安乐的根本目标。在此过程中，当然需要发挥修德立教之士人君子或作为先知先觉者的圣贤人物的领袖作用或领导职责。第三，作为应乎人生需要或人类共同体生活需要而来[①]、富有人道主义意义的一种人生学问或思想学说，孔孟儒家之讲学立教，亦即儒之为学或儒之为教，乃意在引领人类去创建、追寻一种人道且文明的良善社会或美好的共同体生活，在其中，人们遵循"彼此互

[①] 如梁漱溟先生所说："人世间不拘何物，要皆应于需要而有"，学术如此，宗教如此，文化如此，而莫不"应乎人生何种需要而来"（《儒佛异同论》，见《梁漱溟先生论儒佛道》，广西师范大学出版社2004年版，第82页）；"言乎学术所由产生以至其发展流播广远，似端在其应付人类生活需要；即是说：人生有什么问题便产生什么学术"（《东方学术概观》，见《梁漱溟先生论儒佛道》，广西师范大学出版社2004年版，第26页）。另如谢扶雅先生所言：中国人的思想"着重于人世的实际生活"，"'儒'底思想即为应此需要而生。儒字从人从需，言其为适应人的需要"（《中国政治思想史纲》，台湾正中书局1954年版，第180页）。

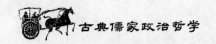

以人相待"①的"关系理性"或"伦理本位"理念而生活在一起，由亲亲而仁民，由仁民而爱物，乃至怀抱着"民胞物与"的仁道信念，而与天地万物一体共生。

然而，任何美好的愿望、深刻的思想见解或充满理想的义理信念，都不是凭空而生的，亦不能徒托之于空言，而是必有其发生之历史渊源与时代背景，也唯有力行实践才能将之转化为现实。然而，面对现实的具体生存处境，任何美好的愿望、深刻的思想见解或充满理想的义理信念，也都不是可以轻易实现的，甚至常常被歪曲利用乃至蜕变异化。即使从人生需要或人类实际生活需要的角度来讲，无疑也存在着各种不同的学术立场、理论视野和实践进路，故如何认识、理解和评价孔孟儒家应乎人的需要而来的人道且文明的生活理念，迄今恐怕都不免会见仁见智、异见丛生而莫衷一是。

那么，今天，我们又究竟应如何来认识、理解和评价历史上的儒学呢？在此，只能粗浅而简略地谈一点自己不成熟的体会和看法。在我看来，借用墨子关于"三表"即本之、原之和用之的说法（参见《墨子·非命上》），也许可以从不同层面更好地来认识、理解和论述儒学在历史上的演生、发展及其如何落于实践的问题。要之，所谓本之、原之和用之，即本之于社会历史语境，原之于儒家经典文本，用之于身心修养和生活实践。

试分别言之。孔孟儒家之学术或思想，无疑是在一定社会状况或历史语境下发生并发展演化的，故欲了解其学术的价值和思想的意义，必先考察其所处的社会状况或将其置于特定的历史语境下来加以理解和审视，诚如梁启超先生所说："凡思想皆应时代之要求而发生，不察其过去及当时之社会状况，则无以见思想之来源。凡一思想之传播，影响必及于社会，不察其后此之社会状况，

---

① 梁漱溟：《东方学术概观》，见《梁漱溟先生论儒佛道》，广西师范大学出版社2004年版，第65页。

则无以定思想之评价。"①孔孟生活在礼崩乐坏、列国纷争的东周衰乱之世，华夏民族已积累和拥有的数千年的悠久深厚的文明根脉与源远流长的文化传统面临着变乱丧坠、存亡续绝的深刻危机。面对文明根脉崩坏、文化传统失坠中绝的深刻危机和道德困境，面对动荡不安而充满敌意的严酷现实境遇和时代生存环境，在自身内在良知和使命担当意识的召唤与激励下，孔孟奋然兴作，自觉地担负起传承斯文、担当道义的历史使命和社会责任。具体而言，孔子生活于周制崩解、王权式微、天下失序的春秋乱世，故"修成、康之道，述周公之训，以教七十子，使服其衣冠，修其篇籍"（《淮南子·要略》），乃至贵仁尚义，崇尚礼乐，"设为以德致位之教，传弟子以治平之术"②，诚不愧为中国历史上最卓越而伟大的教育家和思想家。孟子继起，更生当诸侯争雄、战争频仍而"民之憔悴于虐政，未有甚于此时者也"（《孟子·公孙丑上》）的战国之世，汲汲于呼唤良心善性，探寻王道仁政，发为以德抗位、民贵君轻、独夫民贼之论，诚不愧为针对暴君虐政之思想上的"永久抗议"③。而孔子所修之篇籍为五经六艺（《诗》《书》《礼》《乐》《易》《春秋》），载录孔孟言行的《论语》《孟子》以及《大学》《中庸》《孝经》等儒家诸经传，亦遂成为后世儒家学者奉持尊信并不断加以训诂、注释和诠解的神圣经典文本，乃至形成了此后源远流长的儒家经典学问，并在历史上演生出经学和理学两种儒家学术和思想形态，即汉唐儒者注重文本章句和名物制度的训诂注疏之学，宋明儒者诉之于身心体验和成圣成贤的心性修养、重视而不局限于经典文本之思想内涵的义理诠释和天理良知之学。更进而言之，历史上的儒者亦非徒寻章摘句、解字注经和体认天道性理、发明本心良知而已，其根本追求乃在于通经而致用，求道以救世，修己而安人，

---

① 梁启超：《先秦政治思想史》，东方出版社 2012 年版，第 12—13 页。

② 萧公权：《中国政治思想史》，新星出版社 2005 年版，第 48 页。

③ 萧公权：《中国政治思想史》，新星出版社 2005 年版，第 62 页。

经世以济民。说到底，孔孟儒家之道或孔孟儒家意义上的学术、思想与学问，乃是一种修齐治平之道，故务须真实笃切地用之于身心德性修养、社会伦理生活和政治生活实践，方能实现其自身的价值与意义。

然而，反过来讲，孔孟儒学之价值与意义又须于具体的社会历史境遇之中并根据历代儒者对于孔孟之道的思想内涵和儒家经典的文本含义之各自不同的理解与诠释来加以应用，才能得以实现。正唯如此，这样一种应用与实现究竟是一种什么意义上的应用与实现，亦是非常值得我们作进一步深入探讨和研究的。似乎无须什么深思熟虑，我们就能明白这样一层道理，孔孟儒家之道在历史上的应用与实现未必就是合乎孔孟儒家之道的本真含义的应用与实现，否则的话，我们恐怕也就不免于要受天真幼稚之讥了。换言之，在孔孟之道和儒家经典文本的基础上而历史地形成的儒家学术与儒学传统及其思想教义的实践应用与具体实现，在具体的社会历史境遇中，实则常常伴随着家国天下的治乱兴亡而时盛时衰，并在一次次的浴火重生中，不是因被创造性转化和创新性发展而获得蜕变新生，就是因被歪曲性利用和教条性僵化而趋向腐化变质。譬如，在经历过焚坑之祸、秦火厄运之后，汉儒董仲舒们发愤兴起，"推明孔氏，抑黜百家"（《汉书·董仲舒传》），促使汉武帝实行"罢黜百家，独尊儒术"的文教政策，乃至获得通经为学、入仕致用的制度化的合法途径，似乎成功地在帝制与"儒教"之间建立起了一种长期而稳定的相维互系的政教关系，然而，成功的背后，儒家学者也与儒术、儒学、"儒教"自身陷入了受帝制王权支配与规制的政治命运，而儒生士人也不得不在功名利禄的诱引下被通经入仕制度所驯化并屈从而服务于帝制王权的统治需要，故汉儒欲借帝王权势以推行圣人孔子之道，但现实情况却可能是"儒之途（仕途）通而其道亡矣"（方苞《望溪文集·又书儒林传后》）。不仅如此，魏晋以后，佛老二教兴起而日渐盛行，更导致儒学、"儒教"的浸微衰颓之势，隋唐大一统帝国建立后虽然重新将"儒教"确立为统治思想，科举取士制度亦得以建立并在后世不断被完善，从而使儒生士人进一步获得进入仕途而从政治民的制度化保障，但这似乎并没有使后世儒家从根本上摆脱"科举盛而儒术微"（《明史·儒林列传》序说）的政治困境。正唯如此，唐之韩（愈）、李（翱），宋之周（敦颐）、程（颢、颐）、张（载）、邵（雍）、朱（熹）、陆（九渊）和明之陈（献章）、湛（若水）、王（守仁）等诸大儒先后相继，奋然兴起，虽然其学术立场和思想见解不尽相同，但大抵皆以兴起斯文为己任，以接续孔孟之道统绝学为志业，以辨异端、辟邪说而昌明圣学为学的指归，但他们辟佛老异端而又不能不出入佛老、泛滥于诸家，立志求道、厌科举之业而又不得不通过科举仕进而求取功名以实现造福人群的政治理想，以圣贤自期而致力于以道抗势而又只能面对拥有至尊之权力势位的帝制王权并在官僚政治的制度框架下来进行思考并采取行动，虽亟欲致君尧舜或得君行道，却只会遭遇难以"格君心之非"的无奈。无论是汉唐之正统经学，还是宋明之程朱理学，不管其在学术上和思想上有何创造性的贡献和创新性的发展，虽然都被立于官方学术的权威地位，但事实上最终都难以逃脱被帝制王权缘饰而歪曲利用为统治思想之工具的命运。

时过而境迁，世异则事异。晚清以来儒学因不断遭遇外来西方强势文化与各种学术思潮一波又一波的激烈冲击，乃至历经"五四"新文化运动之思想启蒙和彻底反传统的批判洗礼，而陷入了生死存亡的文化困境之中。遭此困境与厄运，其间亦不断有学者尝试吸纳、融合和会通西学以重新激活儒学的思想资源，特别是现代新儒家亟欲返本以开新，试图在儒家内圣心性之学的思想资源的本源和根基之上接续、开显出民主和科学的新外王事业。毋庸置疑，作为近现代特殊时代背景下的产物，现代新儒家之"返本开新"的中西会通之学，亦不外是对其所处时代之中西大交通与时代性急剧变革的社会生活环境和历史文化语境所作出的意识反应。当然，其意识反应亦不能不立基于对儒家经典文本的经义诠解以及对孔孟儒学和宋明理学之思想内涵的义理阐释，而且着重于从中西文化比较与哲学会通的视野来拓展和深化对儒学之哲理价值和文化意义的理解和诠释。现代新儒家在促使儒学实现创造性转化和创新性发展上所作出的重要学术贡献是不容轻忽的，诚如方克立先生所说，他们"在中西文化冲突中，能够以比较健康的心态"，一方面充分肯定民族文化的主体性，与此同时又"尽量吸收西方文化之优长，以补中国文化之不足"①，其融合、会通中西哲学的努力"确实体现了儒家学说不断吸收外来营养、自求完善、更新发展的开放性的一面"②。

开放固然开放，但真正给中华民族带来生机，从而使之最终走出危亡境地的却是马克思主义和中国共产党人。中国共产党领导的新民主主义革命和新中国的建立真正改变了中国人民和中华民族的命运，正如美国汉学家费正清所言，"1949年没有一个人能否认中国共产党在毛泽东领导下公公正正地征服了中国"③。不宁唯是，对中国文化和中华文明而言，马克思主义的传入及其在思想意识形态领域之主导地位的确立，不仅使中国文化走出困境和摆脱危机，甚至"给伟大中华文明的复兴带来了生机"④。那么，如何才能使源远流长的儒学传统与当今占据主导地位的马克思主义实现有机结合，既使儒学的优秀传统得以实现创造性转化和创新性发展，又使马克思主义的魂脉能够扎根于以儒学为主流的中华优秀传统文化的根脉当中，乃至焕发出推动和引领中国式现代化、实现中华民族伟大复兴事业的蓬勃生机与无限活力，这正是我们当今所面临而

---

① 方克立：《现代新儒学与中国现代化》，见《现代新儒学与中国现代化》，天津人民出版社1997年版，第76页。
② 方克立：《现代新儒学与中国现代化》，见《现代新儒学与中国现代化》，天津人民出版社1997年版，第74页。
③〔美〕费正清：《伟大的中国革命》，刘尊棋译，世界知识出版社2000年版，第321页。
④ 方克立：《略论现代新儒学之得失》，见《现代新儒学与中国现代化》，天津人民出版社1997年版，第48页。

亟需探求和解决的时代性重大课题。

综上所述，我们不难发现，儒学在历史上已然发展出的不外乎这样几种学术思想的型态，即原生型态的孔孟古典儒学，次生型态的"依经演绎"和通经致用式的汉唐经学，续生型态的身心体验和义理证悟式的宋明理学，以及新生型态的返本开新和会通中西式的现代新儒学。这也许是老生常谈，但追本溯源地讲，孔孟古典儒学毋庸置疑是后世儒学在历史上不断演生和复兴而生生不息的源头活水，反之，儒学在历史上不断演生和复兴而生生不息的生命活力，亦正源自后世儒家学者对于孔孟古典儒学思想学说及其经典教义的深切领悟和独到诠释，并将个人性的生命体验和时代性的生活感悟注入对儒学的理解与诠释当中，从而在当下时刻重新激活其回应时代境遇之问题意识的思想活力。总之，真正的儒学创新必定植根于在真实生命体悟和生活实践的基础上对儒学的深刻理解与独到诠释，反之，在真实生命体悟和生活实践的基础上对儒学的深刻理解与独到诠释也必定具有儒学创新的真正价值与意义。

林存光

2024 年 2 月 20 日

目　录

导　言

　　本书将主要对孔子与古典儒家的政治哲学思想及其所蕴含的治国为政智慧展开相关研究，并从理论上作系统的思想诠释和义理阐发。如所周知，当人们思考和探究中国政治哲学的思想传统及其治国为政的政治智慧时，会很自然地追溯到先秦时期的诸子百家之学，这一点并不令人惊讶，因为那是中国哲学智慧的源头活水，而且是最具有创造性、最富有多样和丰富之意义内涵的思想泉源。借用美国哲学家麦金太尔的说法，吾人实应对诸子百家所代表的思想传统或中国哲学智慧的源头活水具备"一种充分的领会的美德"，而且，绝不可将这一美德"混淆于任何形式的保守主义好古癖"①，事实毋宁是，对这一思想传统或源头活水的充分领会正是我们自身文化自觉与文明自信的可靠根基。而其中，首先需要吾人应给予认真对待和充分领会的，便是孔子所代表的思想传统及其

---

① ［美］A.麦金太尔：《追寻美德：伦理理论研究》，宋继杰译，译林出版社2003年版，第283页。

政治哲学与治国为政智慧，因为诸子百家之学的蔚然兴起正源自孔子兴办私学教育事业或从事私人讲学活动的伟大创举。为了更好地理解孔子政治哲学与治国为政智慧的思想特色与独有贡献，我们有必要首先在导言部分阐明究竟何谓"哲学"，所谓"智慧"又究竟意味着什么，并从中西比较的视角对中国政治哲学智慧的思维特征与基本旨趣作一些提纲挈领的初步探讨和揭示。

一、哲学与智慧

什么是哲学？这一问题事实上并不像它初看上去那样容易回答，因为"哲学"一词就像其他由西方传入的概念一样，天然地带有其西方特有的文化背景与历史内涵，特别是考虑到"哲学"一词古今含义的变化，如从作为一种生活方式的哲学到作为一种学科意义上的哲学，已足以让我们很难简单地给出这一词语的确切定义。更何况自古以来中国思想及其思维方式的独有特征，不可能完全符合"哲学"这一西方概念的理论形态含义。然而，即使如此，我们仍然有可能富有意义地借用或参照（而不是简单比附套用）西方的"哲学"概念，尤其是在"哲学"一词之原初古义的含义上，来探究和论述中国思想的哲学向度及其思维特征问题。

美国学者詹姆斯·克里斯蒂安尝言："'哲学'一词来自两个希腊单词：philein（'爱'）和sophia（'智慧'），这意味着一个哲学家是（或应该是）一个'爱智慧者'。在无数的哲学定义中，这仍是最简单也是最好的定义之一。"[①] 那么，哲学的智慧或哲学家所爱的智慧，究竟是一种什么样的智慧呢？对于自然哲学家而言，所谓智慧不是指一般性或实用性的聪明才智，而是指对世界起源、自然法则或宇宙奥秘所作的本源性、哲学性的理性探究和形上思考。而对于苏格拉底式的哲学家而言，所谓智慧乃是一种自知无知或不自大的智慧，作为哲

---

① ［美］詹姆斯·克里斯蒂安：《像哲学家一样思考》，赫忠慧译，北京大学出版社2015年版，第26页。

学家，苏格拉底自认为肩负着一项人生的特殊使命，那就是"'像猎狗追逐猎物一样追寻真理的足迹'，揭露那些假装有智慧的人"①。显然，对苏格拉底而言，智慧有真伪之别，真智慧是自知无知而勇敢探求真理的智慧，而伪智慧则不过是一种缺乏反省而自大自负、自以为是的伪装的智慧。

对于柏拉图而言，"知识或追求知识本身即是哲学"，而"哲学努力追求的是关于整体的知识或关于整体的沉思"②，故哲学家对知识或真理的爱是爱其全部，其中"最大的知识问题"就是"善的理念"，而"关于正义等等的知识只有从它演绎出来的才是有用和有益的"③。在柏拉图的意义上，如牟宗三先生所说，所谓"智慧"，也可以说"洞见到'最高善'即谓智慧"，所谓"爱智慧"，也就是"向往最高善，衷心对之感兴趣，有热爱，有渴望"，故哲学在此意义上也可以说就是一种"智慧学（实践的智慧论）"，而"作为一门学问看"，由于它"是不能离开'最高善'的"，故哲学"亦可径直名曰'最高善论'"④。

对于亚里士多德而言，"求知是人类的本性"，哲理的探索"起于对自然万物的惊异"，人们探索哲理、爱好智慧"只是为想脱出愚蠢"⑤。那么，什么是智慧呢？所谓智慧，就是有关事物之原理与原因的普遍知识。要而言之，哲学或智慧在亚里士多德那里实意味着一种普遍而系统的理论知识或学问，故如牟宗三先生所说："哲学一方固是'爱智慧'（哲学一词之原义），一方亦是'爱学问'，'爱一切思辨的理性知识'"，而"'爱学问'就是使'爱智慧'成为一门学问，有规范、有法度的义理系统，这就是所谓'智慧学'。既是一有规范、有法

---

① ［美］詹姆斯·克里斯蒂安：《像哲学家一样思考》，赫忠慧译，北京大学出版社2015年版，第42页。

② ［美］列奥·施特劳斯、约瑟夫·克罗波西主编：《政治哲学史》（上），李天然等译，河北人民出版社1993年版，第76页。

③ ［古希腊］柏拉图：《理想国》，郭斌和、张竹明译，商务印书馆1986年版，第260页。

④ 牟宗三：《圆善论》，吉林出版集团有限责任公司2010年版，序言，第3页。

⑤ ［古希腊］亚里士多德：《形而上学》，吴寿彭译，商务印书馆1959年版，第1、6、5页。

度的义理系统，就需要有思辨性的理性知识，如孟子所谓'终始条理'（称孔子者），荀子所谓'知统类'"①。

另外，对于奥勒留而言，人应不断练习和践行的四项美德即智慧、正义、坚韧和节制，而其中所谓智慧，即是指"学习什么是好什么是坏，包括什么是有益的什么是有害的，哪些关注是高尚的哪些是有辱人格的"②。

在今天我们所生存的这个知识爆炸、已被信息的海洋所淹没了的时代，哲学家所寻求的又是一种什么样的智慧呢？詹姆斯·克里斯蒂安告诉我们说，"不只是获得信息，消除无知"，而是"拥有理解力和技能，对日常生活中会用到的知识，作出成熟的判断"，这种智慧会让我们"变得明智起来"，它是"愚蠢"的反义词和解毒剂，而所谓"傻瓜"就是"那些获得了大量信息但却不知道如何使用的人"，然而，"这种智慧是难以捉摸的。在你极其渴盼它的时候，它会消失；在你想要运用它的时候，它却让人束手无策。在这一点上，'智慧'与老子所说的'道'没有什么不同：如果定义得过于具体，就会失去其本质；如果太过努力地去寻求，就会错过它"③。另一位美国学者托马斯·索维尔则在更为一般的意义上区分了智力与智慧，并强调智慧的稀缺性和珍贵性，他说："智力，并不就是智慧。……纯粹的脑力就是智力，它是理解和运用复杂概念和理念的能力。但智力也可能会受到概念和理念的役使，而导向错误的结论和不明智的行为。"④

---

① 牟宗三：《圆善论》，吉林出版集团有限责任公司 2010 年版，序言，第 4 页。

② ［美］詹姆斯·克里斯蒂安：《像哲学家一样思考》，赫忠慧译，北京大学出版社 2015 年版，第 24 页。

③ ［美］詹姆斯·克里斯蒂安：《像哲学家一样思考》，赫忠慧译，北京大学出版社 2015 年版，第 26—27 页。

④ ［美］托马斯·索维尔：《知识分子与社会》，张亚月、梁兴国译，中信出版社 2013 年版，第 3 页。

那么，究竟何为智慧呢？"智慧，则是所有品质中最为稀缺和珍贵的，它将智力、知识、经验和判断等综合起来，并以某种方式形成融会贯通的理解。"①

二、中国哲学与中国智慧

在今天，讲好中国哲学与中国智慧的故事，有两种可能的方式：一是仅仅就这一故事本身来讲这一故事，二是比较参照另一故事来讲这一故事。第一种方式只需深入这一故事的内部而把握其思想的义理结构和意义脉络，但容易陷入自说自话、片面自大的无知。第二种方式需要谨慎而恰当地把握二者的可比较性，并通过比较带来有益的启发，否则可能流于无类比附、自误误人的迷思。在这两种方式之间尝试一种取长补短的论说方式，也许是一种较好的选择。不过，深入自身思想内部已属不易，进行异类比较则更为困难。

近代以来，有关中西哲学与文化的比较，一直是一个既令人倍感困惑而又让人满怀希望的理论难题，这不仅对于中国学者如此，对于西方学者亦如此。一些学者强调二者之间存在的基本的共通性，而另外一些学者则坚持二者之间存在着深刻的差异性。② 我们的基本看法是：如果基本的共通性完全阙如的话，双方将完全无法彼此理解并展开有意义的对话；反之，如果不能深刻把握二者之间的差异性，只是将二者视同一律而混为一谈，亦同样不能展开有意义的对话。一种有意义的对话，而不是在中西之间的思想迷走，将能够使双方"彼此丰富、相互取益"③。

---

① ［美］托马斯·索维尔：《知识分子与社会》，张亚月、梁兴国译，中信出版社 2013 年版，第 4 页。

② 参见［美］郝大维、安乐哲：《先贤的民主：杜威、孔子与中国民主之希望》，何刚强译，江苏人民出版社 2004 年版，第 5 页。

③ ［美］郝大维、安乐哲：《先贤的民主：杜威、孔子与中国民主之希望》，何刚强译，江苏人民出版社 2004 年版，第 184 页。

事实上，中西比较的问题要远比上述两种基本的态度和立场复杂得多，譬如，致力于中西会通的中国学者，要想在中西之间寻求有意义的对话与会通，却不得不首先辨析二者之间深刻的差异，正因为如此，所以熊十力先生才会说："中西学术，离之两伤，通之两美"，而"通字与合字异。不辨异而言合，是混乱也。知其异而求通，自有会合处也"①。相反，强调深刻差异问题之极端重要性的西方学者，要想在中西之间开展有意义的沟通与对话，亦不得不首先在双方之间寻找一种更能产生共鸣、具有更多相似之处的思想资源作为有效沟通和彼此交流的媒介，正因为如此，所以美国汉学家郝大维、安乐哲才会选择杜威式的实用主义来与儒学展开对话②。

基于上述基本看法，我们可以更好地来对中国哲学智慧展开进一步的分析和论述，而不至于引起很大的歧义和误解。在我们看来，根据"哲学"一词的古义，即古希腊"爱智慧"与"爱学问"的哲学含义，在中国人的思想与学问传统中那些能够深刻彰显出中国独有之思维特点的"智慧学"的东西，无疑也是"正合希腊人视哲学为爱智慧、爱学问之古义"③的。换言之，中国人的思想与学问传统中亦同样蕴含着丰富的哲学智慧。然而，这样说并不意味着我们就认为中、西"哲学"之间毫无差别而可以将它们视同一律而混为一谈。恰恰相反，我们认为，中国哲学与中国智慧本身自有其独特的问题意识、义理结构、思维特征和理论形态。

在中国哲学传统中，同样具有对世界起源、自然法则和宇宙奥秘的本源性的理性探究与形上思考，老子的道的思想中便充满了这样一种哲学智慧。然而，与"注重物质"并从物质元素的角度解释万物之原始的自然哲学家不同，老子

---

① 熊十力：《中国哲学与西洋科学》，见《境由心生：熊十力精选集》，陕西师范大学出版社 2008 年版，第 27 页。

② 参见［美］郝大维、安乐哲：《先贤的民主：杜威、孔子与中国民主之希望》，何刚强译，江苏人民出版社 2004 年版，第 31、38、40 页。

③ 牟宗三：《圆善论》，吉林出版集团有限责任公司 2010 年版，序言，第 11 页。

所谓"自然"与"自然"之"道"却具有完全不同的哲学意涵，而且，正像其他先秦诸子各家各派的哲学家一样，老子的哲学也"着重在人事"，既"从人事出发"，亦最终归结于"人事"，"人事"乃中国哲学的"特别的根本"①。从老子的道的哲学角度而言，真正的智慧应是顺乎自然的，而不是造作妄为的，不过，一个真正拥有顺乎自然之道的智慧的人，他表现得有时反而就像一个愚人一样，或者也可以说，一个真正拥有顺乎自然之道的智慧的人，也就是"大智若愚"之人，正所谓："我愚人之心也哉！沌沌兮！俗人昭昭，我独昏昏。俗人察察，我独闷闷。澹兮其若海，飂兮若无止。众人皆有以，而我独顽且鄙。我独异于人，而贵食母。"（《老子·第20章》）相反，那种违逆自然、造作妄为的"智慧"不过是一种对人事有害的伪装的智慧而已，所谓"以智治国，国之贼；不以智治国，国之福"（《老子·第65章》）中的"智"，指的便是这样的一种伪装的智慧。

与苏格拉底颇为相似的是，对孔子而言，真正的智慧也正是一种自知无知和不自大的智慧，正所谓："吾有知乎哉？无知也。有鄙夫问于我，空空如也。我叩其两端而竭焉。"（《论语·子罕》）同时，这也是一种"毋意，毋必，毋固，毋我"（《论语·子罕》）的智慧，是一种"知之为知之，不知为不知"（《论语·为政》）的诚实的智慧。不过，孔子并不像苏格拉底那样，一心要做牛虻式的哲学家，"像猎狗追逐猎物一样追寻真理的足迹"，并肩负起"揭露那些假装有智慧的人"的人生使命，孔子表现得更加温和平实，他一心要做一个温良谦让的有道君子，但他却愿意像好色者一样去好德并追寻道义的足迹②，乃至肩负起揭露和教化那些无德无道的统治者的人生使命。

对墨子而言，作为愚蠢的反义词和解毒剂，智慧意味着聪明才智或聪慧明

---

① 章太炎：《研究中国文学的途径》，见马勇编：《章太炎讲演集》，河北人民出版社2004年版，第77页。

② 据《论语·子罕》，子曰："吾未见好德如好色者也。"另据《礼记·坊记》，子云："好德如好色。"

智①，而一个人要想拥有智慧必须心志坚强，反之，"志不强者智不达"（《墨子·修身》）；一个人之所以拥有智慧，不是因为他"无故富贵、面目佼好"（《墨子·尚贤中》），而是因为他具有良好的对事物的理解力，并知道如何正确地运用所掌握的事物的知识②。什么样的人治理国家，决定了国家的治乱，使"无故富贵、面目佼好"而"不智慧者"治之，国家必乱，反之，使"智且有慧"（《墨子·尚贤中》）者治之，则国家必治。不过，墨子认为，不管一个人多么圣明而富有智慧，都不可能比鬼神更聪慧明智，因为"鬼神之明智于圣人，犹聪耳明目之与聋瞽也"（《墨子·耕柱》）。

与墨子崇信鬼神之明智不同，孟子则认为，人应具备的四项美德——仁、义、礼、智，皆发端于或根源于人人皆内在天赋固有的善良的道德本心，其中智慧发端于或根源于人的"是非之心"，正所谓"是非之心，智之端也"（《孟子·公孙丑上》），或者孟子有时也干脆就将"是非之心"直接称作"智"（《孟子·告子上》）。显然，对孟子而言，所谓智慧，乃是由"是非之心"直接体现出来的一种天赋的心灵美德，这也意味着智慧就是对是非的正确的明辨区分与价值判断，而一个具有智慧美德的人必定知道什么是是，什么是非，什么是善，什么是恶，什么是应该做的，什么是不应该做的。然而，这却并不意味着任何人都能够轻易地实际拥有智慧，事实上，智慧是稀缺和珍贵的，一个人要想真正拥有美德与智慧常常需要经历并必须经受得住艰难困苦的砥砺与磨炼，正所谓："人之有德慧术知者，恒存乎疢疾。独孤臣孽子，其操心也危，其虑患也深，故达。"（《孟子·尽心上》）换言之，逆境常激发人上进，顺境易使人堕落，故孟子曰："舜发于畎亩之中，傅说举于版筑之间，胶鬲举于鱼盐之中，管夷吾举于士，孙叔敖举于海，百里奚举于市。故天将降大任于是人也，必先苦其心志，劳其筋骨，饿其体肤，空乏其身，行拂乱其所为，所以动心忍性，曾益其所不能。

---

① 据《墨子·经上》："智，明也。"

② 据《墨子·经说上》："智，智也者以其知论物，而其知之也著，若明。"

人恒过，然后能改；困于心，衡于虑，而后作；征于色，发于声，而后喻。入则无法家拂士，出则无敌国外患者，国恒亡。然后知生于忧患而死于安乐也。"（《孟子·告子下》）

与孟子同时代的思想家庄子，则对人类知识能力的有限性作出了深刻反思，对当时人类饰知、任知、恃其所知、尊其知之所知而自以为是、狂妄自大、残生伤性、颠倒迷乱的愚蠢、荒谬和冥行妄作行为进行了犀利批评。他认为，"人之所知，不若其所不知"（《庄子·秋水》），而且"无知无能者，固人之所不免也"（《庄子·知北游》），任何人以有限的生命去不断追逐和获取无限的知识都是不可能的，而这样只会使自己陷入疲惫不堪的境地而已[1]，因此，他极力颂扬一种游心体道、法天贵真的精神境界与"不知"之"知"的心灵智慧。对庄子而言，人的智慧有大小之分，"小知不及大知"（《庄子·逍遥游》），正所谓"井蛙不可以语于海者，拘于虚也；夏虫不可以语于冰者，笃于时也；曲士不可以语于道者，束于教也"（《庄子·秋水》）；唯有"去小知而大知明"（《庄子·外物》），而真正的大智慧乃在于"知天之所为，知人之所为者"（《庄子·大宗师》），或者"知止其所不知"（《庄子·齐物论》），人只有"恃其所不知而后知天之所谓（自然之道）也"（《庄子·徐无鬼》）。庄子所谓的"不知"，不是原始的无知状态，而是经过有知的阶段，并对人类的认知能力及其所知的有限性予以批评性地反思之后，所达到的精神状态或心灵境界。[2]

荀子充分肯定人类的知识能力，故曰"凡以知，人之性也；可以知，物之理也"（《荀子·解蔽》）。但是，为学求知须有所止，即人之所学当止于备道全美而仁智至极的圣王之道，否则便只是与愚者无异的妄人而已。因此，对荀子而言，"圣人之知"乃代表了人类最高的理性与智慧，其次则为"士君子之知"，再

---

[1] 据《庄子·养生主》："吾生也有涯，而知也无涯。以有涯随无涯，殆已！已而为知者，殆而已矣！"

[2] 据冯友兰：《中国哲学简史》，涂又光译，北京大学出版社1985年版，第134—135页。

等而下之则为"小人之知"和"役夫之知"。①正因为人有智识上的差异与分别，所以荀子也认为："浅不足与测深，愚不足与谋知，坎井之蛙不可与语东海之乐。"（《荀子·正论》）

可见，早期中国的思想家亦同样可被称为"爱智慧"的哲学家，他们满怀对智慧的热爱。对他们而言，所谓智慧，乃是指对自然大道的领悟与洞察，一个真正拥有大智慧的人，虽然表面看上去就像愚人一样，但其实却是能够领悟自然大道并懂得如何顺乎自然之道的人（老子）；所谓智慧，乃是指知道自己"无知"而不自大、能够谦恭诚实而努力好学的品格（孔子）；所谓智慧，乃是指不同于庸愚的聪明才智或聪慧明智，国家的治理必须依靠富有聪明才智或拥有智慧的圣贤人物，尽管如此，人所能够拥有的智慧，却远远比不上鬼神的明智（墨子）；所谓智慧，乃是指人人皆内在天赋固有的一种心灵美德（孟子），或者游心体道、法天贵真的一种心灵境界（庄子）；所谓智慧，乃是指一般人通过"伏术为学，专心一志，思索孰察，加日县久，积善而不息"的方式，而能够达到的一种"通于神明、参于天地"（《荀子·性恶》）的圣知理性（荀子）。但是，不管哪一种智慧，其实都不是轻易可以获得的，只有那些能够深刻洞察和体悟天地万物运动变化之自然法则和人类社会生存之根本奥秘的哲人，那些深信人们通过自身的不懈努力而可以不断增长自我才智、完善自我品格的圣贤，才能真正获得并拥有这些智慧、品格和理性。

如果说中国哲学就是一种"生命的学问"的话，那么，这一学问的根本宗旨

---

① 荀子曰："有圣人之知者，有士君子之知者，有小人之知者：有役夫之知者：多言则文（谓言不鄙陋也）而类（谓其统类不乖谬也），终日议其所以，言之千举万变，其统类一也，是圣人之知也。少言则径（直也）而省，论而法，若佚（佚，当读为秩。秩之言次也、序也）之以绳，是士君子之知也。其言也諂，其行也悖，其举事多悔，是小人之知也。齐给（齐，疾也。给，谓应之速）、便敏而无类（类者，善也），杂能、旁魄（即旁薄）而无用，析速、粹孰而不急，不恤是非，不论曲直，以期胜人为意，是役夫之知也。"（《荀子·性恶》）

便是"使生命成为智慧的，而非智慧为役于生命"（梁漱溟先生语）。当然，这一学问的目的和意义尚不止于此，即它不仅仅是要使个体生命成为智慧的，而且更为重要的是，必须使拥有真正智慧的人能够有机会去治国为政，因为这决定着天下国家的治平与衰乱，决定着人类群体生活的福祉与祸患。尤其对孔子和儒家来讲，生命的学问与修齐治平的智慧是密不可分的，智慧的心灵美德也必须与其他诸心灵美德（仁、义、礼等）互补相济、配合而行，才能更好地发挥其作用。故汉儒董仲舒有言曰："莫近于仁，莫急于智。不仁而有勇力材能，则狂而操利兵也；不智而辩慧狷给，则迷而乘良马也。故不仁不智而有材能，将以其材能以辅其邪狂之心，而赞其僻违之行，适足以大其非而甚其恶耳。"（《春秋繁露·必仁且智》）而其中，智之为智，其根本重要性就在于："智者见祸福远，其知利害蚤，物动而知其化，事兴而知其归，见始而知其终，言之而无敢哗，立之而不可废，取之而不可舍，前后不相悖，终始有类，思之而有复，及之而不可厌。其言寡而足，约而喻，简而达，省而具，少而不可益，多而不可损。其动中伦，其言当务。如是者谓之智。"（《春秋繁露·必仁且智》）

三、中国政治哲学与治国为政智慧

显然，我们要想更好地理解和阐述中国政治哲学及其治国为政智慧，不能仅仅局限于中国哲人自己对"智"（智慧）一字（词）含义的论述和看法，还必须参照西方哲学智慧而综合通观其整个思想脉络和义理形态来系统地加以把握、体认和领悟，这样才能更好地讲好这一有关哲学智慧的故事。诚如钱穆先生所说，在中西之间进行一种比较，"尽不妨是很粗浅，很简单，但相互比较之后，便更容易明白彼此之真相"[①]。

英国著名汉学家葛瑞汉格外强调中西哲学思维方式之间的差异具有根本重

---

① 钱穆：《中国文化传统之演进》，见《中国文化史导论》（修订本），商务印书馆1994年版，第234页。

要性，他通过中西哲学的比较所得出的一个对我们非常富有启发意义的结论就是，中国哲学家所关切和思考的关键问题，"并不是西方哲学的所谓'真理是什么'，而是'道在哪里'的问题，这是规范国家与指导个人生活的道"①。美国比较哲学家郝大维和安乐哲则进一步指出：

> 中国人的"哪里"问题导致寻找正确的道路，以及那些引导人们遵循那种道路的恰当的行为方式，这种道是一种生活方式和安身立命之处。
>
> ……………
>
> 在西方，真理是那种真实的知识，它反映了实在。对于中国人来说，知识不是抽象的，而是具体的；它不是表象的（representational），而是履行的（performative）和参与的（participatory）；它不是推论的，作为关于道的一种知识，它是一种实际技巧（know-how）。
>
> ……真理的寻求者希望最终弄清奥秘，确立说明事物存在方式的那些事实、原理和理论。道的寻求者力图发现促进社会和谐地存在的种种行为方式。②

西方汉学家的上述精到论断，不仅体现了对于中西哲学所作一般比较的一种深刻洞见，而且对于我们进一步思考和探讨中西政治哲学智慧的具体差异具有重要的启发意义。

对于西方古典哲学家（古希腊哲人）来说，作为一种生活方式，沉思优于行动，理论活动优于实践活动，这决不是说他们并不关心现实或实践的问题，而是说，在他们看来，哲学、智慧和真理具有高于现实和实践问题的独立而普遍

---

① ［英］葛瑞汉：《论道者：中国古代哲学论辩》，张海晏译，中国社会科学出版社2003年版，第4页。

② ［美］郝大维、安乐哲：《汉哲学思维的文化探源》，施忠连译，江苏人民出版社1999年版，第106—107页。

的意义。故哲学家出于惊异而爱好智慧、探索哲理、寻求真理，只是"为求知而从事学术，并无任何实用的目的"，或"不为任何其它利益而找寻智慧"，又或者说"智慧为明因达理之学，不切实用而却为高尚之学术"①。正是这种"理论—实践的区分"或"试图在思想与行动之间保持牢固的分离的做法"，使西方哲人拥有了"自由思想的权利"②，乃至能够在学术上发展、成就和创建各种不同学科的系统而普遍的理论知识与专门学问，如形而上学、伦理学和政治学等。但这也使得他们太容易把思想、原则与在实践中实现它们的责任相脱离。③

与之相反，对于中国古典哲学家（先秦诸子各家各派的哲人）来说，思想必见之于行动，理论必用之于实践，才具有真正的价值和意义。否则任何思想或理论，如果不能加以实践，便只是无益的空言。这也决不是说他们就不关心思想的普遍意义和理论的系统建构问题，而是说，在他们看来，道的哲理、学问和智慧不能完全脱离事物和实践而独立存在，思想、原则与在实践中实现它们的责任是不能相脱离的。因此，"在像中国这样的传统之中，对思想与行动并不作区分，思想已经是表示出要有行动"④，也就是说，真正拥有智慧的人一定是知行合一的。故老子曰："上士闻道，勤而行之；中士闻道，若存若亡；下士闻道，大笑之。不笑不足以为道。"（《老子·第41章》）庄子曰："道行之而成。"（《庄子·齐物论》）荀子曰："彼学者，行之，曰士也；敦慕焉，君子也；知之，圣人也。""不闻不若闻之，闻之不若见之，见之不若知之，知之不若行之，学至于行之而止矣。行之，明也。明之，为圣人。圣人也者，本仁义，当是非，齐言

---

① ［古希腊］亚里士多德：《形而上学》，吴寿彭译，商务印书馆1959年版，第6、342页。

② ［美］郝大维、安乐哲：《先贤的民主：杜威、孔子与中国民主之希望》，何刚强译，江苏人民出版社2004年版，第104页。

③ 参见［美］郝大维、安乐哲：《先贤的民主：杜威、孔子与中国民主之希望》，何刚强译，江苏人民出版社2004年版，第104页。

④ ［美］郝大维、安乐哲：《先贤的民主：杜威、孔子与中国民主之希望》，何刚强译，江苏人民出版社2004年版，第104页。

行，不失豪厘，无他道焉，已乎行之矣。故闻之而不见，虽博必谬；见之而不知，虽识必妄；知之而不行，虽敦必困。不闻不见，则虽当，非仁也。"（《荀子·儒效》）正因为如此，先秦诸子各家各派的哲人虽然在列国竞争的时代享有事实上的思想自由，但他们在观念上却并不太看重这一权利，他们只是各自热爱和寻求道并致力于躬行实践之。不过，他们对道的思考和探索却也充分展现出了各方面的普遍的理论含义，我们今天同样可以从形上学、伦理学和政治学等多重意义维度上来理解和把握其各方面的普遍的理论含义。

上述中西哲学思维偏向，在对政治生活之原理或治国为政之道的理论思考和具体探究中有着异常鲜明的体现。对此，萧公权先生曾有极为精到的论述，他说：

> 重实际而不尚玄理，此中国政治思想最显著之特点也。……盖西洋学术，重在致知。中国学术，本于致用。致知者以求真理为目的，无论其取术为归纳、为演绎、为分析、为综合，其立说必以不矛盾，成系统为依归。推之至极，乃能不拘牵于一时一地之实用，而建立普遍通达之原理。致用者以实行为目的，故每不措意于抽象之理论，思想之方法，议论之从违，概念之同异。意有所得，著之于言，不必有论证，不求成系统。是非得失之判决，只在理论之可否设张施行。荀子所谓"学至于行而止"，王阳明所谓"行是知之成"者，虽略近西洋实验主义之标准，而最足以表现中国传统之学术精神。故二千余年之政治文献，十之八九皆论治术。其涉及原理，作纯科学、纯哲学之探讨者，殆不过十之一二。就其大体言之，中国政治思想属于政术（Politik；Art of politics）之范围者多，属于政理（Staatslehre；Political Philosophy，Political Science）之范围者少。①

在我看来，根据中西学术及其政治思想最显著特点的上述差异，我们正可更好地来理解和把握中西政治哲学的智慧内涵与基本特征，这集中体现在中西政治哲学家思考政治事物时所最为关注的问题意识上。

---

① 萧公权：《中国政治思想史》，新星出版社 2005 年版，第 588—589 页。

在西方，以爱智慧、求真理为目的的古希腊政治哲人根本关切和首要探究的问题乃是城邦政制的问题。作为政治研究的核心主题，所谓政制，不仅是指一种政府形式或政体类型，是一个城邦共同体的形式化的制度设计，而且它还包含着整个生活方式，近似于一个民族的生活方式或者文化，以及他们独一无二的风俗、习惯、情感、道德和宗教实践等。[①] 也就是说，西方古典政治哲学家首先着重从政制的角度来思考和探究政治事物的本质，并进而通过对各种政府形式或政体类型的比较性分析，将政府形式明确区分为君主制、贵族制、民主制等分别由一人、少数人和多数人统治的几种基本政制类型，而且，政制有优良与败坏的区别，区分辨别的目的在于追寻和探求什么是最佳政制的问题。[②] 正因为如此，所以就西方政治哲学传统而言，"在政治生活的一切问题中，最古老也最基础的问题就是：什么是最佳政制？"[③] 换言之，"最佳政制的问题引导着古典政治哲学"[④]，或者"最佳政制的问题总是指引着政治哲学"[⑤]。

在中国，以爱智慧、求道行道为目的的先秦诸子各家各派的政治哲人根本关切和首要探究的问题乃是政术、治术或治道的问题。作为政治研究的核心主题，所谓政术、治术或治道，也就是指治理国家或统治人民的一种政治艺术、统治方法或治国为政之道，事实上它也包含着整个生活方式的问题。也就是说，中国古典政治哲学家首先着重从政术、治术或治道的角度来思考和探究政治事务的性质，并进而通过对各种政术、治术或治道的系统反思或比较分析，发展

---

① 参见［美］史蒂芬·B. 斯密什（Steven B. Smith）：《政治哲学》，贺晴川译，北京联合出版公司 2015 年版，第 6、88 页。

② 参见［美］史蒂芬·B. 斯密什（Steven B. Smith）：《政治哲学》，贺晴川译，北京联合出版公司 2015 年版，第 6、91 页。

③ ［美］史蒂芬·B. 斯密什（Steven B. Smith）：《政治哲学》，贺晴川译，北京联合出版公司 2015 年版，第 5 页。

④ ［美］施特劳斯：《什么是政治哲学》，李世祥等译，华夏出版社 2011 年版，第 25 页。

⑤ ［美］史蒂芬·B. 斯密什（Steven B. Smith）：《政治哲学》，贺晴川译，北京联合出版公司 2015 年版，第 9 页。

出诸子各家各自不同的几种基本的政术类型与治术治道理念，譬如儒家之重道德教化和礼治主义，墨家之尊天志仪法和尚同一义，道家之崇道法自然和无为而治，法家之尚权术刑罚和法治主义。在诸子各家竞争性的政治思想观念中，政术、治术或治道亦有优良与败坏的区分辨别，而目的则在追寻和探求什么是最佳政术、治术或治道的问题，正如汉儒刘向所说："政有三品：王者之政化之，霸者之政威之，强国之政胁之。夫此三者各有所施，而化之为贵矣。"（《说苑·政理》）而魏晋名士阮籍在其《通老论》中则曰："三皇依道，五帝仗德，三王施仁，五霸行义，强国任智：盖优劣之异，薄厚之降也。"① 正因为如此，所以就中国政治哲学传统而言，在政治生活的一切问题中，最古老也最基础的问题就是：什么是最佳政术、治术或治道？换言之，最佳政术、治术或治道的问题引导着中国古典政治哲学，或者最佳政术、治术或治道的问题总是指引着中国政治哲学。

以上只是就中西政治哲学传统及其思维偏向的根本特征而言的，决不意味着西方政治哲学家就完全不关注、思考和探求政术治道的问题，也不意味着中国政治哲学家完全不关注、思考和探求国家政制的问题。譬如对古希腊的政治哲人来说，政制主要关乎着统治体制与政治权力分配的问题，也就是由谁统治或城邦共同体内部权力如何分配，即统治权力应该被分配给一人、少数人还是多数人，以及城邦中各种官职的制度安排问题，同时它也必然涉及"人民如何受到治理"的政术治道问题；而对先秦诸子各家各派的政治哲人来说，政术治道主要关乎着统治行为与政治角色职能的问题，也就是怎样统治或国家共同体内部政治角色如何行使职责以及"人民如何受到治理"，同时它也必然涉及政治权力分配以及设官分职即国家中各种官职的制度安排问题。

然而，问题的关键仍然在于，以政体政制为中心的思维方式或寻求最佳政制的西方智慧，倾向于强调政府形式或政制类型的明辨区分，并在此前提下来

---

① 陈伯君校注：《阮籍集校注》，中华书局 1987 年版，第 160 页。

思考和探求"人民如何受到治理"的问题。也就是说,具有决定性意义的是政制,不同的政制决定了其相应的"人民如何受到治理"的方式,乃至"一种政制构建了一国人民的生活方式,以及使得我们值得为之而生、或许也值得为之而死的东西",因此,不同政制类型之间的改变、更迭与革新,以及是维持一种纯粹的政制类型还是采取一种混合的政制类型,也就必然成为政治构想与制度设计的最关紧要的问题,而对西方政治哲学的研习,则"向我们表明了各式各样的政制的存在"以及"它们各有其与众不同的要求和原则"①。而以政术治道为中心的思维方式或探究最佳政术治道的中国智慧,则倾向于强调对政术治道类型的明辨区分,并在此前提下来思考和探求由谁来统治以及权力分配和官职安排的问题。由于诸子各家的政治哲人们"没有在君主体制之外进行其他政治制度的设计"②,故他们所论政术治道最终乃必然归宿于"君道"③。然而,具有决定性意义的仍然是政术治道,不同的政术治道决定了其相应的"君道"和"人民如何受到治理"的方式,乃至一种政术治道也足以构建一国人民的生活方式,并决定整个天下国家的治乱兴亡。因此,不同政术治道类型之间的改变、更迭与革新,以及是维持一种纯粹的政术治道类型还是采取一种混合的政术治道类型,也就必然成为政治构想与政术设计的最关紧要的问题,而对中国政治哲学的研习,则向我们表明了各式各样的政术治道的存在以及它们各有其与众不同的要求和原则。

要而言之,西方政体政制思维所重视和强调的是,不同的政制有其不同的

---

① [美] 史蒂芬·B. 斯密什(Steven B. Smith):《政治哲学》,贺晴川译,北京联合出版公司 2015 年版,第 9 页。

② [德] 罗哲海:《轴心时期的儒家伦理》,陈咏明、瞿德瑜译,大象出版社 2009 年版,第 353 页。

③ 诚如徐复观先生所言:"不论守法用人,在封建及专制时代,皆决定于人君自身的条件。故中国过去言政治,最后必归于君道。"(《两汉思想史》第二卷,华东师范大学出版社 2001 年版,第 160 页)

政术治道,不同政制的优劣决定着不同政术治道的优劣,而中国政术治道思维所重视和强调的是,同一种政制亦可有各种不同的政术治道,不同的政术治道的优劣决定着这一政制的优劣。在我们看来,中西政治哲学在思维方式或偏向上的这种差别决非无关紧要,它决定了中西两种政治哲学智慧有其各自不同的鲜明特点。如果说"政治哲学就是对政治生活的永恒问题的探究,一切社会都必定会遇到这些问题,它们包括'谁应当统治''应当如何处理冲突'",以及我们为什么应该遵守法律和服从权威、"应当怎样教育公民和政治家"或人民和统治者等等①,那么,中西政治哲学家在历史上正是以不同的方式来对这些问题作出回答的,并表现出其各自应有的政治智慧,亦作出了其各自应有的哲学贡献。正视并认真对待这种差别,不是彼此轻视、相互鄙薄,而是彼此丰富、相互取益,正如萧公权先生所说,两者之异"不在价值之高低,而在性质之殊别"②。

最后,需要说明的是,所谓的政术治道,分而言之,即为政之术、致治之道,合而言之,即治国为政之道术。据我所见,对此可作两层含义的理解,一是指何以或何由治国为政的原理原则问题,二是指如何或怎样治国为政的方式方法问题,前者为治国为政的根本遵循,后者为治国为政的基本途径。对孔子儒家而言,二者实密不可分,属于一体两面的问题,故而所谓的政术治道,在孔子儒家的意义上,实则综括性地包含或关涉着修齐治平的政治理想和治国为政的方式方法等诸多层面的问题③,而对政术治道问题的思考与探求,目的在于使人类政治事务或现实政治务须合乎道术或政治理性的规范要求,从而达到或实现治国平天下的根本目标。故在孔子儒家的意义上,尽管在历史上或现实中治统与道统存在时合时分的问题,但治与道却理应是一体而不可分的,亦即治

---

① 参见 [美] 史蒂芬·B. 斯密什(Steven B. Smith):《政治哲学》,贺晴川译,北京联合出版公司 2015 年版,序、第 4 页。

② 萧公权:《中国政治思想史》,新星出版社 2005 年版,第 588 页。

③ 如元世祖在潜邸时曾召姚枢,"待以客礼"而"询治道",枢"以治国平天下之大经,汇为八目,曰修身、力学、尊贤、亲亲、畏天、爱民、好善、远佞,次及救时之弊,分条而陈之"。(《宋元学案》卷 90《鲁斋学案》)

应是合乎道之治，而道应是适于治之道，正所谓"道洽政治"（《尚书·毕命》）是也，亦如荀子所谓"治国有道"（《荀子·王霸》）而"道也者，治之经理也"（《荀子·正名》），乃至"道存则国存，道亡则国亡"（《荀子·君道》）。然而，亦有不可不辨者，即古人所谓治道与治具或治之道与治之具的关系问题。在先秦诸子中，姑不论法家之以刑为治、任法为道，且就儒、道两家而言之。《庄子·天道》曰："古之语大道者，五变而形名可举，九变而赏罚可言也。骤而语形名，不知其本也；骤而语赏罚，不知其始也。倒道而言，迕道而说者，人之所治也，安能治人！骤而语形名赏罚，此有知治之具，非知治之道。"《文子·上义》亦曰："法制、礼乐者，治之具也，非所以为治也。"显然，这代表了道家的治道观念，道家法天贵真而崇尚自然无为之术，以为"夫虚静恬惔寂漠无为者，天地之平而道德之至"，故"夫帝王之德"或天下治平之道理应"以天地为宗，以道德为主，以无为为常"（《庄子·天道》），至如儒家之仁义礼乐和法家之形名赏罚则只不过是等而次之或等而下之的"治之具"而已。此可谓道家治道思想的本末之论。与之近似而实不同者，儒家虽亦有关乎治道与治具之本末轻重的明辨区分，然其所谓治具，却有着不同的含义。如子曰："道之以政，齐之以刑，民免而无耻；道之以德，齐之以礼，有耻且格。"（《论语·为政》）此乃以德、礼为"所以出治之本"，而视政、刑为"为治之具"和"辅治之法"，此"虽不可以偏废"，而其效不同，"政刑能使民远罪而已，德礼之效，则有以使民日迁善而不自知"，故"治民者不可徒恃其末，又当深探其本也"[1]。此乃孔子儒家治道思想的本末之论。另如《淮南子·泰族训》曰："故法者，治之具也，而非所以为治也；而犹弓矢，中之具，而非所以中也。"《盐铁论·刑德》曰："辔衔者，御之具也，得良工而调。法势者，治之具也，得贤人而化。"《史记·酷吏列传》曰："法令者，治之具，而非制治清浊之源也。"《栾城集》卷19《新论

---

[1] 朱熹：《四书章句集注》，中华书局2011年版，第55页。就德与礼而言，朱子以为"德又礼之本也"。

上》曰："故夫王霸之略、富强之利，是为治之具，而非为治之地也。有其地而无其具，其弊不过于无功。有其具而无其地，吾不知其所以用之。"其意皆本于此。然而，儒家之所谓治具，更有非仅指刑政者，如明儒方孝孺曰："古之治具五：政也，教也，礼也，乐也，刑罚也。今亡其四而存其末，欲治功之逮古，其能乎哉？"（《明儒学案》卷43《诸儒学案上一》）明儒李经纶曰："礼乐教化，治之具也；贤才，治之干也；生养，治之基也。"（《明儒学案》卷52《诸儒学案中六》）另如《欧阳修文集》卷48《问进士策三首》曰："六经者，先王之治具而后世之取法也。"《东坡七集》卷12《贺驾幸太学表二首》曰："经术，致治之具，而以爱民为心。"①很显然，此所谓"治具"，决不是在本末之末或纯工具性的手段意义上而言的，即使所谓的"具"具有手段或途径的含义，但也决不是在次要而不具实质性或根本重要性的意义上而言的手段或途径，相反，而是或者意在强调政、教、礼、乐、刑罚虽是五种不可或缺的治具，但相对于前四者而言，刑罚则只是治具之末者而已，或者意在强调礼乐教化、六经和经术作为"治之具""先王之治具"或"致治之具"的根本重要性，换言之，所谓的"治之具""先王之治具"或"致治之具"亦正是"治之道""先王之治道"或"致治之道"的载体，非借由此治之"具"而不能实现其治之"道"，故此所谓"治具"，实与"治道"的含义并无本质性的区别，不宁唯是，至如《礼记·乐记》，甚至更先此而将礼、乐、刑、政四者直接谓之为"治道"或"王道"矣。②另如汉儒董仲舒曰："道者，所繇适于治之路也，仁义礼乐皆其具也。"（《汉书·董仲舒传》）有学者一见"具"字，便先入为主而望文生义地断言："董文以仁、义、礼、乐皆为治之具，而将治具与治道相区别：治道是道理，治具是手段；治道是根本，治具是

---

① 以上引文参见方朝晖：《治道：概念·意义》，生活·读书·新知三联书店2022年版，第61—64页。

② 《礼记·乐记》曰："故礼以道其志，乐以和其声，政以一其行，刑以防其奸。礼乐刑政，其极一也，所以同民心而出治道也。""礼节民心，乐和民声，政以行之，刑以防之。礼乐刑政，四达而不悖，则王道备矣。"

途径。治道与治具的区别是本末之别，一目了然。"① 并因此而得出结论说："治具不同于治道" 乃至 "治具" 并 "不属于治道范畴"②。殊不知，真正一目了然的是，此 "具" 与彼 "具" 的意义不同而有不宜混为一谈者。对孔子儒家而言，礼乐教化或仁义礼乐、六经或经术既是致治之 "具"，自必是致治之 "道" 或致治之 "法"③ 的根本寄托，舍此 "具" 必无由治国平天下，此所谓 "治具" 固在字面上 "不同于治道"，但又怎么能 "不属于治道范畴" 呢？徒知 "本末之别"，舍弃或脱离 "仁、义、礼、乐" 之 "治具" 而悬空妄谈儒家之 "治道"，岂不容易陷于对 "典型的抽象原理或途径、方法"④ 的空谈？当然，儒之为儒，非不辨乎本末先后，然所当辨分者乃德礼与刑政之本末，或如《大学》所谓 "物有本末，事有终始，知所先后，则近道矣"。不管怎样，仁义礼乐或礼乐教化、六经或经术虽谓之 "治具"，但实乃孔子儒家治道思想的真家当，明乎此则不难洞察孔子儒家政治哲学及其治国为政的政治智慧之真谛所在矣。

---

① ② ④ 方朝晖：《治道：概念·意义》，生活·读书·新知三联书店 2022 年版，第 64—65 页。

③ 如《汉书·儒林传》曰："'六艺' 者，王教之典籍，先圣所以明天道，正人伦，致至治之成法也。"

第一章 追寻道的智慧
——中国学术和中国智慧的"轴心时代"

亘万古, 衮九垓, 自天地初辟以迄今日, 凡我人类所栖息之世界, 于其中而求一势力之最广被而最经久者, 何物也? 将以威力乎? 亚历山大之狮吼于西方, 成吉思汗之龙腾于东土, 吾未见其流风余烈, 至今有存焉者也。将以权术乎? 梅特涅执牛耳于奥大利, 拿破仑第三弄政柄于法兰西, 当其盛也, 炙手可热, 威震环瀛, 一败之后, 其政策亦随身名而灭矣。然则天地间独一无二之大势力, 何在乎? 曰智慧而已矣, 学术而已矣。[1]

学术思想之在一国, 犹人之有精神也。而政事、法律、风俗及历史上种种之现象, 则其形质也。故欲觇其国文野强弱之程度如何, 必于学术思想焉求之。[2]

---

① 梁启超:《论学术之势力左右世界》, 见《饮冰室文集点校》第 1 集, 吴松、卢云昆、王文光等点校, 云南教育出版社 2001 年版, 第 285 页。

② 梁启超:《论中国学术思想变迁之大势》, 见《饮冰室文集点校》第 1 集, 吴松、卢云昆、王文光等点校, 云南教育出版社 2001 年版, 第 215 页。

上引梁任公的两段话，异常深刻而精到地向人们揭示和阐明了这样一个道理：在世界上，对人类社会能够产生最为深远广被或经久不息之影响的，既不是统治者拥有掌握的强大威势武力，也不是统治者奉行采取的某种权谋诈术，而是智慧和学术，威势武力和权谋诈术可以威慑盛行于一时，但唯有智慧和学术才真正是"天地间独一无二之大势力"；对于一个国家来讲，正像一个人具有内在的精神和外在的形质一样，学术思想便是一国之内在精神的真正体现，而政事、法律、风俗及历史上所发生的种种现象则只不过是一国之形质的外在表现而已，因此，我们如果想考察一个国家的文明与野蛮、富强与贫弱的程度如何，便必须从学术思想上来探求其根由与内因。

依任公之见，我们要想考察自己国家的文野强弱程度，亦必须于其学术思想求之，这样才能真正了解中国之为中国，即作为一个拥有自身悠久深厚之文化传统的"文明国家"而不同于其他国家的文明特质及其独特的历史发展道路，从中亦正可发现中华民族"征服了变化无常的命运"而使"中华帝国"绵延不衰的"秘诀"[①]及其独一无二的智慧。

一、六艺与诸子：中国学术思想的正经与新典

中国自有其延续不断的学术思想传统，而溯其源流，则必归宗、本源于六艺与诸子，其中六艺尤为中国学术之大原，而诸子继长增高，极大地扩展了中国学术思想的范围、高度与深度，正如晋人葛洪所言："正经为道义之渊海，子书为增深之川流。"（《抱朴子·尚博》《抱朴子·百家》）所谓"正经"，主要是指六艺即《诗》《书》《礼》《乐》《易》《春秋》六部经典，因《乐》经亡佚，故又有五经之说。五经六艺可谓中国学术最具权威性的正经元典，它不同于记载上帝之信约与神谕及其所显示神异奇迹的宗教经典，作为历史性的人文经典，中

---

① ［英］葛瑞汉：《论道者：中国古代哲学论辩》，张海晏译，中国社会科学出版社 2003 年版，第 7 页。

国的正经元典犹如渊源深远广阔的大海一样，承载和蕴含着人类日常人伦、道德和政治生活所须臾不可离之的最根本的永恒道义。①所谓"子书"，主要是指先秦诸子之书，"子书"犹如川流，进一步大大扩展和加深了六艺正经的范围与深度，不过，"子书"在学术思想上也自有其创造性的价值与意义，相对于六艺之"正经"，"子书"可以说树立了中国学术思想的新典范，故可谓之中国学术思想的新经典。总的来讲，诸子之于六艺，有继承，亦有创新。《汉书·艺文志》论中国学术思想之源流，首叙六艺，次论诸子，并视诸子为"'六经'之支与流裔"，不失为一种平实通达之论。

一切都源自孔子兴办私学教育事业或从事私人讲学活动的伟大创举。六艺经孔子编修整理而成，孔子以六艺讲学授徒，从而使六艺成为儒家学术最为重要的经典依据，而"游文于'六经'之中"（《汉书·艺文志》）亦构成儒家者流的根本特征之一。然而，六艺却并非儒家的私有物，在孔子私学教育的影响下，六艺对于随后兴起的诸子各家均产生了广泛的学术影响，正如《庄子·天下》所说："古之所谓道术者，果恶乎在？曰：'无乎不在。'……其明而在数度者，旧法、世传之史尚多有之；其在于《诗》《书》《礼》《乐》者，邹鲁之士、搢绅先生多能明之。《诗》以道志，《书》以道事，《礼》以道行，《乐》以道和，《易》以道阴阳，《春秋》以道名分。其数散于天下而设于中国者，百家之学时或称而道之。"不仅如此，更为重要的是，六艺是唯一流传后世的记载着早期中国由上古三代遗传下来的政教传统、风俗、礼仪、道德、文化和生活方式的重要经典文本，尽管诸子还仍然能够看到六艺之外的其他一些流传下来的经籍文献，但总的来说，后孔子时代的诸子学可被看作对六艺及其所代表的整个历史传统的某种回应，不是选择性的继承，就是批判性的扬弃。换言之，诸子学不仅承继延

---

① 另如美国传教士明恩溥尝言："中国古籍之中，根本没有任何会使人们的心灵变得低级下流的东西。人们经常指出这个最重要特点。这也是与古印度、古希腊、古罗马各种文献作品的最大区别。"（《中国人的素质》，秦悦译，学林出版社2001年版，第253页）

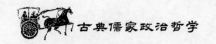

续了以六艺为中心或本原的学术传统，而且也同时对丰富和发展这一传统作出了最富原创性的思想贡献。

正因为如此，自汉代以来，论诸子百家之学术思想者便自然形成了两种主要的观点。一是，以《汉书·艺文志》为代表，力主诸子十家九流乃出于早期中国的王官之学，以为儒、道、阴阳、法、名、墨、纵横、杂、农、小说等诸子各家，分别出于司徒之官、史官、羲和之官、理官、礼官、清庙之守、行人之官、议官、农稷之官和稗官，诸家既各有所长，亦各有流弊。二是，以《淮南子·要略》为代表，其追叙早期中国学术思想之源流，始自太公之谋略，次及孔子、儒者之学，然后论及墨子之学、《管子》之书、晏子之谏、纵横修短之术、申子刑名之书和商鞅之法，其论诸家学术之缘起或由来，其"大指谓皆起于时势之需求而救其偏敝"①，或者"其大旨以为学术之兴皆本于世变之所急"而"起于救世之弊应时而兴"②，也就是说，诸子之学实是针对时代之需要而作出的创造性反应。

其实，《汉书·艺文志》在强调诸子出于王官的同时，也并不否定诸子应时代之需要而兴起所作出的创造性贡献，故曰："诸子十家，其可观者九家而已。皆起于王道既微，诸侯力政，时君世主，好恶殊方，是以九家之（说）［术］蜂出并作，各引一端，崇其所善，以此驰说，取合诸侯。其言虽殊，辟犹水火，相灭亦相生也。仁之与义，敬之与和，相反而皆相成也。《易》曰：'天下同归而殊涂（通'途'），一致而百虑。'今异家者各推所长，穷知究虑，以明其指，虽有蔽短，合其要归，亦'六经'之支与流裔。"而《淮南子·要略》在论述孔、墨之学时，亦特别强调其对三代传统的选择性继承特点，如谓"孔子修成、康之道，述周公之训"，而墨子则"背周道而用夏政"。

---

①梁启超：《中国古代学术流变研究》，见《清代学术概论》，东方出版社1996年版，第155页。
②胡适：《诸子不出于王官论》，见《中国哲学史大纲》（卷上），东方出版社1996年版，第354页。

不管怎样，诚如吕思勉先生所说，以上二说可谓各有其道理，故"谓二说皆是"实未尝不可，这是因为："天下无无根之物；使诸子之学，前无所承，周、秦之际，时势虽亟，何能发生如此高深之学术？且何解于诸子之学，各明一义，而其根本仍复相同邪？天下亦无无缘之事，使非周、秦间之时势有以促成之，则古代浑而未分之哲学，何由推衍之于各方面，而成今诸子之学乎？"①

不过，现代学者颇有喜从上古"巫史传统"来探究诸子之学的渊源与创造问题者，其中有两种代表性的观点，一种观点认为孔、老儒道的思想都来源于或脱胎于上古的巫史传统，巫术礼仪不仅是儒道两家，而且还是整个中国文化的源头。另一种观点则强调诸子之学对"巫文化"传统在哲学思维上的"轴心突破"意义。也就是说，先秦诸子对于天人关系的思考和探究具有至关重要的"轴心突破"的思想意义。具体而言，"轴心突破"以前的"天"通指神鬼世界，但是"轴心突破"以后，当时新兴的诸学派建构了（也可以说"发现了"）一个截然不同的"天"。这是前所未有的一个超越的精神领域，各派都称之为"道"，而"道"的终极源头仍然是"天"。而在这种观点中，所谓的"轴心突破"，主要就是相对于此前的"巫文化"而言的，"轴心突破"以后，巫的沟通天人的中介功能在新兴的系统性思维中被彻头彻尾地否定了，换言之，先秦各家都是靠自己思维之力而贯通"天""人"，巫的中介功能在这一全新的思想世界中完全没有了存在的空间。诸子的系统性思维取代了巫的地位，成为精神领域中的主流，这是中国"轴心突破"的一个最显著的特色。

在我们看来，无论强调巫史传统或巫术礼仪对于诸子学甚至中国文化的源头性意义，还是强调诸子学对于巫文化的"轴心突破"意义，尽管都不乏特见和启发意义，但仅仅从诸子学与巫术礼仪或巫文化的关系角度来看问题，都未免显得各执一端而蔽于一曲，尚不如古人论诸子与六艺关系之视野开阔而通达、宽博而得要。因为即使巫术礼仪果为儒道两家乃至整个中国文化的源头，也决

---

① 吕思勉：《为学十六法》，中华书局 2007 年版，第 131 页。

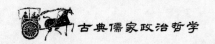

不意味着儒道两家乃至整个中国文化就只是对巫术礼仪的简单而直接的继承。且不说老庄道家对于由来已久的礼仪传统主要抱持鄙薄排斥和激烈批判的立场和态度，即使就孔子而言，正如帛书《要》所载："夫子老而好《易》，居则在席，行则在橐。……（孔子曰）予非安其用也，而乐其辞也。……我观其德义耳也。……后世之士疑丘者，或以《易》乎？吾求其德而已，吾与史巫同途而殊归者也。"孔子自言"吾与史巫同途而殊归"，亦再明白不过地向人们表明了他与巫史传统的复杂关系，而且，孔子一生好古敏求，系统探究三代之礼的沿革损益，坚定地选择并一贯坚持"从周"的立场和态度。

那么，又是否可以仅仅从与"巫文化"的关系角度来理解诸子学的"轴心突破"意义呢？依我之见，如果说诸子学的"轴心突破"意义是全面而深刻的，那么，仅仅从与"巫文化"的关系角度来理解这一意义无疑也是有失全面的。事实上，如果没有以六艺为中心或本原的传统母体的深厚资源作为支撑，如果思想家对于所处时代的现实问题缺乏深刻的反思乃至不能作出高度原创性的自觉意识反应，那么，诸子学能够实现思想上的"轴心突破"乃是不可能的事。因此，就早期中国学术思想传承和创新的源流脉络来讲，需要我们作进一步深入思考的更有意义的问题是：诸子学的思想创造与六艺的学术传统之间究竟是一种什么样的关系，他们从六艺传统中究竟汲取了什么样的学术资源，又在哲学思维上实现了什么样的"轴心突破"？

二、追寻道的智慧：诸子学与中国哲学思维的"轴心突破"

（一）何谓"轴心时代"

要想全面理解和深刻揭示诸子学在哲学思维上的"轴心突破"意义，首先必须了解清楚德国哲学家雅斯贝斯所提出的"轴心期"或"轴心时代"概念及其含义。雅斯贝斯把人类的历史划分为四个基本的阶段：第一阶段，我们只能推论出人类最初的几大进步，即语言的使用、工具的发明，以及火的点燃与利用——这是普罗米修斯的时代，也是全部历史的基础。第二阶段，古代高度文明产生于公元前5000至前3000年之间的埃及、美索不达米亚和印度河流域，稍晚些在中国的黄河流域。第三阶段，以公元前500年为中心，约在公元前800年至前200年之间，这是一个人类"精神觉醒"的时代，人类精神的基础同时独立地奠定于中国、印度、波斯、巴勒斯坦和希腊，今天，人类仍然依托于这些基础。第四阶段，从那时起，唯有一件全新的，无论是精神上，还是物质上都划时代的事件，这就是科学与技术的时代，它在欧洲中世纪末期就已初露端倪，并于十七世纪奠定其理论基础，在十八世纪末进入全面发展时期，而在最近几十年则以惊人的速度急剧发展。

雅氏的一大创见就是，认为第三阶段构成了人类历史发展的一个"精神觉醒"的"轴心"。黑格尔曾经说过一句名言："全部历史都推向基督，并从基督推出。'上帝之子'的出现是历史的轴心。"而雅氏认为，这一历史观的缺陷就在于唯有信仰基督教，它才具有意义。但如果历史果真有一个轴心，那么，我们就必须将这一轴心作为一系列对全部人类（包括基督教徒）都具有意义的事件，在世俗的历史中进行实际的探究。在这一探究中，雅氏发现，发生于公元前800年至前200年间的那种真正人类精神的第一次觉醒历程就构成了这样一个轴心。正是在那个时代，才形成今天我们与之共同生活的"人"。非凡的事件都集中发生在这个时期。中国出现了孔夫子和老子，接着是墨子以及诸子百家，中国哲学中的全部流派都产生于这一时期；在印度是佛陀的时代，在古希腊是苏格拉底的时代。雅氏把这个时期称作"轴心时代"。

这个时代具有以下几个主要特征：第一，这个时代出现的一大新的因素就是：人类在各处都开始意识到作为整体的存在，意识到他自身和自身的限度，也就是说，人类的存在作为历史而成为反思的对象。第二，这个时代产生了直到今天仍是我们思考范围的基本范畴，创造了人们至今仍赖以生活的世界宗教。第三，这个时代是反神话斗争的开端，在反神话的斗争中产生了建立于人类自身理性与经验基础之上的哲学思维方式，正是因为第一次产生了哲学家，人们才敢于作为一个个体而依赖自身力量挺立（如中国的隐士和漫游思想家，印度的苦行者，希腊的哲学家），并使他的本性与整个世界独立。正是由于哲学家和哲学思维方式的诞生和出现，所以也有学者称这一时代为"哲学的突破期"。第四，这是一个动乱的时代，世界被抛进动乱之中，人们明白自己面临灾难，并感到要以改革、教育和洞察力来进行挽救，因此，思想家开始探讨和思索关于人们怎样才能完美地共同生活，怎样才能对他们妥善管理和统治的问题。第五，这个时代的终结首先是以政治的发展为其特征的，庞大的专制帝国几乎同时出现于中国、印度和西方。另外，特别值得一提的是，后轴心时代的人类的精神生活常常会趋向于回归这个精神轴心的时代，从而形成历史上的种种学术思想和文化的复兴运动；而且，轴心时代并不是任何民族、国家和地区都必然经历的一个历史时期，它只独立地发生于上面提到的几个有限的国家和地区，"轴心时代"意味着精神的觉醒与文明的突破，只有经历过轴心时代"精神觉醒"的民族、国家和地区，其整个文明才会发生突破性的飞跃，也只有受到过轴心文明辐射性影响的周边民族、国家和地区，其文明发展的程度才会得到实质性的转化和提升，否则只会停滞在落后状态。①

根据雅斯贝斯对于上述人类历史的总体反思及其所提出的"轴心时代"理论，正是在春秋战国之世，诸子百家之学勃然兴起，才形成了中华文明史上具有突破性意义的精神"轴心"，奠定了此后中华文明演生发展的学术思想根基与精神观念之源。然而，诸子学并非无源之水、无本之木，决非无中生有的创造，它们本原于六艺传统，或者是在六艺传统的孕育下蜕变而生出之物，既有继承，亦有创新。因此，我们如果对于六艺传统缺乏实质性的了解，也就不可能真正

---

① 以上参见［德］卡尔·雅斯贝斯：《历史的起源与目标》，魏楚雄、俞新天译，华夏出版社 1989 年版；［德］卡尔·雅斯贝尔斯：《智慧之路》，柯锦华、范进译，中国国际广播出版社 1988 年版。

理解诸子学继承与创新的意义。

（二）对诸子与六艺关系的进一步申论

那么，六艺究竟承载和代表着什么样的历史传统和道义智慧，又蕴含着什么样的圣王道术和政教传统？在此，我们无法作全面的梳理、总结和论述，只能揭示和概述一些核心要点或基本主旨，以便更好地来理解和阐明诸子与六艺及其所代表的历史传统之间继承和创新的关系问题。

首先，六艺正经说到底乃是上古三代历史文献的精华汇编，它承载和蕴含着中华民族独特而丰富的历史记忆和文化传统的信息。正因为如此，孔子将行将散失湮灭的历史文献整理编修成"六艺"，实则为他那个时代带来了一大新的因素，也就是使中国人开始真正意识到并认真看待自身作为整体的历史存在，换言之，华夏民族的存在作为历史而开始成为反思的对象。故西汉伟大的史学家司马迁如是赞颂孔子曰："孔子布衣，传十余世，学者宗之。自天子王侯，中国言六艺者折中于夫子，可谓至圣矣！"（《史记·孔子世家》）职是之故，就其实质而言，诸子与六艺的关系，可以说就是诸子与六艺所承载和代表的自身历史文化传统的关系。明儒王阳明和清人章学诚就曾有"六经皆史"之说，意在说明和强调经与史有着至深的关系，这确乎是一大卓见。正因为诸子与六艺的关系在性质上属于诸子与正经之史即广义的历史文化传统（而非狭义的"巫史"之史或仅只作为诸王官之一的"史官"之史）的关系，所以他们在思维方式上不可能像希腊哲学之反对神话的斗争那样，表现为一种完全断裂式的突破。对于六艺所承载和代表的自身历史文化传统，无论诸子采取选择性继承的立场和态度，还是抱持批判性反思的立场和态度，要之，他们无法完全否定或彻底割断与其自身历史文化传统的血脉联系，而只能在其基础上进行创造性转化和创新性发展。这是中国的"轴心时代"或诸子学的"轴心突破"与其之前的历史文化传统表现出强烈而鲜明的延续性而非断裂性特点的根本原因所在。

其次，六艺正经的历史世界，也就是华夏文明的历史世界，不同于以诸神和神话英雄为中心和主角的希腊神话世界，圣贤人物才是这一历史世界的主要角色。据六艺经籍所载，像伏羲、神农、黄帝、尧、舜、禹、汤、文、武、周公等古圣先王，正是因为他们"开物成务"、结网罟、制耒耜、造书数、制衣裳、造宫室、治历象、造书契、抑洪水、兼夷狄，乃至为了治国为政、平治天下，他们还制礼作乐、设官分职、建立百官之制，所以才被看作是对人类文明生活作出了创造性贡献、立下了卓越功德的伟大人物，被视为华夏文明的创制立法者。但由于"圣人之道衰，暴君代作"（《孟子·滕文公下》），故天下之一治一乱，所由来已久。不管怎样，六艺正经可以说正是对古圣先王治理天下国家的道术智慧和历史经验的系统总结，同时也反映了天下国家治乱兴衰的历史轨迹。事实上，只有通过了解六艺所提供的有关古圣先王与人类文明生活之密切关系的历史叙事，我们才能真正理解《汉书·艺文志》诸子出于王官之说的真实含义。王官的传统事实上也就是六艺所承载和代表的古圣先王的政教传统，诸子出于王官之说，不过旨在强调诸子的政术治道思想有其历史传统的根源而已，即出于古圣先王的王官政教传统。这与《庄子·天下》的下述观点，尽管在表达的方式和角度上不同，但并无实质性的差别。依《庄子·天下》作者之见，六艺实则构成了诸子百家共同的经典依据或学术本源，亦形塑了诸子百家共同的观念框架或精神世界，如果说六艺正经承载着古圣先王的政教传统而为"道义之渊海"（《抱朴子·尚博》），或者六艺正经作为内圣外王之道的载体而最能充分体现"古人之全"或"古人之大体"的话，那么，诸子百家之学便是"多得一察焉以自好"或"各为其所欲焉以自为方"，故而造成了天下道术的分裂。当然，由于《汉书·艺文志》的作者生活在大一统的时代，故一反《庄子·天下》作者的悲观论调，而乐于从更具兼容并包、相反相成的角度来客观看待和正面评价诸子道术的歧异分殊化现象，尤其是，在天下道术分裂的思想趋向中，由于孔子和儒家最能代表和继承六艺的传统，故孔子六艺之学和儒家之道术最终在汉世大一统的时代受到尊崇而成了此后中国文化的大传统和学术思想的主流与正统。

再次，天下道义分裂本身，无疑即意味着诸子对于六艺传统并非采取完全认同的一致态度和相同立场，即使是高度认同六艺传统或古圣先王之道的儒、墨两家，亦是各有所取而抱持着高度选择性的态度和立场。正因为如此，当他们"诉求古代圣王的权威时"，才展现出了异乎寻常的"如此的多样性与原创性"①。那么，作为"先王得位行道，经纬世宙之迹，而非托于空言"的"先王之政典"（《文史通义》卷一《易教上》），在六艺正经以古圣先王为中心的历史世界中，究竟什么样的历史遗产、政教传统与道术智慧对诸子学产生了持久而深刻的影响，乃至在诸子百家中间引发了或认同或质疑的如此激烈而富有成果的学术争议或思想争鸣？就其荦荦之大端而言，最值得我们给予特别关注的有以下几点：

一是，特殊的希腊城邦环境使政治哲学家对不同的政府形式或政制类型进行横向共时性的比较性分析成为可能，而六艺正经以古圣先王为中心和主角的道义世界与历史叙事，则为诸子百家从纵向历时性的角度全面反思和系统总结古圣先王的政术治道智慧并展开对话和论辩提供了丰富的资源与可能的基础。其中，在诸子百家中产生了深刻影响和广泛反响的，便是上古尧、舜二帝的治理模式及其权位转移的禅让方式和夏、商、周三代之王的统治模式以及汤、武反对暴君统治而夺取政权的革命方式。尧帝"克明俊德，以亲九族；九族既睦，平章百姓；百姓昭明，协和万邦"（《尚书·尧典》）、舜帝重视人伦之教而"敬敷五教在宽"（《尚书·舜典》）的治理理念与统治方式，周公"制礼作乐"而构建了一整套以亲亲、尊尊为主导原则的、高度成熟和完善的治理天下国家的宗法、封建、礼乐制度，这些均成为后来儒家所向往和追求的最佳治道的理想范型。而尧舜禅让和汤武革命则在儒家内部乃至诸子中间引发了广泛而激烈的思想争议，不过，对诸子而言，作为最高统治权位的转移方式，无论是禅让、革命，

①［英］葛瑞汉：《论道者：中国古代哲学论辩》，张海晏译，中国社会科学出版社2003年版，第6页。

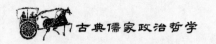

还是传子世袭，事实上都属于君主政体下政术层次的权力转移方式问题。

二是，中华文明独特的演生和发展道路及其历史特殊性的主要表现，即在于它始终未脱离以血缘亲戚关系为本位的社会伦理根基，故而亲亲、孝悌之道构成了中国社会生活的重要价值原则与道德支柱，这与上述由来已久的二帝三王之治的政教传统是密不可分的。在早期中国，国家统治的根基主要建立在以家庭家族为中心的血缘关系和社会组织基础之上，反之，国家统治的职责亦在于尊重和维护与这一基础密切相关的道德、习俗、文化、生活方式。在这一政教传统的长期浸润和影响下，在中国人的政治思想观念中，不像古希腊的城邦政治思想观念那样，政治的公共领域与家庭的私人领域从来都不是截然二分的，政治的忠诚并不完全排斥家庭的纽带，故才会有牢不可破的"国家"的说法或深厚悠久的"家国情怀"的观念。就诸子百家而言，儒家可以说是早期中国二帝三王之治的政教传统最坚定的维护者和阐扬者，而法家是最坚定的君国主义者，故亦是这一政教传统和父权家庭纽带的最强有力的排斥者，道家杨朱的"贵己""为我"主义和墨子的兼爱主义亦对这一政教传统和家庭纽带构成了强烈的挑战。

三是，在二帝三王之治的政教传统中，尽管在公域与私域、国与家之间没有截然二分的明确观念，但这决不意味着在古来中国人的政治思想观念中就缺乏公共权威的观念，或者对于政治事务之本性或治理天下国家的基本原则缺乏正确而恰当的理解。事实上，由六艺正经可知，在二帝三王之治的政教传统中，早已充分彰显出了一系列高度成熟的政治理性与治道智慧，早已充分认识到承担治理之责的圣王或君后所拥有的主要应是一种公共性权威的道理，作为君后的统治者必须能够担负起并尽其治民争乱的神圣职责，才配被称作民之君师或父母，正所谓："惟天生民有欲，无主乃乱，惟天生聪明时乂。"(《尚书·仲虺之诰》)"惟天地万物父母，惟人万物之灵。亶聪明，作元后，元后作民父母。""天佑下民，作之君，作之师。"(《尚书·泰誓上》)否则，"抚我则后，虐我则仇"（《尚书·泰誓下》）。尤其是在周代的政治思想观念中，所谓"皇天无亲，惟德是辅"（《尚书·蔡仲之命》），以及天命有德、敬德保民、明德慎罚、选建明德、尊礼尚贤等等，无不体现了一种自我克制、清明审慎、高度成熟的政治理性和治道智慧。当然，在周人的政治正当性信仰中，作为最高统治者，周天子的政治统治也被赋予了一种鲜明的天命合法性或宗教权威性质的神圣化意味。所有这些都在诸子百家中间产生了深刻的影响和复杂的回应，而后世天命王权或帝王统治的天命合法性信仰以及德治主义和民本主义的政治观念也都能从上述政教传统和思想信念中直接找到其最初的源头和明确的表达形式。

综上所述，诸子之于六艺，说到底也就是诸子与其自身历史文化传统的关系，更确切地讲，也就是与六艺所承载和代表的历史文化传统的关系，尽管当时流传下来、散见各处而能够为诸子百家所见到的历史文献并不完全局限于六艺的范围，但六艺的形成及其流传之影响所及，无疑将人们的历史认识提升到了一个全新的自觉的意识水平和理论高度，为诸子全面反思和系统总结自己所面对的历史文化传统提供了主要依据和经典范本，六艺之成为中国文化或中国学术之"正经"，非属偶然，亦非仅仅由于儒家一家提倡所致，直到今天，我们依然需要通过六艺来追寻和探求上古三代的历史文化传统。而从政治思想史的角度来讲，六艺正经所记载和传承的主要是古圣先王治乱兴衰的历史谱系，特别是二帝三王的治理经验与功德事业，因此，在孔子和儒家看来，六艺正经蕴含着丰富而深邃的治国为政的道术智慧，二帝三王的治理经验与功德事业即代表着一种由来已久的优良政教传统和最佳治道范例。孔子和儒家的这一观点和看法在诸子百家中间引发了持久的反响和广泛的争议，他们面对六艺所承载和代表的古圣先王治理天下的共同的历史谱系、政教传统和道术智慧，选择性地各有所取，并作出不同的反应，这为我们理解诸子学的兴起及其对于继承和延续六艺传统所作出的不懈努力和卓越贡献提供了基本的历史背景。一言以蔽之，六艺所承载和代表的二帝三王的政教传统和道术智慧，为诸子学的兴起及其政术治道思想提供了可资鉴取和凭借的丰富资源和经由长期历史实践检验的传统范例，同时这亦构成了诸子学思考和探求政术治道之问题意识、思维进路和理论视野的限制性条件，他们必须充分了解并置身于这一传统，或立足于这一传统的根底，并与之展开持续深入的积极对话，才能在理解、继承和延续这一传统的基础上进行创新，并进一步丰富和扩展这一传统。

（三）诸子学思维方式的"哲学突破"

然而，我们却不能因此便抹杀诸子学之于"轴心突破"的思想史意义。诚如清代史学家章学诚所强调，从诸子与六艺的渊源关系而言，唯诸子必有得于六艺道体之一端，"而后乃能恣肆其说，以成一家之言也"，反之，我们也可以说，诸子虽然各有得于六艺道体之一端，但"其持之有故而言之成理者"亦各自有其足以"成一家之言"①的思想史价值与意义。故萧公权先生说，诸子之学，虽然"悉有渊源，非尽出心裁，凭空立说"，譬如，"古籍如诗书所载天命民本，礼乐兵刑诸说皆经先秦各家所采用，而成为中国政治思想中之要旨"，然而，"此等旧说，原来既乏系统，含义亦较简单"，"必分别经先秦大家之发挥董理，然后斐然成章，蕴蓄深远，进为一家之学说"②。因此，诸子之"创造"，"非无中生有之谓"，而是"对春秋以前为融旧铸新，对秦汉以后为开宗立范"；诸子之"创造"，虽"不由凭空杜撰"，但"此融旧铸新之工作，实无愧于创造"③。

追究诸子"创造"的根本缘由，除了前诸子时代蕴蓄丰富而积淀深厚的传统资源为之提供了创造的凭借之外，还与其所处晚周特殊的时代环境有着至为

---

① 章学诚曰："战国之文，其源皆出于六艺。何谓也？曰：道体无所不该，六艺足以尽之。诸子之为书，其持之有故而言之成理者，必有得于道体之一端，而后乃能恣肆其说，以成一家之言也。所谓一端者，无非六艺之所该，故推之而皆得其所本，非谓诸子果能服六艺之教，而出辞必衷于是也。老子说本阴阳，庄、列寓言假象，《易》教也。邹衍侈言天地，关尹推衍五行，《书》教也。管、商法制，义存政典，《礼》教也。申、韩刑名，旨归赏罚，《春秋》教也。"（《文史通义》卷一《诗教上》）

②③ 萧公权：《中国政治思想史》，新星出版社 2005 年版，第 3—4 页。

直接、深切而紧密的关系。具体而言，诸子生活在晚周衰乱之世，这是一个"礼崩乐坏"、动乱不安的时代，天资卓绝的伟大思想家如孔、老、墨、孟、庄、韩等，恰恰生于这一特殊的时代环境中而适逢其会，故"能造成吾国学术史上此重要之'黄金时代'"①。也就是说，依靠宗法、封建、礼乐来维系的周制天下的衰落崩解，为诸子百家之学的兴起提供了最为直接的特殊时代背景和最为具体的现实政治环境，而诸子百家之学的兴起也正是直接针对"周文之疲弊而发"②的。

不过，对诸子百家而言，他们需要面对并作出回应的，并不仅仅是"周文之疲弊"即周王之一家文化政教之制度和传统的疲弊崩解问题，而且是整个上古三代之先王"得位行道，经纬世宙之迹"或圣王统治的整个政教传统的衰废没落问题。可以说，诸子百家之学的兴起，既是为挽救"周文之疲弊"的特殊时代难题而兴，更是为了回应上古三代圣王统治的整个政教传统的衰废没落问题而作出的高度原创性的反应，而且，这两者之间是密不可分的。而将"周文之疲弊"、整个圣王统治的政教传统之衰废没落问题与诸子百家之学的兴起密切关联在一起的是这样一个关键性的问题，即官与师、治与教的由合而分。据清代史家章学诚所言，上古三代圣王统治的政教传统有一大一以贯之的根本特征，即"治教无二，官师合一"（《文史通义》卷二《原道中》），而晚周衰乱之世之所以成为历史发展的一大转捩点，就在于"官师之分职，治教之分途"（《文史通义》卷二《原道下》），即官与师、治与教的歧分为二，诸子百家之学亦自兹而起，他们纷纷言道，著书立说。因为他们自觉地意识到自己生活在一个"圣人不得而见"或"圣王没"而圣人之道已日趋衰落的时代，故思天下有溺而力图挽救之，甚至试图重新恢复和振兴上古三代圣王统治的政教传统。但是，诸子各家既然纷纷各自立言垂教，天下道术的分裂也就是"理有固然，势所必至"的

---

① 萧公权：《中国政治思想史》，新星出版社 2005 年版，第 2 页。
② 牟宗三：《中国哲学十九讲》，上海古籍出版社 1997 年版，第 58 页。

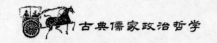

了，而诸子之"创造"即蕴含于天下道术分裂、百家竞起争鸣的学术思想风暴之中。

自孔、老、墨之后，诸子百家纷然杂出，各自提出一系列别开生面、精彩纷呈的治国为政的新思想、新观念，从而开辟了中国学术思想史上最具有创造性或"轴心突破"意义的"全盛时代"①，故如梁启超先生所言："我国政治思想，自孔、老、墨三圣以后，始画然标出有系统的主张，成为一家言。"②那么，诸子之"创造"究竟体现在哪些方面呢？一是思想观念的内容方面，二是思维方式的特征方面。前一方面的创造体现在诸子对以往思想观念的创造性转化与创新性发展上，更体现在诸子所提出和阐发的一系列前所未有的新思想、新观念上；后一方面的创造主要体现在诸子在思维方式上的哲学突破上。只有综合这两个方面的创造，我们才能全面理解和把握诸子学"轴心突破"的意义及其所作出的系统性、理论性的思想贡献。关于前一方面，在此无需赘述深论，这里我将重点就后一方面的问题稍作阐述。在我看来，诸子学在思维方式上的最大特点，借用西汉最伟大的史学家司马迁的说法，可一言以蔽之，就是"究天人之际，通古今之变，成一家之言"（《汉书·司马迁传》）。

在早期中国的思想传统中，天人关系的观念由来已久，尤其在殷周革命之际，尊天、敬天以及"天命靡常"和"天命有德"等成为当时人们宗教信仰的核心观念。大体而言，降至春秋之世，尽管作为宗教信仰之天和"天命有德"的观念仍然具有广泛的影响，但天的含义确乎"已渐由宗教的意味变为哲学的意味"，即由"纯为'有意识的人格神'"转变为纯自然法则意义的自然化、义理化的天。③特别是随着诸子学的兴起，思想家们对于天人关系所作的自觉而系统的理论性思考和探究，从思维方式的角度讲，无疑最富有"轴心突破"的哲学意

① 梁启超：《先秦政治思想史》，东方出版社2012年版，第81页。
② 梁启超：《先秦政治思想史》，东方出版社2012年版，第23页。
③ 参见梁启超：《先秦政治思想史》，东方出版社2012年版，第29—32页。

义。当然，毋庸讳言的是，墨子的天志信仰仍然具有鲜明的宗教神学意味，孔子和儒家也并未完全摆脱天命鬼神信仰的影响，尤其是，综合考虑天的含义在后世的演变，譬如，汉儒董仲舒又复兴了古代宗教之天的信仰，宋明儒者则将天的含义再度自然化和义理化，那么，相对于西方而言，即处于西方文明之核心的是由信仰之城与哲学之城的张力或耶路撒冷与雅典之争所构成的"神学—政治困境"，我们也可以说，处于中国文明之核心的则是由信仰之天与哲学之天的张力所构成的"神学—政治困境"。

就诸子学而言，除了墨子尊天事鬼的宗教信仰之外，诸子之所谓天，主要被赋予了一种富有哲学意味的自然化和义理化的含义[①]。然而，无论是神格化、宗教性的天，还是自然化、义理性的天，天之为天（亦可涵括着"地"而言"天地"），都意味着一种比人类更为伟大的超越性存在，它包容涵盖一切，孕育化生万物。对天人之际或天人相关性的探究，说到底乃是对于世界万物生生不息之本原以及人类的生存和社群生活与这一本原究属何种性质之关系问题的追寻与探求。事实上，人们只有在对天之所以为天有了深刻的体察和认识之后，才能更好地来理解人之所以为人的问题。甚至可以说，"究天人之际"为人们提供了思考和洞察人类自身事务或"人类生活之理法"[②]以及追寻和探求政治之根本原则的最佳思维途径。兹将诸子论天之言列举如下：

老子曰："道大，天大，地大，人亦大。域中有四大，而人居其一焉。"（《老子·第25章》）"大道泛兮，其可左右。万物恃之以生而不辞，功成而不有。……以其终不自为大，故能成其大。"（《老子·第34章》）"……是以圣人终不为大，故能成其大。"（《老子·第63章》）"天之道，其犹张弓与？高者抑之，下者举之；有余者损之，不足者补

[①] 据冯友兰先生所言，"天"有"五义"，即物质之天、主宰之天、运命之天、自然之天和义理之天。（参见《中国哲学史》上册，中华书局1961年版，第55页）
[②] 梁启超：《先秦政治思想史》，东方出版社2012年版，第32页。

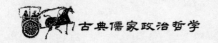

之。……孰能有余以奉天下，唯有道者。是以圣人为而不恃，功成而不处，其不欲见贤。"（《老子·第77章》）

孔子曰："唯天为大，唯尧则之。"（《论语·泰伯》）"所谓圣者，德合于天地，变通无方，穷万事之终始，协庶品之自然，敷其大道而遂成情性。明并日月，化行若神。下民不知其德，睹者不识其邻。此谓圣人也。"（《孔子家语·五仪解》）

子夏曰："三王之德，参于天地。敢问何如斯可谓参于天地矣？"孔子曰："奉三无私以劳天下。"子夏曰："敢问何谓三无私？"孔子曰："天无私覆，地无私载，日月无私照。奉斯三者以劳天下，此之谓三无私。"（《礼记·孔子闲居》）

《中庸》曰："天地之道可一言而尽也。其为物不贰，则其生物不测。天地之道，博也，厚也，高也，明也，悠也，久也。今夫天，斯昭昭之多，及其无穷也，日月星辰系焉，万物覆焉。今夫地，一撮土之多，及其广厚，载华岳而不重，振河海而不泄，万物载焉。……《诗》云：'维天之命，于穆不已'，盖曰天之所以为天也。"

墨子曰："天之行广而无私，其施厚而不德，其明久而不衰，故圣王法之。"（《墨子·法仪》）

《管子·心术下》曰："圣人若天然，无私覆也；若地然，无私载也。私者，乱天下者也。"《管子·形势解》曰："天公平而无私，故美恶莫不覆。地公平而无私，故小大莫不载。无弃之言，公平而无私，故贤不肖莫不用。故无弃之言者，参伍于天地之无私也。"

《尸子·治天下》曰："天无私于物，地无私于物，袭此行者谓之天子。"

《吕氏春秋·去私》曰："天无私覆也，地无私载也，日月无私烛也，四时无私行也，行其德而万物得遂长焉。"《吕氏春秋·贵公》曰：

"昔先圣王之治天下也必先公，公则天下平矣……阴阳之和，不长一类。甘露时雨，不私一物。万民之主，不阿一人。……天地大矣，生而弗子，成而弗有，万物皆被其泽、得其利而莫知其所由始，此三皇、五帝之德也。"

由上可见，对儒、道、墨、法、杂等诸子各家而言，不管天的含义是神格化、宗教性的，还是自然化、义理性的，总的来说，诸子之所谓天，从其价值内涵与精神信仰的意义上讲实则并无根本的差异，主要象征和代表着一种最广大、博厚、无私而公平的超越性存在，是"人类生活之理法"或"政治所从出而应守"①的最根本的道德准则或终极的价值原则之源泉，这可以说是在诸子各家中最普遍流行的一种通见共识。

从政治哲学的角度讲，更为重要的就是，依诸子之见，只有那些能够效法天地或广大似天、博厚如地的圣人或王者才拥有正当的资格来治理天下，也才是真正伟大的统治者。因为他不是为了代表和维护某一党派、阶级和族群的特殊利益、立场和偏见来进行统治，而是为了代表和维护全人类共同的普遍福祉和社群文明生活之道来进行统治。正因为如此，诸子"究天人之际"所带来的思维方式上的"哲学突破"，事实上最终表达和彰显的是一种深切的"人类关怀"或对人类福祉的深刻关切，即使是对天志鬼神有着强烈宗教信仰的墨子，甚至也如史华兹所说，"墨子本人基本上全神贯注人类世界，他的宗教纯粹与他对人类的关怀有关"②。然而，这并不是说诸子所持有的是一种单纯而狭隘的人类视界，事实上，对天人之际的探究使诸子特别关注天的超越性、普遍性和公共性的意义，这大大扩展和提升了诸子的人类视界与政治情怀，使诸子的"人类关怀"与政治情怀具有了更为深厚而博大的哲学意味。但不管怎样，诸子的"人类关怀"情结是炽热而强烈的，并最终落实或归宿于对政治生活之永恒问题的

---

① 梁启超：《先秦政治思想史》，东方出版社 2012 年版，第 32 页。

② ［美］史华兹：《古代中国的思想世界》，程钢译，江苏人民出版社 2004 年版，第 146 页。

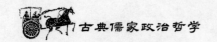

探究之上，即谁应当统治或谁才是伟大的统治者。

在"究天人之际"的同时，诸子亦格外重视"通古今之变"的问题。早在诸子之前，中国已有悠久的建置史官的传统，如《汉书·艺文志》所言："古之王者世有史官，君举必书，所以慎言行，昭法式也。左史记言，右史记事，事为《春秋》，言为《尚书》，帝王靡不同之。"而史之为官，"历记成败存亡祸福古今之道"，此正是道家者流之所从出也。而孔子修《春秋》，更为后世作史提供和树立了一种根本遵循和正经先例，如章太炎先生所说，"六经之中正式之史，厥维《春秋》。后世史籍，皆以《春秋》为本"①。孔子而后，华夏民族的文明生活乃至整个人类的存在作为历史而成为反思的对象，在这一历史反思的影响之下，诸子各家普遍拥有一种"通古今之变"的深切历史意识，并以之作为他们政治思考和论说的基本依据或理论前提。所谓"通古今之变"，意即通达和洞察时代的变革、国家的兴衰、政治的得失，以便掌握其中的规律和道理，乃至鉴往知来而有资于政术治道，如唐代著名史学家刘知几所说："史之为用，其利甚博，乃生人之急务，为国家之要道。"（《史通·外篇·史官建置第一》）不过，亦如刘知几所言："夫人寓形天地，其生也若蜉蝣之在世，如白驹之过隙，犹且耻当年而功不立，疾没世而名不闻。上起帝王，下穷匹庶，近则朝廷之士，远则山林之客，谅其于功也名也，莫不汲汲焉，孜孜焉。夫如是者何哉？皆以图不朽之事也。何者而称不朽乎？盖书名竹帛而已。"（《史通·外篇·史官建置第一》）显然，与"通古今之变"的整体历史反思意识密不可分的，还有人们对于个体生命之有限性的自我认知，在有限的生命历程中建立和成就卓越、伟大而不朽的道德功名，乃至开辟一个新的时代、创造一番历史的伟业而"书名竹帛"，这亦可以说是"通古今之变"的根本目的所在。也可以说，"通古今之变"的整体历史反思意识和有限的个体生命对人生不朽价值的追求，共同铸就了人类历史上

---

① 章太炎：《历史之重要》，见马勇编：《章太炎讲演集》，河北人民出版社2004年版，第151页。

立功立德的伟大政治事业。对诸子而言，"通古今之变"正像"究天人之际"一样，也是人们通往政治思考或探求优良治国为政之道的最佳思维途径。正所谓"前事之不忘，后事之师也"，"是以君子为国，观之上古，验之当世，参以人事，察盛衰之理，审权势之宜，去就有序，变化有时，故旷日长久而社稷安矣"（《史记·秦始皇本纪》）。不过，比较而言，如果说天代表着人类视野之超越性、普遍性和公共性的维度，"究天人之际"说到底乃是对于"谁应当统治"和谁是伟大的统治者这一永恒问题的探究的话，那么，"通古今之变"则凸显了人类视野的历史性、过程性与不朽性的维度，它探究的是如何在历史变迁的生活进程中建功立德而实现伟大而不朽的人类事业的永恒问题。总之，无论是"究天人之际"，还是"通古今之变"，无疑都大大丰富、扩展和提升了人类政治思考的视野，这是诸子在思维方式上所带来的具有最重要意义的"哲学突破"。

（四）追寻最佳治道的中国智慧

在"究天人之际"和"通古今之变"两个不同层面的思想运作，不仅使诸子实现了思维方式上的"哲学突破"，更为重要的是，使诸子最终各自成就了他们的"一家之言"。正如春秋时代人明确提出的人生"三不朽"观念（参见《左传·襄公二十四年》）所示，除了"立德""立功"之外，诸子之"立言"也正实现和成就了他们各自在学术思想上彪炳千秋的"不朽"价值与意义。然而，归根结底，无论是"究天人之际"，还是"通古今之变"，又或者是"成一家之言"，诸子各家的根本旨趣或最终目的莫不是追寻和探求治国平天下的政术治道智慧。

西汉太史公司马谈《论六家要指》尝言："夫阴阳、儒、墨、名、法、道德，此务为治者也。"（《史记·太史公自序》）此可谓一语破的，明确揭示了诸子各家的根本用心所在。换言之，即诸子各家究天人之际、通古今之变乃至建立一家之言，其根本目的皆在于求"治"而已，而求"治"的根本途径或治国平天下的方式方法，即是所谓的"道"。清代著名史学家章学诚曾这样评价诸子说：

"诸子纷纷，则已言道矣。庄生譬之为耳目口鼻，司马谈别之为六家，刘向区之为九流，皆自以为至极，而思以其道易天下者也。"（《文史通义·原道中》）最值得我们注意的就是最后两句话，"皆自以为至极"是说诸子各家均各自以为自家之道为最好最佳之道，而"思以其道易天下者"是说诸子各家之所以立言求道乃是想要以其自家之道来治理天下，以便实现易"天下无道"为"天下有道"的根本目的。一句话，诸子各家皆自以为追寻和探求到了治理、变易当时混乱天下的最佳治道。

不过，为了更好地理解诸子的基本意图和政治诉求，有必要在此说明和解释一下"道"的基本含义，因为对于理解诸子各家政治哲学的旨趣及其治道智慧的义涵来说，"道"是一个至关重要的概念。查商务印书馆出版的《古汉语常用字字典》，"道"字有七八个义项，包括路，规律、道理，主张、思想、学说，从、由，说、讲，引导，疏导，以及道家、道教等。据《说文》，"道，所行道也……一达谓之道"，显然，道的最初含义乃是指人所行走的道路，并特指一条直行通达的道路[①]。而道亦有言说的含义，诸子之"立言"，即是通过言说的方式来提出自己的思想、主张和学说，故所谓诸子之"道"，亦即诸子之"学"，乃是指诸子各家的思想、主张和学说，而诸子各家见仁见智，各自不同，故谓诸子各有其"道"且各有各的道理亦可，老子曾悲叹"吾言甚易知，甚易行"而"天下莫能知，莫能行"（《老子·第70章》），以及孔子师徒慨叹"道之不行，已知之矣"（《论语·微子》）和"天下无道久矣，莫能宗予"（《史记·孔子世家》），皆有自家的言论、思想、学说、主张和道理难以实行之意。但追究和探求其言论、思想、学说、主张和道理之大本大原或终极依据，诸子各家又莫不追本溯源于天地之道，尤其强调"道之大原出于天"（《文史通义·原道上》），天的超越性和广大性也就决定了道的超越性与广大性，正是基于其超越性与广大性，故

---

① 据《尔雅·释宫第五》："一达谓之道路，二达谓之歧旁，三达谓之剧旁，四达谓之衢，五达谓之康，六达谓之庄，七达谓之剧骖，八达谓之崇期，九达谓之逵。"

道之为道，乃是指一种最根本的规律、法则或道理，在此意义上，这也正如我们上文所言，所谓的天、道或合而言之的"天道"，乃是"人类生活之理法"或道德准则的终极价值之源，是"政治所从出而应守"或共同体生活所应遵循的根本原则。正唯如此，道之大原虽"出于天"，但必须见之于行，才有意义，才能实现和成就治国平天下的根本目的和伟大事业。职是之故，诸子各家追寻和探求道的智慧，也都决非以空言立说为宗旨和目的，而道之为道，尽管有其高深玄妙的道理之义，却从来不曾脱离其人之"所行道"的路的初始义，故孔子曰："我欲载之空言，不如见之于行事之深切著明也。"（《史记·太史公自序》）而庄子则曰："道行之而成。"（《庄子·齐物论》）孟子更有名言曰："夫道若大路然，岂难知哉？人病不求耳。子归而求之，有余师。"（《孟子·告子下》）荀子亦曾曰："道虽迩，不行不至；事虽小，不为不成。"（《荀子·修身》）其意皆在强调，道如大路，是平坦广大、易知易行的，而人之所以莫能知莫能行者，根本原因就在于人们不去追寻、探求和践行。而诸子纷然杂出，为求治而言道，正是为了唤醒世人去追寻和探求道的智慧的自觉意识，并切实地见之于行动，尤其是肩负治国为政之责的统治者更应遵循道的智慧指引而去治国平天下。

当然，要区分辨别其意义的不同层次，我们也可以从以下三个层面来更好地理解和把握"道"这一概念的思想意涵与智慧特征：

第一，作为中国思想的最崇高和本源性的核心概念，求道和行道构成了激发诸子追求和探究天地万物之法则、人类生活之理法和天下国家治乱兴衰之道理的最基本的思想原动力。对此，金岳霖先生有极为精到的论述，其言如下：

> 每一文化区有它底中坚思想，每一中坚思想有它底最崇高的概念，最基本的原动力。……中国底中坚思想似乎儒道墨兼而有之。……中国思想中最崇高的概念似乎是道。所谓行道、修道、得道，都是以道为最终的目标。思想与情感两方面的最基本的原动力似乎也是道。成仁赴义都是行道；凡非迫于势而又求心之所安而为之，或不得已而为之，

或知其不可而为之的事，无论其直接的目的是仁是义，或是孝是忠，而间接的目标总是行道。我在这里当然不谈定义，谈定义则儒道墨彼此之间就难免那"道其所道非吾所谓道"的情形发生，而其结果就是此道非彼道。不道之道，各家所欲言而不能尽的道，国人对之油然而生景仰之心的道，万事万物之所不得不由，不得不依，不得不归的道才是中国思想中最崇高的概念，最基本的原动力。[1]

金先生话中多次使用了"似乎"一词，尽显学术上的谦虚谨慎。吾人不揣谫陋，似可断言，所谓"道"，即"不道之道"意义上的"道"，或者如章学诚所言，是"人自率道而行，道非人之所能据而有"（《文史通义·原道中》）意义上的"道"，这确乎是早期中国思想中最崇高的概念，而求道与行道亦确乎构成了诸子各家思想与情感两方面的最基本的原动力。

第二，诸子各家各自所谓或具体定义的"道"，也就是"道其所道非吾所谓道"意义上的"道"，是"自人各谓其道，而各行其所谓，而道始得为人所有"（《文史通义·原道中》）意义上的"道"，说到底，就是诸子各家的具体思想、主张和学说。事实上，这并非我们的事后之见，在诸子各家本身已有自觉而清醒的认识，如《庄子·天下》论述天下道术之分裂，荀子批评诸子"蔽于一曲而暗于大理"（《荀子·解蔽》）[2]和十二子虽"其持之有故，其言之成理"而"足以欺惑愚众"（《荀子·非十二子》）之非，《吕氏春秋·不二》列举诸子之所贵尚[3]，等等，不管其用意何在，但都充分彰显了诸子各家主张和学说各自不同的突出特点及其思想观念上的重要差异。

第三，诸子所谓的"道"，正如"道"之意谓"所行道"的词义所示，还具有

---

[1] 金岳霖：《论道》，中国人民大学出版社 2005 年版，绪论，第 14—15 页。

[2] 《荀子·解蔽》曰："墨子蔽于用而不知文，宋子蔽于欲而不知得，慎子蔽于法而不知贤，申子蔽于势而不知知，惠子蔽于辞而不知实，庄子蔽于天而不知人。"

[3] 《吕氏春秋·不二》曰："老耽贵柔，孔子贵仁，墨翟贵廉，关尹贵清，子列子贵虚，陈骈贵齐，阳生贵己，孙膑贵势，王廖贵先，兒良贵后。"

一种探求道在哪里而"注重实行"①的特点，也就是说，诸子皆"务为治"而求道，其思想、主张和学说及其治道智慧实具有极强烈而鲜明的实践性特征或天然的实践品格。这一点尤其体现了中国思想与西方古希腊哲学的不同，古希腊哲学采取的是一种纯理论或思想优于行动的立场和态度，追求一种超越于具体现象或现实世界的普遍形式理念的真理和智慧，而诸子采取的却是一种"不尚空言，要在坐而言者，起而可行"②的实践优先的立场和态度，追求一种不超离于具体现象或现实世界的"规范国家与指导个人生活"的道和智慧，并深切希望在人类历史的实际进程中追求道义和智慧的具体实现。

必须指出的是，所谓的实践性特征，决不意指诸子之纷然杂出而言道只是单纯为了适应甚至迎合当下的现实需要而兴起，虽然不乏纵横之徒和游士之流仅为一己之功名利禄着想、只以现实利害为说辞而游说、迎合人君世主之好恶心理。但在"超越"一词意味着对现实世界进行一种批判性、反思性的质疑的意义上，事实上，诸子各家决不缺乏这样一种"超越"性的意向。他们立言求道，"皆自以为至极，而思以其道易天下"，说明了他们的实践性诉求普遍是想要以其最佳治道来易"天下无道"为"天下有道"。这样一种超越性的理想目标追求，决定了在诸子最佳治道理想与现实政治状况之间存在着一种批判性、反思性的张力。在我看来，借用马克思在《关于费尔巴哈的提纲》中的说法，也许能够最好地揭示和阐明诸子各家在理想与现实之间追寻和探求最佳治道这一政治生活的永恒问题的思想意图及其实践品格，即诸子各家不"只是用不同的方式解释世界"，他们认为问题的关键"在于改变世界"③，故孔子曰："天下有道，丘不与易也。"（《论语·微子》）正唯如此，所以才会像一些学者所说，诸

---

① 章太炎：《历史之重要》，见马勇编：《章太炎讲演集》，河北人民出版社 2004 年版，第 152 页。

② 章太炎：《历史之重要》，见马勇编：《章太炎讲演集》，河北人民出版社 2004 年版，第 148 页。

③ 马克思、恩格斯：《马克思恩格斯选集》第 1 卷，人民出版社 1972 年版，第 19 页。

子各家基于其对"道"的理想信念，各自创建了一套言之成理、持之有故的系统学说，而且他们所寻求的"道"虽各有特色，但在大方向与终极目标方面，却殊途而同归，共同造就了具有中国文化特色的"轴心突破"，诸子对"道"的追寻与探求也正体现了作为"轴心突破"的最显著标志的超越世界的出现。

三、士人、政治与天下

美国学者威尔·杜兰特尝言："思想的发展也是一部令人激动的浪漫传奇。"[①]事实上，我们也可以说，中、西哲学思想的发展也各有各的激动人心的浪漫传奇故事。如果说古希腊哲学家开创和奠立了西方思想发展的浪漫传奇之路、塑造和成就了西方伟大的政治哲学传统的话，那么，正是先秦诸子各家开创和奠立了中国思想发展的浪漫传奇之路，塑造和成就了中国伟大的政治哲学传统。那么，我们究竟应如何理解这一浪漫传奇的演进道路和中国政治哲学传统的内涵特色呢？

（一）中国政治哲学的实践维度

美国学者史蒂芬·B.斯密什曾经这样描述西方政治哲学的实践维度，他说：

> 政治哲学的实践维度，同样体现在所有这些作者（指自古希腊以来的西方政治哲学家——引者注）身上。他们都不是象牙塔里的学者或大学教授，超然于真实的政治世界之外。柏拉图进行过三次漫长而危险的西西里之行，为的是向西西里的僭主进谏；众所周知，亚里士多德是亚历山大大帝的老师；马基雅维利为他的祖国佛罗伦萨的外事活动耗费了多年心血，并且是作为一个向美第奇家族进谏的人而从事写作；霍布斯是一个贵族家庭的教师，他们在英国内战中追随英王以致遭到

①　［美］威尔·杜兰特：《哲学的故事》，梁春译，中国档案出版社2001年版，再版前言，第6页。

放逐；洛克与沙夫茨伯里圈子关系紧密，他们也因密谋反对另一位英王而遭到放逐；卢梭没有什么官方的政治关系，但他自己的署名是"日内瓦公民"，并且受邀撰写了波兰和科西嘉的宪法；托克维尔是法国国民议会的一员，他对美国民主的经验深深地影响了他看待欧洲未来的方式。伟大的政治哲人总是投身于他们时代的政治，并且为我们思考自己时代的政治提供了榜样。①

不过，对古希腊政治哲人而言，哲学的沉思毕竟高于或优于政治的行动，而且，就政治哲学作为一种实践哲学本身来讲，正如张汝伦先生所说，"西方实践哲学的提倡者不能不承认，他们的实践哲学本身仍然是理论，而不是行动"，然而，"对于中国哲学家来说，哲学就应该发为工夫修养、人伦日用、道德行为和生命实践，否则哲学就没有意义，就没有哲学。哲学是由义理支配的实践"②。因此，作为一种其要在坐而言、起而能行的生命学问，作为一种由义理或道义支配的生命实践，而非纯理论的"口耳之学"，以追求立功立德和修齐治平为直接目标的中国政治哲学，自皆"务为治"的诸子各家开始，各家各派不仅对于政治事务有着系统的理论思考，而且更表现出一种强烈而鲜明的以行动与实践来诠释其义理或道义信念，从而积极投身他们时代的政治、推

---

① ［美］史蒂芬·B.斯密什（Steven B. Smith）：《政治哲学》，贺晴川译，北京联合出版公司2015年版，第8—9页。

② 张汝伦：《我们需要什么样的文明》，商务印书馆2017年版，第332页。另外，张先生还精到地指出："与现代政治哲学根本不同的是，儒家的政治哲学是一种真正意义上的实践哲学。现代西方政治哲学其实是一种理论哲学，它的主要任务是对重要的政治观念、概念、价值、结构要素和功能进行批判的检验、阐明和规定。而儒家的政治哲学则不然，它主要的功能不是对政治概念、政治价值和政治命题进行理论的说明和检验，而是根据三代所体现的政治理念和理想对现实政治进行批判。与西方不同的是，儒家不喜欢抽象地琢磨政治理念，而习惯在历史和现实政治中来评判政治得失。因此，儒家的政治哲学与历史哲学往往是结合在一起的，孔、孟就是结合历史现实来阐发他们的政治理念，而王船山的《读通鉴论》，更是这方面的一个典型例子。"（《我们需要什么样的文明》，商务印书馆2017年版，第132页）

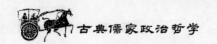

动现实状况改变和政治变革进程的实践维度。

孔子为变"天下无道"为"天下有道",自55岁至68岁,颠沛流离、周游列国长达十四年之久,"干七十余君无所遇"(《史记·儒林列传》),蒙困受辱而生死无悔;墨子更加力行救世,上说下教,足迹遍及鲁、宋、齐、卫、楚等诸国,为了阻止楚国攻打宋国,"自鲁趋而十日十夜,足重茧而不休息,裂衣裳裹足"(《淮南子·修务训》),奔赴郢都,劝说楚王。故后人赞之曰:

> 孔子无黔突,墨子无暖席……蒙耻辱以干世主,非以贪禄慕位,欲事起天下利而除万民之害。(《淮南子·修务训》)

> 太上有立德,其次有立功。夫德不得后身而特盛,功不得背时而独章,是以圣哲之治,栖栖皇皇,孔席不暖,墨突不黔。(《汉书·叙传》)

正是在孔、墨的教导、感召与影响下,孔门七十子之徒散游诸侯,"大者为师傅卿相,小者友教士大夫,或隐而不见"(《史记·儒林列传》),而"墨子服役者百八十人",更是"皆可使赴火蹈刃,死不还踵"(《淮南子·泰族训》)。

战国之世,七国争雄,"分裂诸夏,龙战而虎争",真可谓游士的天下:"游说之徒,风扬电激,并起而救之",他们纵横捭阖,"亡命漂说,羁旅骋辞","其余焱飞景附,煜霅其间者,盖不可胜载"(《汉书·叙传》)。其中,最著名者如吴起、商鞅、苏秦、张仪、公孙衍、范雎、蔡泽、吕不韦、李斯等,他们都积极投身波诡云谲的列国纷争和政治斗争中,风云际会的特殊时代环境使他们有机会走上功成名就的仕途巅峰,尤其富有一种以行动诠释其人生价值与意义的传奇色彩。譬如,正是早期法家的杰出代表吴起、商鞅之辈力行变法改革而且功效卓著,才使南楚、西秦成为列国中最强大的国家;正是纵横家之流苏秦、张仪、公孙衍等倾动列国,乃至"所在国重,所去国轻"(《战国策·刘向书录》)、"一怒而诸侯惧,安居而天下熄"(《孟子·滕文公下》);正是范、蔡、吕、斯等人相继仕秦为相，权时度势，出奇策异谋，最终使秦国统一了天下。不过，他们也为此而在各国的政治斗争中付出了生命的沉重代价。投身变法改革事业的吴起、商鞅因不能见容于宗法旧贵族势力而付出生命代价，曾经拥有"佩六国相印"身价的苏秦以及投机政治而获得巨大成功的商人吕不韦最后也都获罪亡身，法家巨子韩非、李斯更是冤死于坚定不移地奉行法治而其政"壹宗非、斯"[①]的秦，相较于希腊圣哲苏格拉底之死于堪为民主城邦之典范的雅典，他们的政治遭遇同样发人深省而引人浩叹。

至于道家，虽然老子"以自隐无名为务"，杨朱以贵己、为我为宗，庄子更蔑视权势而以"终身不仕"为志，但他们也都一定要将其人生信念与思想观念最终落实在自己的果决行动或展现在某种鲜明的行为姿态上，如：老子"居周久之，见周之衰"（《史记·老子韩非列传》）而遂去周归隐；杨朱见衢途逵路而哀哭之，"为其可以南，可以北"（《淮南子·说林训》），关乎着荣辱、安危、存亡，乃至"过举蹞（跬）步而觉跌千里者"（《荀子·王霸》）；庄子更宁愿"游戏污渎之中自快"而"无为有国者所羁"，故以决绝的态度拒绝了楚威王"许以为相"（《史记·老子韩非列传》）的聘请。

由上可见，自孔、老、墨三圣之后，诸子各家纷然杂出，他们讲学游说于列国之间，或者"各著书言治乱之事"，其意皆在救世以"干世主"（《史记·孟子荀卿列传》）。那么，我们究竟应如何理解诸子各家不同于西方政治哲学而"注重实行"的天然的实践维度呢？在我看来，问题的关键在于，他们并不仅仅是西方古希腊意义上的哲学家而已。正如我们在"导言"中所指出的那样，他们在"爱智慧"的意义上，无疑可被称作哲学家，正如上引《汉书·叙传》之文所示，孔、墨被后人称为"圣哲"，孔子临终前亦曾自叹自歌："太山坏乎！梁柱摧乎！哲人萎乎！"（《史记·孔子世家》）据《尔雅·释言第二》："哲，智

① 梁启超：《论中国学术思想变迁之大势》，见《饮冰室文集点校》第1集，吴松、卢云昆、王文光等点校，云南教育出版社2001年版，第244页。

也。""圣哲"或"哲人"的说法，正意味着他们自认为亦被后人看作有智慧或"爱智慧"的思想家或哲学家。作为道的追寻和探求者，他们尊道贵德而不尚智巧（老子），或者仁智并重，即既贵仁尚义而同时又重才能贤智（孔、墨）。职是之故，他们大都向往和推崇以道化民或博施济众的圣人之治，即使他们自认为达不到圣人的境地而不以圣人自居，却也以圣贤自期，并努力追求实现或成就贤人君子的理想人格。而圣贤之为圣贤，就在于圣贤以"修己治人"为人生根本目标，是担当道义、躬行实践治国平天下之道的行动者。说到底，诸子各家政治哲学的实践维度事实上体现的也正是圣贤人物的行动品格。

但是，圣贤之为圣贤，却并不是什么不食人间烟火的稀有动物，他们只不过是受过教育、通过学习而获得知识才能并富有道德修养的人，他们不过是士人群体中德行才智出类拔萃者而已。因此，我们只有从士人的视角才能更好地理解中国圣贤人物的行动品格与诸子各家政治哲学的实践维度及其政治哲学内涵的特色所在。

（二）士人与政治

士人乃中国社会与中国文化的特有产品，诚如钱穆先生所说："窃谓自战国以来，中国社会特有士，乃中国传统文化一大特征。两汉以来之儒林，宋明以下之道学，皆士也。即道释两家中亦多士。明于其所以为士，乃知其所以为学矣。亦合而观之，乃庶知中国学术之大统。"[①]据钱穆先生所言，士之为士，实与中国学术之大统密切相关，唯知士之所以为士，方能知士之所以为学。而此所谓士，实兴起于春秋战国之际。

不过，士之名却由来已久。《说文》谓"士，事也"，士在殷、周时期，主要是指当时社会政治等级结构中属于低级贵族阶级的一个特殊的身份等级，一般而言，他们可以充任"执干戈以卫社稷"（《礼记·檀弓下》）的武士，在天子或

---

① 钱穆：《宋代理学三书随劄》，生活·读书·新知三联书店2002年版，序，第1页。

诸侯的宫廷中或基层行政机构中担任一般职事官，或者为更高一级贵族即卿大夫的邑宰或家臣而为其管理采邑和家族并统理庶民。[①] 然而，春秋以降，由于西周宗法体制和"封建"（分封）秩序的解体与整个社会政治局势的动荡不安，在社会分层领域引生了一系列不可逆转的结构性的重要历史变化。其中，最为重要的便是社会阶级上下流动进程的加剧导致了新型文士阶层（或知识阶层）的形成与涌现，如一些学者所言：知识阶层的兴起实是中国古代社会演进史上的一件大事。

那么，作为新型的文士阶层，他们的形成、涌现与兴起，究竟有着什么样的特点，又发挥了什么样的时代作用呢？

第一，作为新型的文士阶层，他们在知识和修养上自有其礼乐诗书的文化渊源，并不是从武士蜕化而来，而是在当时社会阶级的上下流动中由上层贵族的下降和下层庶民的上升汇合而形成的。

第二，作为新型的义士阶层，他们的形成和涌现与私学的兴起有着密不可分的关系。私学兴起于孔子开始从事私人讲学活动前后，在此之前，"学在官府"，只有官学，在孔子之后，民间学术迅猛发展，私人讲学蔚然成风，最终形成了中国学术思想史上诸子百家蜂起并作、相互争鸣的"全盛时代"。

第三，作为新型的文士阶层，他们虽然只是当时日趋于多元化发展或具有多样化形态的士人群体中的一部分人，但他们所扮演的社会角色、所发挥的政治作用却是最为重要的。据刘泽华先生的归类分析，战国时代的士大体可分为七类，即武士、文士、吏士、技艺之士、商贾之士、方术之士和其他难以归类的士，其中，文士又可分为道德型、智能型和隐士三类，在所有这些士中，其核心部分乃是文士和方术之士。[②]

出现与形成的新型文士阶层，作为道德、知识、文化上的一股至关重要的

---

① 参见刘泽华主编：《士人与社会》（先秦卷），天津人民出版社1988年版，第8—13页。

② 参见刘泽华主编：《士人与社会》（先秦卷），天津人民出版社1988年版，第20—33页。

新兴力量, 开辟了中国社会形态和政治生活的新趋向, 开创了中国学术思想和政治哲学的新生面。作为新型的文士阶层, 他们的一个重要特点就是, 已从原来世袭宗法制的、先赋的血缘性的封建关系和固定的等级性社会身份地位的羁绊中解放、游离出来, 获得了人格和社会身份地位上的相对独立性, 而且, 可以通过知识的学习、智能的训练、德行的陶冶、文化的修养而自我培育、繁衍和生长。作为一个有知识有学问的独立阶层, 他们或者担当道义、以德操名世, 或者纵横捭阖、以才智著称, 或者坐而论道、"不治而议论"(《史记·田敬仲完世家》), 或者入仕参政、职掌国事, 或者立言垂教、以劳心讲学为务, 或者愤世嫉俗、以退隐山林相尚。他们基本处在一种"朝秦暮楚""士无定主"的生存状态, 可以在各国之间自由流动, 并逐渐在当时各国日趋激烈的政治竞争和军事战争中成为一支最重要的生力军, 为各国统治者的内政外交活动提供着急需的智力和人才支持, 其影响不断扩大, 发挥着越来越重要的决定性的政治影响与社会作用。正所谓"六国之时, 贤才之臣, 入楚楚重, 出齐齐轻, 为赵赵完, 畔魏魏伤"(《论衡·效力》), 或者如清初著名学者顾炎武所说, "春秋以后, 游士日多。《齐语》言桓公为游士八十人奉以车马衣裘, 多其资币, 使周游四方, 以号召天下之贤士。而战国之君遂以士为轻重, 文者为儒, 武者为侠"(《日知录》卷七"士何事"条)。

也正是新型文士阶层的涌现与崛起, 开启了中国"精神觉醒"或"哲学突破"的"轴心时代"。中国的"轴心时代"可以说正是一个文士阶层最自由而活跃的时代, 是一个文士阶层走上时代舞台中心的时代, 是一个文士阶层成为社会政治的中坚而引领时代精神走向的时代。当时新兴的文士阶层, 凭借其德行、才能、知识、谋略与智慧而活跃于那个特殊的时代环境中, 于天下国家的兴衰治乱所关甚大, 逐渐成为正在形成中的中国特殊的四民(士、农、工、商)分业的社会结构秩序和家国天下多层级的人类共同体中从事学术思想创造、参与治国为政、引领社会文明走向的领导阶级①。而诸子各家的政治哲人或思想领袖们正是新型文士阶层或精英群体中最杰出、最优秀和最卓越的代表，而作为新型文士群体中最出类拔萃的成员，他们不仅在学术思想的理论建树方面作出了前所未有的创造性贡献，而且，他们所从事的学术性、知识性和精神性的创造活动，也不能不天然地带有文士阶层积极投身时代大潮、力行救世、参与政治的特殊的精神烙印和行动品格。尤其是，正因为他们出身于新型文士阶层，所以，在他们关于政术治道的政治构想中，占据主导角色的也正是士人和士人中的圣贤人物，换言之，他们的政治哲学不仅具有强烈而鲜明的实践维度，而且在其关于政术治道的思想主题与推崇圣贤统治的政治构想中，士人特别是士人中的圣贤人物更被赋予了一种能够并理应担负起治国为政职责乃至决定天下国家治乱兴亡的政治主体角色。在此，我们无须援引诸子各家自己的言论为证，曾对先秦典籍与诸子学术进行过系统校理与总结的西汉著名学者刘向的下述一系列说法实足以说明这一点："人君之欲平治天下而垂荣名者，必尊贤而下士""治乱之端，在乎审己而任贤也""国无贤佐俊士，而能以成功立名、安危继绝者，未尝有也""无常安之国，无恒治之民，得贤者则安昌，失之者则危亡，自古及今，未有不然者也""士存则国存，士亡则国亡"（《说苑·尊贤》）。

表面看来，这似乎与柏拉图推崇哲学家的统治极为相似，但对柏拉图来讲，哲学家的统治事实上意味着一种理想的特殊的政体形式，或者也可以说是柏拉图以哲学家的身份或视角所构想的一种最佳政制类型。然而，由于柏拉图意识到乃至"承认这种制度不说不可能也几乎是无法实现的"②，所以他后来不得不放弃了这一理想，转而寻求一种次好的政制。而在他的学生亚里士多德那里，

———————————

① 如钱穆先生所说："惟中国乃有士社会，为农工商社会之高层领导中心。"（《再论中国文化传统中之士》，见《宋代理学三书随劄》，生活·读书·新知三联书店2002年版，第203页）

② ［美］列奥·施特劳斯、约瑟夫·克罗波西主编：《政治哲学史》（上），李天然等译，河北人民出版社1993年版，第144页。

更可说发生了一种对各种政制及其优劣得失问题进行超然客观的科学探究的重要思维转向，诚如美国著名政治哲学史家施特劳斯所说，如果说柏拉图的政治哲学旨在追求"最好"的政治制度，那么亚里士多德的政体科学，则不仅"考虑绝对好的政体"，也"探讨适用于特殊城邦的最好政体"，"以及既是最好的同时又对绝大多数城邦最适合或可接受的政体"，而且，"亚里士多德的主要兴趣在于改造现存的政体，这一点对于理解他的全盘研究来说是至关重要的"[①]。比较而言，诸子各家所推崇的圣贤之治，却并非一种政制类型或政体形式，而毋宁说是一种君主政体下的最佳治道选择。在他们看来，天下国家的治乱、盛衰与兴亡不在政制如何，而在于是否任贤用贤而治或是否以圣贤为治理主体，尽管诸子各家所谓圣贤的含义不同，对要不要尊贤、尚贤的问题也存在不同的看法甚至激烈的争议。当然，除了在个别极端而激进的思想家的思想主张中可能蕴含着一种"无君"论（杨朱和庄子）或"无所事圣王"[②]的政治诉求，诸子各家之所以推崇圣贤的统治，主要是要改造担负治国为政职责的领导阶级的成员构成以及天下国家的现存的治理状况，而不是要改变由来已久的现存的君主政体[③]，这一点对于我们理解诸子各家以政术治道为中心的政治哲学来说是至关重要的。诸子各家之所以皆"务为治"，说到底，其宗旨和目的即在为新型文士阶层开辟参与天下国家之公共治理或分享君主治权的仕进之路与政治空间。

（三）士人与天下

争霸称雄和列国纷争的时代环境与多极化政治权力中心的竞立并存，为士人阶层提供了前所未有的自由流动的生存空间。生存的压力与竞争的需要迫使

---

① ［美］列奥·施特劳斯、约瑟夫·克罗波西主编：《政治哲学史》（上），李天然等译，河北人民出版社 1993 年版，第 155 页。

② 《汉书·艺文志》曰："农家者流，盖出于农稷之官。播百谷，劝耕桑，以足衣食，故八政一曰食，二曰货。孔子曰'所重民食'，此其所长也。及鄙者为之，以为无所事圣王，欲使君臣并耕，悖上下之序。"

③ 按照梁启超先生的说法，尧、舜实为中国中央君权的滥觞。（《尧舜为中国中央君权滥觞考》，见《饮冰室文集点校》第 3 集，吴松、卢云昆、王文光等点校，云南教育出版社 2001 年版，第 1668—1670 页）

各国统治者不得不礼贤下士、开放仕途，从而为士人参政议政提供了广阔的政治活动空间；反过来，士人的上下自由流动及其积极入仕参政的政治活动也不断促进着各国政权仕途的开放以及统治者开明性与包容性的增长。正是政治上的开放开明与社会流动性的不断增长为当时的士人群体提供了人生选择与社会存在的各种可能性，从而使中国"轴心时代"的士人群体作为一个社会阶层而展现出了一种极其丰富而充满内在张力的多样性与复杂性，他们抱持着极为不同的价值观念与人生信仰：或者追求人格的尊严与高尚，或者追求一己的功名与禄利；或者立志高远、抱负宏大，或者趋炎附势、贪图富贵；或者采取消极保守的政治立场与态度，或者坚持积极进取的政治立场与态度；或者奔走于诸侯公门，或者被豢养于贵族私家。上焉者为公卿大夫，下焉者为鸡鸣狗盗之辈。

　　然而，他们却有着一种相当惊人的一致性。当时的士人群体，特别是战国时期的游士以及士人群体中的最杰出代表或作为其理论代言人的诸子百家，他们一方面普遍具有一种高度世俗化的政治文化心态，即他们普遍拥有"把积极的政治干预作为达到个人和集团目标的途径"这样一种自觉的意识，并对"个人具有可利用各种机会来改变自己处境的能力"[1]充满了自信，另一方面则很少抱持"狭义的国家观念"[2]，即坚定地效忠和服务于某一国家（包括自己出生地的母国）之特殊利益的狭隘观念[3]。但这决不是说他们就缺乏家国的情怀[4]，甚至都是缺乏任何道德操守、随时准备背信弃义的虚无党之流，恰恰相反，他们大多秉持"良禽择木而栖，贤臣择主而事"的政治观念和"士为知己者死"的

①　［美］加布里埃尔·A.阿尔蒙德、小 G.宾厄姆·鲍威尔：《比较政治学：体系、过程和政策》，曹沛霖、郑世平、公婷等译，上海译文出版社 1987 年版，第 57 页。
②　详见钱穆：《中国文化史导论》（修订本），商务印书馆 1994 年版，第 48—49、第239—240 页。
③　参见梁启超：《先秦政治思想史》，东方出版社 2012 年版，第 266—267 页。
④　参见孔孟儒家教人敬爱自己父母兄弟乃至"老吾老，以及人之老；幼吾幼，以及人之幼"《孟子·梁惠王上》）的孝悌亲亲之道、墨子教人"视人之国若视其国"《墨子·兼爱中》）的兼爱他国之道，体现的都是一种人人皆应如此而一视同仁的普遍的道德原则，其家国情怀真挚、深厚而博大，决不是那种仅仅表达一己偏私之爱的情感。

人生信念，愿意并能够真诚地效忠和服务于自己选择并信任和重用自己的君主与国家，但他们更愿意效忠于自己所抱持的超越国家而胸怀天下的终极理想信念与天下太平或世界大同的崇高政治目标，他们在政治上追求实现的是治平天下和造福人群的更为宏伟远大而富有世界主义和人类主义性质的抱负与目标，而不只是为一国一君而效忠与服务。唯其如此，故"我国先哲言政治，皆以'天下'为对象，此百家所同也"，或者"中国人说政治，总以'天下'为最高目的，国家不过与家族同为达到这个最高目的中之一阶段"①。而中国政治思想的三大特色即世界主义、平民主义（或民本主义）和社会主义②，事实上皆与此有着密切的关系，或皆根此而发。所谓"'天下'云者，即人类全体之谓"③，故天下主义也就是世界主义或人类主义；"天下非一人之天下也，天下之天下也"（《吕氏春秋·贵公》），故天下应为民本主义的民有、民享之天下；全体人民之共有、共享天下之财富与资源、繁荣与富足，斯为社会主义。④如此富有公共理性精神的天下观念与政治理念虽不无理论上的缺点，如缺乏民治的观念，即"徒言民为邦本"而人民却没有"参政权"⑤，但我们却不能因此缺点便也把其优长的价值与意义否定掉，尤其是其以天下为政治思考对象的政治论中，不仅蕴含着一种极其珍贵的世界主义或人类主义的人道情怀与普适价值，同时也充分彰显了中国人对于天下太平或世界大同这一极崇高、远大而优美的政治理想目标的永恒追求⑥。正唯如此，抱持着这种政治理想和目标信念的中国士人亦常常胸

① 梁启超：《先秦政治思想史》，东方出版社 2012 年版，第 212、第 266 页。
② 参见梁启超：《先秦政治思想史》，东方出版社 2012 年版，第 3—4 页。
③ 梁启超：《先秦政治思想史》，东方出版社 2012 年版，第 212 页。
④ 参见梁启超：《先秦政治思想史》，东方出版社 2012 年版，第 6—7 页。
⑤ 梁启超：《先秦政治思想史》，东方出版社 2012 年版，第 6—7 页。
⑥ 如钱穆先生所言，正是超越国家的天下观念及其所蕴含的深厚而博大的"人类主义"和"世界主义"情怀与政治诉求，最终将中国抟成了一个"和平的大一统的国家"，并成就了中国文化之绵延不绝、可大可久的博大悠久。（参见《国史大纲》修订本，上册，商务印书馆 1996 年版，第 99 页；《中国文化史导论》修订本，商务印书馆 1994 年版，第 237 页）

怀一种以天下为己任、为造福人群而乐于从政的理想、信仰、抱负与担当精神。①

然而，天下不仅是一个共时性的概念，同时亦是一个历时性的概念，因为天下有治有乱，正所谓"天下之生久矣，一治一乱"（《孟子·滕文公下》）。因此，诸子百家胸怀天下，追求天下治平的目标，不仅强调天下的公有共享的共时性问题，更常常从历史的角度来反思天下治乱兴亡的历时性问题。而将这两个方面汇聚成共同的一个焦点问题，那就是天下应由谁来统治并采取和奉行什么样的政术治道的问题，而答案就是天下理应由君主来统治并选任圣贤人物或士人精英来充当治国为政的政治主体，同时，必须采取和奉行最佳的政术治道，才能使天下走向太平大治。依诸子各家之见，治国平天下都必须遵道而行，正所谓"治国家者，行道之谓"（《新书·大政下》），"道存则国存，道亡则国亡"（《荀子·君道》），而天下之治乱兴亡亦皆由其道所致。既然政术治道关乎着天下国家的治乱兴亡，而诸子各家又"皆自以为至极，而思以其道易天下"，故而决定着诸子各家学术宗派与政治党派之属性的不是他们对于政制的立场与看法②，而是他们所持有的各种不同的政术治道理念。

我们仍有必要再次回到中西比较的话题上。从政治哲学产生的政治背景来

---

① 如钱穆先生所说："中国是一个大一统的国家，从事政治事业是最尊荣的。……一为三公，则全国事务，无所不当预闻。天下安危，系诸一身。因此中国的读书人，无有不乐于从政的。做官便譬如他底宗教。因为做官可以造福人群，可以发展他的抱负与理想。只有做官，最可造福人群，不得已退居教授，或著书立说，依然希望他的学徒与读者，将来得依他信仰与抱负，实际在政治上展布。"（《中国文化史导论》修订本，商务印书馆 1994 年版，第 126—127 页）

② 如美国学者史蒂芬·B. 斯密什所说："政制始终是一种个别的东西。它与其他类型的政制处在一种相互对立的关系之中。结果，冲突、紧张和战争的可能性就深深存在于政治的这种构造当中。政制必然都带有党派性。它们逐渐向人灌输特定的忠诚和激情……这些带有激情性质的归属，不仅发生在不同政制之间，甚至也发生在政制内部：不同的党派、团体和小圈子各有其忠心和归属，竞逐权力、荣誉和利益，而此三者正是人类行动的最大动机。"（《政治哲学》，贺晴川译，北京联合出版公司 2015 年版，第 7 页）

说，竞争并存的众多政治共同体之间分裂性的政治冲突和价值观念上的多元事实，自始便是中西政治哲学家们必须面对的最为棘手的现象，因此他们极为关注的就是现实政治的衰退和健全政治的重建问题。然而，他们所集中思考的政治对象和深切关注的核心政治问题却是极为不同的：一为城邦及其政制问题，一为天下及其政术治道问题。

由为数众多、政体各异的城邦所形成的政治背景，为古希腊政治哲学家们对城邦的各种政制类型或政府形式进行比较性的系统分析提供了最佳的便利条件，正因为如此，所以恰如西方学者麦克里兰所言："一趟古希腊之旅，就是上一堂比较政府课的好机会。"① 与之相反，诸子各家以天下为政治思考对象而探求政术治道问题的政治哲学进路，却自始便是周制"封建天下"日趋于解体时代的必然产物。诸子各家的政治哲学家们虽然生活在列国纷争的时代环境下，但周制"封建天下"的列国环境不同于古希腊政制各异而互相独立的城邦环境，因为周制"封建天下"的列国的建立或创始大都源于周王室或同一个中央政府的"分封"与正式承认②，尽管"封建"列国所奉行的治国方略或政术治道可能有异③，但它们同尊周天子为天下共主并奉行其礼乐政令，故不仅有着大体相同的政治体制，而且与周王室共同构成了一个统一的天下秩序。所谓的"诸侯异政"（《荀子·解蔽》），只是政术治道之异，而非政制之异。职是之故，生活在周制"封建天下"日趋解体而陷于列国纷争时代的政治哲学家们，为了挽救时代的混乱，重整世界秩序，始终难以割舍掉"天下"的情怀，只因这无法排遣的"天下"情怀，他们"只想行道于天下，行道于全人类"④，故他们的兴趣关

① ［美］约翰·麦克里兰：《西方政治思想史》，彭淮栋译，海南出版社2003年版，第19页。
② 钱穆：《中国文化史导论》（修订本），商务印书馆1994年版，第8页。
③ 如伯禽代其父周公受封治鲁，采取的是"变其俗，革其礼"（《史记·鲁周公世家》）的治理方略，而姜太公受封治齐，采取的却是"因其俗，简其礼，通商工之业，便鱼盐之利"（《史记·齐太公世家》）的政术治道。
④ 钱穆：《中国文化传统之演进》，见《中国文化史导论》（修订本），商务印书馆1994年版，第239页。

注点不是比较性地系统考察各国政制类型或政府形式，乃至进一步思考"在君主体制之外进行其他政治制度的设计"，而是大都着重思考和探究如何以自家的最佳政术治道来挽救和彻底消除列国纷争与"诸侯异政"的混乱政象，以便重新实现天下的和平统一与太平大治。正如古希腊政治哲学向我们表明了各式各样的政制类型及其各自不同、相互竞争甚至蕴含着潜在冲突的要求和原则一样，诸子各家的政治哲学也向我们表明了各式各样的政术治道类型及其各自不同、相互竞争甚至蕴含着潜在冲突的要求和原则，因此，我们也可以说，一趟考察诸子百家思想争鸣的古中国之旅，事实上也就是上一堂比较政术治道课的好机会。而在诸子百家思想争鸣与哲学论辩的话语背后，总有着这样一个问题：在各种政术治道中，究竟哪一种是最佳政术治道？因此，最佳政术治道的问题总是指引着中国的政治哲学。与此同时，在诸子各家的思想影响及其对政治实践活动的广泛参与下，在战国秦汉之际，最佳政术治道的问题事实上也总是指引着中国的政治实践，乃至在当时的政治实践领域持续推动和引发了政术治道的不断转化、变迁、更革与创新。无论从理论的角度还是实践的意义上讲，不同的政术治道不可避免地创造和构建着完全不同的国家治理形态和天下治理秩序，因此，不管诸子各家所抱持的政治态度如何[1]，当他们所构想的政术治道落实在政治行动上[2]或真正变为一种实际的政治实践时，事实上已不可能使列国

---

[1] 如萧公权先生所说："在此由封建天下转为专制天下之过渡时期，政治思想之可能态度，不外三种。（1）对将逝之旧制度表示留恋，而图有以维持或恢复之。（2）承认现状，或有意无意中迎合未来之新趋势而为之张目。（3）对于一切新旧之制度均感厌恶，而偏重个人之自足与自适。就其大体言之，儒墨二家同属第一类，法家诸子属第二类，道家之老庄及一切'为我'之思想家，独善之隐君子，即皆属于第三类。"（《中国政治思想史》，新星出版社 2005 年版，第 15 页）

[2] 如美国学者史蒂芬·B. 斯密什所言："政治哲学所特有的主题就是政治行动。一切行动的目标，要么是保守（preservation），要么就是变革。当我们追求变革时，为的是让某种事物变得更好；当我们追求保守时，为的是避免某种事物变得更坏。即使选择不作为，袖手旁观也是一种行动。由此可见，一切行动都预设了某种对于更好和更坏的判断。"（《政治哲学》，贺晴川译，北京联合出版公司 2015 年版，第 5 页）

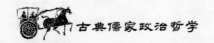

纷争的时代状况再重新回复到周制"封建天下"的原来治理状况，他们不期然而然地促进和带来一种时代的大变革，包括政制上从西周春秋封建制的贵族君主制向秦汉大一统郡县制的官僚君主制所发生的时代性的演化变迁。

综上所述，对"道在哪里"的最深沉追问，确乎构成了中国"轴心时代"诸子百家最根本的思想动力与智慧源泉。对道的智慧的追寻和对最佳政术治道的探求，成就了中国"轴心时代"的诸子百家之学，反之，为追寻道的智慧和探求最佳政术治道而展开的思想争鸣，也最淋漓尽致地展现了中国"轴心时代"在学术思想上的"哲学突破"意义。而在诸子百家中，堪称中国政治哲学之大宗和代表的当数儒、墨、道、法四大家，在一定意义上，我们甚至可以说，研习中国政治哲学，就是要去体会和领悟这四大宗派关乎政术治道理念的中国智慧及其所代表的中国政治哲学传统的永恒魅力。只有在此充分领会的基础上，我们才能真正继往开来、吐故纳新，才能真正在创造中转化，在创新中发展，才能真正在文明自觉和文化自信的梦想指引下勇敢地开辟自己新时代的道路乃至从容走向更美好的未来。

第二章 王道、君子与政治
——孔子政治哲学思想与治国为政智慧

在孔子和儒家的思想视域中，所谓政治，无疑是与道德和伦理密不可分的。在今天，这一点常常受到抱持所谓"纯政治"或纯粹的权力政治观点的现代学者的批评。他们认为，"政治是以处理权力问题为中心的"，而在先秦诸子中，"只有法家，尤其是韩非，能直捣政治问题的核心，发现了政治的独特领域"，亦即"把政治当做政治看，划道德于政治领域之外"，从而"奠定了中国政治哲学的基础"①，或者建立了"含有近代意味纯政治之政治哲学"，反之，"儒家混道德政治为一谈，不脱古代思想之色彩"②，又或者是孔子儒家突出人在政治中的重要地位，特别强调个人的修养问题，而"把道德品质作为首要条件"，乃是

---

① 韦政通：《中国思想史》（上），上海书店出版社 2003 年版，第 247 页。
② 萧公权：《中国政治思想史》，新星出版社 2005 年版，第 153 页。

一种"不切实际的空论",甚至常常"流于欺骗"①。显然,在这些学者看来,孔子和儒家混道德与政治为一谈,体现了一种"不脱古代思想之色彩"的观念上的缺陷与弱点,比较而言,法家特别是韩非的"划道德于政治领域之外"的"纯政治"观念,则含有近代政治哲学的意味。然而,正如萧公权先生同时所指出的那样,"抑吾人当注意,韩非不仅摒道德于政治范围之外,且认私人道德与政治需要根本上互不相容,而加以攻击"②,也就是说,韩非的"纯政治"观并不仅仅是"划道德于政治领域之外",而是极力要将所谓"政治领域之外"的"私人道德"一概摈弃,乃至铲除净尽而后已的。不过,问题的关键在于,我们是否真的只能从"划道德于政治领域之外"的近代意味的"纯政治"的视角来看待"政治"的问题,只能采取一种完全脱离与背弃道德、完全割裂政治与道德之关系的立场和态度,才能对"政治"问题有一种真切而正确的理解呢?又或者如英国学者奥克肖特所说,"每一种关于政府体制和政府职能的理论都有自己的一套道德信仰",而且,"政治信念与道德信仰的相互影响往往是交叉的,于是它们彼此都可能成为用以阐述对方的背景"③,信如斯言,那么,我们要想理解和阐述某种有关政府体制和政府职能理论之政治信念的实质,就必须首先搞清其道德信仰之背景的真实含义?信如奥克肖特所言,事实上,换一个角度来讲,即使是亟欲摈弃和铲除"私人道德"的韩非,其实亦有其自己的"道德信仰",反之,当我们真正深入其自身所固有的思想脉络和义理结构而理解了孔子儒家的道德信仰及与之密切相关的政治信念,我们也不难发现他们也并不仅仅是简单地"混道德政治为一谈"而已。在我们看来,现代学者的上述批评并非毫无道理,但具有一种以今论古的过度诠释意味。也许我们更应该站在孔子和儒家自身的立场上,对其道德信仰和政治信念及二者的关系重新加以审视,看看他

---

① 刘泽华:《中国政治思想史集》第一卷《先秦政治思想史》,人民出版社2008年版,第239、251页。

② 萧公权:《中国政治思想史》,新星出版社2005年版,第153页。

③ [英]迈克尔·奥克肖特:《哈佛演讲录:近代欧洲的道德与政治》,顾玫译,上海文艺出版社2003年版,第28页。

们在当时究竟是怎样"发挥了自己最富创见性的洞识"①的。当然，有一点是确定无疑的，那就是他们心目中理想的政治的确极为不同于这样一种意义上的"权力政治"，正如美国著名学者萨托利所说，所谓"权力政治"，其实也就是"指那种不管理想，只以权势、欺诈和无情地运用权力为基础的政治"②。

一、历史上的王道

（一）道始于三人居室

政治也好，道德和伦理也罢，在孔子和儒家的思想论域中，其实又都可以被包括在道这一概念的含义之内。那么，对孔子和儒家而言，道之为道，究竟意味着什么？道之本原又何而出？清儒章学诚在其名著《文史通义·原道上》中曾如是说：

> 道之大原出于天，天固谆谆然命之乎？曰：天地之前，则吾不得而知也；天地生人，斯有道矣，而未形也；三人居室，而道形矣，犹未著也；人有什伍而至百千，一室所不能容，部别班分，而道著矣。仁义忠孝之名，刑政礼乐之制，皆其不得已而后起者也。

> 人之生也，自有其道，人不自知，故未有形。三人居室，则必朝暮启闭其门户，饔飧取给于樵汲，既非一身，则必有分任者矣。或各司其事，或番易其班，所谓不得不然之势也，而均平秩序之义出矣。又恐交委而互争焉，则必推年之长者持其平，亦不得不然之势也，而长幼尊卑之别形矣。至于什伍千百，部别班分，亦必各长其什伍，而积至于千百，则人众而赖于干济，必推才之杰者理其繁，势纷而须于率俾，必

---

① ［美］郝大维、安乐哲：《通过孔子而思》，何金俐译，北京大学出版社 2005 年版，第246 页。

② ［美］乔·萨托利：《民主新论》，冯克利、阎克文译，东方出版社 1998 年版，第43页。

推德之懋者司其化，是亦不得不然之势也，而作君、作师，画野、分州，井田、封建、学校之意著矣。故道者，非圣人智力之所能为，皆其事势自然，渐形渐著，不得已而出之，故曰"天"也。

《易》曰："一阴一阳之谓道。"是未有人而道已具也。"继之者善，成之者性"，是天著于人，而理附于气，故可形其形而名其名者，皆道之故，而非道也。道者，万事万物之所以然，而非万事万物之当然也。人可得而见者，则其当然而已矣。人之初生，至于什伍千百，以及作君作师，分州画野，盖必有所需而后从而给之，有所郁而后从而宣之，有所弊而后从而救之。羲、农、轩、颛之制作，初意不过如是尔。法积美备，至唐、虞而尽善焉；殷因夏监，至成周而无憾焉。譬如滥觞积而渐为江河，培塿积而至于山岳，亦其理势之自然；而非尧、舜之圣，过乎羲、轩，文、武之神，胜于禹、汤也。后圣法前圣，非法前圣也，法其道之渐形而渐著者也。三皇无为而自化，五帝开物而成务，三王立制而垂法，后人见为治化不同有如是尔。当日圣人创制，只觉事势出于不得不然，一似暑之必须为葛，寒之必须为裘，而非有所容心，以谓吾必如是而后可以异于圣人，吾必如是而后可以齐名前圣也。此皆一阴一阳往复循环所必至，而非可即是以为一阴一阳之道也。一阴一阳往复循环者，犹车轮也；圣人创制，一似暑葛寒裘，犹轨辙也。

将道之本原上溯至天，乃是古人的一种通见共识。当然，古人所谓"天"的含义极其复杂，其含义演化的过程亦极其繁复，简而言之，如梁启超先生所说，古人之所谓"天"经历了一个逐渐"由宗教的意味变为哲学的意味"的历史演化过程，即由"直接监督一切政治"而纯为"有意识的人格神"逐渐演变为作为宇宙间"自然之大理法"而"为凡人类所当率循者"的抽象的法则义理之天，"而后世一切政治思想之总根核，即从此发轫"；"儒家道家之所谓道"，即是指"自然法则之总相"，"儒家之所谓礼，法家之所谓法"，便是指其条理，而"其渊源则认为出于天"①。

显然，章氏所谓"道"之所出的"天"，乃是指自然法则意义上的天，而道之为道，乃是指"万事万物之所以然"的道理或原则，道之在人类共同生活或具体事务中逐渐形著而体现出来，形成一种不得不然的情势，上古圣人正是回应此情势之需要而创制立法，此皆出于理势之自然、人事之当然或"只觉事势出于不得不然"而已，故人道之所当为，"非圣人智力之所能为，皆其事势自然，渐形渐著"而已。其中，就人类共同生活之道的渐行渐著而言，"道始三人居室，而君师政教，皆出乎天"（《文史通义·原道下》）的观点，尤其透显出了章氏一种卓越的有关自然演化的人类历史发展观。

然而，章氏的观念并未止步于此，而是认为，这一自然演化的人类历史发展进程，至周公、孔子而达于道趋于完备的历史顶点，正所谓"夫道自形于三人居室，而大备于周公、孔子"（《文史通义·原道中》）。在此之前，"人自率道而行，道非人之所能据而有也"，而在此之后，诸子纷纷，"百家杂出而言道"，乃至于"自人各谓其道，而各行其所谓，而道始得为人所有矣"，所谓"墨者之道，许子之道，其类皆是也"，正唯如此，儒者亦"不得不自尊其所出矣"，儒者之尊其道之所出者，"一则曰尧、舜之道，再则曰周公、仲尼之道"（《文史通义·原道中》）。

依章氏之见，诸子各家虽然各自标举"道"的大旗，而且，"皆自以为至极，而思以其道易天下者也"，其实，只不过是在表达其各自私家的见解而已，而真正的道也正因此思想的纷争而陷于沦亡湮灭的境地，正所谓"大道之隐也，不隐于庸愚，而隐于贤智之伦者纷纷有见也"（《文史通义·原道中》）。那么，章氏所谓的"大道"，究竟指的是什么呢？其实也就是指由上古圣人因应人类共同生活之需要不得不创制立法而逐渐形成和建立的一种"官师治教"合一的大传统。

---

① 梁启超：《先秦政治思想史》，东方出版社 2012 年版，第 29—32 页。

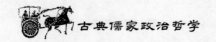

今天，我们当然不必再受章氏那种历史顶点论的狭隘观念的局限，事实上，我们更愿意放宽或拉长自己的历史视野，将章氏有关自然演化的历史发展观贯彻到底，那么，我们便必须承认，历史的发展不会因为某个历史顶点而终结，尽管上古圣人因应事势的需要而创建了一种"官师政教"合一的大传统，但人类历史（无论是思想史还是政治史）自然演化的进程并不会因此而停滞不前，也就是说，这一大传统不可能像章氏所期望的那样永远使"天下聪明范于一"或使"人心无越思"（《文史通义·原道中》），包括儒家在内的诸子各家纷纷杂出而言道，而且"皆自以为至极，而思以其道易天下"，事实上亦是因应时代情势的需要而不断拓展道的意义境域和思想疆界，自觉地开创了一个思想创造和理论建构的政治思想的黄金时代。尤其是，我们不应因为抱持一种自然演化的历史发展观，便完全抹杀人的智力、思想或自觉意识在历史发展进程中的作用，尽管在历史发展的进程中人们的生存境遇及其自觉地参与和推动历史发展演化过程的意识在程度上存在着很大的差别，古圣人的"创制立法"和周公的"制礼作乐"显然便程度不同地体现了这种自觉意识，而诸子各家各自标举自家"道"的旗帜，试图以各家自己的"道"来改变当时日趋陷于混乱状况的天下秩序，更是他们自觉参与和推动历史变革进程之意识的一种充分体现。不过，章氏的历史顶点论仍然有发人深思之处而值得我们认真对待，这一观念并非完全出自章氏个人的臆想或虚构，事实上它表达了自孔子以来儒家自尊其道之所出的一种历史观念和政治理想。

（二）孔子与六艺：传统的发现、重建与复兴

依章氏之见，孔子编修整理六艺，或者述而不作，"表章六籍，存周公之旧典"，不过是要继承和弘扬上古圣人"治教无二，官师合一"的大传统，此即"即器存道"，而非以空言立教或"以存其私说"（《文史通义·原道中》）。故章氏曰："夫子述六经以训后世，亦谓先圣先王之道不可见，六经即其器之可见者也。后人不见先王，当据可守之器而思不可见之道。故表章先王政教，与夫官司典

守以示人，而不自著为说，以致离器言道也。夫子自述《春秋》之所以作，则云："我欲托之空言，不如见诸行事之深切著明。"则政教典章，人伦日用之外，更无别出著述之道，亦已明矣。"因此，那些"舍天下事物、人伦日用"而徒"守六籍以言道"的儒者，实不足以"与言夫道矣"（《文史通义·原道中》）。也就是说，道是不可见的形而上者，我们只能根据可见的形而下的器来思想那不可见的道，六艺所述乃是先王之政教传统，这是可见的器，我们只能根据这可见的器来思想先王不可见的道。总之，人类历史乃是一种由古圣先王创制的有形可见之器（政教传统）渐形渐著的历史演化进程。然而，不管怎样，编修、表章六艺是孔子一生作出的最为重要的贡献之一，实具有不可磨灭的大功绩，这项伟大的工作使后世中国人了解自身的历史进程和政教传统成了可能。故南宋大儒朱熹盛赞其功曰：自尧舜禹以来，"圣圣相承"，而"若吾夫子，则虽不得其位，而所以继往圣、开来学，其功反有贤于尧舜者"（《中庸章句序》）。

众所周知，孔子自觉选择了一种"述而不作，信而好古"（《论语·述而》）的传述者的文化保守主义角色，正因为如此，孔子一生孜孜不倦地致力于六艺经籍的编选整理工作。对孔子而言，六艺经籍所载古圣先王的政教传统，也就代表着中国文化和学术思想的大传统。通过六艺经籍的编修整理这项工作，孔子不仅要忠实地继承、维护、守望和捍卫古圣先王的政教传统，而且还意在弘扬和复兴这一使中国成其为中国的文化大传统。就此而言，孔子及其所表章的六艺可以说继承和代表了"从古代传承下来的一种智慧传统"①，诚如美国学者孟德卫所说，由孔子所开创、奠立的"以六艺为法"（《史记·太史公自序》）的儒家学问，实际上"最初是作为一门尊崇远古传统和圣贤教诲的学问"②。

真实的上古历史究竟如何，在今天也还仍然存在许多有待解开的历史谜团，

---

① ［美］孟德卫：《1500—1800：中西方的伟大相遇》，江文君、姚霏等译，新星出版社2007年版，第68—69页。

② ［美］孟德卫：《1500—1800：中西方的伟大相遇》，江文君、姚霏等译，新星出版社2007年版，第137页。

但对孔子和儒家来讲，以尧、舜、禹、汤、文、武、周公为代表的古圣先王的时代却是一个理想化的黄金时代，他们所创建的政教传统乃是后世政教理应遵循的典范。当孔子试图通过六艺的编修整理来重新发现并对这一政教传统进行一次集大成的总结，乃至进一步致力于在当时重建和复兴这一政教传统时，一方面将对这一政教传统的了解和认识提升到了一种高度自觉的意识水平，另一方面也使这一政教传统被置于一种人们可以对之进行批评性反思的开放的意识层次。关于前者，如子贡在回答卫公孙朝"仲尼焉学"之问时所说："文武之道，未坠于地，在人。贤者识其大者，不贤者识其小者。莫不有文武之道焉。夫子焉不学？而亦何常师之有？"（《论语·子张》）据子贡所言，其师孔子可以说是以学无常师而无所不学的态度而对上古圣王创制的政教传统特别是文武周公之道进行了系统探求和全面总结。关于后者，诸子各家与这一政教传统之间见仁见智的或继承（儒、墨）或蔑弃（道、法）①的反思性关系及由此而形成的道术分裂的思想格局本身即为明证。事实上，孔子本人对这一政教传统也并非完全采取一种简单继承的态度和立场，他对六艺所做的编修整理工作本身即说明了他对历史文化传统的学习、探究和传承乃是有其理想的价值取舍标准而具有高度的选择性的，如司马迁所说，"古者诗三千余篇，及至孔子，去其重，取可施于礼义"（《史记·孔子世家》），而孔子本人亦自标其选诗的宗旨曰：《诗》三百，一言以蔽之，曰：'思无邪'"（《论语·为政》）。韩非站在法家立场而

---

① 如孔子适周，问礼于老子，而老子曰："子所言者，其人与骨皆已朽矣，独其言在耳。"（《史记·老子韩非列传》）另据《庄子·天运》，孔子谓老聃曰："丘治《诗》《书》《礼》《乐》《易》《春秋》六经，自以为久矣，孰知其故矣，以奸者七十二君，论先王之道而明周、召之迹，一君无所钩用。甚矣！夫人之难说也？道之难明邪？"老子曰："幸矣，子之不遇治世之君也！夫六经，先王之陈迹也，岂其所以迹哉！今子之所言，犹迹也。夫迹，履之所出，而迹岂履哉！"《韩非子·和氏》："商君教秦孝公以连什伍，设告坐之过，燔诗书而明法令，塞私门之请而遂公家之劳，禁游宦之民而显耕战之士。"《韩非子·五蠹》："明主之国，无书简之文，以法为教；无先王之语，以吏为师；无私剑之捍，以斩首为勇。"

对儒、墨提出的下述批评更为切中肯綮，他说："孔子、墨子俱道尧、舜，而取舍不同，皆自谓真尧、舜，尧、舜不复生，将谁使定儒、墨之诚乎？殷、周七百余岁，虞、夏二千余岁，而不能定儒、墨之真；今乃欲审尧、舜之道于三千岁之前，意者其不可必乎！"（《韩非子·显学》）然而，韩非的批评却也并不足以完全否定或抹杀掉孔、墨追寻古圣先王之政教传统的真诚信念及其思想意义。其思想意义就在于他们对源远流长之中华文明及古圣先王之政教传统的探求本身，不仅奠定了后世中国人"疏通知远"而一脉相承的历史意识及其以"中国"为中心的文明观念，而且，更使后世中国人在此历史意识和文明观念的支配下，探求有关最佳治道或治国为政智慧的理论思考与广泛实践具备了一种历史路径与文明模式之深厚根基的支撑和依托。章氏所谓道大备于周公、孔子，其意在强调者亦不过如此而已。

（三）倡明王道：作为中国文化传统之特性的最佳治道

由上可知，孔子一生汲汲于编修六艺，事实上意在对往古圣王的政教传统做一"集大成"性质的总结工作[①]，而所谓古圣先王的政教传统，说到底，也就是最能体现中国文化传统之特性的最佳治道，一言以蔽之，此即所谓的"王道"[②]。对此，汉代学者有极为明确切当的揭示和论述，如谓：

> 嗟乎！夫周室衰而《关雎》作，幽厉微而礼乐坏，诸侯恣行，政由强国。故孔子闵王路废而邪道兴，于是论次《诗》《书》，修起礼乐。……世以混浊莫能用，是以仲尼干七十余君无所遇……西狩获麟，曰"吾道穷矣"。故因史记作《春秋》，以当王法，其辞微而指博，后世学者多录焉。（《史记·儒林列传》）

---

① 如孟子曰："孔子之谓集大成。集大成也者，金声而玉振之也。金声也者，始条理也；玉振之也者，终条理也。始条理者，智之事也；终条理者，圣之事也。"（《孟子·万章下》）

② 如刘泽华先生所说："人们用道概括政治法规、原则或最佳政策。西周的礼乐法规被称作'王道'。"（刘泽华主编：《士人与社会》先秦卷，天津人民出版社1988年版，第51页）

周道缺，诗人本之衽席，《关雎》作。仁义陵迟，《鹿鸣》刺焉。……是后或力政，强乘弱……政由五伯，诸侯恣行，淫侈不轨，贼臣篡子滋起矣。……是以孔子明王道，干七十余君，莫能用，故西观周室，论史记旧闻，兴于鲁而次《春秋》，上记隐，下至哀之获麟，约其辞文，去其烦重，以制义法，王道备，人事浃。（《史记·十二诸侯年表·序》）

古者《诗》三千余篇，及至孔子，去其重，取可施于礼义，上采契后稷，中述殷周之盛，至幽厉之缺，始于衽席，故曰"《关雎》之乱以为《风》始，《鹿鸣》为《小雅》始，《文王》为《大雅》始，《清庙》为《颂》始"。三百五篇孔子皆弦歌之，以求合《韶》《武》《雅》《颂》之音。礼乐自此可得而述，以备王道，成六艺。（《史记·孔子世家》）

孔子欲行王道，东西南北，七十说而无所偶。（《淮南子·泰族训》）

周之流化，岂不大哉！及春秋之后，众贤辅国者既没，而礼义衰矣。孔子虽论《诗》《书》，定《礼》《乐》，王道粲然分明，以匹夫无势，化之者七十二人而已，皆天下之俊也，时君莫尚之。是以王道遂用不兴。故曰："非威不立，非势不行。"（《战国策》"刘向书录"）

可见，孔子一生在政治上的抱负和志愿便是倡导、阐明和推行"王道"，孔子之编修六艺亦旨在"备王道"而已，而王道之为王道，作为一种古圣先王的"智慧传统"，或者作为一种源远流长的最佳治道或最优良的政教传统，也正是治国为政的中国智慧的最集中体现。那么，所谓"王道"，其具体内涵究竟为何，以及我们又为何说它充分体现了中国文化传统之特性呢？

如所周知，中华文明源远流长，不仅有着自身独特的历史演进道路，而且逐渐发展形成了自身独具特色的国家形态和鲜明的文明意识与特质。根据传世文献和目前考古学发现，中华民族的先民在新石器时代中晚期已逐渐形成不同的文化区和多个族群集团，呈现出多元的形态，而且在文化和社会多元发展的同时，随着古代各族群之间的大规模和高频度的交流，更日趋发展出了一种越来越走向融合和一体化的趋势。尤其是，"以中原为中心全方位的交流，形成一股强大的向心力和凝聚力，促进着民族间的理解和认同，推进着多元文化和社会一体化趋势的发展"，乃至"史前文化的多元格局和一体化运动趋势导致了中国文明的根本方向——多民族国家的形成"。[1]

相传，古中国最重要的族群集团主要有三支——"华夏""东夷""苗蛮"，诸夏民族以炎、黄二族为主体，其活动地区，"始自西北（今陕甘一带），而逐渐向今河南及山西境拓展"，而"东夷民族之活动地区主要在渤海沿岸，今山东地区，扩及于淮水沿岸"，"江汉及其南方，则为苗蛮民族之地区"。在古中国各族群不断拓展其活动区域的过程中，据说华夏黄帝部族与东夷蚩尤一族曾经发生过一场冲突和大战，"结果蚩尤失败，但东夷之少皞（昊）族与华夏之黄帝部族从此合作"，"民族混合由此开端"；而"在夏后氏时，禹大破苗蛮，苗族遂衰不复振"。由此，中原遂成为华夏及东夷之混合部族的定居区，而其未参加混合、居于边疆之部族即属东夷之殷人和属华夏之周人后来又相继崛起入主中原而先后建立了商、周王朝。[2]中国历史上的夏、商、周三代，可以说是初步形成统一的多民族国家并日益呈现出鲜明而独特的中华民族共同体之特质的一个重要时期。

降至东周列国或春秋战国之世，华夏民族陷入了列国纷争的分裂状态，而且面临着四夷交侵、"中国不绝若线"（《春秋公羊传·僖公四年》）的严重民族生存危机。然而，也正是在这样一种状况之下，华夏民族才真正拥有了一种充分自觉的文化身份上的自我认同和文明特性意识。如于省吾先生所说，"自商代以迄西周，中国与四夷还没有完全对称。自东周以来，才以南蛮、北狄、东

---

[1] 以上参见严文明主编：《中华文明史》第一卷，北京大学出版社2006年版，第75—78页。
[2] 以上参见劳思光：《新编中国哲学史》一卷，广西师范大学出版社2005年版，第17、43页。

夷、西羌相对为言"①。在中国与四夷相对称的基础上发展出的华夷之辨，不仅凸显了华夏民族自我文化身份认同的自觉意识，而且由此而彰显出来的华夷不同民族之间的文化差异性，也正是其他夷族所明确承认的，所谓"诸戎饮食衣服不与华同，贽币不通，言语不达"（《左传·襄公十四年》）。四夷交侵的民族生存危机，激起了"尊王攘夷"之春秋霸主的兴起，有效地维护了诸夏国家的生存，使华夏民族逐渐摆脱了生存危机。不过，其间最值得我们注意和重视的便是孔子对华夏民族特别是夏、商、周三代生活方式之以礼为中心的一以贯之的文明特质的概括、提炼和总结，如子曰："夏礼，吾能言之，杞不足征也；殷礼，吾能言之，宋不足征也。文献不足故也。足，则吾能征之矣。"（《论语·八佾》）又曰："殷因于夏礼，所损益，可知也；周因于殷礼，所损益，可知也；其或继周者，虽百世，可知也。"（《论语·为政》）可见，孔子探求历史的目的，不仅是要总结古圣先王的政教传统，亦在于追寻华夏民族生活方式的演进历程及其文明特质，在孔子看来，这一演进历程及其文明特质乃是以礼的不断损益完善为根本特征的，并且至周而日趋于完备，故子曰："周监于二代，郁郁乎文哉！吾从周。"（《论语·八佾》）另一方面，这一演进历程及其文明特质也从根本上决定了华夏与夷狄之间的文明分野。

然而，强调华夷之间的文明分野并非出于一种狭隘的种族优越论，而是凸显了一种"中国"之为"文明国家"的文化性的理想信念，换言之，"中国"之为"中国"，并非一般意义上的"民族国家"，而是一个"文明国家"②，其以礼为中心的生活方式对于当时四方夷狄蛮族来讲具有一种"文明"典范的引领意

---

① 于省吾：《释中国》，见中华书局编辑部编：《中华学术论文集》，中华书局1981年版，第2页。

② ［英］马丁·雅克：《当中国统治世界：中国的崛起和西方世界的衰落》，张莉、刘曲译，中信出版社2010年版，第161页。

义①。而且，通过这样一种方式，即以中国为中心，并由近及远、由内及外地对周边四夷产生一种文化上辐射性的影响作用，逐渐建立一种和平、统一的天下秩序，可以说是华夏民族一贯坚守和维护的一种文化理想和政治目标②。正是在作为一种文化理想与文明典范意义的"中国"意识和观念的指引和感召下，华夏与夷狄可以在历史上不断地跨越地理、政治和种族上的封畛界限而实现文化和族群的大融合③。故孔子认为，只要一个人能够做到"言忠信，行笃敬"，便可以立身化世而行教于"蛮貊之邦"（《论语·卫灵公》），甚至自己难以在华夏之国实现其政治理想与抱负时，也产生过一种"欲居九夷"（《论语·子罕》）的想法，这是因为所谓"中国"本质上乃是一种以礼义化的文明生活方式为中心的文化共同体，即使是"夷狄"之人，只要愿意认同和接受"中国"的文化价值理想和文明生活方式，就可以"中国"化而成为"中国"之人，反之，本来的"中国"之人一旦丧失其文化价值理想和文明生活方式，也就意味着沦为了"夷狄"之人，这便是所谓的"夷狄而中国，则中国之；中国而夷狄，则夷狄之"。

不过，孔子主要面临的乃是华夏不振、四夷交侵的生存困境。正因为如此，作为对此情势的一种反应，孔子发愤而自觉地担当起了维护和阐扬华夏民族以礼为中心的文明生活方式和文化价值理想的历史使命和道德责任，并一再称扬

---

① 如张汝伦先生所说："所谓'内其国而外诸夏，内诸夏而外夷狄'，首先不是像施米特的政治学说那样要分别敌我，而是要明确自身的道德责任和文明责任。"（《教化与文明——论何休释〈春秋公羊传〉》，见《我们需要什么样的文明》，商务印书馆2017年版，第121页）

② 史载，大禹治水而划天下为九州，并在"天子之国"之外各以五百里的范围为限而实行甸、侯、绥、要、荒五服之制，其中，在五百里的绥服内，又实行"三百里揆文教，二百里奋武卫"（《尚书·禹贡》），其实皆是以中国为中心而努力实现文明化行天下的文化理想与政治目标的一种具体规划和政制安排。

③ 如孟子曰："舜生于诸冯，迁于负夏，卒于鸣条，东夷之人也。文王生于岐周，卒于毕郢，西夷之人也。地之相去也，千有余里；世之相后也，千有余岁。得志行乎中国，若合符节，先圣后圣，其揆一也。"（《孟子·离娄下》）

管仲帮助齐桓公实现"尊王攘夷"之霸功的伟大历史功绩,因为"尊王攘夷"使"中国"的文明生活特质与文化价值理想得以维系于不坠,以至"中国"之人能够幸免于沦为"被发左衽"的"夷狄"之人,正所谓:"管仲相桓公,霸诸侯,一匡天下,民到于今受其赐。微管仲,吾其被发左衽矣。""桓公九合诸侯,不以兵车,管仲之力也。如其仁,如其仁。"(《论语·宪问》)总而言之,从孔子通过编修六艺而对上古三代的政教传统与华夏文明的特质及其演进道路所作的系统考察与深度反思,我们可以毫不夸张地说,相对于他的同时代的人来讲,孔子对"中国"之为"文明国家"和华夏民族之生活方式的文明特质实有着最为深切而完备的认识、理解和把握,也有着最为明确而坚定的认同和维续的责任担当意识。

只有在上述历史背景之下,我们才能更好地理解,对于孔子来讲,作为中国文化传统之特性的最佳治道,王道之为王道,究竟意味着什么。要而言之,就王道的基本内涵来讲,其荦荦之大端约有以下几方面:

第一,作为中国文化传统之特性的最佳治道,古圣先王的政教传统及贯穿其中的王道理想是与古代中国人对于世界之多样性和复杂性的认识和理解密不可分的。

诚如张汝伦先生所说,"中国人自古就对世界的多样性和复杂性,以及此种多样性和复杂性的必要性和合理性有充分的认识,中国哲学始终建立在这种认识的基础上。中国人始终认为,一个合理的世界恰恰应该是由各种事物、各种要素、各种力量互补互济产生的,这样产生的世界是一个合理有序的世界"。譬如,《尚书·洪范》便提供了一个典型的例子,"武王深知世上事物千头万绪,只有知道了各种事物(事务)基本要素的相互关系,才能使天下'彝伦攸叙'。箕子授其洪范九畴,之所以被理解为'大法'(洪,大也;范,法也),是因为其中每一畴基本都是列举世界某一类事物(事务)最重要而基本的环节或因素。九畴以五行为纲,由天命而人事,由自然秩序对应人世秩序,由教化而政治，由个人修养到治国方略，在世界的差异和分化中追求它的有序和谐的整体统一"①。正是基于对世界之多样性与复杂性的认识和理解，古人在政治上提出了一项根本性的信念和原则，亦即作为九畴之一的"皇极"，它最终可以被归结为这样一种王道理念，即"无偏无陂，遵王之义；无有作好，遵王之道；无有作恶，遵王之路。无偏无党，王道荡荡；无党无偏，王道平平；无反无侧，王道正直"（《尚书·洪范》）。毫无疑问，这一王道理念实表达了古人对于政治的最朴素平正的一种基本看法，即政治的本质在于维持一种正直、均平、公正的优良治理秩序，而不是为了谋求一己之偏私性利益或某种党派性特权，只有这样，才能真正在世界的多样性和复杂性中实现"有序和谐的整体统一"。

第二，作为中国文化传统之特性的最佳治道，古圣先王的政教传统及贯穿其中的王道理想亦是在由家国天下所构成的世界图景下实施和展开的。

中国人所想象的世界图景不仅具有多样性和复杂性的特点，而且是一个由家国天下所构成的连续性整体，正所谓"聚人而为家，聚家而为国，聚国而为天下"（《六韬》卷二《武韬》）。关于人及其身与家、国、天下之间的关系，主要有两种观念，一是强调"天下之本在国，国之本在家，家之本在身"（《孟子·离娄上》），二是强调"天下者，国之本也。国者，乡之本也。乡者，家之本也。家者，人之本也。人者，身之本也。身者，治之本也"（《管子·权修》），其实，这两种观点并不矛盾，可以互补为用，帮助我们更好地理解家国天下之间的连续性的整体关联关系。

如果可以借用共同体的说法的话，我们也可以将家国天下这一作为连续性整体的世界图景称之为整体关联的多层级共同体架构，当然，家与国之间还存在一些中间层级的如乡党或乡里一级的地方性共同体。所谓共同体，按照英国学者鲍曼的说法，共同体之所以是共同体，乃有两大特点，"首先，共同体是一

① 张汝伦：《哲学批判时代——中国哲学与当代世界》，见《我们需要什么样的文明》，商务印书馆 2017 年版，第 352 页。

个'温馨'的地方，一个温暖而又舒适的场所。它就像是一个家（roof），在它的下面，可以遮风避雨；它又像是一个壁炉，在严寒的日子里，靠近它，可以暖和我们的手"，"其次，在共同体中，我们能够互相依靠对方"①。要而言之，共同体可以给人们提供一种安全感，提供一个温暖而又舒适、彼此关切而又相互依靠的"家"。

依古代中国人之见，人之为人，并非抽离于社会之外或抽象孤立意义上的原子式个人，只有生活在家庭家族中的人才是一个完整意义的人，而家（家庭家族）乃是构成社会的最基本单元，家与家比邻而居便形成一定规模的地方性群落，由许多地方性群落聚合便形成一个邦国，由众多的邦国聚合便形成整个天下。家国天下之间不是彼此孤立隔绝而是相互依存的关系，正唯如此，一人之身乃为治之本，修身以齐家，齐家以治国，治国以平天下，才构成了一种连续性的完整治理之道。而《尚书》之"叙帝王之德，莫盛于尧"，其"赞尧之德"，莫备于《尧典》一篇者②，正在于尧之作为古代最伟大的圣人帝王，能够在家国天下的连续体或多层级共同体的世界秩序中实现一种有序和谐的优良治理，正所谓"克明俊德，以亲九族。九族既睦，平章百姓。百姓昭明，协和万邦"（《尚书·尧典》）。由此而言，能够贯通家国天下之连续体或多层级共同体的治理之道，即为最大的王道，而此王道政治的基本目标便是使人人安乐、家家和睦、邦国富足，乃至"蛮夷率服"（《尚书·舜典》）、各安其处③，而治国平天下的根

---

① ［英］齐格蒙特·鲍曼：《共同体》，欧阳景根译，江苏人民出版社2003年版，序，第2、3页。

② 参见蔡沈注：《书经集传》，中国书店1994年版，第1页。

③ 如《礼记·王制》曰："凡居民材，必因天地寒暖燥湿。广谷大川异制，民生其间者异俗，刚柔、轻重、迟速异齐，五味异和，器械异制，衣服异宜。修其教，不易其俗；齐其政，不易其宜。中国戎夷五方之民，皆有性也，不可推移。东方曰夷，被发文身，有不火食者矣。南方曰蛮，雕题交趾，有不火食者矣。西方曰戎，被发衣皮，有不粒食者矣。北方曰狄，衣羽毛穴居，有不粒食者矣。中国、夷、蛮、戎、狄，皆有安居、和味、宜服、利用、备器。"

本目标或最高理想便是建立一种和谐统一、合天下为一家的世界秩序，天下之为天下，乃是一个包括所有人在内的天下一家而人人共有共享的伦理共同体。

第三，古圣先王的政教传统与王道理想，是在华夏民族自身独特的文明演进路径及其文化价值理想和文明生活特质的基础上而渐形渐著的，家国天下的连续体或多层级共同体架构既将天下的所有人涵括在内，亦是以"中国"为中心而逐渐形成并加以实践的。

作为"人类全体"的"天下"[①]，乃是古代中国人政治思考和政治关切的根本对象，故天下的治平寄寓着古代中国人政治追求的最高目标和最终理想，尽管天下的治平亦以家之康乐、国之治安为根基和目的，但以天下治平为最高目标和最终理想的政治情怀与问题意识却蕴含着一种最具普世性意义的政治价值诉求和公共理性精神。正因为如此，古来的中国人向来融通宽大，并不抱持狭隘的民族与国家观念，而是"总愿意与天下之人，同进于大道，同臻于乐利。有什么办法，可以使天下的人，同进于大道，同臻于乐利，中国人总欣然接受"，而"压服他人，腋削他人，甚而至于消灭他人的思想，中国人是迄今没有的"[②]。然而，上述天下情怀和终极理想绝非一种架空虚设或孤立高悬的"天下主义"，因此它并不简单地排斥和否定家国、民族、地域、宗教等种种差异性和特殊性对于世人身份认同和寄托其归属感所具有的重要意义。而且，出于现实层面的考虑，家国天下的修齐治平必须遵循本末终始之序而采取一种由近及远、由内而外的差序化实践进路。其中，至为重要的一点便是，我们必须首先将"中国"之为"文明国家"的政教传统维系于不坠，并努力使之发扬光大乃至使这一文明中心在政治与文化层面能够对周边四方产生辐射性的广泛影响，从而逐渐实现天下治平的伟大目标。所谓的王道，既是在这一历史过程中逐渐形成、显明与彰著的，亦是在这一历史过程中不断加以实践并充分凸显其价值和意义的。

---

① 梁启超：《先秦政治思想史》，东方出版社 2012 年版，第 212 页。
② 吕思勉：《中国政治思想史》，中华书局 2012 年版，第 112、113 页。

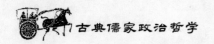

就其具体内涵而言，要而言之，作为"文明国家"的最佳治道，中国之王道的核心理念便是尚德教、敬天命、尊礼乐和重民生，刑罚与征诛只是治国为政的一种辅助性方法和手段。

首先，如上文所言，最受孔孟儒家称赞和推崇的便是，尧帝之"克明俊德，以亲九族"，乃至于"九族既睦，平章百姓。百姓昭明，协和万邦"的卓越治理功绩，以及舜命契为司徒而实行"敬敷五教，在宽"（《尚书·舜典》）即教民以"父子有亲，君臣有义，夫妇有别，长幼有叙，朋友有信"（《孟子·滕文公上》）的五伦德教传统。而且，在孔子心目中，尧乃是中国历史上则天而治的最伟大的圣君，正所谓："大哉尧之为君也！巍巍乎！唯天为大，唯尧则之。"（《论语·泰伯》）中国古人所谓的"天下"，仅就字面的含义来讲，指的就是"天之下"。据东汉许慎《说文解字》所释，"天，颠也"，意即"至高无上"者为"天"。可见，在中国古人的心目中，所谓的"天"，乃是指那最崇高和博大者，而由天所覆盖（与之相应的是由地所承载）的"天下"也即具有最广大普遍和涵盖一切（人类全体和自然万物）的意味了。正因为如此，能够则（效法）天之崇高、公正、博大和无私而治理家国天下的君主一定是人间最伟大的圣君，在孔子看来，尧正是这样的一位圣君。而尧的伟大还体现在他能够选贤任能而治天下，尤其是他能够不贪求垄断天子权位，乃至占天下为私有而独享专断的权力，而是能够在自己身体和智力衰惰的晚年将天子的权位主动禅让授予富有贤德和治理能力的舜，正所谓："古有行大公者，帝尧是也。贵为天子，富有天下，得舜而传之，不私于其子孙也。"（《说苑·至公》）乃至尧舜禅让成了后世儒者心目中最理想的一种天子权位或最高权力以非暴力的方式进行和平转移的政制安排。后来，舜延续了尧的做法而将天子的权位主动禅让给了治水有功的禹。尽管禹亦欲禅位于益，但由于禹子启贤而受诸侯拥戴，故最终启即天子之位而开启了夏、商、周传子世继的政制传统。不过，在孔子看来，三代之哲王圣君仍然为后世树立了一种"参于天地"的道德政治的王道典范，故当子夏问："三王之德参于天地。敢问何如斯可谓参于天地矣？"孔子回答说："奉三无私以劳天下。"所谓"三无私"，即为"天无私覆，地无私载，日月无私照"，三代之王能"奉斯三者以劳天下"，即遵奉这三种无私的精神来勤勉地为天下人民服务，故谓之"三无私"（《礼记·孔子闲居》）。

其次，上述所谓"天下"的观念其实还与古代中国人对"天"的信仰有着至为密切的关系。古代中国有一种可以追溯到上古三代的、源远流长的宗教信仰，那就是对上帝或天的崇拜和信仰，尤其是西周以来，对天的信仰可以说占据了中国人传统宗教信仰的主导地位，而且，这种传统的宗教信仰具有强烈而鲜明的政治性。周人认为皇天（或昊天）上帝乃是主宰和支配世间一切的至上神，其意志和命令决定着天下王朝的兴亡更替。然而，"天命靡常"（《诗经·大雅·文王》），上天只授予那些有德之人以"天子"之权位或统治天下的正当权力与资格，正所谓"天命有德"（《尚书·皋陶谟》）、"皇天无亲，惟德是辅"（《尚书·蔡仲之命》），故而，天子一旦失德，则天命便会发生转移，亦即皇天上帝将"改厥元子"（《尚书·召诰》），更命有德。当然，天命的更革仍然须由人间能够以德配天受命的仁君哲王来代理执行。就夏商之际的易代"革命"来讲，因暴君夏桀"不务德而武伤百姓，百姓弗堪"，故商汤"修德"并"率兵以伐夏桀"（《史记·夏本纪》）；而就殷周之际的易代"革命"来讲，周人深信，能够"修德行善"而"笃仁，敬老，慈少，礼下贤者"（《史记·殷本纪》《史记·周本纪》）的文王便是周王朝的始受命之君，而武王则是以武力征伐暴君商纣王的实际的"革命"者。相对于尧舜之间的"禅让"（禅位让贤），这就是所谓的"汤武革命"，即通过武力征伐的方式来实现王朝天命的更革和天子权位的转移，周人认为这同样具有其"顺乎天而应乎人"（《周易·革卦·象传》）的政治正当性。正是周初对天或天命的这种敬畏与信仰，尤其是对王朝兴替与天命更革的深切感受，孕育、引发出了周人的高度自觉的历史鉴戒意识[1]及其汲汲于上畏天

---

① 如《尚书·召诰》曰："我不可不监于有夏，亦不可不监于有殷。……惟不敬厥德，乃早坠厥命。"

命而切切于下保生民的政治远见与忧患意识,在此高度自觉的历史鉴戒意识和富有远见的政治忧患意识的照察和指引下,形成了周人成熟而理性的治国为政智慧,一种以敬天保民和明德慎罚为其核心理念的王道理想,故王国维先生如是说:"是殷周之兴亡,乃有德与无德之兴亡。故克殷之后,尤兢兢以德治为务。"①

再次,古代中国人有关文明生活方式的信念,又是以礼(礼仪、礼义或礼乐)为中心的,故华夏之为华夏,正如《左传·定公十年》"裔不谋夏,夷不乱华"之孔颖达疏所说:"中国有礼仪之大,故称夏;有服章之美,谓之华。"也就是说,华夏之为华夏,正在其是一个伟大而文明的民族,中国之为中国,亦在其是一个伟大而文明的"礼仪之邦"(或"礼义之邦")。据《说文解字》,"礼,履也,所以事神致福也。"礼起源于"事神致福"的宗教活动,而古代中国人对于鬼神的信仰,可谓由来已久,除了上帝和天地山川之神外,最重要的便是对祖先神灵的崇拜祭祀,这一宗教信仰至殷商时期更为彰明昭著。然而,殷周之际的王朝兴替,不仅意味着天命本身的更革,而且更带来了一场礼乐制度的大变革,如王国维先生所说:

> 欲观周之所以定天下,必自其制度始矣。周人制度之大异于商者,一曰立子立嫡之制,由是而生宗法及丧服之制,并由是而有封建子弟之制、君天子臣诸侯之制;二曰庙数之制;三曰同姓不婚之制。此数者,皆周之所以纲纪天下。其旨则在纳上下于道德,而合天子、诸侯、卿、大夫、士、庶民以成一道德之团体。周公制作之本意,实在于此。②

---

① 王国维:《殷周制度论》,见彭华选编:《王国维儒学论集》,四川大学出版社2010年版,第250页。
② 王国维:《殷周制度论》,见彭华选编:《王国维儒学论集》,四川大学出版社2010年版,第241—242页。

史称周公"制礼作乐"①，盖即由此而建立起了一套完备的"宗法"和"封建"性的典章制度，以及全面安排贵族阶级的生活秩序并规范其具体行为的礼乐系统，涉及朝聘、祭祀、宴飨、婚嫁、丧葬和行军等方方面面，如《礼记·曲礼上》曰："道德仁义，非礼不成；教训正俗，非礼不备；分争辨讼，非礼不决；君臣、上下、父子、兄弟，非礼不定；宦学事师，非礼不亲；班朝治军，莅官行法，非礼威严不行；祷祠祭祀，供给鬼神，非礼不诚不庄。是以君子恭敬、撙节、退让以明礼。"另如春秋时人所说："礼，经国家，定社稷，序民人，利后嗣者也。"（《左传·隐公十一年》）"礼，国之干也。"（《左传·僖公十一年》）"礼，上下之纪、天地之经纬也，民之所以生也。"（《左传·昭公二十五年》）可见，周人"尊礼"的传统在春秋之世仍有其深切的影响，而经由孔子和儒家的转化和阐扬，礼之为礼，更成了儒家思想的核心概念，乃至更成了中国文化的核心特质和中国文明之特殊性的标志。

最后，古代中国人对天和天命的信仰，不仅与受命之君及其"德"具有一种政治正当性的勾连关系，更与民有着密不可分的政治正当性的勾连关系。毋庸讳言，在古人的思想观念中，天或天命信仰的重要性主要在于为人间政治秩序的架构赋予了一种君权神授的合法性或政治统治的正当性。然而，在这一政治宗教信仰的背后，我们仍可以剥离出一些更为重要的古人政治观念的真相，那就是作为受天之命的统治者，他究竟在人间应该担负什么样的政治职责，以及谁应当统治或什么样的人才最适宜于做天下的统治者（王）。

在知人，在安民。……知人则哲，能官人。安民则惠，黎民怀之。

（《尚书·皋陶谟》）

天聪明，自我民聪明；天明畏，自我民明威。（《尚书·皋陶谟》）

---

① 历史地讲，诚如杨向奎先生所言："说礼乐出自某一位圣贤的制作，是不可能的；但谓周公对于传统的礼乐有过加工、改造，是没有疑问的。"（《宗周社会与礼乐文明》修订本，人民出版社1997年版，第358页）

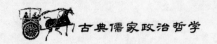
《夏书》有之曰："众非元后，何戴？后非众，无与守邦。"（《国语·周语上》）

汤曰："予有言：人视水见形，视民知治不。"（《史记·殷本纪》）

古我前后，罔不惟民之承。（《尚书·盘庚》）

朕及笃敬，恭承民命。（《尚书·盘庚》）

（周人先王）古公曰："有民立君，将以利之。"（《史记·周本纪》）

《书》曰："天降下民，作之君，作之师，惟曰其助上帝宠之。四方有罪无罪惟我在，天下曷敢有越厥志？"（《孟子·梁惠王下》引《尚书》逸文）

民之所欲，天必从之。（《左传·襄公三十一年》《左传·昭公元年》引《尚书·泰誓》）

天视自我民视，天听自我民听。（《孟子·万章上》引《尚书·泰誓》）

天子作民父母，以为天下王。（《尚书·洪范》）

天畏棐忱，民情大可见。小人难保，往尽乃心，无康好逸豫，乃其乂民。（《尚书·康诰》）

天惟时求民主，乃大降显休命于成汤，刑殄有夏。（《尚书·多方》）

以上引文可以说再鲜明不过地突出展现了古代中国人政治思维的特点，亦即对王道政治的理想或中国之最佳治道的探求和实践，乃是在天—君—民三重维度的观念框架下来运思而渐形渐著的。在古人的思想观念中，作为信仰的对象，天之为天，无论是宗教的意味还是哲学的意味，其实都构成了人间秩序的具有约束力的规范和价值观的自然正当的本原或基础，如《诗经·大雅·烝民》所云："天生烝民，有物有则。民之秉彝，好是懿德。"在此意义上，人间政治秩序的架构亦同样具有一种自然正当的意味。然而，没有人生来就注定适合做人间的统治者，他必须具备受命之德，而且真正能够以其卓越的功德实际造福人类大群和天下苍生，也就是说，作为受天之命、代天理民的"民主"（不仅仅做人民的主人，而且更应为人民做主），统治者必须尽自己安民、利民和保民亦即作为民之君师或父母的神圣职责，如此才有资格做天下的王，因为人民的聪明、视听、意愿、情志和欲求就是上天之聪明、视听、意愿、情志和欲求之所寄，民心之所向亦即天命之所在，而"天意既以民意为体现，则君主亦自当以对民责任体现其对天责任"①。在这种"天—君—民"的三重政治思维结构中，不仅蕴含着一种最为深切明白的"君主责任之义"，而且，的确可以从中看出，在商周以前，重视维护和保障人民之生命安全、利益需求和生活福祉的民本主义已是一股极有力的思想观念。②

综上所述，尚德教、敬天命、尊礼乐和重民生可谓古代中国人思想观念中的一些主导性政治信念，而备载于孔子所编修的六艺经籍之中，孔子"成六艺"以"备王道"，亦无非是要阐扬这些主导性的政治信念。由这些主导性的政治信念可知，王道之为王道，实与天命的授受、君主的德行和责任以及民本的信念密不可分，它可以说是历史上圣君哲王治理天下的最佳治道。然而，在现实的层面来讲，在由家国天下的多层级共同体构建而形成的世界秩序中，以及在文明中国的治理过程中，亦不得不面对华夏中国与蛮族夷狄、善行与罪恶以及圣王与暴君的辨分区别，乃至不得不面对这样那样的由破坏性、颠覆性的力量和因素所构成的危险或威胁，诸如"蛮夷猾夏"（《尚书·舜典》）的劫掠侵扰，"寇攘奸宄"和"不孝不友"之"元恶大憝"（《尚书·康诰》）的丑恶罪行，以及暴君虐主之残暴统治的政治伤害等。当面对这些于国于民皆极为有害的政治情势时，诉诸武力、战争和刑罚的手段和方法以征远方、诛暴君、讨不义、刑有罪也就成为正当而合理的唯一选择。当然，相对于尚德教、贵和平、重礼乐的文明化治理的方式和途径，这只能是一种辅助性的治国平天下的手段和方法。但，

---

① 梁启超：《先秦政治思想史》，东方出版社 2012 年版，第 43 页。

② 参见梁启超：《先秦政治思想史》，东方出版社 2012 年版，第 43、49 页。

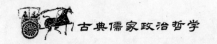

不管怎样，这亦是王道政治之最佳治道的一种不可或缺的构成性手段或结构性因素。总之，在和平与武力、德教与刑罚、礼乐与征诛之间维持一种阴阳平衡，即为持守中道的圣贤之治或"允执其中"（《论语·尧曰》）的王者之道。

二、修德与讲学：孔子君子之学的真谛

在特殊的自然地理环境和生存条件下，华夏民族生生不息，不断繁衍和奋斗进取，在历史上发展出了自身独具特色的历史演进的道路和模式，形成了自身独具特色的文明特质、生活习性和文化传统。长期而独特的民族融和和国家凝成的历史发展道路，也造就和形成了华夏民族独具特色的涵括家国天下多层级共同体在内而以中国为中心的世界图景想象，以及崇尚王道的治国平天下的文化理想和政治信念。当然，在实际的历史进程中，无疑也充满了华夏与蛮夷不同族群和邦国之间持续不断的冲突和斗争，而如何实现中国疆域内广土众民的秩序整合和优良治理，如何以最适宜恰当的方式方法来治理天下人民，以及统治者的政治合法性来源与正当性根据是什么，统治者能否正当地行使其统治权力等问题，亦始终困扰着历代中国人。

"天下之生久矣，一治一乱"（《孟子·滕文公下》），正是在对华夏文明的演进历程和国家治乱、天下兴亡的中国故事进行系统的历史反思和追寻探究，并试图通过对流传下来的散乱的历史文化典籍进行系统选编和整理来重新发现和全面总结二帝三王的最佳治道的过程中，孔子塑造了影响中国人至为深远的追求完备王道的政治理想，故孔子"成六艺"以"备王道"的文化创举，不仅使孔子本人成了后世中国人心目中的至圣素王，同时也使二帝三王的最佳治道成了后世中国人取之不尽、用之不竭的治国为政的智慧泉源。然而，这只是事情的一个方面，事情的另外一个方面，那就是孔子还开创和奠立了一种私人讲学的文教事业和士人参政的政治传统，使他成了后世中国人心目中文教事业的"万世师表"和士人政治的伟大宗师。客观而平实地讲，孔子不仅述而不作、极力

倡明历史上的王道，还在思想上独创性地提出了他一系列新的政治构想和关于治国为政的富有智慧性的远见洞识。

（一）站在时代转折点上的孔子

孔子"成六艺"以"备王道"，极力倡明历史上的王道，而最使他倾心向慕而推崇备至的便是周代的那种"礼乐征伐自天子出"的天下秩序及其尊礼尚德的政教传统，故子曰："天下有道，则礼乐征伐自天子出；天下无道，则礼乐征伐自诸侯出。自诸侯出，盖十世希不失矣；自大夫出，五世希不失矣；陪臣执国命，三世希不失矣。天下有道，则政不在大夫。天下有道，则庶人不议。"（《论语·季氏》）而且，孔子认为，周制礼乐的文明传统与典章制度是在借鉴和损益夏、商二代之礼的基础上发展而来的，已经趋于美善完备的形态，故极力主张遵从和复兴周礼，所谓"周监于二代，郁郁乎文哉！吾从周"（《论语·八佾》）。

孔子本人言辞简约，借用汉儒刘向盛赞周室尊礼尚德之政教传统的叹慕之词，也许可以帮助我们更好地来理解和阐明孔子"从周"的基本立场和态度。具体而言，孔子所谓"从周"，说到底，也就是意在遵从周代尊礼尚德的政教传统，正如刘向所言："周室自文、武始兴，崇道德，隆礼义，设辟雍、泮宫、庠序之教，陈礼乐、弦歌移风之化，叙人伦，正夫妇。天下莫不晓然论孝悌之义，惇笃之行，故仁义之道满乎天下，卒致之刑错四十余年。远方慕义，莫不宾服，雅颂歌咏，以思其德。下及康、昭之后，虽有衰德，其纲纪尚明。"（《战国策》"刘向书录"）由此可见，"从周"或向慕、尊崇周代尊礼尚德的政教典范，实乃孔子与后世儒家一以贯之的政治理想和目标追求。

然而，孔子生活在春秋时代，那是一个周制天下秩序日趋瓦解而陷入列国纷争的时代，与此同时，周代的礼乐文明传统与各种典章制度也日趋衰落和崩坏。那么，一种美善完备的礼乐文明传统与典章制度何以会在孔子所生活的春秋时代趋于衰落和崩坏呢？究竟是一种人为破坏的因素，还是一种自然演化的过程，又或者是制度本身所固有的缺陷，最终导致了这样一种结果呢？原因肯定是复杂的，就孔子本人来讲，他更加关注和强调人为破坏的因素，即认为礼崩乐坏或周制文明的衰落乃主要是由当时贵族阶级中的某些人不能遵守、遵从甚至故意破坏周制礼乐传统的僭越性行为导致的，正所谓"八佾舞于庭，是可忍也，孰不可忍也"（《论语·八佾》）。当然，我们也可以说，维系周制天下秩序和贵族阶级之间政治团结的宗法性亲缘纽带的作用，也注定会随着世代的迁移和变化，自然而然地、由强而弱地趋于松弛和衰减，特别是宗法系统中的大宗虽然依照嫡长子继承制的原则来维系而小宗却不能不五世而迁。因此，周初"封建亲戚，以蕃屏周"（《左传·僖公二十四年》）或"选建明德，以藩屏周"（《左传·定公四年》）的制度设计与政制安排，其意义在自然演化的历史过程中必然会随着时间的流逝而自然地流失，乃至以周天子为"天下共主"的周制天下秩序难以维持而逐渐趋于瓦解，并最终陷于列国纷争的困局。

除此之外，更为重要的是，我们还可以从周制本身之固有缺陷的角度来看待和解释这一历史过程。如王国维先生所言："有立子之制而君位定，有封建子弟之制而异姓之势弱、天子之位尊。有嫡庶之制，于是有宗法、有服术，而自国以至天下合为一家。有卿、大夫不世之制，而贤才得以进。有同姓不婚之制，而男女之别严。且异姓之国，非宗法之所能统者，以婚媾、甥舅之谊通之。于是天下之国，大都王之兄弟、甥舅；而诸国之间，亦皆有兄弟、甥舅之亲。周人一统之策，实存于是。此种制度，固亦由时势之所趋，然手定此者，实惟周公。"[①] 作为宗周王朝的创建者和稳固者，特别是作为宗周制度的创制者和奠立者，周公旦确乎是一位卓越而开明的了不起的政治家，而且，在中国古代政治思想史上，占有着一个"特殊的地位"，"提出了系统的政治主张和理论"，因此，

---

① 王国维：《殷周制度论》，见彭华选编：《王国维儒学论集》，四川大学出版社2010年版，第248页。

刘泽华先生称他为"中国古代政治思想的鼻祖"或"开山祖"^①。显然，作为对时代情势和现实需求的一种势不得已的自然反应，由周公最终确立的各种典章制度，意在借由宗法、封建、礼乐之制而建构一种"天下合为一家"的周制天下秩序。而且，在以周公为首的周初统治者的天命信仰和治国为政思想中，始终跃动和贯穿着一种深沉真切的政治忧患意识和敬笃可贵的"道德的""人文精神"^②。然而，即使如此，毋庸讳言的是，周制本身仍然存在着一些自身难以克服的固有缺陷，而如王国维先生所说，周公之制作纲纪天下者，"其旨则在纳上下于道德，而合天子、诸侯、卿、大夫、士、庶民以成一道德之团体"^③，恐怕与历史事实尚有一定的差距，而主要是一种理想化的历史想象。历史地讲，封建政治乃是一种"家族本位的政治"，而且，"若夫贵族平民两阶级，在春秋初期以前，盖划然不相踰（按：逾）"^④。与此同时，尽管整个天下在名义上属于周王所有，如所谓"溥天之下，莫非王土；率土之滨，莫非王臣"（《诗经·小雅·北山》），但事实上由封建所构建的乃是一种各级世袭贵族对土地和人口等资源的多层级实际占有制。因此，维护贵族特权和身份世袭的宗法等级礼制和"以一种蜂群分巢的方式"^⑤进行领土开拓和邦国封建，尽管可以造就一种形式上的天下一家，却并不能真正造就一个集体认同统一的天下共同体，因为其内部社会成员之间世袭身份的等级差别和阶级界限、地方封国的独立性易于造成人与人之间的身份疏离和阶级隔阂、国与国之间的分裂和争斗，故降至春秋战国之世，原有世袭性的社会等级结构和维护贵族阶级统治特权的宗法封建秩序及其礼乐之制即因此而逐渐趋于崩坏，并最终走向了瓦解。

① 刘泽华：《中国政治思想通史》（先秦卷），中国人民大学出版社 2014 年版，第 34、35 页。

② 徐复观：《中国人性论史·先秦篇》，上海三联书店 2001 年版，第 21 页。

③ 王国维：《殷周制度论》，见彭华选编：《王国维儒学论集》，四川大学出版社 2010 年版，第 242 页。

④ 梁启超：《先秦政治思想史》，东方出版社 2012 年版，第 55、61 页。

⑤ ［法］谢和耐：《中国社会史》，耿昇译，江苏人民出版社 1995 年版，第 46 页。

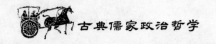

周天子"天下共主"政治权威的日趋式微，乃至王纲的解纽，宗法的松弛，礼制的崩坏，诸侯异政的分化趋势和列国纷争的混乱局面，孕育和催生了时代的急剧变革。正是在春秋战国急剧变革的时代进程中，华夏民族经历了一场涉及社会、政治、道德、文化和精神等各个领域的全方位的深刻蜕变与转化。也正是春秋战国这一急剧变革的特殊时代的生存境遇造就和激发了士人阶层的崛起及其具有"精神觉醒"意义的思想创造和理论建构活动，从而形成了诸子百家异说蜂起的思想争鸣与中华文明的"轴心突破"。而孔子恰恰就站在了这一"轴心突破"的时代转折点上。

站在时代转折点上的孔子，一方面汲汲于"成六艺"以"备王道"，对往古圣王统治的政教传统和最佳治道进行了"集大成"性质的总结，最终使古圣先王之道或追求最佳治道的王道理想具有了一种可传之久远的文本化或经典化的永恒完备形态，从而作出了甚至比尧舜的功德事业更为伟大的历史贡献，如朱熹在《中庸章句序》中所说："夫尧舜禹，天下之大圣也。以天下相传，天下之大事也。……自是以来，圣圣相承。……若吾夫子，则虽不得其位，而所以继往圣，开来学，其功反有贤于尧舜者。"然而，另一方面，孔子却又不得不面对时代的现实情势作出自己独特的回应，因为事情不可能通过推行简单恢复历史传统的复古主义方案而得到解决，而思想观念或理想信念也必须面对具体情势的需要并在现实情境中才能得以实现。正如萨拜因所说："政治观念除非能够回应政治情势的需要，否则就是没有力量的。"[1]就孔子而言，再完备的王道理想，除非能够回应当时政治情势的现实需要，否则便是空洞而没有力量的。而且，"如有王者，必世而后仁"（《论语·子路》），王道理想的实现不可能以急功近利的方式来实现，更何况，孔子还清醒地意识到自己生活在一个"圣人，吾不得而见之"（《论语·述而》）的时代。

---

① ［美］乔治·萨拜因：《政治学说史》（第四版）下卷，［美］托马斯·索尔森修订，邓正来译，上海人民出版社2010年版，第229页。

如上所言，孔子认为他那个时代所面对的最严重问题便是"礼崩乐坏"、天下失序，也就是所谓的"天下无道"，而这是由人们对周代礼乐传统的僭越和破坏行为造成的，所以他汲汲于从事修起礼乐、复兴周礼的文化工作和政治事业。然而，不管孔子本人认为他那个时代的问题是由什么因素导致的，他都不得不针对他所面对的时代问题作出自觉不自觉的全面回应。这既使他成了一个"述而不作，信而好古"（《论语·述而》）的文化保守主义者，成了往古圣王之道的"集大成"的总结者，同时也使他成了一个在圣人已逝的新时代汲汲于变"天下无道"为"天下有道"的见证人和代言人，成了新时代士人参政和以君子为治体的新政治构想的奠立者和开创者，正所谓"天下之无道也久矣，天将以夫子为木铎"（《论语·八佾》）。

（二）学为君子：孔子君子之学的真谛

孔子站在时代的转折点上，针对现实情势的需要所作的最具深远历史影响和划时代意义的回应，便是开创了一种具有深刻变革性意义的私学文教事业。孔子博学好礼，并因此而讲学立教，孔子以此立身成名，这在一个"礼崩乐坏"的时代生存环境下，作为一种特立独行的举动，显得颇为异常，乃至这一方面为孔子赢得了一些人的尊重和赞赏[①]，同时也为他招致了一些人的讥讽和嘲弄[②]。然而，孔子一生孜孜于讲学立教，不仅他本人为后世树立了一个好学乐教而堪为"万世师表"的永恒典范，而且他所开创的私学文教事业不久便激发和

[①] 如达巷党人曰："大哉孔子！博学而无所成名。"（《论语·子罕》）另据《史记·孔子世家》载，孔子年十七，鲁大夫孟釐子病且死，（索隐：昭公七年《左传》云"孟僖子病不能相礼，乃讲学之，及其将死，召大夫"云云。按：谓病者，不能礼为病，非疾困之谓也。至二十四年僖子卒，贾逵云"仲尼时年三十五矣"。是此文误也）诚其嗣懿子曰："孔丘，圣人之后……吾闻圣人之后，虽不当世，必有达者。今孔丘年少好礼，其达者欤？吾即没，若必师之。"及釐子卒，懿子与鲁人南宫敬叔（索隐：《左传》及《系本》，敬叔与懿子皆孟僖子之子，不应更言"鲁人"，亦太史公之疏耳）往学礼焉。

[②] 据《论语·八佾》载，子入太庙，每事问。或曰："孰谓鄹人之子知礼乎？入太庙，每事问。"子闻之，曰："是礼也。"另如子曰："事君尽礼，人以为谄也。"（《论语·八佾》）

催生了一场诸子百家私人讲学风气的蔚然勃兴。

孔子自述"十有五而志于学"（《论语·为政》），并以"好学"自许[①]，而且学无常师，故有名言曰："三人行，必有我师焉：择其善者而从之，其不善者而改之。"（《论语·述而》）孔子的一生乃是"学而不厌，诲人不倦"（《论语·述而》）的一生。正是"学而不厌，诲人不倦"的孔子，奠立了此后儒家一以贯之而生生不息的学问根底和精神命脉。正是在"学而不厌，诲人不倦"的孔子所树立的精神路标的指引和感召下，历代真正的儒者始终矢志不渝地坚守儒家为学的这一标的，即学为君子，成就仁德，乃至以成圣成贤、学以至圣人"自期"[②]。在我看来，我们要想真正理解孔子的讲学立教或其私学文教事业在教育史乃至在政治思想史上的意义，应首先必须对孔子关于德性修养的观念与其所谓"学"的真义以及修德与讲学的关系问题有一种透彻、深刻而真切的了解和领悟。

1. 修德与讲学

钱穆先生曾说："孔子一生重在教，孔子之教重在学。"[③]那么，孔子所教所学者究竟为何？要言之，孔子所教重在人文教养或人格教育，尤其关注个体自我的德性修养问题。子曰："德之不修，学之不讲，闻义不能徙，不善不能改，是吾忧也。"（《论语·述而》）又曰："苟志于仁矣，无恶也。"（《论语·里仁》）又曰："过而不改，是谓过矣。"（《论语·卫灵公》）可见，修德、讲学、志仁、徙义、改过、迁善，实为孔子之教的核心要义。而且，孔子的这些教义并非孤立的教条，而是一个一体相关、互相关联的观念整体，其中，所谓志仁、徙义、改过、迁善等皆可被归为"修德"一项，而说到底，孔子之讲学决非空言立说之意，讲学与修德有着交互为用的密切关系，讲学而不修德则为架空虚说，修德而不

---

① 如子曰："十室之邑，必有忠信如丘者焉，不如丘之好学也。"（《论语·公冶长》）

② 程颢、程颐：《二程集》下册，王孝鱼点校，中华书局2004年版，第1190页。

③ 钱穆：《论语新解》，生活·读书·新知三联书店2012年版，第4页。

讲学则不能得师友之攻错切磋之益，乃至难以使德性修养笃切而弘大。故我们亦可以说，讲学须以修德为目的，方为真讲学，反之，修德须以讲学为进阶，方能真有益。

先讲德性修养的问题。

事实上，只有在对之前"德"概念的复杂内涵及其历史演变过程具备一定了解的基础上，我们才真正能够讲清楚并深刻理解孔子和儒家有关修己、修德、修身观念的本真含义。

如所周知，中国思想脉络和文化语境中的"德"的观念有着古老而悠久的起源，特别是到西周初年已成为一个至关重要的政治文化观念，构成了周公"政治思想的中轴"①，直接关涉着天命、王权和政治合法性等诸多根本性的政治信仰问题，即一个王朝的统治者是否拥有一种德的神圣品质，是其能否赢得天命并具有统治整个天下之政治合法性的决定性因素，这是一种在中国政治文化传统中影响最为悠久而深远的德的观念。然而，降至春秋时期，德的观念发生了一些深刻的变化，它不再是一个仅仅关涉着天命、王权和政治合法性问题的观念，而是更成了一个与个体吉凶祸福之生存命运密切而普遍相关的概念，正所谓"夫德，福之基也"（《国语·晋语六》），反之，"苟非德义，则必有祸"（《左传·昭公二十八年》）。要而言之，春秋时期的人发展出了这样一种个体德性的观念，即一个人的德性是由一个人的言语和行为取向、他的所作所为所决定的，而德性反过来亦直接决定着个体之人的吉凶祸福的生存命运，如"孝敬、忠信为吉德，盗贼、藏奸为凶德"（《左传·文公十八年》），而且，一个人的德性只与自身的生存命运相关，与他人甚至是父子兄弟都是"不相及"的。正因为如此，所以每个人都应对自己的言语和行为负责而承担其后果，达官贵族、诸侯国君亦不例外。有两个词最集中地反映了春秋人的这种鲜明而强烈的有关个体德性的意识和观念，即"咎由自取"和"惧而增德"，前者表达的正是

---

① 刘泽华：《中国政治思想通史》（先秦卷），中国人民大学出版社 2014 年版，第 39 页。

这样一种观念，即一个人的祸福命运完全是由其自身德性的"自取"、"自败"或"自弃"决定的而无关乎其他，正所谓"善败由己，而由人乎哉"（《左传·僖公二十年》）；而后者则表达了春秋人面对人生的吉凶祸福或个体时遇命运问题而产生的强烈的生存焦虑感，人们需要通过个体德性的修为与增进来消除这种生存焦虑感。与此同时，尽管周代的礼乐文化传统在春秋时期已日趋于崩坏，但当时社会上仍然洋溢、活跃着这样一种相当普遍的道德观念和道德精神，认为人生自有其高于个体生命或比个体生命更为重要的价值，那就是对德、礼的践行，而人生之所以崇高而不朽正在于其人能够挺立和成就此种人生价值，故于生死之际而有为立德行义、尊礼践信，至于虽死而不顾者。诚如钱穆先生所言，春秋人的此种道德人文精神"其惟一最要特征"即在"自求其人一己内心之所安"，此道德人文精神亦正是中国文化精神之特殊体现。① 在我看来，孔子和儒家的个体德性观念可以说正是对前一种春秋人的个体德性观念的超越和由后一种春秋人的道德人文精神的发展演化而来，并在思想上使之具有了更为深刻、丰富而系统的理论内涵。

孔子以继承和发扬上古三代特别是周代礼乐文化传统为己任，因此，传统的宗教信仰和天命观念仍然在他的思想中有所体现并对他产生了相当程度的影响，这是毋庸讳言的。但是，就其思想的特殊贡献和核心要义而言，孔子之学却正可以说是一种"修己之学"或"德性之学"。孔子曾言"古之学者为己，今之学者为人"（《论语·宪问》），通过比较古今两种学者的目的和态度，孔子本人表达了自己认同于古之学者志在修养自身品格的为学旨趣与意向，为己、修己显然也正是孔子之学的一大教义。而德性之为德性，正在于它首先是用来成就和挺立个体自我的道德主体和人格尊严的，对一个人来讲，修养自己的德性本身便具有独立自足的人生价值和意义，而无关乎由外在客观环境或时命境遇

---

① 参见钱穆：《论春秋时代人之道德精神》（上），见《中国学术思想史论丛》（一），安徽教育出版社2004年版，第175页。

所决定的成败得失与生死祸福。故子曰："君子之学，非为通也，为穷而不困，忧而意不衰也，知祸福终始而心不惑也。夫贤不肖者，材也；为不为者，人也；遇不遇者，时也；死生者，命也。今有其人不遇其时，虽贤，其能行乎？苟遇其时，何难之有？故君子博学、深谋、修身、端行以俟其时。"（《荀子·宥坐》）另如《大学》所说"德润身"，荀子亦谓"君子之学也，以美其身"（《荀子·劝学》），这是说，德性修养的目的在润饰、美化和完善个体自我的身心、生命和人格。这是我们讲孔子和儒家的德性概念首先不可不知者。

那么，在上述意义上，所谓德，究竟意味着什么呢？诚如钱穆先生所言：

> 德是什么呢？中国古书训诂都说："德，得也。"得之谓德，得些什么呢？后汉朱穆说："得其天性谓之德。"郭象也说：（《论语皇侃义疏》引）"德者，得其性者也。"所以中国人常说德性，因为德，正指是得其性。唐韩愈《原道篇》里说："足乎己，无待于外之谓德。"只有人的天性，自己具足，不待再求之于外，而且也无可求之于外的。①

此所谓的德，即是指每个人天赋具足的某种德性，它不是求之于某种外在的东西而获得的，而是必须反求诸己，并经过自身的努力修养而得以实现出来的某种美好品格或道德本性。对孔子而言，只要人们努力修养自身的德性，就可以成为道德的君子，故曰："君子求诸己，小人求诸人。"（《论语·卫灵公》）而且，毫无疑问的是，孔子清醒地意识到自己生活在一个"知德者鲜矣"（《论语·卫灵公》）的时代环境下，正唯如此，他才将这样一种德性修养的观念置于自己思考和审视人类自身行为以及由此所衍生出来的各种社会政治问题的核心地位。

"子不语怪，力，乱，神。"（《论语·述而》）这是一句耐人寻味的评语，所谓的"子不语"，决不意味着孔子对这些丑恶现象只是采取一种淡然处之或漠不关心、无视或回避的态度和立场。事实上，在我看来，这说明孔子要么是拒

---

① 钱穆：《中国思想通俗讲话》，生活·读书·新知三联书店2005年版，第43页。

绝或不屑于谈论，要么就是无暇谈论，甚至意味着孔子对这些丑恶现象表达了自己的一种既毅然决然而又坚定明确的厌恶态度和拒斥立场。相反，孔子最关心和热切谈论的乃是人们应如何修养自己美好品德的事情。如子曰："志于道，据于德，依于仁，游于艺。"（《论语·述而》）意即教人立志于求道，据守于修德，依归于成仁，游憩于六艺①。又曰："兴于诗，立于礼，成于乐。"（《论语·泰伯》）显然，在孔子看来，诗、礼与乐的教育乃是最适合于节制和规范、陶冶和美化人类言行、性情和心灵的方式，因为诗可以使人的情感得到抒发净化而变得"温柔敦厚"，礼可以使人的行为得到节制规范而变得"恭俭庄敬"，乐可以使人的心灵得到和乐融通而变得"广博易良"。换言之，诗可以使人兴起发舒，礼可以使人立身处世，乐可以使人人格完成，故曰"兴于诗，立于礼，成于乐"。可见，孔子的诗教和礼乐教化乃是一种使人生道德化和艺术化的博雅教育。而其中，最为关键和重要的便是如何启发和诱导每个人加强自身的德性修养问题，因为个体德性的修养乃是任何一个时代的文明生活中所不可或缺的一个重要因素，甚至是一个具有决定性意义的重要因素。

对孔子而言，以下几个方面的问题对于一个人的德性修养来说乃是至关重要的：

一是，须立定志向，即要"志于道"和"志于仁"，如子曰："苟志于仁矣，无恶也。"又曰："士志于道，而耻恶衣恶食者，未足与议也。"（《论语·里仁》）显然，立志乃是增进个体德性修养的前提条件，而且，一个人只有树立一种"朝闻道，夕死可矣"（《论语·里仁》）、"笃信好学，守死善道"（《论语·泰伯》）

---

① 需要说明的是，此处所谓"六艺"，是指礼、乐、射、御、书、数之六艺。礼、乐、射、御、书、数为孔子之前一般贵族所应具备的文化教养和知识技能，此为旧的"六艺"，孔子将这些贵族具备的文化教养和知识技能传授给平民子弟，推动了当时文化下移的历史运动。《诗》《书》《礼》《乐》《易》《春秋》为孔子所编修整理的经籍文献，亦被后世称作"六艺"（或"六经"，因《乐》经亡佚，故又有"五经"的说法）。相对于旧"六艺"，可谓之新"六艺"。孔子教学的内容实涵括新、旧"六艺"在内。

的坚定志向，才有可能逐渐培养并拥有一种"三军可夺帅也，匹夫不可夺志也"或"岁寒，然后知松柏之后彫（凋）也"（《论语·子罕》）的独立、坚定而卓越的意志品格。

二是，须加强内省自讼意识，并应"修己以敬"（《论语·宪问》），即以庄敬笃恭之心来修养自己的德性，如孔子曰："君子有九思：视思明，听思聪，色思温，貌思恭，言思忠，事思敬，疑思问，忿思难，见得思义。"（《论语·季氏》）可见，在孔子看来，君子的美好德性修养正源自其自我反思的内省意识，故孔子郑重告诫其弟子曰："已矣乎，吾未见能见其过而内自讼者也。"（《论语·公冶长》）"见贤思齐焉，见不贤而内自省也。"（《论语·里仁》）而孔子弟子曾参更有名言曰："吾日三省吾身——为人谋而不忠乎？与朋友交而不信乎？传不习乎？"（《论语·学而》）

三是，修己成德的目的在于成为君子和仁人，而君子之为君子，作为德性修养的结果，乃是应具备知、仁、勇三种美德的一种健全、成熟而完备的理想人格类型，故子曰："君子道者三，我无能焉：仁者不忧，知者不惑，勇者不惧。"（《论语·宪问》）又曰："文，莫吾犹人也。躬行君子，则吾未之有得。"（《论语·述而》）所谓"我无能焉"，所谓"吾未之有得"，并非仅仅是一种谦辞，而是在深切地表达自己对于君子之理想人格的一种向往之情。

四是，通过德性修养的方式所成就的君子品格，其中最重要的一点还在于其能够做到"内省不疚"而"不忧不惧"（《论语·颜渊》），这意味着一个人的德性修养或道德生命的自我实现无关乎外在的东西，如由外在客观环境或时遇遭际所决定的个体之吉凶祸福、富贵利达和生死命运等，德性修养或道德生命的自我实现本身便具有独立而自足的人生价值和意义。如历史上的仁人志士，最为孔子所称道的有殷周更革之际的微子、箕子、比干和伯夷、叔齐，前三人为暴君商纣王的庶兄和诸父，他们见纣之暴虐无道，或去之，或佯狂为奴，或强谏而死，其行虽有不同，但皆依仁德而行，遭遇虽异，但皆可被称为仁人，故孔子曰："殷有三仁焉。"(《论语·微子》)后二人乃古代逸民的代表，他们于殷周更革之际，耻于周以"以暴易暴"的方式夺取政权，故"义不食周粟"而隐居乃至"饿死于首阳山"(《史记·伯夷列传》)，故孔子赞之曰："不降其志，不辱其身，伯夷、叔齐与！"(《论语·微子》)从中足可见出孔子对于德性观念的根本看法，正如钱穆先生所言："在中国人传统观念中所谓之道德，其惟一最要特征，可谓是自求其人一己内心之所安。"[①]

对于孔子来讲，上述德性修养的观念和君子的人格理想，并非只是一种观念上的空头支票，换言之，孔子决非一位空言立说的思想家，而是一位以实际的言行来诠释和证成自己理想信念的实践家。"自求其人一己内心之所安"，这一点最足以彰显孔子德性观念的本质特征，依孔子之见，一个富有道德修养的仁人君子，通过自我的反省而能做到问心无愧，自然可以获得一种卓然独立的可贵品格或最大的道德勇气，正所谓"自反而不缩（直），虽褐宽博，吾不惴（惊惧、恐吓）焉；自反而缩，虽千万人，吾往矣。"(《孟子·公孙丑上》)正唯如此，孔颜师徒能够修德以俟时，"用之则行，舍之则藏"(《论语·述而》)，久处穷困之地而不怨天尤人，故子曰："饭疏食饮水，曲肱而枕之，乐亦在其中矣。不义而富且贵，于我如浮云。"(《论语·述而》)又称赞叹赏颜回曰："贤哉，回也！一箪食，一瓢饮，在陋巷，人不堪其忧，回也不改其乐。贤哉，回也！"(《论语·雍也》)孔颜之乐，决非强作欢颜，乃是因其心安而乐，甚至在面临凶险困厄之际，孔子仍然能够旷达自信地曰："天生德于予，桓魋其如予何？"(《论语·述而》)孔子之所以"不忧不惧"，如此自信和旷达，也正因为他有着坚定的志向，注重内省自讼而问心无愧。孔子不仅仅对君子的人格理想心怀向往之情，而且通过自身一生躬行实践的不懈努力，向世人充分展现了一个真实、

---

① 钱穆：《论春秋时代人之道德精神》（上），见《中国学术思想史论丛》（一），安徽教育出版社 2004 年版，第 175 页。

卓越而鲜明的"动人的君子形象"①。孔子之为孔子，正在于他是心怀理想、志存高远而向往"得见君子者，斯可矣"（《论语·述而》）的孔子；孔子之为孔子，正在于他是"其为人也，发愤忘食，乐以忘忧，不知老之将至云尔"（《论语·述而》）的孔子；孔子之为孔子，正在于他是"若圣与仁，则吾岂敢？抑为之不厌，诲人不倦，则可谓云尔已矣"（《论语·述而》）的孔子。

次说孔子"讲学"的问题。

作为中国历史上最伟大的教育家，孔子决不是一个因自信"天生德于予"便狂妄自负地认为自己是一个超然于众生之上、能够洞察和掌控人类古往今来之命运的唯一天选的"教主"或"先知"，而是一个深信并希望通过教育和学习来激发和唤醒每个人内心的天赋知性、潜能和道德良知，始终奉行和实践"有教无类"、"因材施教"、以学为乐的教学理念、方法和原则，并因此而终身孜孜于"学而不厌，诲人不倦"的"好学"者和"讲学"者。故子曰："吾十有五而志于学。"（《论语·为政》）又口："十室之邑，必有忠信如丘者焉，不如丘之好学也。"（《论语·公冶长》）又曰："吾尝终日不食，终夜不寝，以思，无益，不如学也。"（《论语·卫灵公》）那么，对孔子而言，"学"之为"学"，究竟意味着什么呢？换言之，孔子所谓"学"或其论"学"讲"学"的宗旨和本义究竟是什么呢？在我看来，不了解这一点，便不可能对孔子之道和儒家之学的根本要旨有深切的体悟和理解。

传统关于"学"字的含义主要有两种解释，一是以"觉"释"学"，如《白虎通·辟雍》曰："学之为言觉也。以觉悟所不知也。"二是以"效"释"学"，如朱熹《论语集注·学而》曰："学之为言效也。人性皆善，而觉有先后，后觉者必效先觉者之所为，乃可以明善而复其初也。"前者强调"学"须通过自我意识的觉悟来认知和探求"未知"，在这一意义上，"学"之为"学"必然体现为一种有意识的自我努力的过程，孔子所谓"学而知之者"（《论语·季氏》），即可从

---

① ［美］狄百瑞：《儒家的困境》，黄水婴译，北京大学出版社 2009 年版，第 34 页。

这一意义上来理解。后者强调对先觉者的效法或模仿，在此意义上，"学"之为"学"乃是指向先前圣贤人物通过其道德行为所树立的人格典范的学习与仿效，孔子所谓"见贤思齐焉，见不贤而内自省也"（《论语·里仁》），即可从这一意义上来理解。当然，无论是言"觉"还是言"效"，这都是就其字面含义来讲的，都不足以穷尽孔子论"学"的全部义涵。宋儒邢昺疏《学而》曰："此篇论君子、孝弟、仁人、忠信、道国之法、主友之规，闻政在乎行德，由礼贵于用和，无求安饱以好学，能自切磋而乐道，皆人行之大者，故为诸篇之先。既以'学'为章首，遂以名篇，言人必须学也。"①何言乎"人必须学也"？因为"人不学，不知道"（《礼记·学记》），"人不学，不知义"（《白虎通·辟雍》）。邢昺此疏于孔子论"学"之义可谓庶几得之，然仅限于就《论语·学而》一篇的具体内容而言，似仍不能涵盖其全部意蕴，我们须结合《论语》所载孔子所思所行的所有内容，才能对孔子论"学"之义获得一种充分而完整的理解。

孔子以"诗、书、礼、乐"和"文、行、忠、信"（《史记·孔子世家》《论语·述而》）教人，其教人所学者内容广泛，层次分明，包括诗、书、礼、乐的文化教养和射、御、书、数的知识技能，分为德行、言语、政事、文学四科（据《论语·先进》），既不抹杀人的个性特点，亦不排斥人的智能发展。但正如钱穆先生所言，孔子乃是"中国历史上特立新创的第一个以教导为人大道为职业的教育家"②。果如是言，则孔子之所教及其所谓"学"乃重在教人学所以为人，即学习如何做人的问题，此正是孔子讲学立教的核心要旨和根本目的所在，亦是《论语》一书的核心思想主题所在，故如孝悌之行，忠信之德，诗书礼乐之文，事君交友之义，内省克己、改过迁善之方，己立立人、己达达人之仁，修己安人、治国为政之道等等，凡涉及家庭伦理美德、个体德性修养、文化能力教养、治国

① 何晏注、邢昺疏：《论语注疏》，见李学勤主编：《十三经注疏》，北京大学出版社1999年版，第1页。
② 钱穆：《孔子传》，生活·读书·新知三联书店2002年版，第12页。

为政方法者，皆为其教学之重点与要义。

毋庸讳言，耕稼种圃之类的劳动技能并不在孔子教学的范围之内，孔子教学的目的也不仅仅在于知识见闻的增长，但这并非因为孔子鄙视劳动技能的学习或排斥知识见闻的增长，问题的关键在于孔子教人所学者另有关切所在。孔子明确告诉他的弟子在耕稼种圃的劳动技能方面他不如老农老圃（据《论语·子路》），孔子亦不反对通过博学多识的方式来增长知识见闻、发展才智能力，乃至"多识于鸟兽草木之名"（《论语·阳货》），孔子本人即为我们树立了一个好古敏求、博学多能的典范。然而，孔子所最为关切的却是斯文传统的传习，忠信之德的践行，个体人格的健全，人伦关系的维护，社群生活的和谐，乃至国家的优良治理以及天下的有道治平，所有这些都在孔子所学所教的范围之内。因此，对孔子而言，华夏文明的斯文传统端赖乎好古敏求的学习而得以薪火传承、生生不息地延续下来，他本人即以"述而不作，信而好古"（《论语·述而》）自许自期；个体德性的修持和健全人格的培养端赖乎独立自主、理性自觉的学习来加以调节、维持和成就，故子曰："好仁不好学，其蔽也愚；好知不好学，其蔽也荡；好信不好学，其蔽也贼；好直不好学，其蔽也绞；好勇不好学，其蔽也乱；好刚不好学，其蔽也狂"（《论语·阳货》）；社会人伦关系和共同生活秩序的和谐维持端赖乎人们对于孝悌忠信之德的学习和践行，天下国家的优良治理则端赖乎受过教育、富有人文教养和仁德修养的士人君子"以德致位"来尽其领袖群伦的职责。说到底，"学"之为"学"，实具有根本的重要性而关乎着如何做人以及人类共同生活之道的问题，关乎着古今之义的贯通和斯文传统的传承，个体德性的修养和人伦关系的和合，治国为政之道的探求、社会政治领袖人才的培养以及人类共同生活之优良治理秩序的维持问题。唯有透过所有这些方面，我们才能真正理解孔子论"学"的宗旨和本义。

然而，不管怎样，对孔子来讲，"学"之为"学"，既非一种单纯的求知活动，亦非一个笼统地如何做人的问题，因为做人首要的便涉及德性修养的问题，故孔子之讲学论学首先关切和注重的便是个体德性的修养问题，甚至认为好学即美德，即"好学"本身即是一种美好德性修养的体现，如子曰："君子食无求饱，居无求安，敏于事而慎于言，就有道而正焉，可谓好学也已。"（《论语·学而》）另如，哀公问："弟子孰为好学？"孔子对曰："有颜回者好学，不迁怒，不贰过。不幸短命死矣，今也则亡，未闻好学者也。"（《论语·雍也》）这一点对于我们理解孔子所谓"学"的根本含义来讲是至关重要的。

　　作为教育家，孔子格外重视人类所共同拥有的进行学习的天赋能力，以及教育对人格养成和人性价值实现所具有的内在而深刻的塑造力和影响力。因此，孔子之教是向所有人开放的，正所谓"有教无类"（《论语·卫灵公》），孔子之学亦是就人人可学、可知、可行者而言的。当然，如果有人批评孔子的教育理念仍然具有很大的局限性，比如未能向女性开放，这无疑是无可辩驳的事实，但是我认为这是一种受时代限制的、可以原谅的思想局限性。事实上，除了天生的上知和下愚之人不须学、不能学、不愿学[1]以及自暴自弃者不可教之外[2]，孔子深信教育和学习乃是人之为人实现自我转化、增进和提升自身德性修养的必由之路或根本途径。如所周知，由于孔子坚持奉行"有教无类"和"君子正身以俟，欲来者不距，欲去者不止"（《荀子·法行》）的自由开放的教育理念，故孔门弟子三千，人员庞杂，弟子之间社会背景大为不同、阅历品行志趣迥异、个体性格差异悬殊，但无论是对生活在陋巷的贫家子弟颜回、生为"贱人"或"鄙家"之子的冉雍或子张，还是对性格鄙陋、好勇无礼且曾陵暴夫子的"无恒之

---

① 孔子曰："生而知之者上也，学而知之者次也；困而学之，又其次也；困而不学，民斯为下矣。"（《论语·季氏》）

② 子曰："唯上知与下愚不移。"（《论语·阳货》）宋儒程颐曰："所谓下愚有二焉：自暴也，（一无也字。）自弃也。人苟以善自治，则无不可移者，虽昏愚之至，皆可渐磨而进也。唯自暴者，拒之以不信；自弃者，绝之以不为；虽圣人与居，不能化而入也，仲尼之所谓下愚也。"（程颢、程颐：《二程集》下册，王孝鱼点校，中华书局2004年版，第956页）

庸人"的子路，无论是对曾身陷"累绁之中"的公冶长或曾为"梁父之大盗"的颜涿聚[①]，还是对"难与言"的互乡之童子，无论是对门下弟子，还是对自家儿子，孔子均一视同仁地予以施教劝学，都一样耐心地教以诗礼、循循善诱，激励其"洁己以进"（《论语·述而》），劝导其进德修业。由此可见，对孔子来说，教育和学习实具有一种化腐朽为神奇、化鄙陋为文明、化强盗为忠臣义士，亦即使人实现道德人格自我转化的伟大力量。正唯如此，无论是施教，还是劝学，孔子所注重的都是启发受教者或学习者自我反省和主动自觉地进行学习的潜在能力，以便能够培养和发展其独立自主、健全而成熟的理性认知能力和道德人格，而决不是运用某种外在强制性、灌输性或支配性的手段和方式以便将受教者整齐划一地改造为或塑造成施教者所易于加以操纵和控制的某一种类型的人。对孔子而言，教育或学习乃是因人之天赋固有而达其天性而已，非能增益其所无也[②]，反之，一味增益其所无则必定会戕害、凿伤其天性而已，孔子于此可谓洞彻和抓住了古今教育的永恒本质和真正意义所在。

总而言之，孔子本人"十有五而志于学"，从此"学"便成了其终身的志业，为学贯穿了孔子的一生，而孔子的一生亦正是为学的一生。孔子"十有五而志于学"，实则由此而开启了自己一生持续不断、下学上达的为学历程，亦是由此而走上了一条通过有意识地努力和自觉为学的方式来实现好古敏求、修己立身、陶冶情操、培养德性和人生向上目标的生命历程。而作为教育家，孔子之为孔子，也正在其不愧为人普遍具有天赋之学习能力的伟大发现者与深刻反思者。

---

① 此《吕氏春秋·尊师》中所说"颜涿聚"，即《史记·孔子世家》所言"颜浊邹"。据《史记·孔子世家》："孔子以《诗》《书》《礼》《乐》教，弟子盖三千焉，身通六艺者七十有二人。如颜浊邹之徒，（正义：浊音卓。邹音聚。颜浊邹，非七十二人数也）颇受业者甚众。"

② 如《吕氏春秋·尊师》曰："且天生人也，而使其耳可以闻，不学，其闻不若聋；使其目可以见，不学，其见不若盲；使其口可以言，不学，其言不若爽；使其心可以知，不学，其知不若狂。故凡学，非能益也，达天性也。能全天之所生而勿败之，是谓善学。"

尽管依照后来孟子的说法，夏、商、周三代已经发展形成一种建制化、组织化的学校教育系统，正所谓"夏曰校，殷曰序，周曰庠；学则三代共之，皆所以明人伦也"（《孟子·滕文公上》），然而，孔子之前，"学在官府"，"学"之为"学"，实不过是世袭贵族阶级所享有的一项特殊权利和专属能力，是专门为维持贵族阶级独享特有的文化教养、身份地位和特权利益而服务的。孔子之后，私学兴起，正是孔子的私学教育突破阶级性的界限和藩篱而开创性地奉行和确立了一种面向所有人的、"有教无类"的普遍主义或自由开放的教育理念，在此意义上，"学"之为"学"，实意味着学习乃所有人都可以拥有并能够加以培养和发展的一种能力，而且，学习可以使人彻底突破或完全摆脱先赋而固定的血缘出身、社会身份、政治地位和阶级界限等各种各样的藩篱与束缚，独立自主地发展自身的智识、才能和文化教养，尤其通过自觉的学习和不懈的努力，每个人都可以不断充实和发展自己的道德人格、不断完善和提升自己的道德修养。

对孔子而言，我们可以向历史学习，通过好古敏求的学习，我们可以了解和探究自身的文化传统和文明特性，可以鉴古知今、洞察未来，把握人类社会的历史命运和未来走向；我们可以向古人、向师友、向他人学习，通过尚友古人、向古圣先贤学习，我们可以像大舜那样"乐取于人以为善"（《孟子·公孙丑上》），通过师友的夹持、辅翼、切磋和熏陶，我们可以增进和涵养自身的才智与德性，无论他人是贤是善还是不贤不善，皆可以成为我们取法鉴戒的重要资源[1]；我们可以向经典学习，通过学习五经六艺，我们可以温故知新，我们可

---

[1] 如子曰："三人行，必有我师焉：择其善者而从之，其不善者而改之"（《论语·述而》），"见贤思齐焉，见不贤而内自省也"（《论语·里仁》），"见善如不及，见不善如探汤"（《论语·季氏》）。

以丰富自己的人类视界①，我们可以培养和提升自身的人文教养和文化能力②；我们可以向天地学习，通过"下学而上达"（《论语·宪问》）的学习，我们可以领悟天地之道、生生之德，并取象效法之以"进德修业"，正所谓"天行健，君子以自强不息"（《周易·乾卦·象传》）、"地势坤，君子以厚德载物"（《周易·坤卦·象传》）。唯如斯之学，唯如斯之好学乐学，唯如斯"尊德性而道问学"（《中庸》）之学，我们才能传承斯文于不坠，增进德性于不息，发展人格于不已，开阔视野于不尽，提升境界于不止。

对孔子而言，"学"之为"学"乃是一个人修身做人、不断成长的根本途径和必由之路，是实现潜能、发展心智、完善自我、涵养德性、健全人格、提升境界的根本途径和必由之路，是传承斯文、拓展人类视野、丰富生命意义、和谐人伦关系、维持人类共同生活之优良治理秩序的根本途径和必由之路。学是立人之根本、人生向上的阶梯，学是一个人终身的志业，理应贯穿人生的始终，而贯穿学之始终的则是对人之为人的最为深切的道德关怀。所有这些都最充分而深切地表达和凸显了孔子对于人类学习能力并通过学习来实现自我转化和道德成长目标的乐观与自信，正是基于这样一种乐观与自信，即使是身处乱世之中，生活遭遇种种的困顿，但当他致力于在理想与现实之间努力开辟和拓展思想和行动的空间和疆域时，他始终坚信，首先要做的事情不是控制他人，而是完善自我，不是驯化他人，而是修养自身。为此，他愿意投身于一项伟大而神圣的人类事业，那就是讲学立教，并希望通过学为君子而为人们树立一种文明的标

---

① 杜维明先生认为，五经分别代表和象征着五种视界，即《诗经》、《礼记》、《春秋》、《书经》和《易经》"五经"分别代表和象征着诗艺的、社会的、历史的、政治的与形上学的五种视界，这五种视界体现了孔子由对"人"的全面反思而形成的对人类状况的系统看法。（参见《东亚价值与多元现代性》，中国社会科学出版社 2001 年版，第 182—186 页）

② 如子曰："不学诗，无以言""不学礼，无以立"（《论语·季氏》）；又曰："诵诗三百，授之以政，不达；使于四方，不能专对；虽多，亦奚以为？"（《论语·子路》）"小子何莫学夫诗？诗，可以兴，可以观，可以群，可以怨。迩之事父，远之事君。"（《论语·阳货》）

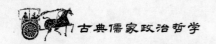

杆、道德的典范。正唯如此，讲学立教、学为君子也正可说是孔子之教的真精神、孔子之学的真血脉所在！

正是在上述意义上，作为学习者，人之为人，才真正不再仅仅是一种单纯的本能的自然生物，而是有志向、有理想、有情怀、有胸襟和抱负的富有文化性、道德性和精神性的活生生的人类；作为学习者，人之为人，才真正能够以其自由而开放的心灵"致广大而尽精微，极高明而道中庸"（《中庸》）；作为学习者，人之为人，才真正不愧被称为"天地之心""万物之灵"。也正是在上述意义上，"学"之为"学"，才真正能够为人们在已生活其中的现实世界中开辟出一个具有无限可能性的精神疆域和心灵空间，人们在其中可以发展自己的心智能力、涵养自己的道德品格、培育自己的人文教养、提升自己的精神信仰，乃至学以为士、学以为君子、学以为圣人，从而"无爵而贵，无禄而富，不言而信，不怒而威，穷处而荣，独居而乐"（《荀子·儒效》）。由此而言，《论语》首篇第一章即言"学而时习之，不亦说乎"，实有开宗明义之意，非徒然也。在我看来，只有从上述"学"之为"学"的意义上，我们才能真正体会和领悟到这句话饶富意味的深刻含义，而"学而时习之"之所以能够带给人一种发自内心的愉悦感，就在于我们从学所以为人的过程中拓宽了自己的人类视野、发展了自己的文化能力、涵养了自己的德性品格、提升了自己的精神境界，所谓为己之学、自得之学、身心之学、成德之教等等，皆是指此而言。

2. 君子与小人

孔子的一生真可谓志学、好学、乐学的一生，亦可谓内省修己、克己修德的一生，而好学修德的目的即在成为君子或躬行君子之道。因此，孔子以其以好学修德为根底、以君子为目标的整个生命历程，为后人树立了一个终身学习的榜样。不仅孔子本人如此，事实上，培养君子也正是孔子讲学立教所热切追求实现的基本目标，而且，君子之为君子，乃人人可学而至者，亦即人人皆可通过学习而实现的道德人格理想，故清儒章学诚谓："孔子立人道之极，岂有意于立儒道之极耶？"（《文史通义·原道中》）换言之，孔子虽为儒家学派的创立者，但其讲学立教的目的却主要不在将人驯化成儒家或"儒教"之信徒，而在教诲人学所以为人乃至教导人学为君子，故子谓子夏曰："女为君子儒！无为小人儒！"（《论语·雍也》）孔子的这一教诲，重点不在"儒"，而在君子与小人之分辨。

孔子既教人学为君子，亦时时将君子与小人相对并称而言，那么，孔子为何要汲汲于辨别区分君子与小人？换言之，对孔子来讲，君子小人之辨究竟意味着什么？兹将孔子的相关言论先征引如下：

子曰："君子周而不比，小人比而不周。"（《论语·为政》）

子曰："君子怀德，小人怀土；君子怀刑，小人怀惠。"（《论语·里仁》）

子曰："君子喻于义，小人喻于利。"（《论语·里仁》）

子曰："君子坦荡荡，小人长戚戚。"（《论语·述而》）

子曰："君子成人之美，不成人之恶。小人反是。"（《论语·颜渊》）

子曰："君子和而不同，小人同而不和。"（《论语·子路》）

子曰："君子泰而不骄，小人骄而不泰。"（《论语·子路》）

子曰："君子上达，小人下达。"（《论语·宪问》）

子曰："君子求诸己，小人求诸人。"（《论语·卫灵公》）

孔子曰："君子有三畏：畏天命，畏大人，畏圣人之言。小人不知天命而不畏也，狎大人，侮圣人之言。"（《论语·季氏》）

子曰："君子义以为上，君子有勇而无义为乱，小人有勇而无义为盗。"（《论语·阳货》）

如所周知，君子小人之分，并非始自孔子，如《国语·鲁语》曰："君子劳心，小人劳力，先王之训也"，除了劳心、劳力的区分，还有"君子务治而小人务力"(《国语·鲁语》),以及"君子勤礼,小人尽力"(《左传·成公十三年》)的说法。可见,在孔子之前,小人是劳力、务力和尽力的劳动者,君子是劳心、务治、勤礼的统治者,这是一种对两类人身份地位之差别性的明确表述方式。在孔子的思想脉络及其对君子小人的用法中,无疑仍然延续了这一表述方式,也仍然具有指称两类人身份地位之差别的含义,如孔子斥责请学稼和学为圃的樊迟:"小人哉,樊须也!"(《论语·子路》)其中"小人"的说法就仍然含有指称劳力者的意思,但并非像一般理解的那样具有鄙视劳动者的意味,正如后来孟子仍然明确坚持这一点时所说:"或劳心,或劳力;劳心者治人,劳力者治于人;治于人者食人,治人者食于人,天下之通义也。"(《孟子·滕文公上》)这只是在一种社会分工的含义上来讲的。然而,自孔子始,君子小人之分却被赋予了另一种全新的、更富深刻意义的道德人格的含义,而且,从语用学的意义上讲,这一区分不再仅仅是对劳心者和劳力者两类人之身份地位差别所作的简单区分,而更主要的是被用于对同一类人尤其是对士人学者、劳心者和治人者所作的一种道德品格区分,在这一意义上对君子小人所作的辨别区分,才是最值得我们认真思考和特别关注的。

在上引孔子有关君子与小人道德品格的一系列辨别区分中,无疑君子是指具有种种美好德行和品格的"一类人",而小人正是在道德品格上恰恰与君子相反的"一类人",仅从字面含义来讲,这样讲似乎并没有错,因为人在德性修养上的差别必然会导致人与人之间在道德品格、精神境界和文化教养上的分野与不同。然而,如果据此便认为孔子对君子小人所作的辨别区分仅仅体现了一种"简单的二元思维",或仅仅意味着是把人简单地区分为两类人,则大谬不然。如有人批评说,"孔子眼里,人只有两类,非君子即小人",乃至"如此简单的二元思维,导致国人在面对多元社会、多元问题时的无能为力和不知所措",而事实上,"人性之复杂,根本就不是君子和小人所能涵盖的",而孔子却"认为一分为二足矣"①。这样一种片面的理解，显然只是批评者自己根据"简单的二元思维"而对孔子辨分君子小人之宗旨和本义所作的一种肤浅而庸俗的简单化理解。当然，就君子小人之分的实际影响来讲，我们并不否认可能会产生和出现批评者所说的这种情况，甚至在历史上也曾发生过这样的情况，即在最乐于严辨君子小人的宋代士大夫的新旧党争和明末的东林党争中，君子小人之分实际已被用于在政治上党同伐异、排斥异己的口实，即自居为"君子"而指斥对方为"小人"，然而，这种情况的发生也正是由对君子小人之分所作简单化理解而导致的一种非其本来意图的不良后果。为了消除这样的不良后果在现实生活中的继续发生，我们所应做的不是简单地斥责，而是正确地理解君子小人之分的宗旨和本真含义。

其实，"君子"并不是孔子特立新创的词，而是一种旧词新用，"君子"和"小人"本来是对贵族和平民两种不同身份地位的称谓。除了个别仍然沿袭或掺杂着旧义的用法，在旧词新用中，孔子主要赋予了它一种全新的道德和政治含义。那么，君子小人之分，就其宗旨和本义来讲，究竟具有什么样的意义呢？我认为，最值得我们予以深思而富有深刻意义的是它所包含的两个方面的含义，亦即其双重义涵。

其一，有关君子小人的辨分，实关乎着一个人如何学为君子而实现道德品格的自我转化的问题，这可以说是贯穿于《论语》中的一个至关重要的思想主题。

正如我们上文所着重强调的，孔子论学的宗旨和本义即在"教导为人大道"，其中最要者便是教人学为君子。而对孔子而言，君子之为君子，其实与一个人的血统、出身和先赋的社会背景与身份地位是无关的，而是一个人通过自身有意识的努力即通过修身正行、努力好学的方式而在道德品格上自觉实现自我转化的结果和成就，孔子之所以教人学为君子或汲汲于君子小人之辨分，正是要

---

① 参考自网络文章《孔子的十大糟粕思想》（作者不详）。

教导和激励人实现向君子人格的自我的道德转化，要努力地学为君子，而不是自甘于为小人。另如宋儒程颐所说："今人不会读书。……如读《论语》，旧时未读是这个人，及读了后又只是这个人，便是不曾读也。"① 这其实也在告诉我们真正会读《论语》的意义所在，说到底也就是会读《论语》者会像孔子本人及其心目中的理想君子那样通过学为君子而实现自我的道德转化。因此，《论语》中孔子对于君子小人所作的辨分，可以说正是孔子提出的有关一个人在道德上如何实现自我转化的重要思想命题，而并非将现实生活中的人简单地区分为君子和小人两类人的问题。

由于人性之复杂，现实生活中的人既无纯粹的君子，也无完全的小人，君子须"好学"以"就有道而正"②，小人亦可教而化③。即使孔子本人以"躬行君子"自期，但他也并不认为自己就能够完全践行君子之道，故曰："躬行君子，则吾未之有得。"（《论语·述而》）又说："君子道者三，我无能焉。"（《论语·宪问》）由此可见，学为君子并非一种完成态，而是一种进行式，应学而时时践行之，此之谓"学而时习之"，此之谓"学而不厌"，此之谓学乃一个人终身的志业，总之，学为君子实是一个人应终身努力追求实现的人生目标或道德人格理想。若再进而言之，君子小人与其说是对两类人的区分，毋宁说是对人之一体两面性的辨别区分，人人体内皆有此两面性，人要么为君子，要么为小人，就看一个人的修为如何了。此义虽然在孔子那里还未曾直白地道明，但在孟荀人性论的思想脉络和意义架构中却成了一个最突出而鲜明的思想命题，如公都子问曰："钧是人也，或为大人，或为小人，何也？"孟子回答曰："从其大体为大人，从其小体为小人。"（《孟子·告子上》）而荀子则曰"人之生固小人，无师无法则唯利之见耳"（《荀子·荣辱》)，然而，人可以被师法之化而学为士

---

① 程颢、程颐：《二程集》上册，王孝鱼点校，中华书局 2004 年版，第 261 页。

② 如子曰："君子食无求饱，居无求安，敏于事而慎于言，就有道而正焉，可谓好学也已。"（《论语·学而》）

③ 如子曰："君子之德风，小人之德草。草上之风，必偃。"（《论语·颜渊》）

君子，故《荀子》之首篇开宗明义即劝人为学曰："学不可以已"（《荀子·劝学》），因为唯有自觉努力地为学才能使一个人在道德品格上实现从小人向君子的自我转化。冯骥才先生《体内的小人》一文可谓深得此旨，如冯先生所说，小人之为小人，乃是"指人格卑下者"，但此所谓"小人"，并非"那些在生活中时不时会碰到的小人"，而是指就存在于我们自己身上或体内的小人，对于我们体内的小人，"我们必须在自己的心里划一条自我的防线，将体内的小人视作自己的敌人，因为战胜这种体内小人的力量，不在别处，与他人无关，全都在自己身上"，而且，"我知道，我不可能全部消灭自己身上的小人，但我会对它警惕，以战胜它作为自己为人的快乐"①。这才是真正的学所以为人，或所谓的"学者为己"（《论语·宪问》），亦正是"学而时习之"的快乐所在，以及孔子汲汲于教人内省自讼乃至辨分君子小人的本义所在。不首先明乎此，而欣欣然自视为君子、诬人为小人，斯为不学之人格卑下者矣。

其二，有关君子小人的辨分，还关乎着人之道德品格和生活境界具有等差、层级之不同的问题，实蕴含着孔子对人类文明生活之运行原则的基本看法。

毫无疑问，君子小人之分是对人的人格修养和生活境界之道德层级不同的品分，当然，这种品分并不仅仅局限于君子小人之分，孔子所谓的士、君子、仁人、圣人皆可被安排进一种等差品级的复杂序列之中，人可由学而为士、为君子、为圣人②，而即使同为士，亦有等差流品之分（参见《论语·子路》），同为圣人，亦有圣之清、任、和、时之别（参见《孟子·万章下》）。不过，在此，我们所最为关切的问题是，孔子何以要汲汲于辨分君子小人两种道德品格与生活境界之等差层级的流品之不同呢？

如上文所言，我们虽然不能简单地将这一辨分理解为是对两类人的简单区分，但人的道德品格毕竟有高尚、卑下之不同，并在具体的人的实际言行表现

---

① 冯骥才：《体内的小人》，载《中文自修》，2014年第Z1期，第75页。
② 如荀子曰："彼学者，行之，曰士也；敦慕焉，君子也；知之，圣人也。"（《荀子·儒效》）

上可以真实地体现出来，乃至"钧是人也"，或为大人君子，或为斗筲小人，我们不可能完全漠视这一差别而将人视同一律。换言之，人在事实上亦是有道德品格和生活境界之等差分别的，如果结合上文所言，亦可以说，人都有两面性，性相近也；或为君子，或为小人，习相远也。这并非"简单的二元思维"的问题，而是人类实际生活中的一种人际分化现象或人性事实。譬如，你不能因为反对"简单的二元思维"，甚至连现实生活中存在着真、善、美和假、恶、丑的现象都不承认，对真假之异、善恶之分、美丑之别的感觉迟钝只会让人们认识不到人类文明生活的这样一种本质，借用美国学者克莱·G. 瑞恩的话说就是，文明是通过"对生活境界高级与低级的分辨"，"通过对品性等级高下的区分和排序"而运行的，或者"由真正的贤人为其他人树立标准""让贤人有这么做的机会"乃是"文明追求的一个核心目标"①。尽管如法国汉学家谢和耐所说，中西文化和思想具有实质性的差别，甚至可以说"中国的思想正是希腊思想的反证"②，但是，如果说古希腊的教育是"要塑造整个的人"，"其宗旨是通过培养体魄、心智和美学辨别力以及最重要的道德品质，使个人能够参与追求善、真、美的生活。主导社会的精英们无论其扮演什么角色，必须首先是有教养与胸怀宽广的人"，或者说，"古代希腊的理想，即应当由有能力参与善、真、美生活的人来决定社会取向"③，那么，尽管在具体的教育理念、方法和道德观念上存在着这样那样的差异，但在一定意义上，我们也完全可以说，孔子的教育和理想也正是要塑造整个的人，其宗旨是通过诗书礼乐的学习和克己修身的实践来发展人的心智能力、培育人的健全人格、涵养人的诗艺化和礼乐化的人生态度以及最重要的贵仁尚义的道德品质，使个人能够参与追求真、善、美的生活，尤其是将

---

① ［美］克莱·G. 瑞恩：《道德自负的美国：民主的危机与霸权的图谋》，程农译，上海人民出版社 2008 年版，第 148、149 页。

② ［法］谢和耐：《中国人的智慧》，何高济译，上海古籍出版社 2013 年版，第 136 页。

③ ［美］克莱·G. 瑞恩：《道德自负的美国：民主的危机与霸权的图谋》，程农译，上海人民出版社 2008 年版，第 148、150 页。

人培养成富有礼乐文化教养、道德品格高尚和胸怀宽广的士君子，孔子亦深切希望受过教育、有着良好教养的士君子之人能够担当起引领道德风尚、决定社会取向和捍卫文明标准的社会政治职责，这一点在《论语》中有着充分的体现，诚如美国汉学家狄百瑞所说，《论语》可以说是一部"以君子及其领袖责任作为要义"①的经典著作。果如上言，则君子小人之分的实质性意义，正在于其对人之道德品格与生活境界高尚与卑下的分辨，通过对人之品性等级高下的区别和辨分，而期望由遵循礼乐之道而内外双修、真正德能贤良的君子在乱世中为他人树立行为标准、引领社会价值取向，并重建人类礼乐文明的生活秩序②。

综上，孔子的君子小人之辨并非意在将现实中的人简单地区分为两种类型，实则关乎着如何学为君子的问题而具有两个方面的重要含义。对孔子而言，没有人天生即为君子，君子之为君子乃是任何人都可以通过努力为学而实现自我转化所能成就的一种道德人格理想，换言之，成为君子与一个人的血统、出身和先赋的社会背景与身份地位无关，而是与"学"不"学"密切相关，每个人都有两面性，而或为君子，或为小人，原因就在于一个人是否努力为学并能实现自我的道德转化；只有那些能够努力为学、致力于自身的修养和完善而不断实现自我道德转化的君子，才有资格担负起守卫标准、领袖群伦、维护和引领人类文明之生活秩序与社会价值取向的社会政治职责，一个卓越的、负责任的道德君子"凭的不应该是自诩道德高尚，而是实际展示出来的优良品质"③。只有

---

① ［美］狄百瑞：《儒家的困境》，黄水婴译，北京大学出版社 2009 年版，第 23 页。

② 如《礼记·乐记》曰："礼乐皆得，谓之有德。德者，得也。""君子曰：礼乐不可斯须去身。致乐以治心，则易直子谅之心油然生矣。易直子谅之心生则乐，乐则安，安则久，久则天，天则神。天则不言而信，神则不怒而威，致乐以治心者也。致礼以治躬则庄敬，庄敬则严威。心中斯须不和不乐，而鄙诈之心入之矣。外貌斯须不庄不敬，而易慢之心入之矣。故乐也者，动于内者也。礼也者，动于外者也。乐极和，礼极顺，内和而外顺，则民瞻其颜色而弗与争也，望其容貌而民不生易慢焉。故德辉动于内而民莫不承听，理发诸外而民莫不承顺。故曰：致礼乐之道，举而错之，天下无难矣。"

③ ［美］克莱·G.瑞恩：《道德自负的美国：民主的危机与霸权的图谋》，程农译，上海人民出版社 2008 年版，第 58—59 页。

结合上述两个方面的含义，我们才能更好地理解孔子君子小人之辨的深刻义涵，也才能真正理解孔子君子之学的真谛。

三、政由谁出？政治何为？——孔子的新政治构想与治国为政智慧

孔子生当晚周衰乱之世，热切地追寻和探究古圣先王的政教传统和华夏文明损益沿革的演化历程及其基本特质，希望能够从中总结出一套治国平天下的最佳治道，从而实现变"天下无道"为"天下有道"的政治目标。然而，倡明王道，却是既非一人之力、亦非一时之功可以完成和实现的，故孔子在编修六艺的同时，更汲汲于修德讲学、立教育人，并以培养和造就有志于谋道、忧道、行道和弘道的君子为己任。那么，我们究竟应如何来理解和看待孔子的所作所为？他究竟是一位从事私人讲学的教育家，还是一位关切政治的政治理论家——一个有德无位的"超级政治家"[①]？其实，在我看来，作为教育家的孔子，也就是作为超级政治家的孔子，反之，作为超级政治家的孔子，也就是作为教育家的孔子。因为孔子的讲学立教与其说是一项单纯的私学教育事业，毋宁说是一项以修德讲学干预时政的行动，故有人问孔子曰："子奚不为政？"孔子耐人寻味地回答说："《书》云：'孝乎惟孝，友于兄弟，施于有政。'是亦为政，奚其为为政？"（《论语·为政》）反之，在孔子以君子为治体的新政治构想中，所谓的政治，毋宁说在本质上便是一项以"化人"为根本目的的教育性事业。

（一）君子修己安人、以德致位的新政治构想

孔子曾自述一生的为学进境和心路历程曰："吾十有五而志于学，三十而立，四十而不惑，五十而知天命，六十而耳顺，七十而从心所欲，不逾矩。"

[①] 所谓"超级政治家"（super politician），是指不同于一般的实际的政治行动者的政治理论家。参见［美］乔治·萨拜因：《政治学说史》（第四版）上卷，［美］托马斯·索尔森修订，邓正来译，上海人民出版社 2008 年版，第 15—16 页。

（《论语・为政》）明人顾宪成《四书讲义》说此章为"夫子一生年谱"①，程树德先生亦言"此章乃夫子自述其一生学历"②。粗略而言，以五十岁"知天命"为界，我们大体可以将孔子一生划分为两个大的阶段。五十岁之前，是孔子由志学到卓然有所立，以至于下学上达而确然不惑的人生阶段；五十岁之后，是孔子入仕从政的数年及其后因受挫而长期周行天下、游说列国以干时君，直至晚年重归故国的人生阶段。其中，"知天命"乃是孔子人生的一大转折点，"天命"已不再是王权统治的合法性根据，而是道德君子之品格特质的一大构成要素③，这一新的"天命"观主要以"知"（自觉意识）和"畏"（敬畏之情）为主要特征，孔子由此既赋予自己亦赋予他心目中的理想君子以一种自我克制的精神品格和使命担当的天职意识。五十岁之前的孔子，因"鲁自大夫以下皆僭离于正道"而处在一种"循道弥久，温温无所试，莫能己用"的困境之中，"故孔子不仕，退而修诗书礼乐，弟子弥众，至自远方，莫不受业焉"（《史记・孔子世家》）。五十岁之后的孔子，终于获得入仕从政的机会，初为中都宰，继而为小司空，不久后又升任大司寇并曾摄行相事，但前后仅有四年的时间，最终不得不选择离开鲁国，开始了长达十四年之久的颠沛流离的羁旅生涯，其间主要通过游说的方式来直接介入和干预列国时政，亦因此而遭遇到各种的艰险困厄，直到68岁才重返故国，于73岁病逝。可见，孔子的一生乃是用行舍藏的一生，但无论是用是舍，是行是藏，是进是退，孔子始终未曾放弃和中断讲学立教的活动和事业，其实，在我看来，对孔子而言，无论是讲学，还是游说，无论是入仕参政，还是退修诗书礼乐，其实都是一种直接或间接地干预时政的行动。那么，在用行舍藏的旷达、遭遇困厄之际仍然讲诵弦歌不停的平静的表象之下，孔子的内心究竟潜藏着怎样波涛汹涌的理想信念和追求天下治平的政治

---

① 程树德：《论语集释》第一册，中华书局1990年版，第79页。

② 程树德：《论语集释》第一册，中华书局1990年版，第78页。

③ 孔子曰："君子有三畏：畏天命，畏大人，畏圣人之言。小人不知天命而不畏也，狎大人，侮圣人之言。"（《论语・季氏》）又曰："不知命，无以为君子也。"（《论语・尧曰》）

构想呢？

对孔子而言，无论是德性修养，还是学为君子，都不仅仅是一个单纯的道德学或教育学的问题，同时还是一个至关重要的政治学的思想议题。正是晚周衰乱之世礼崩乐坏、天下无道的时代生存状况以及人类生活中根深蒂固的矛盾、斗争和冲突现象的集中爆发，特别是社会中各种"怪，力，乱，神"（《论语·述而》）现象的盛行与泛滥，直接促进和激发了孔子开展私学教育事业和持续不断的政治理论反思活动。如果将孔子的所思所行与当时整个时代的政治情势勾连起来加以审视和同情理解的话，我们则不难发现，无论是关于德性修养的观念，还是其讲学立教的行动，乃至对君子小人的辨分，其实都是孔子对当时政治情势所作出的一种变革性的回应。正因为生活在一个"知德者鲜矣"（《论语·卫灵公》）以及统治者好色胜过好德的时代[1]，所以孔子才深以"德之不修，学之不讲"（《论语·述而》）为己忧，并汲汲于讲学修德；正因为生活在一个国君无道[2]、从政者为"斗筲之人"（《论语·子路》）而不足算的时代，所以孔子才要以"有道"易"无道"，并感叹曰："天下有道，丘不与易也。"（《论语·微子》）而且，孔子不仅仅自己身体力行，而且更将希望寄托在他心目中能够谋道、忧道、行道和弘道的理想的道德君子的身上，故曰："人能弘道，非道弘人。"又曰："君子谋道不谋食。……君子忧道不忧贫。"（《论语·卫灵公》）

为了更好地理解孔子讲学立教、培养君子及其汲汲于修德弘道或行道救世的根本用意，在此，我们有必要搞清楚一个问题，那就是孔子所谓的"道"，究竟是什么意思？就《论语》所见，的确如子贡所言[3]，孔子很少谈论"天道"的问题，但也正是在与子贡的一次交谈中，孔子曾谈及"予欲无言"的问题，并说：

---

① 如子曰："已矣乎！吾未见好德如好色者也。"（《论语·卫灵公》）据《史记·孔子世家》载："（卫）灵公与夫人同车，宦者雍渠参乘，出，使孔子为次乘，招摇市过之。孔子曰：'吾未见好德如好色者也。'"

② 如"子言卫灵公之无道也"（《论语·宪问》）。

③ 子贡曰："夫子之文章，可得而闻也；夫子之言性与天道，不可得而闻也。"（《论语·公冶长》）

"天何言哉？四时行焉，百物生焉，天何言哉？"（《论语·阳货》）这里虽然没有明确言及"天道"一词，但也可以看作孔子对"天道"问题的论述。然而，除此之外，由《论语》所见，孔子更多关切和谈论的则是天下或邦国之有道与无道以及生活在有道与无道之不同生存处境中的士人君子应当如何选择行止出处的问题，如：

仪封人请见，曰："君子之至于斯也，吾未尝不得见也。"从者见之。出曰："二三子何患于丧乎？天下之无道也久矣，天将以夫子为木铎。"（《论语·八佾》）

子谓南容，"邦有道，不废；邦无道，免于刑戮。"（《论语·公冶长》）

子曰："宁武子，邦有道，则知；邦无道，则愚。其知可及也，其愚不可及也。"（《论语·公冶长》）

子曰："……危邦不入，乱邦不居。天下有道则见，无道则隐。邦有道，贫且贱焉，耻也；邦无道，富且贵焉，耻也。"（《论语·泰伯》）

宪问耻。子曰："邦有道，谷；邦无道，谷，耻也。"（《论语·宪问》）

子曰："邦有道，危言危行；邦无道，危行言孙。"（《论语·宪问》）[①]

子曰："直哉史鱼！邦有道，如矢；邦无道，如矢。君子哉蘧伯玉！邦有道，则仕；邦无道，则可卷而怀之。"（《论语·卫灵公》）

孔子曰："天下有道，则礼乐征伐自天子出；天下无道，则礼乐征伐自诸侯出。自诸侯出，盖十世希不失矣；自大夫出，五世希不失矣；陪臣执国命，三世希不失矣。天下有道，则政不在大夫。天下有道，则庶人不议。"（《论语·季氏》）

---

① 钱穆先生注曰："危言危行：危，有严厉义，有高峻义，有方正义。此处危字当训正。高论时失于偏激，高行时亦失正。君子惟当正言正行，而世俗不免目之为厉，视之为高，君子不以高与厉为立言制行之准则。""言孙：孙，谦顺义。言孙非畏祸，但招祸而无益，亦君子所不为。"（《论语新解》，生活·读书·新知三联书店 2012 年版，第 320 页）

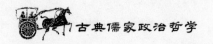

夫子怃然曰："鸟兽不可与同群，吾非斯人之徒与而谁与？天下有道，丘不与易也。"（《论语·微子》）

显然，孔子所谓天下与邦国的"有道"与"无道"，乃是指天下和邦国之治理秩序的好（太平）与坏（混乱）及其政治的清明抑或昏暗，而在此不同的治理秩序状态或政治生态下，一个富有道德良知的人应当采取什么样的为人处世之方呢？要之，在有道之世，政治运作和治理秩序优良则应积极地有所作为，反之，在无道之世，政治运作和治理秩序恶劣则要么正言直行而言语谦顺，要么韬光养晦而隐居不仕，无论采取何种处世之方，都要不丧失和违背正确的做人原则，但"招祸而无益，亦君子所不为"①。就孔子本人而言，夫子虽处乱世，但坚持挺身而出，采取积极救世的行动，故孔子之以道救世，正为天下之无道也，虽不在其位，却奋然自任此义不容辞的责任与使命。在仪封人看来，这也正意味着"天将以夫子为木铎"。

不仅天下和邦国之治理秩序或政治生态存在"有道"与"无道"的分别，人亦可言"有道"与"无道"，如"子言卫灵公之无道也"（《论语·宪问》），季康子问政于孔子曰："如杀无道，以就有道，何如？"（《论语·颜渊》），子张所问"善人之道"（《论语·先进》），以及子曰"君子食无求饱，居无求安，敏于事而慎于言，就有道而正焉，可谓好学也已"（《论语·学而》）等，皆是就人之行为本身及其善恶好坏而言，而人在不同的生存处境中作出什么样的选择以及采取什么样的方式、方法和手段亦存在是否合乎"道"的分别，故子曰："富与贵，是人之所欲也；不以其道得之，不处也。贫与贱，是人之所恶也；不以其道得之，不去也。"（《论语·里仁》）由此而言，道之为道，乃是指人的行为方式正确与否的问题。事实上，人的行为方式是正确还是错误亦最终决定了天下和邦国的有道与无道，故天下和邦国的有道与无道最终亦可被归结为人自身的善恶及其行为方式的是非对错问题。

---

① 钱穆：《论语新解》，生活·读书·新知三联书店2012年版，第320页。

正是在关乎人自身善恶及其行为方式之是非对错的意义上，道之为道，可以说既有善人之道，亦有恶人之道，既有君子之道，亦有小人之道，而且，"道不同，不相为谋"（《论语·卫灵公》）。而当孔子自称"吾道一以贯之"而曾参谓"夫子之道，忠恕而已矣"（《论语·里仁》）时，此处孔子师徒所谓的"道"，其实亦不过就是一种正确的修己、待人、处世之道而已，正所谓"尽己之谓忠，推己之谓恕"（朱熹《论语集注》）。说到底，孔子之所谓"道"，就其基本义涵来讲，并非指万事万物之所以然的形而上之道，而主要是指人所当行之道，是做人应遵循的正确行为方式的道理，或者是人之为人的理想、信念与原则。正因为如此，道之为道，天然地具有一种实践性的行动特点，因为做人的道理只有内信于心、外践于行，才能成其为道，正所谓"道行之而成"（《庄子·齐物论》），而任何人亦必须由乎道而行，依乎道而行，故曰："谁能出不由户？何莫由斯道也？"（《论语·雍也》）反之，道之为道，也须待人而行、由人而弘，所谓"人能弘道，非道弘人"（《论语·卫灵公》）。

子曰："笃信好学，守死善道。"（《论语·泰伯》）又曰："朝闻道，夕死可矣。"（《论语·里仁》）这可以说是孔子有关道的信仰的真诚表达。对孔子而言，其实我们所有人都是道的信徒，都会依赖某种道而活，并忠诚于它，而其中，最深也最诚笃的信念就是，我们愿为追寻一种合乎"善道"或"正道"的生活而生死无悔，哪怕这种道在现实生活中越来越难以实行，我们仍然忠信于它。尽管孔子师徒在经过不懈的救世努力后已经意识到"道之不行"（《论语·微子》）的问题，孔子本人也曾经有过"道不行，乘桴浮于海"（《论语·公冶长》）的偶然想法，甚至在绝粮受困于陈、蔡之际发出过"吾道非邪？吾何为于此？"（《史记·孔子世家》）的自我拷问[1]，然而，终其一生，孔子"知其不可而为之"

---

① 据《史记·孔子世家》所载，颜回对这一拷问的回答，盖深得孔子君子之道的深义微旨。颜回曰："夫子之道至大，故天下莫能容。虽然，夫子推而行之，不容何病，不容然后见君子！夫道之不修也，是吾丑也。夫道既已大修而不用，是有国者之丑也。不容何病，不容然后见君子！"孔子听后，欣然而笑曰："有是哉颜氏之子！使尔多财，吾为尔宰。"

（《论语·宪问》），可谓始终一贯地坚守和忠诚于自己所信仰的道，并愿意尽自己最大的努力去追寻它、践行它和弘扬它。而孔子所坚守、忠诚和信仰的道，孔子所追寻、践行和弘扬的道，归根结底也就是仁人君子之道，故子曰："圣人，吾不得而见之矣；得见君子者，斯可矣。"（《论语·述而》）又曰："志士仁人，无求生以害仁，有杀身以成仁。"（《论语·卫灵公》）又曰："君子去仁，恶乎成名？君子无终食之间违仁，造次必于是，颠沛必于是。"（《论语·里仁》）

不过，对我们来讲，更为重要的是，孔子所谓的君子之道，不仅意指一种正确的修己、待人、处世之道，同时还意指一种治国为政之道，换言之，道之为道，其所具有的天然的实践性格，不仅体现在如何正确地克己修德、待人处世的行为方式上①，还体现在如何行己事上、养民使民的治国为政方式上②，如子谓子产："有君子之道四焉：其行己也恭，其事上也敬，其养民也惠，其使民也义。"（《论语·公冶长》）易言之，君子之为君子，不仅意味着个人德性的自我修养，而且，更意味着能够将个人德性的修养推而广之，施之于经世安民的政治事业，故子路问君子，子曰："修己以敬。"曰："如斯而已乎？"曰："修己以安人。"曰："如斯而已乎？"曰："修己以安百姓。修己以安百姓，尧舜其犹病诸！"（《论语·宪问》）可见，君子之为君子，实则寄托了孔子救世济民的政治理想，亦即一种以君子为治体的新政治构想，在这一构想中，君子之为君子，不仅是对富有德性修养的理想人格或道德主体的一种称谓，同时也是对具有治国为政之正当资格和政事才能的理想政治主体或政治共同体之精英领袖人才的一种称谓。而且，这两者之间不是孤立并列的关系，而是一体两面的关系，亦

---

① 子曰："三年无改于父之道，可谓孝矣。"（《论语·学而》）所谓"父之道"，即指父亲的立身持家、待人处世之道。
② 有子曰："礼之用，和为贵。先王之道，斯为美；小大由之。"（《论语·学而》）所谓"先王之道"，即指先王的治国为政之道。子贡曰："文武之道，未坠于地，在人。贤者识其大者，不贤者识其小者，莫不有文武之道焉。"（《论语·子张》）所谓"文武之道"，亦即指周文王、周武王的治国为政之道。

是一种体用不二的关系，修己为体，安人和安百姓为用，唯君子能修己，故能安人乃至能安百姓，反之，唯君子能安人乃至能安百姓，故其修己才不为无用，才有其真价值和真意义。

作为理想的政治主体或治理主体，君子之立身取位，并非凭借宗法性、血缘性的世袭身份地位之特权与荫庇，更非借助赤裸裸的武力征服和权力斗争的手段与实力，靠的完全是自身的德行、智慧和能力，故如萧公权先生所说，孔子讲学主要是"设为以德致位之教，传弟子以治平之术，使得登庸行道，代世卿而执政"，而"孔子之理想君子，德成位高，非宗子之徒资贵荫，更非权臣之仅凭实力"[1]。换言之，孔子讲学立教的根本目的和宗旨，就在于要培养富有人文教养、能够修己以安人的君子，期望他们能够更好地担负起治国为政之责，从另一角度讲，也是希望通过君子的"以德致位"，来彻底改造封建社会统治阶级的成员构成，或者"欲为封建天下重新创造其统治阶级"[2]，即重新创造一个新的政治上的领导阶级。

就孔子讲学以干时政的实际意义来讲，孔子生活在"礼崩乐坏"的晚周衰乱之世，当时混乱的现实政治状况主要体现在封建秩序的解体和宗法贵族统治阶级之世袭特权的衰落，不仅宗法贵族统治阶级所享有的由世袭而来的"原先的传统权力"逐渐败坏而蜕变为一种纯粹的"暴力"[3]统治，而且，他们的世袭权力及其治下的统治秩序亦常常被其内部或来自统治阶级外部的具僭越性、暴力性的叛乱力量所篡夺和扰乱。在此历史趋势和生存境况之下，孔子讲学立教，以培养君子为目标，而君子之为君子，实际上乃是为受教育的新兴士人所设立的一种人格理想，故孔子"设为以德致位之教"，事实上也就为当时的新兴士人开辟了一个以各种方式（讲学、游说、谏议）进行政治参与或直接入仕从政的广

---

① 萧公权：《中国政治思想史》，新星出版社 2005 年版，第 48 页。

② 萧公权：《中国政治思想史》，新星出版社 2005 年版，第 48 页。

③ ［英］伯特兰·罗素：《权力论》，吴友三译，商务印书馆 1991 年版，第 69 页。

阔的公共空间。在此意义上，孔子"有教无类"的自由开放理念及其所设的"以德致位"之教，可以说对宗法世袭贵族或封建统治阶级的统治特权构成了最直接而严重的威胁、挑战和冲击，尽管孔子不是一个革命者，但在他的教育理念和"以德致位"之教的激励和鼓舞下，新兴士人的政治参与行动及其直接的入仕从政，的确极大地改变了当时以宗法世袭贵族为统治阶级的政治生态的旧景观，预示了宗法社会和封建制度下的贵族政治在不久的将来注定走向末路和终结的历史命运。故美国汉学家顾立雅如是评论道："在政治上，孔子通常被称做保守分子，甚至还有人说他的首要目标是复古和增强世袭贵族的政治权威。事实上，孔子倡导和促进了一场彻底的社会和政治革新，所以，他应被看做是一位伟大的社会变革者。在他去世后的几个世纪之内，盛行于他那个时代的世卿世禄的政治制度最终在中国消亡了。对于这一制度的崩溃，孔子的贡献大于任何人。"①

不管怎样，君子之为君子，既是孔子所悬设的士人理想人格的鹄的，同时亦是孔子所构想的作为治国为政之根基本原②或德位兼备之政治主体的理想范型。故在孔子的新政治构想中，士人君子可以说是唯一具有入仕参政和治国为政之正当资格与所需之德行、智慧和能力的政治领导阶级。诚如梁启超先生所说："儒家有所谓能治的阶级乎？曰：有之，其名曰'君子'。一切政治由'君子'出，此儒家唯一的标帜，遍征诸儒书而可信者也。"③萧公权先生亦有言："儒家政治，以君子为主体。君子者以德位兼备之身，收修齐治平之效。此儒家所持之理想也。"④而此儒家所持之政治理想，正来自孔子或由孔子所形塑和

---

① ［美］顾立雅：《孔子与中国之道》，高专诚译，大象出版社 2000 年版，第 1 页。

② 如荀子曰："法者，治之端也；君子者，法之原也。""械数者，治之流也，非治之原也；君子者，治之原也。官人守数，君子养原，原清则流清，原浊则流浊。"（《荀子·君道》）

③ 梁启超：《先秦政治思想史》，东方出版社 2012 年版，第 251 页。

④ 萧公权：《中国政治思想史》，新星出版社 2005 年版，第 18 页。

奠立。

（二）君子的人格特征与精神品格

在孔子的新政治构想中，既然以君子为治体，而君子入仕参政或治国为政的正当资格就来自其必须或应该具备的德行、智慧和能力，那么，君子之为君子，究竟应具备什么样的人格特征与精神品格呢？前文在论及德性修养问题时，实已胪列过相关的诸多要点，如立志、内省、自求一己内心之所安以及知仁勇兼备之人格理想，此处有必要再结合君子之为理想政治主体的问题作进一步的申论和说明。

如上所言，对孔子而言，君子之为君子，实为体用兼赅、德位兼备之称，孔子心目中的理想君子，及其所应具有的人格特征与精神品格，事实上也就是他的新政治构想所希望以之为政治领导阶级的理想政治主体或优良的治国为政者，及其所应具备的人格特征与精神品格。要而言之：

第一，君子必须反求诸己，应当具备自我克制的美德，并以不断增进和完善自己的德性修养为人生的价值意义或根本目的之所在。故子曰："君子求诸己，小人求诸人。"（《论语·卫灵公》）而子谓君子有"三畏"①、"三戒"②和"九思"③，及其"四勿"之教、"克己复礼"或"约之以礼"之说④，皆意在强调君子应有一种自我克制的美德，不管是处在富贵利达之境况，还是处在贫穷困

---

① 孔子曰："君子有三畏：畏天命，畏大人，畏圣人之言。小人不知天命而不畏也，狎大人，侮圣人之言。"（《论语·季氏》）

② 孔子曰："君子有三戒：少之时，血气未定，戒之在色；及其壮也，血气方刚，戒之在斗；及其老也，血气既衰，戒之在得。"（《论语·季氏》）

③ 孔子曰："君子有九思：视思明，听思聪，色思温，貌思恭，言思忠，事思敬，疑思问，忿思难，见得思义。"（《论语·季氏》）

④ 据《论语·颜渊》，颜渊问仁。子曰："克己复礼为仁。一日克己复礼，天下归仁焉。为仁由己，而由人乎哉？"颜渊曰："请问其目。"子曰："非礼勿视，非礼勿听，非礼勿言，非礼勿动。"另据《论语·雍也》，子曰："君子博学于文，约之以礼，亦可以弗畔矣夫！"

厄之遭遇，都应如此，而不可恣意妄为。更为重要的是，"君子上达，小人下达"（《论语·宪问》），所谓"上达"，依我的理解，也就是指梁漱溟先生所说的"向上心"，即君子之为君子，须"于人生利害得失之外，更有向上一念者是"，因为"人生的意义价值"就在于"不断自觉地向上实践他所看到的理"，而且，"当下一念向上，别无所取，乃为真向上"①。无论是求诸己、克己、修己，还是保有一颗人生向上之心，都只是自求一己之心安，唯其如此，故君子之为君子，能"人不知而不愠"（《论语·学而》），乃至"不患人之不己知，患其不能也"（《论语·宪问》)②。

第二，君子当以乐学好学、知礼好礼为立身修德之本，应将诗书礼乐的人文教养转化为入仕参政的文化能力。孔子的私学教育以培养君子为宗旨和目标，并致力于激发弟子好学乐学的精神和人生向上的动力，以便实现其不断自我完善和修身成德的人生目标，因为人的道德天赋只是一种潜在的可能，它需要靠人的学习能力来激发、促进和实现。因此，在孔子看来，一个人要想成为君子，就必须通过好学和乐学的自觉努力来不断修养、完善和提升自己的道德品格，不仅如此，一个人即使已具备一些基本的美好德行，但如果不能努力好学并以礼束身正行，则仍然会产生各种不良的弊病。故子曰："好仁不好学，其蔽也愚；好知不好学，其蔽也荡；好信不好学，其蔽也贼；好直不好学，其蔽也绞；好勇不好学，其蔽也乱；好刚不好学，其蔽也狂。"（《论语·阳货》）又曰："恭而无礼则劳，慎而无礼则葸，勇而无礼则乱，直而无礼则绞。"（《论语·泰伯》）可见，在孔子看来，好仁（仁爱）、好知（聪明）、好信（信实）、好直（直率）、好勇（勇敢）、好刚（刚强）诸美德，如果不以"好学"为根底，就会产生愚（愚蠢）、荡（放纵）、贼（狭隘）、绞（急躁）、乱（闯祸）、狂（狂妄）的弊病；而恭（恭敬）、慎

---

① 梁漱溟：《中国文化要义》，见中国文化书院学术委员会编：《梁漱溟全集》第三卷，山东人民出版社1990年版，第133、134页。

② 另如子曰："不患人之不己知，患不知人也。"（《论语·学而》）又曰："君子病无能焉，不病人之不己知也。"（《论语·卫灵公》）

（谨慎）、勇（勇敢）、直（直率）诸美行，如果不以礼为修饰和节制的话，也会产生劳（烦劳不安）、葸（畏怯懦弱）、乱（犯上作乱）、绞（尖刻伤人）的毛病。故孔子心目中的理想君子既"博学于文"而又能"约之以礼"（《论语·雍也》），其教弟子亦莫不如此，而且，孔子"以诗书礼乐教"（《史记·孔子世家》），决非意在将弟子培养成只会背书的无用书生，而是希望他们能够将诗书礼乐的人文教养转化为能被运用于治国为政的文化能力，故子曰："诵《诗》三百，授之以政，不达；使于四方，不能专对；虽多，亦奚以为？"（《论语·子路》）

第三，君子不仅应具备诗书礼乐的人文教养和运用它们的文化能力，而且应以追求道义为职志，如子曰："君子谋道不谋食""忧道不忧贫"（《论语·卫灵公》），"君子喻于义，小人喻于利"（《论语·里仁》），"君子义以为质"（《论语·卫灵公》）、"义以为上"（《论语·阳货》）、"义之与比"（《论语·里仁》）。可见，在孔子心目中，求道尚义乃是君子的人格特征与精神本质中不可或缺的一项重要内容，而"道"之为"道"必须诉之于行动与实践才能实现，"义"之为"义"乃是关乎着人类社群公共福祉、人所应当遵循而行的价值标准和行为准则。正唯如此，君子之为君子，既以求道尚义为职志，便须躬行实践而言行一致，如此方能成其为君子，故子贡问君子，子曰："先行其言而后从之。"（《论语·为政》）又曰："君子耻其言而过其行。"（《论语·宪问》）又曰："君子欲讷于言而敏于行。"（《论语·里仁》）[1]

第四，君子既以好学修德、求道尚义为职志，亦以"成人之美"[2]、修己安人为己任，故必期于用世，即以躬行实践君子之道，或以积极的政治参与行动来经世济民。然而，君子之为君子，借用梁漱溟先生的说法，实乃"有可以在位之资而不必在其位者是也"[3]，或者，如萧公权先生所说："盖'君子'以爱人

---

[1] 另如子曰："古者言之不出，耻躬之不逮也。"（《论语·里仁》）

[2] 子曰："君子成人之美，不成人之恶。小人反是。"（《论语·颜渊》）

[3] 梁漱溟：《中国文化要义》，见中国文化书院学术委员会编：《梁漱溟全集》第三卷，山东人民出版社1990年版，第176页。

之心，行仁者之政。此为要君取位之真正目的。合于此而不仕，则为废'君臣之义'。不合于此而躁进，则为'干禄'，为'志于谷（谷）'。二者皆孔子所不取。"① 故君子之精神品格，亦可分在位、不在位两种情况来讲。一是，当其不在位时，君子不躁进以干禄，所患在何以立身处世，而"不患无位"，所求在为人"可知"，而"不患莫己知"（《论语·里仁》），故虽不在位，而亦不怨天尤人，乃至"人不知而不愠"。二是，当其在位之时，君子正己以正人，坦坦荡荡，泰而不骄，待人忠信而不比党阿私②。

最后，尤其值得特别提出来加以讨论的是，孔子所谓的君子还具有两大突出而鲜明的人格特征与精神品格，一是"君子不器"（《论语·为政》），二是"群而不党"（《论语·卫灵公》）。

所谓"君子不器"，乃是指君子应是一种通才式的成德之士，而不是局限于具有一才一艺之长的专门人才，就像具有某一种特定用途的器具或器皿那样，诚如朱熹《论语集注》所曰："器者，各适其用而不能相通。成德之士，体无不具，故用无不周，非特为一才一艺而已。"然而，"不器非谓无用"，孔子的意思决不是要排斥一才一艺之用或教人不要成就和发展某一方面才艺之专长，而是希望君子之人能够不以某一方面的才艺之专长为限，能够不断上达、全面发展和成就、丰富和充实、提高和完善自己的人文教养、文化能力、道德品格以及"通瞻全局，领导群伦"的器识、通才与远见。③ 故而当子贡听说孔子称赞弟子子贱是鲁国的一位"君子"而向孔子询问对自己的评价时，孔子的回答是认为子贡是一件"瑚琏"之"器"（《论语·公冶长》），"瑚琏"是一种宗庙祭祀用的贵重而华美的器皿，而"器"即"有用之成材"（朱熹《论语集注》），孔子对子

---

① 萧公权：《中国政治思想史》，新星出版社2005年版，第48页。

② 子曰："君子坦荡荡，小人长戚戚。"（《论语·述而》）又曰："君子泰而不骄，小人骄而不泰。"（《论语·子路》）又曰："君子周而不比，小人比而不周。"（《论语·为政》）

③ 参见钱穆：《论语新解》，生活·读书·新知三联书店2012年版，第34—35页。

贡的评价不可谓不高，然而，孔子显然又认为子贡尚未达到君子的道德人格境界，因此，孔子的意思不是否定子贡的器用之才，而是希望他不应以此为限。

那么，孔子何以重视和强调培养、造就一种通才式的理想君子，换言之，对孔子而言，通才式的君子理想人格究竟意味着什么呢？孔子的私学教育之所以重视和强调培养、造就一种通才式的理想君子，关切和注重对士人君子之健全通达的心智和完美卓越的道德品格的培养与塑造，乃是因为他将挽救整个时代和重整世界秩序的希望寄托在了通才式的士人君子的身上，他寄希望于那些受过教育、具有深厚而完备的人文教养、道德修养或健全人格的士人君子能够勇敢地担负起追求和维护公共道义的文化精英或社会良心的神圣职责，希望士人君子能够成为具有这样一种愿意为之献身的担当精神和生命信仰的文化英雄，希望士人君子能够以其正确的道德行为为世人树立一种效法学习的典范以便引领他那个时代整个社会的精神风尚发生根本的转变，希望士人君子能够在维护和传播中国化的礼乐文明和文化教养方面充当先行者和卫道士。尽管孔子比任何人都深刻地了解和懂得，受教育者的个体差异特别是其材性的不同不可避免地会造成个人在才艺专长、品格、能力和事业成就方面的差别，如有的人在德行方面品格高尚，有的人在言语方面口才出众，有的人在政事方面能力超群，有的人在文学方面擅长经籍等，而且孔子本人亦乐于因材施教，然而，在孔子看来，仅仅具有一才一艺而各适其用的专门人才，却并不足以担当起以文化人、经世安民的时代重任。

另外，孔子在努力培养和造就通才式的理想君子的同时，也明确将富有道德修养、人文理想和文化教养的真正的士人君子与那些缺乏道德修养、人文理想和文化教养而只知一味追求个人私利而又总是巧言令色的小人从根本上区别了开来，而君子与小人之间的根本区别就在于，君子待人忠信、亲和乐群而不结党营私，这就是所谓的"群而不党"，反之，小人缺乏忠信、朋比阿私而结党争利，正所谓"君子矜而不争，群而不党"（《论语·卫灵公》），"君子周而不比，小人比而不周"（《论语·为政》）；君子求道尚义，看重的是志同道合的真情与友谊，虽材性不同，却能彼此和乐相处，反之，小人巧言令色，注重的是乡愿式的矫情和个人的私利，虽嗜欲相同，却不能和乐相处，正所谓"君子和而不同，小人同而不和"（《论语·子路》）。不仅如此，我认为，孔子君子"群而不党"的理念还内含着一种非常重要的"文明"理念，即作为一个富有道德修养、人文理想和文化教养的独立的个人，士人君子不仅应保持自己独立的人格和意志，而且在与他人的交往中应坚持"恪守分际"的自我约束的原则而避免将自己的意志强加于他人，如在事君交友之际，应"以道事君"或"忠告而善道之"，"不可则止"（《论语·先进》《论语·颜渊》）。然而，士人君子如果想要充当"文明的卫士"和文明的传播者的话，单靠个人的力量毕竟是有限的，而且文明是不能强加于人的，因此，士人君子不仅需要师长的教诲和"以友辅仁"（《论语·颜渊》），更需要凝聚群体合作的力量，才能发挥其应有的维护斯文、弘扬道义和传播礼乐文明的作用，正如英国学者克莱夫·贝尔所言："文明是不可能用威力强加的。……而文明却只存在于一种生活态度之中，存在于某些思想和感受方式之中，因而只能用散播种子的办法达到目的。准备让别人也文明起来的人必须允许人家自己去发现他得到的是较好的生活方式。优越的文明几乎一向都是这样传播的。""只有在一定数量的文明人聚集在一起的时候，他们才变成传播文明的人。只有成群的文明人才能成为文明的核心。"[1]孔子所谓的士人君子，无疑正是克莱夫·贝尔所说的那种致力于传播文明而富有道德修养、人文理想和文化教养的"文明人"，但是，只有在一定数量的士人君子聚集在一起的时候，他们才能成为文明传播的核心。然而，士人君子之所以能够聚集成群，靠的是自身道德人格的感召力和亲和力，正所谓"德不孤，必有邻"（《论语·里仁》），而士人君子之所以要聚集成群而采取志同道合的一致行动，像周

---

① ［英］克莱夫·贝尔：《文明》，张静清、姚晓玲译，商务印书馆1990年版，第151、118页。

游列国的孔子师徒那样，不过是为了追求和实现维护斯文、弘扬道义和传播礼乐文明的人类事业，他们对为了追逐个人的利益而结党相争的自私卑劣行为不感兴趣。

综合以上所述，在理想的含义上，作为士人教育的人格理想目标，君子之为君子，不仅关切自身的德性修养，而且关切公共的政治事业，不仅具备自我克制的个人美德、忠信待人的优良品质、诗书礼乐的人文教养和好学修德的精神品格，而且富有强烈而鲜明的追求道义、修己安人、经世济民的公共性的精神与情怀。总而言之，君子德才兼备，和而不同，群而不党，具有将独立人格的道德修养与关切政治的公共情怀集于一身的人格特征与精神品格，既可以说是知识和道德的精英分子，又可以说是社会和政治的精英分子。

（三）性近习远与人类共同生活的理想愿景

孔子的私学教育致力于培养和塑造士人君子卓越而完美的道德人格与精神品格，并希望他们能够以身作则而担当引领文明、治平天下的道义、使命与责任。那么，孔子何以要以君子为治国为政的理想政治主体呢？我们究竟应如何理解孔子的这一以君子为治体或政治上的领导阶级的政治理想？仅仅是因为君子拥有卓越而完美的道德人格与精神品格吗？或者是因为君子是德才兼备而能够通瞻全局、领袖群伦的通才？当然，这样理解并没有错，不过，还有更深层次的蕴涵和寓意仍然有待于我们作进一步的阐释和说明。在我看来，孔子之所以以君子为治国为政的理想政治主体，或者期望君子能够成为政治上的领导阶级，事实上与他对于人类习性的基本看法及其在此基础上提出和描绘的道德理想和人类共同生活的理想愿景有着密不可分的关系，亦与其对于政治本身的性质与目的以及治国为政的最佳治道的理解有着密不可分的关系。

据《论语》所见，孔子只言"性相近也，习相远也"（《论语·阳货》），似乎对于人性的问题并未有过更多的关注和谈论，故子贡曰："夫子之文章，可得而闻也；夫子之言性与天道，不可得而闻也。"（《论语·公冶长》）由此而言，孔子直接谈论人性问题的话语仅有性近习远一句，如此之少而不可得闻，故现代学者一般认为孔子对于人性问题并没有进行过深入的思考并展开全面的讨论，如韦政通先生所说："孔子并没有为人性论留下什么重要的见解。"[①] 然而，孔子未曾更多地谈论而罕言人性问题，是否就意味着孔子对于人的问题特别是人之何以为人的问题未曾做过广泛而深入的思考呢？若是这样理解，那就未免将问题太过简单化了，因为人的问题并不等同于人性的问题，而所谓的人性也并不就是人的问题的全部，职是之故，孔子之罕言人性的问题，决不意味着他就对于人之何以为人的问题缺乏全面的反省与深入的思考，故而无损于他作为一个伟大思想家的名声。恰恰相反，孔子的讲学立教既以"教导为人大道"为宗旨和目的，以教人如何做人为职志，那么，他对于人何以为人或人之为人之道的问题必定有其全面的反省与深入的思考，不然，作为教育家的孔子不可能在思想观念和实际的教学实践中独创性地提出和奉行一系列极富远见卓识和古今通义之深刻意蕴的教育理念、方法与原则，如有教无类、因材施教和好学即美德等。我们甚至可以说，综观孔子一生之所学所教、所思所行，事实上无不围绕着人之为人的问题而展开和进行。而如果我们能够认真对待并深入思考孔子所言性近习远的深层意蕴，而不是单单从表面上着眼于这句话的字数多少的话，也许我们可以更好地理解这句话所蕴含的丰富意涵。

所谓"性相近"，只是说人性大体相似，这可作两方面的理解：一是指绝大多数人的本性是相近的，而只有少数人的本性存在着较大差异；二是指所有人的本性都是相近的，只是在本性的某些方面存在着较大差异。但不管怎样理解，既然承认存在着少数的例外情况，就说明孔子并不把人的本性看作是在本质上完全一致或绝对同一的。而所谓"习相远"，乃是指不同人的生存环境与后天的习染是相差甚远的，由此而造成的人与人之间的差异也是巨大的。正因为"性相近"，所以我们有着大体一致或基本相同的自然情感、生存欲求和生活需要；

---

① 韦政通：《中国思想史》下册，上海书店出版社 2003 年版，第 712 页。

正因为"习相远",所以我们又有着丰富复杂而极为不同的个性特点、才智能力和德性修养。没有天赋相近的共同人性,人与人不可能在彼此了解和沟通的基础上共同生活在一起;没有后天习得的行为差异,人与人也就没有必要为了共同生活在一起而进行持续的沟通和协作。

比较而言,"性相近"体现了人之为人的基本共同点,而"习相远"则凸现了人之为人所拥有的无限可能性,特别是不同的家庭出身、社会背景、生活环境、文化习俗和政教传统对人的全面塑造和深刻影响。可以说,后者无疑是一个包含着极为丰富而复杂之具体内涵的思想命题,它可以被用来指称人类个体之间天赋材性与智力方面的差异以及由其生活环境和政教习俗所造成的种种个人与群体间的差别等所有方面,诸如,个体之间伦常角色的不同,不同群体之间的职业的分殊,君子小人之间的道德分际,乃至夷狄与华夏族群之间在衣服发式、男女交往、婚丧嫁娶、礼尚往来、语言、宗教信仰、道德观念等各个方面历史地形成的生活习俗的巨大差别等。相对来讲,孔子更为重视这后一方面的问题。正如汉儒孔安国注所曰:"君子慎所习。"(见何晏《论语集解》)如果没有对人类天赋本性的具体内涵及个体之间在天赋材性与智力方面的差异的深刻洞察,没有对各国的政教习俗作广泛的访求[①],没有对华夏族群礼俗的历史沿革作系统的梳理与考察,没有对华夷之辨的问题作深入的反省与比较,那么,孔子不可能谨慎看待"习相远"的问题。

果如上言,则所谓"性相近也,习相远也"一语,对于我们理解孔子的人生信念及其整个思想的特质来讲,决不是无关宏旨、泛泛而言的一句废话,或是笼统抽象而无实质内涵的一句空话,它实则蕴含着一种孔子思想上的深远之旨。因为人的天赋禀性是相近的,因此我们可以相互交流与沟通,并能够达成相互的理解,然而,人的天赋禀性并不是由某一种单一的因素构成的,而是由好恶、情感、心志、欲望、智力以及道德能力等诸多具体而复杂的因素共同构成的,这

---

① 据《论语·学而》:"夫子至于是邦也,必闻其政。"

些因素之间既可能构成一种相互促进和加强的关系，也可能造成不易消除的内在冲突与张力，正因为如此，孔子只说性相近，而没有对人性采取一种先验而抽象的本质主义的单一看法；也正是基于这样一种具体而复杂的人性内涵，再加上不同生活环境和政教习俗等外在因素的影响与作用，故而不可避免地会产生"习相远"的人类状况。总而言之，对于孔子而言，人类生活的世界决不是由本性完全一致的同质化的人在数量上的简单叠加而组成的，犹如一堆毫无差别的土豆一样。人之为人就在于他在现实性上是一种性近习远的动物，正是人类的性近习远的双重特性构造了人类事务错综复杂的根本特点，我们必须谨慎地看待并妥善处理这一点。基于对人类本性的一种本质一致的简单看法，而呼吁世人过一种完全回归自然的纯粹"天放"生活，或者用法、术、势的手段打造一个囚禁臣民并强制其屈服的政治铁笼，也许会获得一种精神幻想的满足，或者短期内迅速实现富国强兵的目标，但，这不仅不能解决引领人类走上正确生活之道的问题，而且只会将人类引向一种非人道或非人化的生存境况。

那么，孔子本人究竟是如何谨慎地面对和处理人类的性近习远的问题的呢？

如所周知，孔子选择的是一条士人精英"学以致其道"（《论语·子张》）或"躬行君子"（《论语·述而》）之道的人生之路。既然孔子认为鸟兽不可与同群，而只愿与人打交道，他就必须面对性近习远、复杂多样的人类特性，而面对性近习远、复杂多样的人类特性，孔子本人及其心目中理想的士人君子，又究竟能做什么、不能做什么呢？

当孔子毅然决然地选择了士人精英"学以致其道"的人生道路之后，他最初的努力主要是想以一种历史主义的求知态度，通过对诗书礼乐所承载的上古三代文化传统与华夏文明特质的深入学习与系统探究，来寻求"被确证为可靠的那些行为规范"和人类合理而正确的生活道路，这就是孔子所谓的"礼"和

"道"①，而孔子之所以对周礼推崇备至，也正是因为，在他看来，周礼在经过夏、商二代的因革损益之后已趋于完备并被确证为是可靠的。故孔子终身以诗书礼乐设教授徒，并认为诗书礼乐所代表的文化传统蕴含着合理、正确而可靠的行为规范、生活道路以及立身修德与治国为政之道等。

而随着孔子对人类习性的日益深入而充实的了解与反省，以及对于人类事务参与热情的不断增强，孔子的思想及其人生意境在中年之后开始向内和外两个维度不断深化与拓展。所谓向外，即基于天命的自觉由"退而修诗书礼乐"（《史记·孔子世家》）转而进入仕途参政或以直接而积极的行动如游说、议论与谏言等来干预时政，以担负起行道救世的使命与责任，实际上他亦在现实层面大大拓展了士人政治参与的共同空间。所谓向内，即孔子从对上古三代文化传统与华夏文明特质的历史探究转向（不是放弃，而只是重点的转换）越来越关注人的内在道德生活，乃至提出一种极富创见的仁道理想。诚如史华兹所言，仁是孔子"处理人的内在性的新术语"，"它指称的是个人的内在道德生活，这种生活中包含有自我反省与自我反思的能力"②。据我的理解，孔子正是在对性近习远、复杂多样的人类特性的深刻洞察与全面了解的基础上来关注人的内在道德生活并提出其仁道理想的，性相近是人与人相互理解的基础，习相远既可能是人类相互冲突的根源，又凸显了人类的可塑性，在无须破坏人类习性的多样性的前提下，希望以仁道化的共同道德理想来引领人类过上一种人道化的生活。

一般认为，礼和仁乃是孔子思想的两大支柱或核心概念，如果说前者主要体现了孔子思想对传统的继承性的话，那么，后者则更多体现了孔子的思想创见，这种观点和看法大体是不错的。传统的礼关涉冠、婚、丧、祭、射、御、朝、聘等各种行为仪节和道德规范，涵盖一切社会关系、社会秩序与典章制度，维

---

① ［美］赫伯特·芬格莱特：《孔子：即凡而圣》，彭国翔、张华译，江苏人民出版社2002年版，第94页。

② ［美］本杰明·史华兹：《古代中国的思想世界》，程钢译，江苏人民出版社2004年版，第76、75页。

护尊卑、贵贱、亲疏、厚薄等严格的宗法关系和等级秩序，正所谓"名位不同，礼亦异数"（《左传·庄公十八年》）。毋庸讳言，孔子坚守、维护周礼的传统，其礼的思想并未完全摆脱古代宗法等级思想的羁绊。不过，孔子礼的思想也并非对传统的简单继承，而是在创造转化和创新发展方面有着重要贡献。孔子以诗书礼乐教平民子弟，不仅推动了文化下移的历史运动，事实上，这也就意味着，在孔子看来，诗书礼乐之教已不再是仅仅适用于贵族特权阶级的一种特殊文化教养，而是适用于所有人的一种普遍文化教养，故礼之为礼，对孔子而言，乃是可以将所有人纳入其中的、具有普世意义的一种人类共同生活的行为规范。而且，作为一种维系人类共同生活的行为规范，对孔子而言，外在的形式仪节固然重要，但礼的根本却更为重要，前者可以因时因需而加以损益，后者则更注重对人类真实情感及其合理需要的表达与体现，故林放问礼之本，子曰："大哉问！礼，与其奢也，宁俭；丧，与其易也，宁戚。"（《论语·八佾》）并说："麻冕，礼也；今也纯，俭，吾从众。拜下，礼也；今拜乎上，泰也。虽违众，吾从下。"（《论语·子罕》）不管怎样，礼之为礼，乃是人类之人道且文明的共同生活之所必需，如《礼记·曲礼上》曰："夫唯禽兽无礼，故父子聚麀。是以圣人作，为礼以教人，使人以有礼，知自别于禽兽。太上贵德，其次务施报。礼尚往来，往而不来，非礼也；来而不往，亦非礼也。人有礼则安，无礼则危。故曰，礼者不可不学也。夫礼者，自卑而尊人。虽负贩者，必有尊也，而况富贵乎！富贵而知好礼，则不骄不淫；贫贱而知好礼，则志不慑。"这可以说既是对礼之根本意义的最好诠释，亦是对孔子以礼为教之根本用意的最好诠释。礼关乎着人际交往的良性互动与和谐，它的核心原则是尊重他人，不论人的身份地位是贫贱还是富贵，人人皆应受到礼遇与尊重，哪怕是负贩之人，亦当如此。这一点就直接而鲜明地体现在孔子本人以礼待人的行为举止上，他特别注意在各种不同的场合有礼貌地对待他人，尤其是礼敬那些丧服在身、身着礼服礼帽以及眼盲之人，即使是年少者和负贩之人亦不例外①。正因为礼以尊重他人和礼尚往来为原则，所以礼才能发挥这样一种维系人类共同体生活的功能与作用②，即可以使人与人共同生活在一起而过一种不同于禽兽而富有人道意义的共同体文明生活，如有子曰："礼之用，和为贵。先王之道，斯为美；小大由之。"（《论语·学而》）而孔子之所以汲汲于以礼为教者，亦正在此。

当然，孔子所作出的更具有重要意义的思想贡献，尤其在于他为礼乐之教注入了一种仁道的道德理想，或使之成了礼乐之教的内在意义泉源。如子曰："人而不仁，如礼何？人而不仁，如乐何？"（《论语·八佾》）又曰："礼云礼云，玉帛云乎哉？乐云乐云，钟鼓云乎哉？"（《论语·阳货》）这告诉我们，礼乐之于人，其真正的价值和意义，并非体现在外在的物质载体上，而是见之于一个人内心真诚的仁德修为上。换言之，人而不仁，则礼之为礼，只是徒具其形式而已。

那么，究竟何谓仁呢？

孔子讲学设教，因人之材性不同而问同答异，因此，我们也很难以一种定义的方式来界定和诠释仁的本质含义，不过，仁的基本含义或实质义涵还是十分清楚的。在孔子那里，仁的含义不是单一的，而是多层面和多维度的。

首先，孔子并未离开礼而言仁，"仁存于心，礼见之行，必内外心行合一始成道"③，换言之，仁德的修养须以"克己复礼"为前提条件，故答颜渊问仁曰："克己复礼为仁。一日克己复礼，天下归仁焉。"（《论语·颜渊》）换言之，仁

---

① 据《论语·子罕》载："子见齐衰者、冕衣裳者与瞽者，见之，虽少，必作；过之，必趋。"另据《论语·乡党》载，孔子"见齐衰者，虽狎，必变。见冕者与瞽者，虽亵，必以貌。凶服者式之。式负版者"。
② 如钱穆先生所说："己者，乃人之所得私。礼，则为人与人相交和合而见之共同体。人之为学，即为人之学，则重在克去己私，而归入于人群之共通人体中。"（《〈近思录〉随劄上》，见《宋代理学三书随劄》，生活·读书·新知三联书店2002年版，第144页）
③ 钱穆：《论语新解》，生活·读书·新知三联书店2012年版，第274页。

德的修养需要一个人克制自己以使行为合乎礼的规范，要想做到这一点，必须"非礼勿视，非礼勿听，非礼勿言，非礼勿动"，此"四勿"之"目"的要求不可谓不严苛，不过，孔子之意事实上是在充分肯定礼之于规范人际互动关系和交往行为、全面安排和合理构建人间生活秩序的根本重要性的前提下，欲将人们的目光进一步引向对人自身之道德主体性或自我德性修养问题的深切关注，故曰："为仁由己，而由人乎哉？"（《论语·颜渊》）所谓"为仁由己"，这一方面是说一切"克己复礼"的行为都是"行其心之所安，自尽其为人之道"①，另一方面更是说仁德的修养与成就只有依靠个体自我的努力才能实现，一个人只有加强自身的德性修养，并内省不疚，才能实现自我道德生命的和谐而无所忧惧，正所谓"仁者不忧"（《论语·子罕》《论语·宪问》）。当然，德性的修养也需要他人特别是师友的匡翼扶助，故子贡问为仁，孔子答之曰："工欲善其事，必先利其器。居是邦也，事其大夫之贤者，友其士之仁者。"（《论语·卫灵公》）曾子亦有言曰："君子以文会友，以友辅仁。"（《论语·颜渊》）

其次，孔子强调仁者爱人。如樊迟问仁，孔子答曰："爱人。"（《论语·颜渊》）仁者爱人，这是最为后人所熟悉的孔子有关仁的含义的一种说法，不过，爱的含义有浅有深，浅者"爱人也以姑息"，而深者"爱人也以德"②，孔子所谓的仁爱显然是指后一种对他人的深沉的德性之爱，而非肤浅的姑息之爱。故子曰："唯仁者能好人，能恶人。"（《论语·里仁》）唯有仁者能够对他人表达真正的好与恶，好者好人之德，恶者恶人之恶。然而，仁者之恶人，非绝人于仁善之道，而是心存仁爱之心而"仍欲其人之能自新以反于善"③。

再次，仁之为仁，不在于言，而在于行，故子曰："仁者，其言也讱。"（《论语·颜渊》）又曰："刚、毅、木、讷近仁。"（《论语·子路》）反之，"巧言令

---

① 嵇文甫：《春秋战国思想史话》，北京出版社2014年版，第23页。
② 曾子曰："君子之爱人也以德，细人之爱人也以姑息。"（《礼记·檀弓上》）
③ 钱穆：《论语新解》，生活·读书·新知三联书店2012年版，第79页。

色，鲜矣仁。"（《论语·阳货》）仁之为仁，不在于能够克制自己好胜、自夸、怨恨和贪欲的毛病①，而在于能够实践躬行恭、宽、信、敏、惠五种美德于天下②，而且，富有仁德的人，总是"难事做在人前，获报退居人后"③。仁之为仁，就在于一个人能够"居处恭，执事敬，与人忠"，这些都充分体现了一个人所应具备的具有普世意义的美好德性，故子曰："虽之夷狄，不可弃也。"（《论语·子路》）

最后，"为仁"不仅应"由己"，而且，更为重要的是，还应由己以及人，由亲以及疏。由己以及人，故孔子有立人达人之教；由亲以及疏，故孔子有"弟子，入则孝，出则弟，谨而信，泛爱众，而亲仁"（《论语·学而》）之教。

就前者而言，一方面，孔子强调，"夫仁者，己欲立而立人，己欲达而达人"（《论语·雍也》），结合仁者爱人的观念来说，就是对他人最深沉的德性之爱，主要应通过一种积极的方式来实现，即引导和扶助他人增进其德性修养，挺立其道德人格，并引之自强不息而不断上达，此即所谓的立人达人。另一方面，对他人最深沉的德性之爱，也可以通过一种消极的方式来实现，那就是孔子答仲弓问仁时所说："出门如见大宾，使民如承大祭。己所不欲，勿施于人。在邦无怨，在家无怨。"（《论语·颜渊》）这里，孔子表达了三层意思，一是对他人和民事的尊重与敬畏，二是自己所不欲的也不强加于别人，三是无论在家还是在邦都能与人和乐相处而不使人怨。比较而言，所谓立人达人，可谓之积极的仁道，而"己所不欲，勿施于人"则为消极之恕道，孔子以为"有一言而可以终

---

① 据《论语·宪问》载，原宪问："克、伐、怨、欲不行焉，可以为仁矣？"子曰："可以为难矣，仁则吾不知也。"

② 据《论语·阳货》载，子张问仁于孔子。孔子曰："能行五者于天下为仁矣。""请问之。"曰："恭、宽、信、敏、惠。恭则不侮，宽则得众，信则人任焉，敏则有功，惠则足以使人。"

③ 据《论语·雍也》载，樊迟问仁，子曰："仁者先难而后获，可谓仁矣。"此处用钱穆先生的译文，见《论语新解》，生活·读书·新知三联书店 2012 年版，第 143 页。

身行之者"正是此消极之恕道①。此积极之仁道和消极之恕道，可以说正是"孔子整个思想中最富光彩的地方"②，或者如德国学者罗哲海所说，作为对"仁"的诠释，尤其是消极形式的恕道，即"'推己及人'的'金律'"，实"意味着人际之间的平等"，"隐含着一种抽象的横向互惠关系"，是一种最富于"形式理性"而"深具普遍性的道德行为信条"③。

就后者而言，孔子教人以孝悌亲亲之道，实则欲以此来为普遍之仁爱做培根固本的工作，正如有子所言："君子务本，本立而道生。孝弟也者，其为仁之本与！"（《论语·学而》）然而，我们须知，孔子汲汲于教人以孝悌亲亲之道，决不是为了将人的道德情感限定在家庭家族的范围之内，或者为了培养人的偏私之情感，而只是强调在现实生活中仁道的躬行实践须遵循一定的逻辑进路，亦即普世性的仁道理想须按照亲疏远近之分殊性和等差性的逻辑进路来逐步实现，故对他人的仁德之爱首先须以践行孝悌、亲亲之爱为先或以之为根本，只有由孝悌亲亲而"立定根基发生去"（《读四书大全说》卷九《孟子》离娄上篇），才能渐进乎"泛爱众，而亲仁"（《论语·学而》）的理想化境。故如王夫之所言："仁莫大于亲亲，非其私之之谓也。平夷其心，视天下之生，皆与同条共贯，亦奚必我父兄子弟之必为加厚哉？"（《读通鉴论》卷二十九《五代中》）究其实，"唯斯二者（爱亲、敬长），痛痒关心，良心最为难昧"（《读四书大全说》卷九《孟子》离娄上篇），根本于此而培养人之仁爱德性，方能深切著实，如孟子曰："仁之实，事亲是也；义之实，从兄是也。"（《孟子·离娄上》）

综上可知，孔子有关仁的思想确乎内涵丰富而义理深刻。对孔子而言，仁之为仁，不仅是君子应具备的一种最为重要而须臾不可离之的美德，故子曰：

---

① 据《论语·卫灵公》载，子贡问曰："有一言而可以终身行之者乎？"子曰："其恕乎！己所不欲，勿施于人。"

② 刘泽华：《中国政治思想通史》（先秦卷），中国人民大学出版社2014年版，第147页。

③ ［德］罗哲海：《轴心时期的儒家伦理》，陈咏明、瞿德瑜译，大象出版社2009年版，第170、173、188、189页。

"君子去仁，恶乎成名？君子无终食之间违仁，造次必于是，颠沛必于是。"（《论语·里仁》）而且，更是所有人所依赖而对于维系人类共同生活来说最为重要的一种道德必需品，故子曰："民之于仁也，甚于水火。水火，吾见蹈而死者矣，未见蹈仁而死者也。"（《论语·卫灵公》）不过，仁德的修养和仁道的成就虽然主要是靠个人的努力而实现的，但它看上去容易，真正要想完全实现仁爱的道德理想却又是极为困难的，故子曰："仁远乎哉？我欲仁，斯仁至矣。"（《论语·述而》）但孔子又决不轻易许人以仁[①]，即使是最为心爱的学生、好学的颜回，孔子也只是这样评价道："回也，其心三月不违仁，其余则日月至焉而已矣。"（《论语·雍也》）正唯如此，故曾子曰："士不可以不弘毅，任重而道远。仁以为己任，不亦重乎？死而后已，不亦远乎？"（《论语·泰伯》）

可见，仁之为道，既是心欲之则当下就可实现的，同时又是任重而道远、不易实现的。孔子之言仁，最耐人寻味而发人深思的事实上正是这一点。作为一种人类共同生活所必需的道德理想，这一道德理想，既关涉着个人自我的德性修养，同时又关涉着立人达人的德性之爱，既以孝悌亲亲为本始根基，同时又以天下治平为终极目标，既具有"虽之夷狄，不可弃也"的普世特质，同时又具有由己及人、由亲及疏的推广特质。孔子之言仁，虽然"冶道德、人伦、政治于一炉，致人、己、家、国于一贯"[②]，但是，仁德的修养和仁道的践行却必须在由性近习远的人类特性所构筑的错综复杂的人际交往的关系网络和具体生活情境中来进行和展开。如果说人类性近习远的复杂特性不可能通过某种同质化的办法和途径轻易地予以消除，仁道的理想也不能用强制的方法和手段简单地强加于他人，而只能用以身作则、启发引导和教育说服的理性方式对他人形成一

---

① 据《论语·公冶长》载，孟武伯问："子路仁乎？"子曰："不知也。"又问。子曰："由也，千乘之国，可使治其赋也，不知其仁也。""求也何如？"子曰："求也，千室之邑，百乘之家，可使为之宰也，不知其仁也。""赤也何如？"子曰："赤也，束带立于朝，可使与宾客言也，不知其仁也。"

② 萧公权：《中国政治思想史》，新星出版社 2005 年版，第 41 页。

种道德的感召力或有益的道德影响，那么，仁之为道，也就必须或只能被设定在一种远与不远的理论想象与实践疆域的边际线之间。

子曰："仁者，人也，亲亲为大。""道不远人，人之为道而远人，不可以为道。"（《中庸》）"以仁为人的本质规定" 或者说，"只有具备了仁的人才是真正的'人'"①，故仁之为道，不可能远人以为道，尤其是立基植本于家庭孝悌亲亲之情上的仁道，决不会远人以为道，因为家之为家，正是一种以血缘、亲情、伦理团结为自然纽带的生活共同体，是人们共同生活、培育伦理情谊而非各自追逐实现自身利益的重要场所；因为家之为家，不仅意味着一种人类"持久的和真正的共同生活"②的形式，同时亦意味着生活其中的人的最为温暖、真挚和深厚的情感依赖、意义归属和人生寄托，而"一啼一笑，彼此相和答；一痛一痒，彼此相体念"方为所谓"亲人"③。故远人以为道，则仁不成其为仁，人亦不成其为人了。然而，仁之为道，又欲以由己及人、由亲及疏的方式而在人与人之间构筑一条互为主体的意义之网，体现了一种"把别人当成人"④或以他人为目的的道德理想，这一道德理想的实现又必然是"任重而道远"的，因为仁道的践行与实现不可避免地会遭遇到由性近习远的人类特性所造成的人与人之间交往、交流和沟通的生活难题，以及"道不同，不相为谋"的道德困境。那么，通过一种什么样的既符合人类习性而又合乎理性要求的方式和途径来克服和超

---

① 马振铎：《仁·人道：孔子的哲学思想》，中国社会科学出版社 1993 年版，前言，第 9、7 页。

② ［德］斐迪南·滕尼斯：《共同体与社会——纯粹社会学的基本概念》，林荣远译，北京大学出版社 2010 年版，第 45 页。

③ 梁漱溟：《中国文化要义》，见中国文化书院学术委员会编：《梁漱溟全集》第三卷，山东人民出版社 1990 年版，第 87 页。

④ 如郭沫若先生所说："这种由内及外，由己及人的人道主义的过程，应该就是孔子所操持着的一贯之道。""这种所谓仁道，很显然的是顺应着奴隶解放的潮流的。这也就是人的发现。每一个人要把自己当成人，也要把别人当成人，事实是先要把别人当成人，然后自己才能成为人。"（《十批判书》，东方出版社 1996 年版，第 91 页）

越这一生活难题和道德困境，以及什么样的基本道德条件才更适合构建一种人道且文明的生活方式，可以说正是孔子整个思想所关切的核心议题所在。

在我看来，无论是论学，还是论政，无论是言礼，还是说仁，孔子无不基于这一核心议题而运思，并将其所思落实在讲学设教、积极参政的行动上，并由此而向我们展现了他的思想和行动中所蕴含的独特、丰富而深刻的内在张力与无穷魅力。诚如美国汉学家芬格莱特所说，孔子实"是一位具有深刻洞见与高远视域的思想家"，而且"其思想堂奥的辉煌壮观"足可与我们"所知的任何一位思想家相媲美"①。要而言之，孔子基于对人类性近习远的复杂特性的深刻洞见，希望人们通过"克己复礼"、尊重他人、礼尚往来和依于仁德、"里仁为美"的互为主体的交往行为与道德实践，构建一种所有人都能够得到同样尊重、人道对待和道德人格全面发展的美好的人类共同生活愿景，而其中，在讲学修德中先行致力于克己复礼、修己安人和仁以为己任的士人君子，正是这一美好愿景的代言人和领路人。子曰："君子疾没世而名不称焉。"（《论语·卫灵公》）孔子深切期望君子力行仁道以成名②，虽不能至，然心向往之，这是生活在"礼崩乐坏"之乱世的孔子所始终抱持和追寻的新希望和新信仰所在，反之，这一新希望和新信仰就蕴含在孔子对讲学修德和学为君子的一以贯之的不懈追求当中。

（四）孔子论"政"（上）：何谓真正的政治？政治究竟何为？

政治思想议题的两大核心问题，一是政由谁出，二是政治何为，前者关乎政治之治理主体的问题，后者关乎政治之根本目的的问题。显然，对这两大问

---

① ［美］赫伯特·芬格莱特：《孔子：即凡而圣》，彭国翔、张华译，江苏人民出版社2002年版，序言，第1页。

② 如子曰："我未见好仁者，恶不仁者。好仁者，无以尚之；恶不仁者，其为仁矣，不使不仁者加乎其身。有能一日用其力于仁矣乎？我未见力不足者。盖有之矣，我未之见也。"（《论语·里仁》）

题，作为超级政治家的孔子，均有其深刻的思考，并给出了明确的回答。孔子的私学教育以培养和塑造具有卓越而完美之道德品格的士人君子为鹄的，自有其深刻的政治用意，究其实质而言，无非是要培养政治所理应由其而出的理想政治主体或治理主体，在这一意义上讲，孔子的私学教育无疑具有一种士人精英教育的性质，孔子的君子亦具有士人精英分子的意味，但作为治理的政治主体，君子的理想所表达的却决不是一种脱离民众或与民众彼此相隔绝的精英统治的政治立场。一个人必须尽可能地通过努力学习来自觉地致力于道德人格的自我完善，并以增进他人、社群、国家和天下人之福祉为职志，孔子的这样一种"学为君子""以德致位"的理念虽然明显具有道德和政治精英主义的色彩，然而，与那种认为只有少数人才能享有统治权并特别强调世袭身份之根本重要性的传统精英主义观念不同，孔子"有教无类"的自由开放的普遍主义教育理念，却向人们充分展现了一种让每个人都尽可能享有学习和受教育之平等机会并由此而普遍提升人之道德文明教养的理想生活愿景，尽管这一理想愿景在现实中难以完全实现，但他从未放弃或丧失掉这一理想愿景，恰恰相反，正是在这一理想愿景的激励鼓舞下，孔子汲汲于在理想与现实之间不断开辟和拓展士人君子参与治国为政的公共性的思想疆域和行动空间，以期将这样一种以机会均等和向所有人开放之教育理念为核心支柱的理想愿景延伸到公共治理的领域，即通过道德礼乐教化的方式，实现化民成俗、普遍提升人民道德文明教养的根本目的。正唯如此，我们不仅应参照上述孔子对性近习远之人类特性和人类共同生活之理想愿景的深刻洞察与美好构想，还须进一步结合孔子对政治之根本目的的思考与设想，亦即必须从增进人民之普遍福祉与道德文明教养的公共角度出发，而决非出于维护精英阶层自身之特权利益的自私目的，才能更好地理解孔子以君子为治体这一新政治构想的深刻理论义涵。换言之，孔子之所以以君子为治国为政的理想主体，还与其对政治之基本性质和根本目的的理解有着直接而密不可分的关系。那么，对孔子而言，政治之为政治，究竟是一项什么性质的人类事业呢？其根本目的又究竟为何呢？

对政治之基本性质的思考，可以说决定了一个思想家对何谓政治的根本看法。而由此根本看法，则必然会引申、衍生出与之相应的有关政治之根本目的亦即政治何为的观念。因此，对何谓政治的根本看法与政治何为的基本观念，二者之间事实上是一体相关而密不可分的关系，它们共同构成和规定了一个思想家所持有的真正的政治概念的本质内涵。

赵汀阳先生尝言：

> 德治的意思是，利益必须普遍分享并且公正分配，有德的政治必须达到使所有人的利益最大化而不仅仅是促进最大化。周公相信只有德治才能证明政治正当性，力不能远，惟德能远，只有德才能普遍通行于世界，达于万民，传之万世。周公的觉悟意味着对真正的政治概念的一个发现：武力统治不是政治，只是统治而已，真正的政治是创造普遍合作和共同生活的艺术。在这个意义上，周朝的天下体系不仅是一种政治实验，同时也表达了一个政治概念。①

如所周知，中华德治传统源远流长，降至周初，这一德治传统在周公敬天畏命、制礼作乐和明德慎罚的政教思想、规划和实践中，可以说已被发展成为一种相当成熟而完备的形态。然而，周公的觉悟是否就意味着对这样一种真正的政治概念的一个发现，即"武力统治不是政治，只是统治而已，真正的政治是创造普遍合作和共同生活的艺术"？依我之浅见，这一真正的政治概念似乎在周公那里还没有真正达到充分而完全自觉的意识程度，事实上仍有待于孔子对此给以明确的揭示和定义。这是因为，历史地讲，周人于武王"革命"和周公"东征"平定武庚叛乱之后，主要以宗法、封建、礼乐之制来维系天下的优良治理，固然意在创造政治上的普遍合作，并致力于维持不同族群之间和平共处、

---

① 赵汀阳：《天下的当代性：世界秩序的实践与想象》，中信出版社 2016 年版，第 59 页。

相互融合的共同生活秩序①，然而，不可轻忽的是，在其社会内部，在由先赋的血缘关系、世袭的身份地位和严格的等级礼制所决定和维系的社会关系秩序中，不仅贵族阶级垄断和占据着统治权力并享有各种排他性的身份特权，而且由此亦造成了不同等级之间在政治和人身上的层层依附、隶属和臣服的错综复杂关系②以及贵族和平民两大阶级之间划然不可逾越的相互区隔的社会生存状况。

果真如上所言，则我们不能不慎思明辨的一个问题就是，如此性质的社会关系秩序和社会生存状况，真的是一种理想的人类共同生活愿景吗？如果说所谓的共同生活，意味着一种宗法性和封建制的世袭身份和等级秩序，以及严格

---

① 根据朱凤瀚先生的研究，商民族共同体是由以王族为核心的若干不同类型的同姓及异姓家族构成的，这些家族可分为"王族"、"子族"、不称"子某"的商王同姓亲族和其他异姓家族四种类型。其中，前三类统属子姓商族，构成商民族共同体的骨干，他们通过彼此间的血缘关系而相互联结，并依据与时王的血亲关系之疏近而形成一种分层的网状结构。商人家族在组织结构上通常是以一种多层次的亲属集团即宗族的形式存在，整个商民族的民众全部都被组织在这些宗族中。因此，能使社会成员之间相互联系，并借以从事社会活动的根本力量，是亲族关系，尤其是血缘关系。不过，总的来说，商王国是一个对异族具有较强排斥心理的比较封闭的民族文化共同体。西周时期，血缘性的家族组织仍然在社会经济、政治领域和社会成员的各个等级中普遍地起着异常重要的作用，以家族为基础的旧有社会组织结构并未发生质变。但作为周民族骨干的姬姓族自形成之时起即通过累世联姻方式与其他异姓族长期同居共处，在文化上、血缘上相互融合，最终形成了较成熟的周民族共同体。这在客观上便使得姬姓族的血亲独尊与排外意识并不十分强烈，种姓之间的隔阂相对淡化，因而能够在政治上形成开放观念，与异姓亲族相亲善。后来，周民族征服了商人诸贵族与其他土著族属后，即以极大的魄力和包容的胸怀将这些被征服者糅合于自己旧有的民族共同体内，成为周民族与周文化的新的血液，从而造成了一个地域更广泛、文化更丰富的新的文化共同体，并不断加强民族间的经济、政治、文化融合。因此，以姬姓族为核心所建立起来的西周王朝统治下的社会，是一个典型的多民族杂居共处的社会，以往殷代商人社会中那种大面积的较单纯的血缘聚居状态被彻底改变了，整个社会组织结构的发展趋于统一。（参见《商周家族形态研究》增订本，天津古籍出版社 2004 年版，第 81、121、227—234、425 页）

② 《左传·昭公七年》："天有十日，人有十等。下所以事上，上所以共神也。故王臣公，公臣大夫，大夫臣士，士臣皂，皂臣舆，舆臣隶，隶臣僚，僚臣仆，仆臣台，马有圉，牛有牧，以待百事。"

的人身依附、隶属和臣服的层级关系的话，那么，建立在人与人自由与平等关系之上的现代社会所意指的又是一种什么性质的共同生活呢？这是一个我们无法回避的古今社会之异的问题，而如果说等级制是人类共同生活秩序中不可或缺的一种必需之物的话，那么，所谓的古今社会之异似乎更是一个令人困惑而不易回答的问题。如赵汀阳先生说："取消等级的社会至今仍然是个缺乏实践条件的理想。不仅古代社会都是等级制的，今天的世界在实质上也是等级制的。这说明，尽管等级制有悖平等之价值，却仍然是社会运作之所需。价值观有价值观的道理，现实有现实的道理。"[①]然而，问题似乎也并不像想象的那么难以回答。姑且不说人类的共同生活秩序是否只是遵循等级制的运作原则或只能采取等级制的唯一形式，即使就等级制本身来讲，它在古今社会或人类共同生活秩序中的必要性以及等级制的性质、种类、采取的形式和适用的范围其实也并非固定不变，总的来讲，古今社会之变乃是一直朝着平等化的方向在不断发展演化的。比如，在现代社会的某些特殊领域所适用的等级制，诸如军队中的不同军阶、教师中的不同职称和行政科层制中的不同官阶，其层级是依据职务和能力的要求与标准来确定和划分的，这与基于一个人的社会出身来普遍地确定和划分人与人之间身份地位的不同及其严格的隶属、臣服关系，在性质上不可能是一样的。更为重要的是，现代自由人之间的平等关系和共同生活，根本不同于古代主人与奴隶之间的等级差别和共同生活。所有这些问题都需要认真对待、深入思考和具体分析，只是笼统而抽象地肯定或否定等级制，一味地强调或绝对地排斥自由平等的原则，恐怕都容易导致对价值观的混淆和对历史现实的误解。因此，在我看来，笼统地讲什么"共同生活的艺术"，并无实质意义，我们必须进一步追问的是，究竟是一种什么性质的"共同生活的艺术"。

在此，我们仍有必要加以重申的是，周制"封建"天下秩序本身即内含着一种中央王朝与地方诸侯、周室天子与各级封君以及列国之间权力分化与异政分

---

① 赵汀阳：《天下的当代性：世界秩序的实践与想象》，中信出版社2016年版，第70页。

立的潜在发展趋势，当维持天下秩序的先赋的世袭的血缘、宗法、礼制纽带渐趋松弛和解体之时，周天子之权威式微与东周列国纷争局面的形成便是理有固然、势所必至的了。正如童书业先生所说："凡有封土即有人民，得组织武装，为独立之资。春秋以来，天子之不能制诸侯，诸侯之不能制大夫，以至大夫之不能制家臣，悉由于此。故封土赐民之制，实为造成割据局面之基础。"[①] 孔子就生活在周制"封建"秩序日趋崩解的春秋衰乱之世，生活在列国纷争、天下失序而陷于混乱的时代生存状况之下，对乱世之无道有着最为深切的感受，故期期然求道论政，而欲变"天下无道"为"天下有道"。对天下国家之有道与无道的明辨区分，正说明了孔子对于真正的政治概念已具备一种充分而明确的自觉意识，而且，这一真正的政治概念及其自觉意识正是建立在一种对人类共同生活之理想愿景的新期望和新向往的基础之上的。

　　毋庸讳言，孔子推尊周礼并极力主张遵从周代的礼乐政教传统，但很显然，他既不可能一下子彻底摆脱周代宗法社会"尊卑贵贱"之思想藩篱的影响，更不可能具备今人人人生而自由平等的现代观念。然而，尽管如此，对于倡导和奉行"有教无类"原则、以学为君子为宗旨的教育家孔子而言，那种完全基于宗法血缘关系和世袭身份之上的各种先赋特权，无疑已不具有天然的正当性，孔子之主张遵从周礼，乃至援仁入礼，将一种仁道或人道的理想贯注到礼的形式之内，决不是为了维护贵族统治阶级的世袭身份和先赋特权，诚如上文所言，其根本用心乃在于构建一种所有人都能够得到同样尊重、人道对待和道德人格全面发展的美好的人类共同生活愿景。尽管孔子的仁道观念内含着亲疏远近之别和长幼等差之异，但他胸怀"老者安之，朋友信之，少者怀之"（《论语·公冶长》）的治世理想，深切希望人人孝悌亲亲、家家安乐和睦，乃至在仁恕之道的交往理性或关系理性的基础上普遍建立起一种人与人之间彼此忠诚和相互信赖的关系，故反复申言曰："主忠信。"（《论语·学而》《论语·子罕》《论

---

① 童书业：《春秋左传研究》（校订本），中华书局 2006 年版，第 332 页。

语·颜渊》)尽管孔子仍然坚持"贵贱不愆"(《左传·昭公二十九年》)的法度原则或"贵贱有等"的差别原则①，乃至仍然坚持君臣上下之分和"尊无二上"的政治制度架构②，甚至明显具有"尊君"的倾向，如"君命召，不俟驾行矣"(《论语·乡党》)，但孔子所尚者在君子为政、举贤而治，所贵者在人之有德③，所尊者在君主道德之权威而非其独断之专权，故在一种理想的人类共同生活秩序中，贵贱之分非由于出身，当依人之贤不肖而定，而君臣上下之交亦唯求其遵从礼仪、合乎道义，故曰："君使臣以礼，臣事君以忠。"(《论语·八佾》)又曰："所谓大臣者，以道事君，不可则止。"(《论语·先进》)要而言之，对孔子而言，一种人道且文明的人类共同生活的理想愿景，理应是人人克己自制，以礼待人，彼此尊重和关爱，诸如孝悌亲亲之道、忠信仁恕之德、礼尚往来之义，"都是为人条件，应为人人所服膺而遵守"④，无论是君臣、父子、兄弟、朋友之交，还是长幼、贵贱、贫富、上下之际，皆应如此。而真正的政治，说到底也就是引领人们过这样一种性质的人类共同生活的艺术，而最有资格或最宜于做人类共同生活之引领者或领路人的，无疑正是孔子心目中的理想的道德君子，因为唯有君子能够"以德致位""为政以德"乃至"修己以安人""修己以安百姓"。

对此，结合孔子相关论述，我们可以从以下几个方面来认识和理解。首先，从政治主体的意义上讲，政之为政，或曰真正的政治，要求治国为政者必须首先从自己做起，唯先能正己者才有资格去正人。如：

---

① 如子云："夫礼者，所以章疑别微，以为民坊者也。故贵贱有等，衣服有别，朝廷有位，则民有所让。"(《礼记·坊记》)

② 如子云："天无二日，土无二王，家无二主，尊无二上，示民有君臣之别也。"(《礼记·坊记》)

③ 如《礼记·祭义》曰："先王之所以治天下者五：贵有德，贵贵，贵老，敬长，慈幼。此五者，先王之所以定天下也。贵有德何为也？为其近于道也。"

④ 钱穆：《中国历史上的传统教育》，见《国史新论》，生活·读书·新知三联书店2001年版，第218页。

　　季康子问政于孔子。孔子对曰："政者，正也。子帅以正，孰敢不正？"（《论语·颜渊》）

　　子曰："其身正，不令而行；其身不正，虽令不从。"（《论语·子路》）

　　子曰："苟正其身矣，于从政乎何有？不能正其身，如正人何？"（《论语·子路》）

　　另据《礼记》所载：

　　孔子侍坐于哀公。哀公曰："敢问人道谁为大？"孔子愀然作色而对曰："君之及此言也，百姓之德也，固臣敢无辞而对。人道政为大。"公曰："敢问何谓为政？"孔子对曰："政者，正也。君为正，则百姓从政矣。君之所为，百姓之所从也。君所不为，百姓何从。"（《礼记·哀公问》）

　　子曰："下之事上也，不从其所令，从其所行。上好是物，下必有甚者矣。故上之所好恶不可不慎也，是民之表也。"（《礼记·缁衣》）

　　子曰："上好仁，则下之为仁争先人。故长民者章志、贞教、尊仁以子爱百姓，民致行己以说其上矣。"（《礼记·缁衣》）

　　子曰："下之事上也，身不正，言不信，则义不壹，行无类也。"（《礼记·缁衣》）

　　由上可见，在孔子看来，政之为政，或政之为正，说到底乃是一种正己以正人的事业，以今语言之，也就是一种政治领导的关系，而政治的领导关系决不是一种简单的强制性的命令与服从的关系，它必须也只有遵从和恪守一种关系理性的原则才是正当、合理而真正有效的，即领导者必须首先通过修身正己的方式在言行上为人民树立起一种道德行为的表率或标准，人民才会真正心悦诚服地服从你的政治领导。

　　其次，从治国为政之方式方法的意义上讲，政之为政，或曰真正的政治，乃是"道之以德，齐之以礼"的政治，而非"道之以政，齐之以刑"的政治，因为前者可以培养和增进人民的道德羞耻心，且能使人民感格而心悦诚服，而后者只会使人民但求幸免于刑罚而无羞耻心。故子曰："道之以政，齐之以刑，民免而无耻；道之以德，齐之以礼，有耻且格。"(《论语·为政》)[1]"道之以政"之"政"乃是指强制性的政令，非所谓真正政治意义上的"政"，孔子将刑罚政令与道德礼教明确加以区分，其意正在强调后者才是真正意义上的政治，亦即最优良的治国为政之道，对于治国为政及其治理成效来说具有根本性的重要意义，而前者只能作为后者的一种辅助性的手段，在道德礼教的方式不起作用时来加以使用。

最后，从政治之根本性质与目的的意义上来讲，政之为政，说到底乃是一项以德"化人"或以文德教化来化民成俗的工作或事业。如：

子曰："为政以德，譬如北辰居其所而众星共(拱)之。"(《论语·为政》)

季康子问政于孔子曰："如杀无道，以就有道，何如？"孔子对曰："子为政，焉用杀？子欲善而民善矣。君子之德风，小人之德草。草上之风，必偃。"(《论语·颜渊》)

子适卫，冉有仆。子曰："庶矣哉！"冉有曰："既庶矣，又何加焉？"曰："富之。"曰："既富矣，又何加焉？"曰："教之。"(《论语·子路》)

孔子之施教也，先之以《诗》《书》，而道之以孝悌，说之以仁义，观之以礼乐，然后成之以文德。(《孔子家语·弟子行》)

所谓"为政以德"，事实上与"政者正也"之义并无二致，皆在强调治国为政

---

[1] 另据《礼记·缁衣》载，子曰："夫民教之以德，齐之以礼，则民有格心。教之以政，齐之以刑，则民有遁心。故君民者子(通'慈')以爱之，则民亲之；信以结之，则民不倍；恭以莅之，则民有孙(通'逊')心。"

者必须首先立身正行、自修己德。唯有治国为政者自己首先向善修德，为人们树立一种效法与学习的人格典范，从而才能使自己拥有一种自发形成的令人们心悦而诚服的众星拱月式的道德权威。唯有治国为政者自己首先向善修德，为人们树立一种以身作则的道德表率，才能感化和引领人民向善修德。而所谓的富而教之，其具体内容即孔子之所施教者，亦最足以向我们昭示孔子对于政治之性质与目的的根本理解，无论是正己以正人，还是为政以德，无论是以德化民，还是富而教之，说到底，孔子心目中的理想政治，其实与教育并无本质的区别。而孔子的私学教育事业乃以"人格的教育"为鹄的，故孔子之讲学论政皆"专以人格的活动为源泉"，而视政治与教育实具"同条共贯之理"，故为政施教而欲以德化民、正人教人者，必先修养、完善和提升自身的道德人格修养，此即梁启超先生所说，"人格的教育，必须以施教者先有伟大崇高之人格为前提"[1]，孔子所谓教育如此，孔子所谓政治亦是如此，正唯如此，故孔子讲学论政必以好学修己、政者正也、为政以德为第一要义。

综上所述，我们似可作出如下结论，即孔子的私学教育以培养君子为根本目标，孔子的理想政治以君子为治国为政的治理主体，任何人要想成为君子，首先必须好学修身，在道德修养上不断努力实现自我的转化、完善与提升，只有这样的君子，才能成为政治上以身作则、以德化人的理想主体，才能成为立身垂范、领袖群伦的共同体的领路人。与此同时，任何人要想治国为政、以德化人，也首先必须立身正行、修德于己，因为教人者必先自己好学受教，正人者必先自己修身正己，以德化人者必先自修己德，因为政治与教育义无二致、理当一贯。

总之，在孔子看来，政由谁出，决不意味着谁就掌握靠刑罚政令的强制力来强制人民服从的绝对统治权，依孔子之见，政理应由君子而出，而一切由君子而出的政治，说到底乃是一种道德型或教化型的政治，为政以德、提高或养

---

① 梁启超：《先秦政治思想史》，东方出版社 2012 年版，第 227 页。

成"国民人格"实乃"政治上第一义"①，或以德化人、养成人民"美善之品性与行为"② 实为政治的根本目的。故如梁启超先生说："儒家之言政治，其唯一目的与唯一手段，不外将国民人格提高。以目的言，则政治即道德，道德即政治。以手段言，则政治即教育，教育即政治。"③ 萧公权先生亦曰："近代论政治之功用者不外治人与治事之二端。孔子则持'政者正也'之主张，认定政治之主要工作乃在化人。非以治人，更非治事。故政治与教育同功，君长与师傅共职。国家虽另有庠、序、学、校之教育机关，而政治社会之本身实不异一培养人格之伟大组织。"④

信如上言，则在中国历史上，其实不是周公，而是孔子，最先发现和明确提出了一种"政者正也"和"为政以德"的政治，这无疑是一种不同于"武力统治"的、作为引领人类社群"共同生活之艺术"意义上的真正的政治概念。当然，这样讲，并非意在否定周公的历史贡献，毋庸置疑的是，孔子正是在继承和发展周公之政教传统及其精神遗产的基础上，才有可能进一步明确提出这样一种真正的政治概念的。不过，我们只有在此真正的政治概念的意义上，才能更好地理解孔子何以要在道德礼教与刑罚政令、兵食之末与信用之本、上之所好与农圃之事之间作出一系列的明辨区分，个中自有其深意所在。

作为一个曾经担任过一国司寇之职的实际政治家，孔子不可能不懂得刑罚政令对于维持社会秩序的必要性和重要性，然而，孔子以为，治国为政不可一味以刑杀治狱讼，务须先行施以教化，唯教化之不从，而"后俟之以刑"（《史记·礼书》），而且，治狱听讼当以"刑错不用"为理想、以"无讼"为目的⑤。故孔子为鲁司寇之时，有父子相讼者，季康子主张杀其子以戮不孝，而孔子以

---

① 梁启超：《先秦政治思想史》，东方出版社 2012 年版，第 284 页。
② 萧公权：《中国政治思想史》，新星出版社 2005 年版，第 44 页。
③ 梁启超：《先秦政治思想史》，东方出版社 2012 年版，第 112 页。
④ 萧公权：《中国政治思想史》，新星出版社 2005 年版，第 45 页。
⑤ 如子曰："听讼，吾犹人也。必也使无讼乎！"（《论语·颜渊》）

为，上失其道，仁义陵迟，而"民不知子父讼之不善者久矣"，故须"陈之教，而先服之"，反之，"不教其民而听其狱"或"不教而诛之"，是"虐"，是"杀不辜也"。[①]故如上文所言，道德礼教实乃孔子心目中理想政治的最佳治道，能够产生最有效且有益的治理成效，故在政治上具有更为根本的重要性，而刑罚政令只能作为一种辅助性的必要手段来加以使用。

作为一个曾经主持齐、鲁两国君主交好之和会礼仪的外交家和政治家，孔子同样深深地懂得和明白"有文事者必有武备，有武事者必有文备"的道理，并且，在"堕三都"的过程中，孔子亦曾沉着应对，挫败了一场"公山不狃、叔孙辄率费人袭鲁"叛乱的政治危机。弟子冉有亦曾为季氏将师与齐战而获胜，事后冉有明确告诉季康子己之于军旅乃"学之于孔子"。（以上据《史记·孔子世家》）另据《论语·子路》载，孔子尝言：

"善人为邦百年，亦可以胜残去杀矣。"诚哉是言也！

善人教民七年，亦可以即戎矣。

以不教民战，是谓弃之。

可见，孔子主张善人治国为政的根本目的在追求实现消除残暴虐杀的善治目标，然而，生在列国纷争之世，为了要实现这一目标，又或者为了维护国家的安全与天下的和平，却不能不教民兵戎之事、战阵之法。而当卫灵公问陈（阵）于孔子时，孔子之所以要回答说"俎豆之事，则尝闻之矣；军旅之事，未之学也"（《论语·卫灵公》），不过是因为卫灵公所问的目的不纯，故而有意回避而已。事实上，作为一位教育家，孔子教弟子以"六艺"，其中的"射"与"御"既是原先贵族所需具备的两项重要军事技能，在孔子那里，亦是士人君子应该和必须学习的，故孔子所谓"军旅之事，未之学也"无疑只是

---

① 《荀子·宥坐》、《韩诗外传》卷三、《说苑·政理》、《孔子家语·始诛》均载有此事，而文有详略不同。

一种策略性的应对答语，不过，问题的关键仍然在于，对"俎豆之事"与"军旅之事"的明辨区分同样向我们昭示了孔子对真正的政治概念的根本理解，即治国为政当以礼乐为主、德化为本，相反，单纯地崇尚和炫耀军事武力只是无道之乱世或无道之统治者的一种非政治的恶习而已。当然，在孔子看来，要消除当时列国纷争的混乱局面，恢复天下秩序的和平和安定，仍然需要重建被破坏的"礼乐征伐自天子出"的政治传统，而要想维护一国之秩序的统一和稳定，也需要树立君主的尊严和权威，但武力征伐之手段的使用必须正当而合乎道义，而君主的权威也理应合乎道德的要求，单纯的"武力统治"决非理想的或优良的治国为政之道。正是基于对政治概念的这样一种理解，所以孔子才会格外赞赏和称扬管仲辅佐齐桓公"霸诸侯，一匡天下"或"九合诸侯，不以兵车"（《论语·宪问》）之仁德。

正因为在孔子看来，政治之为政治，决非依靠兵力强大的"武力统治"，所以孔子对管仲不单纯依靠兵力而"九合诸侯"的仁德称赞有加，尽管如此，我们却不能说孔子因此就会迂腐地认为即使没有强大的兵力做后盾，管仲也能辅佐齐桓公称霸诸侯而"一匡天下"。但不管怎样，作为一个格外关切民生、期望人民能够过上一种人道且文明的共同生活的思想家，相对于"军旅之事"和兵力问题，孔子确乎更加重视"为政以德"、礼乐教化和"民、食、丧、祭"（《论语·尧曰》）的问题。然而，当弟子子贡问政于孔子时，孔子何以回答说"足食，足兵，民信之矣"，而当子贡继而问到"必不得已而去，于斯三者何先"时，孔子又何以回答说先"去兵"，再问则回答说"去食"，并说"自古皆有死，民无信不立"（《论语·颜渊》）呢？难道孔子不懂得兵与食对于维持一国之生存和安全的必要性和重要性吗？在一个列国纷争的时代，要想维持一个国家的生存与安全，拥有充足的粮食和兵力无疑是至关重要的，不过，我们切不可误解，孔子所谓的"去兵""去食"，其实是从统治者的角度来讲的，亦即意在要统治者在迫不得已的情况下，减少兵力的维持和粮食的供应，而决非是要统治者去民之兵（或不教民战）、去民之食[①]，相反，统治者在任何情况下都应该维持与人民之间的相互信赖关系，这比兵、食的问题都更加根本和重要，因为从真正的政治概念或人类共同生活的理想政治愿景的意义上讲，君与民理应维持一种一体共生、相互依存的关系[②]。这说明，在孔子师徒的假设性情境中，即在一种特殊情势下统治者不得已在兵、食和信用之间所作出的选择，其实恰恰再次昭示了我们，对于政治理论家的孔子来讲，或在孔子的心目中，尽管兵与食关乎着自身的生存与安全，然而，治国为政者的神圣职责却在于，必须且理应从超出自身简单的生存需要的意义角度来追寻和探求政治的根本要义，那就是要取信于民而与人民构建一种彼此信赖、相互依存、一体共生的信任关系，这比什么都重要。

除了对以上几个方面的先后、轻重与主次关系的明辨区分之外，还有一个最容易遭人误解的方面，那就是孔子对士人君子所从事的政治事业与农圃之事所作的明辨区分。据《论语·子路》载，樊迟请学稼，子曰："吾不如老农。"请学为圃。曰："吾不如老圃。"樊迟出。子曰："小人哉，樊须也！上好礼，则民莫敢不敬；上好义，则民莫敢不服；上好信，则民莫敢不用情。夫如是，则四方之民襁负其子而至矣，焉用稼？"毋庸讳言，从中我们确实可以得到这样一种明确的信息，即孔子的私学教育并不包括劳动技能方面的内容，即使是自少贫贱而"多能鄙事"（《论语·子罕》）的他也坦承在这方面他不如老农和老圃，

[①] 这可从孔子弟子有若与鲁哀公讨论"年饥，用不足"的问题中得到佐证，据《论语·颜渊》载，哀公问于有若曰："年饥，用不足，如之何？"有若对曰："盍彻乎？"曰："二，吾犹不足，如之何其彻也？"对曰："百姓足，君孰与不足？百姓不足，君孰与足？"所谓的"用不足"，显然是指君主的食用不足问题，有子强调君主应优先考虑百姓足与不足的问题，百姓的足与不足决定着君主的足与不足，而不是相反。

[②] 如《礼记·缁衣》所载，子曰："民以君为心，君以民为体。心庄则体舒，心肃则容敬。心好之，身必安之；君好之，民必欲之。心以体全，亦以体伤；君以民存，亦以民亡。"

其态度之诚恳亦是不能否认的。问题是，他何以要批评说"小人哉，樊须也"？今人常常将孔子的这一批评理解为表达了对生产劳动或劳动人民的一种鄙视态度，这恐怕与作为关切和重视"民、食、丧、祭"问题的思想家孔子的形象是不符的，重视"民、食"的思想家孔子不可能不懂得生产劳动为人群相生相养之所必需的重要道理。依我的理解和浅见，孔子的批评是针对樊迟个人而言的，只是批评樊迟志向不远大而已，当然，这一批评实寓含着一种对职业分途的基本观点和看法，那就是士人君子所应从事的政治事业不同于农圃之事，而且有着更为重要的价值和意义。这也正是士人受教育而努力成就君子之道德人格的目的所在，孔子的批评显然意在斥责欲向其学稼、学为圃的樊迟未能真正了解这一点，或者批评他不明白士人受教育的目的乃在于成为领袖群伦的君子或治国为政的政治领导者，而不是去做农圃之事。不过，论者仍然可以站在劳动阶级的政治立场上提出质问说，如果孔子认为士人君子所从事的政治事业比农圃之事更为重要、也更有价值和意义，那么，这仍然说明孔子持有一种政治上不正确的轻视和鄙薄农圃之事的立场和态度，我认为这一点确乎是无可辩驳的。然而，站在孔子的立场上讲，孔子也可能有完全正当的理由自我辩护说，人是一种社会性、伦理性的存在，只要人类社会永续存在，人与人就需要生活在一起，并过一种富有人道意义的共同生活，在其中，人们彼此尊重，相互关爱，讲求信义，以礼相待，而不是仅仅为了维持简单的生存而劳作忙碌，更不是"饱食终日，无所用心"（《论语·阳货》），乃至于彼此算计，相互伤害，乃至于贫者谄、富者骄，有势者欺人，力强者凌弱。那么，便需要有人能够担当起引领人们过一种富有人道意义的共同生活的领袖职责，这也就是士人君子所理应从事的政治事业，故曰："上好礼，则民莫敢不敬；上好义，则民莫敢不服；上好信，则民莫敢不用情。夫如是，则四方之民襁负其子而至矣，焉用稼？"这是说，只要君子在上位而好礼、好义、好信，那么，民众自然莫不敬重、悦服而尽心用情，乃至彼此以礼相待，讲求信义，由此形成一种富有政治吸引力和道德感召力的共同生活,乃至能够吸引四方之民"襁负其子而至矣"。正唯如此,故叶公问政,子曰:"近者说,远者来。"(《论语·子路》)意即真正的政治乃是一项能使近者悦服、远者归来的事业。

不管怎样,通过上述对各方面问题所作的一系列明辨区分,我认为,孔子意欲向世人传达的一个重要理念就是,究竟什么是真正的政治,或者真正的治国为政之道究竟应该和能够成就什么样的事业,又究竟为何而成就这样的事业。要之,诚如郭沫若先生所说:"大体上他是站在代表人民利益的方面的,他很想积极地利用文化的力量来增进人民的幸福。"[1] 所谓"文化的力量",也可以说就是礼乐、道德、教化的力量。西方政治哲学家汉娜·阿伦特认为,我们必须摆脱"政治涉及的是统治或支配、利益、执行手段等"诸如此类的古老偏见,真正的政治处理的是"在一起"(being together)的问题,尽管"这并非是要否认利益、权力、统治是极为重要的,甚至是核心的政治概念",但对于政治而言,真正"根本的概念"却关乎着"生活在一起"(the living-together)[2] 的问题。对于阿伦特而言,真正的政治不等于统治、支配和控制,对于孔子而言,真正的政治不等于单纯的"武力统治"和权力支配,不是用强制性、惩罚性的政令和刑罚手段来使人民屈服顺从,而是应以正确的道德行为和文明的礼义规范来引领、感化人民,或者运用礼乐、道德、教化的方式和手段来提高国民的道德品格或提升人民的道德教养,使之养成"美善之品性与行为",过一种人道且文明的共同生活,以增进其共同利益和普遍福祉,这才是政治的第一核心要义。不管我们赞不赞同这一看法,它都值得我们认真对待,并能激发我们深思这样的问题:我们为什么需要政治?什么才是真正的政治?以及如果说人本质上是一种社会性的存在,人必须过一种政治共同体的文明生活的话,那么,人究竟应该是一

---

[1] 郭沫若:《十批判书》,东方出版社1996年版,第79页。

[2] [美]汉娜·阿伦特:《康德政治哲学讲稿》,[加]罗纳德·贝纳尔编,曹明、苏婉儿译,上海人民出版社2013年版,第203页。

种什么样的社会性的存在，而过一种政治共同体的文明生活或构建一种治理优良的政治文明的生活秩序，又究竟意味着什么？

（五）孔子论"政"（下）：治国为政的具体方法与治道智慧

我们在前文中曾一再申述或反复指出，孔子生活在列国纷争的乱世，这一点究竟意味着什么？美国汉学家史华慈曾经提出这样一种思想史的研究进路或对思想史的看法，即"不将之视为观念自主的演变，而是与思想以外的因素互相影响"①，正因为如此，依史氏之见，思想史的中心课题或其所关注的根本兴趣所在，并不仅仅是"观念本身内容"，而是"人类对于他们本身所处的'环境'（situation）的'意识反应'（conscious reponses）"②。正因为如此，这样一种思想史的研究，"主要是把观念放在人类对于他所处的生活环境的脉络之中"③而加以审视和探究。然而，"历史环境事实上总是充满着模糊与暧昧"，"它在本质上具有高度的问题性与不确定性"，在"环境以及由于环境而产生的各种意识反应两者之间"，事实上可能产生各种不同的回应性关系，而并非"只是一种简单的因果联合"，即"一种特定的环境只能'导致'（causes）一种特定的反应"④。而且，作为对其所处历史生活环境的回应，各种不同的意识反应，不仅构成了其所处时代的"变迁的环境之中的动因之一"，而且我们也唯有通过他们与其所处历史时代的生活环境之间的高度自觉的、多维度的反思性关系，才能透视和把握住他们那个时代的"环境本身的真实面目"⑤及其内含着"富有成果的含混性"的"问题情境"⑥的真实状况。根据上述思想史的看法，显然，孔子对其

① 许纪霖、宋宏编：《史华慈论中国》，新星出版社2006年版，第19页。
② 许纪霖、宋宏编：《史华慈论中国》，新星出版社2006年版，第6、4页。
③ 许纪霖、宋宏编：《史华慈论中国》，新星出版社2006年版，第6页。
④ 许纪霖、宋宏编：《史华慈论中国》，新星出版社2006年版，第5页。
⑤ 许纪霖、宋宏编：《史华慈论中国》，新星出版社2006年版，第9、5页。
⑥ 许纪霖、宋宏编：《史华慈论中国》，新星出版社2006年版，第198页。所谓"富有成果的含混性"（fruitful ambiguity），"意味着一个思想家面对时代苦难产生了种种不相容的关怀和思维，这种内心的张力正是刺激他思考的动力"。

时代生活环境所作出的意识反应，并不是唯一的一种可能的反应，而只是各种不同反应中的一种特定的反应，而且，也正是历史环境所具有的高度的问题性与不确定性，或者其内含着的"富有成果的含混性"，使孔子在面对他那个时代的各种问题与苦难时，内心充满了矛盾和困惑，诸如，既坚持和维护"贵贱不愆"（《左传·昭公二十九年》）的传统法度与社会现实，又倡导和奉行"有教无类"的教育理念与基本原则；既汲汲于行道救世，又不得不面对"道不同，不相为谋"（《论语·卫灵公》）的多元现实与思想张力，甚至是明知"道之不行"（《论语·微子》），却又始终不渝地坚持"知其不可而为之"（《论语·宪问》）的不懈努力。当然，"道之不行"的无奈困境，也确曾使他产生过"乘桴浮于海"（《论语·公冶长》）和"欲居九夷"（《论语·子罕》）的想法，甚至使他产生过欲应个别"乱党""叛臣"之召而借机来行道的冲动①。然而，不管怎样，总的来讲，作为一个生活在列国纷争之乱世的思想家和行动者，孔子既不是一个富有叛逆精神的"革命者"，亦不是一个愤世嫉俗的避世之士，他一以贯之地坚持和奉行忠信仁恕之道的基本原则，一心希望并力行尝试通过修德讲学的方式和君子为政的途径来唤醒人们的道德良知和政治觉悟，以便促进政治的改良，改善社会的治理，增进人民的福祉，故而可以说是一位富有道德良知的改良主义教育家、思想家和政治理论家。

当孔子意识到在现实世界终究难以实现其行道救世的改良目标和政治理想的时候，在他的晚年，孔子"作《春秋》"，也只是选择了通过将是非褒贬（即人人当依名尽分的原则）贯穿于历史叙事之中即重建一个道义的历史世界的方式来寄寓他拨乱世反之正道的希望而已。子曰："我欲载之空言，不如见之于行

---

① 据《论语·阳货》载，公山弗扰以费畔，召，子欲往。子路不说，曰："末之也，已，何必公山氏之之也？"子曰："夫召我者，而岂徒哉？如有用我者，吾其为东周乎？"据同一篇所载，佛肸召，子欲往。子路曰："昔者由也闻诸夫子曰：'亲于其身为不善者，君子不入也。'佛肸以中牟畔，子之往也，如之何？"子曰："然，有是言也。不曰坚乎，磨而不磷；不曰白乎，涅而不缁。吾岂匏瓜也哉？焉能系而不食？"

事之深切著明也。"(《史记·太史公自序》)显然，孔子不是一个喜欢以空言立说的思想家。尽管如此，孔子论"政"的教诲中所寓含着的丰富政治智慧仍然值得我们认真对待。这是因为这些充满深刻洞见和政治智慧的论"政"言论以及孔子师徒以讲学和游说的方式来干预时政的政治参与行动，不仅直接构成了他们所处时代的变迁的环境之中的重要动因之一，而且深深地影响了后世中国人对政治的理解以及儒生士人参与政治的信念与行为。正如钱穆先生所说："中国的读书人，无有不乐于从政的。做官便譬如他底宗教。因为做官可以造福人群，可以发展他的抱负与理想。只有做官，最可造福人群，不得已退居教授，或著书立说，依然希望他的学徒与读者，将来得依他信仰与抱负，实际在政治上展布。"[①]后世读书人"乐于从政"的精神无疑正源自孔子有关士人君子的理念与政治理想，当然，孔子并未将从政或为政的政治参与行动局限于狭义而单一的入仕做官之一途。对孔子而言，修德、讲学、游说与谏议事实上均可谓之干预时政的政治参与行为，而"自孔子卒后，七十子之徒散游诸侯，大者为师傅卿相，小者友教士大夫，或隐而不见"，亦不以入仕做官为单一的人生追求，不过，其最高理想却是要"为王者师"(《史记·儒林列传》)。总的来说，孔子的参政议政不仅为士人开辟和拓展了政治参与的仕途与公共空间，而且，更开启了一种重新审视和看待人类政治事务的新方式，对于我们来讲，具有更为深刻的思想上的启示意义。

在孔子论"政"的教诲中，除了上述有关真正的政治概念的各种反思与论述外，还有哪些对于治国为政问题的思考与论述同样值得我们认真记取和严肃对待的呢？概括地讲，主要有如下数大端：

第一，为政者须具备一定的才艺品行，须谨言慎行、勤勉政事，更重要的是，还须具有政治家的远见，唯有具备政治远见，才能成就一番大事业，而不是追求实现急功近利的小目标。如：

---

① 钱穆：《中国文化史导论》（修订本），商务印书馆 1994 年版，第 127 页。

季康子问："仲由可使从政也与？"子曰："由也果，于从政乎何有？"曰："赐也可使从政也与？"曰："赐也达，于从政乎何有？"曰："求也可使从政也与？"曰："求也艺，于从政乎何有？"（《论语·雍也》）

子张学干禄。子曰："多闻阙疑，慎言其余，则寡尤；多见阙殆，慎行其余，则寡悔。言寡尤，行寡悔，禄在其中矣。"（《论语·为政》）

子张问政。子曰："居之无倦，行之以忠。"（《论语·颜渊》）

子路问政。子曰："先之劳之。"请益。曰："无倦。"（《论语·子路》）

子夏为莒父宰，问政。子曰："无欲速，无见小利。欲速，则不达；见小利，则大事不成。"（《论语·子路》）

上引材料主要是孔子对弟子从政之才能与品行的评价以及有关为政之道的教导。第一条材料涉及孔子对弟子仲由（字子路）、端木赐（字子贡）和冉求（字子有）的评价，子路处事果断，子贡心智通达，冉求多才多艺，孔子认为三人皆适于从政而无难。换言之，为政者须具备三人身上的那些才艺、能力和品行，也才适合于从政并能将政事处理好。后面的三条材料主要是孔子回答弟子之问而有关为官从政之道的教导，孔子强调的重点在于，为官干禄须谨言慎行，尤其要勤勉政事而无厌倦，竭忠尽诚而不懈怠。最后一条材料为孔子答子夏问政，强调为政者须具备政治远见，切不可急功近利，否则，只会导致欲速则不达的后果而难以成就大的事业。

第二，治国为政者须"以礼让为国"（《论语·里仁》），须举贤共治，唯正直有德之贤才君子治政临民，才能使人民真正心悦而诚服，实现优良治理的政治目标，而说到底，治国为政乃是一项协作性的公共事业。

在孔子的新政治构想中，作为治国为政的理想治体，君子应具备什么样的人格特征与精神品格，我们已在上文中进行了详细论述，在此，有必要指出的是，对于实际的治国为政者，孔子亦有具体而明智的教导。如：

子曰："居上不宽，为礼不敬，临丧不哀，吾何以观之哉？"（《论语·八佾》）

季康子问："使民敬、忠以劝，如之何？"子曰："临之以庄，则敬；孝慈，则忠；举善而教不能，则劝。"（《论语·为政》）

可见，在孔子的心目中，一个理想的治国为政者理应居上宽和，为礼恭敬，临丧哀戚；或者，治国为政者要想劝导人民敬服与忠诚，在其治政临民之际，自己首先必须能够在容貌上端严庄重，在行为上孝亲慈幼，在为政上选拔举用那些有德之善人，对不能者则施行教导。而且，依孔子之见，所有这些行为表现均应出自内心的真诚。对实际的治国为政者来说，这既是一种很高的道德期望，同时也是一种很高的道德要求。孔子所谓的"修己以敬""克己复礼""政者，正也"，其实均具此义，即它们首先是对治国为政者提出的一种期望与要求。在孔子看来，治国为政者只有首先能够做到宽和礼让，能够做到自我克制而不放纵，严格地恪守礼仪规范，乃至使自己的一言一行都能合乎礼的要求，才有其正当的任职资格去治政临民，从而去实现"安民"的目的。如《礼记·曲礼上》开宗明义即曰："毋不敬，俨若思，安定辞，安民哉！"并说："敖（傲）不可长，欲不可从（纵），志不可满，乐不可极。"正因为如此，所以孔子才会严词斥责季氏"八佾舞于庭"的僭越行为以及管仲器量狭小而不"知礼"的行为（据《论语·八佾》）。

然而，孔子所谓的"礼让"，不仅对治国为政者在言辞态度和行为举止上提出了一种自我克制和宽和礼让的道德要求，更为重要的是，它事实上还蕴含着一种更深层次的政治诉求，即开放政权，举用才德之士和贤人君子，使之充分地参与公共治理，掌握并担负起治国为政或治政临民的权力与职责。换言之，孔子的礼让观内含着一种政权开放的理念以及对于治国为政之正当任职资格的反思。所谓政权开放,一方面是指权位的和平让渡问题,即君主的权位不应仅仅为具有世袭资格的人永久占有和把持,在必要的时候可以将君主的权位辞让给更有才德的人居有之;另一方面是指应选拔、举荐才德之士或贤人君子来充分参与公共治理,因为只有才德之士或贤人君子真正拥有居上位而治政临民的正当的任职资格。唯有基于这样一些理念,我们才能真正理解孔子何以会对"三以天下让"的泰伯之"至德"称扬赞美备至(据《论语·泰伯》);何以会激烈批评人君世主的"无道",而明确提出有才德者可居人君治国听政、南面临民之位的理想,如言"雍也可使南面"(《论语·雍也》);何以会对"今之从政者"采取一种十分鄙夷不屑的态度而斥之为"斗筲之人,何足算也"(《论语·子路》),并极力主张治国为政者须举荐贤才或选拔任用正直、才德之士,使之治政临民,以求实现优良治理的政治目标。故仲弓(冉雍)为季氏宰,问政,孔子答曰:"先有司,赦小过,举贤才。"(《论语·子路》)鲁哀公问:"何为则民服?"孔子答曰:"举直错诸枉,则民服;举枉错诸直,则民不服。"(《论语·为政》)另据《论语·颜渊》,樊迟问仁,子曰:"爱人。"问知,子曰:"知人。"樊迟未达,孔子进而告之曰:"举直错诸枉,能使枉者直。"樊迟退而问子夏夫子所谓"举直错诸枉,能使枉者直"之意,子夏曰:"富哉言乎!舜有天下,选于众,举皋陶,不仁者远矣。汤有天下,选于众,举伊尹,不仁者远矣。"可见,所谓"举直错诸枉,能使枉者直",意即选拔举用贤德之人以治政临民,唯有如此,才能使人民心悦诚服,使邪枉者改邪归正,使不仁者受感化而远去。

由上可知,孔子举贤共治的主张,仍然只是在君主体制的现实架构之下所提出的一种政治构想与治道方案,决非意在建构一种新的政制类型,但举贤共治却蕴含着一种将治国为政视作一项协作性的公共事业的深刻见解。依孔子之见,即使一国之君表现得相当"无道",但只要那些治国为政的才德之士或贤人君子能够在各自的职位上尽职履责而相互协作,就可以实现优良治理、维持国家安定的政治目标,故"子言卫灵公之无道也",而康子曰:"夫如是,奚而不丧？"孔子答曰："仲叔圉治宾客，祝鮀治宗庙，王孙贾治军旅。夫如是，奚其丧？"（《论语·宪问》）另据《史记·孔子世家》记载，孔子师徒绝粮受困于陈、蔡之际，使子贡至楚求救，"楚昭王兴师迎孔子，然后得免"，而且，"昭王将以书社地七百里封孔子"，楚令尹子西谏阻曰："王之使使诸侯有如子贡者乎？"曰："无有。""王之辅相有如颜回者乎？"曰："无有。""王之将率有如子路者乎？"曰："无有。""王之官尹有如宰予者乎？"曰："无有。"最后，子西说："且楚之祖封于周，号为子男五十里。今孔丘述三五之法，明周召之业，王若用之，则楚安得世世堂堂方数千里乎？夫文王在丰，武王在镐，百里之君卒王天下。今孔丘得据土壤，贤弟子为佐，非楚之福也。"于是，昭王乃止。这一事件亦向我们昭示了这样一个问题，一是孔门弟子才具不同而又能相互合作，构成了一个富有道德理想、追求公共道义而以孔子为核心的精神共同体；二是他们同时也构成了一个怀抱着治国平天下之理想信念并追求实现这一宏伟目标的政治团体。从理想的层面来讲，孔子和孔门弟子之间志同道合的协作性关系充分体现了"和而不同""群而不党"的君子理想，但从现实的层面来讲，他们却有可能被时人看作一个怀抱着谋求自身权力和利益之政治野心的特殊政治集团，不论这一看法是出于误解还是出于恶意，孔子师徒之不得行道而见弃于世，恐怕与此有着直接而莫大的关系。不过，更为耐人寻味的是，果如楚令尹子西所说，则孔子师徒在协力合作的关系基础上所构成的政治团体形式，恰恰体现了孔子以才德之士和贤人君子为治理主体、治国为政乃一项协作性的公共事业的理想政治构想，唯有在此意义上，我们才能真正理解何以孟子后来要以孔子师徒为例即将"七十子之服孔子"视作践行"以德服人者，中心悦而诚服也"（《孟子·公孙丑上》）之王道政治的最佳典范，说到底，"七十子之服孔子"乃意味着孔子师徒之间在"以德服人"的基础上形成了一种为共同的道德理想与政治事业而奋斗的协力合作关系，而治国为政所最急需的也正是这样一种才具不同而各尽其职之士人君子"和而不同"的协作性关系。孔子师徒树立了这样一种政治性协作关系的典范，只可惜他们没有据土壤以治政临民的机会而已，否则，他们就可能或一定会成就一番伟大的政治事业，楚国君臣站在自身狭隘利益的角度来看待这一可能并切实感受到了孔子师徒所带来的实际政治威胁，本身亦足以说明孔子师徒所追求的政权开放和举贤共治的政治理想与其所处的现实政治环境之间存在着巨大的鸿沟和难以克服的张力。但毫无疑问的是，孔子对治国为政之正当任职资格的反思及其政权开放、举贤共治的理念与主张，极具挑战性和革命性，足以从根本上重构政治领导阶级的成员构成，从而最终导致了世袭贵族阶级之政治权威的衰落，促成了"一场彻底的社会和政治革新"①，以至降至战国之世，游士用世，其中的贤才智能之士，他们的出处去就更直接决定了天下各国的存亡兴衰之势，正所谓"六国之时，贤才之臣，入楚楚重，出齐齐轻，为赵赵完，畔魏魏伤"（《论衡·效力》）。

第三，治国为政须综合运用和正确发挥文化传统中的各种有益因素，须坚定地奉行正名为先和富而教之的基本国策，须以"尊五美，屏四恶"（《论语·尧曰》）为施政要务，须以普遍增进人民利益与福祉、能使百姓过上幸福安乐生活为根本目的。

传统是人们共同生活的根基与纽带，传统的衰落、破坏与沦丧使孔子倍感焦虑与忧患，孔子发愤好学，意图重新复兴上古三代的优良文化传统，以便使人们能够过上一种人道且文明的共同生活。然而，孔子的"好古"并非一味因循守旧而泥古不化，在他看来，三代之礼亦是既前后相因而又有损有益的，正如杨向奎先生所说，"所谓'因'即继承，所谓'损益'即损其糟粕而益以精华"，这是承继遗传的"最好方案"，正因为如此，所以我们可以说，"孔子是善于承继文化遗产的人"，或者，"孔子是最善于学习历史的人，他能够在历史的学习中得到有益的东西"②。那么，孔子在继承传统的同时，或者在立足于文化传统

---

① ［美］顾立雅：《孔子与中国之道》，高专诚译，大象出版社 2000 年版，第 1 页。

② 杨向奎：《宗周社会与礼乐文明》（修订本），人民出版社 1997 年版，第 381、382 页。

的基础上，究竟是如何"损其糟粕而益以精华"的呢？对此，我们必须从孔子对道、学、政的论述中来予以深切体会和细心领悟。其中，孔子在答颜回问"为邦"的问题时，便提出了一项重要主张，即"行夏之时，乘殷之辂，服周之冕，乐则韶舞。放郑声，远佞人。郑声淫，佞人殆"（《论语·卫灵公》）。显然，这是对夏、商、周三代礼乐文化传统的一种具有高度选择性的综合继承。而且，对孔子而言，只有在对自己置身其中的各种文化传统加以充分领会的基础上善加选择，并综合运用和正确发挥文化传统中各种有益的资源与精华，摈弃其有害的成分与因素，才能更好地维持天下国家的优良治理，更好地维系人道且文明的人类共同体生活的永续存在。

依孔子之见，夏、商、周三代所遗留给后世的最为珍贵的文化传统资源，亦即对人类的心灵与行为能够发挥至关重要的熏陶、教化、规范和引导作用的，莫过于以孝悌为中心的德教传统和能使人们"殊事合敬""异文合爱"以及"教民平好恶而反人道之正"（《礼记·乐记》）的礼乐传统。孝悌为亲亲之要道，礼乐教化乃规范人的外在行为、净化人的内心情感以涵养人之德性的最为重要的方式和途径，正所谓："礼乐皆得，谓之有德。德者，得也。"（《礼记·乐记》）故子曰："教民亲爱莫善于孝，教民礼顺莫善于悌，移风易俗莫善于乐，安上治民莫善于礼。"（《孝经·广要道章》）可见，在孔子看来，治国为政之根本要道，就在于教民孝悌之德，并用礼乐来规范、调和人们的心志，节制、引导人们的行为，唯有如此，才能真正实现移风易俗、安上治民的优良治理目标。

不过，在施行孝悌亲亲和礼乐教化之际，对治国为政者而言，尚须懂得两个方面的重要道理，即治国为政当以正名为先、以富而教之为序。首先讲正名的问题。早年孔子游历齐国之时，齐景公曾问政于孔子，孔子答曰："君君，臣臣，父父，子子。"景公曰："善哉！信如君不君，臣不臣，父不父，子不子，虽有粟，吾得而食诸？"（《论语·颜渊》）所谓的"君君，臣臣，父父，子子"，实即正名之要义，质言之，所谓正名即要求人们应依名尽分，因为作为一种社会性、伦理性和关系性的存在，人之为人的职责、权利与义务即内含于一个人的关系性的伦理名分之中，为君者当尽君之名分，为臣者当尽臣之名分，为父者当尽父之名分，为子者当尽子之名分，每个人尽自己的名分事实上也就意味着尽其对他人的职责与义务，诚如梁漱溟先生所说，孔子之所谓"正名"正体现了一种注重人伦关系之交互性而"互以对方为重"的"伦理本位"观念^①。

孔子五十一岁，始入仕为官，初为中都宰，"制为养生送死之节，长幼异食、强弱异任、男女别涂、路无拾遗、器不雕伪"（《孔子家语·相鲁》），行之一年，"四方皆则之"（《史记·孔子世家》）；其后升迁至鲁司寇，五十六岁时，"由大司寇行摄相事"，而"与闻国政三月，粥羔豚者弗饰贾；男女行者别于涂；涂不拾遗；四方之客至乎邑者不求有司，皆予之以归（《家语》作'皆如归'）"（《史记·孔子世家》）。显然，孔子治国为政所依据的也正是正名的原则，即将正名的原则施行于长幼、强弱、男女、商贾等各种人际交往的关系之中，使人们顾名思义，依其名以尽其分，从而形成一种和谐安定、井然有序的社会生活秩序。

孔子因实行"堕三都"之策而受挫，不得已与弟子游历他国。周游列国后期，孔子师徒重返卫国，其时，卫灵公之孙辄已被立为卫君，而逃亡在外的灵公之子、辄之父蒯聩正俟机回卫，夺取君位。辄为卫君，召孔子师徒重回卫国，故子路问其师曰："卫君待子而为政，子将奚先？"子曰："必也正名乎！"（《论语·子路》）另据《礼记·哀公问》记载，孔子晚年归鲁之后，尝侍坐于哀公，

> 哀公曰："敢问人道谁为大？"孔子愀然作色而对曰："君之及此言也，百姓之德也，固臣敢无辞而对。人道政为大。"公曰："敢问何谓为政？"孔子对曰："政者，正也。君为正，则百姓从政矣。君之所为，百姓之所从也。君所不为，百姓何从。"公曰："敢问为政如之何？"孔子对曰："夫妇别，父子亲，君臣严。三者正，则庶物从之矣。"公曰：

---

① 参见梁漱溟：《中国文化要义》，见中国文化书院学术委员会编：《梁漱溟全集》第三卷，山东人民出版社1990年版，第90—95页。

"寡人虽无似也，愿闻所以行三言之道，可得闻乎？"孔子对曰："古之
为政，爱人为大。所以治爱人，礼为大。所以治礼，敬为大。敬之至
矣，大昏为大，大昏至矣。大昏既至，冕而亲迎，亲之也。亲之也者，
亲之也。是故君子兴敬为亲，舍敬是遗亲也。弗爱不亲，弗敬不正。
爱与敬，其政之本与！"

对孔子而言，政之为政，实是人类人道且文明的共同生活中的一项最为重大的
事业，所谓的"政者，正也"，不仅是要求君主本人首先应修身正行，而且将
这一要求进一步落实在具体的为政方式上，最要者亦不过是正名以使"夫妇
别，父子亲，君臣严"而已，说到底，治国为政之根本所在即为爱人与礼敬。

由上可知，为政以正名为先实是孔子一生一以贯之的政治主张。然而，当
孔子重返卫国强调以正名为先时，却遭到了弟子子路的质疑和批评，子路认为
老师的主张是迂腐的，而孔子则斥责子路粗野鄙陋，并进一步申明自己的主张
曰："君子于其所不知，盖阙如也。名不正，则言不顺；言不顺，则事不成；事
不成，则礼乐不兴；礼乐不兴，则刑罚不中；刑罚不中，则民无所错（措）手足。
故君子名之必可言也，言之必可行也。君子于其言，无所苟而已矣。"（《论
语·子路》）具体就蒯聩与辄父子之间的权位之争来说，事情的前后经过与原委
颇为曲折，但此事确实堪为春秋乱世礼崩乐坏、名分淆乱的时代生存状况的典
型代表，关乎君权与势位，父子相争而各不相让，问题一时无法解决，那么，名
分究竟何由而能得正，此正子路疑惑之所在。然而，名分不正，权位之争不已，
势必引发卫国之内乱国难（子路后来即死于此），又将如何使国得治、政可为呢？
过去注疏家多就君位之争让问题本身来理解孔子所谓正名的实质含义，即究竟
是让辄将君位让给其父，还是让其父放弃君位之争，这恐怕是一个无法通过简
单劝说的方式能够轻易解决的政治难题，因为如果父子一方能够轻易地被劝说
而甘愿放弃君位之争，那么，父子之间围绕君位的权力斗争可能也不会轻易地
就发生。然而，孔子何以又要首先正名呢？依我之见，孔子之正名，并非要通

过简单地劝说其父子一方放弃君位之争来化解他们父子之间的权位之争，而是希望父子双方都能够深明父子和君主之名分大义，为人父者当慈，为人子者当孝，而君主名分之所关，实为治国为政之根本职责所系，非仅仅在于权位本身而已。正如萧公权先生所说，"推孔子之意，殆以为君臣父子苟能顾名思义，各依其在社会中之名位而尽其所应尽之事，用其所当用之物，则秩序井然，而后百废可举，万民相安"，反之，"若觚已不觚，则国将不国"，故孔子之所谓正名，"诚一切政治之必需条件也"①。此名分之大义不明，徒然把持或争得君位，实于治国为政毫无正当之意义可言。正因为如此，所以孔子申明正名之义说，名分不正，治国为政者发言施政便无正当性而缺乏说服力，因此也不可能得到顺利的贯彻实行；而发言施政难以实行，也就做不成任何事情；做不成任何事情，也就无法兴起礼乐；不能兴起礼乐，单靠使用刑罚也就不能得当；使用刑罚不当，人民就会惶恐不安而不知所措。当然，孔子的这一正名主张，在当时无疑仍然是难以实行的，由于关乎君位之争，并不像孔子担任鲁国司寇期间发生的单纯的父子相讼事件那样易于处理和解决，然而，这并不足以说明正名之无意义，反之，名分不正，大义不明，争斗不已，这正是那个时代的悲哀所在，亦是春秋乱世之所以为乱世的根本缘由所在，如蒯聩与辄父子相争不已终究还是导致了卫国持续多年的动荡、内讧与纷乱。

不管怎样，孔子的正名主张实蕴含着两个方面的重要含义，在此有必要做进一步的申论。一是，伦理方面的含义。孔子正名的主张乃是基于这样一个关乎人类共同生活的重要问题来提出的，即：人们究竟应该如何生活在一起，以及怎样才能更好地生活在一起？正如梁漱溟先生所说，孔子的观念既不是个人本位论，也不是社会本位论，而是一种"关系本位"或"伦理本位"论，因为名分之所系正由人与人的交互关系所决定，关系优先性构成了孔子和儒家伦理观念所具有的最显著且最持久的品格，只有每个人都能够各依其名而各尽其分，

———————————
① 萧公权：《中国政治思想史》，新星出版社 2005 年版，第 40 页。

整个社会才能井然有序、和谐安定。不过，须特别强调指出的是，所谓的"关系本位"决非庸俗化的、把他人作为手段或工具来加以关系性利用的关系本位论，所谓的"伦理本位"亦非将个人的利益关切和情感关怀仅仅或完全狭隘地局限于家庭亲族血缘关系范围之内的家族本位论，而是必须始终把人当作目的而非手段来对待①的互以对方为重的关系本位论，是"举整个社会各种关系而一概家庭化之，务使其情益亲，其义益重""由近以及远，更引远而入近"乃至"泯忘彼此""天下一家"的"伦理本位"②论。二是，政治方面的含义。孔子正名的主张要求治国为政者自己必须首先能够修身正己，切实而真诚地顾名思义，履行自己名分所应尽的职责与义务，才有名正言顺的正当资格去正人，乃至引领人们去过一种富有人道意义的社群伦理生活。正因为如此，正名的主张或名分的理念，对于治国为政者而言，实则意味着职责的优先性或职责重于权位。正如钱穆先生所说："西方人讲政治，一定先要讲'主权'。他们的政治思想，很多是建立在主权观念上。所以西方有神权、王权、民权的分法。到现在便是国家主权在民众。中国讲政治，一向不讨论主权在那（按：哪）里。……中国人讲政治，一向看重在'职责'。只论政府该做些什么事？它的责任该是些什么？它尽了职没有？而并不讲主权在那（按：哪）里。……这是双方政治思想上一绝大的歧异。"③此诚精到之见，而传统中国人对治国为政者之"职责"的看重，从根本上说正源自孔子正名的主张和名分的观念，因此，我们也可以说，职责优

---

① 这是康德（Kant）的伦理学观点，但秉持这一观点的伦理学理论认为："社会是为人而组成的，而不是人为了社会。……个人在逻辑上和道德上都处于优先地位。对17世纪的哲学来说，关系始终显得不及实体那么可靠；人是实体，而社会则是关系。正是这种假定的个人优先性成了自然法理论所具有的最显著且最持久的品格，也是现代理论区别于中世纪理论的最为明确的地方。"（［美］乔治·萨拜因：《政治学说史》（第四版）下卷，［美］托马斯·索尔森修订，邓正来译，上海人民出版社2010年版，第111页）
② 梁漱溟：《中国文化要义》，见中国文化书院学术委员会编：《梁漱溟全集》第三卷，山东人民出版社1990年版，第81—82页。
③ 钱穆：《中国历代政治得失》（新校本），九州出版社2012年版，第139页。

先性构成了孔子和儒家政治观念所具有的最显著且最持久的品格。当然，上述两个方面的含义是密不可分的。

再讲富而教之的问题。无论是将治国为政看作一项协作性的事业，还是强调治国为政当以正名为先，其目的无非是要通过治国为政者之间协力合作的行动来实现某项人类的事业，或者通过正名或使治国为政者依名尽分的方式来实现某种政治的目的。因为协作非徒协作而已，而名分之为名分，既是治国为政者职责之所在，亦是政治根本目的之所系。那么，依孔子之见，治国为政者相互协作、依名尽分，究竟应以什么为目的呢？说到底，目的即在增进人民大众的利益与福祉，使人们能够和谐、安乐、富足地过一种人道且文明的共同生活。为此，孔子发表过许多著名的政治评论和教言谏议，并曾自述其个人志向曰："老者安之，朋友信之，少者怀之。"（《论语·公冶长》）孔子志在行道救世，事实上，他不仅希望那些老者、朋友和少者能够生活安乐、彼此信赖或受到特殊的关怀，而且更希望天下所有的人都能够彼此以礼相待、相互尊重和仁爱友善地共同生活在一起。

为了实现行道救世的上述目的，孔子曾从不同的角度来阐述其治国为政的理想。一是，从有国有家者之政治关切的角度讲，孔子曰："丘也闻有国有家者，不患寡（'寡'当为'贫'）而患不均，不患贫（'贫'当为'寡'）而患不安。盖均无贫，和无寡，安无倾。夫如是，故远人不服，则修文德以来之。既来之，则安之。"（《论语·季氏》）究竟何谓"不患贫而患不均，不患寡而患不安"？这一说法常常被人误解为是一种绝对平均主义的主张，而所谓的"远人不服，则修文德以来之"，甚至更有可能被今天的一些自命为"儒家代表"的世俗浅见之辈视作一种迂腐的主张或愚蠢的见解。然而，只要人们不愿意生活在财富两极分化并由此而导致贫富两大阶级严重分裂和对抗或发生激烈冲突和斗争的社会生存状况之下，只要人们不愿意生活在奉行"丛林法则"、一味以武力解决一切问题的列国纷争的时代生存状况之下，那么，任何严肃的思想家和政治家都必须认真思考解决的问题就是，如何才能使人们均平、和谐而安乐地共同生活在一起，乃至无须使用武力的手段也能够使远方的人们悦服归来。孔子的回答就是，有国有家者所当关切和忧虑的不应是财富贫乏不足的问题，而应是财富分配不均的问题，不应是土地人口寡少的问题，而应是人民生活不安的问题。财富分配均平①，就不存在贫乏的问题；人们和睦相处，就不存在寡少的问题；国家和平安定，就不存在倾覆的问题。如此，若远方之人还不归服，则不应使用武力强制其屈服，而是应修治文德政教，加强和提升自身的政治影响力和道德感召力，招致远方之人而使之归服，归服之后还要设法使之生活安定、心悦而诚服。

二是，从治国为政之方或改善民生需要的目的角度讲，孔子主张对人民实行富而教之的基本国策。如：

子适卫，冉有仆。子曰："庶矣哉！"冉有曰："既庶矣，又何加焉？"曰："富之。"曰："既富矣，又何加焉？"曰："教之。"（《论语·子路》）

子贡曰："如有博施于民而能济众，何如？可谓仁乎？"子曰："何事于仁！必也圣乎！尧舜其犹病诸！夫仁者，己欲立而立人，己欲达而达人。能近取譬，可谓仁之方也已。"（《论语·雍也》）

富而教之，是孔子周游列国之初，刚到卫国时发表的第一条重要政见。朱熹《论语集注》曰："庶，众也。""庶而不富，则民生不遂，故制田里薄赋敛以富之。""富而不教，则近于禽兽，故必立学校明礼义以教之。"以今语言之，一国之根本不在于人口众多，而在于要使人民生活富足且富有道德礼义的文明教养，或者如萧公权先生所说，"国家之目的不仅在人民有充裕之衣食，

---

① 据《礼记·坊记》载，孔子主张以礼坊民，而制富贵则力求使人民生活贫富均衡，故子云："小人贫斯约（困窘），富斯骄（骄纵）。约斯盗，骄斯乱。礼者，因人之情而为之节文，以为民坊者也。故圣人之制富贵也，使民富不足以骄，贫不至于约，贵不慊于上，故乱益亡。"

而在其有美善之品性与行为"①，故治国为政之要道应是在人口众多的基础上，实行消除贫困、改善民生之美政善治，而在使人民过上富足生活的基础上，还须再进一步施行德礼的教化，以便提高"国民人格"②或养成人民"美善之品性与行为"，使之富有道德礼义的文明教养。由此可见，孔子无疑是中国历史上较早倡导富民主张的政治思想家之一，而且，孔子的政治理想还不止于富民，他更进而提出了教民的问题。比较而言，后来法家论治国之道亦主张要以富民为先，如《管子·治国》所曰："凡治国之道，必先富民，民富则易治也，民贫则难治也。奚以知其然也？民富则安乡重家，安乡重家则敬上畏罪，敬上畏罪则易治也。民贫则危乡轻家，危乡轻家则敢陵上犯禁，凌上犯禁则难治也。故治国常富，而乱国必贫。是以善为国者，必先富民，然后治之。"显然，法家所主张的治国富民之道，只是一种治安之术，而缺乏更高目的和理想的追求。另如《管子·牧民》之言"仓廪实则知礼节，衣食足则知荣辱"，虽与孔子"富而教之"的主张相似而实不同，因为依孔子"富而教之"的主张来推论，在"仓廪实""衣食足"与"知礼节""知荣辱"之间其实并不是一种简单而必然的逻辑推导关系，前者只是后者的必要条件和物质基础，要想使人们"知礼节""知荣辱"或提升人民在道德礼义方面的文明教养，无疑还需要对人民进行道德的教育或礼义的教化。

孔子所谓的富而教之，正如刘泽华先生所说，无疑体现了"孔子对民众的深沉关怀"，这一点确实是"令人景仰"③的。而孔子既然主张富民而"以养民为要务"，故认为圣人之伟大功业正在其"博施而能济众"。尽管孔子所言富民之策或养民之途径，似乎颇显"简易"，"殆不出裕民生、轻赋税、惜力役、节财用之数事"，"盖孔子所主张者人民之自足而非财富之扩充"④，但我认为，孔子所谓

① 萧公权：《中国政治思想史》，新星出版社 2005 年版，第 44 页。
② 梁启超：《先秦政治思想史》，东方出版社 2012 年版，第 112 页。
③ 刘泽华：《中国政治思想通史》（先秦卷），中国人民大学出版社 2014 年版，第 152 页。
④ 萧公权：《中国政治思想史》，新星出版社 2005 年版，第 44 页。

的富而教之，实蕴含着两个方面深刻的政治智慧，是我们决不可轻忽的。

一方面，这说明孔子深深地懂得教民须以富民为先的道理，道德礼义的教化须基于一定的物质生活水平，反之，在富民的基础上实施德礼的教化，更是意在积极推动道德礼义的文明教养标准向民众的下移，正如德国文明史家埃利亚斯所说："文明标准每一次的对另一阶层的传播浪潮都是与该阶层的社会力量的增长，与其生活水平和比其高的阶层的生活水平相接近，抑或至少与其生活水平朝此方向上提高连袂而行。濒临饿死的阶层，抑或生活于极端困苦之中的阶层，在行为上是无法文明化的。"① 孔子所谓的富而教之，正是意在提高民众的生活水平，并在此基础上使民众在行为上文明化起来，此可谓文明国家及其治国为政之道的根本目的所在，而决非强权国家和治安国家所追求实现的目标。

另一方面，综合孔子所谓"政者，正也"、"为政以德"和富而教之之义，在我看来，孔子道德政治的理念、理想与主张，其实包含两个方面的重要含义：一是正己以正人的道德领导之义，二是以德化民和以礼教民的道德教化之义。所谓道德领导，决不意味着领导者与被领导者之间是一种简单的命令与服从的单向支配性关系，而是"存在共同的需要、渴望和价值观念的关系"，如美国学者伯恩斯所说，"道德领导并不是单纯的说教，或信誓旦旦地表明虔信，或是主张社会的顺从。道德领导来自于并总是回归于追随者的基本欲求、需要、渴望和价值观念"②。孔子所谓的"己欲立而立人，己欲达而达人"和"己所不欲，勿施于人"的仁恕之道，用之于治国为政，其实便是这样一种意义上的道德领导，即治政临民者务须基于自身与人民"存在共同的需要、渴望和价值观念的关系"来治国为政，故孔子明确主张"因民之所利而利之"（《论语·尧曰》），而《大学》更有名言曰："民之所好好之，民之所恶恶之，此之谓民之父母""大畏民

---

① ［德］诺贝特·埃利亚斯：《文明的进程》（第二卷），袁志英译，生活·读书·新知三联书店1999年版，第334页。

② ［美］詹姆斯·麦格雷戈·伯恩斯：《领袖》，常健、孙海云等译，中国人民大学出版社2016年版，《序言：领导危机》，第3页。

志，此谓知本"。① 所谓道德教化，也决不意味着教化者与被教化者之间是一种
简单的在道德上支配与服从的单向统治关系，决非意在对人民实施一种意识形
态的精神控制，或如某些现代学者所诬枉误解的那样应把人民当作"不懂事的
孩子"而在精神上加以管教②，又或者只是教导民众"知道尊重能力，接受有能
力的人的统治，而在自认为无能时放弃参政权"③，其根本目的乃是要通过道
德人格感化和崇教兴学、普及教育的方式来提高"国民人格"或养成人民"美善
之品性与行为"。问题的关键在于，无论是士人君子，还是普通民众，道德人格
和美善品性的养成以及礼义文明教养的提升，都决不是想当然地通过简单而强
制性的意识形态支配、精神管教和道德控制的方式和途径所能够实现的，从治
国为政的意义上讲，要想提高国民的道德人格、养成其美善之品性或提升其礼
义文明教养，这不仅需要治国为政者首先通过克己内省、好学修德、依仁践礼
的方式来端正自己的品行、养成美善之品性、提高和完善自己的道德人格，从
而以身作则地为他人和民众树立起一种值得效法和学习、能够切实发挥引领优
良道德风尚之作用的行为表率、人格典范或文明标杆，而且，在对民众实施道
德教化时，必须能够在首先解决民生需要的基础上来实施富而教之或化民成俗
的文教政策，最根本的便是要善于运用上行下效的行为示范和政教方式来激发
和引领民众崇德向善的内在动机和行为自觉，尤其要善于运用真正合乎人性需
要而能够产生优良之立德树人效果的崇教兴学、普及教育的制度化建制来实现

---

① 当然，不只孔子和儒家有此观念，另如《管子·牧民》对此亦有精彩的论述："政之所
兴，在顺民心；政之所废，在逆民心。民恶忧劳，我佚乐之；民恶贫贱，我富贵之；民恶危
坠，我存安之；民恶灭绝，我生育之。能佚乐之则民为之忧劳，能富贵之则民为之贫贱，能
存安之则民为之危坠，能生育之则民为之灭绝。故刑罚不足以畏其意，杀戮不足以服其心。
故刑罚繁而意不恐，则令不行矣。杀戮众而心不服，则上位危矣。故从其四欲，则远者自
亲；行其四恶，则近者叛之。故知予之为取者，政之宝也。"

② 参见曾亦等："回到康有为"专题，《天府新论》2016 年第 6 期，第 47 页。

③ 白彤东：《一个儒家版本的有限民主》，转引自哈佛燕京学社主编：《波士顿的儒家》，
江苏教育出版社 2009 年版，第 159 页。

化民成俗的目的。

孔子注重并强调治国为政者须运用上行下效的行为示范和政教方式来激发和引领民众崇德向善的内在动机和行为自觉，故曰："上敬老则下益孝，上尊齿则下益悌，上乐施则下益宽，上亲贤则下择友，上好德则下不隐，上恶贪则下耻争，上廉让则下耻节，此之谓七教。七教者，治民之本也。政教定，则本正也。凡上者民之表也，表正则何物不正？是故人君先立仁于己，然后大夫忠而士信，民敦俗璞（朴），男悫而女贞。六者教之致也，布诸天下四方而不怨，纳诸寻常之室而不塞，等之以礼，立之以义，行之以顺，则民之弃恶，如汤之灌雪焉。"并进一步阐明其义道，"昔者明王之治民也，法必裂地以封之，分属以理之，然后贤民无所隐，暴民无所伏。使有司日省而时考之，进用贤良，退贬不肖，然则贤者悦而不肖者惧。哀鳏寡，养孤独，恤贫穷，诱孝悌，选才能，此七者修则四海之内无刑民矣。上之亲下也，如手足之于腹心；下之亲上也，如幼子之于慈母矣。上下相亲如此，故令则从，施则行，民怀其德，近者悦服，远者来附，政之致也"。（《孔子家语·王言解》）这是从治国为政者应如何施教的意义上来讲的。与此同时，孔子不单单从治国为政或临政治民的意义上来谈教民的问题，或者说他并不认为对民众的道德教化只有狭义的治国为政之一途，事实上，孔子认为，崇教兴学、普及教育本身即为化民成俗的一种最为重要的方式和途径，故其一生汲汲于讲学立教，无论处在什么样的生存境况之中，他都从未放弃或中断过自己所从事的私学教育事业，而且，其私学教育事业之所以能够获得空前巨大的成功，主要便得益于他所奉行和实践的真正能够发挥立德树人之功效、极富人性化意义的优良教育教学理念、原则和方法，如有教无类、好学乐学、因材施教、问同答异、启发诱导等等。而在此尤其值得一提的是，《礼记·学记》的作者对于孔子之重视教育事业及其政治用心可谓有着独到而深刻的理解，故对学之为学于"化民成俗"的重要政治意义以及建国君民当以"教学为先"的政教理念作了极为精到、深刻而系统的阐发和论述。很明显，《礼记·学记》作者亟欲以师道来规范和引导君道，亦即希望按照或遵循师生之间的教学关系来改造和重塑君民之间的政治关系，其对于整个教育教学的过程及富有人性化意义的教学相长、师生良性互动的基本教育学原理和规律可以说有着相当深刻的理解并进行了全面系统的总结，而且还着意于在此基础上努力构建一种以之为理想范型、旨在化民成俗的优良政教关系。故曰："君子如欲化民成俗，其必由学乎！玉不琢，不成器；人不学，不知道。是故古之王者建国君民，教学为先。"而"君子知至学之难易，而知其美恶，然后能博喻，能博喻然后能为师，能为师然后能为长，能为长然后能为君。故师也者，所以学为君也"。综观此篇所论，诚不愧为一篇论述儒家教育学原理的杰作，同时亦可说是一篇阐明儒家政治学原理的名文。

最后，依孔子之见，为了普遍增进人民利益与福祉，实现使百姓过上幸福安乐生活的根本目的，一种最优良的治理之道，不仅需要以正名为先，需要每个人各自都依名尽分，也不仅需要奉行富而教之的基本国策，而且，还需要治国为政者以"尊五美，屏四恶"①、营造风清气正的政治生态与治理环境为治国从政之要务。具体而言，君子在上位以从政，须尊崇五种美德，屏除四种恶行，五种美德是指"惠而不费，劳而不怨，欲而不贪，泰而不骄，威而不猛"，而四种恶行则是指"不教而杀谓之虐；不戒视成谓之暴；慢令致期谓之贼；犹之与人也，出纳之吝谓之有司"。那么，所谓五美、四恶究竟什么意思呢？根据孔子的解释或以今语释之，就是说：在人民可以得利的地方使他们去得利，人民得

---

① 据《论语·尧曰》载，子张问于孔子曰："何如斯可以从政矣？"子曰："尊五美，屏四恶，斯可以从政矣。"子张曰："何谓五美？"子曰："君子惠而不费，劳而不怨，欲而不贪，泰而不骄，威而不猛。"子张曰："何谓惠而不费？"子曰："因民之所利而利之，斯不亦惠而不费乎？择可劳而劳之，又谁怨？欲仁而得仁，又焉贪？君子无众寡，无小大，无敢慢，斯不亦泰而不骄乎？君子正其衣冠，尊其瞻视，俨然人望而畏之，斯不亦威而不猛乎？"子张曰："何谓四恶？"子曰："不教而杀谓之虐；不戒视成谓之暴；慢令致期谓之贼；犹之与人也，出纳之吝谓之有司。"

到利惠而又无所耗费，这就叫"惠而不费"；在人民可以劳动的时候使他们去劳动，人民不会抱怨，这就叫"劳而不怨"；自己欲修仁德、行仁道，既然做到了，也就不再奢求什么了，这就叫"欲而不贪"；无论对方人数多少，势力大小，君子都安泰以处之，既不怠慢他人，也不放纵自己，这就叫"泰而不骄"；君子衣冠整齐，瞻视庄重而严肃，使人望之而生敬畏之心，这就叫"威而不猛"。不先施行教化，就使用杀戮的手段，这叫作虐；不先申明告诫，就要查验成绩，这叫作暴；发令施政，先是怠慢懈怠，临到最后又限期完成，这叫作贼；同样是要给财物与人，但在出纳之际，却出手吝惜而不愿给予，就像经管财物的有司，这叫作小家子气。

　　除非人们自甘于愚蠢、堕落与疯狂，否则，没有人愿意生活在暴虐苛政之下。孔子师徒曾经游历经过泰山脚下，路遇一妇人伤心痛哭，因为她的公公、丈夫和儿子皆悲惨地死丁虎口。孔子问她："何为不去也？"妇人回答道："无苛政。"这是一个多么残酷的选择，一个孤苦无依的妇人宁愿生活在死于虎口的危险境地也不愿生活在苛政之下，故孔子愤慨地告诫弟子曰："小子识之，苛政猛于虎也。"（《礼记·檀弓下》）时至晚年，当弟子冉求为季氏聚敛财富时，孔子的愤慨之情依旧，号召其他弟子"鸣鼓而攻之"（《论语·先进》）。上述孔子"尊五美，屏四恶"的政治主张，既有对暴虐苛政的无情斥责，更有对美善良政的深情期许，可以说充分彰显了孔子对于理想之美政善治和现实之苛政恶治两者的全面论述与明辨区分，这一全面论述与明辨区分无疑亦具有两方面深刻的启示和教育意义，既可以使人们对于美善之良政充满理想之深切向往与憧憬的期许信念，同时又可以使人们对于暴虐之恶政保持现实之高度反省与自觉的警醒意识。

四、为夫子一辩——如何理解"民可使由之，不可使知之"？

在孔子的各种教诲中，留下了一些因过于简约而令人费解的论说，如果不能正确地加以理解和诠释，则极易产生不必要的疑惑、引发无谓的争议，其中，"民可使由之，不可使知之"（《论语·泰伯》）一语即是一个显著的例子，很有必要在此稍作辨析，并非意在为夫子曲意辩护，而是意在为夫子正名辩诬。

那么，究竟应如何理解这句话的意思呢？

学者王传龙将古今对这句话的各种训释进行综合汇考，共得二十二种训释，其中包括今人的四种变更句读法和古人的十八种解释。[①] 今人的变更句读法，如梁启超最早曾主张将此句句读改为"民可，使由之；不可，使知之"，后来亦有人主张将此句句读改为"民可使，由之；不可使，知之"以及"民可使，由之不可，使知之""民可使由之？不，可使知之"者，然而，诚如该学者所指出，变改句读的做法起因于"认定旧句读体现了愚民思想，与孔子的施教思想不吻合"，或与孔子的"教育家形象存在矛盾"，故希望通过变改旧句读的方式来消解这种不相吻合的矛盾。然而，如果原来的旧句读真的体现了"愚民思想"，仅仅通过变改句读的方式则并不能从根本上消除原来旧句读所带来的疑问，因为旧的句读相传沿袭已有两千多年，不是简单地变改文本句读同时也改变其意思就能轻易使人普遍接受的，人们仍然有充分的理由坚持原来的旧句读并正当地提出相应的质疑，即这句话的意思是否真的隐含着或体现了一种"愚民思想"的主张，正如宋儒王安石所认为的那样，"不可使知，尽圣人愚民之意"（《朱子语类》卷三十五）。在一些学者看来，变改句读也许只是一种逃避问题的方式，但问题却需要我们必须给予正面的回答。正因为如此，我非常赞同王传龙的这一观点和看法，即"变更句读的做法根本不可取"。不过，王传龙在列举了古人的十八种解释后，却得出结论说，唯有其中的第十四种解释"是目前看来最合理之解释"，

---

① 参见王传龙：《孔子"民可使由之"句的二十二种训释》，《孔子研究》2017年第6期，第67—76页。

此种解释所强调的"既非民不可使知之，亦非民不能知之，而仅为一时感慨民之愚与使知之难"，并依此说而认为，"此句或为孔子一时感慨之语，故与其核心思想不能尽合，而此句无上下文，句式亦符合一时有感而发之特点"。同时，该学者认为，第一种解释也就是"遭到绝大部分学者激烈反对之解释"，"也是后世争论之导火线"的那种解释，即将此句看作政治家治政莅民之际"外用晦以使民，内保明以为治"①的一种"权谋"，甚或体现了愚民思想的这样一种解释，也是"不可轻易排除"的。照此说法，该学者之明确反对变更句读，其真实之用心似乎又是意在坐实"愚民"之说而已。这却是吾人期期以为不可而不敢苟同的。

对于古人的十八种解释，我们不必一一在此加以详辨细说，就吾人之浅识愚见来说，如果我们愿意把孔子所说这句话的意思放在孔子论治国为政的整体思想脉络和义理旨归的意义架构中来加以理解和诠释的话，那么，我本人更倾向于接受和认同其中的第三、六、七、八、九种解释，它们分别是说：

1. 百姓日用而不能自知。如正平本《论语集解》："由，用也。可使用而不可使知者，百姓能日用而不能知也。"清阮元十三经注疏本《论语注疏》："正义曰：此章言圣人之道深远，人不易知也。由，用也。民可使用之而不可使知之者，以百姓能日用而不能知故也。"

2. "由之"为德政，"知之"为刑政。如皇侃《论语义疏》卷四："张凭曰：'为政以德，则各得其性，天下日用而不知，故曰可使由之；若为政以刑，则防民之为奸，民知有防而为奸弥巧，故曰不可使知之。言为政当以德，民由之而已；不可用刑，民知其术也。"

3. 圣人本不能使人知之。此说认为圣人亦有所不能，不可使人必知之。

---

① 《子夏易传》卷四"明夷"条："明入地中，藏其明也。'民可使由之，不可使知之'，故君子之莅众也，外用晦以使民，内保明以为治。"

4.圣人所化有限,不能使人人皆知。二程主此说,朱熹间亦主此说。如《二程遗书》卷十八:"问:'民可使由之,不可使知之',是圣人不使知之邪,是民自不可知也?曰:圣人非不欲民知之也,盖圣人设教,非不欲家喻户晓、比屋皆可封也,盖圣人但能使天下由之耳,安能使人人尽知之?此是圣人不能,故曰'不可使知之'。若曰圣人不使民知,岂圣人之心是后世朝三暮四之术也?"《朱子语类》卷三十五:"问'不可使知之'。曰:不是愚黔首,是不可得而使之知也。问:此不知与'百姓日用不知'同否?曰:彼是自不知,此是不能使之知。"

5.圣人化治天下,不落形迹。如褚伯秀《南华真经义海纂微》卷二十九:"《语》云'民可使由之,不可使知之',然则圣人之治天下必有神而化之之术欤!"戴溪《石鼓论语答问》卷中:"'民可使由之',不是恐民之智将以愚之,亦不是匹夫匹妇之愚不可与知,此一段自是论圣人动化之道。可使民由之,所谓'鼓舞震荡'、'忽焉若神'、'耕食凿饮,不知帝力于我何有'之类是也。若使民知之,则是在我未免有形迹,而道化之在民者亦浅矣!"刘宗周《论语学案》卷四上论:"子曰:'民可使由之,不可使知之。'百姓日用而不知,固也。然君子之化民,悬之以大道之的,而民率由焉,耕田凿井,顺帝之则,何知之有?此王道也。若杀之而怨、利之而庸、迁善而知其自,则陋矣!由仁义行,非行仁义也,天德也;民可使由之,不可使知之,王道也。"①

上引五种解释,我认为在某种意义上都可解释得通。如孟子曰:"行之而不著焉,习矣而不察焉,终身由之而不知其道者,众也。"(《孟子·尽心上》)由孟子的这一说法可知,在孔孟的思想观念中,一般民众的认知能力与水平的确是有局限性的,从事实的角度来讲,这一点既是无可讳言的,亦是不必讳言

---

① 以上均引自王传龙:《孔子"民可使由之"句的二十二种训释》,《孔子研究》2017年第6期,第67—76页。

的，如果孔子所言只是针对这一事实来讲的话，当然也是无可辩驳的。也许我们在此可以借用一位西方学者的观点来为孔子作一辩护，如德国学者鲁道夫·冯·耶林在《为权利而斗争》一书中所说："民众对财产的权利，对作为个人的伦理生存条件的义务知晓多少？知否？——不知！但是，他们是否感受到这些，是另一个问题，我希望能表明民众是如此。"[①] 我们同样也可以说，民众对于人所共由之道的高深义理，对作为个人伦理生存条件的名分义务知晓多少？知否？——不知！但是，他们是否"由之"，则是另一个问题。正所谓"人莫不饮食也，鲜能知味也"（《中庸》），孔子之言所希望的也许不过就是要表明民众是如此而已。

然而，孔子所谓"不可使知之"，似乎又并不止乎此，而是含有更强、更深一层的意味，如朱子所言，此"不可使知之"，与彼"自不知"，其意必不同。那么，这句话的更深一层的含义究竟是指什么呢？既然民众由之而不知，那就最好永远使之愚而不知，以便于统治？在我看来，"愚民"之说的确是与孔子的教育家形象及其施教思想矛盾而不相吻合的，因为作为一个以讲学立教为终身志业的教育家，作为一个主张"以教为政"[②] 的政治理论家，他不仅积极倡导并力行实践"有教无类"的自由开放教育理念，而且亦有关于君子小人皆须"学道"的明确教导。如：

> 子之武城，闻弦歌之声。夫子莞尔而笑，曰："割鸡焉用牛刀？"
> 子游对曰："昔者偃也闻诸夫子曰：'君子学道则爱人，小人学道则易使也。'"子曰："二三子！偃之言是也。前言戏之耳。"（《论语·阳货》）

此处所谓君子小人，只是沿袭旧有的一种习惯称谓，指以位而言的在上者和在下者，即政治上的领导者与普通民众，而非道德上人格高尚与卑下之称，"君

---

① ［德］鲁道夫·冯·耶林：《为权利而斗争》，郑永流译，法律出版社 2007 年版，第 16 页。

② 萧公权：《中国政治思想史》，新星出版社 2005 年版，第 140 页。

子学道则爱人，小人学道则易使"应为孔子教导弟子之常言，意在强调无论在上位者还是在下位者"皆当学道"，故如子游，"虽宰小邑，亦必教人以礼乐"①。当然，由对礼乐忠信之道的共同学习与践行而建立起来的乃是一种爱而易使、忠诚而信赖的政治协作关系。从在上位之君子的角度讲，所谓"君子学道则爱人"，在治政莅民的意义上必是意指一种"其养民也惠，其使民也义"（《论语·公冶长》）的君子之道，而从在下位之民众的角度讲，所谓"小人学道则易使"，则是指在礼乐教化的熏陶和君子人格的感召下民众更容易采取一种悦服而合作的政治态度和行为，故君子之"使民"与民众之"易使"，实则意味着一种优良治理秩序的形成，而决非意指统治者对人民实施政治压迫和暴虐统治下的役使，或者是人民在统治者的政治压迫与暴虐统治下的被役使。正唯如此，孔子和儒家深切希望统治者能够"建国君民，教学为先"，即通过兴学立教来"化民成俗"，正所谓"人不学，不知道"，而"君子如欲化民成俗，其必由学乎"（《礼记·学记》）。由此而言，如果孔子所谓"不可使知之"，果真体现了一种"愚民思想"，那的确可说孔子不过是一个怀揣"朝三暮四"之阴谋权术的实际"政治家"。然而，如果我们相信孔子乃是一个奉行一以贯之的道德理想与教学理念的思想家和教育家，是一个怀抱行道救世之政治理想、"以某种方式把相关的人、目标和事件同一个社会的共同利益或公共利益联系起来或勾连起来"②的政治理论家或"超级政治家"，那么，所谓的"不可使知之"便一定另有所指。依前引第3、4条解释，所谓的"不可"只是意指"不能"，即使是圣人施教化民，"亦有所不能"，或者"不可使人必知之"，或者"不能使人人皆知"，似皆说得通。在我看来，荀子所谓"可以而不可使""可以为，未必能也；虽不能，无害可以为"（《荀

---

① 钱穆：《论语新解》，生活·读书·新知三联书店2012年版，第402页。

② ［美］乔治·萨拜因：《政治学说史》（第四版）上卷，［美］托马斯·索尔森修订，邓正来译，上海人民出版社2008年版，第15页。

子·性恶》）之义，正可作为这一解释的有力佐证，依照荀子的说法，"可使由之"之"可"即是"可以"的意思，而"不可使知之"之"不可"即是"不能"的意思。宋儒程子即力主"不能"之说，认为所谓"不可使知之"，只是表达圣人自己之"不能"的无奈，并非意在"不使民知"，而且程子在为孔子辩诬正名的同时，更毫不含糊地明确表达了自己的这样一种政治观点与主张，即"民可明也，不可愚也；民可教也，不可威也；民可顺也，不可强也；民可使也，不可欺也"①。作为一种颇具代表性的观点，此说非常值得我们重视和认真对待，它至少说明了宋代理学家所抱持的究竟是一种什么样的对待"民"的政治观念。而且，在我看来，将"不可"作"不能"解，甚至也可说是古今一种通人雅见，现代学者多有主此说者，如梁启超先生放弃了原来变改句读的做法而解释说：

> 《论语》有
>
> 民可使由之，不可使知之
>
> 二语，或以为与老子"愚民"说同，为孔子反对人民参政之证。以吾观之，盖未必然。"不可"二字，似当作"不能够"解，不当作"不应该"解。②

郭沫若先生更有如下精到的辨析申论：

> 为政总要教民，这是一个基本原则。"以不教民战，是谓弃之"，"善人教民七年亦可以即戎"，"举善而教不能，则劝"。这和后起的道家法家的愚民政策是根本不同的，这点我们应该要把握着。因而"民可使由之，不可使知之"的那两句话，近人多引为孔子主张愚民政策的证据的，却是值得商讨了。……要说"民可使由之，不可使知之"为愚民政策，不仅和他"教民"的基本原则不符，而在文字本身的解释上也

---

① 程颢、程颐：《二程集》（上册），王孝鱼点校，中华书局2004年版，第319页。

② 梁启超：《先秦政治思想史》，东方出版社2012年版，第249页。

是有问题的。"可"和"不可"本有两重意义，一是应该不应该；二是能够不能够。假如原意是应该不应该，那便是愚民政策。假如仅是能够不能够，那只是一个事实问题。人民在奴隶制时代没有受教育的机会，故对于普通的事都只能照样做而不能明其所以然，高级的事理自不用说了。原语的涵义，无疑是指后者，也就是"百姓日用而不知"的意思。旧时的注家也多采取这种解释。这是比较妥当的。孟子有几句话也恰好是这两句话的解释："行之而不著焉，习矣而不察焉，终身由之而不知其道者众也。"（《孟子·尽心上》）就因为有这样的事实，故对于人民便发生出两种政治态度：一种是以不能知为正好，便是闭塞民智，另一种是要使他们能够知才行，便是开发民智。孔子的态度无疑是属于后者。①

除了将"不可"作"不能"解，还有没有其他的同样讲得通的解释？我们能否从治国为政之道（方式方法）的角度或意义上更好地来理解这句话的意思呢？我认为，前引第2和第5条解释便是试图从治国为政之道的角度来理解这句话意思的一种有意义的尝试。不过，在深入讨论这两种解释的含义之前，我们有必要首先明确指出的一点就是，在古人的十八种解释中，我们似不应因"有些明显诞生于宋代理学兴起之后，有些则纯是个人之凿空创见，一无依傍"而轻忽之。事实上，所谓的"纯是个人之凿空创见，一无依傍"，是否真的如此，我认为是不可轻下结论的；而就所谓的"具备汉人授受源流、或可追溯至孔子本意的说法"来讲，尤其是认为仅仅体现了一种"政治家的权谋"或"愚民思想"的第一种解释，也仍然是需要认真加以考量的，把《子夏易传》"外用晦以使民，内保明以为治"的说法与王安石"不可使知，尽圣人愚民之意"的观点归为一类本身其实就是很成问题的。如果说《子夏易传》所谓"外用晦以使民，内保明以为治"真的是"具备汉人授受源流、或可追溯至孔子本意的说法"之意义上的那

---

① 郭沫若：《十批判书》，东方出版社1996年版，第99—100页。

种解释，它也未必就仅仅体现了一种"政治家的权谋"，因为所谓的外用晦而内保明，其含义未必只能从"权谋"的意义上来理解。由孔子对子夏的训诲之言，即"女为君子儒，无为小人儒"（《论语·雍也》），以及答子夏问政而教其"无欲速，无见小利"（《论语·子路》）可知，孔子教弟子以君子之道而富有政治远见，而由子夏对于孔子"举直错诸枉，能使枉者直"的"知人"（《论语·颜渊》）教言有着深刻的理解，并曾明确主张"君子学以致其道""君子信而后劳其民"和"仕而优则学，学而优则仕"（《论语·子张》）等可知，子夏亦决非孔子弟子中抱持"朝三暮四之术"的人，而且，孔子去世之后，"子夏居西河教授，为魏文侯师"（《史记·仲尼弟子列传》），亦决非一般所谓"政治家"可比。由此推言，或可追溯至孔门弟子之解释性的说法，如《子夏易传》所谓"外用晦"而"内保明"，当指君子为政治民之道最好是外不着形迹而内保其明德，决非一般所谓内藏心机而阴使"权谋"之意，与"愚民思想"更是毫不相干。

果如上所言，则《子夏易传》所谓"外用晦以使民，内保明以为治"，反倒与第5条解释在含义上更为接近和一致。比较而言，第2条解释将"由之"和"知之"分开来理解，前者指"德政"，后者指"刑政"，而非指同一个东西，虽与孔子重德政而轻刑政的政治主张相契合，但在语义上却有前后不连贯之病，不过，在我看来，第2条解释对于我们仍然不乏启示意义，它可以启发我们进一步思考这样一个更有意义的问题，那就是我们可以从究竟什么是"可使由之"、什么是"不可使知之"的角度来理解孔子所言的实质意义。当然，依我之浅见，我们可以综合第2和第5两条解释来更好地理解孔子所言的本真含义，即什么样的"不落形迹"的治国为政或化治天下之道才是"可使由之"而"不可使知之"的。由此而言，理解孔子所言之义的关键在于究竟什么才是可使民由之而不可使民知之的，而单纯从"知"字的字面意思（知识、智力）上来理解，并先入为主地依据为政治民应"开民智"的观念来批评孔子这句话是在教导实行愚民政治，其实是不得要领的。这并不是说历史上就没有主张实行愚民政治者，如老

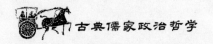

子曰：

> 不尚贤，使民不争；不贵难得之货，使民不为盗；不见可欲，使民
> 心不乱。是以圣人之治，虚其心，实其腹，弱其志，强其骨。常使民无
> 知无欲。使夫智者不敢为也。为无为，则无不治。（《老子·第3章》）
>
> 古之善为道者，非以明民，将以愚之。民之难治，以其智多。（《老
> 子·第65章》）

法家商鞅更是极力主张"民不贵学，则愚""愚农不知，不好学问，则务疾
农"（《商君书·垦令》），而且直言不讳地鼓吹说："民愚则易治也。"
（《商君书·定分》）道家老子"愚民"之意与法家商鞅"愚民"之意不尽相
同，道家老子之主张"愚民"乃是旨在消除人之智巧诈伪日生、真淳质朴之性
日丧所引发的种种人世间的纷争祸乱，故有学者极力为之辩护，如陈鼓应先生
即认为老子所谓"常使民无知无欲"，"并不是行愚民政策"，而是意在消解
世人"巧伪的心智"和"贪欲的扩张"，老子所说的"愚"其实乃是"真朴的
意思"，而且，老子"不仅期望人民真朴，他更要求统治者首先应以真朴自
砺"，对老子来讲，"真朴（'愚'）"甚至体现了一种"理想治者的高度人
格修养之境界"，因此，"以为老子主张愚民政策"[1]实是出于一种普遍的误
解。姑且不论陈先生的这一辩护是否还有值得商讨的余地，但毫无疑问的是，
法家商鞅纯粹从易于治理的角度而主张实行"愚民"政策则至为浅显直白，
实在是无可辩护的。另如法家巨子韩非亦曾明确提出一种"民智之不可用"
（《韩非子·显学》）即对"民智"抱持极度轻蔑和鄙视之态度的政治观念与
主张。不管怎样，孔子和儒家之崇教贵学，并主张"建国君民，教学为先"，
既不同于道家老子之主张"常使民无知无欲"的"愚民"，更不同于法家商鞅
之主张使"民不贵学""不好学问"的"愚民"，而无可置疑亦无须辩解的
是，孔子儒家之讲学立教或崇教贵学所重者正是要开发人之心灵智慧、启发人

---

[1] 陈鼓应注译：《老子今注今译》，商务印书馆2003年版，第89、306—307页。

之道德理性。

如上所言，则孔子所谓"不可使知之"，决不是就其知识或智力方面而言的，亦决非一种既要"教之"又要"愚之"之政治权谋性质的"朝三暮四之术"。而综合孔子有关道、学、政的各种论说，我们不可能得出"不可使知之"即直接体现了一种"愚民思想"这样一种结论，因为孔子不仅明确倡导"有教无类"的开放式教育理念和富而教之的政教主张，而且在其有关美政善治的整个思想脉络中，他所深切期望的乃是受过教育的士人君子能够"以德致位"并通过道德之教、礼义之化的治理方式来提升人民的道德文明教养或使之养成美善之品性。如果说老子之主张都"并不是行愚民政策"的话，那么，孔子之主张以美德化民、以礼乐教民，就更不是行愚民政策了。依我之浅见，由孔子之言"民可使由之，不可使知之"，我们当追问和深思的问题，不是这句话是否体现了一种"愚民思想"的问题，而是在孔子的整个修德讲学理念和治国为政思想中，在君子治政临民而追求美政善治、实现优良治理目标的整个过程中，究竟什么是可使民由之而不可使民知之的。据《孔子家语·五仪解》，孔子曾与鲁哀公谈治道而论及人之五仪即对人之五种德行品格（庸人、士人、君子、贤人、圣人）的审察明辨问题，其中，孔子如是品评作为理想人格之最高修养境界的圣人说："所谓圣者，德合于天地，变通无方，穷万事之终始，协庶品之自然，敷其大道而遂成情性；明并日月，化行若神，下民不知其德，睹者不识其邻（亲）。此谓圣人也。""下民不知其德"，《大戴礼记·哀公问五义》作"百姓淡然，不知其善"。此言圣人德合于天地而治化若神，亦即圣人之治，如天德之流行化育，一视同仁而不分亲疏，故下民百姓在其治化之下虽生生不息而不知其善、不识德。如果说这体现了孔子心目中理想之最佳治道的话，那么，准此而论，我认为，孔子所谓"不可使知之"者必指此而已。而且，在我看来，"不可使知之"者并非仅指圣人之德化善治而已，正如《朱子家训》所言："善欲人见，不是真善；恶恐人知，便是大恶。"可使人由之而不可使人知之者，美德善行而已，正唯不使人知之，斯为真正之美德善行，反之，恶德丑行唯恐人知之，斯为真正之无耻大恶。事实上，在古人看来，这一点对所有人都具有普遍适用的意义。而对孔子来说，无论是从个人德行修养的角度来讲，还是从治国为政之最佳治道的意义上讲，无论是对修己以安人、修己以安百姓的君子而言，还是对正己以正人的治国为政者而言，美德善行的修养与践行，或美政善治的推行与实践，都只是务修己德、自尽本分职责而已，或者只是自求一己之心安而问心无愧而已，故其美德善行实有不必求人知甚或不可使人知之者，正所谓："人不知而不愠，不亦君子乎？""不患人之不己知，患不知人也。"（《论语·学而》）其美政善治亦同样有其不必求民知甚或不可使民知之者，此亦正是美政善治之为美政善治的本质特征所在，因为美政善治要在以德化民、以礼教人和以善养人而"使人日徙善远罪而不自知也"（《礼记·经解》），或者君子之治要在"所过者化，所存者神，上下与天地同流"而使"民日迁善而不知为之者"（《孟子·尽心上》），此即可使民由之而不可使民知之者，反之，务使民知之而对己之美政善治感恩戴德、念念不忘，又何以称为真正的美政善治呢？我认为，这才是孔子所言的宗旨与本义所在，正唯不可使民知之，适足以杜绝霸王雄主伪仁假义或"以力假仁"（《孟子·公孙丑上》）之权谋伪诈的政治做派。总之，古人论人品之修养、论政品之良窳皆有境界之分别，儒家如此，道家亦如此，最上者为循道而治、以德化民、务使民由之而"不知有之"①，最下者乃恃权势、逞贪欲、任性而为乃至以暴政恶法操纵控制人民，此论治道、谈古人之政论所不可不知者。以"愚民"之说论孔子之意，实由于受一种先入为主的偏见影响所致，甚而不过是一种以小人之心度君子圣人之腹的浅人陋见而已。

---

① 《老子·第17章》："太上，不知有之；其次，亲而誉之；其次，畏之；其次，侮之。……功成事遂，百姓皆谓：'我自然。'"据陈鼓应先生的研究，第一句中的"不"，王弼本和郭店简本作"下"，而吴澄本、明太祖本、焦竑本、邓锜本、潘静观本、周如砥本都作"不"，"本章最后一句：'百姓皆谓我自然。'就是'不知有之'（人民不知道有帝力）的一个说明。作'不知'意义较为深长"。（《老子今注今译》，商务印书馆2003年版，第142页）

五、小结

孔子"成六艺"而倡明历史上的王道，称得上是一位善于向历史学习而愿意追随圣贤而思的最伟大的学者，不仅如此，孔子更是一位具有独立思想和深刻见解的卓越思想家。追随圣贤而思，使他的思想拥有了最为深沉、厚重和悠久的历史根基和文明依托，传承了最为源远流长而富有中国政教特色的优良文化传统内涵，而作为一个具有独立思想和深刻见解的思想家，他对于学习、教育、道德、伦理以及治国为政之道乃至"真正的政治"等所具有的独到眼光、深刻理解和睿智远见，则使他的思想更具有了一种开端启新、奠立一种伟大"思想范式"的划时代意义，为后世树立了一座永远值得效法和学习的精神路标，树立了一座"继往圣，开来学"（朱熹《中庸章句序》）而不可磨灭的思想丰碑，千百年来一直激励和指引着那些愿意追随他而思而行的人们，为了追寻修己安人的最佳治道或探求家国天下的最优良治道，为了实现有道之世、大同小康或修齐治平的美好社会目标，不断继续思考和努力摸索前行。

毋庸讳言，历史发展的道路是充满变数而异常艰难曲折的，思想演变的轨迹亦是反复无常而极富戏剧色彩的。"儒术""儒教"之在政治上招致打压抑或受到尊崇，儒生士人在仕途上的通达与穷困以及孔子儒家之道在实践中的推行与困厄，各种各样的历史情势总有出乎人之预料而实难一言而尽者。如生活在"儒术""儒教"之受到尊崇时代的南宋大儒朱子所言："千五百年之间……尧、舜、三王、周公、孔子所传之道，未尝一日得行于天地之间也。若论道之常存，却又初非人所能预。只是此个，自是亘古亘今常在不灭之物。虽千五百年被人作坏，终殄灭他不得耳。"（《晦庵先生朱文公文集》卷三十六《答陈同甫》）这一方面表达了一位道学家对于"道之不行"的深切感受，另一方面亦表达了一位道学家对于"道之常存"的义理自信。孔子儒家之道"未尝一日得行于天地之间"，但他又是"亘古亘今常在不灭之物"，"虽千五百年被人作坏，终殄灭他不得"的。然而，孔子儒家之道究竟如朱子所言，"道之常存"而"初非人所能预"，还是如明末清初大儒王夫之所说，"以人存道，而道可不亡"①？在儒术"儒教"受到尊崇的时代，朱子之义理自信也许自有他的道理，但从儒学诠释史的角度来讲，不管是在儒学儒术之遭遇百家挑战和诸子打压的时代，还是在儒术"儒教"受到尊崇的时代，道之不亡或圣人之绝学复明终究还是离不开"以人存道"的，夫子所谓"人能弘道，非道弘人"（《论语·卫灵公》），即此之谓也；而朱子之倾其毕生精力来注释诠解四书，亦不过是"以人存道"而已。

再试看近世与当代，近百年来评孔批儒之声犹然在耳，但今日倡言儒学复兴、重建"儒教"者已纷然杂出矣，无论是西学之东渐，还是中学之复兴，世风转移真有"初非人所能预"者。不过，回望千百年来儒术"儒教"之淡薄与尊荣，反观近百年来儒术"儒教"之衰落与复兴，不管是生当学绝道丧之际，还是适逢绝学复明之世，吾人皆须保持高度警醒之自我意识，吾人如真欲追随夫子而思，于众恶众好之间，实应遵循夫子如是之教诲："众恶之，必察焉；众好之，必察焉。"（《论语·卫灵公》）或者如《中庸》所言，吾人唯有在"博学之，审问之，慎思之，明辨之"的基础上，才能真正正确地"择善而固执""守死善道"而"笃行之"。

依余之浅见，吾人所生活的时代，既是一个思想多元、价值多样的时代，同时亦是一个文明互鉴、文化交融的时代，无视理性多元的事实，想当然地采取一种排他性的、深闭固拒的"儒教"道统立场，只会对孔子儒家之道的博大包容精神带来莫大的损害。正如梁启超先生于1902年2月22日《新民》第2号上所发表的《保教非所以尊孔论》一文中所言："如佛教之博爱也，大无畏也，勘破生死也，普度众生也；耶教之平等也，视敌如友也，杀身为民也。此其义虽孔教固有之，吾采其尤博深切明者以相发明。其或未有者，吾急取而尽怀之，不敢

---

① 如《读通鉴论》卷十五《宋文帝》曰："儒者之统，与帝王之统并行于天下，而互为兴替。其合也，天下以道而治，道以天子而明；及其衰，而帝王之统绝，儒者犹保其道以孤行而无所待，以人存道，而道可不亡。"

廉也。其或相反而彼为优者，吾舍己以从之，不必吝也。又不惟于诸宗教为然耳，即古代希腊、近世欧美诸哲之学说，何一不可以兼容而并包之者？……大哉孔子，大哉孔子！海阔从鱼跃，天空任鸟飞。以是尊孔，而孔之真乃见；以是演孔，而孔之统乃长。"^① 准此以论，吾人实大可不必像一些所谓"大陆新儒家"代表人物那样自己不能归宗于夫子却又偏偏庸人自扰而狂妄自大地抱持着一种接续道统、教主自居的宗教执念与"国教"妄想。

在我看来，吾人今日探究和讨论孔子之政治哲学及其治国为政智慧，欲对其获得一种深切而恰当的了解与领会，首先便须破除某些"大陆新儒家"代表人物的宗教执念与"国教"妄想，只有采取一种兼容并包、博采众长之学术眼光与理论视界，才能更好地理解和领会孔子及其所代表的思想传统的深刻义涵并使之在今日真正能够发扬光大。当然，在努力做到这一点之前，我们还必须学会如何从纯学术的角度或秉持一种客观平正的立场和观点来善读古人之书，以便真正能够读通弄懂古人之意思，而切忌将今人之见或一己之意自觉不自觉地强加于古人，以至于"论孔子的文章愈多，而孔子的真义愈失"^②。

所谓善读古人之书，要求吾人不可强作解人，也就是如吕思勉先生所说："通其所可通，而阙其所不可通者，是为善读书。"^③ 不仅如此，善读古人之书，努力自一二语悟入，如是才有可能使古人之绝学复明，正所谓"绝学复明，往往自一二语悟入"^④。就孔子之学而言，我们可以自"学而时习之，不亦说乎？有朋自远方来，不亦乐乎？人不知而不愠，不亦君子乎？"（《论语·学而》）之语悟入，领会和体悟夫子为学之乐的好学精神、群居讲学的友道理念和独立不

---

① 梁启超：《饮冰室文集点校》第3集，吴松、卢云昆、王文光等点校，云南教育出版社2001年版，第1348页。

② 张耀南编：《知识与文化——张东荪文化论著辑要》，中国广播电视出版社1995年版，第413页。

③ 吕思勉、钱基博：《经子解题 经学通志》，北京联合出版公司2014年版，第25页。

④ 吕思勉、钱基博：《经子解题 经学通志》，北京联合出版公司2014年版，第140页。

拔、人不知而不愠的君子品格；我们也可以自"苟志于仁矣，无恶也""朝闻道，夕死可矣""士志于道，而耻恶衣恶食者，未足与议也""德不孤，必有邻"（《论语·里仁》）等语悟入，领会和体悟夫子以仁为志、追求道义、崇德向善的崇高理想与人格魅力；我们更可以自"为政以德"、"政者，正也"、"富之""教之"、"尊五美，屏四恶"等语悟入，领会和体悟夫子独特的政治眼光、深刻的政治信念和富有远见卓识的治国为政智慧。

孔子之讲学修德、仁以为己任、追求道义、重民生而论政治，可谓用意宏深，不能于此而深切体会和领悟，实不配谈孔论儒。在此，我们愿重申孔子思想之核心要义与根本意旨，并将之扼要概述如下：

1. 孔子"成六艺"以"备王道"，旨在从上古三代的政教传统与历史经验中探求中国人治国为政的最佳治道。

2. 孔子讲学立教，以培养君子、教导为人大道为根本宗旨和目的。学之为学，其义至深至巨，既是一个人实现自我转化的根本途径，是一个人从个体性的自然人转化为社会性的道德人或文明人、不断实现自我道德发展或道德人格之提高和完善的根本途径，亦是整个人类社群实现移风易俗之最重要的方式和最优良的治理途径。

3. 对一个人来讲，修养自己的德性本身便具有独立自足的人生价值和意义，而无关乎由外在客观环境或时命境遇所决定的成败得失与生死祸福，因此，个体德性的修养，首先是用来成就和挺立个体自我的道德主体和人格尊严的，而"其惟一最要特征"便在于"自求其人一己内心之所安"。

4. 通过好学修德来实现自我的转化以及道德人格的发展与完善，其目标便是要学以为君子，而君子之为君子，正因其道德人格完善而富有人文教养，故可以为他人和整个社会树立一种道德品行和礼乐文明生活的价值标杆与行为典范，并因此而可以担当起治国为政之责、引领人类社群实现其优良治理。

5. 人们必须在性近习远的人类特性基础上来思考和探求人类共同生活之道，如果人们想要构建一种人道且文明的生活方式，孝悌忠信、仁恕礼义等便是其应具备的基本道德条件。什么才是一种人道且文明的人类共同生活方式呢？在其中，所有人都理应受到同样尊重和人道对待，乃至获得道德人格的全面发展。

6. 上述人类共同生活之美好愿景的实现离不开优良的治理之道，治国为政者理应且必须承担起维护人类共同生活之美好愿景的神圣职责。为此，治国为政者首先必须具备一种自我克制的美德，必须以正己为政，且能为政以德，在正己以正人、修己以安人和修己以安百姓的优良治理之道的实施过程中，真正能够发挥以身作则、以德化民的道德示范与引领作用。

7. 政治是一项为了人民的神圣事业，增进人民的共同利益和普遍福祉，乃是政治的第一核心要义。在此意义上，真正的政治不等于单纯的"武力统治"和权力支配，不是用强制性、惩罚性的政令和刑罚手段来使人民屈服顺从，而是应以正确的道德行为和文明的礼义规范来引领、感化人民，或者运用礼乐、道德、教化的方式和手段来提高国民的道德品格，使人民养成"美善之品性与行为"。

8. 虽然治国为政的根本目的在提高国民的道德品格或使人民养成"美善之品性与行为"，但为此，首先必须使人民能够过上一种普遍富足的生活，唯有在此基础上，才能施行道德礼义的教化，从而使人民过上一种真正富有道德教养、人道且文明的共同生活。在追求和实施富而教之的基本国策的过程中，治国为政者还必须同时具备致力于成就伟大事业而"无欲速，无见小利"的卓越政治远见和举贤共治、依名尽分以及明辨区分暴虐苛政与美善良政的博大政治智慧。

对以上孔子思想之诸大义，我们无须作刻意的过度诠释，但必须对之作探本究柢的同情理解和富有启示意义的深度诠释，否则，大义不明而徒为肤浅皮相之谈，其结果只会是论"政治儒学"的文章愈多，而儒家"政治"的真义愈失。大义苟明，则不管我们今天对"政治"具有什么样的全新思考和不同看法，孔子对于政治之所思，譬如政治是否应由君子而出，如何构建一种人道且文明的人类共同生活，政治能否以及如何才能在富民基础上使人民进而过上一种富有道德教养的社群文明生活等，这些政治思想议题的提出，事实上已永久地构成了"摆在我们面前的一道难题"①，考问并催迫我们不得不作出自己的回应。

最后，依我之见，孔子之政治哲学诚为儒家治国为政智慧的大本大原或源头活水，但是，仍然有必要提醒人们严肃对待并认真思考的一点就是，在今天，尽管人们都已熟知这样一句广为流传的话，即"如果人类要在21世纪生存下去，必须回到两千五百年前去汲取孔子的智慧"②，但在我看来，吾人只有对这句话中的"孔子的智慧"具有了某种真切的了解和深刻的领悟之后，它才可能具有真实的意义，也才可能产生真实的力量，否则，那不过就是一句空谈而不可能具有真实的意义，也不可能产生真实的力量。

---

① ［德］卡尔·雅斯贝尔斯：《苏格拉底 佛陀 孔子和耶稣》，李瑜青、胡学东译，安徽文艺出版社1991年版，第184页。
② 转引自崔旭主编：《孔子传》，安徽文艺出版社2012年版，第185页。

第三章　伦理与政治

——孔子儒家修己安民之道的深层意蕴及其以礼乐教化为中心的最佳治道理念

引言：追随孔子而思

孔子生前，弟子三千，贤者七十二，皆为身通六艺的异能之士，而且可以说形成了一个以孔子本人为中心的具有很强凝聚力与学派属性的儒者群体。在长期因材施教、教学相长的讲学施教活动中，通过持续不断或深入持久的良性交流与互动，孔门师徒建立起了个人之间深厚的师友情谊①，正唯如此，当孔子去

---

① 有许多鲜活而生动的事例，兹举一二例为证，如《孔子家语·六本》记子夏问于孔子曰："颜回之为人奚若？"子曰："回之信贤于丘。"曰："子贡之为人奚若？"子曰："赐之敏贤于丘。"曰："子路之为人奚若？"子曰："由之勇贤于丘。"曰："子张之为人奚若？"子曰："师之庄贤于丘。"子夏避席而问曰："然则四子何为事先生？"子曰："居，吾语汝。夫回能信而不能反，赐能敏而不能诎，由能勇而不能怯，师能庄而不能同。兼四子者之有以易吾，弗与也。此其所以事吾而弗贰也。"（又见《淮南子·人间训》《说苑·杂言》《列子·仲尼》）另如《孔丛子·论书》记孟懿子问："夫子亦有四邻乎？"孔子曰："吾有四友焉：自吾得回也，门人加亲，是非胥附乎？自吾得赐也，远方之士日至，是非奔辏乎？自吾得师也，前有光，后有辉，是非先后乎？自吾得由也，恶言不至于门，是非御侮乎？"

世后，弟子们皆为其服丧三年，"三年心丧毕，相诀而去，则哭，各复尽哀；或复留。唯子赣（即子贡）庐于冢上，凡六年，然后去"（《史记·孔子世家》）。不仅如此，孔门师徒还可以说组成了一个群居讲学、相互切磋、彼此激励而志学修身、立德弘道的精神或道义的共同体。而在孔门师徒之间之所以能够形成或组成一个具有很强凝聚力和学派属性的儒者群体或精神共同体，更主要的是由于弟子们深受孔子本人之人格、学识与思想的超凡魅力之感召，如夫子步亦步、夫子趋亦趋的颜回喟然感叹之言曰："仰之弥高，钻之弥坚。瞻之在前，忽焉在后。夫子循循然善诱人，博我以文，约我以礼，欲罢不能。既竭吾才，如有所立卓尔。虽欲从之，末由也已。"（《论语·子罕》）而子贡、宰我、有若诸弟子更盛赞夫子为既仁且智、"自生民以来"所"未有"的"天纵"之圣人（据《论语·子罕》《孟子·公孙丑上》等）。

比较而言，作为一个具有学派性质的儒者群体或精神共同体，孔门师徒显然并不像后起的墨家学派那样，是一个以墨子为首领、具有严密的组织性并严格奉行或严厉实施"墨者之法"的墨者集团，墨家首领被称为"巨子"，墨子死后，墨者集团通过选贤推举的方式产生一代代新的巨子，来统率、领导整个集团。然而，孔子既没，孔门弟子们出于"思慕"夫子之情亦欲推举一个新的领袖人物作为自己的老师，子夏、子张、子游等人以有若状似夫子而欲师事之，即"欲以所事孔子事之"，"强曾子"而曾子以为"不可"（据《史记·仲尼弟子列传》《孟子·滕文公上》）。正因为在孔门弟子中很难再找出一个像圣人孔子那样能够令七十子之徒心悦诚服地追随和师事之的领袖人物，故于孔子卒后，弟子们最终亦不得不各自散游四方，如《史记·儒林列传》曰："自孔子卒后，七十子之徒散游诸侯，大者为师傅卿相，小者友教士大夫。或隐而不见。故子路居卫，子张居陈，澹台子羽居楚，子夏居西河，子贡终于齐。如田子方、段干木、吴起、禽滑釐之属，皆受业于子夏之伦，为王者师。"而且，就其学派发展情况而言，儒家内部亦日趋于分殊化，乃至演生分化出各种不同的内部派别。

尽管像墨家那样的学派在墨子死后也难以避免趋于分离发展的命运，但正如韩非所言："自孔子之死也，有子张之儒，有子思之儒，有颜氏之儒，有孟氏之儒，有漆雕氏之儒，有仲良氏之儒，有孙氏之儒，有乐正氏之儒。自墨子之死也，有相里氏之墨，有相夫氏之墨，有邓陵氏之墨。故孔、墨之后，儒分为八，墨离为三。"（《韩非子·显学》）显然，儒家内部分化的情况要比墨家内部分离的情况严重复杂得多，尽管"儒分为八"的说法未必涵盖、包括了孔子死后所有的儒门宗派，但它确乎道出和彰显了儒家内部派别分化发展的基本事实与总体趋势。而且，像儒、墨两家那样分化分离发展的趋势也未必一定就是坏事，或许还反映了两家日趋繁盛而异常活跃的局面，乃至在孔、墨死后的战国之世，竟至日渐出现了一种"从属弥众，弟子弥丰，充满天下"（《吕氏春秋·当染》）的盛况，儒、墨两家亦成为战国之世最具学派影响力的两大"显学"。当然，除了儒、墨两家之外，还有道、法、名、阴阳等诸子各家蔚然勃兴，在学术思想上各树一帜而竞相蜂起争鸣。

不管怎样，在战国诸子各家竞相蜂起争鸣的时代背景下，孔门弟子或儒家学派在孔子之后发生内部分化的现象与趋势是不可避免的，当然，实际的情况和具体的过程也是非常错综复杂的。因为孔门弟子众多，虽然弟子们都受教于夫子而同出一个师门，而夫子本人讲学立教亦可说充分体现了一种醇厚、浑全而博大的圣人气象，但弟子们年龄长幼不同，各自入师受教之日有先后之别[1]，而且其性格、禀赋、才艺、志趣各异，人生阅历与从师受教的经历亦存在极大差异，故其对夫子师说的理解和接受程度以及个人在传习、阐扬夫子之学之教方面，亦势必各有其精粗与短长之见，或各有其偏好与侧重，从而发生这样那

---

① 如钱穆先生在《先秦诸子系年》卷一《孔子弟子通考》中所说："余考孔门弟子，盖有前后辈之别。前辈者，问学于孔子去鲁之先，后辈则从游于孔子返鲁之后。如子路，冉有，宰我，子贡，颜渊，闵子骞，冉伯牛，仲弓，原宪，子羔，公西华，则孔门之前辈也。游，夏，子张，曾子，有若，樊迟，漆雕开，澹台灭明，则孔门之后辈也。"（《先秦诸子系年》，商务印书馆 2001 年版，第 94 页）

样的孔门弟子内部的分殊与歧异现象，而其影响及于再传、三传乃至数传之弟子后学，儒家学派内部日趋于分殊化的现象与趋势则势必更加难以避免和复杂多样。就孔子及门弟子而言，他们各自"学有所长，术有专攻"①，已然被明确区分为孔门四科了，如《论语·先进》曰："德行：颜渊，闵子骞，冉伯牛，仲弓。言语：宰我，子贡。政事：冉有，季路。文学：子游，子夏。"《孟子·公孙丑上》则有"宰我、子贡善为说辞，冉牛、闵子、颜渊善言德行"，以及"子夏、子游、子张皆有圣人之一体，冉牛、闵子、颜渊则具体而微"的说法。大体而言，颜渊、闵子、伯牛、仲弓、宰我、子贡、冉有、子路等孔门前辈弟子多为德行、言语、政事科的代表，而子游、子夏等孔门后辈弟子多为文学科的代表，他们在传承、弘扬孔子之学之教方面可以说发挥了各自不同的影响与作用。早期前辈弟子的代表人物如颜回、子路、子贡等人，在孔子生前对于坚定地卫护师门、扩大其影响和切身躬行师教方面发挥了至关重要的作用，其中子贡更在孔子死后有力而广泛地捍卫和传播了孔子圣人的声誉②，乃至"使孔子名布扬于天下"（《史记·货殖列传》），可谓厥功至伟。而晚期后辈弟子的代表人物如子游、子夏、子张和曾参等人以及他们的弟子后学，则在孔子死后对于传承、阐扬与光大孔子师说及其私学教育事业，特别是在经典之学和礼乐之教的传习

---

① 杨朝明：《孔门师徒与原始儒家学派的构成》，见《出土文献与儒家学术研究》，台湾古籍出版有限公司2007年版，第197页。另如钱穆先生评析孔门弟子前后辈之别曰："虽同列孔子之门，而前后风尚，已有不同。由，求，予，赐志在从政，游，夏，有，曾乃攻文学，前辈则致力于事功，后辈则研精于礼乐。……顾先进弟子，亦未必皆汲汲仕进。……后进则风气又异。……大抵先进浑厚，后进则有棱角。先进朴实，后进则务声华。先进极之为具体而微，后进则别立宗派。先进之淡于仕进者，蕴而为德行。后进之不博文学者，矫而为玮奇。此又孔门弟子前后辈之不同，而可以观世风之转变，学术之迁移者也。"（《先秦诸子系年》卷一《孔子弟子通考》，商务印书馆2001年版，第94—95页）
② 据《论语·子张》记载，叔孙武叔毁仲尼。子贡曰："无以为也！仲尼不可毁也。他人之贤者，丘陵也，犹可逾也；仲尼，日月也，无得而逾焉。人虽欲自绝，其何伤于日月乎？多见其不知量也！"

弘扬、古圣先王之道或治国为政之道的义理阐发以及仁爱、孝悌、忠信之德的论说践履等各个方面，都作出了卓越而突出的努力与贡献，而且，后辈诸贤各自讲学授徒而自立门户，儒家内部派别的分化发展与他们的"别立宗派"实有着直接的关系。然而，不管其内部存在怎样的思想分歧或怎样日趋于分化发展，以及他们各自发挥了什么样的影响与作用、作出了什么样的努力与贡献，孔门弟子和儒家内部各派始终不变的一贯立场却是他们都"宗师仲尼"，即共同尊奉孔子为儒家学派的始祖或宗师，并坚持在继承和绍述孔子师说的基础上，致力于阐发和弘扬儒家学术思想共享之共识通见以及自己独立特出的新思想和新创见，从而在思想传承和学派延续的基础上不断将儒家的思想疆域与学理意义推向新的水平和境界。当然，毋庸讳言的是，在孔门弟子后学转相授受之际，亦会发生歪曲、背离孔子师说和儒家教义之本旨乃至出现异化歧出的一些现象和趋势①，此则另当别论。

那么，作为一个具有自身鲜明学术思想特色的独立学派，继孔了之后，儒家学者在道术分裂、百家争鸣的诸子时代，又究竟作出了什么样的学术思想贡献呢？换言之，他们追随圣人孔子而思，究竟是如何致力于孔子思想的发扬光大或儒家思想的新开展，并开辟出了什么样的儒家治国为政智慧的新境界呢？像孔子一样，尽管儒家学者"祖述尧舜，宪章文武"（《中庸》）的政治立场或对古圣先王之道特别是周代礼乐文化传统的推崇态度，使他们表面看上去具有强烈而保守的政治色彩，乃至在实际的政治行动领域仍然会不可避免地遭遇到各

① 如墨子本"学儒者之业，受孔子之术"（《淮南子·要略》），而后来却走向了孔子儒家的对立面而自立墨家学派。《吕氏春秋·当染》则有"子贡、子夏、曾子学于孔子，田子方学于子贡，段干木学于子夏，吴起学于曾子"的说法，史籍亦有魏文侯相李克（悝）为"子夏弟子"的说法（据《汉书·艺文志》），其中，吴起和李悝均为战国初期著名的变法改革家、法家早期的代表人物，而且，吴起更是一位著名的军事家，但其为人"猜忍"好杀，不仅"杀妻以求将"，而且其不奔母丧的行为尤为其师曾子所鄙薄（一说吴起所师当为曾参之子曾申），曾子因此而与之断绝了师徒关系（据《史记·吴起列传》）。再后来，战国末期的两位著名法家代表人物韩非和李斯，更是师出同门而皆为荀子的学生。

种困厄与挫折①，但是，他们秉持淑世救民之政治改良主义和道德理想主义的立场与态度，力图变"天下无道"为"天下有道"，事实上自觉地担负起了乱世中的改革者或革新者的角色与使命。而且，他们始终围绕孔子所主张和倡导的核心政治理念或治国为政之道持续不断地开辟、拓展着思想与学术的可能疆域，并以其对人类性情问题或在"性与天道"领域的独到思考和深刻理解，以及对人类未来命运与前景问题的深切关注和热诚展望，继续追寻和探求着富有深远意义的社会政治理想与最佳治道智慧。对此，我们将结合传世文献与新近出土发现的战国竹简材料（如郭店简和上博简儒学文献）作一些梳理和探讨。

一、作为关系性或伦理性存在的人

定义"人是什么"或反身性地思考人生的目的和使命，可以说是世界上每个伟大宗教传统或精神传统的核心要务，"这表明，了解我们是谁对我们的存在不可或缺"②，作为中国历史上的伟大精神传统之一，孔子儒家亦不例外。关于人生的目的和使命，即"我在这里做什么？""我想要什么？"的问题，世界上的各大精神传统或宗教传统有着各自不同的回答。譬如，就中国儒、道两家的精神传统而言，"老子显然认为，我们来到世上是为了寻求道，明了内在和谐的自然之道；但是，孔子不同意他的看法，宣称我们来到世上是为了发现我们与他人打交道的正确方式"③。

---

① 当然，孔门弟子后学中亦有为"师傅卿相"甚而受到人君世主尊崇礼敬而为王者师友者，如"魏文侯师卜子夏，友田子方，礼段干木"（《吕氏春秋·察贤》，又见《举难》篇，"礼段干木"为"敬段干木"）。

② ［美］詹姆斯·克里斯蒂安：《像哲学家一样思考》（下），赫忠慧译，北京大学出版社2015年版，第491页。

③ ［美］詹姆斯·克里斯蒂安：《像哲学家一样思考》（下），赫忠慧译，北京大学出版社2015年版，第708—709页。

美国学者詹姆斯·克里斯蒂安的上述看法可以启发我们作进一步的深入思考：孔子儒家究竟是如何定义"人是什么"并思考和回答人生的目的和使命问题的？仅就先秦诸子各家所代表的中国思想传统而言，老（聃）、庄（周）道家不仅认为"我们来到世上是为了寻求道，明了内在和谐的自然之道"，而且极力主张我们应效法、遵循自然大道而生活，做一个"与天为一"的自然人或"法天贵真"的"真人"。而商（鞅）、韩（非）法家的理念则将所有臣民视为必须绝对服从君主权势和法令并受其完全操纵和全面控制的动物或工具，这事实上将所有臣民"物"化了，而臣民之为"物"意味着他们只被看作"生则计利，死则虑名"（《商君书·算地》）、只知为一己之名利而算计的低级动物或好利自为的所谓"理性人"，因其被认定只会受富贵名利等"物欲"之诱导而别无其他人性化的高级需求，从而也就只能沦为人君世主追求实现富国强兵之目标而可资利用的一种工具而已。毫无疑问，孔子和儒家不会同意老庄道家的看法，更不会同意商韩法家的观点。虽然孔子"宣称我们来到世上是为了发现我们与他人打交道的正确方式"，但这一宣称也决不应被理解为一种庸俗化的"人际关系学"。如梁漱溟先生所说，孔子儒家所重视和强调的乃是一种建立在人与人相与之情谊和义务之上的"关系本位"观念，这事实上也就是一种"两方互以对方为重"的均衡性的"伦理本位"[①]观念，这一"伦理本位"的观念认为：

> 人一生下来，便有与他相关系之人（父母、兄弟等），人生且将始终在与人相关系中而生活（不能离社会），如此则知，人生实存于各种关系之上。此种种关系，即是种种伦理。伦者，伦偶；正指人们彼此之相与。相与之间，关系遂生。家人父子，是其天然基本关系；故伦理首重家庭。……随一个人年龄和生活之开展，而渐有其四面八方若近若远数不尽的关系。是关系，皆是伦理；伦理始于家庭，而不止于

---

① 梁漱溟：《中国文化要义》，见中国文化书院学术委员会编：《梁漱溟全集》第三卷，山东人民出版社1990年版，第94—95页。

家庭。

吾人亲切相关之情，几乎天伦骨肉，以至于一切相与之人，随其相与之深浅久暂，而莫不自然有其情分。因情而有义。父义当慈，子义当孝，兄之义友，弟子义恭。夫妇、朋友、乃至一切相与之人，莫不自然互有应尽之义。伦理关系，即是情谊关系，亦即是其相互间的一种义务关系。伦理之"理"，盖即于此情与义上见之。……举整个社会各种关系而一概家庭化之，务使其情益亲，其义益重。由是乃使居此社会中者，每一个人对于其四面八方的伦理关系，各负有其相当义务；同时，其四面八方与他有伦理关系之人，亦各对他负有义务。全社会之人，不期而辗转互相连锁起来，无形中成为一种组织。——前说"中国人就家庭关系推广发挥，以伦理组织社会"者指此。[①]

依据梁先生的上述说法，孔子儒家之致力于"发现我们与他人打交道的正确方式"，说到底，乃是希望能够"就家庭关系推广发挥，以伦理组织社会"，如此理解，方庶几得其本旨与要义。正唯如此，我们似可说，孔门后辈弟子曾参真可谓最能深切领会和传承孔门教义真谛之人[②]。曾子不仅对夫子的一贯之道（忠恕）有其独到自得的心领神会与精到概括[③]，而且对于人与人相与之"关系

[①] 梁漱溟：《中国文化要义》，见中国文化书院学术委员会编：《梁漱溟全集》第三卷，山东人民出版社 1990 年版，第 81—82 页。

[②] 据《孔子家语·七十二弟子解》，曾子"志存孝道，故孔子因之以作《孝经》"。《史记·仲尼弟子列传》亦曰："孔子以为能通孝道，故授之业。作《孝经》。"另据《汉书·艺文志》："《孝经》者，孔子为曾子陈孝道也。"另外，还著录有"《曾子》十八篇"，宋人王应麟以为"论述立身孝行之要，天地万物之理"（《汉艺文志考证》卷五），"《大戴礼记》尚存十篇，应属于《曾子》书的内容。今《上海博物馆藏战国楚竹书》（四）中有《内礼》一篇，与《大戴礼记》中的《曾子立孝》相同，也有助于说明《大戴礼记》'曾子十篇'属于《曾子》十八篇。"（杨朝明：《孔门师徒与原始儒家学派的构成》，见《出土文献与儒家学术研究》，台湾古籍出版有限公司 2007 年版，第 202 页）

[③] 据《论语·里仁》记载，子曰："参乎！吾道一以贯之。"曾子曰："唯。"子出，门人问曰："何谓也？"曾子曰："夫子之道，忠恕而已矣。"

本位"见解深刻，尤其是其汲汲于立言阐扬孝亲之道，致力于发扬光大以孝道为根基的"伦理本位"观念，可谓深得孔氏"伦理教"的真传。不过，我们这样讲，只是意在强调曾子一派对孔门孝亲伦理之教义真谛的传承与阐扬，而非意在认定唯有曾子独能得孔子道统之心传。[①]正如上文已经指出的那样，孔子之后，韩非"儒分为八"的说法，实则道明和彰显了儒家内部派别分殊化的基本事实与总体趋势，孔孟之间的思想多元发展并非如后世道统论者所说的那样简单和纯粹，或者只有在孔、曾、思、孟之间的那种单线直传式的道统传承才是最值得关注而富有意义的。指明这一点，只是希望避免我们在下文中的论述引起一些不必要的误解。

　　子曰："与善人居，如入芝兰之室，久而不闻其香，即与之化矣；与不善人居，如入鲍鱼之肆，久而不闻其臭，亦与之化矣。丹之所藏者赤，漆之所藏者黑。是以君子必慎其所与处者焉。"（《孔子家语·六本》）又曰："去汝恶心，而忠与之，效其行，修其礼，千里之外，亲如兄弟。行不效，礼不修，则对门不汝通矣。"（《孔子家语·六本》）曾子亦曰："与君子游，苾乎如入兰芷之室，久而不闻，则与之化矣；与小人游，贷乎如入鲍鱼之次，久而不闻，则与之化矣。是故君子慎其所去就。与君子游，如长日加益，而不自知也；与小人游，如履薄冰，每履而下，几何而不陷乎哉！"（《大戴礼记·曾子疾病》）又曰："蓬生麻

[①] 诚如钱穆先生所说："解《论语》，异说尽多。尤著者，则为汉宋之两壁垒。……曾子以忠恕阐释师道之一贯，可谓虽不中不远矣。若由孔子自言之，或当别有说。所谓仁者见仁，智者见智。读者只当认此章乃曾子之阐述其师旨，如此而已。……宋儒因受禅宗秘密传心故事之影响，以之解释此章，认为曾子一'唯'，正是他当时直得孔子心传。此决非本章之正解。但清儒力反宋儒，解贯字为行事义。一以贯之，曲说成一以行之，其用意只要力避一心字。不知忠恕固属行事，亦确指心地。必欲避去一心字，则全部《论语》多成不可解。门户之见，乃学问之大戒。"又按，"曾子曰：'夫子之道，忠恕而已矣。'此后孟子曰：'尧舜之道，孝弟而已矣。'此正可以见学脉。然谓一部《论语》，只讲孝弟忠恕，终有未是。此等处，学者其细参之。"（《论语新解》，生活·读书·新知三联书店2012年版，第90—91页）

中，不扶自直；白沙在泥，与之皆黑。是故人之相与也，譬如舟车然，相济达也。己先则援之，彼先则推之。是故人非人不济，马非马不走，土非土不高，水非水不流。"（《大戴礼记·曾子制言上》）可见，孔、曾师徒对于人之关系性秉持这样一种根本性的观点和看法，即所有人都生活在一种人际关系网络之中，并必定会受此关系网络与社会环境的影响；一个人长期与什么样的人交游，必定会受到其人或好或坏的影响而与之俱化，乃至最终成为什么样的人，故君子之立身处世一定要慎其所去就，谨其所交游；一个人只要能够心怀善意，忠诚待人，做事尽心尽力，修身践行礼仪，即使是千里之外的人也会亲如兄弟，否则，就是住在对门的人也不会相交来往；一种良性的人与人相与之交往关系，犹如行舟车于水陆，须同行之人协力合作、同心共济，方能顺利到达共同的目的地。

　　孔、曾师徒不仅对人之关系性秉持以上观点和看法，在此基础之上，他们还特别凸显、阐扬和发展出了一种以孝悌亲亲为根基的"伦理本位"观念，故其倡言立说首重家庭孝道，并极力扩展孝亲之道的社会适用范围与伦理意义，以便形塑或优化整个社会人伦关系。依孔、曾师徒之见，孝之为孝，实为教人民、化天下的至德要道，如子曰："夫孝，德之本也，教之所由生也。"（《孝经·开宗明义章》）又曰："夫孝，天之经也，地之义也，民之行也。"（《孝经·三才章》）而就孝的具体内涵来讲，在态度上应以爱敬为本，而在行为上当以"无违"而合乎礼为要，故子曰："今之孝者，是谓能养。至于犬马，皆能有养；不敬，何以别乎？"又曰："生，事之以礼；死，葬之以礼，祭之以礼。"（《论语·为政》）而曾子亦曰："君子立孝，其忠之用，礼之贵。""君子之孝也，忠爱以敬，反是乱也。"（《大戴礼记·曾子立孝》）更为重要的是，孔、曾之所谓"孝"，决非仅仅止于"事亲"而已，在他们看来，孝之为孝，毋宁是一种有始有终的伦理道德行为与人生实践过程，是极具扩展性和普遍适用性的美德善行。如子曰："身体发肤，受之父母，不敢毁伤，孝之始也；立身行道，扬名于后世以显父母，孝之终也。夫孝，始于事亲，中于事君，终于立身。"（《孝经·开宗明义章》）

又曰："君子之事亲孝，故忠可移于君；事兄悌，故顺可移于长；居家理，故治可移于官。是以行成于内而名立于后世矣。"（《孝经·广扬名章》）曾子亦曰："身者，亲之遗体也。行亲之遗体，敢不敬乎！故居处不庄，非孝也；事君不忠，非孝也；莅官不敬，非孝也；朋友不信，非孝也；战阵无勇，非孝也。五者不遂，灾及乎身，敢不敬乎！""夫孝者，天下之大经也。夫孝，置之而塞于天地，衡（横）之而衡（横）于四海，施诸后世而无朝夕，推而放诸东海而准，推而放诸西海而准，推而放诸南海而准，推而放诸北海而准。"（《大戴礼记·曾子大孝》）可见，人之孝行，应始于敬慎作为父母之"遗体"的己身，而以立身行道、扬名于后世以尊显父母为终。从中不难发现，贯穿于孝行之实践过程的，始终是对父母的爱敬与尊重。当然，这也是从孝行的理想含义上来讲的，因为在曾子看来，人们的孝行事实上可以被区分为三个不同的意义层次，正所谓"孝有三：大孝尊亲，其次不辱，其下能养"（《大戴礼记·曾子大孝》），而且，曾子本人自认为自己也只是能做到"养"而已[1]。然而，无论是孔子，还是曾子，他们都把孝行看作一种最具普适性意义的美好德行，并希望人们能够遵奉和践行孝行的理想，而且能将之扩展推及于事君、敬长、治官、交友、战阵等各种人类行为实践领域。

由上可见，孔、曾格外关注或特别重视人之孝行问题，之所以如此，不仅因为子女首应报答父母的养育之恩，而且孝行还是教民化民的至德要道，是培养人们普遍性的仁爱之德的开始，正所谓："立爱自亲始，教民睦也。立敬自长

---

[1] 据《大戴礼记·曾子大孝》记载，公明仪问于曾子曰："夫子可谓孝乎？"曾子曰："是何言与！是何言与！君子之所谓孝者，先意承志，谕父母于道。参直养者也，安能为孝乎！"显然，这只是曾子的自谦之词，而决不意味着曾子就认为只是做到能"养"就足以为"孝"了。事实上，曾子此言之意又不止于自谦而已，正如孔子之言"君子道者三，我无能焉"（《论语·宪问》）和"若圣与仁，则吾岂敢？抑为之不厌，诲人不倦，则可谓云尔已矣"（《论语·述而》）那样，曾子之于孝，正犹如孔子之于君子、之于圣与仁，他们决不轻言自许自己能做到，正唯如此，对他们来讲，圣与仁与孝道才真正构成一种激励他们不断为之努力奋斗的道德理想。

始，教民顺也。教以慈睦而民贵有亲，教以敬长而民贵用命。孝以事亲，顺以听命，错诸天下，无所不行。"（《礼记·祭义》）在此，需要特别强调指出的两点是，第一，对孔、曾而言，孝只是"行之所始"（《孔子家语·哀公问政》），他们极力倡导孝道并力主将孝行加以推扩实践的根本目的与宗旨，虽然强调践行孝道必须首先自爱敬自己的父母亲人始，否则"不爱其亲而爱他人者，谓之悖德；不敬其亲而敬他人者，谓之悖礼"（《孝经·圣治章》），却决非意在培养人"孝亲"的私情，而是为了使人们能够由孝亲之近处、孝行之所始做起，乃至由近及远、由亲及疏、由始及终、由孝亲而"泛爱众"（《论语·学而》），从而循序渐进地实现教民以德、化行天下的远大社会理想与政治抱负。如子曰："天之所生，地之所养，人为大矣"（《大戴礼记·曾子大孝》），或"天地之性（生）人为贵"而"人之行莫大于孝"（《孝经·圣治章》），而君子教人以孝者乃旨在"教以孝，所以敬天下之为人父者也；教以悌，所以敬天下之为人兄者也"（《孝经·广至德章》），故夫子自述其志曰："老者安之，朋友信之，少者怀之"（《论语·公冶长》）。不仅如此，甚而如孟子所言，还应由"亲亲"而"仁民"、由"仁民"而"爱物"（《孟子·尽心上》），如曾子曰："草木以时伐焉，禽兽以时杀焉。夫子曰：'伐一木，杀一兽，不以其时，非孝也。'"（《大戴礼记·曾子大孝》，又见《礼记·祭义》）并说："夫行也者，行礼之谓也。夫礼，贵者敬焉，老者孝焉，幼者慈焉，少者友焉，贱者惠焉。"（《大戴礼记·曾子制言上》）由此可见，孔、曾师徒学脉一贯，在重人或以人为贵的精神指引下，他们虽格外推崇人之孝行，但又不失老安少怀的仁者博大情怀和仁民爱物的远大理想与抱负，他们秉持由孝而仁的道德理想信念，不断追寻和努力实现教民以德、化行天下的社会政治目标，为此，他们以一种勇于担当和充分自觉的道德意识，毅然决然地赋予自身一种重大而高远的社会责任与政治使命，如曾子所说，这是一种"任重而道远"的责任与使命，亦即是一种"仁以为己任""死而后已"的责任与使命①。第二，孔、曾不仅重视、突显了父子、君臣作为人之大伦的重要性②，而且教人谨慎地持守人臣人子之礼而以忠爱以敬的态度来事父事君。然而，当孔、曾主张"资于事父以事君而敬同……故以孝事君则忠，以敬事长则顺"(《孝经·士章》)，或"事父可以事君，事兄可以事师长；使子犹使臣也，使弟犹使承嗣也；能取朋友者，亦能取所予从政者矣"(《大戴礼记·曾子立事》)时，他们决非意在鼓励一种对父母之命与君长之令的无条件的绝对服从或单向顺从的态度与行为，相反，他们特别强调的是臣子务须遵行道义而谏诤的职责和义务，孔子如此(参见《孝经·谏诤章》)，曾子亦如此。如孔子曰："良药苦于口利于病，忠言逆于耳利行。故武王谔谔而昌，('武王'，《家语》作'汤、武'。)纣嘿嘿而亡。(《家语》'纣'上有'桀'字，'嘿嘿'作'唯唯'。)君无谔谔之臣，父无谔谔之子，兄无谔谔之弟，夫无谔谔之妇，士无谔谔之友，其亡可立而待。故曰：君失之，臣得之，父失之，子得之，兄失之，弟得之，夫失之，妇得之，士失之，友得之，故无亡国、破家、悖父、乱子、放兄、弃弟、狂夫、淫妇、绝交败友。"(《说苑·正谏》)　曾子曰："君子之孝也，以正致谏。"(《大戴礼记·曾

① 曾子曰："士不可以不弘毅，任重而道远。仁以为己任，不亦重乎？死而后已，不亦远乎？"(《论语·泰伯》)

② 据《论语·颜渊》记载，齐景公问政于孔子，孔子对曰："君君，臣臣，父父，子子。"可见，孔子之论政重在"正名"，而孔子之"正名"首重君臣、父子之两大伦。另据《庄子·人间世》，仲尼有言曰："天下有大戒二：其一命也，其一义也。子之爱亲，命也，不可解于心；臣之事君，义也，无适而非君也，无所逃于天地之间。是之谓大戒。是以夫事其亲者，不择地而安之，孝之至也；夫事其君者，不择事而安之，忠之盛也；自事其心者，哀乐不易施乎前，知其不可奈何而安之若命，德之至也。"不过，相关记载和说法并不完全一致，如《论语·微子》所记子路之言，则称"长幼之节""君臣之义"为不可废或不可乱的人之"大伦"，另如《礼记·哀公问》记孔子答哀公问政之言，记有强调"夫妇别，父子亲，君臣严"的说法，而《礼记·礼运》又记有孔子论述"父慈、子孝、兄良、弟弟、夫义、妇听、长惠、幼顺、君仁、臣忠"之十种"人义"，以及"父子笃，兄弟睦，夫妇和，家之肥也。大臣法，小臣廉，官职相序，君臣相正，国之肥也"等说法，《中庸》还记有将君臣、父子、夫妇、昆弟、朋友之交五者称为"天下之达道"的说法。

子本孝》）"君子之所谓孝者，先意承志，谕父母于道。"（《大戴礼记·曾子大孝》）"父母之行，若中道则从，若不中道则谏，谏而不用，行之如由己。"（《大戴礼记·曾子事父母》）不过，谏诤的理想态度和合适方式应当是委婉的，且至于"达善"而止，不可强为争辩，故子曰："事父母几谏，见志不从，又敬不违，劳而不怨。"（《论语·里仁》）而曾子亦曰："从而不谏，非孝也；谏而不从，亦非孝也。孝子之谏，达善而不敢争辨（辩）。争辨（辩）者，作乱之所由兴也。"（《大戴礼记·曾子事父母》）

在我看来，我们唯有在对上述两个方面的含义有了充分而深切之了解的基础上，才能更好地理解孔、曾汲汲于倡导孝道和推崇孝行的根本意义和深邃用心，才能更好地理解他们首重孝道或以孝行为始的人伦关系理念及其独具特色的"伦理本位"的思想取向。对他们而言，人之为人，说到底乃是一种由其关系性或伦理性所定义的社会人，正唯如此，他们对人生目的和使命的思考与定位天然具有一种鲜明的人间性，即人来到世上的目的和使命就是来完成其做人的责任与义务的，而人之责任与义务又是由其关系性来决定的，因此，为了完成其做人的责任与义务，一个人又必须在具体的人伦关系网络中来修养、践行和成就自我的德性。如果说人与人之间最重要的人伦关系莫大于君臣与父子的话，那么，一个人所应具备和成就的最富有"交往理性"意义的美好德性也就莫过于孝悌忠信了，孔、曾之人伦孝道观念及其由孝而仁或重孝悌而主忠信的道德理想信念，如子曰"弟子，入则孝，出则弟，谨而信，泛爱众，而亲仁"（《论语·学而》），并称许曾子具备孝悌忠信四德[1]，以及有子所谓"君子务本，本立而道生。孝弟也者，其为仁之本与！"（《论语·学而》），莫不说明了这一点。不管怎样，孔、曾所重视和强调的人之关系性实兼具伦理与政治两个重要的意义维度，反之，也可以说他们是在伦理与政治之间来对人之关系性加以审

---

[1] 孔子曰："孝，德之始也；弟，德之序也；信，德之厚也；忠，德之正也。参也中夫四德者矣哉！"（《大戴礼记·卫将军文子》）

视和思考的，由此而对人生目的与使命的定义与论说，对于我们理解孔子之后儒家思想的基本特质及其分化发展来讲，足以构成一种最具参照性而影响深远的背景性的意义框架。

二、人的需要与孔门修己安民之道的深层意蕴

由上可见，孔、曾师徒对于人之关系性或伦理性的存在特征是格外重视和强调的，对此，我们仍有必要作进一步深入的思考和探究。我们想要进一步追问的是，孔子儒家之学究竟是一种什么性质的学问？[①] 仅仅是一种重视现实之人际关系问题的思想学说，还是另有其深刻的义理要旨或理论意蕴？毫无疑问，孔子儒家关于人的概念之所以重视和强调人的关系性或伦理性，乃是旨在凸显人在根本上具有一种社会性的显著特点这一观念，然而，人之为人，却并非仅仅是由其所处的现实社会关系所完全决定的，尤其是对于身处危时乱世之中的孔子师徒来讲，现实社会生活的不合理状况及各种人际关系的日趋败坏乃是不

---

① 我们所谓"孔子儒家之学"，主要指孔子与古典儒家之学，与梁漱溟先生所谓"儒者孔门之学"意味相当。梁先生曾严辨区别后世汉唐经学与孔门之学曰："孔子所以在近两千数百年中国学术文化上有其特殊地位者，因为后世所诵习的古书皆远古祖先的事功学问著于典册，而经过孔子一道整理后所贻留下来者。后人重视这些书典，尊之曰'经'。治经遂为儒者之业。乃至一切读书人都算是儒。而其实孔子及其门弟子当时所孜孜讲求的学问，何曾在书册文章上。汉唐经学称盛，与孔门之学不为一事，干涉甚少。我故标明'儒者孔门之学'严其区别，避免流俗浮泛观念。"（《东方学术概观》，见《梁漱溟先生论儒佛道》，广西师范大学出版社2004年版，第30页）另外，需要特别予以说明的是，我们在后面的正文中还会征引和使用现存传世儒家文献与新出土儒家文献中被七十子之徒及其后学所记录和传述的许多"孔子之言"，很显然，有些材料未必完全可信，或者我们今天已无法确切地弄清它们是否是孔子本人讲过的原话，许多可能经过了后人的润色和加工，甚至可能属于纯粹假托的"孔子之言"，但这些儒家文献中的"孔子之言"无疑仍然具有极其重要的思想意义，它们至少部分体现了孔子本人特别是或真实呈现了七十子之徒及其后学通过"孔子之言"所欲表达的某种具体而明确的儒家思想观念，我们主要就是基于这样一种认识和理解来征引和使用这些文献材料的。

言而喻的，为此，他们在凸显人的关系性或伦理性之存在特征的同时，亦格外重视和强调个体之人的德性修养问题，特别是通过教育的方式或个人学习的努力来不断增进自身的人格修养，健全自己的道德品格，改善和提升人际交往关系的内涵与品质，从而创造一个更好的世界。因此，正如夫子所曰："鸟兽不可与同群，吾非斯人之徒与而谁与？天下有道，丘不与易也。"（《论语·微子》）显然，夫子是乐于与人打交道的，所教弟子者亦多为立身处世之道，教弟子以孝悌忠信、仁爱友善之德而与人相与相交，但他所关切的却决不仅仅是为了消极地适应现实的社会生活状况并教人完全受制于其所处的实际人际关系网络，恰恰相反，其根本关怀所在是通过做出什么样的真诚努力，才能改进人们的关系乃至建立一种优良的人伦关系并进而创建一个有道的美好世界，在做出这样的努力时，究竟需要人们具备什么样的美好道德品格。子曰："德之不修，学之不讲，闻义不能徙，不善不能改，是吾忧也。"（《论语·述而》）夫子所忧者在"德之不修，学之不讲"，而夫子汲汲于修"德"、讲"学"者，其根本目的即在依其心目中理想的交往理性与道德行为准则来重建或重塑各种现实的人伦关系，或者致力于建构一种超越或摆脱了现实之身份、地位、贫富等各种具体制约和限制条件的崭新的道德人格理想、人类关系图景与共同生活理想。换言之，孔子儒家之所谓"德"与"学"，实具有一种鲜明而强烈的超越性的意义指向①，如孔子谓其子伯鱼曰："鲤乎，吾闻可以与人终日不倦者，其唯学焉！其容体不足观也，其勇力不足惮也，其先祖不足称也，其族姓不足道也。终而有大名，以显闻四方、流声后裔者，岂非学之效也？故君子不可以不学，其容不可以不饬，不饬无类，无类失亲，失亲不忠，不忠失礼，失礼不立。夫远而有光者，饬也；近而愈明者，学也。譬之污池，水潦注焉，萑苇生焉，虽或以观之，孰知其源乎？"（《孔子家语·致思》，又见于《说苑·建本》、《韩诗外传》卷六等，文字稍异）《荀子·儒效》亦有言曰："我欲贱而贵，愚而智，贫而富，可乎？曰：

———————

① 所谓"超越"，主要意指对现实世界进行一种具批判性、反思性的质疑。

其唯学乎。彼学者，行之，曰士也；敦慕焉，君子也；知之，圣人也。上为圣人，下为士君子，孰禁我哉！乡也，混然涂之人也，俄而并乎尧、禹，岂不贱而贵矣哉！乡也，效门室之辨，混然曾不能决也，俄而原仁义，分是非，图回天下于掌上而辩白黑，岂不愚而知矣哉！乡也，胥靡之人，俄而治天下之大器举在此，岂不贫而富矣哉！"可见，对于孔子和儒家来讲，"学"而修德以立身处世，足以使一个人的人格魅力与声名远超乎其容体、勇力、先祖与族姓的影响力之上而光耀远近，"学"而修身勉行乃至智明学通，亦足以使一个人能够成为士君子乃至成为圣人。然而，"学"之为"学"，"非徒个人自修而已"①，因为孔子儒家之"学"的超越性的理想诉求，决不是要人离世弃伦，恰恰相反，他们一心一意地要在现实的人伦日用中致力于下学而上达②，修养和成就自己的道德人格理想，追求和实现修齐治平的社会政治目标。因此，孔子儒家之所以重学而贵士君子乃至尊贤崇圣，正"以其仁而有德"（《说苑·贵德》），甚或以其"仁知之极""备道全美"（《荀子·君道》《荀子·正论》）而能平治天下、化行万民。说到底，孔子儒家之"学"，实关乎三个紧密相关的重要的意义维度或思想主题，一是个体生命之德性修养，二是人与人相与相交的关系性或伦理性，三是社会生命之民生安乐。夫子答子路之"问君子"而曰"修己以敬""修己以安人""修己以安百姓"（《论语·宪问》），最足以明此。简言之，孔子儒家之"学"，要不外是一种修己安民的君子之学而已。

那么，我们究竟应如何来理解孔子儒家君子之学及其修己安民之道的具体内涵与深层意蕴呢？这里，我仍然想结合梁漱溟先生的相关论述并在其所带给

---

① 梁漱溟：《东方学术概观》，见《梁漱溟先生论儒佛道》，广西师范大学出版社 2004 年版，第 66 页。

② 如梁漱溟先生所说："儒家修学不在屏除人事，而要紧功夫正在日常人事生活中求得锻炼。只有刻刻慎于当前，不离开现实生活一步，从'践形'中求所以'尽性'，唯下学乃可以上达。"（《儒佛异同论》，见《梁漱溟先生论儒佛道》，广西师范大学出版社 2004 年版，第 79 页）

我们的启发的基础上展开进一步的引申和阐发。依梁先生之见，"人类实具有其个体生命与社会生命之两面"，这是我们所"不可忽忘"①的。就儒佛道三家学问而言，无疑，它们同为"吾人个体生命一种反躬修养的学问"②，然而，"其所以看待此身者，却各异其趣：佛家超越乎此，道家的重点在此，儒家则以家、国、天下联属于此"；比较而言，儒家之所以异乎佛家、道家者，其所谓之修己或其所重视之修身，非仅仅关注养护个体之生命，亦决不离世弃伦而谈修养，其所修之"己"或"身"实乃作为家、国、天下之本的"己"或"身"，故孔子儒家"凡说到人，必指人的社会，或社会的人"，"盖人类生命天然有其个体与群体之两面，而且人类生命重心宁在群体，不在个体"，故"儒学而有其理论也，必以此一认识为其根本"③。首先明乎此，我们才能更好地理解乃至进一步阐述孔子儒家君子之学及其修己安民之道的具体内涵及其深层意蕴。

孔子教弟子为学修德以为君子，首先强调的是必须反躬自求、切己内省，如子曰：

> 见贤思齐焉，见不贤而内自省也。(《论语·里仁》)
>
> 已矣乎，吾未见能见其过而内自讼者也。(《论语·公冶长》)
>
> 不曰"如之何，如之何"者，吾末如之何也已矣。(论语·卫灵公)
>
> 君子有九思：视思明，听思聪，色思温，貌思恭，言思忠，事思敬，
>
> 疑思问，忿思难，见得思义。(《论语·季氏》)

---

① 梁漱溟：《儒佛异同论》，见《梁漱溟先生论儒佛道》，广西师范大学出版社 2004 年版，第 81 页。

② 梁漱溟：《儒佛异同论》，见《梁漱溟先生论儒佛道》，广西师范大学出版社 2004 年版，第 81 页。

③ 梁漱溟：《〈礼记·大学篇〉伍氏学说综述》，见《梁漱溟先生论儒佛道》，广西师范大学出版社 2004 年版，第 217 页。

可见，孔子教弟子"反省自求"，务在启发"个人之自觉自律"的理性，使之养成"自己的辨别力"，乃至"除了信赖人自己的理性，不再信赖其他"①。这正是一种务须"求诸己"的"为己"之学，孔子教人通过"反省自求"即通过自我的反思与省察，来改过迁善、下学上达、志道修德和忠信待人②。说到底，所谓的"反省自求"亦不过是一种"要自己了解自己，自己对自己有办法"③的学问。依梁漱溟先生之见，孔子的学问就是这样一种"最大最根本的学问"，即"明白他自己，对他自己有办法"，而"我们想认识人类，人是怎么回事，一定要从认识自己入手"，"只有深彻地了解自己"，才能"以我度他"、了解他人，乃至"才能了解人类"④。换言之，一个人只有在真正"自己了解自己"的基础上，才能更好地修养和增进自身的品格与德行，乃至懂得如何正确地、以合乎道德或仁道的方式来对待他人，正所谓"己所不欲，勿施于人"（《论语·颜渊》《论语·卫灵公》）、"己欲立而立人，己欲达而达人。"（《论语·雍也》）。

孔子的这样一种学问之所以是"最大的学问，最根本的学问"，正是因为"只有深彻地了解自己，才能了解人类"，而"了解人类"本身则是"很了不起的学问"，因为"社会上翻来覆去无非人事，而学问呢，亦多关人事"⑤。教育是立德树人之事，伦理则关乎人与人如何相与相交亦即"如何得以和衷共济，彼此无忤"或如何"调整人间彼此关系，实现协作共营生活"⑥的问题，而政治之

① 梁漱溟：《中国文化要义》，见中国文化书院学术委员会编：《梁漱溟全集》第三卷，山东人民出版社1990年版，第107页。

② 如曾子曰："吾日三省吾身——为人谋而不忠乎？与朋友交而不信乎？传不习乎？"（《论语·学而》）

③④⑤ 梁漱溟：《孔子学说之重光》，见《梁漱溟先生论儒佛道》，广西师范大学出版社2004年版，第7—9页。

⑥ 梁漱溟：《东方学术概观》，见《梁漱溟先生论儒佛道》，广西师范大学出版社2004年版，第27、67页。

重要正在其处于人道生活的核心地位，正所谓"人道政为大"（《礼记·哀公问》）。正唯如此，故孔子不仅教人"反省自求"，亦终身以从事教学育人事业为务，不仅教人反躬自求、切己修德，更汲汲于以道救世、以德化民。孔子常与弟子交流各自的人生志愿，正是孔子教弟子"反省自求"的一种重要教学方法，如：

> 颜渊、季路侍。子曰："盍各言尔志？"子路曰："愿车马衣轻裘与朋友共敝之而无憾。"颜渊曰："愿无伐善，无施劳。"子路曰："愿闻子之志。"子曰："老者安之，朋友信之，少者怀之。"（《论语·公冶长》）

> 子路、曾晳、冉有、公西华侍坐。子曰："以吾一日长乎尔，毋吾以也。居则曰：'不吾知也！'如或知尔，则何以哉？"子路率尔而对曰："千乘之国，摄乎大国之间，加之以师旅，因之以饥馑；由也为之，比及三年，可使有勇，且知方也。"夫子哂之。"求！尔何如？"对曰："方六七十，如五六十，求也为之，比及三年，可使足民。如其礼乐，以俟君子。""赤！尔何如？"对曰："非曰能之，愿学焉。宗庙之事，如会同，端章甫，愿为小相焉。""点！尔何如？"鼓瑟希，铿尔，舍瑟而作，对曰："异乎三子者之撰。"子曰："何伤乎？亦各言其志也。"曰："莫春者，春服既成。冠者五六人，童子六七人，浴乎沂，风乎舞雩，咏而归。"夫子喟然叹曰："吾与点也！"三子者出，曾晳后。曾晳曰："夫三子者之言何如？"子曰："亦各言其志也已矣。"曰："夫子何哂由也？"曰："为国以礼，其言不让，是故哂之。""唯求则非邦也与？""安见方六七十如五六十而非邦也者？""唯赤则非邦也与？""宗庙会同，非诸侯而何？赤也为之小，孰能为之大？"（《论语·先进》）

孔门师徒之各言其志，直接表达了其各自的人生志向与根本关怀。子路交友重义，轻财与共，心意豁达，而且有治国安邦之才，能使人民勇而知义。颜渊好学修德，不夸耀自己的善行，不张扬自己的功劳，可谓品格高尚。冉有亦具治理政事的能力，其才堪能使人民过上富足的生活。公西华愿为相礼者，能主持宗庙祭祀和诸侯会见之礼仪事务。而孔子本人则深愿老者能得其安养，朋友能信任相交，少者能怀以慈惠。曾皙之志则在能于暮春时节，穿上新制成的春服，约上五六个成人、六七个童子，到沂水去沐浴，在舞雩台下享受春风拂面，然后一路歌咏着回家。在我看来，我们似无须多作他想，事实上孔子师徒所表达的无非是他们对于修德、交友、治国、安民等人生、伦理与政治问题的一贯关切而已，曾皙之志似与子路、冉有、公西华三人"皆欲得国而治之"的意愿不同，然而，其所描绘的一幅春意盎然而民生安乐的图景，实则最能彰显孔门修己安民的君子之学所向往而欲实现的社会理想目标诉求，与孔子本人"老者安之，朋友信之，少者怀之"的志愿是高度一致的，故孔子对曾皙之志深表赞赏。然而，对曾皙之志赞赏有加，却并不意味着就对三子之志皆所"不取"①。

尽管在孔子师徒之间的上述言语交流中，他们只是在各言其志而已，然而，正如钱穆先生所言，"孔门之学，言即其所行，行即其所言，未尝以空言为学"②，相关文献记载堪足为证，如：

> 子之武城，闻弦歌之声。夫子莞尔而笑，曰："割鸡焉用牛刀？"子游对曰："昔者偃也闻诸夫子曰：'君子学道则爱人，小人学道则易使也。'"子曰："二三子！偃之言是也。前言戏之耳。"（《论语·阳货》）

> 子路治蒲三年，孔子过之。入境而善之，曰："由恭敬以信矣。"入邑，曰："善哉！由忠信以宽矣。"至庭，曰："善哉！由明察以断矣。"子贡执辔而问曰："夫子未见由，而三称善，可得闻乎？"孔子曰："入

---

① 如宋儒程子曰："三子皆欲得国而治之，故夫子不取。"（参见朱熹《论语集注》注引）
② 钱穆：《论语新解》，生活·读书·新知三联书店2012年版，第123页。

其境，田畴草莱甚辟，此恭敬以信，故民尽力。入其邑，墉屋甚尊，树木甚茂，此忠信以宽，故民不偷。入其庭，甚闲，此明察以断，故民不扰也。"诗曰："夙兴夜寐，洒扫庭内。"(《韩诗外传》卷六)

孔子弟子有宓子贱者，仕于鲁，为单父宰。……躬敦厚，明亲亲，尚笃敬，施至仁，加恳诚，致忠信，百姓化之。(《孔子家语·屈节解》)

不仅如此，我们对孔子有关治国为政、正己教民问题的一系列精辟的论政之言亦应作如是观。如：

季康子问政于孔子。孔子对曰："政者，正也。子帅以正，孰敢不正？"(《论语·颜渊》)

子适卫，冉有仆。子曰："庶矣哉！"冉有曰："既庶矣，又何加焉？"曰："富之。"曰："既富矣，又何加焉？"曰："教之。"(《论语·子路》)

子曰："道之以政，齐之以刑，民免而无耻；道之以德，齐之以礼，有耻且格。"(《论语·为政》)

孔子侍坐于哀公。哀公曰："敢问人道谁为大？"孔子愀然作色而对曰："君之及此言也，百姓之德也，固臣敢无辞而对。人道政为大。"公曰："敢问何谓为政？"孔子对曰："政者，正也。君为正，则百姓从政矣。君之所为，百姓之所从也。君所不为，百姓何从。"公曰："敢问为政如之何？"孔子对曰："夫妇别，父子亲，君臣严。三者正，则庶物从之矣。"公曰："寡人虽无似也，愿闻所以行三言之道，可得闻乎？"孔子对曰："古之为政，爱人为大。所以治爱人，礼为大。所以治礼，敬为大。敬之至矣，大昏为大，大昏至矣。大昏既至，冕而亲迎，亲之也。亲之也者，亲之也。是故君子兴敬为亲，舍敬是遗亲也。弗爱不亲，弗敬不正。爱与敬，其政之本与！"(《礼记·哀公问》)

以上所引皆为人们所熟知的孔子师徒有关各自志向及治国为政、修己安民或正己教民之道的正面交流、具体论述与躬行实践，其含义无疑是清晰明白而不难理解的，即他们一方面汲汲于"反省自求"、切己修德，另一方面又立志要治国安邦、为政化民，这是从自己反省、认识和了解自己乃至"自己对自己有办法"开始做起，然后再以己度人，以自己对自己的了解和办法来了解和对待他人，乃至更进一步运用于治国为政、以德化民。自己了解自己何以为人，故亦应以所了解何以为人者待人，此正是孔子儒家君子之学及其修己安民之道的真谛与要义所在。美国神学家赫舍尔说，"如何与人共处却不受制于人，如何与物共存却不为物所困"，"这一直是我们的问题"①。梁漱溟先生则说："人是富有感情的动物，人对人问题正是发生在彼此照顾到对方感情意志之时。只当此时方是彼此互以人相待而非同乎对待一物。假如以强迫手段或欺骗手段达成我的意志，却置对方心情于不顾，那便不在人对人问题范围之内了。"②其实，无论古今中西，人之为人及人与人之间相与的道理在根本上都是相通一贯的。人不能孤立无待而须与人相与共处，既不能丧失自我而受制于人，亦不能把自己的意志强加于人而奴役他人，正如子贡所说，"我不欲人之加诸我也，吾亦欲无加诸人"（《论语·公冶长》），故孔门教人好学修德首重启发个人之自觉自律的理性并在此基础上培养人之独立意志与道德品格，故子曰："三军可夺帅也，匹夫不可夺志也。"（《论语·子罕》）然而，一个人立志培养自己的独立意志与道德品格，亦应尊重他人的独立意志与道德品格，唯其如此，人与人才能在"彼此互以人相待"的原则指引下，并在遵从富有交往理性意义的道德行为准则的基础上建立起良性互动的相与相交关系，正所谓"德不孤，必有邻"（《论语·里仁》）。也正是基于这样一种"彼此互以人相待"的"关系本位"或"伦理本位"

① ［美］赫舍尔：《安息日的真谛》，邓元尉译，上海三联书店2013年版，第120页。
② 梁漱溟：《东方学术概观》，见《梁漱溟先生论儒佛道》，广西师范大学出版社2004年版，第65页。

的理念，我们才能真正理解孔子所谓以正己为政、以教为政以及以德化礼教引导人民的方式优于强制性的政令刑罚手段的实质含义。因为在孔子儒家心目中，理想的政治关系，即治民者与受治的人民之间的关系，理应是一种"彼此互以人相待"的教化关系，正如孔子师徒之间的那种"彼此互以人相待"的教育关系一样。故孔子答哀公之问，而曰"君为正，则百姓从政矣"，即期望当时的君主肩负其引领人民过上一种以"爱与敬"的人道原则为根基的人伦生活的政治责任。正如钱穆先生所说：

中国文化是一种现实人生的和平文化，这一种文化的主要泉源，便是中国民族从古相传一种极深厚的人道观念。此所谓人道观念，并不指消极性的怜悯与饶恕，乃指其积极方面的像后来孔子所说的"忠恕"，与孟子所说的"爱敬"。人与人之间，全以诚挚恳恻的忠恕与爱敬相待，这才是真的人道。[①]

《论语》里的"仁"字，这是儒家理想中人道的代表。仁是一种人心的境界与功能……儒家常喜用"孝弟"两字来做这一种心的境界和功能之示例。孝弟便是人类超个体而相互感通的一种心境。孝是时间之直通，弟是空间之横通，故人心有孝，则人生境界可以悠久无尽；人心有弟，则人生境界可以广大无穷。孔子《论语》，除卸孝弟外，又常说到"忠恕"。"尽己之谓忠，推己之谓恕"，忠恕也是指点人心而言。譬如人子尽他的心来孝顺父母，此便是其忠。要孝顺父母，必须先意逆志，了解父母的心理，此便是其恕。故孝、弟、忠、恕仍只一心，惟孝弟专对家属言，忠恕则泛及朋类。这种孝、弟、忠、恕之心，便是孔子最看重的所谓仁，也便是"人与人相处之道"。随后孟子又补出"爱敬"二字。……孝、弟、忠、恕全只是爱敬。人人莫不想望获得人家的爱与敬，我即先以此爱与敬施之人，即此便是孝、弟、忠、恕，亦即此

① 钱穆：《中国文化史导论》（修订本），商务印书馆1994年版，第50页。

便是仁，即此便是道。①

果如钱穆先生所言，则孔子儒家之所以汲汲于以孝悌忠恕或仁爱礼敬教人，并广泛地用之于修己安民、治国为政的理念之上，其实质意义正在欲以其独具深意的“彼此互以人相待”的人道观念来规范和引导世人的伦理与政治行为。正因为对这一点不能深察体认之，故“古今小儒每于此欲为有国有家者探求所以制人之术”，“岂非悖谬之至乎”②？而一些现代学者亦每喜用极具负面意义的“政教合一”或政教一体化、政治伦理化或伦理政治化的说法而批评孔子儒家的伦理政治观，乃至意欲简单地予以摒弃之，又岂非太过武断、弃椟而遗珠乎？

为了更好地理解孔子师徒立志要去做什么的意图，乃至进一步阐明其君子之学与修己安民之道的深层意蕴，我们还需转换一下视角，有必要从一个新的视角来重新审视和解读孔门之学的“彼此互以人相待”之人道观念的实质意涵。为此，我们首先需要问的一个问题就是，孔子师徒究竟是为了什么，或出于什么样的需要，坦诚而热切地交流探讨他们的志向、汲汲于学为君子并极力主张和倡导其修己安民之道的呢？梁漱溟先生讲过一句精粹之言，即“人世间不拘何物，要皆应于需要而有”，学术如此，宗教如此，文化如此，而莫不“应乎人生何种需要而来”③。另如梁先生所说：“言乎学术所由产生以至其发展流播广远，似端在其应付人类生活需要；即是说：人生有什么问题便产生什么学术。”④正是从生活需要的角度，古今学者有从“儒”字的构造及其含义的角度而将儒家之学解释为“人需”之学者，如宋儒詹初在其所著《流塘集》中所曰：“儒者，

① 钱穆：《中国文化史导论》（修订本），商务印书馆1994年版，第80—81页。
② 严立三：《〈礼记·大学篇〉通释》，见《梁漱溟先生论儒佛道》，广西师范大学出版社2004年版，第246页。
③ 梁漱溟：《儒佛异同论》，见《梁漱溟先生论儒佛道》，广西师范大学出版社2004年版，第82页。
④ 梁漱溟：《东方学术概观》，见《梁漱溟先生论儒佛道》，广西师范大学出版社2004年版，第26页。

人之需也。上焉君需之，下焉民需之。前圣需之以继，后学需之以开。故其道大，其任重。"（《宋元学案》卷六十三《勉斋学案》）而现代学者如谢扶雅亦曾说：中国人的思想"着重于人世的实际生活"，"'儒'底思想即为应此需要而生。儒字从人从需，言其为适应人的需要"[1]。金耀基则接着谢氏之说而言道："儒家之学所以能一脉相传，千秋不斩者，说者大部归之于汉武董生之尊孔崇儒，实则最根本的还是因儒家之学说乃最合乎人性需要之故，儒家从'人'从'需'，言其为人性的，而又合乎需要的。"[2]上述说法诚然信而不诬，然而，亦总嫌笼统而不具体明确。如果说儒家之学为适应人世实际生活或人的需要而生，是最合乎人性需要的学说，那么，所谓人世实际生活或人的需要究竟是指一种什么样的人世实际生活或人的需要，以及最合乎一种什么样的人性需要？这样说，是否就意味着其他的学说就不能适应人世实际生活或人的需要，乃至不是最合乎人性需要的呢？梁漱溟先生并非停留于这样笼统而模糊的说法之上，而是深切著明地进一步揭示和阐明了具体的人类生活需要问题，他把人类生活需要或基本的人类生存问题区分为三大类，即人对物的问题、人对人的问题和人对自己的问题。西方之科学、中国儒家之学和印度佛家之学正是因应这三大不同性质的人生问题以生，并各有其适用于人类生活需要的价值和意义，乃至决定了西、中、印三大不同的文化发展路向。我们不必过于拘泥于梁先生的三大人生问题与三大文化系统彼此对应的说法，但对于我们来讲，梁先生对于人类生存问题的抉发及学术文化应人类需要而生的说法却是极具启发意义的。至于要想正确地回答究竟什么样的需要才是最合乎人性需要的这一问题，那么，我们非得对人类心理有科学而透彻的了解和认识不可。如梁先生本人曾经努力于"孔子学说之重光"这一工作，即"对于孔子学说的重新认识，把晦暗的孔子重新发扬光大，重新透露其真面目"，而他亦郑重指出，这一工作需要两面功夫，一是

---

[1] 谢扶雅：《中国政治思想史纲》，台湾正中书局1954年版，第180页。
[2] 金耀基：《中国民本思想史》，法律出版社2008年版，第2—3页。

"对于中国的古籍，或关于孔子的书，要有方法的作一番整理功夫"，二是"心理学的功夫"，即"从现代科学路子，研究生物学、生理学、心理学，这样追求上去，对人类心理有一个认识；认识了人到底是怎么回事，然后才能发挥孔子的思想"①。关于后一种功夫，梁先生更进一步精辟地指出：

> 如无这面功夫，则孔子思想得不到发挥。因为孔子学说原是从他对人类心理的一种认识而来。孔子认识了人，才讲出许多关于人的道理。他说了许多话都是关于人事的，或人类行为的；那些话，如果里面有道理，一定包含对于人类心理的认识。对于人类心理的认识，是他一切话与一切道理的最后根据。所以心理学的研究是重新认识孔子学说，重新发挥孔子思想，顶必要的一面功夫。②

"对于人类心理的认识，是他一切话与一切道理的最后根据"，梁先生此言真可谓一语中的，道明了我们今天"重新认识孔子学说，重新发挥孔子思想"最关紧要的努力方向，毕竟孔子已然"必不能是传统的传下来"了，仅仅是半通不通地寻章摘句、诠解文义、"敷陈旧说"，是不可能真正"把晦暗的孔子重新发扬光大"③的。正如致力于"要从一种当代道德哲学之高标准出发"，以严谨的态度来讨论"中国轴心时期的伦理学"的德国学者罗哲海所说："古代中国思想家站在他们那个时代的顶峰"，因此今人的研究"至少应该竭力以尖端的论述模式来处理他们的思想，给予其应有的地位——这也包括了评价与批判"，"若非如此，就等于轻率地对待古人，而无视他们对于公正和真理的要求"④。有

① 梁漱溟：《孔子学说之重光》，见《梁漱溟先生论儒佛道》，广西师范大学出版社2004年版，第3—4页。

② 梁漱溟：《孔子学说之重光》，见《梁漱溟先生论儒佛道》，广西师范大学出版社2004年版，第4页。

③ 梁漱溟：《孔子学说之重光》，见《梁漱溟先生论儒佛道》，广西师范大学出版社2004年版，第3—4页。

④ ［德］罗哲海：《轴心时期的儒家伦理》，陈咏明、瞿德瑜译，大象出版社2009年版，第8页。

鉴于此，作为一种初步的尝试，我想我们也最好能从一种现代心理学的理论视角出发，来重新思考和审视孔子儒家的心理学及其对于教育、伦理和政治诸领域而言所具有的应用价值和潜在深层意蕴。它山之石，可以攻玉，西方现代心理学流派中的第三思潮或人本心理学特别是马斯洛的人类动机和需要层次理论及其自我实现学说，对于我们系统揭示和深入阐述孔子儒家有关人类心理的认识来讲，可以说是极为有益而深富启发性的借鉴和参照意义的[1]，或者就像劳伦斯·科尔伯格 (Lawrence Kohlberg) 有关道德判断能力发展的认知演进论 (cognitive-developmental theory) 对于罗哲海 "重构"[2] 轴心时期的儒家伦理的工作那样，美国人本心理学家马斯洛的人类动机和需要层次理论及其自我实现学说，同样可以为我们的 "重构" 工作提供 "大有可为的诠释基础"[3]，我们也正可借此来展现孔子儒家经典文献中 "其潜能永远不会耗尽"[4] 的深层意蕴。

---

① 借鉴和参照乃是为了更好地理解孔子儒家关于人类心理的认识，正如谢扶雅先生所说："吾人于此，切宜严持客观的态度，勿更杂以主观爱憎，使治丝而益棼，亦不可穿凿附会，以今衡古，甚或以欧美现代思想比拟吾国先民，如释尧舜禅让为共和，《管子》轨里连乡为自治，则厚诬古人，混蒙史实，学术界之大罪也。"然而，另一方面，吾人亦须知，"况先圣后圣，心同理同，真理既殊途而同归，安在见之于古者不许见于今，见之于中者，不许见于外？是则吾人以今名训释往言，以西方思想证明国故，俾学术贯通流畅，且也彼此较比，同异互显，真相益彰：非亦为学者应有之义乎！"（谢扶雅：《中国政治思想史纲》，台湾正中书局 1954 年版，第 22—23 页）

② "'重构'意味着以一种与古人之真实意图相应的方式——如果我们对于这些意图的理解是正确的话——对其思想加以重新整合，而取代复述他们那些相当庞杂不清的立论；并且要根据我们今日所面临的伦理学问题而加以充分利用。为了避免误解，文献学方面的精确性是不可或缺的，重构诠释学并不意味着随意推断，而是要处处与经典的原文记载相匹配。而且，如果我们不使用一整套严密的问题推论来进行探究，则经典原文依然是晦涩难解。"（［德］罗哲海：《轴心时期的儒家伦理》，陈咏明、瞿德瑜译，大象出版社 2009 年版，第 7—8 页）

③ ［德］罗哲海：《轴心时期的儒家伦理》，陈咏明、瞿德瑜译，大象出版社 2009 年版，第 8 页。

④ ［德］罗哲海：《轴心时期的儒家伦理》，陈咏明、瞿德瑜译，大象出版社 2009 年版，第 7 页。

弗洛伊德的精神分析学主要关注和研究神经症和精神病患者特别是人的潜意识或无意识对于人的行为的影响问题，认为"人类基本的、遗传的、本能的冲动来自他的动物本源"，而"精神病是由于一种超我或一种道德准则太不切合实际，使病人无力应付而产生的内心冲突的结果"①，而行为主义心理学流派则主要关注和研究平常人以及外在环境对人的行为的决定性影响，认为在一种刺激—反应的模式水平上可以把人当作一件物体而加以塑造和控制，而且"向着任一方向塑造一个人的可能性几乎是无穷尽的"，事实上，它们都"把人仅仅视为一个动物种类，与其它动物无本质区别，都有着破坏性的、反社会的倾向"②。在马斯洛看来，这两种心理学流派的研究虽然各有其价值，却是不够的，因为"要了解精神不健全的人，我们应该首先了解精神健全的人"，而"一种综合性的行为理论必须既包括行为的内在的、固有的决定因素，又包括外在的、环境的决定因素"，因此，既与弗洛伊德学派仅仅关注神经症和研究精神病人不同，亦与行为主义学派仅仅关注平常人和客观地研究人的行为不同，马斯洛关注和研究的主要是精神健康或心理成熟的人，从"人的感情、欲望、希求和理想"的角度来"理解他们的行为"，并特别关注和研究人类中那些格外健全成熟的人，即"不断发展的少数"或自我实现的人。③

马斯洛致力于发展和建立一种更为综合性的人类行为与动机理论，在《动机与人格》一书中，马斯洛致力于把个人作为"一个一体化的、有组织的整体"来加以研究，并将人的基本需要区分为生理、安全、归属和爱、尊重和自尊以

---

① ［美］弗兰克·戈布尔：《第三思潮：马斯洛心理学》，吕明、陈红雯译，上海译文出版社 1987 年版，第 3—4 页。

② ［美］弗兰克·戈布尔：《第三思潮：马斯洛心理学》，吕明、陈红雯译，上海译文出版社 1987 年版，第 7 页。

③ 参见［美］弗兰克·戈布尔：《第三思潮：马斯洛心理学》，吕明、陈红雯译，上海译文出版社 1987 年版，第 19 页。

及自我实现等几个不同的层次①，前几种属于因缺乏或匮乏而产生的基本需要，而自我实现的需要则属于"超越性动机"意义上的对于日常生活中的真、善、美、真理和正义等存在性价值的基本需要。所有这些人类的基本需要构成一种"相对的优势层次体系"，"总有一些需要更为紧迫，更为重要，应优先予以解决"，因此，所谓的"优势层次顺序"也就是"需要满足的紧迫性和严重性的排列顺序"②。一般而言，只有在前一层次或低一层级的需要得到满足后，后一层次或高一层级的需要才会出现，比如，"人的需要中最基本、最强烈、最明显的一种，就是对生存的需求"，它包括空气、水、食物、住所、睡眠和性生活等，"只要这一需求还未得到满足，他就会无视或把所有其他的需求都推到后面去"③，依次类推，只有在因匮乏而产生的基本需要得到满足之后，一种更高层级的全新需要即自我实现的需要也才会出现。当然，马斯洛也"提醒人们不要过于拘泥地理解诸需要的顺序"，因为也存在很多例外，"我们决不能以为只有当人们对食物的欲望得到了完全的满足，才会出现对安全的需要；或者，只有充分满足了对安全的需要后，才会滋生出对爱的需要"，譬如，"历史上也有许多人完全无视自己的基本需要而成了某种理想的殉道者"④。

依马斯洛之见，"一个人行为不善，是因为他的基本需要被剥夺才做出的反应"⑤，换言之，"心理变态者就是各种需要被剥夺殆尽的那种人"，他们"没有

① 参见［美］亚伯拉罕·马斯洛：《动机与人格》，许金声等译，中国人民大学出版社2012年版，第3、19—29页。
② ［美］马斯洛：《洞察未来》，［美］爱德华·霍夫曼编、许金声译，华夏出版社2004年版，第269、248页。
③ ［美］弗兰克·戈布尔：《第三思潮：马斯洛心理学》，吕明、陈红雯译，上海译文出版社1987年版，第40页。
④ ［美］弗兰克·戈布尔：《第三思潮：马斯洛心理学》，吕明、陈红雯译，上海译文出版社1987年版，第49页。
⑤ ［美］弗兰克·戈布尔：《第三思潮：马斯洛心理学》，吕明、陈红雯译，上海译文出版社1987年版，第59页。

良知，没有内疚，没有羞耻，也不爱他人"，"他们没有任何禁忌、约束，所以便为所欲为"①。说到底，"基本需要受到挫折会造成心理变态；基本需要得到满足，无论从心理上说还是从生理上说，都会使人变得健康"②。由于"人们越是理解自己的动机、需要、欲望和心理障碍，他们就越能解决自己生活中的问题"，"人们越是了解自己，他们解决人生问题就越加容易"，因此，成功的心理治疗应能"帮助患者明察事物，了解自身，认识现实"，"帮助人们发现更好的行为、思想及与人交往的方式"，"帮助个人提高满足其基本需要的能力，从而使他走上自我实现的道路"③。当然，还必须强调指出的是，"满足合理需要与满足病态需要之间有着重大区别"，合理需要就是指人天性中固有的基本需要，而病态需要则是指那种"无法控制的、固执的、强迫的、无理性的"需要，满足前者可以使一个人变得健康，而满足后者却不会，满足病态需要既"不会带来真正的快乐，只会有暂时的轻松而已"，也"不会使人有所发展，相反会使他的能力丧失"④。譬如，权力主义者正是出于一种对权力的病态需要而渴望拥有权力，特别是"对人的控制权力"，他们认为权力是指"控制他人的能力"而不是指"驾驭问题和事务的能力"，他们"总是认为其他人都是供他使用的工具，是达到目的的手段，应该剥削的对象，或者棋盘上的棋子"⑤。

马斯洛关于人的动机理论中的一个非常重要的方面就是对于自我实现者的

---

① ［美］弗兰克·戈布尔：《第三思潮：马斯洛心理学》，吕明、陈红雯译，上海译文出版社 1987 年版，第 85 页。

② ［美］弗兰克·戈布尔：《第三思潮：马斯洛心理学》，吕明、陈红雯译，上海译文出版社 1987 年版，第 55 页。

③ ［美］弗兰克·戈布尔：《第三思潮：马斯洛心理学》，吕明、陈红雯译，上海译文出版社 1987 年版，第 92、93、94 页。

④ ［美］弗兰克·戈布尔：《第三思潮：马斯洛心理学》，吕明、陈红雯译，上海译文出版社 1987 年版，第 84 页。

⑤ ［美］马斯洛：《洞察未来》，［美］爱德华·霍夫曼编、许金声译，华夏出版社 2004年版，第 65、68 页。

研究，而所谓的"自我实现"，"它指的是人对于自我发挥和自我完成的欲望，也就是一种使人的潜力得以实现的倾向"，而且，"这种倾向可以说成是一个人越来越成为独特的那个人，成为他所能够成为的一切"①。当一个人的安全、归属、爱和尊重等基本需要得到充分满足之后，自我实现的需要就出现了，而且，"向自我实现的发展"既是自然的，也是必要的，这是一个人"天赋、能力、创造力、智慧以及性格的不断发展"，或"越来越高的心理要求不断得到满足的过程"②。比较而言，"普通人的动机来自于缺乏——他力图满足自己对安全、归属、爱、尊敬、自尊等的基本需要"，而只有少数杰出人物或格外健全成熟的人的动机"主要来自于自我实现的欲望"，即"主要来自于他对发展、实现的潜力及能力的需要"③；匮乏性需求或基本需要"是肯定可以得到满足的"，满足得过多了会使人厌烦，而超越性或成长性需求亦即自我实现的需要与之有着很大差异，"你决不会厌烦成长，永远不会"④。总之，自我实现的人是不断追求实现和充分发挥个人独一无二的天赋、创造力、潜能和个性的"充分人性"的人，他们是"人类最好的范例"，是"不断发展的一小部分人"的、"最优秀的人"的代表⑤。

除了以上，还有需要特别强调指出的几点：一是，人本心理学既反对弗洛伊德学派仅仅关注和研究精神病患者及其病态心理问题，也反对行为主义学派

---

① ［美］亚伯拉罕·马斯洛：《动机与人格》，许金声等译，中国人民大学出版社 2012 年版，第 29 页。

② ［美］弗兰克·戈布尔：《第三思潮：马斯洛心理学》，吕明、陈红雯译，上海译文出版社 1987 年版，第 64 页。

③ ［美］弗兰克·戈布尔：《第三思潮：马斯洛心理学》，吕明、陈红雯译，上海译文出版社 1987 年版，第 33 页。

④ ［美］马斯洛：《洞察未来》，［美］爱德华·霍夫曼编、许金声译，华夏出版社 2004 年版，第 85 页。

⑤ 参见［美］弗兰克·戈布尔：《第三思潮：马斯洛心理学》，吕明、陈红雯译，上海译文出版社 1987 年版，第 26、24、99 页。

仅仅关注和研究平常人及其行为塑造问题，它既不认为人天生就是邪恶的或生而具有破坏性或反社会的本性，也不认为人性"具有无限的可塑性"①。人本心理学重点关注和研究人类中的优秀者及其健康心理特点，但这并不意味着它就无视人的病态心理与犯罪行为，一方面它认为人的病态心理与犯罪行为主要是由于人的基本需要未得到合理满足而造成的，乃至一个人成长和发展的需要被剥夺或得不到满足也会导致感情上的疾病即"超越性病态"；另一方面则强调"每个人出生时并不是社会可以任意塑造的一团陶土，而是已经具备了一种结构，社会可以扭曲它，压制它，也可以在这种结构上进行建设"②。正因为它对人性持有这样一种看法和观点，所以第二，人本心理学还同时强调和重视一种外部环境或先决条件对于基本需要和高级需要的满足与实现所具有的必要性和重要性意义，"它们包括自由、正义、秩序等等"③，换言之，一种"良好的环境条件"主要是指"有利于促进自我实现的在自然、社会以及生理等诸多方面的条件"。依马斯洛之见，"社会因素是不可避免地与心理因素交织在一起的"，其原因就在于，"基本需要的满足必须以人际关系、各种亚群体以及更广泛的社会环境为基础"，职是之故，一种"良性社会"也就构成了人类基本需要满足的良好的环境条件，而所谓"良性社会"则可以被定义为"能够满足社会成员基本需要的社会"，或者是"能够为社会成员提供自我实现的条件的社会"。正因为如此，人本心理学并不认为人本质上就是善的，而是认为"只有在一定的条件下，人性才表现为善。在恶劣的环境条件下，人们更容易表现出心理病态和丑恶行为"，或者"只是认为人性在某些条件下可以是善的，并且力图说明具体需

① ［美］马斯洛：《洞察未来》，［美］爱德华·霍夫曼编、许金声译，华夏出版社2004年版，第13页。

② ［美］马斯洛：《洞察未来》，［美］爱德华·霍夫曼编、许金声译，华夏出版社2004年版，第205页。

③ ［美］弗兰克·戈布尔：《第三思潮：马斯洛心理学》，吕明、陈红雯译，上海译文出版社1987年版，第114页。

要哪些条件"。① 第三，作为一种个体心理学，人本心理学既可直接被用于个人的心理治疗，同时也在教育、管理和政治等诸多领域具有重要的应用价值。马斯洛格外赞赏、推崇并深受道家思想的影响，他认为心理医生应是"道家式的帮助者"，"有效的心理咨询和心理治疗应该是道家式的"，"它不去侵犯，也不去干涉，更不是要进行重塑、校正和灌输"，"努力使人们按照自己的方式活得更健康，更加充实"，或者"只是帮助他人发现自己并自由成长，让人们按照自己的方式实现自我的价值"②。在教育领域，人本心理学奉行这样的教育哲学，即"关于如何帮助人们成为他们能够成为并深深需要成为的人的理论"③，"这种教育将更强调人的潜力之发展，尤其是那种成为一个真正的人的潜力；强调理解自己和他人并与他人很好相处；强调满足人的基本需要；强调向自我实现的发展。这种教育将帮助'人尽其所能成为最好的人'"④。在管理领域，人本心理学反对那种一味强调对法律、控制和禁令的需要的专制的或极权式的管理形式或领导方式，主张采取一种"对他人有很深的尊重"的民主的态度，马斯洛称之为"道家式的尊重"，"这种尊重允许并鼓励他人去确认自己的偏好和进行自己的选择，（而不是）一味塑造人、支配人、支使人或控制人"⑤，同时，马斯洛认为，"从自我发展的观点出发，我们还可以说强者身上的民主、同情、爱、尊重以及享受成长的态度会促进弱者的成长与自我实现"，总之，一句话，"人

---

① 以上引文见于［美］马斯洛：《洞察未来》，［美］爱德华·霍夫曼编、许金声译，华夏出版社 2004 年版，第 76—77 页。

② ［美］马斯洛：《洞察未来》，［美］爱德华·霍夫曼编、许金声译，华夏出版社 2004 年版，第 14 页。

③ ［美］弗兰克·戈布尔：《第三思潮：马斯洛心理学》，吕明、陈红雯译，上海译文出版社 1987 年版，第 112 页。

④ ［美］弗兰克·戈布尔：《第三思潮：马斯洛心理学》，吕明、陈红雯译，上海译文出版社 1987 年版，第 76 页。

⑤ ［美］马斯洛：《洞察未来》，［美］爱德华·霍夫曼编、许金声译，华夏出版社 2004 年版，第 166 页。

本心理学的基础形成了开明管理、政治和社会变革的基础"①。

毋庸讳言，孔子儒家并未直接阐明其自身主张的心理学根据，但在其有关人的概念及其教育、伦理、政治思想中却隐含着许多与人本心理学暗合、相通或相近的关于人类心理的认识和看法。我想孔子儒家与人本心理学能够首先达成的一个基本共识就是，一个人应首先自我反省，应具有自知之明，乃至应具备充分的自我理解，因为"全人类最本质的需要都是相同的，那么通过自我理解就可以达到对全人类的理解"，而"当一个人理解了自己，他就会懂得自己最根本的需要和动机是什么，并学会以一种能使它们得到满足的方式去行动"，同时，"自我理解也可以帮助一个人去理解别人，同别人相处"②。子曰："性相近也，习相远也。""唯上知与下愚不移。"（《论语·阳货》）人的本性是相近的，只是由于受环境条件的影响而导致行为习惯上发生很大的差异，乃至在一定的条件下，一个人或者行善或者为恶。但除了上知和下愚之人不可改变之外，其他绝大多数人我们都是可以通过教育的方式来帮助其"尽其所能成为最好的人"的，或者一个人通过矢志不懈的学习与努力亦能够实现自我成长和发展的人生目标。正唯如此，孔子秉持"有教无类"和"因材施教"的教育理念与原则而广收门徒，致力于培育德行、言语、政事、文学等各方面的优秀人才，并特别注重启发学生自我反省的理性自觉意识，激励他们通过下学上达或个人的自我努力不断发展他们各自的天赋和潜能，从而取得了划时代的辉煌成就。尤有进者，孔子更深切地希望他的学生能够不局限于成就其一才一艺而已，而是努力成就自我更加充实、丰富和完美的君子品格，实现其修己以安民的更为远大宏伟的人生目标，正所谓"君子不器"（《论语·为政》）。尽管在孔子儒家有关

---

① ［美］马斯洛：《洞察未来》，［美］爱德华·霍夫曼编、许金声译，华夏出版社2004年版，第167页。

② ［美］弗兰克·戈布尔：《第三思潮：马斯洛心理学》，吕明、陈红雯译，上海译文出版社1987年版，第68页。

人的品级观念中①，还有比君子更加崇高和完美的贤、圣之人，但如果说"自我实现并不是一种终结状态；它是无定时无定量实现你的潜能的过程"的话，那么，在一定意义上可以说，孔子所谓君子就正是这样的自我实现者，是"通过学习而变得更加出色"或更加出类拔萃的自我实现者，"即使永远不可能达到完美，但却能够一直朝着理想目标不懈努力"②。马斯洛所谓的自我实现者，不仅是指"进行弹钢琴、做手术、吹玻璃等诸如此类能充分实现自己潜能"③的自我实现者，更是指具有一种关于天职的使命感和生活的责任感而能够在日常生活中将真、善、美、真理和正义等存在性价值真正内化于心、外化于行的自我实现者④。同样，孔门君子式"笃行信道，自强不息"（《孔子家语·五仪解》）的自我实现者，不仅是指身通六艺而在德行、言语、政事、文学等方面能充分实现自己潜能的自我实现者，更是指具有一种天命在我、以道救世的使命感和责任感而能够在日常生活中将真、善、美、忠信、仁爱和道义等存在性价值真正内化于心、外化于行的自我实现者。

如果说"人本心理学的研究对象，只是那些渴望生存和发展，希望自己生活得更快乐、更有意义，希望充分发挥自己的潜力，不断完善自己，不断超越自我的人"⑤的话，孔子儒家所思考和探究的对象其实也正是这样的人。如果说

① 如孔子曰："人有五仪：有庸人，有士，有君子，有贤人，有大圣。"（《荀子·哀公》，又见《大戴礼记》《孔子家语》）

② ［美］马斯洛：《洞察未来》，［美］爱德华·霍夫曼编、许金声译，华夏出版社2004年版，第21、13页。

③ ［美］马斯洛：《洞察未来》，［美］爱德华·霍夫曼编、许金声译，华夏出版社2004年版，第21页。

④ 参见［美］马斯洛：《洞察未来》，［美］爱德华·霍夫曼编、许金声译，华夏出版社2004年版，第82、84页。

⑤ ［美］马斯洛：《洞察未来》，［美］爱德华·霍夫曼编、许金声译，华夏出版社2004年版，第13页。

"追求存在价值、美德和心理健康，才是世界上最激动人心的事情"①，或者"人最基本的动机就是出类拔萃"，而且"这是与生俱来的"并会造就一种"伟大的向上的动力"②，那么，孔子教弟子下学而上达的根本目的正是为了激发一个人与生俱来的伟大的向上心，以便使之自觉而努力地追求存在价值、美德、心理健康和出类拔萃的人生目标。对于孔门师徒来讲，这样一种教学实践活动无疑是充满着激动人心的意义和生命力的，如：

子曰："我未见好仁者，恶不仁者。好仁者，无以尚之；恶不仁者，其为仁矣，不使不仁者加乎其身。有能一日用其力于仁矣乎？我未见力不足者。盖有之矣，我未之见也。"（《论语·里仁》）

子曰："士志于道，而耻恶衣恶食者，未足与议也。"（《论语·里仁》）

冉求曰："非不说子之道，力不足也。"子曰："力不足者，中道而废。今女画。"（《论语·雍也》）

子曰："学如不及，犹恐失之。"（《论语·泰伯》）

子曰："吾未见好德如好色者也。"（《论语·子罕》）

子曰："譬如为山，未成一篑，止，吾止也；譬如平地，虽覆一篑，进，吾往也。"（《论语·子罕》）

以上均是孔子为指点和激发人之向上心而言，而所谓"向上心"，即如梁漱溟先生所说，乃是指"不甘于错误的心，即是非之心，好善服善的心，要求公平合理的心，拥护正义的心，知耻要强的心，嫌恶懒散而喜振作的心……总之，于人生利害得失之外，更有向上一念者是"③。此所谓"向上心"，实即人本

① ［美］马斯洛：《洞察未来》，［美］爱德华·霍夫曼编、许金声译，华夏出版社2004年版，第90页。

② ［美］弗兰克·戈布尔：《第三思潮：马斯洛心理学》，吕明、陈红雯译，上海译文出版社1987年版，第127页。

③ 梁漱溟：《中国文化要义》，见中国文化书院学术委员会编：《梁漱溟全集》第三卷，山东人民出版社1990年版，第133页。

心理学所谓的"超越性需求"，这一"超越性需求"显然在孔门弟子中引发了普遍、持久而激动人心的反响，正如颜渊喟然而叹曰："仰之弥高，钻之弥坚。瞻之在前，忽焉在后。夫子循循然善诱人，博我以文，约我以礼，欲罢不能。既竭吾才，如有所立卓尔。虽欲从之，末由也已。"（《论语·子罕》）也正是在此"超越性需求"的驱动下，君子式的自我实现者志道好德、践仁行义而致力于修己以安民，使个人的自我德性修养与社会治理的公共责任有机地统一了起来。

那么，如何才能实现安民的公共责任呢？君子式的自我实现者虽然受到"超越性需求"这一高级动机的驱使而显得与众不同，但他们却有着一种最为深沉的"吾非斯人之徒与而谁与"的"人类归属感"，对他人乃至最广大的普通老百姓抱持普遍尊重与深切同情的态度，正如人本心理学告诉我们的那样："他们与普通人有极大不同，因而很少有人能真正理解他们。可是，这些优秀的人却深深感觉到他们与整个人类的血缘关系。他们能与性格合适的人保持一种友谊，而不管其种族、信仰、阶级、教育、政治信念或肤色。这种接受他人的行为完全跨越了政治、经济、民族的界限。"① 子曰："人不知而不愠，不亦君子乎？""不患人之不己知，患不知人也。"（《论语·学而》）这正是自我实现者所应具备的品格，所谓"知人"，用人本心理学的语言说，就是懂得或理解人的需要，而且了解人的需要虽有低级与高级的区别，但两者"并不矛盾"，尤其可贵的是，作为"能够辨认并追求自己的更高需要的人"，尽管普通人"很少有人能真正理解他们"，但他们却"总是以有利于社会的方式行事"②。正因为如此，"躬行君子"的孔子始终抱着"与其进也，不与其退也"（《论语·述而》）的态度，而乐于与任何人打交道——君主、当权者、贤士大夫、愤世嫉俗的隐者、难与言的互

① ［美］弗兰克·戈布尔：《第三思潮：马斯洛心理学》，吕明、陈红雯译，上海译文出版社1987年版，第33页。
② ［美］弗兰克·戈布尔：《第三思潮：马斯洛心理学》，吕明、陈红雯译，上海译文出版社1987年版，第112、33、113页。

乡之童子等等，其私学教育事业亦跨越政治、经济、阶级、国别、族类等各种界限而向所有人自由开放，以至孔门弟子之杂颇令人感觉诧异①。

正因为君子式的自我实现者不仅追求自己的"超越性需求"，而且理解普通人的低级的或基本的需要，所以他们在乱世之中立志于行道救世，既不愿像愤世嫉俗的隐者那样选择过一种避世的生活，更对"苛政猛于虎"的现实政治状况感到深恶痛绝。他们对人类伦理生活与政治事务的系统观察与深入思考，使他们深深地懂得只有在忠诚、信赖、友善、尊重、礼敬和仁爱的基础上才能构筑起最优良的社会人伦关系与人类共同生活，也只有在所有人的生命财产安全、物质生活需要有了基本的保障之后，才能为构筑优良的社会人伦关系与人类共同生活奠定坚实的生存基础或提供必要的先决条件。正因为如此，尽管孔子儒家对于自身主张的心理学根据并未直接予以阐明，但他们对于人本心理学所谓人的需要层次问题事实上却有着特殊的敏感或独到的证悟。这一点在孔门有关各自志向与意愿的坦诚交流中，在孔子有关庶而富之再进而教之的重要政治主张中，在孔、曾师徒有关孝道的阐述与论说中，以及孟、荀有关以养教为本的仁政礼治思想中，均有深切、具体而明确的体现。

关于各自志向的公开而坦诚的交流，有益于增进人们对彼此的相互了解，乃至增进人们理解自我和他人内心深处的意愿与需要。从孔门师徒的志向交流中，我们知道他们既有与他人建立友谊的需要，更有追求自身的美德修养和实现老安少怀之社会理想的超越性抱负与理想，特别是在他们各自治国安民的志向表达与目标追求中，我们从中可以清晰地看到，子路的使民有勇、冉有的使民富足、公西华的愿为小相以及曾皙对"浴乎沂，风乎舞雩，咏而归"即民生安乐之美好愿景的向往，从人的需要角度来讲，毋宁说，其志向所在及其才能之

---

① 如南郭惠子问于子贡曰："夫子之门，何其杂也？"子贡曰："君子正身以俟，欲来者不距，欲去者不止。且夫良医之门多病人，檃栝之侧多枉木，是以杂也。"（《荀子·法行》）

发挥、抱负之实现实乃对人民生存与安全保障之需要、生活富足之需要、国家政治之礼乐文明化以及民生安乐之需要所作出的一种回应。孔子所谓的庶而富之再进而教之的政治主张，更明确表达了这样一种对人民之需要的回应性政治理念，即在人民的生存与安全得到基本保障的基础上，应使人民过上一种富足的生活，在此基础上更须通过一种"道之以德，齐之以礼"的教化方式来提升人民的品格教养与美善之德性，而孔子之所以强调教化的必要，也正印证了人本心理学的这样一种看法，即"衣、食、住这些低等需要得到满足并不能保证一个人的发展"①，转换成孔门政治学的语言来说，就是人民的生存与安全得到保障以及物质生活的富足需要得到满足，并不能保证人民更高层次需要得到满足乃至人民的精神生活水平与美好品性自然得到提升与发展。

而要想提升和发展人们的精神生活水平与美好品性，最好从培养人民的孝悌忠信之德入手。依孔、曾师徒之见，孝的行为其实是分层次的，能"养"属于低层次的孝行，而能"尊亲"或能"敬而爱之"则属于高层次的孝行，仅仅是"能养"即仅仅满足父母衣食方面的低级需要是最基本的，却是不够的，因为这与养犬马之类的动物其实并没有什么本质的区别。（据《论语·为政》）因为"子生三年，然后免于父母之怀"，乃至"有三年之爱于其父母"（《论语·阳货》），故子当"学老者爱我而爱老者"②，正唯如此，孔门之孝重在爱而敬之或以尊亲为本，故曾子曰："孝有三：大孝尊亲，其次不辱，其下能养。"（《大戴礼记·曾子大孝》）毫无疑问，孔门之所谓孝道，极易给人一种片面强调和单向要求子女

---

① ［美］弗兰克·戈布尔：《第三思潮：马斯洛心理学》，吕明、陈红雯译，上海译文出版社 1987 年版，第 69 页。
② 伍庸伯：《〈礼记·大学篇〉解说》，见《梁漱溟先生论儒佛道》，广西师范大学出版社 2004 年版，第 150 页。

对父母孝顺的表面印象[①]，但如果我们能从人的需要角度来加以理解的话，就会明白孔、曾师徒的良苦用心，他们强调子女对父母的尊重和爱敬，虽然是从满足父母尊重需要的角度来讲的，但这一要求却基于这样一个正常的前提，即父母已完成自己为人父母而养育和慈爱子女的伦理责任，正是基于这一前提，孔、曾之孝道乃转而重在强调子女对父母的孝敬，其实说到底是对子女之责任心的一种培养和教育，而其根本目的则在其以为如此而能为构筑整个社会的优良人伦关系和共同生活奠定一种极富扩展性意义的"互以对方为重"或"尊重对方"[②]而又能满足人们"对于亲密感的渴望"的伦理根基。这与人本心理学所持有的这样一种观点即"对于亲密感的渴望是一种恒久的需要"是古今相通的，马斯洛以为要想解决"我们今天面对的一个重要问题"，即"学会如何与人亲密相处，消除人与人之间的隔阂和疏远感"，一种可取而有益的做法就是"现在应该注意把某些类似旧式家庭组织的东西作为一个中心的必要性"，乃至"围绕这个中心，可以'成扇形展开'各种各样的关系，包括工作关系、熟人关系、同事关系、友谊等等"[③]。而曾子曰："居处不庄，非孝也；事君不忠，非孝也；莅官不敬，非孝也；朋友不信，非孝也；战阵无勇，非孝也。"（《大戴礼记·曾子大

---

① 偏重孝道，且与政治相结合，而在汉世以后产生各种流弊，诚为不容讳言者。如熊十力先生所言："今考《论语》记孔子言孝，皆就人情恻然不容已处指点，令其培养德本，勿流凉薄。（德本者，孝为一切道德之本源。人未有薄其亲而能爱众者也。）至《孝经》一书，便务为肤阔语，（肤泛、阔大而不切于人情，非所以教也。）以与政治相结合，而后之帝者孝治天下与移孝作忠等教条，皆缘《孝经》而立。《戴记》中言孝道，亦多出于曾子，吾不知孝治之论果自曾子发之欤？抑其门人后学假托之欤？……汉人说经无往不是纲常大义贯注弥满，其政策则以孝弟力田，风示群众。（奖孝弟，使文化归本忠孝，不尚学术。奖力田，使生产专归农业，排斥工商。其愚民政策，曲顺人情，二千余年帝者行之无改，虽收统治之效而中国自是无进步。）"（《原儒》，中国人民大学出版社 2006 年版，第 55 页）
② 梁漱溟：《中国文化要义》，见中国文化书院学术委员会编：《梁漱溟全集》第三卷，山东人民出版社 1990 年版，第 90 页。
③ ［美］马斯洛：《洞察未来》，［美］爱德华·霍夫曼编、许金声译，华夏出版社 2004 年版，第 151、154—155 页。

孝》)只要我们愿意转换一下思考问题的视角,从人的需要的角度来重新认识、理解和诠释曾子此言乃至整个孔门修己安民之道的深层意蕴,那么,我们似不难发现,它与马斯洛的人本心理学在道理上实则具有诸多的契合点。

依梁漱溟先生之见,中、西、印三大不同的文化系统因应解决某一类人类生存问题或适合于解决某一类人类生存问题之需要而生,本应顺应诸问题(人对物、人对人、人对自己)的解决而依次递进,但中、印两大文化系统却过早地走上了解决人对人和人对自己之问题的文化路向,并因此而具有了"文化早熟"和"理性早启"①的特点,其文化的成功与优长之处在此,而其面对西方文化的失败与短劣之处亦在此。作为现代心理学流派的第三思潮,人本心理学关注人的基本需要满足与心理健康问题,说到底也主要是意在解决人对人的关系问题,并认为它的基本需要层次论和自我实现模式具有跨文化和跨历史的意义。综合来讲,我认为,我们既可以从跨文化和跨历史的意义上来深度反思和系统阐释孔门儒家式的基本需要层次论和自我实现模式,这对于我们理解孔门伦理政治观念的深层意蕴和治国为政智慧来讲,实具有至关重要的理论与实践意义,与此同时,我们也不能不强调指出,它又的确具有梁漱溟先生所说的"文化早熟"和"理性早启"的特点。但不管怎样,孔门的伦理本位观念及其修己安民的治国为政之道的核心要义,说到底,其最具深意的地方就在于它是对人类不同层次的需要或人民生活的各种需求与愿望所作出的某种积极的、建设性的回应。正唯如此,孔门修己安民之道的教义才可能在历史上逐渐与社会不同阶层的人的需要产生共鸣,并赢得越来越多的信徒。

三、追寻最佳治道:儒家的社会理想及其人伦、性情与礼乐教化观

如上所言,人本心理学为我们理解孔门儒家的君子之学与修己安民之道的

---

① 梁漱溟:《中国文化要义》,见中国文化书院学术委员会编:《梁漱溟全集》第三卷,山东人民出版社 1990 年版,第 305 页。

深层意蕴提供了有益的启示，反过来，我认为，对孔门儒家君子之学与修己安民之道的深入反思与系统探究也会有益于人本心理学之理论视野的扩展。为了更好地理解这一点，我们尚需进一步厘清孔子之后儒家思想演进的观念线索与主题脉络，看一看孔门儒家是如何基于人的需要，运思于伦理与政治之间而追寻治国为政的最佳治道并致力于儒家思想的新开展的。

（一）历史叙事中的社会乌托邦理想与最佳政制构想

依据弗洛伊德学派的观点，人类的文明是在压抑人的本能冲动（性冲动与侵略本性）的基础上建立起来并不断发展演进的，正因为如此，人类文明所推崇的美德、善行与无私其实"都是不自然的"，事实上再也没有比"爱邻里如爱自己"的训诫和要求"与人的天性更背道而驰"[①]的了。与之相反，人本心理学则将人类的文明建立在人的本性的基本需要得到合理满足与个人潜能得以充分实现的基础之上，当然，具备与之相应的良好的环境条件也是至关重要的，因为"在一个阻碍协同作用（即鼓励自私）反对互助的社会秩序中，好人可能被迫做坏事。相反，在一个鼓励协同作用的社会系统中，那些没有好心的人也可能发现做好事有利于他们自己从而去做好事"，正因为如此，"我们必须设计一个更好的社会，让人们拥有美德，行为正派，并且，做坏事对他们自身不利"，总之，"我们需要好人以创造好的社会，我们需要好的社会以创造好的人。这两个任务必须同时完成"[②]。很明显，要想同时完成这两个任务不是一件容易的事，也不可能一蹴而就，它似乎是一项有待于在未来才能实现的具有乌托邦性质的理想目标。依马斯洛之见，"不管怎么样，我们有理由相信，'好人'或'美好的社会'甚至'理想的天堂'这样永恒不变的观念，应该给我们提供一种途径，使个人或者整个社会不断向更高的境界进化，达到我们今天都无法想像的层次"，

---

① ［美］弗兰克·戈布尔：《第三思潮：马斯洛心理学》，吕明、陈红雯译，上海译文出版社1987年版，第4页。

② ［美］马斯洛：《洞察未来》，［美］爱德华·霍夫曼编、许金声译，华夏出版社2004年版，第158页。

而且，"这种理想是非常有意义的，它就像一个指南针"，可以"在今天这个混乱甚至狂乱的世界中"，为人们"指明方向"，引导我们"穿越风暴，到达光明"，尽管这具有使人"很容易陷入乌托邦的空想中"而"不切实际"的危险，然而，"完全的、不顾一切的只注重眼前、只看到面前燃烧的火焰，而不去思考明天、明年、下一代人，甚至是下一个世纪，这也同样是非常危险的"，而"有了这样的指南针"帮助我们，"至少在现在、今天，面对紧迫的问题"，我们会"知道该做什么"①。

与马斯洛不同，孔子儒家主要是通过历史叙事的方式来描述他们心目中的社会乌托邦理想的。在他们深远而宏阔的历史视野中，古圣先王被视为人类中"充分人性"的或"最优秀的人"，在他们的引领与治理之下，"美好的社会"或"黄金时代"曾经在历史上真实地出现过，毫无疑问，这是一种历史想象的产物，却表达了孔子儒家心目中人类最深层次的理想、需要、意愿与向往，以及他们试图在一个日趋混乱的世界中或日益衰败的时代里，为人们"指明方向"，提供一种"穿越风暴，到达光明"的"指南针"。就现存文献所见，对孔子儒家之社会乌托邦理想最经典、系统的历史表述，见之于《礼记·礼运》，其具体内容主要是通过孔子与言偃（字子游）师徒之间的问答之辞而加以呈现的，有学者认为这是子游学派的作品是有道理的。其文如下：

> 昔者仲尼与于蜡宾，事毕，出游于观之上，喟然而叹。仲尼之叹，盖叹鲁也。言偃在侧，曰："君子何叹？"孔子曰："大道之行也，与三代之英，丘未之逮也，而有志焉。大道之行也，天下为公，选贤与能，讲信修睦。故人不独亲其亲，不独子其子，使老有所终，壮有所用，幼有所长，矜寡孤独废疾者皆有所养，男有分，女有归。货恶其弃于地也，不必藏于己；力恶其不出于身也，不必为己。是故谋闭而不兴，盗

---

① ［美］马斯洛：《洞察未来》，［美］爱德华·霍夫曼编、许金声译，华夏出版社2004年版，第247—248页。

窃乱贼而不作，故外户而不闭。是谓大同。今大道既隐，天下为家，各
亲其亲，各子其子，货力为己，大人世及以为礼，城郭沟池以为固，礼
义以为纪；以正君臣，以笃父子，以睦兄弟，以和夫妇，以设制度，以
立田里，以贤勇知，以功为己。故谋用是作，而兵由此起。禹、汤、文、
武、成王、周公，由此其选也。此六君子者，未有不谨于礼者也。以著
其义，以考其信，著有过，刑仁讲让，示民有常。如有不由此者，在埶
（通'势'）者去，众以为殃。是谓小康。"

由上可见，孔子生活在晚周衰乱之世，其志在恢复或回归上古三代的治世
理想，世人遵循大道而行的时代被称为"大同"，所谓"天下为公，选贤与能"，
主要意指天下为天下人所公有而天子之权力与职位须通过选择、拔举贤能者而
禅授之的方式和平地加以传递与承继，如王夫之《礼记章句》曰："'天下为公'，
谓五帝官天下，不授其子。'选'，择。'与'，授也。谓择贤能而禅之。"[1] 正是
在古圣先王禅贤让能、讲求诚信、修治和睦的引领与治理下，天下的人民彼此
友爱互助而毫无私心，人们不只是尊敬自己的父母，也不只是慈爱自己的子女，
乃至"老有所终，壮有所用，幼有所长，矜寡孤独废疾者皆有所养"[2]，人人皆

---

[1] 王夫之：《船山全书》第四册《礼记章句》，岳麓书社 1996 年版，第 537 页。
[2] 汉儒韩婴在《韩诗外传》卷三中描述的"太平"社会理想，可与《礼记·礼运》中的"大
同"理想相互参照发明，其中，还增加了一项重要补充，即病有所医，其文如下："传曰：
太平之时，无喑聋、跛眇、尪蹇、侏儒、折短，父不哭子，兄不哭弟，道无襁负之遗育。然
各以其序终者，贤医之用也。故安止平正，除疾之道无他焉，用贤而已矣。《诗》曰：'有
瞽有瞽，在周之庭。'纣之余民也。""太平之时，民行役者不逾时，男女不失时以偶，孝
子不失时以养。外无旷夫，内无怨女。上无不慈之父，下无不孝之子。父子相成，夫妇相
保。天下和平，国家安宁。人事备乎下，天道应乎上。故天不变经，地不易形，日月昭明，
列宿有常。天施地化，阴阳和合，动以雷电，润以风雨，节以山川，均其寒暑，万民育生，
各得其所，而制国用。故国有所安，地有所主。圣人刳木为舟，剡木为楫，以通四方之物，
使泽人足乎木，山人足乎鱼，余衍之财有所流。故丰膏不独乐，硗确不独苦。虽遭凶年饥
岁，禹汤之水旱，而民无冻饿之色。故生不乏用，死不转尸，夫是之谓乐。《诗》曰：'于
铄王师，遵养时晦。'"

各得其所, 各安其分, 各尽其责, 人们生活和谐安乐, 所有人都享有基本的生活保障, 没有人不爱惜财物食货, 但不会把它们私藏在自己家中享用, 没有人不竭诚尽力, 但不是为了自己的私人利益, 因此, 权谋诈伪的恶念被杜绝而不会兴起, 盗窃掠夺的恶行被消除而不会发生, 如此, 人们也就无须紧闭门户而彼此防备。这就是所谓的 "大同"。用人本心理学的语言来讲, 这是一个所有人的基本需要都能得到充分合理满足而高度和谐的社会。尽管这一理想社会蓝图未必符合上古时代的真实历史现状, 但从纯理论的及其实现之可能性的角度来讲, 它似乎也并非完全出于孔子儒家的空想, 换言之, 这一理想社会蓝图的确有其悠久深厚的政教传统作为它的历史依据, 如班固在《汉书·食货志上》中所言:

> 《洪范》八政, 一曰食, 二曰货。食谓农殖嘉谷可食之物, 货谓布帛可衣, 及金刀龟贝, 所以分财布利通有无者也。二者, 生民之本, 兴自神农之世。"斫木为耜, 煣木为耒, 耒耨之利以教天下", 而食足; "日中为市, 致天下之民, 聚天下之货, 交易而退, 各得其所", 而货通。食足货通, 然后国实民富, 而教化成。黄帝以下 "通其变, 使民不倦"。尧命四子以 "敬授民时", 舜命后稷以 "黎民祖饥", 是为政首。禹平洪水, 定九州, 制土田, 各因所生远近, 赋入贡棐, 楙(同 "茂")迁有无, 万国作乂。殷周之盛, 《诗》《书》所述, 要在安民, 富而教之。故《易》称: "天地之大德曰生, 圣人之大宝曰位; 何以守位曰仁, 何以聚人曰财。" 财者, 帝王所以聚人守位, 养成群生, 奉顺天德, 治国安民之本也。故曰: "不患寡而患不均, 不患贫而患不安; 盖均亡贫, 和亡寡, 安亡倾。" 是以圣王域民, 筑城郭以居之, 制庐井以均之, 开市肆以通之, 设庠序以教之; 士农工商, 四民有业。学以居位曰士, 辟土殖谷曰农, 作巧成器曰工, 通财鬻货曰商。圣王量能授事, 四民陈力受职, 故朝亡废官, 邑亡敖民, 地亡旷土。

上引班固之言, 基本上属于一个历史学家以历史之眼光对上古中国之悠久深厚而又一以贯之的政教传统所作的一种梳理与概括，所不同的是，《礼记·礼运》将上古三代明确划分为大同、小康两个不同的时代，而班固之说则贯通涵盖了整个上古三代之世，而且将孔子儒家富而教之、治国安民的为政理念融贯其中，由此而凸显了孔子儒家致力于在普遍满足人民基本需要或作为生民之本的食货之需的基础上来实现民生安乐、提升人民道德教养之治的社会政治理想。在这样一种意义上，"大同"理想的实现自然有其充分的理论依据及现实的可能性，而决非高不可及的一种纯粹的乌托邦空想。不过，表面上来看，《礼记·礼运》对大同、小康两个不同时代的阶段性划分，则似乎将"大同"理想高高地悬置于现实之上，而使之成了一种难以企及的乌托邦目标。然而，如果说"大同"与"小康"同为孔子之"志"所向往和追求实现的目标的话，那么，"大同"与"小康"就"并不是截然对立的"，"儒家追求'大同'，同时又歌颂'小康'"[1]，而"小康"之为"小康"，正是"大同"之世走向衰落之后，三代之君子以礼为砥柱来构筑优良治理秩序所展现出的一幅社会图景。具体而言，所谓的"小康"，乃是指大道隐没消失，天下为一家一姓所私有，人们只是各自关爱自己的亲人，关心自己的私人利益，统治者占有天下、世袭权位，为了维护自己的统治和利益，而构筑坚固的城郭沟池，制定严格的礼义纲纪，以便使君臣名分端正，父子亲情笃厚，兄弟情谊和睦，夫妻关系和谐，然而，也正是各种制度的设立，田里的划分，知愚勇怯能不能之间的区别，以及一切出于建功立业的私心，在人们之间制造了差异、分裂与隔阂，因此，权谋的运用由此而发生，兵革战事也由此而兴起，夏禹、商汤和周代的文王、武王、成王、周公，就是在这样的时代里产生出来的"君子"，他们都谨慎地依礼而行，汲汲于彰显道义，考察诚信，辨明过错，践行仁爱，讲求礼让，向人民显示做人行事应遵循的准则或常道，如有不遵循的，即使是有权有势者，也要给以惩处而夺去其职权地位，而民众亦视之为祸害。如此说来，如果说"大同"是孔子儒家所向往的最优之社会乌托邦理

---

① 刘泽华：《中国政治思想通史》（先秦卷），中国人民大学出版社2014年版，第238页。

想的话，那么，"小康"则是他们所汲汲于追求实现的、更接近于现实需要的次优之社会理想，它无疑凸显了立足"当代"（指孔子儒家所处的春秋战国之世）而追求三代特别是周代礼治之目标的现实急迫性，正所谓"如此乎礼之急也"（《礼记·礼运》）。但是，这决非如有的学者所言：《礼记·礼运》意在将"小康"（社会现实）与"大同"（价值理想）"根本对立"[①]起来。

"大同"与"小康"两者之间当然是有差别的，但差别只在于最优与次优之分而已，两者并不相互妨害，即推崇大同之理想无妨于小康之礼治，反之亦然。《礼记·礼运》的论说顺序虽然是首先阐明"大道之行"的"大同"理想，然后再揭橥"大道既隐"的"小康"目标，但若反向逆推，孔子儒家之汲汲于小康之礼治，其实最终亦不外是为了进一步实现大同之理想。这一点，对于孔子而言，至少是不矛盾的，他既"祖述尧舜"而又"宪章文武"（《中庸》），既对"大哉尧之为君"（《论语·泰伯》）推崇备至[②]而又以文王周公或文武之道的当代传人自居，既"羡尧舜之道恨不及"（《孔丛子·记问》）而又汲汲于欲复兴周礼之治，这哪里有什么"根本对立"？然而，在孔门后学中，为了回应时代之需要，究竟是推崇尧舜禅让与大同之世的最优理想还是追求实现三代世及与小康礼治的次优目标，却难免会发生思想观念上的意见分歧与实践进路上的不同选择，上博楚简《子羔》《容成氏》和郭店楚简《唐虞之道》即为明证。

上博楚简《子羔》记载了孔子与弟子子羔（名高柴）有关尧舜禅让的对话，在答子羔之问时，孔子充分肯定并褒奖尧舜禅让说："昔者而弗（殁）世也，善与善相受（授）也，故能治天下，平万邦"，而"尧见舜之德贤，故让之"。《容成氏》更将禅让之事迹上溯至远古，而谓"［尊］卢氏、赫胥氏、乔结氏、仓颉氏、轩辕氏、神农氏、□□氏、垆运氏之有天下也，皆不授其子而授贤"，并详细记述了尧、舜、禹禅位让贤之际的具体过程。先是尧"求贤者而让焉"，"以天下

---

① 梁涛：《郭店竹简与思孟学派》，中国人民大学出版社2008年版，第164页。
② 如《汉书·艺文志》曰："《书》之所起远矣，至孔子纂焉，上断于尧"，岂徒然哉？

让于贤者，天下之贤者莫之能受也"。后来尧闻舜有贤德，故"为善兴贤，而卒立之"。而当禹禅位于皋陶时，"皋陶乃五让以天下之贤者，述（遂）称疾不出而死。禹于是乎让益，启于是乎攻益自取"。历史从此进入"天下为家"的时代，而桀纣暴君又作，故汤武征伐以取天下。与《礼记·礼运》所述在思想本旨上是基本一致的，所不同者主要是《礼记·礼运》重在凸显"大同"与"小康"之异，而《容成氏》则突出了禅让与征伐的不同。

据《孔丛子·论书》，子张问曰："圣人受命，必受诸天。而《书》云'受终于文祖，何也？'"孔子曰："受命于天者，汤武是也。受命于人者，舜禹是也。夫不读《诗》《书》《易》《春秋》，则不知圣人之心，又无以别尧舜之禅、汤武之伐也。"由此可见，孔门对于尧舜之禅与汤武之伐自始便抱持一种明辨区分的态度，然而，区别只在于其正当性的来源不同，即一"受命于人"、一"受命于天"，但认为两者方式具有同样的正当性。与此同时，在天子权位的转移传承方式问题上，孔子也还未曾将禅让与世袭二者完全对立起来看待，如《孟子》所引孔子之言曰："唐、虞禅，夏后、殷、周继，其义一也。"（《孟子·万章上》）显然，孔子虽然盛赞尧舜之禅让，但并不认为世继（世袭传子）的方式就是不正当、不合理的，问题的关键在于统治者是否是有德者以及其治国为政的方式是否合乎道义，只要统治者有德以及其治国为政的方式合乎道义，不管其权位的获取与转移是世袭还是禅让，乃至通过暴力的"革命"方式而夺取，如汤武之"革命"[①]，就都是正当而可以接受和认可的。

孔子之后，尧舜禅让、三代世继和汤武革命即关于天子权位转移和获取方式的问题逐渐成了一个富有争议的问题，在诸子各家甚至是儒家学者内部引发了广泛、持久而深入的关注与讨论。像孔子一样，墨子对尧舜之禅让亦持明确

---

① 如《周易·革卦·彖传》曰："天地革而四时成，汤武革命，顺乎天而应乎人，革之时大矣哉！"

肯定的态度，如墨子曰："昔者舜耕于历山，陶于河濑，渔于雷泽，灰于常阳，尧得之服泽之阳，立为天子，使接天下之政，而治天下之民。"（《墨子·尚贤下》）但在《韩非子》和《庄子》中，舜、禹、汤、武却被从不同的角度描写成了一种完全负面的政治和道德形象，如《韩非子·说疑》曰："舜偪（逼）尧，禹偪（逼）舜，汤放桀，武王伐纣。此四王者，人臣弑其君者也，而天下誉之。"《庄子·盗跖》则曰："尧不慈，舜不孝，禹偏枯，汤放其主，武王伐纣，文王拘羑里。此六子者，世之所高也。孰论之，皆以利惑其真而强反其情性，其行乃甚可羞也。"而就儒家学者内部而言，既有极力推崇尧舜之禅让者，最著名的如郭店简的《唐虞之道》，亦有对其持保留态度者，如孟、荀，他们都对尧舜禅让的历史传说心存疑虑，不仅对尧舜禅让的说法给予了审慎的反思并作了严格的条件性限定，而且更加热衷于肯定和赞扬汤武的革命性行动，孟子的"言必称尧舜"（《孟子·滕文公上》）主要是对"尧舜之道，孝弟而已矣"（《孟子·告子下》）给予充分肯定而已（此是后话，后文再详论）。

《唐虞之道》认为尧舜禅让授贤而不传子，为政所关切的是天下的公共利益而不是一己之私利，乃是上德仁圣之行的体现。其文如下：

> 唐虞之道，禅而不传（或读作"专"）。尧舜之王，利天下而弗利也。禅而不传，圣之盛也。利天下而弗利也，仁之至也。故昔贤仁圣者如此。身穷不贪，没而弗利，穷仁矣。必正其身，然后正世，圣道备矣。故唐虞之（道，禅）也。
>
> 夫圣人上事天，教民有尊也；下事地，教民有亲也；时事山川，教民有敬也；亲事祖庙，教民孝也。
>
> 尧舜之行，爱亲尊贤。爱亲故孝，尊贤故禅。
>
> 古者圣人二十而冠，三十而有家，五十而治天下，七十而致政，四肢倦惰，耳目聪明衰，禅天下而授贤，退而养其生。

> 禅也者，上德授贤之谓也。上德则天下有君而世明，授贤则民举
>
> 效而化乎道。不禅而能化民者，自生民未之有也，如此也。

由上可知，尧舜被看作爱亲尊贤的明君圣王典范，不仅以利天下为怀，重视对人民进行道德教化，而且不贪求独占天子之权位，能够在自己身体和智力衰惰的晚年禅让授贤。其中，最值得我们注意的就是，在《唐虞之道》的作者看来，"禅而不传"体现的是"圣之盛"，"利天下而弗利"体现的是"仁之至"，前者构成了后者的前提条件与根本保障，即唯有上德之君能够禅让授贤才能真正实现治世化民的社会政治目标，反之，"不禅而能化民者，自生民未之有也"。说到底，完备的圣人之道正在其"必正其身，然后正世"。唯正其身而禅位授贤，才能正世化民，反之，不能正其身而禅位授贤，则不足以正世化民，其对尧舜之禅让可谓推崇备至而无以复加矣，此正可以说是孔门儒家关于天子权位和平传承方式之制度安排的最佳政制构想。

综上所述，《礼记·礼运》向世人描绘了一幅历史演进过程中大同与小康两个阶段性的社会理想蓝图，毋庸讳言的是，这是基于对上古三代的历史想象而提出的，具有强烈而鲜明的崇古色彩，未必符合历史的真实状况，表面看来，作者也似乎持有一种历史退化论。然而，问题的关键及其影响深远的意义在于，对这样一种基于历史想象的社会理想蓝图的描述，决非仅仅是为了发思古之幽情，也不仅仅是出于对历史的解释，而是为世人提供了一种值得遵循和效法的理想社会范例与生活道路指引，为世人提供了用来审视、评判"现实世界"的一种理想化的典范与标准，从而在历史上不断激发起人们改进现状的想望、意愿、热忱和行动。《礼记·礼运》并未直接而明确地倡言禅让，后世儒者以"禅让"来诠解"天下为公，选贤与能"之义的人也是有其充分的儒家思想依据的，《子羔》《容成氏》《唐虞之道》便充分说明和印证了这一点，《礼记·礼运》以为大同之理想乃是"天下为公，选贤与能，讲信修睦"的必然结果，这与《唐虞之道》的必正其身以禅位授贤而正世化民的思维理路显然是相当一致的，所不同的是，

《礼记·礼运》更进一步强调为了适应现实之急迫性的需要，须先行追求实现小康之礼治的目标。但在我看来，《礼记·礼运》并无意于将小康之礼治与大同之世的理想"根本对立"起来，有学者说，"《礼运》不是对禅让、'大同'的礼赞，而是为其唱出的一曲挽歌"①，显然并未真正读懂或完整地理解《礼记·礼运》一篇的思想脉络，姑且不论《礼记·礼运》于大同小康之说后论"如此乎礼之急也……"之文，"完全抛弃大同义不复谈，却专说小康礼教"，是否为后人"改窜"而"多从故籍杂集"②而来，但其谓"圣人耐以天下为一家，以中国为一人者"乃至欲由礼治来实现"讲信修睦，尚辞让，去争夺"的治理目标，岂徒然哉？岂非期期于由小康之礼治而进至于大同之世乎？不可否认的是，公元前316年，燕王哙"以国让于子之"而导致燕国大乱（据《史记·燕召公世家》）一事的发生，的确使此后的思想家不能不重新审视禅让在现实实践中是否可行的问题。孟荀对于尧舜禅让之历史传说的态度即是明证，不过，这尽管可以使我们有理由断言"竹简《唐虞之道》整篇鼓吹禅让……如此肯定禅让的思想，显然应该产生于禅让学说处于高潮的燕王哙让国之前"③，但还不足以让我们能够轻率地就断定，儒家仅仅会因为一次名不副实的历史闹剧从此便将小康之礼治与大同之禅让"根本对立"起来，并彻底放弃禅让的最佳政制构想，《礼运》一篇被汉儒收录编入《礼记》一书中，而且汉代儒家学者对尧舜禅让仍然推崇备至④，乃至禅位让贤思潮在西汉中后期日趋强劲而最终演成王莽禅汉之局，便充分说明了这一点。历史的闹剧会一再重演，譬如以禅让之名行篡夺之实，这

---

① 梁涛：《郭店竹简与思孟学派》，中国人民大学出版社2008年版，第183页。

② 熊十力：《原儒》，中国人民大学出版社2006年版，第146页。

③ 梁涛：《郭店竹简与思孟学派》，中国人民大学出版社2008年版，第177页。

④ 如汉儒刘向的《说苑·至公》开篇即称扬尧禅位让之舜的伟大曰："《书》曰：'不偏不党，王道荡荡。'言至公也。古有行大公者，帝尧是也。贵为天子，富有天下，得舜而传之，不私于其子孙也。去天下若遗躧。于天下犹然，况其细于天下乎？非帝尧孰能行之？孔子曰：'巍巍乎！惟天为大，惟尧则之。'《易》曰：'无首吉。'此盖人君之公也。夫以公与天下，其德大矣。推之于此，刑之于彼，万姓之所载（同'戴'），后世之所则也。"

是儒家欲在君主专制时代实行禅让式至公政制理想必然会导致的一种历史现象，但既然有人愿意假借"禅让"之名或打着"禅让"的旗号来实行篡夺之实，说明"禅让"在那个时代仍然是一种可资利用的政制理想，其价值和意义毫无疑问要优于仅仅出于私心而对天子职位与权力的一家垄断、占有与把持。而儒家之所以将尧舜之禅让视为一种关乎天子之职位与权力和平转移与传承方式的最佳政制安排，其最终的心理根据就在于他们认为一个治理良好的社会一定是德位相符、圣贤在位的社会，这与人本心理学认为"一个良好的社会是美德受到报偿的社会"①在道理上是相通的，正因为如此，《礼记·礼运》和《唐虞之道》的作者才会认为唯有在"天下为公，选贤与能，讲信修睦"的前提条件下或通过尧舜禅让的方式才能实现大同之世的社会理想或正世化民的根本目标，说到底，最佳的政制安排乃是实现正世化民或社会优良治理之理想与目标的必由之路或根本保障。

（二）人伦、人道与价值观的追寻

对孔子儒家而言，无论是最佳之禅让政制的实行还是最优之社会理想的实现，其实都不能脱离现世的人伦关系而悬空设想。换言之，孔子儒家生活在晚周衰乱之世，并非只是悬空构建一种乌托邦的梦想以满足自己的思古之幽情，而是致力于在现世追求实现他们的最佳政制构想与最优社会理想，因此，对他们而言，一种远离尘世的乌托邦空想显然是没有多大意义的。更何况人作为一种社会性动物或伦理性存在，"人生许多基本需要的满足都要通过他人来获得"②，因此，他们不愿像那些愤世嫉俗的隐者那样选择过一种纯粹消极避世的隐居生活，而是乐于与人同群并努力以道救世。依孔子儒家之构想，无论是最佳之禅让政制还是最优之大同社会理想，它们最终皆是要正世化民而以实现

---

① ［美］弗兰克·戈布尔：《第三思潮：马斯洛心理学》，吕明、陈红雯译，上海译文出版社1987年版，第139页。

② ［美］马斯洛：《洞察未来》，［美］爱德华·霍夫曼编、许金声译，华夏出版社2004年版，第24页。

民生安乐为根本目的，即使人们在人生之衣、食、住、养、家庭归属感以及爱与尊重等基本需要方面都能得到普遍满足。而问题的关键在于，作为乱世之所急需，究竟应如何切实而具体地改造现实社会，究竟遵循或通过什么样的方式、方法、途径与步骤才能逐渐改良现实社会以实现民生安乐的目标？显然，孔子儒家并非革命家，而是改良者，他们只是希望即实然而求其应然地端正名分以使人们能够依名尽分或履职尽责。正如《周易·坤卦·文言》所云："臣弑其君，子弑其父，非一朝一夕之故，其所由来者渐矣，由辩之不早辩也。"而辩察其根由，依孔子儒家之见，乱世之"乱"的最终根源恰恰就在于世人之不能各尽其分。

诚如谢扶雅先生所说："盖吾族特有之名分思想，夙已发达。有名即有分，分得而名归。名其'实然'，分其'应然'。等'应然'于'实然'，乃中国思想之特色。"[1] 正因为如此，孔子儒家之正名，重在"依其名以正其分"[2]，也就是，即其"实然"而求其"应然"，或者依据一个人在具体的社会人伦关系中的实际名位而推求其所应尽之职分的理想含义。"故在正名主义之下，居最高位者，应具最高德"，孔子儒家所推崇的最高德行，"当系指仁德无疑"，乃至于"仁德所表现之政治境界必为大同"[3]。果如是言，则《唐虞之道》极力鼓吹和倡导尧舜禅让之最佳政制，认为"尧舜之行，爱亲尊贤。爱亲故孝，尊贤故禅"，亦应是孔子儒家正名主义之思想逻辑的必然结果。如上文所言，这与《礼记·礼运》所谓"天下为公，选贤与能"乃至"人不独亲其亲，不独子其子"之大同社会理想，实是相通一致的，并无本质的不同。然而，有学者却一心要将《礼记·礼运》之思想主旨解读得与孔孟儒家不同，其言道：

> 由于"天下为公"、"选贤与能，讲信修睦"成为社会的基本原

---

① 谢扶雅：《中国政治思想史纲》，台湾正中书局1954年版，第11页。
② 谢扶雅：《中国政治思想史纲》，台湾正中书局1954年版，第62页。
③ 谢扶雅：《中国政治思想史纲》，台湾正中书局1954年版，第61页。

则，贤能之士积极投身于天下的治理，"故人不独亲其亲，不独子其子……"……其实"不独"就是不仅仅，它是说人们不能仅仅停留在"亲其亲"、"子其子"之上，而要以"壮有所用，幼幼所长，矜寡孤独废疾者，皆有所养"为更高的理想，这与儒家的一般主张并无本质的不同。自孔子创立儒学起，就一方面执著于孝悌的血缘情感，另一方面又将其扩充、提升为普遍的仁爱之情，将"亲亲"与"爱人"、"孝悌"与"泛爱众"统一起来，确立了由孝及仁，由身、家及天下的实践路向。所以孔门虽然强调"孝弟也者，其为仁之本与"（《论语·学而》），但也不乏"四海之内皆兄弟也"（《论语·颜渊》），以及"老者安之，朋友信之，少者怀之"（《论语·公冶长》）的社会理想。孟子主张"老吾老以及人之老，幼吾幼以及人之幼"……这些都说明超越"亲其亲"、"子其子"，实现更高的社会理想，乃是儒家的共同主张，而并非《礼运》的独创。只不过《礼运》的社会理想，不是通过"亲亲"的扩充，不是经过"辟如行远必自迩，辟如登高必自卑"（《礼记·中庸》）的外推过程，而是以"天下为公，选贤与能"为条件，认为通过禅让，破除了己身、己家的"小我"，达到视天下若一家的"大我"，才有可能实现"矜寡孤独废疾者，皆有所养"的社会理想，一定程度上将"亲亲"与"泛爱众"对立起来，这样又使其具有与孔孟不同的思想特点。[①]

由上述引文可知，在该学者看来，《礼记·礼运》所谓的"天下为公，选贤与能"，乃是意在"通过禅让，破除了己身、己家的'小我'"，乃至"将'亲亲'与'泛爱众'对立起来"，看来该学者特别喜欢运用"对立"式的思维方式来解读《礼记·礼运》的意旨，而不能将古人之思想融贯地加以理解。如果说《礼记·礼运》所谓的"天下为公，选贤与能"就是在讲禅让问题的话，那么我们正可参照、引证在时代上与之相先后或相去不远的《唐虞之道》来加以理解，因为《唐虞之道》对禅让问题论述得再清楚明白不过了，其言曰：

---

① 梁涛：《郭店竹简与思孟学派》，中国人民大学出版社 2008 年版，第 160—161 页。

　　尧舜之行，爱亲尊贤。爱亲故孝，尊贤故禅。孝之施，爱天下之民。禅之传，世亡隐德。孝，仁之冕也。禅，义之至也。六帝兴于古，皆由此也。爱亲忘贤，仁而未义也。尊贤遗亲，义而未仁也。……爱亲尊贤，虞舜其人也。

　　古者尧之与舜也：闻舜孝，知其能养天下之老也；闻舜弟，知其能事天下之长也；闻舜慈乎弟（象□□，知其能）为民主也。故其为瞽盲子也，甚孝；及其为尧臣也，甚忠；尧禅天下而授之，南面而王天下，而甚君。故尧之禅乎舜也，如此也。

很明显，《唐虞之道》的作者并未将"爱亲"与"尊贤"对立起来，而是认为两者可以并行不悖，也就是说，尊贤之行决不意味着就必须要"通过禅让，破除了己身、己家的'小我'"，恰恰相反，正因为舜之能孝而爱亲，所以尧才"知其能养天下之老""爱天下之民"，故而才"禅天下而授之"，"爱亲"乃是"尊贤"而禅的先决条件。可见，在儒家的观念中，亲亲与泛爱众、孝之施与爱天下之民不可能是对立的，后者只是将前者扩充推及于他人的必然结果，正因为一个人能爱亲，才可能期望他能推扩此心而爱他人之亲乃至爱天下之民，反之，"人未有薄其亲而能爱众者也"[1]。因此，所谓"破除了己身、己家的'小我'"的说法决不符合孔子儒家由"亲亲"而"泛爱众"或由"亲亲"而"仁民"的思想逻辑，而与墨子爱无差等的"兼爱"、庄子"至仁无亲"、佛家破除己身己家之慈悲，以及近世康有为破除身、家、国、阶级、种类等九界的博爱之仁等观念更为相近一致。除非我们认为《礼记·礼运》并非儒家的作品，否则，如此解释显然与当时孔子儒家的思想本旨是相抵触的。《礼记·礼运》所谓"故人不独亲其亲……"，"不独"的确是"不仅仅"的意思，其实这也就是宋儒程子所说的"人各亲其亲，然后能不独亲其亲"[2]的

---

① 熊十力：《原儒》，中国人民大学出版社2006年版，第55页。

② 程颢、程颐：《二程集》下册，王孝鱼点校，中华书局2004年版，第1267页。

意思，而且，孔子儒家既首重家庭亲亲之道，故亦视己身与己家为一体相关而不可轻忽，如曾子曰："身者，亲之遗体也。行亲之遗体，敢不敬乎！"（《大戴礼记·曾子大孝》）又曰："险涂（同'途'）隘巷，不求先焉，以爱其身，以不敢忘其亲也。"（《大戴礼记·曾子本孝》）再进而言之，身之可修，家之可齐，此正是治国平天下之前提与根基，又何须非"破除"之不可呢？故在我们看来，《礼记·礼运》的思维逻辑与思想主旨并不与孔孟儒家一以贯之或一脉相承的思想特点相悖而不同。

重家庭亲亲之道，故父子之伦为不可逃；尚尊贤为政之义，故君臣之伦亦为不可废。正因为如此，孔、曾师徒才格外重视、突显了父子、君臣作为人之大伦的重要性，而且教人谨慎地持守人子人臣之礼而以忠爱以敬的态度来事父事君。当然，孔子儒家的人伦观念不止于父子、君臣二伦而已，还包括夫妇、兄弟、长幼以及师生、朋友等等。不过，相关传世文献记载孔子儒家论述人伦观念的说法却并不完全一致，这些不同的说法在含义上究竟具有什么样的细微而重要的差异，需要我们审慎地加以辨析区分。譬如，齐景公问政于孔子，而孔子答以"君君，臣臣，父父，子子"（《论语·颜渊》），显然，孔子以端正君臣、父子二伦之名分为政治生活的一项核心内容。另如《论语·微子》所记子路之言，则明确将"长幼之节""君臣之义"视为不可废或不可乱的人之"大伦"。但无论是君臣与父子，还是长幼之节与君臣之义，二者之间究竟孰轻孰重，孔子子路师徒都未曾有明言，我们只能揣度说，这二者在他们心目中大概是同样重要的。换言之，对他们而言，父子之亲情、长幼之礼节与君臣之道义可能具有同等的重要意义。在其他的传世文献记载中，孔子的说法还增加、包含了夫妇、兄弟二伦，如《礼记·哀公问》记孔子答哀公问政之言，明确强调"夫妇别，父子亲，君臣严"三者的特殊重要性，而《礼记·礼运》则记有孔子论述"父慈、子孝、兄良、弟弟、夫义、妇听、长惠、幼顺、君仁、臣忠"之十种"人义"，以及"父子笃，兄弟睦，夫妇和"和"君臣相正"等说法。不管这些说法是否真的都出自孔子本人的原话，但都说明了孔子对建立在家庭亲情和政治道义基础上的两类不同性质的人伦关系持有同等看待的重视态度，乃至于在孝养双亲的家庭义务或伦理情感与求学问道、事君交友而献身于公共道义之间发生矛盾和冲突而面临两难抉择之际，孔子对弟子的要求只是听之于个人的自由选择①。

不管怎样，孔子以父子、君臣为中心的人伦观念在七十子及其后学那里得到了更进一步的发展、补充和完善。大体而言，值得我们特别注意的，主要有以下几种基本的思想动向、趋势和特点：

一是，对人伦观念给以一种自然合理性的说明与论证。如郭店楚简《成之闻之》曰："天降大常，以理人伦，制为君臣之义，著为父子之亲，分为夫妇之辨。是故小人乱天常以逆大道，君子治人伦以顺天德。"显然，这是将君臣、父子、夫妇三者视作三种最重要的"天常"性质的人伦关系。后来荀子亦有言曰："君臣、父子、兄弟、夫妇，始则终，终则始，与天地同理，与万世同久，夫是之谓大本。"（《荀子·王制》）其意与《成之闻之》基本上是一致的，只是多出了"兄弟"一伦而已。《周易·序卦》在讲到天地万物之生成演化过程时亦曾强调说："有天地，然后万物生焉。……有天地然后有万物，有万物然后有男女，有男女然后有夫妇，有夫妇然后有父子，有父子然后有君臣，有君臣然后有上下，有上下然后礼义有所错。"这事实上从天地万物自然演化的角度既说明了天地、万物、男女、夫妇、父子、君臣、上下的演化生成次序，同时也论证了人类男女之性别差异与婚媾以及夫妇、父子、君臣、上下等各种人伦关系作为自然演化之必然结果的自然合理性。

二是，三纲五伦观念的逐渐定型化。从传世和新出土文献来看，孔子和古

---

① 据文献记载，孔子师徒出游，闻哭声甚悲，孔子问其"何哭之悲"，答曰："吾少好学问，周遍天下，还后，吾亲亡，一失也；事君奢骄，谏不遂，是二失也；厚交友而后绝，是三失也。树欲静乎风不定，子欲养乎亲不待。往而不来者，年也；不可得再见者，亲也。请从此辞！"言罢，自刭而死。孔子曰："弟子记之，此足以为戒也！"于是弟子归养亲者十三人。（《说苑·敬慎》，又见《韩诗外传》卷九和《孔子家语·致思》）

典儒家有关人伦的观念与说法其实并不完全一致和固定，显然有一个逐渐趋于定型化的过程，乃至最终形成了后世居于核心或主导地位的三纲五伦观念。在这一观念逐渐趋于定型化的过程中，有两个方面的问题在这里需要特别予以说明。首先，孔子儒家的人伦观念在说法上大体经历了一个由少到多、由简到繁的演化过程，即由最初的君臣、父子"二伦"，演化为夫妇、父子、君臣"三伦"，乃至演化为包括兄弟（或昆弟）、长幼、上下、朋友的"四伦"或"五伦"的说法。有时，孔子师徒甚至将师生、朋友间的关系比同于父子、兄弟间的人伦关系。《大学》还论及"与国人交"的问题，如谓："为人君，止于仁；为人臣，止于敬；为人子，止于孝；为人父，止于慈；与国人交，止于信。"而"五伦"的观念或说法可以说是由《中庸》和孟子最终确立而趋于定型化了，如《中庸》将君臣、父子、夫妇、昆弟、朋友之交五者称之为"天下之达道"，而孟子更明确提出了这样一种在后世被普遍接受和认同的"五伦"观念，即"父子有亲，君臣有义，夫妇有别，长幼有叙（同'序'），朋友有信"（《孟子·滕文公上》），尽管这一说法或许不是孟子本人的创见与发明，而是对舜使契为司徒而"敬敷五教"（《尚书·舜典》）的重新发现与内涵表述，但重要的是它在后世成了一种被人们普遍接受和认同且有着具体明确含义的人伦观念，而且，作为一种经典表述，在后世产生了难以估量的深远影响。其次，在上述观念演化的过程中，值得注意的是，"夫妇""父子""君臣"三者逐渐成了最受关注和最为重要的三种人伦关系。仅仅从突出和彰显此三种人伦关系之重要性的意义上讲，这无疑奠定了后世"三纲"说的雏形。然而，我们必须强调指出的是，事实上，后世存在并行的有两种"三纲"说，一种是与孔子和古典儒家所谓"三伦"观念一脉相承的"弱"或"薄"意义上的"三纲"说，即《三字经》所谓"三纲者：君臣义，父子亲，夫妇顺"，另一种则是由汉儒董仲舒所明确提出和阐发、建立在阳尊阴卑观念基础上的"强"或"厚"意义上的"三纲"说。如果说前一种"三纲"说重在强调人伦关系双方皆须依名尽分即彼此向对方履行一种交互相对的职责和义务的话，正如郭店楚简《六德》所言："夫夫，妇妇，父父，子子，君君，臣臣，六者各行其职，而谗谄无由作也。"那么，后一种"三纲"说则意在要求卑者一方（即妇、子、臣）向尊者一方（即夫、父、君）"尽单方面的爱，尽单方面的纯义务"①。这两种"三纲"说，其实质性的含义显然是大为不同的，而如果说后一种含义才真正体现了"三纲说的本质"②的话，那么，前一种意义的"三纲"说其实与"五伦"的观念并无本质的不同，所谓的"三纲"亦不过是"五伦"中最重要的"三伦"而已。正唯如此，我们认为，在孔子和古典儒家的人伦观念中，事实上并无后世第二种含义的"三纲"说，这一点对于我们准确而恰当地理解孔子和古典儒家伦理政治观念的思想意蕴是至关重要的。在我们看来，不管是格外凸显君臣、父子"二伦"或夫妇、父子、君臣"三伦"，还是进一步涵括了其他人伦关系在内的"四伦""五伦"的说法，事实上它们在强调交互相对的伦理含义上并无实质性的区别，却都与后世第二种"三纲"说的本质含义根本不同。而且，尽管孟子"五伦"的说法在后世成为一种被人们普遍接受和长期流行的定型化的人伦观念，但总的来讲，"五伦"的观念是从属于"三纲"说的，亦即相对于"五伦"的观念，"三纲"之义实居于主导或支配性的思想地位或具有根本的价值优先性，这一点对于我们理解孔子儒家伦理政治观念在后世的思想演化与观念蜕变问题同样是至关重要的。③

---

① 贺麟：《五伦观念的新检讨》，见《文化与人生》，商务印书馆2015年版，第65页。
② 贺麟：《五伦观念的新检讨》，见《文化与人生》，商务印书馆2015年版，第65页。
③ 当然，后世儒者的观点和看法也各有偏向而并不完全一致，如汉儒贾谊尽管也讲"君仁臣忠，父慈子孝，兄爱弟敬，夫和妻柔，姑慈妇听，礼之至也"（《新书·礼》），但他更倾向于强调君臣上下之间尊卑贵贱的等级分明，所谓"等级分明，则下不得疑；权力绝尤，则臣无冀志"，"尊卑已著，上下已分，则人伦法矣"（《新书·服疑》）；与之不同，汉儒刘向则虽然也讲"尊君卑臣者，以势使之也"（《说苑·君道》），但是更倾向于强调父子、君臣之间彼此交互为本的重要性，如谓"天之所生，地之所养，莫贵乎人。人之道莫大乎父子之亲，君臣之义。父道圣，子道仁，君道义，臣道忠。……君以臣为本，臣以君为本，父以子为本，子以父为本，弃其本者，荣华槁矣"（《说苑·建本》）。

　　三是，在孔子和古典儒家有关人伦观念的各种各样的说法和表述中，不仅有数目上的多少之异，也有位序上的先后不同，那么，位序上的先后不同究竟仅仅是一种先后顺序不同的问题，还是别具先后轻重差别的意味，这是一个需要我们慎思明辨的问题。在古人的表述中，无疑存在着一些不明确或含糊之处，但在各种不同的说法中也确乎可能隐含着观念上的一些重要差异，比如，"把父子放在君臣关系之前"①抑或其后，或许意味着儒家学者内部在有关各种人伦关系特别是父子（家庭）和君臣（国家）在位序上的先后轻重问题方面存在认识上的分歧与异义，这可能导致极为不同的社会政治后果。譬如，关于三种最重要的人伦，在新出土的郭店楚简中便存在两种位序先后不同的说法，《成之闻之》的人伦先后位序依次为君臣、父子和夫妇，而《六德》的人伦先后位序正好与之相反，即夫妇、父子和君臣。虽然《成之闻之》对于君臣、父子和夫妇三伦的轻重问题没有进行明确论述，我们并不清楚它的这种排序是否具有特别的用意，但是我们却知道主张"君君，臣臣，父父，子子"的孔子和"君臣、父子、兄弟、夫妇，始则终，终则始，与天地同理，与万世同久"的荀子在政治立场上确乎是颇具"尊君"倾向的，如《礼记·坊记》所记孔子之言曰："天无二日，土无二王，家无二主，尊无二上，示民有君臣之别也。"《礼记·礼运》亦有言曰："天生时而地生财，人其父生而师教之，四者君以正用之，故君者立于无过之地也。"至荀子更"大唱尊君之论"②曰："君者国之隆也，父者家之隆也。隆一而治，二而乱。"（《荀子·致士》）"天子者势位至尊，无敌于天下。"（《荀子·正论》）显然，这是意在强调对于国家治理秩序而言君臣一伦或君主之至尊权威与职责具有政治学上至高无上的重要意义。与之不同，《六德》的作者则明确地告诉我们基于家庭血缘亲情的父子一伦实具有伦理学上毋庸置疑的优先地位，即

---

① ［德］罗哲海：《轴心时期的儒家伦理》，陈咏明、瞿德瑜译，大象出版社2009年版，第115页。

② 萧公权：《中国政治思想史》，新星出版社2005年版，第73页。

建立在血缘关系上的父子、兄弟、宗族关系要比无血缘关系的君臣、夫妻、朋友关系在重要性上居于价值优先的地位，故曰："为父绝君，不为君绝父。为昆弟绝妻，不为妻绝昆弟。为宗族疾朋友，不为朋友疾宗族。人有六德，三亲不断。门内之治恩掩义，门外之治义斩恩。"孟子和《周易·象传》的作者秉持着与之基本相似的人伦观念和思想立场，如《周易·家人卦·象传》曰："《家人》，女正位乎内，男正位乎外。男女正，天地之大义也。家人有严君焉，父母之谓也。父父，子子，兄兄，弟弟，夫夫，妇妇，而家道正。正家而天下定矣。"尤其是孟子，不仅认为"天下之本在国，国之本在家，家之本在身"而极力主张"人人亲其亲、长其长而天下平"（《孟子·离娄上》），而且在政治立场上明确地倾向于"轻君"，故有名言道："民为贵，社稷次之，君为轻。是故得乎丘民而为天子，得乎天子为诸侯，得乎诸侯为大夫。诸侯危社稷，则变置。牺牲既成，粢盛既洁，祭祀以时，然而旱干水溢，则变置社稷。"（《孟子·尽心下》）当然，《礼记·丧服四制》的作者似乎持有介乎上述两种观点之间的第三种看法，尽管与《六德》的作者一样认为"门内之治恩掩义，门外之治义斩恩"，但不同的是，他却认为应该以同样的尊敬的事父态度来事君，也就是说，君父理应享有同等的重要而尊贵的权威，故曰："门内之治恩掩义，门外之治义断恩。资于事父以事君而敬同，贵贵尊尊，义之大者也。故为君亦斩衰三年，以义制者也。"

由上可知，孔子和早期儒家学者内部对于君臣一伦特别是作为一国之统治者的君主在政治态度上持有明显不同的观点与看法，但在这种不同观点与看法的表面差异背后，他们之间在政治立场上其实又具有相当的一致性，这主要体现在两个方面：一是，从他们有关各种人伦关系的观念中，我们不难推论出这样一种隐含的观点，即不管君臣之伦与父子之伦相比究竟孰重孰轻，或者君臣一伦在各种人伦关系中处于多么重要的地位，但君臣一伦毕竟只是各种人伦关系中的一伦，而不是全部，它不可能完全取代其他各伦①，对于个体人生的健康

---

① 在先秦诸子中，法家凸显了君臣一伦的独一无二性并认为君主对于臣民应拥有绝对的支配性权威；而相反，道家庄子则完全蔑弃世俗的权势与君主权威。

成长、价值实现与意义归属以及整个人类社群的美好生活目标的实现来讲，父子、兄弟、夫妇、朋友、师生诸伦或者父子间的血脉至亲、兄弟间的手足情谊、夫妇间的相敬和顺、朋友间的真挚友谊、师生间的讲学论道等，同样都是至关重要而不可或缺的，孟子甚至认为只有在"人人亲其亲、长其长"的伦理秩序基础上才能实现天下治平的根本目标①。二是，无论是"尊君"还是"轻君"，他们都认为君臣关系应遵循道义原则的规范、制约与指导。孔子教人以"忠信"，意在在人与人之间能够构建一种普遍的相互忠诚与彼此信赖的关系，包括君臣关系在内，故孔子虽主张臣下对君主的忠诚，但这不是无条件、无原则的绝对忠诚，而是有条件且应合乎道义的原则性忠诚，故孔子强调"君使臣以礼，臣事君以忠"（《论语·八佾》），并认为"大臣"之事君应"以道事君，不可则止"（《论语·先进》）。孔子亦曾有名言曰："夷狄之有君，不如诸夏之亡也"（《论语·八佾》），历来对此便有意思正好相反的两种解释：一说夷狄尚且有君，不像诸夏之僭越篡乱而无上下之分；一说夷狄虽有君，还不如诸夏之无君。前一说意在强调君臣一伦之重要，亦即"君臣尤是礼中大节，苟无君，其他更何足论"②；后一说意在强调诸夏为礼义文明之国，而君臣仅为诸夏礼义文明生活中人伦之一端而已，夷狄之有君在文明程度上仍不如无君之诸夏③。前一说体现了孔子感伤当时诸夏之僭乱，如朱子《论语集注》引尹氏之言曰："孔子伤时之乱而叹之也。亡，非实亡也，虽有之，不能尽其道尔。"后一说体现了孔子对诸夏礼义文明之尊崇好尚。两说虽然皆讲得通，但综合而言，诚如钱穆先生所说：《论语》言政治，必本人道之大，尊君亦所以尊道，断无视君位高出于道

---

① 孟子曰："人人亲其亲、长其长而天下平。"（《孟子·离娄上》）

② 钱穆：《论语新解》，生活·读书·新知三联书店 2012 年版，第 52 页。

③ 据杨伯峻《论语译注》此句注释："杨遇夫先生《论语疏证》说，夷狄有君指楚庄王、吴王阖庐等。君是贤明之君。句意是夷狄还有贤明之君，不像中原诸国却没有。说亦可通。"

之意，故知后说为胜。"①果如钱先生所言，在孔子的人伦观念中，如君臣一伦，即使含有尊君之意，犹且以尊道为旨归，而"断无视君位高出于道之意"。孔子之后，有视"友"为"君臣之道"者（郭店楚简《语丛三》），更有子思、孟子而颇能彰显"以德抗位"的气节，故于君臣之际格外称扬和赞许一种作为君主的忠诚的谏争者或引导者的"忠臣"与"事君"观念，如子思答鲁穆公"何如而可谓忠臣"之问曰："恒称其君之恶者，可谓忠臣矣。"（郭店楚简《鲁穆公问子思》）而孟子虽明确主张"君为轻"，但亦不必遂认君主为可有可无，相反，他激烈批评杨朱之"为我"与墨翟之"兼爱"思想为"无父无君"的"禽兽"②之道。总的来讲，孟子的主要观点乃意在强调在整个国家政治生活中君主虽为不可或缺者，但只是各种人伦关系中的伦理角色之一，既非全部，甚至亦非最重要者。就君臣关系而言，君主对于国家的治理来说虽然是不可或缺的，但需要臣下的协力辅佐，在此意义上，"君臣有义"实则是君臣一伦所应遵循的最正当而合理的一种关系准则，而且，重要的是，现实中的君主未必是仁圣之君，故须"君子之事君也，务引其君以当道，志于仁而已"（《孟子·告子下》）。与之不同，荀子则更倾向于"尊君"，但荀子虽承认"君位至尊"，却也"不必遂认君权为绝对"③。正如孔子虽"尊君"，但深知现实中的君主未必为有道之君，故对无道之君提出过严厉的批评，如"子言卫灵公之无道也"（《论语·宪问》）。同样，荀子虽"尊君"，但也深知在现实生活中"从道"与"从君"却未必是一致的，故像孔、

① 钱穆：《论语新解》，生活·读书·新知三联书店2012年版，第52页。
② 《孟子·滕文公下》："圣王不作，诸侯放恣，处士横议，杨朱墨翟之言，盈天下，天下之言，不归杨则归墨。杨氏为我，是无君也；墨氏兼爱，是无父也。无父无君，是禽兽也。"
③ 萧公权：《中国政治思想史》，新星出版社2005年版，第73页注[1]。在该书第74页中，萧先生还指出："荀子尊君，固与法家根本不同之点。法家倾向于以君为政治之主体，荀子则不废民贵之义。盖荀子尊君之主要理由，为君主有重要之职务。以今语释之，荀子思想中之君主，乃一高贵威严之公仆，而非广土众民之所有人。若一旦不能尽其天职，则尊严丧失，可废可诛。……此与孟子'诛一夫'之说意义相同，而亦足证荀子不失为儒学之后劲。"

曾师徒在倡导孝悌忠信之德的同时亦强调父有争子、君有争臣的必要性与重要性那样，荀子亦明确主张当"从义""从道"与"从父""从君"在现实生活中发生矛盾和冲突时，应选择前者而非后者，故曰："入孝出弟，人之小行也。上顺下笃，人之中行也；从道不从君，从义不从父，人之大行也。"（《荀子·子道》）总之，无论是"尊君"抑或"轻君"，孔子儒家在揭橥父子、君臣为人之大伦的同时，亦欲以道义来规范、引导乃至构筑一种以父子、君臣为主导的优良的社会人伦关系与共同生活秩序。

与上述人伦观念密切相关的，还有另一重要的概念，即孔子儒家思想脉络中具有特殊含义的"人道"观念。由现存古代文献所见，"人道"一词盖起于与"天道"和"地道"的概念相对而言。在古代中国，"天道"的观念源远流长，大概有两种基本的含义，一是指能决定人类吉凶祸福之命运的宗教性意义的神秘天道，如《尚书·汤诰》谓"天道福善祸淫"者是，这一意义的"天道"观至春秋之世虽然仍然有其普遍的影响，如《左传·昭公二十六年》曰："天道不谄（疑），不贰其命"，但同时也遭到了根本的质疑和挑战，如郑大夫子产曰："天道远，人道迩，非所及也"（《左传·昭公十八年》）；二是指天地日月、阴阳四时之运行规律意义的自然天道，此应为"天道"观后起的一种含义，老子道家所谓的"天道"即其显例。据《论语·公冶长》，孔子弟子子贡尝言："夫子之言性与天道，不可得而闻也。"就此言之字面含义来讲，似乎孔子罕言性与天道的问题，竟使子贡有此"不可得而闻"之叹。然子贡此言颇有含糊之处，仅就《论语》所记来说，孔子虽罕言"性与天道"，却并非完全不言"性"，甚而亦常常言及"天"，而且孔子所言"天"既有宗教神秘的含义，亦具自然义理的含义，更何况孔子晚而喜《易》，而《易》之为书，其核心要义正是旨在会通天、人之道以观人事之吉凶、祸福与穷达，如郭店楚简《语丛一》曰："易，所以会天道、人道也。"继孔子之后，天人关系问题以及"天道"和"人道"的观念在七十子之徒及其后学那里可以说得到了更加深入而持久的思想关注和理论阐发，尽管他们的观点和看法并不一致，乃至充满了歧义①，但不管怎样，最能彰显孔子儒家之学的思想特色及其根本义涵的无疑正在于他们对"人道"问题的关切与论述。如郭店楚简《尊德义》所言："禹之行水，水之道也。造父之御马，马之道也。后稷之艺地，地之道也。莫不有道焉，人道为近。是以君子，人道之取先。"《性自命出》亦曰："道四术，唯人道为可道也"，或"所为道者四，唯人道为可道也"。而儒家之所谓"人道"，说到底，亦即人如何为人之道。正如钱穆先生所言："儒教教义，主要在教人如何为人。亦可说儒教乃是一种人道教，或说是一种人文教，只要是一人，都该受此教。……在其教义中，如孝、弟、忠、恕，如仁、义、礼、智，都是为人条件，应为人人所服膺而遵守。"②

当然，孔子儒家思想脉络中的这样一种特殊含义的"人道"观念决非向壁虚造，而是渊源有自的，与古代中国人以家庭宗族为中心的社会生活形态与思想观念有着密不可分的关系。但是，经由孔子儒家的创造性的思想转化与创新性的观念发展，这一"人道"观念被赋予了最能体现人类文明社会之生活特质的独特且普世的意义。对此，钱穆先生亦曾有极精到的阐释和论述，他在《中国文化史导论》一书中如是说：

> 中国文化是一种现实人生的和平文化，这一种文化的主要泉源，便是中国民族从古相传一种极深厚的人道观念。此所谓人道观念，并不指消极性的怜悯与饶恕，乃指其积极方面的像后来孔子所说的"忠恕"，与孟子所说的"爱敬"。人与人之间，全以诚挚恳恳的忠恕与爱敬相待，这才是真的人道。

① 庞朴先生在《天人三式——郭店楚简所见天人关系试说》一文中，将郭店楚简儒家文献中所见天人关系的论说概括为三种不同的观念类型，即天人为二、天人合一、天人又分又合若即若离。参见武汉大学中国文化研究院编：《郭店楚简国际学术研讨会论文集》，湖北人民出版社 2000 年版，第 31—36 页。

② 钱穆：《中国历史上的传统教育》，见《国史新论》，生活·读书·新知三联书店 2001 年版，第 218 页。

中国人的人道观念，却另有其根本，便是中国人的"家族观念"。人道应该由家族始，若父子兄弟夫妇间，尚不能忠恕相待，爱敬相与，乃谓对于家族以外更疏远的人，转能忠恕爱敬，这是中国人所绝不相信的。"家族"是中国文化一个最主要的柱石，我们几乎可以说，中国文化，全部都从家族观念上筑起，先有家族观念乃有人道观念，先有人道观念乃有其他的一切。中国人所以不很看重民族界线与国家疆域，又不很看重另外一世界的上帝，可以说全由他们看重人道观念而来。人道观念的核心是家族不是个人。因此中国文化里的家族观念，并不是把中国人的心胸狭窄了、闭塞了，乃是把中国人的心胸开放了、宽大了。

中国的家族观念，更有一个特征，是"父子观"之重要性更超过了"夫妇观"。夫妇结合，本于双方之爱情，可合亦可离。父母子女，则是自然生命之绵延。由人生融入了大自然，中国人所谓"天人合一"，正要在父母子女之一线绵延上认识。因此中国人看夫妇缔结之家庭，尚非终极目标。家庭缔结之终极目标应该是父母子女之永恒联属，使人生绵延不绝。短生命融入于长生命，家族传袭，几乎是中国人的宗教安慰。中国古史上的王朝，便是由家族传袭。夏朝王统，传袭了四百多年，商王统传袭了五六百年。夏朝王统是父子相传的，商朝王统是兄弟相及的。父子相传便是后世之所谓"孝"，兄弟相及便是后世之所谓"弟"。孝是时间性的"人道之直通"，弟是空间性的"人道之横通"。孝弟之心便是人道之"核心"，可以从此推扩直通百世，横通万物。中国人这种内心精神，早已由夏、商时代萌育胚胎了。[①]

正因中国人由家族观念过渡到人道观念，因此把狭义的民族观念

---

① 钱穆：《中国文化史导论》（修订本），商务印书馆 1994 年版，第 50—51 页。

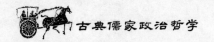

与国家观念转而超脱解放了。[1]

《论语》里的"仁"字，这是儒家理想中人道的代表。[2]

依钱先生之见，中国人的"人道观念"正根源于中国人源远流长的家族观念，"人道"之"核心"乃孝悌之心，萌芽脱胎于夏、商时代，至周世而更加彰明昭著，孔子儒家进而使之超脱了狭隘的家族观念的范围，甚至更超脱了狭义的民族观念与国家观念的束缚与限制，由孝悌亲亲之道而推及扩展为一种具有最广大而普世意义的"泛爱众"的仁道观念，故在作为一种普遍性的人类之爱的意义上，孔子儒家所讲的"道"或"人道"，实是一种天下一家、"天下太平"或"世界大同"的"人生大群之道"[3]。这是孔子儒家所做的一项具有实质性意义的"超脱"与"扩展"即思想提升与观念转化工作，这项工作是在继承传统家族孝悌观念的基础上进行的，决非一种"决裂"或"背弃"，换言之，孔子儒家普遍性的人道或仁道观念仍然深深地植根于家庭的孝悌之心和亲亲之道的基础之上。故曰："人道亲亲也"（《礼记·大传》），"亲亲，尊尊，长长，男女之有别，人道之大者也"（《礼记·丧服小记》）。正唯如此，其人道观念亦与传统的"礼"有着密不可分的关系，甚至在某些历史文献与儒家学者那里，所谓"人道"也是由"礼"来直接定义的，如《逸周书》卷三《武顺解》曰："人道曰礼。"《礼记·大传》曰："上治祖祢，尊尊也。下治子孙，亲亲也。旁治昆弟，合族以食，序以昭缪，别之以礼义，人道竭矣。"荀子更有言曰："人道莫不有辨，辨莫大于分，分莫大于礼。"（《荀子·非相》）"礼者，人道之极也。"（《荀子·礼论》）另如，宋儒李觏亦曰："夫礼，人道之准，世教之主也。圣人之所以治天下国家修身正心，无他，一于礼而已矣。"（《直讲李先生文集·礼论第一》）总的来讲，这样一种以"亲亲，尊尊，长长，男女之有别"为核心原则、以礼为人类行为与

---

① 钱穆：《中国文化史导论》（修订本），商务印书馆1994年版，第52页。

② 钱穆：《中国文化史导论》（修订本），商务印书馆1994年版，第80页。

③ 钱穆：《中国文化史导论》（修订本），商务印书馆1994年版，第80页。

社群生活之基本准绳的人道观念，重在通过爱由亲始、以近及远的方式来构建一种等差有序的社会生活秩序，正所谓："礼所以决嫌疑、定犹豫、别同异、明是非者也，非从天下，非从地出，人情而已矣。人道所先，在乎敦睦九族。九族敦睦，由乎亲亲，以近及远。亲属有等差，故丧纪有隆杀，随恩之薄厚，皆称情以立文。"（《贞观政要·礼乐》）然而，将此人道观念推论扩展至极，其最高理想或终极目标则必将至乎"人与人之间，全以诚挚恳恳的忠恕与爱敬相待"之"真的人道"而后止。故在儒家对于最理想而美好的人类社会生活构想中，人人皆应自爱亲、敬长做起乃至"老吾老，以及人之老；幼吾幼，以及人之幼"（《孟子·梁惠王上》），人人皆应具备孝、悌、忠、信①或"知、仁、勇"②的美好品德，人人皆应具备"仁、义、礼、知"的美德善行③，人人皆应以仁爱人、以礼待人，亦应受到他人仁爱礼敬的人道对待④，正所谓"人道之极，莫过爱敬"（《人物志·八观第九》）。

　　那么，上述孔子儒家有关人伦与人道的观念究竟意味着什么，或究竟说明了什么问题？在我们看来，一言以蔽之，上述有关人伦与人道的观念可以说集中体现了孔子儒家思想的核心关切所在，而且，上述有关人伦与人道的观念其实乃是一体两面的关系，它们共同构成了孔子儒家伦理道德观念的核心理念。尽管儒家学者内部对于各种人伦关系之数目多少和位序先后的表述不同，对各

---

① 如郭店楚简《忠信之道》对忠信之道倍极称扬，其言道："忠人无訛，信人不倍"，"忠之为道也，百工不楛，而人养皆足。信之为道也，群物皆成，而百善皆立。……忠，仁之实也。信，义之期也。"

② 如《中庸》曰："知，仁，勇，三者天下之达德也。"

③ 如《礼记·丧服四制》曰："仁、义、礼、知，人道具矣。"孟子则曰："君子所性，仁义礼智根于心"（《孟子·尽心上》），"仁义礼智，非由外铄我也，我固有之也"（《孟子·告子上》），意即仁、义、礼、智实乃人人皆应具备且是每个人天生就内在固有的美德善性。

④ 《礼记·曲礼上》曰："夫礼者，自卑而尊人。虽负贩者，必有尊也，而况富贵乎！富贵而知好礼，则不骄不淫；贫贱而知好礼，则志不慑。"

种人伦关系的重要性的认识与理解也不尽一致，乃至对于各种人伦关系中的不同伦理角色究应具备什么样的伦理德性也有不同的说法，如《礼记·礼运》讲父慈子孝、夫义妇听、君仁臣忠，《大学》讲君仁臣敬、子孝父慈，《六德》讲父圣子仁、夫智妇信、君义臣忠①等，而且，不可否认的是，在客观事实存在的意义层面上，孔子儒家无疑也承认并接受现实社会生活中在君臣上下、长幼尊卑、贫富贵贱、亲疏远近之间由伦理名分所造成的种种身份之别与等差之异，但是，对孔子儒家来讲，这种身份之别与等差之异却并不具有天然的合理性与正当性，只有当人们各自具有了其伦理身份所要求的美好德性并能够在行为上正当合宜地依其名而尽其分（责任和义务）时，人们之间的伦理身份之别与等差之异才是合理正当而可以被接受的。诚如安乐哲和罗斯文先生所言："根据这种儒家的道德人生观，我们不是抽象分离意义上的个体，相反，却是存在互相影响的人，过着——而不是'扮演'着多重角色，这些角色构成了我们是什么样的人，并且，这样我们可以在行为上追求无与伦比的独特性和技艺。换句话说，我们是与我们的同伴共同生活着的角色的总和。"②由此而言，作为各种人伦关系网络中的具体的人，在与人类同伴的相互交往中，必然性地会构成一种彼此对应而相互依存和影响的伦理角色，只有各种人伦关系中交互对应的伦理角色彼此都能够努力养成与其伦理名分相符合而应具备的美好德性，并能够在行为上以正当合宜或合乎人道的方式相互对待，人们所追求、向往和期待中的美好社会才能真正实现。这正是孔子儒家即"实然"而言"应然"的正名主义伦理思想的核心关切所在。

所谓正当合宜或合乎人道的方式，也就是上述人伦与人道观念中所论及的

---

① 《说苑·建本》亦曰："父道圣，子道仁，君道义，臣道忠。"

② ［美］安乐哲、罗斯文：《早期儒家是德性论的吗？》，谢阳举译，《国学学刊》2010年第1期，第95页。

孝、慈、忠、信、仁、义、礼、智、圣、敬等各种德目^①所蕴含的行为方式，这些德目寄寓了孔子儒家对于人类美好生活的真诚理想与崇高信念，寄寓了孔子儒家对于人类行为理应受什么样的价值观和道德准则指引这一人类共同生活之核心问题的持续不懈的追寻与探索。根据人本心理学，价值观的缺失必然会导致人们的心理病态，因为"人类需要一种生活哲学、宗教或一种价值体系，就象（像）他们需要阳光、钙和爱情一样"，而"没有价值体系的人往往感情冲动，并持有虚无的、怀疑一切的态度"，乃至使其生活变得"毫无意义"^②。正因为如此，所以"人类有史以来一直在寻找具有指导作用的价值观念和行为准则"，有人"把目光投向自身与人类之外去寻找"，人本心理学则相信"完全有可能找到人类一直在寻找的、也必须照之生活的那种价值观"，而且能够"通过深刻剖析出类拔萃的人的生活来探索"，或"能通过观察最优秀的人类代表来找到适合人类的最终价值观"^③，而孔子儒家的人伦人道观念昭示于我们的则是，通过笃切体察和探寻、深刻反省和领会我们人类的日常伦理生活与人伦角色所应具备的正当合宜行为，就能寻找到人类所需要的即合乎人伦需要、富有人道意义且行之有效的共同价值观和道德准则。

正如一位西方学者所指出的，价值观乃是"文化的基石"，换言之，所谓"文化"也可以说就是"一个社会的成员共同享有的价值观，信仰与观念"，对我们人类来讲，文化与价值观念既是工具性的，即可以"帮助形成人的希望、恐惧、抱负、观念和行为"，但同时也是生成性的，因为它们"塑造了人的理想，激励

---

① 后世将这些德目提炼概括为"五常""八德"的说法，作为指导中国人行为方式的核心价值观和道德准则在历史上产生了广泛、持久而深远的影响。"五常"指仁、义、礼、智、信，"八德"指孝、悌、忠、信、礼、义、廉、耻。

② ［美］弗兰克·戈布尔：《第三思潮：马斯洛心理学》，吕明、陈红雯译，上海译文出版社1987年版，第103页。

③ ［美］弗兰克·戈布尔：《第三思潮：马斯洛心理学》，吕明、陈红雯译，上海译文出版社1987年版，第99页。

着人们为自己及为未来后代的人生的完美而奋斗的梦想"①。梁漱溟先生亦曾指出："人类文化……居中心而为之主的，是其一种人生态度，是其所有之价值判断。——此即是说，主要还在其人生何所取舍，何所好恶，何是何非，何去何从。这里定了，其他一切莫不随之，不同的文化，要在这里辨其不同。文化之改造，亦重在此，而不在其从属部分。否则，此处不改，其他尽多变换，无关宏旨。"②孔子儒家身处晚周衰乱之世，他们所最为关切的其实正是作为文化之核心或基石的价值观问题，希望通过奠定或确立一种为社会成员乃至整个人类所共同信仰、享有和遵从的崇德向善的价值观和伦理本位的人生态度，激励和引导人们根据各自的伦理角色而采取相应的正当合宜的行为方式，进行良性的交往互动，以期实现变"天下无道"为"天下有道"或重整世界秩序而治平天下的目标。尽管人们无法改变现实社会生活中所存在的各种伦理角色与人伦关系的客观事实，但只要人们懂得过一种仁爱有礼、富有人道意义的美好伦理生活究竟意味着什么，并愿意遵循孝悌、忠信、仁爱、礼敬或追求真诚、至善与美德的价值观的明确指引，就能够在现世的人伦关系基础之上构建一种美好的人类社群生活。因此，上述有关人伦、人道的观念实寄寓了孔子儒家对人类美好生活的基本理解与一般信念及其具体实现途径的根本思考。

正是基于对人类美好生活的基本理解与一般信念及其具体实现途径的根本思考，孔子儒家阐发了他们对家国天下之治乱或其优良治理方法与途径问题的观点与看法，其中亦直接涉及他们对君臣一伦或君民上下之人伦关系的观点与看法，这些观点与看法是孔子儒家所特有的，亦体现了他们政治思考的独到之处。依孔子儒家之见，正如四肢正常、肌肤充盈是一个人身体健康的表现一样，父子笃厚、兄弟亲睦、夫妇和顺就是一个家庭健康的表现；大臣守法、小臣清廉、官职安排有序、君臣能够互相匡正就是一个国家健康的表现；天子以道德、

---

① ［美］劳伦斯·E.哈里森：《自由主义的核心真理：政治如何能改变文化并使之获得拯救》，严春松译，吉林出版集团有限责任公司2010年版，第10、11页。

② 梁漱溟：《中国文化要义》，见中国文化书院学术委员会编：《梁漱溟全集》第三卷，山东人民出版社1990年版，第97页。

和乐御治天下，诸侯以礼仪相与相交，大夫以法则秩然守序，士人以诚信相互考成，百姓以和睦守望相助就是整个天下健康的表现①。因此，在一个健康合理的人类社群或政治共同体中，父子、兄弟、夫妇、君臣均具有其存在的自然必要性，是人类社会关系网络中不可或缺的主要人伦关系。当然，不同的人伦关系应当遵循不同的道德行为准则，或理应受到不同的道德行为准则的规范和制约，这才是健康、合理而正当的。如父慈子孝或父子有亲，即父子应遵循孝慈或亲亲的道德行为准则，君仁臣忠（或敬）或君臣有义，即君臣应遵循仁爱忠诚或合乎道义的道德行为准则，正所谓："内则父子，外则君臣，人之大伦也。父子主恩，君臣主敬。"（《孟子·公孙丑下》）正唯如此，在孔子儒家看来，家国天下的治与乱也正决定于人伦、人道的顺与逆，如郭店楚简《成之闻之》所言："天降大常，以理人伦，制为君臣之义，著为父子之亲，分为夫妇之辨。是故小人乱天常以逆大道，君子治人伦以顺天德。"另如郭店楚简《尊德义》曰："禹以人道治其民，桀以人道乱其民。桀不易禹民而后乱之，汤不易桀民而后治之。"这并非说圣王禹和暴君桀以同样的人道方式治理人民而结果却是一治一乱，事实上其真实的意思是说圣王禹以顺应或符合民伦人道的方式实现了对人民的优良治理，而暴君桀却以违反或悖逆民伦人道的方式导致了国家人民的祸乱败亡，所治理的人民是一样的，正是不同的治理方式造成了截然相反的政治后果。

毫无疑问，上述孔子儒家有关人伦、人道的观念确乎体现了"儒家关于人类的社会性的基本认识"，他们所理解的人伦、人道的核心是血缘人伦关系，"在儒家看来，人类社会不外乎是一个以血缘家庭为基本连接点的多层次人伦关系网络，人在社会生活中的其他关系都不过是血缘人伦关系的外化和延伸"。因此，"儒家所理解的社会性，究其根本是人的'家庭性'或'家族性'"，乃至

---

① 《礼记·礼运》："四体既正，肤革充盈，人之肥也。父子笃，兄弟睦，夫妇和，家之肥也。大臣法，小臣廉，官职相序，君臣相正，国之肥也。天子以德为车，以乐为御，诸侯以礼相与，大夫以法相序，士以信相考，百姓以睦相守，天下之肥也。是谓大顺。"

"儒家文化中没有相对独立的个人，只有形形色色的角色，只不过随着时间的推移和种种具体条件的变化，人们在人伦关系网络中所处的具体地位不同而扮演不同的角色罢了"。而"在'人道'观念约束下，人的价值取决于对'亲亲、尊尊'等伦理道德的认同，个人只有在遍布整个社会的人伦关系网络中才能找到自己的位置。而且，人们越是要证明自己是人，就越要沿着'人道'的轨迹，紧紧相互攀附在人伦关系网络上，使自身融合于社会群体之中。反之，如果有谁敢于背离儒家所规定的'人道'，他就失去了人的资格"。[①] 不可否认，在孔子儒家的人伦、人道观念中没有给完全独立的个体自我留出足够广阔和自由活动的人生价值与意义空间，这是其伦理思想的历史局限性所在。但是，如果我们还能够给予其一些同情理解的话，那么，也不难发现孔子儒家伦理思想的某些合理之处。

就先秦诸子各家而言，墨家极力主张兼相爱、交相利的价值理性原则，希望通过运用"富贵以道其前，明罚以率其后"（《墨子·尚同下》）的治理手段以实现尚同一义的专制政治目标，最终导致的必定是集权压倒理性的不良后果；道家崇尚单一的自然主义价值原则，其主张法天贵真与回归自然虽然为人类指出了一条批判性地反思人类自身创建文明社会与有意识的伦理生活之虚妄性而富有启示意义的自我认识之路，但从根本上怀疑并完全否定人类自身心知与意识的能动性，却也难以为人类提供一种真正富有建设性意义的改造现实世界和完善人类社会的思考进路；法家贵法术、重权势、主张信赏必罚的治国治民理念则完全站在维护和强化君主专制统治的立场上把所有臣民都看作君主实现国家富强目标而加以权势控制和法术操弄的工具性对象。相比较于墨、道、法等诸子各家对于人类社会性及其应遵循的价值观的看法来说，我认为，孔子儒家的人伦人道观念事实上提供了一种复合性的伦理价值观念，依据这一复合性的伦理价值观念，人的一生是在一种复杂的社会结构和人伦关系网络中动态实现

---

① 刘泽华：《刘泽华全集·中国的王权主义》，天津人民出版社 2019 年版，第 220—221 页。

其人生价值与意义的过程，这不仅决定了一个人一生所扮演伦理角色的复合性，也使其人生价值与意义必定是由其在不同的人生阶段所扮演的伦理角色的总和而决定的；不同的伦理角色应遵循不同的道德价值观指引，也均应加强自身的德性修养并具备与其人伦角色相应的伦理美德，这决定了孔子儒家所崇尚的孝、悌、忠、信、仁、义、礼、智等各种美德善性在具体实践中必然具有一种相需为用或相辅并行的复合性的实践品格。总之，贯穿于人伦关系网络与人道价值观中的原则是复合性的而非单一的，故逐渐发展形成了一种定型化的五伦五常的伦理道德观念。这样一种复合性的伦理道德观念，不可能使孔子儒家像墨家那样崇尚兼爱无别和尚同一义的单一价值观，也不可能使孔子儒家像道家那样将人类所创建的社会文明成果及其有意识的伦理生活完全视为虚妄，或者像法家那样一门心思将君权绝对化以及将君臣关系或政治生活阴谋权术化。这样一种复合性的伦理道德观，尽管倾向于首重人的家庭性或家族性以及与之紧密相关的孝悌亲亲之道，而且五伦之中亦有三伦都是关乎家庭性的伦理关系的，但这并非意味着孔子儒家就完全把人的社会性仅仅限定为家庭性的含义或局限于家族性的范围，儒家的伦理本位观念不能被简单地等同于家庭家族本位或小共同体本位。尽管它以家庭孝悌亲亲之道为根基或从家庭家族本位观念发展而来，但其推己及人、"四海之内皆兄弟"和天下一家的仁道理想同时亦大大提升和扩展了家庭家族本位的观念。尽管孔子儒家的伦理思想尊重"人性的情感通常随着对象的距离或散漫情况而减弱"这一"众所周知的事实"①，从而主张仁道的实践务须遵循亲疏远近的差等原则而由亲及疏、推近及远，但在强调人应优先践行家庭孝悌亲亲之道的同时，孔子儒家又极力倡导将此家庭孝悌亲亲之道广泛而普遍地推及、扩展于非血缘人伦关系的其他社会成员。故孔子才会创造性地提出"己欲立而立人，己欲达而达人"（《论语·雍也》）和"己所不欲，勿施

---

① ［美］汉密尔顿、杰伊、麦迪逊：《联邦党人文集》，程逢如、在汉、舒逊译，商务印书馆 1980 年版，第 83 页。

于人"(《论语·颜渊》)的仁道理念,意在使人们能够把他人当作和自己一样的人看待并加以人道对待,乃至在教育上真诚遵循并实行一视同仁而无差别的"有教无类"(《论语·卫灵公》)原则,在伦理上同时奉行"四海之内皆兄弟也"(《论语·颜渊》)的普世理想,在政治上力主实施普遍保障民生的仁民之政,在治理上追求"出入相友,守望相助,疾病相扶持,则百姓亲睦"(《孟子·滕文公上》)的社会目标。显然,既重视家庭性的孝悌亲亲之道,又强调极具推及和扩展性的普世理想,这才是孔子儒家人伦人道观念或伦理道德思想的真精神,其伦理道德思想的推及和扩展性的普世特点,决不仅仅体现了将其他社会关系比拟为家庭关系的简单问题。

不仅如此,而且,在我看来,孔子儒家的人伦与人道观念实则蕴含着一种重要而独具特色的政治含义。也就是说,当孔子儒家在上述人伦、人道观念的基础上进一步思考良政善治问题时,势必会询问应当用一种什么样的方式方法来实现国家和人民的优良治理目标,或者什么才是符合促进和维护优良人伦关系秩序或社群人道生活的治理国家和人民的最好方式。在此,我想先从两个方面略加阐述。

第一,对于维系和卫护富有儒家"人道"意义的社群伦理生活秩序来讲,政治可以发挥其决定性的重大作用。故当鲁哀公向孔子提出"人道谁为大"的问题时,孔子郑重回答说:"人道政为大。"并就"何谓为政"和"为政如之何"的问题进一步回答哀公之问说:"政者,正也。君为正,则百姓从政矣。君之所为,百姓之所从也。君所不为,百姓何从。""夫妇别,父子亲,君臣严。三者正,则庶物从之矣。"(《礼记·哀公问》)显然,在孔子那里,所谓的"政"具有一种特定的含义,即作为一国之统治者的君主务须正己以为政,唯君主首先正己而为,百姓斯可有所遵从。那么,究竟"为"什么呢?即端正人伦之名义,维系人伦之秩序,其中最重要的便是"夫妇别,父子亲,君臣严",即夫妇职分有别,父子慈孝相亲,君臣相互敬重。

　　第二，治理人民的最好方式就是自上而下或上行下效的道德教化方式，如郭店楚简《缁衣》所记孔子之言曰："上好仁，则下之为仁也争先。""长民者教之以德，齐之以礼，则民有劝心；教之以政，齐之以刑，则民有免心。故慈以爱之，则民有亲；信以结之，则民不倍；恭以莅之，则民有逊心。"《尊德义》亦曰："为古率民向方者，唯德可。德之流，速乎置邮而传命。"显然，这同样要求为人君上者的统治者首先必须修己正行而以身垂范，必须以自己正确的道德行为取信于民，如郭店楚简《成之闻之》曰："上不以其道，民之从之也难。是以民可敬导也，而不可掩也；可御也，而不可牵也。故君子不贵庶物，而贵与民有同也。……是故欲人之爱己也，则必先爱人；欲人之敬己也，则必先敬人。"又曰："古之用民者，求之于己为恒。行不信则命不从，信不著则言不乐。民不从上之命，不信其言，而能念德者，未之有也。故君子之莅民也，身服善以先之，敬慎以守之，其所在者入矣，民孰弗从？形于中，发于色，其诚也固矣，民孰弗信？是以上之恒务，在信于众。"换言之，依孔子儒家之见，理想的君民上下关系决不是自下而上的单向性质的命令—服从关系或自上而下的威权主义的令行禁止关系，而是一种建立在领导与信赖关系之上的教（教化）与学（效仿）的双向良性互动关系，作为教者的为人君上者应在正确的道德行为方面率先树立一种能起到真正示范引领作用的榜样范例，而作为学者的人民是愿意或乐于追随和效仿作为榜样人物的教者并学习其正确而优良的道德行为的，正所谓"下之事上也，不从其所以命，而从其所行。上好此物也，下必有甚焉者矣。故上之好恶，不可不慎也，民之表也"（郭店楚简《缁衣》）[1]。这样一种建立在领导与信赖关系基础之上的道德教化关系，对于构建一种优良的君臣上下关系来讲，是至关重要的，而且对双方也都是有益的，因为在孔子儒家看来，君臣上下理应是一种道义性的相互依存、一体共生的关系，如子曰："民以君为心，君以民为体。

---

[1] 郭店楚简《尊德义》亦曰："下之事上也，不从其所命，而从其所行。上好是物也，下必有甚焉者。"

心好则体安之，君好则民欲之。故心以体废，君以民亡。"（郭店楚简《缁衣》）

为了更好地理解上述"政者，正也"和君民上下之间道德教化关系的真实政治含义，我们必须指出的一点就是，孔子儒家思想脉络和理论语境中的"民"，其实决不能只是从作为一种抽象的集体身份的名词或概念的含义上来加以理解，换言之，孔子儒家所谓的"民"并非仅仅意指一种笼统而抽象的集体身份存在，它既不同于道家庄子至德理想国中的那种应完全回归和融入大自然中而像草木动物一样依照自然本性本能而过着一种"天放"式淳朴生活的"民"[1]，亦不同于法家商韩法治理想国中的那种为实现国家富强之目标而可以运用权势法术或赏罚的手段加以全面支配和任意操控的作为集体身份存在的"民"[2]。事实上，孔子儒家意义的"民"，乃是一个个的伦理角色，一个个的家庭家族，每一个伦理角色的德性修养、心理健康与依名尽分，每一个家庭家族的和谐敦睦、幸福美满和安居乐业，都应是担负着治理之责的为人君上者或作为治国为政者的统治者首先应关注和重视或应优先予以考虑的主要问题。从人本心理学的意义上讲，每个伦理角色，通过交互协作性的共同努力而以正确的道德行为来构建一种良好的人伦关系或共同的伦理生活秩序，无论对于一个人的身心健康，还是对于家国的优良治理，无疑都是十分有益的。为此，为人君上者在教化人民时应"始于孝弟"或首先从教民爱亲、敬长开始，如郭店楚简《六德》曰："男女不别，父子不亲。父子不亲，君臣无义。是故先王之教民也，始于孝弟。"而《礼

---

① 如《庄子·马蹄》曰："彼民有常性，织而衣，耕而食，是谓同德。一而不党，命曰天放。故至德之世，其行填填，其视颠颠。当是时也，山无蹊隧，泽无舟梁；万物群生，连属其乡；禽兽成群，草木遂长。是故禽兽可系羁而游，鸟鹊之巢可攀援而窥。夫至德之世，同与禽兽居，族与万物并。恶乎知君子小人哉！同乎无知，其德不离；同乎无欲，是谓素朴。素朴而民性得矣。"

② 《商君书·错法》："人君而有好恶（陶鸿庆曰：'当作人生而有好恶。'），故民可治也。人君不可以不审好恶。好恶者，赏罚之本也。夫人情好爵禄而恶刑罚，人君设二者以御民之志而立所欲焉。夫民力尽而爵随之，功立而赏随之，人君能使其民信于此如明日月，则兵无敌矣。"

记·祭义》所记孔子之言曰："立爱自亲始,教民睦也。立敬自长始,教民顺也。教以慈睦而民贵有亲,教以敬长而民贵用命。孝以事亲,顺以听命,错诸天下,无所不行。"我们不能将这里所谓"顺以听命"简单地理解为对君上权力意志和行政命令的顺服听从,此处所言乃是指人民出于对担负并能够尽其道德教化之责的君上的尊重而发自内心地敬服。之所以这样讲,是因为在孔子儒家看来,从为人君上者或统治者之职责的角度来讲,唯有为人君上者尊德尚义而明乎民伦,乃至加强自身的德性修养并以人伦之常道来教化人民,才能实现国家的优良治理。正如郭店楚简《尊德义》所言:"尊德义,明乎民伦,可以为君。去忿戾,改惎胜,为人上者之务也。""教非改道也,教之也。学非改伦也,学己也。禹以人道治其民,桀以人道乱其民。桀不易禹民而后乱之,汤不易桀民而后治之。圣人之治民,民之道也。"关于"去忿戾,改惎胜,为人上者之务也"一句,李零先生以为"似指去除或改变民性中的暴戾恣睢"[1],这样的理解和解释无疑只是站在君民上下之间单向的统治关系角度来讲的,但孔子儒家"伦理本位"的人伦、人道观念强调的却是双向的道德要求,易言之,为人君上者要想"去除或改变民性中的暴戾恣睢",首先就应该去除或改变自性中的暴戾恣睢,我们认为这才是《尊德义》作者所强调的中心思想所在,"尊德义"不只是要求人民尊崇并践行"德义",而且要求统治者自己首先必须尊崇并践行德义,只有自己"尊德义"并深切洞明通达民生人伦之道的君主,才具备正当的资格来做君主。所以去除或改变自身的暴戾恣睢之性或加强自身的道德修养应是为人君上者首先须做的根本要务。唯有如此,为人君上者也才有正当的资格去教化和治理人民。那么,应如何来教化和治理人民呢?要言之,即应以合乎人伦人道或"民之道"的方式来教化和治理人民。而且,重要的是,为人君上者对于人民的教化,并非要改变孝悌、忠信、仁义等道德价值观为指引的做人之道,而是要教之以孝悌、忠信、仁义等道德价值观为指引的做人之道;相应地,人民对于为人君

---

① 李零:《郭店楚简校读记》(增订本),中国人民大学出版社 2007 年版,第 184 页。

上者的效仿或学习，也不是要改变以孝悌、忠信、仁义等道德价值观为指引的人伦之义，而是要效仿或学习自己所本有而理应遵循的、由为人君上者以身垂范而首先应做到的以孝悌、忠信、仁义等道德价值观为指引的人伦之义。总之，"上不知顺孝，则民不知反本。君不知敬长，则民不知贵亲。……不教而诛，则民不识劝也。故君子修身及孝，则民不倍矣。敬孝达乎下，则民知慈爱矣。好恶喻乎百姓，则下应其上如影响矣"（《韩诗外传》卷五）。

上述以人伦人道为核心理念、以上行下效为基本准则、以道德教化为最佳治道的"政治"观念，显然与人们一般所理解的"现实政治"或所谓纯粹的"权力政治"①相去甚远。正唯如此，孔子儒家常常被现代学者批评为不谙"以处理权力问题为中心"的所谓"政治"之道，比较而言，"只有法家，尤其是韩非，能直捣政治问题的核心，发现了政治的独特领域"，亦即"把政治当做政治看，划道德于政治领域之外"，从而"奠定了中国政治哲学的基础"②。那么，果真如此否？如果我们能够同意英国著名思想史家伯林对于政治哲学的下述看法，那么我们便十分需要重新认识和评价孔子儒家对于中国政治哲学的奠基定向所作出的重要贡献。伯林说，"政治哲学在本质上是道德哲学"，它的任务就是"审视生活的目的"而不是"研究权力的"，"政治哲学是要审视生活目的，人（社会的和集体的）的目标。政治哲学要做的事就是审查为实现各种社会目标而提出的种种主张的合理性，检查为确定和实现这些目标而采取的种种方法的正当性。跟其它所有哲学研究一样，政治哲学要力图澄清构成有关观点的词和概念，使人们能理解自己相信的是什么，自己的行动表示什么"③。在这一意义上，追求

---

① 所谓"现实政治"或"权力政治"，是指"那种不管理想，只以权势、欺诈和无情地运用权力为基础的政治"（［美］乔·萨托利：《民主新论》，冯克利、阎克文译，东方出版社1998年版，第43页）。
② 韦政通：《中国思想史》（上），上海书店出版社2003年版，第247页。
③ ［伊朗］拉明·贾汉贝格鲁：《伯林谈话录》，杨祯钦译，译林出版社2002年版，第42—43页。

实现"天下有道"、人类美好生活或人伦关系秩序之优良治理目标，不断探求和追寻能够有效指引人类行为之富有人道意义的道德价值观的孔子及其弟子后学，不仅是"试图弄清楚人类应该追求什么"[①]的伦理思想家，而且同时亦是孜孜以求地审慎思考和系统审视生活之目标的政治哲学家。

（三）人之性情、心术与礼乐教化

春秋战国之世，诸子百家异说蜂起，在这样一种时代性的精神氛围与多元化的思想格局之中，任何一种思想学说要想真正独树一帜而成为一家学派，并能够深入人心而获得广泛的说服力和持续的影响力，必须深入探求并积极向世人充分说明和彰显自家思想背后的很可靠的理论根据，儒家当然也不例外。

道家主张无为而治，向往回归自然或至德之世的乌托邦理想，其思想背后的根据便是道法自然或天道自然，正所谓"人法地，地法天，天法道，道法自然"（《老子·第25章》），而人之性情亦本原于自然，淳朴而天真，正如"鹪鹩巢于深林，不过一枝；偃鼠饮河，不过满腹"（《庄子·逍遥游》），亦犹"凫胫虽短，续之则忧；鹤胫虽长，断之则悲"（《庄子·骈拇》），故只可因循顺应之[②]，而不可以仁义礼法决裂破坏之；上古之世，人民生活在自然状态之中，"与麋鹿共处，耕而食，织而衣，无有相害之心"，斯为"至德之隆"（《庄子·盗跖》）的最理想的生存状态。

墨子对于人性问题未曾提出明确的看法，但他对于人民"始生"之原初生存状态却提出了与道家庄子截然相反的观点和看法，如墨子曰："古者民始生未有刑政之时，盖其语'人异义'。是以一人则一义，二人则二义，十人则十义，其人兹众，其所谓义者亦兹众。是以人是其义，以非人之义，故交相非也。是以内者父子兄弟作怨恶，离散不能相和合，天下之百姓皆以水火毒药相亏害，

---

① ［伊朗］拉明·贾汉贝格鲁：《伯林谈话录》，杨祯钦译，译林出版社2002年版，第55页。

② 如《庄子·在宥》曰："卑而不可不因者，民也。"

至有余力不能以相劳，腐朽余财不以相分，隐慝良道不以相教，天下之乱，若禽兽然。"（《墨子·尚同上》）那么，如何变乱为治，使人民摆脱如同禽兽一般、祸乱不已的原初生存状态呢？要之，以刑政强制的行政手段和尚同一义的统治方式，由从圣贤人物中选任的各级政长自上而下地贯彻实施"兼相爱、交相利之法"（《墨子·兼爱中》），就可以实现天下大治的根本目标。而所有这一切背后的终极依据就是天志仪法，故"子墨子言曰：我有天志，譬若轮人之有规，匠人之有矩。轮匠执其规矩，以度天下之方圆，曰：'中者是也，不中者非也'"（《墨子·天志上》）。

法家主张以权势法术或运用赏罚之手段来操纵和控制臣民以实现国家富强的目标，其背后的思想根据除了吸取和借用了道家的"法自然"观念之外[①]，主要就是基于他们对民性人情之"好恶"的独到观察与特有看法，一言以蔽之，在法家看来，人情或民性莫不好利自为、趋利避害[②]，正因为民性人情之有好恶，故君主可运用法术或赏罚之手段对臣民加以操纵和控制，以使之完全听命于自己绝对的权力意志，正如韩非所说："凡治天下，必因人情。人情者有好恶，故赏罚可用；赏罚可用则禁令可立，而治道具矣。"（《韩非子·八经》）

诸子各家虽然异说纷然杂出，但就其基本的理论宗旨和思想意图来讲，诸子异说大概皆兴起于挽救时局之混乱与人事之祸端，时局之混乱与人事之祸端的根本表现就体现在"强凌弱，众暴寡"（《韩诗外传》卷九）等种种现象的发生，在这一点上可说最能彰显诸子各家的通见共识。如墨子以为"天下之人皆不相爱，强必执弱，富必侮贫，贵必敖贱，诈必欺愚。凡天下祸篡怨恨，其所以

---

① 如吕思勉先生所说，法家所谓的"法自然"实"含有两种意义"："其一自然是冷酷的，没有丝毫感情搀杂进去，所以法家最戒释法而任情。其二自然是必然的，没有差忒的，所以要信赏必罚。"（《中国政治思想史》，中华书局 2012 年版，第 48 页）

② 如《商君书》曰："名利之所凑，则民道之。"（《算地》）"民之于利也，若水于下也，四旁无择也。"（《君臣》）"民之欲富贵也，共阖棺而后止。"（《赏刑》）"意民之情，其所欲者田宅也。"（《徕民》）

起者，以不相爱生也，是以仁者非之"（《墨子·兼爱中》）。并说："大则攻小也，强则侮弱也，众则贼寡也，诈则欺愚也，贵则傲贱也，富则骄贫也，壮则夺老也。是以天下之庶国，方以水火、毒药、兵刃以相贼害也。"（《墨子·天志下》）又说："今有大国即攻小国，有大家即伐小家，强劫弱，众暴寡，诈欺愚，贵傲贱，寇乱盗贼并兴，不可禁止也。"（《墨子·非乐上》）故墨子亟欲以"兼相爱、交相利之法"救治和改变这种混乱的局面。道家庄子亦认为，继上古"至德之世"消逝之后，随之而来的则是一种"以强陵弱，以众暴寡"（《庄子·盗跖》）的时代状况。而在法家韩非看来，最圣明的统治者"审于是非之实，察于治乱之情"，而之所以采用"正明法，陈严刑"的治国方法，也正是为了"将以救群生之乱，去天下之祸，使强不陵弱，众不暴寡，耆老得遂，幼孤得长，边境不侵，君臣相亲，父子相保，而无死亡系虏之患"（《韩非子·奸劫弑臣》）。

那么，孔子儒家又究竟是如何提出他们的思想主张，阐述他们的理论根据，追求天下治平的目标的呢？总的来讲，孔子儒家正是基于他们有关人伦、人道的独特观念或对于人类伦理生活的基本看法，来提出并阐述他们的思想主张与理论根据以及在政治上不同于其他诸子各家的为政理念和治道理想的，其理论宗旨与思想意图亦同样是针对"强凌弱，众暴寡"等种种时代性的祸乱现象而作出的某种积极回应。如《礼记·乐记》曰："是故强者胁弱，众者暴寡，知者诈愚，勇者苦怯，疾病不养，老幼孤独不得其所。此大乱之道也。"正唯如此，故汉代儒家学者如是评价孔子的历史贡献说："于时周室微，王道绝，诸侯力政（政，通'征'），强劫弱，众暴寡，百姓靡安，莫之纪纲，礼仪废坏，人伦不理。于是孔子自东自西，自南自北，匍匐救之。"（《韩诗外传》卷五）而荀子为了论证其"人之性恶，其善者伪也"的观点，亦明确指出为了挽救、矫治由人性之恶所导致的"偏险而不正，悖乱而不治"的祸乱现象，必须"为之立君上之埶（通'势'）以临之，明礼义以化之，起法正以治之，重刑罚以禁之，使天下皆出于治，合于善也"，反之，"今当试去君上之埶（通'势'），无礼义之化，去法正之治，无刑罚之禁，倚而观天下民人之相与也，若是，则夫强者害弱而夺之，众者暴寡而哗之，天下之悖乱而相亡不待顷矣"（《荀子·性恶》）。比较而言，孔子儒家既不像墨子那样强烈地信仰天志鬼神能予人以赏罚的人格意志与绝对权威，也不像道家那样笃定地阐扬非人类、反人道的天道自然法则，更不像法家那样专心一意地站在君主本位和国家利益至上的立场上立言论说。而且，孔子之后儒家学者内部的思想分歧也是异常严重的，较之其他各家更为复杂。然而，大体而言，孔子儒家亦有其基本一致的思想旨趣和理论诉求，那就是以天道（天命、天理）、人性（善恶）为根据而崇尚以德化民或礼乐教化的治国为政理念。

作为中国历史上最伟大的思想家和教育家，孔子的思想视域不可能仅仅局限于某种具体而实际的世俗事务的范围之内，即使就儒家有关人伦、人道的观念而言，它们也并非仅仅关乎人人相与之际的关系，一种有意义的人伦秩序和人道生活必然会关涉"报本反始"①和"慎终追远"意义上的人与天地鬼神的关系以及与之相关的人内在的仁心与情感生活问题②。在我看来，孔子既是一位汲汲于追寻和探究上古圣王之道并努力用之经世济民以实现变"天下无道"为"天下有道"之目标的政治哲学家，亦是一位矢志不渝地致力于下学而上达、能

---

① 《礼记·郊特牲》曰："地载万物，天垂象，取财于地，取法于天，是以尊天而亲地也，故教民美报焉。"又曰："天垂象，圣人则之，郊所以明天道也。……万物本乎天，人本乎祖，此所以配上帝也。郊之祭也，大报本反始也。"

② 曾子曰："慎终追远，民德归厚矣。"（《论语·学而》）钱穆先生注曰："终，指丧礼言。死者去不复返，抑且益去益远。若送死之礼有所不尽，将无可追悔，故当慎。""远，指祭礼言。死者去我日远，能时时追思之不忘，而后始有祭礼。生人相处，易杂功利计较心，而人与人间所应有之深情厚意，常掩抑不易见。惟对死者，始是仅有情意，更无报酬，乃益见其情意之深厚。故丧祭之礼能尽其哀与诚，可以激发人心，使人道民德日趋于敦厚。"又说："儒家不提倡宗教信仰，亦不主张死后有灵魂之存在，然极重葬祭之礼，因此乃生死之间一种纯真情之表现，即孔子所谓之仁心与仁道。孔门常以教孝导达人类之仁心。葬祭之礼，乃孝道之最后表现。……故儒者就理智言，虽不肯定人死有鬼，而从人类心情深处立教，则慎终追远，确有其不可已。"（《论语新解》，生活·读书·新知三联书店2012年版，第12—13页）

够深刻洞察天命天道和领悟天理人情①的教育家和思想家，而继孔子之后，七十子之徒及其后学乃更进一步在天人、古今和内外（外正身行，内修心性）的各种维度上不断开辟和拓展儒家思想的可能疆域。这一点在郭店楚简儒家文献中得到了充分的体现与印证。譬如可以确认是子思学派作品的《五行》将"仁、义、礼、知、圣"总谓之"五行"，但在"形于内"的"德之行"与"不行于内"的"行"之间又作了明确区分，其意盖谓形成或体现为内心自觉意识者乃为具有真正道德价值与意义的德行，而未形成或体现为内心自觉意识者则为只具有一般善良价值与意义的善行，当然，这一分别并不意味着简单地肯定前者而否定后者，两者其实都是值得肯定的美德善行，只是在价值与意义层面具有高低层级的不同，故曰："德之行五和谓之德，四行和谓之善。善，人道也。德，天道也。"尽管在天、人之间作了明确区分，但大体所持的是一种天人合一的观点。这样一种看法应该说构成了儒家道德思想发展史上的重要一环。后来，发展至孟子，就不再作内、外的区分，孟子尤其反对告子"仁内义外"的观点和看法②，而将仁、义、礼、知（智）统视之为人人皆应具备且是每个人天生就内在固有的美德善行，故曰："君子所性，仁义礼智根于心"（《孟子·尽心上》），"仁义礼智，非由外铄我也，我固有之也"（《孟子·告子上》）。

由郭店楚简和现存传世儒家文献所见，七十子之徒及其后学在天人关系和

---

① 子曰："吾十有五而志于学，三十而立，四十而不惑，五十而知天命，六十而耳顺，七十而从心所欲，不逾矩。"（《论语·为政》）"大哉尧之为君也！巍巍乎！唯天为大，唯尧则之。"（《论语·泰伯》）"不怨天，不尤人，下学而上达。知我者其天乎！"（《论语·宪问》）另据《韩诗外传》卷五："孔子抱圣人之心，彷徨乎道德之域，逍遥乎无形之乡，倚天理，观人情，明终始，知得失。故兴仁义，厌势利，以持养之。于时周室微，王道绝，诸侯力政（通'征'），强劫弱，众暴寡，百姓靡安，莫之纪纲，礼仪废坏，人伦不理。于是孔子自东自西，自南自北，匍匐救之。"

② 告子曰："食色，性也。仁，内也，非外也；义，外也，非内也。"（《孟子·告子上》）另如郭店楚简《六德》曰："仁，内也。义，外也。礼乐，共也。内立父、子、夫也，外立君、臣、妇也。"

仁义内外问题上显然持有不同的观点和看法，但他们在政治上却持有相当一致的共同立场和主张，那就是以德化民和实行礼乐教化之治，而且，尤其值得我们特别关注和深入探究的就是他们对于礼乐教化与人类性情之间的关系问题所作的富有意义的思考与论述。以德化民不能徒托之空言，必须落实在道德行为的感化与养成之上，这一方面要求为人君上者自己必须首先修身正己，在人伦道德行为方面率先垂范或以身作则，从而为人民树立一种值得学习和效仿的做人楷模；另一方面还需要他们以礼乐引导和教化人民，即通过礼乐引导和教化的方式来使人民能够逐渐养成美善之品性与良好的行为习惯。那么，为了倡导和推行礼乐教化，孔子儒家又究竟做了哪些方面的工作呢？抑或做出了什么有意义的贡献呢？要而言之，孔子儒家主要做了两个方面的重要工作，一是继承、讲习与传述，二是说明、诠释与论证。兹分别论之如下。

早期中国的礼乐文化起源久远，有其古老而深厚的传统渊源。孔子曾系统探究夏、商、周三代之礼损益沿革的历史演化过程，依孔子之见，中国之礼乐制度文明与文化传统演化至周代已趋于完备，而且，孔子一生以兴复周礼为职志，并以《诗》、《书》、礼、乐教弟子，故孔子儒家所做的第一个方面的重要工作就是继承、讲习与传述周代的礼乐文化传统。作为一种重要的文化积习与社群遗传，礼仪之制必然积久而日繁，故有"礼仪三百，威仪三千"（《中庸》）的说法。但大体而言，主要包括吉、凶、宾、军、嘉等五大类，涉及丧、祭、射、御、冠、昏、朝、聘等各种礼仪活动。从个体层面的日常交往行为到天下国家层面的政治典章制度，可谓涵盖了人间秩序的全面安排。[①]那么，这样一种继承、讲习和传述究竟意味着什么？其中涉及诸多层面的复杂问题，在此需要稍作辨析的是，孔子儒家是否只是在简单地因袭与固守传统？如孔子自称"述而不作，信而好

---

① 如《礼记》曰："是故夫礼必本于天，殽（通效）于地，列于鬼神，达于丧、祭、射、御、冠、昏、朝、聘。故圣人以礼示之，故天下国家可得而正也。"（《礼运》）"凡治人之道，莫急于礼；礼有五经，莫重于祭。"（《祭统》）"夫礼始于冠，本于昏，重于丧、祭，尊于朝、聘，和于射、乡，此礼之大体也。"（《昏义》）

古"(《论语·述而》),这是否就意味着孔子认为面对自己所隶属的悠久传统,人们只能被动地因袭和继承,是完全无能为力、无所作为的? 当然不是。首先,孔子所面对的是自己所隶属的悠久传统在他那个时代不断流失甚至遭到严重破坏的"礼坏乐崩"的现实状况,但人能坏之,亦能兴之。在孔子看来,不断流失和日益遭到严重破坏的礼乐传统,既然是由人坏之,必亦能由人兴之,正唯如此,故孔子深信斯文在兹而赋予自己一种兴起礼乐传统的文化担当意识和历史使命感①。其次,当他努力去追寻和汲汲于探求并试图复兴这一悠久传统时,却无奈地发现传统大多早已流失而不足征的无奈状况,如《礼记·礼运》记孔子之言曰:"我欲观夏道,是故之杞,而不足征也,吾得《夏时》焉。我欲观殷道,是故之宋,而不足征也,吾得《坤乾》焉。《坤乾》之义,《夏时》之等,吾以是观之。"显然,悠久的夏、商之道已然遗存有限,孔子从实地考察中所能获得的有价值的东西仅剩《夏时》《坤乾》而已。在此意义上,就礼乐传统的兴复问题而言,事情恐怕是不可能通过简单恢复的方式得到解决的②。当然,比较而言,

① 如子畏于匡,曰:"文王既没,文不在兹乎? 天之将丧斯文也,后死者不得与于斯文也;天之未丧斯文也,匡人其如予何?"(《论语·子罕》)

② 有欲以复古的方式兴复礼乐者,如王莽的空言慕古、铺排礼乐,终以导致败亡而已,故船山先生论之曰:"但据缺略散见之文,强郡县之天下,铢累以肖之,王莽之所以乱天下也。"(《读通鉴论》卷十九《隋文帝》)正唯如此,故南宋大儒朱子亦曾反复申说古礼之繁缛与难行,曰:"周礼忒煞繁细,亦自难行。今所编礼书,只欲使人知之而已。观孔子欲从先进,与宁俭宁戚之意,往往得时位,必不尽循周礼。必须参酌古人,别制为礼以行之。所以告颜子者亦可见。世固有人硬欲行古礼者,然后世情文不相称。"(《朱子语类》卷第二十三《论语五·为政篇上》)"大凡礼制欲行于今,须有一个简易底道理。若欲尽拘古礼,则繁碎不便于人,自是不可行,不晓他周公当时之意是如何。孔子尝曰:'如用之,则吾从先进。'想亦是厌其繁。"(《朱子语类》卷第六十三《中庸二》)"古礼繁缛,后人于礼日益疏略。然居今而欲行古礼,亦恐情文不相称,不若只就今人所行礼中删修,令有节文、制数、等威足矣。古乐亦难遽复。""古礼于今实难行。尝谓后世有大圣人者作,与他整理一番,令人苏醒,必不一一尽如古人之繁,但放古之大意。""古礼难行。后世苟有作者,必须酌古今之宜。""'礼,时为大。'有圣人者作,必将因之礼而裁酌其中,取其简易易晓而可行,必不至复取古人繁缛之礼而施之于今也。古礼如此零碎繁冗,今岂可行! 亦且得随时裁损尔。孔子从先进,恐已有此意。""礼之所以亡,正以其太繁而难行耳。"(《朱子语类》卷第八十四《礼一》)

周礼虽在孔子的时代遭到严重破坏，但其时去周未远，许多仍为人所沿用，故孔子又有言曰："吾说夏礼，杞不足征也；吾学殷礼，有宋存焉；吾学周礼，今用之，吾从周。"（《中庸》）然而，孔子"从周"的态度和立场，还不仅是因为"今用之"而已，更重要的是周礼在经由对夏、商二代之礼的损益后已更加趋于完善，因此第三，在孔子看来，三代之礼的演化本身就是一个有损有益、有沿有革的历史过程，而且在面对各种古今礼俗时亦须求其合义、择善而从，如子曰："麻冕，礼也，今也纯，俭，吾从众。拜下，礼也，今拜乎上，泰也。虽违众，吾从下。"（《论语·子罕》）钱穆先生评之曰："本章见礼俗随世而变，有可从，有不可从。孔子好古敏求，重在求其义，非一意遵古违今。此虽举其一端，然教俭戒骄，其意深微矣。"[1]此评语可谓深得孔子之微言深意。另外，在具体而实际的礼仪活动中，事实上也仍然存在着一些可以权宜行礼的灵活而合理的行动空间，如《礼记·祭义》所记："仲尼尝，奉荐而进，其亲也悫，其行也趋趋以数。已祭，子赣问曰：'子之言祭，济济漆漆然。今子之祭，无济济漆漆，何也？'子曰：'济济者，容也远也。漆漆者，容也自反也。容以远，若容以自反也，夫何神明之及交？夫何济济漆漆之有乎？反馈乐成，荐其荐俎，序其礼乐，备其百官，君子致其济济漆漆，夫何慌惚之有乎？夫言岂一端而已，夫各有所当也。'"孔子教导弟子祭祀时要"济济漆漆然"即仪态端庄、容貌修整，然而，这样一种对仪态、容貌的要求并非适用于所有的祭祀活动，孔子在为亡亲举行秋祭时就未按这一要求来做，而是容貌质朴、行走往来也表现得步伐急促，这引起了子赣的疑问，孔子回答说："所谓济济，仪容是疏远的；所谓漆漆，仪容是自我矜持的。疏远的仪容以及自我矜持的神情，那怎能与亲人的神灵交互感通呢？亲自祭祀父母，哪能有什么济济漆漆的仪容呢？"相反，在天子诸侯的宗庙大祭活动中，"作为助祭的君子，身处这种隆重场面，自然应该表现出仪态端庄，容貌修整"[2]。最后，孔子告诫子赣说，即使他的教言也是不可一概而论

---

[1] 钱穆：《论语新解》，生活·读书·新知三联书店2012年版，第202页。
[2] 王文锦：《礼记译解》下册，中华书局2001年版，第681—682页。

的，因为在祭祀时应当表现出什么样的仪态神情是需要根据适当的场合要求而定的。第四，礼关乎着整个人间秩序和社会生活方式的全面制度安排，是"华夏族的灵魂和行为准则"或"区分华夏族与戎狄的重要标志"[①]，是华夏族经由一代又一代人的长期积习发展而来，因此，在原则上只有作为最高统治者的天子能够拥有和掌握制礼作乐的权力或礼乐制度的创制权，在历史上最为孔子推崇的周公就曾扮演过这一重要角色，而在孔子看来，也只有"礼乐征伐自天子出"才是"天下有道"（《论语·季氏》）的象征与体现，《中庸》更进一步地将制作礼乐的权力赋予集德与位于一身的天子，故曰："非天子，不议礼，不制度，不考文。……虽有其位，苟无其德，不敢作礼乐焉；虽有其德，苟无其位，亦不敢作礼乐焉。"正因为如此，孔子自称"述而不作，信而好古"并赋予自己一种礼乐传统的传述者角色。然而，述中有作，其中，在从事和践行传述者的角色与事业过程中，孔子所作出的一项最为重要的历史贡献就是努力将仁道的精神原则贯彻注入礼乐的行为实践活动中去，如子曰："礼云礼云，玉帛云乎哉？乐云乐云，钟鼓云乎哉？"（《论语·阳货》）又曰："人而不仁，如礼何？人而不仁，如乐何？"（《论语·八佾》）钱穆先生曾如是评价孔子的这一贡献：

> 孔子的教训里，依然保留著（按：着）政治意味的"阶级性的礼"，只在人道意味的"平等性的仁"的精神下面来推行，而宗教性与神道性的礼，则全变成教育性与人道性的礼了。孔子的教训，只在指点出人心中一种特有的境界和功能而加以训练。使之活泼流露，好让人自己认识。然后再根据此种心能来改进现世真实的人生，孔子拈出一个人心中"仁"的境界，便不啻为中国古代经典画龙点睛。从此古代经典皆有异样的活气了。[②]

以仁心仁道来重新激活或兴复华夏族的礼乐传统，这是孔子所做的一项最富有

① 刘泽华：《刘泽华全集·中国传统政治思想反思》，天津人民出版社2019年版，第71、70页。
② 钱穆：《中国文化史导论》（修订本），商务印书馆1994年版，第82页。

意义的、努力使礼乐传统重获新生的工作。至少在孔子儒家的心目中，被仁心仁道赋予和注入了"异样的活气"而再次被激活的华夏族的礼乐传统，是能够在当时及后世重新焕发出一种教育性与人道性的永恒生命力的。

在此，有一个需要特别加以辨析的问题就是礼的等级性问题。不可否认的是，就孔子儒家所继承、讲习和传述的礼乐传统的内容与形式而言，其因袭性的成分无疑是远多于其创新性的因素的，也就是说，孔子儒家所继承、讲习和传述的礼仪传统，"依然保留着政治意味的'阶级性的礼'"，主要反映了周代宗法封建性质的社会生活状况与制度化的具体行为规定，不仅在今天看来，包含着许多不合时宜的过时的繁文缛节化的礼仪规矩形式以及严格的等级制度与观念，而且，即使在孔子儒家所生活的春秋战国之世，也日益遭到严重的僭越与破坏，甚至受到来自墨家的十分严厉的攻讦与批判①。有学者认为，"人与人之间的平等交往和相互尊重已成为周礼的主要内容"，或者周礼"是以人际交往与沟通为其宗旨，亦坚持人与人之间的平等与交互性"②，这种观点和看法显然属于一种不符合历史事实的臆想性过度诠释。故刘泽华先生和刘丰力辟其非而格外强调儒家之礼乃是一种等级性的礼，儒家之礼学乃是一种"等级人学"，他们认为：

> 儒家对人的探讨首先便受到礼的制约，是"等级人学"，它更注重对人的控制，使人居于不同的等级，各安其位。

---

① 据《墨子·公孟》记载，子墨子谓程子曰："儒之道足以丧天下者，四政焉。儒以天为不明，以鬼为不神，天鬼不说，此足以丧天下。又厚葬久丧，重为棺椁，多为衣衾，送死若徙，三年哭泣，扶后起，杖后行，耳无闻，目无见，此足以丧天下。又弦歌鼓舞，习为声乐，此足以丧天下。又以命为有，贫富寿夭、治乱安危有极矣，不可损益也。为上者行之，必不听治矣；为下者行之，必不从事矣。此足以丧天下。"程子曰："甚矣！先生之毁儒也。"子墨子曰："儒固无此若四政者，而我言之，则是毁也。今儒固有此四政者，而我言之，则非毁也，告闻也。"

② 张再林：《我与你和我与他：中西社会本体论比较研究》，西北大学出版社1999年版，第352、387页。转引自刘泽华、刘丰：《礼学与等级人学》，见《刘泽华全集·政治社会史论》，天津人民出版社2019年版，第321—322页。

礼学对"人"的看法是很独特的，"人"是处在礼仪中的"人"，人的本质当中已经渗入了与他人的关系。这种关系受到礼的制约，是一种等级关系。

礼学中的"人"是处于社会等级礼仪之中的"人"，因此礼学对人的探讨只能是一种"等级人学"。[①]

这样一种观点和看法，无疑更加接近和符合西周礼制和儒家礼学思想的真相与实质。因为西周宗法封建制的礼制，也就是孔子儒家所继承、讲习和传述的礼，其功能与本质主要就体现在对君臣上下、长幼尊卑、贫富贵贱的等级与差别的维护上，体现在对等级社会不同身份地位的人各有威仪的等差秩序的维护上，正所谓"名位不同，礼亦异数"（《左传·庄公十八年》）而"为礼卒于无别"（《左传·僖公二十二年》），以及"君子小人，物有服章。贵有常尊，贱有等威，礼不逆矣"（《左传·宣公十二年》）。与礼相需为用、相配而行的乐，亦同样体现了"一种严格的等级观念"，比如"用乐有不同的等级规定，不同的等级享有不同的礼数"[②]。孔子儒家对于礼乐传统的等级原则及相关的制度规定无疑是接受和认同的，如《礼记·乐记》所谓"天尊地卑，君臣定矣。卑高已陈，贵贱位矣"而"礼义立，则贵贱等矣"，而且后世儒家生活在绝对地尊君卑臣以及重在支配和控制人民的君主专制时代，更进一步大大强化了维护尊卑贵贱之差别的等级原则与礼制规定，这都是无可否认亦是不容讳言的，最充分地体现了儒家礼学思想（包括乐在内）的继承性与保守性色彩及其时代的局限性问题。

不过，从时代性的角度讲，等级性的礼的观念并非儒家所独有，正如刘泽华先生所指出的："在先秦诸子中，绝大多数思想家都把礼视为治国方略中的不

[①] 刘泽华、刘丰：《礼学与等级人学》，见《刘泽华全集·政治社会史论》，天津人民出版社 2019 年版，第 321、322、329 页。

[②] 刘泽华、刘丰：《论乐的等级思想及其社会功能》，见《刘泽华全集·政治社会史论》，天津人民出版社 2019 年版，第 312—313 页。

可缺少的一着。当时的社会是个等级社会，礼的最本质的规定性是明等级。因此把礼视为治国之本有着深刻的社会基础。"① 如《管子·形势解》曰："礼义者，尊卑之仪表也。"这代表了法家有关礼的明确观点与看法。即使是"以批判儒学著称"的墨家，虽然"对儒家主张的礼乐进行过猛烈的抨击，斥之为亡国之道"，"可是细加考察就会发现，墨家批判的是儒家关于礼的繁缛之论，并不反对礼的本身。相反，墨子对'无君臣上下长幼之节，父子兄弟之礼'的现象十分恼火。依墨子之见，只要符合节用和义利原则，礼仍是不可缺少的"②。尽管如此，在我们看来，从思想比较的角度讲，孔子儒家所谓的"礼"或其礼学思想仍然具有其他诸子各家思想所难以比拟且实质不同的丰富、复杂而独特的伦理政治内涵，不是单一而绝对的平等抑或等级的观念所能全部涵盖得了的。正如孔夫子所言："夫言岂一端而已，夫各有所当也。"（《礼记·祭义》）另如激烈"非儒"而又"称于孔子"的墨子所承认，孔子亦有"当而不可易者也"（《墨子·公孟》）。果真如此的话，那么，我们仍然有必要继续深入思考和探讨的问题就是，孔子儒家的礼学思想及其丰富、复杂而独特的伦理政治内涵中，究竟蕴含着哪些或者什么样的深刻而富有启发意义的思想贡献与政治智慧？为此，我们就要来看一看孔子儒家所做的第二个方面的有关说明、诠释与论证的重要工作，即他们究竟是如何对礼乐加以定义性界说以及对礼乐的功能、作用、价值与起源问题进行阐述、诠释和论证的。

首先，从思维方式及其基本社会功能的意义上讲，孔门之礼教，既讲求敬事鬼神之义，同时更注重人伦关系与等差秩序之调节和整合；既强调明辨与端正君臣上下、尊卑贵贱、长幼亲疏之位序和等差，同时亦主敬贵和，极力维护父子兄弟之亲情、夫妇长幼之和睦、君臣上下之道义。如：

《礼记·哀公问》所记孔子之言曰："丘闻之，民之所由生，礼为

① 刘泽华：《刘泽华全集·中国传统政治思想反思》，天津人民出版社 2019 年版，第 72 页。
② 刘泽华：《刘泽华全集·中国传统政治思想反思》，天津人民出版社 2019 年版，第 72 页。

大。非礼无以节事天地之神也，非礼无以辨君臣、上下、长幼之位也，非礼无以别男女、父子、兄弟之亲，昏姻、疏数之交也。"

《礼记·文王世子》曰："言父子、君臣、长幼之道，合德音之致，礼之大者也。下管《象》，舞《大武》，大合众以事，达有神，兴有德也。正君臣之位，贵贱之等焉，而上下之义行矣。"

《孝经·广要道章》所记孔子之言曰："礼者，敬而已矣。故敬其父则子悦，敬其兄则弟悦，敬其君则臣悦，敬一人而千万人悦。所敬者寡而悦者众，此之谓要道也。"

《论语·学而》所记有子之言曰："礼之用，和为贵。先王之道，斯为美；小大由之。有所不行。知和而和，不以礼节之，亦不可行也。"

《礼记·祭义》所记孔子之言曰："天下之礼，致反始也，致鬼神也，致和用也，致义也，致让也。致反始，以厚其本也。致鬼神，以尊上也。致物用，以立民纪也。致义，则上下不悖逆矣。致让，以去争也。合此五者以治天下之礼也，虽有奇邪，而不治者则微矣。""教民相爱，上下用情，礼之至也。"

《礼记·冠义》曰："凡人之所以为人者，礼义也。礼义之始，在于正容体，齐颜色，顺辞令。容体正，颜色齐，辞令顺，而后礼义备，以正君臣，亲父子，和长幼。君臣正，父子亲，长幼和，而后礼义立。"

《礼记·聘义》曰："敬让也者，君子之所以相接也。故诸侯相接以敬让，则不相侵陵。"

由上可见，孔子儒家之礼，在明辨和强调君臣上下、尊卑贵贱、长幼亲疏之等差与分别的同时，还亟欲以仁爱、亲和与敬让的精神和价值原则来作为增进与整合人伦关系和等差秩序之和睦谐调的补充和"胶合剂"。在此，尤其值得再次强调指出的是，孔子儒家的仁道观念中蕴含着这样一种深刻的具有普遍主义意义的道德理想，即对所有人的仁爱关怀，这一理想主要就体现为包含"己欲立而立人，己欲达而达人"（《论语·雍也》）和"己所不欲，勿施于人"

（《论语·颜渊》《论语·卫灵公》）这正反两方面含义的所谓忠恕之道，诚如王国维先生所言："此忠恕说，为网罗君臣父子夫妇兄弟朋友贵贱亲疏等一切社会上国家上之差别，而施之以平等之诚与爱之道，即达普遍一贯之仁之道。"[①] 亦如刘泽华先生所说：这"可以说是孔子整个思想中最富光彩的地方"，"在理论上可以说把所有的人置于了平等的地位，冲破了等级的藩篱，具有个性解放的因素；自己不承认任何高于我的外来权威，也不认为自己比别人高"[②]。不过，孔子儒家既欲在人伦等差之间施行仁爱忠恕之道，而同时仁道之施亦不离乎维护等差秩序之礼而行，两者相辅相成、相需为用，正可谓构成了一种"阴阳组合结构"[③]。

孔子儒家之礼，又是与乐相需为用、相配而行的，如子曰："兴于诗，立于礼，成于乐。"（《论语·泰伯》）可见，孔门之教欲以诗来兴起和抒发人的心志

---

① 王国维：《孔子之学说》，见彭华选编：《王国维儒学论集》，四川大学出版社 2010 年版，第 50 页。在强调这一点的同时，王国维先生亦同时指出："孔子者，君主封建制之政治家，欲祖述尧舜、夏殷周三代先王之道，由斯道而治天下。故言君主有大威德统御诸侯，亦能治其民服从其君主。是则承认君权之无上，而以道德一贯上下之间者也。"（第 58 页）"概而言之，则孔子政治思想，一遵先王之道，为君主封建专制主义，专尚保守，又恐君悖理暴行，致民心离叛，因复以道德贯通上下以规律之。"（第 59 页）"东方伦理之缺点，在详言卑对于尊之道，而不详言尊对于卑之道，以是足知家长制度之严峻专制，而其抑制女子则尤甚。故女子之德多有压制过酷者。此实由于男尊女卑，封建专制之习惯使然也，而今日不得不改正之也。"（第 61 页）

② 刘泽华：《中国政治思想通史》（先秦卷），中国人民大学出版社 2014 年版，第 147 页。依刘泽华先生之见，所谓的"阴阳组合结构"，又可称为"主辅组合命题"，而且阳主阴辅而"不能错位"。然而，我们知道，在有关孔子思想主导性的核心理念问题上，学术界的认识和理解并不一致，或主礼，或主仁，见仁见智而莫衷一是，我们在这里运用刘先生"阴阳组合结构"的说法，主要取其阴阳相辅互补之义，非是必定意在坚执礼主仁辅抑或仁主礼辅之说，下文所论礼乐之"阴阳组合结构"亦同样的含义。

③ 刘泽华：《简说传统礼仪与贵贱等级制》，见《刘泽华全集·随笔与评论》，天津人民出版社 2019 年版，第 87、89 页。

与情感，以礼来端正和修立人的身行与德性，以乐来陶冶人的性情使之养成美善之品格。比较而言，相对于主分别和等差之异的礼而言，乐更主要地被赋予了"合同""中和"的功能、价值与意义，如《礼记·乐记》曰："乐者为同，礼者为异。同则相亲，异则相敬。乐胜则流，礼胜则离。合情饰貌者，礼乐之事也。礼义立，则贵贱等矣。乐文同，则上下和矣。"又曰："是故乐在宗庙之中，君臣上下同听之则莫不和敬；在族长乡里之中，长幼同听之则莫不和顺；在闺门之内，父子兄弟同听之则莫不和亲。故乐者，审一以定和，比物以饰节，节奏合以成文，所以合和父子君臣、附亲万民也。……故乐者，天地之命，中和之纪，人情之所不能免也。"《荀子·乐论》亦曰："乐合同，礼别异。""故乐在宗庙之中，君臣上下同听之，则莫不和敬；闺门之内，父子兄弟同听之，则莫不和亲；乡里族长之中，长少同听之，则莫不和顺。故乐者，审一以定和者也，比物以饰节者也，合奏以成文者也，足以率一道，足以治万变。……故乐者，天下之大齐也，中和之纪也，人情之所必不免也。"显然，在孔子儒家的礼乐之论中，从总的方面来讲，主别异的礼与主合同的乐相需为用而构成了一种统合人心、教化性情的思维方式的"阴阳组合结构"。而分别言之，不仅礼在主别异、明贵贱的同时又有主敬贵和的一面，而且乐在主合同、尚中和的同时也有其"分""别"而"明辨社会等级"[①]的一面，礼、乐的两个方面亦同样各自形成一种"阴阳组合结构"。因此，不仅礼与乐异同互济、相需为用、相配而行，而且礼、乐各自的两个方面亦是异同互济、相需为用、相配而行的。在我看来，这可以被称为复合型的"阴阳组合结构"，这样一种思维特点，能够使礼与乐以及礼乐各自的两个方面"辩证地结合在一起"而共同发挥其维护社会稳定的功能与作用，即"在明辨等级的前提之下"，又极力促使"在等级之间形成一种亲和性，有效地减少等级之间的对立、冲突，形成人和、政和的局面，使社会表现得

---

① 刘泽华、刘丰：《论乐的等级思想及其社会功能》，见《刘泽华全集·政治社会史论》，天津人民出版社 2019 年版，第 318 页。

既等级分明，又和谐有序"，从而"最大限度地实现其维系社会等级，促进社会整合的功能"①。

如果我们能够以历史的眼光来审视和评价孔门之礼乐的基本社会功能及其思维方式特点的话，那么，虽然说"论其过去则然，非所论于今日"②，也就是说，孔子儒家礼乐之教中的许多宗法性、封建性、阶级性和等级性的内容和形式及其维护社会等级的功能在今天已然成为不合时宜的过时的旧物。③ 但是，历史地讲，礼乐的复合型"阴阳组合结构"又确乎是一种"极其高明"④的结构性思维方式，它使孔子儒家的礼乐之教及其等级观念在诸子各家中虽然不如墨家"不知别亲疏"（《汉书·艺文志》）的兼爱主义、道家庄子"天地与我并生，而万物与我为一"（《庄子·齐物论》）的万物齐一观和法家"不别亲疏，不殊贵贱，一断于法"（《史记·太史公自序》）的刑治主义那样具有整齐划一的"平等"色彩，当然其"平等"的含义各不相同，但也不像墨家的尚同一义和法家的君权至上那样更具国家集权化和君主专制的绝对化色彩，不像道家的放任无为那样因过于消极乃至于"无为即是不治"⑤或者导致"绝去礼学，兼弃仁义"（《汉书·艺文志》）的反文明流弊，不像法家一刀切的刑治主义那样更易于导致"无教化，去仁爱"以至于"残害至亲，伤恩薄厚"（《汉书·艺文志》）的反

---

① 刘泽华、刘丰：《论乐的等级思想及其社会功能》，见《刘泽华全集·政治社会史论》，天津人民出版社 2019 年版，第 320 页。

② 梁漱溟：《中国文化要义》，见中国文化书院学术委员会编：《梁漱溟全集》第三卷，山东人民出版社 1990 年版，第 315 页。

③ 诚如刘泽华先生所说："传统的礼仪是贵贱等级不平等的体现，是主奴关系的外化。一些人提倡当今应该建立一套礼仪，这是很好的想法，现在要创建的礼仪必须是以公民人格平等为前提。对传统礼仪用'抽象继承法'，固然有可借鉴之处，但不能把传统礼仪说的（得）那么美，这反而不利于创建新的礼仪。"（《简说传统礼仪与贵贱等级制》，见《刘泽华全集·随笔与评论》，天津人民出版社 2019 年版，第 89 页）

④ 刘泽华：《刘泽华全集·序跋与回忆》，天津人民出版社 2019 年版，第 379 页。

⑤ 钱穆：《朱子学提纲》，生活·读书·新知三联书店 2002 年版，第 4 页。

人道后果。因此，并非偶然的是，尽管孔子儒家的礼乐之教在急功近利的春秋战国之世不可避免地遭受到统治者的冷遇和排斥，但是在汉代最终因其广泛的适应性和切实的普适性①而赢得统治者的尊崇乃至成了后世思想文化的主流。

其次，孔子儒家的礼乐思想不仅具有上述极其高明的结构性思维特点以及普遍适应性的维护社会稳定的基本功能与作用，而且包含了许多有关礼乐之价值与起源问题的新思考。

依孔子儒家之见，礼之为礼，不仅是"华夏族的灵魂和行为准则"，更是人区别于动物的根本标志。如子游问孝，子曰："今之孝者，是谓能养。至于犬马，皆能有养。不敬，何以别乎？"（《论语·为政》）礼要求人们孝敬父母而不仅仅是能奉养而已，因为这是对待亲人与对待动物在行为方式上的根本区别所在。故曰："礼义也者，人之大端也。"（《礼记·礼运》）"凡人之所以为人者，礼义也。"（《礼记·冠义》）诚如刘泽华先生所说："把礼作为人与动物区分的标志，是儒家论证礼的价值最称意的一说。"换言之，"用礼作为人的标志，礼的价值被处于无可怀疑的地位。"②另如《礼记·曲礼上》曰："鹦鹉能言，不离飞鸟；猩猩能言，不离禽兽。今人而无礼，虽能言，不亦禽兽之心乎！夫唯禽兽无礼，故父子聚麀。是以圣人作，为礼以教人，使人以有礼，知自别于禽兽。"在儒家思想的意义脉络中，圣人可谓人类理性的化身或代表，虽说礼为圣人所作，但说到底亦说明了儒家深信礼是由人类自身所创制的，而创制礼的目的在使人过上一种从根本意义上讲不同于动物或"知自别于禽兽"的富有意义且文

---

① 诚如刘泽华、刘丰在《论乐的等级思想及其社会功能》一文中所说："在任何历史时期，均需要有一种普适的价值作为社会整合的主体。在中国古代社会，具有普遍性的价值观，就是与社会等级结构相对应的礼。礼是社会等级秩序、等级观念的集中体现，它作为社会整合中的价值主体，对于促进社会整合有着极其重要的作用。同时，礼乐相需为用，在社会整合的过程中，乐也具有和礼相同的功能。" 见《刘泽华全集·政治社会史论》，天津人民出版社2019年版，第316—317页。
② 刘泽华：《刘泽华全集·中国传统政治思想反思》，天津人民出版社2019年版，第69页。

明的礼仪生活。在这一意义上，礼之为礼，可以说最充分地体现了人禽揖别后的人类文明生活的社会性本质，因为作为一种人类社群的文明生活方式，它需要人们通过礼尚往来的交往行为来持续地参与和维护，而且，由其文明特质所决定的是，这一礼仪化的生活方式只能通过他人来取法和学习的方式得到传播，而不能采取强加和往教的方式来强使他人接受，故曰："礼闻取于人，不闻取人。礼闻来学，不闻往教。"（《礼记·曲礼上》）

孔子儒家还不仅仅强调礼是由往古圣人所作，他们对礼的起源、价值与作用问题还进行了更富意义的深层反思与理论探讨。其中，最值得我们注意的有两个方面，一是强调礼本原于天地，如谓："夫礼必本于天，动而之地，列而之事，变而从时。"（《礼记·礼运》）"乐者，天地之和也。礼者，天地之序也。"（《礼记·乐记》）"凡礼之大体，体天地，法四时，则阴阳，顺人情，故谓之礼。"（《礼记·丧服四制》）二是认为礼起始于人类社会生活的具体需要，如谓："夫礼之初，始诸饮食。"（《礼记·礼运》）"夫礼始于冠，本于昏。"（《礼记·昏义》）"礼始于谨夫妇。为宫室，辨外内。"（《礼记·内则》）前者赋予了人类社会生活的礼制秩序一种自然而神圣的意味，后者则赋予了其更加贴近而切合具体而实际的人类需要的实质内涵。而且，这两方面亦是密不可分，或者是一体两面的，如子曰："夫礼，先王以承天之道，以治人之情，故失之者死，得之者生。《诗》曰：'相鼠有体，人而无礼。人而无礼，胡不遄死。'是故夫礼必本于天，殽（通效）于地，列于鬼神，达于丧、祭、射、御、冠、昏、朝、聘。故圣人以礼示之，故天下国家可得而正也。"（《礼记·礼运》）然而，无论是上原于天地之道，还是下本乎人之所需，制礼作乐的根本目的，说到底不外乎意在教化、涵养和陶冶人之性情与心灵而已，或者，礼乐之价值与作用不过在端正人之身行、修治人之心术，乃至使人之情感、欲望与需求能够有所节制而得其中、合其宜而已。正唯如此，继孔子之后，在七十子之徒及其后学当中逐渐兴起了一股探索人类性情与心术问题的思潮，乃至成了儒家思想最为关切的一大核心主题，而且，在这股日益增长的思想趋向中，对人之性情与心术的反思和探索是与礼乐教化问题紧密联系在一起的，其根本之用意即在说明和论证礼乐之起源、价值与作用皆不外乎为了教化、涵养和陶冶人类之性情与心灵。对此，东汉学者王充曾做过如下精当评述："情性者，人治之本，礼乐所由生也。故原情性之极，礼为之防，乐为之节。性有卑谦辞让，故制礼以适其宜；情有好恶喜怒哀乐，故作乐以通其敬。礼所以制，乐所为作者，情与性也。"并说："周人世硕以为人性有善有恶，举人之善性，养而致之则善长；性恶，养而致之则恶长。如此，则（情）性各有阴阳，善恶在所养焉。故世子作《养书》一篇。宓子贱、漆雕开、公孙尼子之徒，亦论情性，与世子相出入，皆言性有善有恶。"（《论衡·本性》）

王充的上述论评可谓要言不烦，颇为切要地阐明了孔孟之间儒家思想演化脉络中性情之论与礼乐教化之间的关系问题。礼为修身正行之要具，早为孔子"克己复礼"之说所揭橥阐明，而且，依孔子之见，即使是人所当具之恭、慎、勇、直等各种美行，如果无礼以为之节文，也必然会产生各种过失和流弊，故曰："恭而无礼则劳，慎而无礼则葸，勇而无礼则乱，直而无礼则绞。"（《论语·泰伯》）[1]另如孔子曰："中人之情，有余则侈，不足则俭，无禁则淫，无度则失（读为'佚'），纵欲则败。饮食有量，衣服有节，宫室有度，畜聚有数，车器有限，以防乱之源也。"（《说苑·杂言》）可见，礼之主要功能在节制人之情欲以防止祸乱之根源，故曰："礼，因人之情而为之节文者也"（郭店楚简《语丛一》），或者"礼者，因人之情而为之节文，以为民坊者也"（《礼记·坊记》）。孔子儒家有关人之性情与心灵及其教化与修治问题的论述，见诸传世文献者如《礼记·礼运》曰："饮食男女，人之大欲存焉。死亡贫苦，人之大恶存焉。故欲恶者，心之大端也。人藏其心，不可测度也。美恶皆在其心，不见其色也。

---

① 另据《礼记·仲尼燕居》记孔子之言曰："敬而不中礼谓之野，恭而不中礼谓之给，勇而不中礼谓之逆。"

欲一以穷之，舍礼何以哉！"并说，"何谓人情？喜、怒、哀、惧、爱、恶、欲，七者弗学而能。"又说，"故圣王修义之柄、礼之序，以治人情。故人情者，圣王之田也，修礼以耕之，陈义以种之，讲学以耨之，本仁以聚之，播乐以安之。"此对人情之界说与论礼乐之作用在教化人情者甚明。

郭店楚简儒家出土文献特别是其中《性自命出》的发现，使我们对上述问题有了更加深切而明晰的认识和了解。该竹简文献对于人之性情、心术与礼乐教化问题的论述及其充实而丰富的思想内涵，可以说为我们了解从孔子性近习远说到孟子性善论之间儒家思想发展演化的主要线索提供了难得而可贵的强有力佐证材料。该竹简文献可分为上、下两部分或上、下两篇，所论虽有所不同，但依我之见，其上下两部分亦有其一贯之主旨，即特别关注和凸显了人之性情、心术与礼乐教化的关系问题。《性自命出》上篇明确提出"性自命出，命自天降"的命题，突出和肯认了"天"作为人之本性或"人的生命存在的本源和根据"的哲学意蕴，确乎"反映了儒家对人性理解的深化，对人的生命存在的反思的提升"[1]。然而，竹简作者并未就天人关系问题展开更进一步的深入论述，其关注的核心主题仍然是构成人类生命存在本身的各种要素及其相互关系问题。要之，人之为人，乃是一种由身、心、性、情等诸种因素共同构造而成的生命存在，人的生命存在及其心理活动与道德人格发展会受到自然外物、社会情势和人文教化等各种复杂因素的综合影响，诗书礼乐之学习与教化对于人性的教养、心术的修治和情感的节制不仅是必要的而且是至关重要的。

具体而言，其论性主乎春秋以来的血气心知之性说[2]，与后之《礼记·乐记》所言"夫民有血气心知之性，而无哀乐喜怒之常，应感起物而动，然后心术

---

[1] 李维武：《〈性自命出〉的哲学意蕴初探》，见武汉大学中国文化研究院编：《郭店楚简国际学术研讨会论文集》，湖北人民出版社 2000 年版，第 310 页。

[2] 如郑子大叔曰："民有好恶、喜怒、哀乐，生于六气，是故审则宜类，以制六志。"（《左传·昭公二十五年》）齐晏婴则曰："凡有血气，皆有争心，故利不可强，思义为愈。"（《左传·昭公十年》）

形焉",正可谓前后一脉相承。故其具体论性曰:"凡人虽有性,心无定志,待物而后作,待悦而后行,待习而后定。喜怒哀悲之气,性也。及其见于外,则物取之也。"而且,人不仅有天生的喜怒哀悲之血气自然之性,还有"好恶"之性。依竹简作者之见,人虽生而具有天命自然之性,但心之意志或志向却并非固定,心志要待感物而后兴作,待悦乐而后行动,待积习而后确定。这告诉我们人天生之性并不能决定心之意志或志向,心之意志或志向乃主要是由后天感外物、因悦乐和积习而逐渐确定下来的。另外,人虽有"好恶"之性,而且人性之中亦内含着善与不善的基因,但所发展出的是善抑或不善,却是由后天情势或外在环境所决定的,正所谓"好恶,性也。所好所恶,物也。善不[善,性也]。所善所不善,势也"。因此,无论是人之本性,还是人之心志,说到底,都是因受到外物和各种后天因素的影响而表现各有不同,特别是由于学习与受到教化才会被导之向善并最终经由磨砺、教养而固定下来。故曰:"牛生而长,雁生而伸,其性[使然,人]而学或使之也。""四海之内,其性一也,其用心各异,教使然也。"如牛、雁那样的动物,或"生而长"或"生而伸",都是生之而然,而人所禀受之自然本性虽亦是一样的,但是会因学之不同而表现相异;心志之所向不同,或者人之用心各异,亦正是由于后天的教化。又曰:"凡性,或动之,或逆之,或交之,或厉之,或绌之,或养之,或长之。""凡动性者,物也;逆性者,悦也;交性者,故也;厉性者,义也;绌性者,势也;养性者,习也;长性者,道也。"由此足见,竹简作者对于影响人性之活动与表现性的各种因素有着相当具体、清晰而复杂的认识,这些因素包括能够感发而触动人性的自然外物、能够迎顺而使人性感到快乐的愉悦、能够有所为而与人性交流沟通的文化传统、能够曲挠人性的情势、能够涵养人性的积习、能够砥砺而使人性成长的道义等。然而,不管怎样,无论人性之表现于外,还是各种因素之影响于人性,似乎都是通过心这一重要媒介而具体实现的,故竹简作者又特别强调说:"凡性为主,物取之也。金石之有声,[弗扣不][鸣。人之]虽有性心,弗取不出。"意即人之

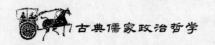

自然本性只有通过心感外物才能具体表现出来。

但与心、性的上述关系不同,性与情却是一种直接的生成性的关系,即人之情乃是由性而生,即人生而有喜怒哀悲之血气自然之性,感外物之取而表现于外,性之表现于外者即为情,故曰"情生于性"。而所谓"道"或"人道",亦即人之正当行为或其共同生活之道,亦与情有着最直接而密切的关系,说到底,"道"之为"道",理应"始于情"而"终乎义",正所谓"道始于情,情生于性。始者近情,终者近义"。故唯有深切体察情之所始和义之所终者,方能出入由乎其道。此言人之正当行为及人类共同生活之道须建立在人类情感的基础之上,但亦须最终合乎礼义的准则与标的,即应以礼制其中,以便使人之行为与情感表达合乎中道而不至于过犹不及[①],或者竟至于"直情而径行"[②]。换言之,人类的共同生活不可能脱离开情感的根基,孔子儒家之重视孝悌亲亲之情最足以明此,然而,人类的共同生活也决不仅仅拘囿于家庭亲亲的直接范围之内,扩而大之,由家而国,由国而天下,唯有涵盖人类整体即将所有非血缘亲情关系涵括在内,斯为一种真正具有普世意义和人道主义性质的人类共同生活,在我看来,这才是"始者近情,终者近义"的题中应有之义,这亦是竹简作者之所以强调"门内之治,欲其逸也"与"门外之治,欲其制也"之间应有所区别的根本用意所在。总之,从儒家人道的意义上来讲,情生于性,实具有根本的重要性,但儒家却决非"直情而径行"意义上的"唯情主义"者,故此,与其说竹简作者是"唯情主义"者,毋宁说其是"重情主义"者更为准确而切当。依孔子儒家之见,人之情感须在人际交往关系或人类共同生活中得体而恰当地加以表达,得体之为礼,合宜之为义。正唯如此,礼乐教化既生于人情之所需,反之,亦对人情理应发挥一种协调和节制的重要作用。与此同时,由于人心在自然本性表现于外的动态过程中所发挥的关键性感发作用,所以竹简作者同时亦特别强调心

---

① 如《礼记·仲尼燕居》记孔子之言曰:"礼乎礼!夫礼所以制中也。"

② 如《礼记·檀弓下》记子游之言曰:"有直情而径行者,戎狄之道也。礼道则不然。"

术对于人道所具有的主导性意义，故曰："凡道，心术为主。"所谓心术，乃心志之所由 ① 或用心之方法，就其实际而言，人之心术其实有正邪之分和善恶之别，修治得其方而使之去邪归正、弃恶向善，则人始能修德循道而行，故曰："凡道，心术为主。"而心术之修治，亦端赖乎礼乐教化之足以善人心。故竹简作者紧接着郑重申论诗书礼乐之教曰：

> 诗书礼乐，其始出皆生于人。诗，有为为之也。书，有为言之也。礼乐，有为举止也。圣人比其类而论会之，观其先后而逆顺之，体其义而节文之，理其情而出入之，然后复以教。教所以生德于中者也。礼作于情，或兴之也。当事因方而制之，其先后之序则宜道也。又序为之节，则文也。致容貌所以文，节也。君子美其情，贵 [其义]，善其节，好其容，乐其道，悦其教，是以敬焉。……笑，礼之浅泽也。乐，礼之深泽也。
>
> 凡声其出于情也信，然后其入拨人之心也厚。

《性自命出》上篇所论大要如上，下篇所论有同有异。所同者，下篇亦强调"情出于性"，与上篇所谓"情生于性"，意思相通而一贯；而且，都对人类的心理与情感活动有着细致入微的观察和描述，如上篇曰："凡忧思而后悲，凡乐思而后忻，凡思之用心为甚。叹，思之方也。其声变，则 [心从之]。其心变，则其声亦然。……喜斯陶，陶斯奋，奋斯咏，咏斯犹，犹斯舞。舞，喜之终也。愠斯忧，忧斯戚，戚斯叹，叹斯辟，辟斯踊。踊，愠之终也。"而下篇开篇即言："凡学者求其心为难，从其所为，近得之矣，不如以乐之速也。虽能其事，不能其心，不贵。求其心有伪也，弗得之矣。人之不能以伪也，可知也。[不]过十举，其心必在焉。察其见者，情焉失焉？"又曰："凡用心之躁者，思为甚。用

---

① 据汉儒郑玄注《礼记·乐记》"应感起物而动，然后心术形焉"曰："术，所由也。"参见刘昕岚：《郭店楚简〈性自命出〉篇笺释》，见武汉大学中国文化研究院编：《郭店楚简国际学术研讨会论文集》，湖北人民出版社2000年版，第335页。

智之疾者，患为甚。用情之至者，哀乐为甚。用身之忭者，悦为甚。用力之尽者，利为甚。"所异者，下篇不仅强调"情出于性"，而且更认为仁爱忠信诸美德皆出于人天生之性情，故曰："笃，仁之方也。仁，性之方也，性或生之。忠，信之方也。信，情之方也，情出于性。爱类七，唯性爱为近仁。"所谓"性爱"，"谓出自性的爱"[①]。尤其是，下篇还汲汲于区别辨分人之情伪（真诚与虚伪）问题，以格外凸显人之真心、真情的重要与可贵，并据此而论何为最可信赖而美好的人际交往关系和最优良而合理的治民为政之道。其言道：

> 凡人伪为可恶也。伪斯客矣，客斯虑矣，虑斯莫与之结矣。慎，仁之方也，然而其过不恶。速，谋之方也，有过则咎。人不慎，斯有过，信矣。

> 凡人情为可悦也。苟以其情，虽过不恶。不以其情，虽难不贵。苟有其情，虽未之为，斯人信之矣。未言而信，有美情者也。未教而民恒，性善者也。未赏而民劝，含富者也。未刑而民畏，有心畏者也。贱而民贵之，有德者也。贫而民聚焉，有道者也。

正因为人之虚伪之可恶和人之真情之可悦，故出自人类自然本真之性情的敬慎、仁义、诚信之德才被孔子儒家视为美好人际交往关系之最可信赖的道德根基，同时亦是优良治民为政之道最合理的道德遵循。只要一个人的行为出自真情，虽有过错，也不会令人感到可恶。如果不是出自真情，虽做了常人难以做到的事情，也不会让人觉得可贵。如果出自真情，虽然没有做什么事，人们也会信任他。一个人无须说什么就会赢得人们的信任，那是因为他具有美好真情的缘故。没有施加教化人民就会有恒善之心，那是因为人们本性中就含有善良基因的缘故。没有施加赏赐人们就会劝勉，那是因为人们感念其德性之富有的缘故。没有施加刑罚人民就会畏服，那是因为人民对其心怀敬畏的缘故。一个人身份低贱，但人民却真心尊重他，那是因为他有德的缘故。一个人生活贫

---

① 郭沂：《郭店竹简与先秦学术思想》，上海教育出版社 2001 年版，第 255 页。

寒，但人民却愿意聚集在他身边，那是因为他有道的缘故。① 显然，在竹简作者看来，拥有道德比尊贵和富有以及拥有施行赏罚的权势更加重要，也更能赢得人民的尊重和追随，从这一意义上来讲，最优良而合理的治民为政之道自然是以德化人或以道治民。因此之故，对治民为政者而言，首先要做的亦是至关重要的便是"闻道反己"而"修身"，乃至"修身近至仁"，以及以德与人"同悦而交"（郭店楚简《性自命出》下篇）。

那么，如何才能修治身心和涵养德性呢？依孔子儒家之见，以礼乐修治身心和涵养德性乃是最佳的方式和途径。对此，《礼记·乐记》作了非常深切而系统的反思与论述，其言道："人生而静，天之性也。感于物而动，性之欲也。物至知知，然后好恶形焉。好恶无节于内，知诱于外，不能反躬，天理灭矣。夫物之感人无穷，而人之好恶无节，则是物至而人化物也。人化物也者，灭天理而穷人欲者也。于是有悖逆诈伪之心，有淫泆作乱之事。……是故先王之制礼乐，人为之节。"又说："夫民有血气心知之性，而无哀乐喜怒之常，应感起物而动，然后心术形焉。""礼乐之说，管乎人情矣。""是故先王之制礼乐也，非以极口腹耳目之欲也，将以教民平好恶而反人道之正也。"可见，在《礼记·乐记》作者看来，礼乐之用主要就在于教化、节制人之性情、欲望与好恶而使之归于平正。职是之故，在君子看来，礼乐是"不可斯须去身"的，而对于礼乐皆深有所得乃是富有德性教养的根本体现，正所谓："礼乐皆得，谓之有德。德者，得也。""致乐以治心，则易直子谅之心油然生矣。易直子谅之心生则乐，乐则安，安则久，久则天，天则神。天则不言而信，神则不怒而威，致乐以治心者也。致礼以治躬则庄敬，庄敬则严威。心中斯须不和不乐，而鄙诈之心入之矣。外貌斯须不庄不敬，而易慢之心入之矣。"显然，孔子儒家所谓的礼乐之教乃是贯通

---

① 此处译文参考了郭沂的释义，另外，笔者亦赞同郭沂的这一观点，即"'未教而民恒，性善者也'，只是说民有善性，但不能据以认为本佚书持性善论"，这与上篇"所说的性有善有不善并不矛盾，所不同的是，这里只强调了性善的方面"（《郭店竹简与先秦学术思想》，上海教育出版社2001年版，第261、259页），实与孟子纯粹的性善论尚相隔一间。

君子与人民（君民上下）一体而言之的，用之于君子（君上），则为修治身心、涵养德性之所"不可斯须去身"者，用之于人民，实乃教化人民、节制其欲望、平正其好恶之心而使之反归做人之正道的最佳方式与途径，故曰："移风易俗莫善于乐，安上治民莫善于礼。"（《孝经·广要道章》）《礼记·乐记》亦曰："乐也者，圣人之所乐也，而可以善民心。其感人深，其移风易俗，故先王著其教焉。"

（四）作为最佳治道的礼乐教化

由上可见，孔子儒家生活在晚周衰乱之世，面对礼崩乐坏和列国纷争的时代大变局，他们为了变"天下无道"为"天下有道"，汲汲于探求和追寻治国为政的最佳治道。对他们而言，礼乐教化、以德化民乃是治国为政、引导人民崇德向善的最佳治道，而且，对这一最佳治道的追寻和探求，乃是他们始终不渝的思想追求与政治情怀。当然，他们也并不完全拒绝和排斥这样一种可能性和必要性，即有时需要恰当地运用强制性的刑政手段和措施，以便维持一种优良的治理秩序。而为了更好地理解其上述思想的实质意涵，一个尤其值得我们深入思考和探究并须特别予以申述和讨论的问题就是，作为最佳治道的礼乐教化究竟意味着什么？孔门之礼乐教化何以能为最佳治道，又或者孔门之礼乐教化能够被看作最佳治道的充分而合理的根据究竟是什么？

在我看来，可以从两个方面很好地来回答上述问题，一是可以从孔门礼乐之教的思想理论内涵来回答，二是可以从孔门礼乐教化发挥作用的方式来回答。就孔门礼乐之教的思想理论内涵而言，又可分为两部分，一是孔门传述上古三代特别是周制礼乐文化传统的内容，二是孔门之礼说（包括乐在内）。关于前一方面的内容，前文已多有论及，此处不再赘述，在此应予特别申论的则是孔门之礼说。诚如张东荪先生所言，任何社会组织与秩序必同时附有一种"说"，以便"使这样社会状态之存在有其所以然的理由，致人们相信其所以致此，在道理上是必然的"，或者"使人们在其中的会自己觉得如此方为正当"①，而孔子儒家正是通过他们有关礼的"说"或"礼教"来维持人心与社会的。也就是说，"说"之为"说"，正是意在为某种社会组织、秩序与状态提供一种合理性论证与意义说明，而"要说明一个事物存在的合理性，最要紧的莫过于论证它的价值，即说明它的地位，作用和影响。价值阐发得越透彻，或者说得越突出，它就越有存在和发展的理由"②。而由上文可知，孔子儒家之礼说的最特别之处就在于他们赋予了礼一种"观念之联合"或"混合的秩序"的含义，即在他们看来，礼的秩序不仅是一种社会的秩序，更是一种自然的秩序，同时也是一种神圣的秩序，而且"非如此不能在人心上产生其信仰（即对于这个秩序的信心）及由信心而生的安适之感"，正唯如此，"我们如对此社会秩序单纯看作政治上的统治关系便大错了"③。依孔子儒家之见，礼具有普遍适应人类社会生活之基本欲求或需要的重要价值与特殊意义，故有时他们认为唯有圣人或圣王才有资格创制礼乐，后人只能通过随时损益的方式使之有所改善而更趋于完备。但不管怎样，通过孔子儒家对礼的起源与价值问题所作的反思与探究，我们有必要提出并加以重新思考和认真估价的一个富有意义的问题就是，什么才是孔子儒家之礼教思想的根本要素？是主要体现在其继承性与保守性的一面，即对传统之礼仪形式与内容的简单继承与传习，还是集中体现在其对礼之价值与起源问题的创造性解说即其礼说的一面？我个人认为，当然是后者更能彰显孔子儒家礼教思想的独特创见，亦即其关于礼之于个体身心修养与人类共同生活秩序之形成、构建与维系所具有的根本重要性价值与意义。

那么，由礼所构建的社会秩序何以被"单纯看作政治上的统治关系便大错了"呢？除了由"观念之联合"或"混合的秩序"在人心上所造成的一种对此秩

---

① 张东荪：《思想与社会》，辽宁教育出版社1998年版，第90、92页。

② 刘泽华：《刘泽华全集·中国传统政治思想反思》，天津人民出版社2019年版，第69页。

③ 张东荪：《思想与社会》，辽宁教育出版社1998年版，第86页。

序的普遍信仰以及由信心或认同而产生的安适感亦即使人们在意识中不觉得是一种外在强加的东西之外，为了更好地理解这一点，我们还有必要在政治、政治术与统治、统治术两类概念的不同含义之间作出某种恰当的区分。王国维先生曾在《荀子之学说》一文中论及孔子儒家之政治与政治术曰：

> "君子之德风，小人之德草，草上之风必偃。"（按，《论语·颜渊》）是孔子政治论之主意也。以身先天下，则天下无不化。《大学》之言治国平天下本于修身，可谓善得其意也。故此派之政治非政治术，而自己之人格为政治之中心。荀子亦谓政治在以身先天下，曰："主者，民之唱也；上者，下之仪也。彼将听唱而应，视仪而动。唱默则民无应也，仪隐则下无动也。……故上者下之本也：上宣明则下治辨矣，上端诚则下愿悫矣，上公正则下易直矣。"（《正论》）所谓政治术者道也，曰："道者古今之正权也。"（《正名》）道者何？礼乐刑政是也。荀子以礼乐为致治平唯一之道，如上所论，并用刑政，先王然也，孔子亦然，唯欲其刑之中耳。荀子亦曰："刑称罪则治，不称罪则乱。"（《正论》）[①]

显然，王氏之意着重在对孔子儒家内部有关政治与政治术的观念差别有所区分，即孔子所谓君子之德化与"《大学》之言治国平天下本于修身"，皆是持一种"以身先天下"的政治论，此种政治论之主旨在强调"自己之人格为政治之中心"，而不是一种"政治术"；而荀子虽"亦谓政治在以身先天下"，但他更注重者在政治术或致治平之道，亦即礼乐刑政是也。这一辨别区分可谓饶富意味而发人深思，可使我们对孔子之后儒家内部思想的演化及其政治理论之重心的细微差别具备一种更加敏锐的辨识与领会力。

依据王氏之说，我们不难发现，除了"《大学》之言治国平天下本于修身"

---

① 彭华选编：《王国维儒学论集》，四川大学出版社 2010 年版，第 82 页。

之外，郭店楚简《成之闻之》对孔子"以身先天下"的政治论实亦曾作过精彩的
论述与阐发，不妨详引其文如下：

> 君子之于教也，其导民也不浸，则其淳也弗深矣。是故亡乎其身
> 而存乎其辞，虽厚其命，民弗从之矣。是故威服刑罚之屡行也，由上之
> 弗身也。昔者君子有言曰：战与刑，人君之坠德也。是故上苟身服之，
> 则民必有甚焉者。……是故君子之求诸己也深。不求诸其本而攻诸其
> 末，弗得矣。
>
> 上不以其道，民之从之也难。是以民可敬导也，而不可掩也；可御
> 也，而不可牵也。故君子不贵庶物，而贵与民有同也。秩而比次，故民
> 欲其秩之遂也。富而分贱，则民欲其富之大也。贵而能让，则民欲其
> 贵之上也。反此道者，民必因此重也以复之，可不慎乎？故君子所复
> 之不多，所求之不远，窃反诸己而可以知人。是故欲人之爱己也，则必
> 先爱人；欲人之敬己也，则必先敬人。
>
> 闻之曰：古之用民者，求之于己为恒。行不信则命不从，信不著则
> 言不乐。民不从上之命，不信其言，而能念德者，未之有也。故君子之
> 莅民也，身服善以先之，敬慎以守之，其所在者入矣，民孰弗从？形于
> 中，发于色，其诚也固矣，民孰弗信？是以上之恒务，在信于众。……
> 言信于众之可以济德也。

比较而言，郭店楚简《尊德义》则虽"亦谓政治在以身先天下"，如谓"下之
事上也，不从其所命，而从其所行。上好是物也，下必有甚焉者"，但它更注
重者却在政治术或致治平之道，亦即礼乐教化以及刑赏、征伐与杀戮是也。
其言曰："善者民必富，富未必和，不和不安，不安不乐。善者民必众，众
未必治，不治不顺，不顺不平。是以为政者教导之取先。"不过，其作者认
为，应在"教以礼""教以乐"与"教以辩说""教以艺""教以技""教以
言""教以事""教以权谋"之间作出明确区分，亦即教之以礼乐可以增进民

之美德善性，正所谓"教以礼，则民果以劲。教以乐，则民弗德争将"，相反，教之以其他种种则会使民之德性趋于败坏，譬如陵长妄行、好争贪利、诡诈寡信、淫昏远礼等。尽管其作者认为教之以其他种种会带来政治上不良的后果，但他又认为刑赏、征伐与杀戮等对于维持一种良好的治理秩序却是十分必要的，当然，这些维持秩序的方式和手段亦须由其道而行，故曰："赏与刑，祸福之基也，或前之者矣。爵位，所以信其然也。征伐，所以攻□〔也〕。刑〔罚〕，所以□与也。杀戮，所以除害也。不由其道，不行。"另如《六德》亦曰："作礼乐，制刑法，教此民尔，使之有向也，非圣智者莫之能也。"可见，《成之闻之》所阐扬之政治论与《尊德义》《六德》所亟言之政治术显然侧重点是有所区别的，不过，我们也不宜将二者截然割裂开来看待，换言之，孔子儒家所言"以身先天下"的政治与以礼乐刑政为主的政治术又是密不可分的，或许有的只是着重阐发"以身先天下"的政治论，但倡言礼乐刑政之政治术者却须首先认同"以身先天下"的政治论或以之为前提条件，其所谓的政治术即"礼乐刑政"才不至成为一种仅仅要求臣民服从而强加于其身的工具性手段。故《尊德义》开宗明义即曰："尊德义，明乎民伦，可以为君。去忿戾，改惎胜，为人上者之务也。"文中的"去忿戾，改惎胜"，李零先生以为"这两句似指去除或改变民性中的暴戾恣睢"[1]，但正如我们上文中已指出的，事实上按照孔子儒家政治论的思维逻辑，为人君上者要想"去除或改变民性中的暴戾恣睢"，首先便必须或理应首先去除或改变自性中的暴戾恣睢。正如荀子所言："为人上者必将慎礼义、务忠信然后可。此君人者之大本也。"（《荀子·强国》）又曰："闻修身，未尝闻为国也。君者仪也，〔民者景也，〕仪正而景正。君者槃（同'盘'）也，〔民者水也，〕槃（同'盘'）圆而水圆。君者盂也，盂方而水方。……故曰：闻修身，未尝闻为国也。君者，民之原也，原清则流清，原浊则流浊。"（《荀子·君道》）

---

[1] 李零：《郭店楚简校读记》（增订本），中国人民大学出版社 2007 年版，第 184 页。

关于孔子儒家的政治术,我们下面还会作进一步的辨析和论述,但不管是其所倡言的"以身先天下"或以自己人格为中心的政治,还是其所主张的以礼乐刑政为主的政治术,在其区别于统治、统治术的含义上也许可以得到恰当而更好的理解。因为在我看来,我们可以在孔子儒家与法家之间进行一种更富有意义的思想比较,孔子儒家之倡言"以身先天下"或治国平天下本于修身,而致治平之道在礼乐刑政,与法家之力主治国平天下本于权力与势位,而致治平之道在纯任刑法与权术者,可谓迥然不同。如果说前者可以"政治"与"政治术"称之的话,那么,后者则只能以"统治"与"统治术"称之。前者强调的是治国为政者必须"以身先天下",即首先要修身立德于己以取信于民,或者率先垂范而以身作则,而后敬慎地从政治民,即以德化民,以礼乐教民;而后者强调的是凭借自身的权力与势位,单纯地运用强制性的刑法与阴谋化的权术手段来实施对臣民的身心支配与全面操控。比较而言,孔子儒家之政治论与政治术中的君民关系当然不能被简单地或"单纯看作政治上的统治关系"。由"以身先天下"或道德人格的表率示范作用而构筑起来的君民关系,乃是一种上行下效式或道德教化性质的政治关系。在此,有必要重申和强调的是,儒家意义上的以德化民与上行下效,并不像表面看上去那样简单而易行,它既不同于威权主义的令行禁止,亦与一般人们对于政治权威人物之私人偏好的时髦效仿现象或简单模仿行为如"楚庄王好细腰,故朝有饿人"(《荀子·君道》)之类有着实质性的差异。遵循儒家上行下效之德化原则的君主或治国为政的君子,不仅应"以身先天下",而且必须以正确的道德价值观来引领、培育和提升人民的美德善性。郭店楚简《缁衣》(与传世文献《礼记·缁衣》内容文字稍异)所引孔子之言对此有系统而深刻的论述,其言道:

> 有国者章好章恶,以示民厚,则民情不忒。《诗》云:"靖共尔位,好是正直。"

> 为上可望而知也,为下可类而志也,则君不疑其臣,臣不惑于君。

《诗》云："淑人君子，其仪不忒。"《尹诰》云："唯尹允及汤，咸有一德。"

上人疑则百姓惑，下难知则君长劳。故君民者，章好以示民欲，谨恶以御民淫，则民不惑。臣事君，言其所不能，不辞其所能，则君不劳。《大雅》云："上帝板板，下民卒瘅。"《小雅》云："非其止共，唯王之邛。"

民以君为心，君以民为体。心好则体安之，君好则民欲之。故心以体废，君以民亡。《诗》云："谁秉国成，不自为正，卒劳百姓。"《君牙》云："日暑雨，小民唯日怨。资冬祁寒，小民亦唯日怨。"[1]

上好仁，则下之为仁也争先。故长民者，章志以昭百姓，则民致行己以悦上。《诗》云："有觉德行，四方顺之。"[2]

下之事上也，不从其所以命，而从其所行。上好此物也，下必有甚焉者矣。故上之好恶，不可不慎也，民之表也。《诗》云："赫赫师尹，民具尔瞻。"

长民者衣服不改，从容有常，则民德一。《诗》云："其容不改，出言有训，黎民所信。"

长民者教之以德，齐之以礼，则民有劝心；教之以政，齐之以刑，则民有免心。故慈以爱之，则民有亲；信以结之，则民不倍；恭以莅之，则民有逊心。《诗》云："吾大夫恭且俭，靡人不敛。"《吕刑》云："非

---

① 据《礼记·缁衣》，子曰："民以君为心，君以民为体。心庄则体舒，心肃则容敬。心好之，身必安之；君好之，民必欲之。心以体全，亦以体伤；君以民存，亦以民亡。《诗》云：'昔吾有先正，其言明且清，国家以宁，都邑以成，庶民以生。''谁能秉国成？不自为正，卒劳百姓。'《君雅》曰：'夏日暑雨，小民惟日怨；资冬祁寒，小民亦惟日怨。'"

② 据《礼记·缁衣》，子曰："上好仁，则下之为仁争先人。故长民者章志、贞教、尊仁以子爱百姓，民致行己以说其上矣。《诗》云：'有梏德行，四国顺之。'"

用狂，制以刑，惟作五疟之刑曰法。"

要言之，作为人民的仪表，君（长）民者必须首先在言行上做出道德的表率，必须明确无误地向人民彰明昭示其道德上的好恶，即好仁贤而恶淫恶，必须教民以德而齐之以礼。其中，尤其值得我们注意的是，夫子以心体来譬喻君民之关系，仅从字面含义来看，似乎在强调心之于体即君之于民居于决定性的重要地位，即君主居于政治上的领导地位而民只是处于被动的从属地位，但这只是问题的一个方面，接下来夫子所重点强调的却是"心以体废，君以民亡"或者"心以体全，亦以体伤；君以民存，亦以民亡"，亦即君主又是在政治上依乎人民而存而亡的，换言之，是人民而不是其他的什么（如势位、权力和法术等）最终决定了君主之安危存亡的政治命运。由此而言，君民的关系实是一种一体相关、命运与共的关系，居于政治上的领导地位的君主，必须把人民看作与自己命运紧密相连而休戚与共的一体同胞，而道德上的表率引领作用决定了君主之为道德型领导的政治角色，因此，建立在这样一种性质的君民关系基础上的政治共同体毋宁说就是一种道德的共同体，而其中，君主之为君主，说到底乃是建筑在道德教化关系上的道德共同体的领路人，而非以权势、法术和刑赏的手段支配与操控人民好恶以使之服从自己绝对的权力意志的统治者[1]，其主要政治职责便是以正确的道德价值观来引领和范导人民好恶之心与美好德行，但其政治权威的正当性却必须接受来自人民（民心民意）的严格检验。另据《荀子·哀公》所载，孔子答鲁哀公之问曰："且丘闻之：君者舟也，庶人者水也。水则载舟，水则覆舟；君以此思危，则危将焉而不至矣！"君舟民水之喻可以说更加凸显了君主对于人民的依赖关系，舟唯有行于水之上而发挥运载的功能与作用，君唯有居上位而在言行上能为人民树立学习与效法的道德仪表，也才有其存在的价值与意义。舟不能脱离水而发挥作用，君亦不能与民心

---

[1] 如韩非所言："（明主之道）设民所欲以求其功，故为爵禄以劝之；设民所恶以禁其奸，故为刑罚以威之。"（《韩非子·难一》）

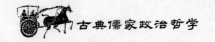

相悖而稳居领导地位，因为水势之起伏亦即水面之平静与和缓、浩荡与汹涌，既能载舟，亦能覆舟，民心之向背亦即人民之爱戴与拥护、憎恶与叛离，既能使君位安固，亦能使君位危亡。正所谓"天下归之之谓王，天下去之之谓亡"（《荀子·王霸》《荀子·正论》）。

正唯如此，孔子儒家对于理应"以身先天下"的君主或治国为政的君子，首先提出的便是一种极高的道德要求，对他们而言，治国为政者首先敬慎地修养自身的品德、具备一种自我克制的道德理性与治国安民的责任意识实具有根本的重要性，故《礼记·曲礼上》开宗明义即言："毋不敬，俨若思，安定辞，安民哉！"又曰："敖（傲）不可长，欲不可从（纵），志不可满，乐不可极。"其次，无论是个人的德性修养还是以德化民，都非徒托之于空言而已，必须落实在具体的行为养成上，既要以礼来修身正行，亦应使人民在礼仪交往行为中养成自己的美德善性，或者通过礼乐教化的方式来引导人民过一种富有道德伦理意义的礼乐化的文明生活，如《礼记·曲礼上》曰："礼不逾节，不侵侮，不好狎。修身践言，谓之善行。行修言道，礼之质也。""夫礼者，自卑而尊人。虽负贩者，必有尊也，而况富贵乎！富贵而知好礼，则不骄不淫；贫贱而知好礼，则志不慑。"另如《孝经·三才章》曰："先王见教之可以化民也，是故先之以博爱，而民莫遗其亲；陈之以德义，而民兴行；先之以敬让，而民不争；导之以礼乐，而民和睦；示之以好恶，而民知禁。《诗》云：'赫赫师尹，民具尔瞻。'"职是之故，对孔子儒家而言，以德化民特别是导民以礼乐实乃移风易俗和安上治民的最佳治道或最优良的政治术。如《礼记·经解》曰："是故隆礼、由礼谓之有方之士，不隆礼、不由礼谓之无方之民，敬让之道也。故以奉宗庙则敬，以入朝廷则贵贱有位，以处室家则父子亲、兄弟和，以处乡里则长幼有序。孔子曰：'安上治民，莫善于礼。'此之谓也。"《孝经·广要道章》所记孔子之言曰："教民亲爱莫善于孝，教民礼顺莫善于悌，移风易俗莫善于乐，安上治民莫善于礼。"另如《孔丛子·记问》亦记孔子之言曰："正俗化民之政莫善于礼乐也。"郭店楚简《尊德义》亦有言曰："为古率民向方者，唯德可"，而"德者，且莫大乎礼乐焉"。

　　然而，仍需做进一步严肃追问、认真思考和深入讨论并须给以圆满回答的一个重要问题是，孔子儒家以礼乐教化为最佳治道或最优良的政治术的最充分而合理的理论依据究竟是什么？一言以蔽之，礼乐教化乃是出于人情之所不能免而最合乎人类性情之深刻需要的治国化民之道，正所谓礼"非从天降也，非从地出也，人情而已矣"（《礼记·问丧》）。"何谓人情？喜、怒、哀、惧、爱、恶、欲，七者弗学而能"，尤其是"饮食男女，人之大欲存焉"而"死亡贫苦，人之大恶存焉"（《礼记·礼运》），此人之大欲与大恶实为人心之大端。也就是说，人有七种基本的情感即喜、怒、哀、惧、爱、恶、欲，人人天生而禀具，是无须学习就能自然表达的，然而，人能否恰当而得体、正确而合宜地表达与抒发这七种情感，却未必然。其中，饮食男女与死亡贫苦尤为人心之大端，是与人类之个体生存生活、与社群繁衍维系、与盛衰治乱所关至为重大者，如果不能得到适当而合理的调节与安顿，必然会对个人乃至整个人类社群的生存与生活带来极大的祸患与混乱。在孔子儒家看来，人情唯有循礼而治，其表达与抒发方能恰当而得体、正确而合宜，政治共同体中的君臣上下之关系以及人情之所不能免的饮食男女与死亡贫苦等问题，亦唯有以礼来做适当而合理的调节与安顿，才能真正促使"父慈、子孝、兄良、弟弟、夫义、妇听、长惠、幼顺、君仁、臣忠"而人伦有义，增进人类诚信和睦之福祉，消除争夺相杀之祸患，从而形成一种等差有序、和谐安乐的优良治理秩序。另如《礼记·经解》亦曰："故朝觐之礼，所以明君臣之义也；聘问之礼，所以使诸侯相尊敬也；丧祭之礼，所以明臣子之恩也；乡饮酒之礼，所以明长幼之序也；昏姻之礼，所以明男女之别也。夫礼禁乱之所由生，犹坊止水之所自来也。故以旧坊为无所用而坏之者，必有水败；以旧礼为无所用而去之者，必有乱患。"乃至"昏姻之礼废，则夫妇之道苦，而淫辟之罪多矣。乡饮酒之礼废，则长幼之序失，而争斗之狱繁矣。丧祭之礼废，则臣子之恩薄，而倍死忘生者众矣。聘觐之礼废，则君臣之位失，诸侯之行恶，而倍畔侵陵之败起矣"。

毋庸讳言，在孔子儒家所讲习传承的"旧礼"或传统的礼乐制度中仍然保留了许多繁缛琐细且富有尊卑贵贱之等级性的传统仪文形式，而且更被秦汉之后君主专制时代曲学阿世的陋儒之礼说及其礼乐制作所进一步强化。[①] 然而，就孔子儒家之经典礼说所格外凸显的礼乐教化的精神实质而言，可以说礼乐教化主要是为了回应和满足人类性情之深刻需要而被视为治国化民或修己安民的最佳治道或最优良的政治术的，这才是最值得我们笃切玩味而深长思之的。正如王国维先生在评价周公制作之本意或其所制礼乐制度之精神实质时所言：

> 欲观周之所以定天下，必自其制度始矣。周人制度之大异于商者，一曰立子立嫡之制，由是而生宗法及丧服之制，并由是而有封建子弟之制、君天子臣诸侯之制；二曰庙数之制；三曰同姓不婚之制。此数者，皆周之所以纲纪天下。其旨则在纳上下于道德，而合天子、诸侯、卿、大夫、士、庶民以成一道德之团体。周公制作之本意，实在于此。[②]

> 凡制度、典礼所及者，除宗法、丧服数大端外，上自天子、诸侯，下至大夫、士止，民无与焉，所谓"礼不下庶人"是也。若然，则周

---

① 在中国思想大宗中，儒家虽然在秦汉以后居于学术思想主流的地位，但墨、道两家思想之价值与意义终究是不容抹煞的，其根本原因就在于墨家站在功利实用和节葬节用立场上对儒家奉行的繁缛琐细之礼仪形式与厚葬久丧之过度靡费问题的激烈攻讦，道家特别是庄子站在万物齐一的自然平等和超越世俗人情立场上对儒家等级礼制与人类无节制的贪婪欲望和矫情伪饰行为对自然纯朴本性的扭曲败坏问题的深刻批判，对于我们应对儒家礼教思想中繁缛性、靡费性与等级性的弊端和负面影响保持高度自觉的警醒意识都是大有裨益的。
② 王国维：《殷周制度论》，见彭华选编：《王国维儒学论集》，四川大学出版社 2010 年版，第 241—242 页。

之政治，但为天子、诸侯、卿、大夫、士设，而不为民设乎？曰：非也。……使天子、诸侯、卿、大夫、士各奉其制度、典礼，以亲亲、尊尊、贤贤，明男女之别于上，而民风化于下，此之谓治。反是，则谓之乱。是故天子、诸侯、卿、大夫、士者，民之表也；制度、典礼者，道德之器也。周人为政之精髓，实存于此。……且其所谓德者，又非徒仁民之谓，必天子自纳于德而使民则之……充此言以治天下，可云至治之极轨。自来言政治者，未能有高焉者也。[①]

对于王氏所谓周公制作之本意与周人为政之精髓，果能真正洞察个中之真谛者，孔子实为历史上之第一人，而且，孔子亦是承上启下而更能将其发扬光大的第一人。周制"礼不下庶人"，而孔子所倡导之仁道与礼教乃直欲将包括庶人在内的所有人纳于其中，其旨亦在纳上下于道德，而合天下人以成一人人在其中皆能得到仁爱与礼敬之人道对待的道德的共同体。且其所谓仁、所谓礼、所谓德、所谓礼乐教化，皆非徒求诸人之谓，而是必先求诸己而自修其仁、自立于礼、自纳于德乃至"礼乐不可斯须去身"而使民则之，此诚王氏之所言，"充此言以治天下，可云至治之极轨"而"自来言政治者，未能有高焉者也"。上引王氏最末一句亦可谓最关紧要，如果说周公之制作尚存有"礼不下庶人"之历史局限性的话，而孔子对民言礼乐之教化则可谓真正已达至治之极轨、至高之政治境界矣。所谓至高之政治境界，说到底亦即是"以身先天下"之政治境界，从古以来（乃至古今中外）未有不先正己而能正人者，亦未有不先修己而能安民者，此孔子儒家所谓"政治"之精髓与真谛；不先正己而亟欲正人，不先修己而亟欲治民，则正所谓"天下无独成之事，必物之从而后所为以成"（王夫之《宋论》卷六《神宗》），故非至于假权势、法术与阴谋以迫人之应、强物从我而不止。

---

① 王国维：《殷周制度论》，见彭华选编：《王国维儒学论集》，四川大学出版社 2010 年版，第 248—249 页。

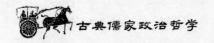

唯明乎上之所言"政治"之精髓与真谛，我们也才能真正理解孔子儒家所谓礼乐教化之为礼乐教化的精神实质所在及其恰当、合宜而正确地发挥作用的方式。在此，我想重点强调三个方面的重要问题：

一是，礼乐之制作既应乎人类性情之深刻需要而起，故礼乐教化在人类生命深处（性情）自有其充分而合理的根据，正所谓"礼者，因人之情而为之节文"（《礼记·坊记》），亦即礼（乐）之主要功能就在于它能很好地协调和节制人的情感与欲望，使之合乎人类道德伦理之理性而中道的要求，故子曰："礼也者，理也。乐也者，节也。君子无理不动，无节不作。"又曰："礼乎礼！夫礼所以制中也。"（《礼记·仲尼燕居》）诚如徐复观先生所说："礼乐的意义包罗广大，这里仅先指出它的意义的一端，乃在于对具体生命中的情欲的安顿，使情欲与理性能得到谐和统一，以建立生活行为的'中道'。"①

二是，礼乐之作用不仅在使人类之情感与欲望得到理性的安顿而不至于趋向放纵与横决，而且更能在此基础之上进一步使整个人伦关系秩序得到合理而有序的全面安排，质言之，礼乐足可以规范和协调人们的行为，建立一种协作性的和谐关系，进而构建一种人道且文明的伦理生活方式。而礼乐之所以能够发挥这样一种作用，即为人们构建一种具有人道且文明性质的伦理生活方式，关键在于世人以礼乐为核心的交往活动必须符合或满足以下几大行为原则或有效性要求：其一，交互性或对等性。礼尚往来，是对参与交往活动之双方的交互对等性的礼仪行为要求，亦即人以礼来，我亦须以礼往，反之亦然；如果说以礼待人的本质含义是"自卑而尊人"、谦让或尊敬他人的话，那么，所谓交互性或对等性的原则也就是要求人们应彼此谦让和相互尊重，否则，礼作为人们之间进行良性互动与交往活动的行为规范或社交媒介是难以被遵循奉行的，正所谓"敬，礼之舆也。不敬，则礼不行"（《左传·僖公十一年》）。其二，等差性或伦理性。在人际交往的关系网络中，每个人的身份地位不同，所扮演的伦理

---

① 徐复观：《谈礼乐》，见《中国思想史论集》，上海书店出版社 2004 年版，第 208 页。

角色亦不一样，对于不同身份地位和扮演不同伦理角色的人，人们还应遵循等差性的原则或按照伦理角色的要求采取相应的待人态度和礼仪行为，唯此才能在一种和谐的等差秩序中实现人们不同伦理行为的协调与合作。所谓"礼之用，和为贵"（《论语·学而》），意即礼的基本作用在维系等差有序、和谐安定的人际关系与伦理生活，礼既为此而设，亦由此而彰显其价值与意义。不过，由于礼偏重于维系等差关系的分别与差异，故又须与偏重于维持伦理生活之合同与亲和的乐相配而行。^① 其三，忠信性或真诚性。对人际交往活动最大的败坏乃是情感的虚假与心意的伪饰，这亦是礼仪交往行为之容易流于虚伪形式的最大弊端所在，正如《老子·第38章》所批评："故失道而后德，失德而后仁，失仁而后义，失义而后礼。夫礼者，忠信之薄，而乱之首。"孔子教人以"忠信"，《中庸》所谓"不诚无物"，《礼记·乐记》所言"著诚去伪，礼之经也"，其实皆是意在要求人们的礼仪交往行为必须遵循忠信性或真诚性的道德原则，否则，所谓的礼仪行为将势必成为一种仅仅被用来表达虚文伪饰的工具而已。不仅礼如此，乐亦然，作为感化人心、涵养德性、导人向善、移风易俗的艺术，真正感动而能深入人心的乐是作不得伪的，正所谓："德者，性之端也。乐者，德之华也。金石丝竹，乐之器也。诗，言其志也。歌，咏其声也。舞，动其容也。三者本于心，然后乐器从之。是故情深而文明，气盛而化神，和顺积中而英华发外，唯乐不可以为伪。"（《礼记·乐记》）换言之，乐须发自内心地真情演绎，

① 如《礼记·哀公问》所记孔子之言曰："丘闻之，民之所由生，礼为大。非礼无以节事天地之神也，非礼无以辨君臣、上下、长幼之位也，非礼无以别男女、父子、兄弟之亲，昏姻、疏数之交也。"《礼记·乐记》曰："乐者为同，礼者为异。（乐是为了和同人们的情感，礼是为了区别等级的差异）同则相亲，异则相敬。乐胜则流，礼胜则离。合情饰貌者，礼乐之事也。礼义立，则贵贱等矣。乐文同，则上下和矣。好恶著，则贤不肖别矣。刑禁暴，爵举贤，则政均矣。仁以爱之，义以正之。如此则民治行矣。"又曰："是故乐在宗庙之中，君臣上下同听之则莫不和敬；在族长乡里之中，长幼同听之则莫不和顺；在闺门之内，父子兄弟同听之则莫不和亲。故乐者，审一以定和，比物以饰节，节奏合以成文，所以合和父子君臣、附亲万民也。是先王立乐之方也。"

伪则难以发挥沟通、谐和人心的作用。其四,仁爱性与恕道性。孔子所作的一项最卓著的历史贡献就是,将仁爱恕道的原则注入周制的礼乐传统之中,故曰:"礼云礼云,玉帛云乎哉?乐云乐云,钟鼓云乎哉?"(《论语·阳货》)[1]又曰:"人而不仁,如礼何?人而不仁,如乐何?"(《论语·八佾》)人无敬和之意,无仁爱之心,则所谓礼乐亦将流于无意义的虚伪涂饰之形式而已。而根据"己所不欲,勿施于人"(《论语·颜渊》《论语·卫灵公》)的恕道原则,即使是出自真情敬意的礼仪行为亦应是一种交互而自愿的交往行为而不宜强加于人,故"礼不逾节,不侵侮,不好狎"(《礼记·曲礼上》)。

三是,正因为礼乐可以陶冶和涵养人之性情与德性,能够使人们在遵循上述四个方面的基本原则与有效性要求的基础上过上一种人道且文明的生活,故礼乐教化才会被孔子儒家视作一种治国安民的最佳治道或最优良的政治术。不过,比较而言,在先秦诸子各家中,孔子儒家之礼乐教化可谓一种中道型的政治术,它既不同于道家因循自然而完全放任的不干涉主义政治理想,更有别于单纯地运用强制性、操纵性的刑赏、法术、权势和暴力手段而对人民实施全面支配与控制的统治理念,而主要是一种通过潜移默化的教化方式以使人民能够逐渐养成美善之品性与行为乃至在不知不觉间徙善远罪的政治术。如《礼记·经解》曰:"故礼之教化也微,其止邪也于未形,使人日徙善远罪而不自知也,是以先王隆之也。《易》曰:'君子慎始,差若豪厘,缪(通"谬")以千里。'此之谓也。"汉儒贾谊亦曾站在礼、法发挥作用的不同方式与效果的比较视角而对此进行过精到的论述,其言道:"凡人之智,能见已然,不能见将然。夫礼者禁于将然之前,而法者禁于已然之后,是故法之所用易见,而礼之所为生难知也。若夫庆赏以劝善,刑罚以惩恶,先王执此之政,坚如金石,行此之令,信如四时,据此之公,无私如天地耳,岂顾不用哉?然而曰礼云礼云者,贵绝恶于未

---

[1] 朱子《集注》云:"敬而将之以玉帛,则为礼;和而发之以钟鼓,则为乐。遗其本而专事其末,则岂礼乐之谓哉?"

萌，而起教于微眇，使民日迁善远罪而不自知也。"（《汉书·贾谊传》）以今语言之，礼发挥作用的方式是教育和引导人们在遵循和践行礼仪行为的过程中能够不知不觉间逐渐养成一种美善之品性，与此同时也就对人的邪念恶行在其还未形未萌之时事先发挥一种微眇预防的重要作用，与之不同，法发挥作用的方式只是在人的罪恶行为发生之后给予事后的惩治和处罚而已。不可否认，法的事后惩罚作用是易于为人所了解的，而礼的事先预防作用却是难以为人所知的，然而，礼之为礼的可贵之处就在于它能够"贵绝恶于未萌，而起教于微眇，使民日迁善远罪而不自知也"。关于礼、法发挥作用方式的不同，现代学者梁启超先生亦有切中肯綮的分析和论述。据梁先生之见，从功用上讲，"法是事后治病的药，礼是事前防病的卫生术，这是第一点不同"；从制裁力的源泉上讲，"法是靠政治制裁力发生作用"，"礼却不然，专靠社会制裁力发生作用"，这是"礼与法第二点不同"；第三，从治理的方法和根本精神上讲，"礼治绝不含有强迫的意味，专用教育手段慢慢地来收效果"，希望通过教育的方法来"移风易俗"，其最高目的是"使人人有士君子之行"，因此，孔子儒家政论的根本精神在要使"国中人人都受教育，都成为'自善之民'"，在"以养成国民人格为政治上第一义"，而法家正与之相反，其政论的根本精神在专务以刑法防奸，而不相信有"自善之民"。①

（五）进一步的思考与讨论

古今学者对礼、法发挥作用的不同方式的论评可谓至为确当而明晰，但仍有一些重要问题需要我们进一步作出明确的辨析与厘清。首先，需要辨析和阐明的便是礼乐与刑政、教化与强制之间的主次轻重及其先后取舍问题。在孔子儒家看来，礼乐教化无疑是一个关乎人类共同生活之道的根本性问题，它基于对如何更好地陶冶和培养人的情感与品性、规范和调节人的行为与欲望、感发人的善心和美化社会风俗问题的笃切关注与深刻思考，即通过礼乐教化的方式

---

① 参见梁启超：《先秦政治思想史》，东方出版社 2012 年版，第 281—285 页。

来使人们养成一种美善之品格，诸如庄重恭敬、审慎克制、谦卑辞让、清明和乐等等，以便促进和构建一种以交互协作、人人参与、等差有序为基础的优良治理秩序与安乐和谐的社群伦理生活，由此而使权威的行使与等级的秩序变得更加人性化或人道化。套用哈贝马斯"交往理性"或"话语伦理学"的构想来讲，孔子儒家实则欲以礼乐教化来规范和约束"人的行为、人与人的社会关系乃至整个社会实践"，乃至"使人际关系和社会交往中，权力和暴力的使用成为非法，从而建立一种'无统治'的社会秩序"①。正如《礼记·乐记》所言："乐至则无怨，礼至则不争。揖让而治天下者，礼乐之谓也。暴民不作，诸侯宾服，兵革不试，五刑不用，百姓无患，天子不怒，如此则乐达矣。合父子之亲，明长幼之序，以敬四海之内，天子如此，则礼行矣。"这恐怕至今仍然是我们所必须面对而应努力加以解决的社会政治生活中的一大重要问题，早在两千多年前孔子儒家就致力于解决这一难题，真可谓"理性早启"而弥足珍贵，应该说对我们具有极为重要的启示意义。

不过，要想单纯地依靠礼乐教化的方式来做到这一点，又谈何容易呢！正唯如此，在孔子儒家看来，要想构建一种等差有序的和谐人际关系和安乐祥和的优良社会秩序，除了礼乐教化而外，某些补充性、辅助性的政策措施和制度手段又可能是不可避免乃至十分必要的，而且某些补充性、辅助性的政策措施和制度手段将不可避免地具有某种策略性的意味乃至强制性的性质。从历史上来讲，"周人尊礼尚施"（《礼记·表记》），虽重礼崇德，但亦不舍刑而治，如王国维先生所说："周之制度、典礼，乃道德之器械，而尊尊、亲亲、贤贤、男女有别四者之结体也，此之谓'民彝'；其有不由此者，谓之'非彝'。……非彝者，礼之所去，刑之所加也。……殷人之刑惟寇攘奸宄，而周人之刑则并及不孝不友……是周制刑之意，亦本于德治、礼治之大经。其所以致太平与刑措者，

---

① ［德］尤尔根·哈贝马斯、米夏埃尔·哈勒：《作为未来的过去——与著名哲学家哈贝马斯对话》，章国锋译，浙江人民出版社2001年版，第122页。

盖可睹矣。"① 可见，周人制刑既本于德治、礼治之大经，实亦意在辅助德、礼之治以为用，故其根本目标在实现刑措而不用的太平理想。然而，理想的实现是不易轻言的，故降至春秋之世，德刑并施并重的观念仍然为人所倡导，如"德以施惠，刑以正邪……民生厚而德正"（《左传·成公十六年》）。不过，更加值得我们注意的是，针对混乱的时代状况，在当时更出现了一种公开铸造"刑书"或"刑鼎"而明确地欲以刑治民来"救世"的政治理念（参见《左传·昭公六年》《左传·昭公二十九年》），持有这一理念的政治家可能并未完全放弃礼治的思想传统，但单纯的刑治理念却被后来法家所发扬光大了，正如杨向奎先生所说，"去德尚刑，遂为法家学说之思想根据"②。但，孔子对此却大不以为然，故曰："道之以政，齐之以刑，民免而无耻；道之以德，齐之以礼，有耻且格。"（《论语·为政》）那么，孔子何以要汲汲于辨别区分德、礼与政、刑之治民效果的不同呢？夫子此言自有其深意所在而不容轻忽，其根本用意在强调治国为政者应把人民当作与自己一样的可教可善之人来看待，乃至应运用道德教化和礼义引导的方式来使之逐渐养成美善之品性，从而徙善远罪，故在答季康子问"使民敬、忠以劝，如之何？"时，回答说："临之以庄，则敬；孝慈，则忠；举善而教不能，则劝。"（《论语·为政》）在答季康子问"如杀无道，以就有道，何如？"时，亦直言不讳地说："子为政，焉用杀？子欲善而民善矣。君子之德风，小人之德草。草上之风，必偃。"（《论语·颜渊》）而在论"尊五美，屏四恶"时，更有言曰："不教而杀谓之虐。"（《论语·尧曰》）如此说来，以孔子之见，相对于强制性的刑政手段和政策措施来讲，作为治理、引导和教化人民的一种最佳治道方式，德治、礼教实具有价值的优先性或根本性的重要意义，而前者只能居于次要的地位或只是具有补充性或辅助性的意义。更简明扼要地说，这包

---

① 王国维：《殷周制度论》，见彭华选编：《王国维儒学论集》，四川大学出版社 2010 年版，第 249 页。

② 杨向奎：《宗周社会与礼乐文明》（修订本），人民出版社 1997 年版，第 281 页。

含密不可分的两层含义,一是礼(教)先刑后,二是德主刑辅。据《孔子家语》记载:

> 子喟然叹曰:"呜呼!上失其道而杀其下,非理也。不教以孝而听其狱,是杀不辜。三军大败,不可斩也;狱犴不治,不可刑也。何者?上教之不行,罪不在民故也。……《书》云:'义刑义杀,勿庸以即汝心,惟日未有慎事。'言必教而后刑也。……今世则不然,乱其教,繁其刑,使民迷惑而陷焉,又从而制之,故刑弥繁,而盗不胜也。"(《始诛》)

> 冉有问于孔子曰:"古者三皇五帝不用五刑,信乎?"孔子曰:"圣人之设防,贵其不犯也;制五刑而不用,所以为至治也。凡民之为奸邪、窃盗、靡法、妄行者,生于不足。不足生于无度。无度则小者偷盗,大者侈靡,各不知节。是以上有制度,则民知所止,民知所止则不犯。故虽有奸邪、贼盗、靡法、妄行之狱,而无陷刑之民。不孝者,生于不仁。不仁者,生于丧祭之无礼也。明丧祭之礼,所以教仁爱也。能教仁爱,则服丧思慕,祭祀不解,人子馈养之道。丧祭之礼明,则民孝矣。故虽有不孝之狱,而无陷刑之民。杀上者,生于不义。义,所以别贵贱、明尊卑也。贵贱有别、尊卑有序,则民莫不尊上而敬长。朝聘之礼者,所以明义也。义必明,则民不犯。故虽有杀上之狱,而无陷刑之民。斗变者生于相陵。相陵者,生于长幼无序而遗敬让。乡饮酒之礼者,所以明长幼之序,而崇敬让也。长幼必序,民怀敬让,故虽有斗变之狱,而无陷刑之民。淫乱者,生于男女无别。男女无别,则夫妇失义。礼聘享者,所以别男女、明夫妇之义也。男女既别,夫妇既明,故虽有淫乱之狱,而无陷刑之民。此五者,刑罚之所以生,各有源焉。不豫塞其源,而辄绳之以刑,是谓为民设阱而陷之。刑罚之源,生于嗜欲不节。失礼度者,所以御民之嗜欲,而明好恶,顺天之道。礼度既陈,

五教毕修，而民犹或未化，尚必明其法典，以申固之。"（《五刑解》）

仲弓问于孔子曰："雍闻至刑无所用政，至政无所用刑。至刑无所用政，桀、纣之世是也；至政无所用刑，成、康之世是也。信乎？"孔子曰："圣人之治化也，必刑政相参焉。太上以德教民，而以礼齐之；其次以政焉导民，以刑禁之，刑不刑也。化之弗变，导之弗从，伤义以败俗，于是乎用刑矣。"（《刑政》）

另如《孔丛子·刑论》所载：

仲弓问古之刑教与今之刑教。孔子曰："古之刑省，今之刑繁。其为教，古有礼然后有刑，是以刑省；今无礼以教而齐之以刑，刑是以繁。《书》曰：'伯夷降典，折民维刑'，谓下礼以教之，然后维以刑折之也。夫无礼则民无耻，而正之以刑，故民苟免。"

…………

孔子曰："民之所以生者，衣食也。上不教民，民匮其生，饥寒切于身而不为非者寡矣。故古之于盗，恶之而不杀也。今不先其教而一杀之，是以罚行而善不反，刑张而罪不省。夫赤子知慕其父母，由审故也，况乎为政？兴其贤者而废其不贤，以化民乎！知审此二者，则上盗先息。"

很显然，上述引文的核心观点皆是旨在强调须先之以德礼教民，而次之以政刑为治，虽然德礼须与政刑参互为用，但必须以德礼教化为先为主，而以政刑手段为后为次。后世儒家学者以德主刑辅来表达这一观念，亦可谓深得夫子之意蕴。需要指出的是，因为德礼教化的实施有时甚至必然会遭遇教而不化的现实困境，故强制性、惩罚性的刑政手段是必要的，但是德礼与刑政的先后主次的关系位序却是绝对不能颠倒的，尤其是孔子儒家明确反对"弃其德法，专用刑辟"（《孔子家语·执辔》）[1]，这一点对于我们理解孔子儒家之政教观念的

---

[1] "德法"连用的说法较少见，其中的"法"字当"是'礼法'之'法'，有法则、法度、规章之义"（杨朝明、宋立林主编：《孔子家语通解》，齐鲁书社2013年版，第292页）。

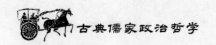

核心要义与根本性质是至关重要的。对此，我们可以从儒、法两家治国为政理念的本质区别角度来稍作辨析。

由上可知，孔子儒家崇尚德教礼治的治国为政理念，但并不主张完全放弃和排斥暴力性的征伐手段与强制性的刑政措施，如前引贾谊之言所谓："若夫庆赏以劝善，刑罚以惩恶，先王执此之政，坚如金石，行此之令，信如四时，据此之公，无私如天地耳，岂顾不用哉？"（《汉书·贾谊传》）公正无私地运用强制性的政令措施或赏罚的手段以劝善惩恶，对于维持一种优良的社会治理秩序来讲是完全必要的，从古至今概莫能外此而为治。正唯如此，儒家治国为政理念的本质要义所在却并不在此，而在其强调和凸显了德礼教化为先为主而赏罚刑政为后为次的理念。如荀子所说："礼乐灭息，圣人隐伏墨术行。治之经，礼与刑，君子以修百姓宁。明德慎罚，国家既治四海平。"（《荀子·成相》）我们不能简单地将荀子所谓的"治之经，礼与刑"理解为一种礼刑并重的思想观念，正如孔子对"礼崩乐坏"的现实状况倍感痛心疾首一样，由荀子首先表达了对"礼乐灭息"的悲伤与痛惜可知，荀子想要强调和主张的同样是礼先刑后的治国为政理念，而且亦极力推崇"明德慎罚"的周代德治传统。与孔子儒家相反，法家虽然亦不完全摒弃和排斥礼的观念，但他们确乎是极力地"去德尚刑"，甚至可以说是"专用刑辟"的，法家最重要的代表人物商鞅和韩非更极力主张轻罪重罚而实行严刑峻法之治。然而，法家有关治国为政理念的实质不仅体现在其有关轻罪重罚或严刑峻法的观念方面（法家内部的观点并不完全一致，亦有主张轻刑和罚当其罪者），而且更具实质性意义的是，他们对臣民秉持一种道德上绝不信任的立场、态度和观点，将所有臣民假设为奸邪之徒，而为了使臣民服从君主的绝对权力意志，极力劝诱君主假借权势、运用法术和赏罚的手段以实施对臣民的绝对支配与全面操控。因此，儒、法两家治国为政理念的本质区别乃在于儒家相信人民在道德上是可教可善的，故主张首先应运用礼乐教化的方式来教育和引导人民迁善远罪，而法家则绝不相信人民在道德上是可教可善的，故徒欲设其刑阱、繁其法网以陷民罪。这才是儒、法两家之思想分野的问题关键或实质所在。据此，我们也才能更好地理解孔子儒家何以汲汲于要明辨区分德礼与刑政的先后主次问题。世以为儒家主张德治、礼治，法家主张法治、刑治，荀子主张礼法并举乃是儒法思想合流之表征，而汉以后儒家主张礼法合治亦是儒法思想合流之主要标志。这种观点和看法虽然大体不错，但尚未触及儒、法思想最深层的核心要义与本质特征，说到底，儒、法思想之异就其根本而言乃在其人民观即如何看待民情民性并相应地采取什么样的治国理民之道的问题，这也正是他们何以一方主张德治、礼治而另一方主张法治、刑治的思想根据。

　　从儒、法两家治国为政理念之思想根据的意义上讲，法家不相信人民在道德上是可教可善的，所以其权势、法术、刑治的理念具有强烈而鲜明的非道德主义甚至反道德主义的特点与色彩。而儒家相信人民在道德上是可教可善的，故首重礼乐之教化，但当礼乐教化失效之时，为了防禁人的奸邪罪恶行为，亦认为运用强制性的刑政手段是必要的。正是基于这样一种看法，儒家不仅强调德礼与刑政先后主次的问题，而且进一步发展出了一种礼乐刑政四者兼具的最完备的王道理念或最佳治道理念，如《礼记·乐记》曰："故礼以道其志，乐以和其声，政以一其行，刑以防其奸。礼乐刑政，其极一也，所以同民心而出治道也。"又曰："礼节民心，乐和民声，政以行之，刑以防之。礼乐刑政，四达而不悖，则王道备矣。"又曰："礼义立，则贵贱等矣。乐文同，则上下和矣。好恶著，则贤不肖别矣。刑禁暴，爵举贤，则政均矣。仁以爱之，义以正之。如此则民治行矣。"不过，这一完备的王道理念或最佳治道理念，尽管明确强调礼、乐、政、刑各有其特定而不同的相应功能，四者应相互配合而实行，才能达到最佳或最优良的治理效果，但在我看来，这一理念却也存在一个明显的缺陷或疏忽，即对礼、乐、政、刑四者的价值和意义以及四者究竟应如何相互配合而实行并未给以明确清晰的定位区分和系统阐述，乃至可能造成在功能上由于界划区分不明确从而导致混而同之的问题。譬如，当这一理念在汉代乃至后世逐渐被普遍接受之后，在实际操作层面，统治者逐渐开始以礼入律，以实行出礼入刑之治，这导致了礼刑的合一。礼刑的合一在历史上产生了深远的影响，但也模糊了一个至关重要的问题，即：礼的教化作用与刑的强制作用二者之间恰当而合理的分际又究竟体现在哪里呢？也就是说，当后世礼教完全依靠国家刑法的制裁力发生作用，或者当礼治专靠刑法强迫的方法而不是只能慢慢地来收效果的教育手段而实施时，那么，所谓的礼乐教化或礼教德治是否会逐渐丧失其教化的意义而变成一种强制性的统治工具或社会控制手段呢？譬如，在刑律规定上，尽管国家可以设置严酷的不忠不孝之"诛"，但诚如王船山所说，忠孝是"非人所得而劝"的，"如其劝之"，亦只能"动其不敢不忍之心而已"（《读通鉴论》卷二《汉高帝》）；又或者"忠孝者，非可立以为教而教人者也"，因为"夫忠孝者，生于人之心者也，唯心可以相感；而身居君父之重，则唯在我之好恶，为可以起人心之恻隐羞恶，而遏其狂戾之情。……无他，心之相召，好恶之相激也"，"故藏身之恕，防情之辟，立教之本，近取之而已"而"政不足治，刑赏不足劝惩"（《读通鉴论》卷十九《隋文帝》）。果如是言，则徒欲以"出于礼，入于刑，礼之所去，刑之所取"（《论衡·谢短》）为治，而礼之为教又何以为最佳治道呢？如果不想使礼教沦为一种纯粹的统治工具或社会控制的手段，我认为在教化性的德礼与强制性的刑政之间维持一种必要的分际是至关重要的，这一分际不仅是一种先后主次的问题，还有一个层次高低的问题，即强制性的刑政手段应主要用来维持一种最低限度的道德行为标准，也就是维系一种基本的社会治理秩序，换言之，它针对的应是违背和破坏最低限度的道德行为标准或基本社会治理秩序的越轨犯罪行为，并为此而设。而道德或礼乐教化之所以被孔子儒家看作一种构建和维系人类文明生活秩序的最佳治道，乃是因为它主要针对的是人的性情、欲望、心灵以及社会风俗的陶冶、调节和美善化问题，其作用在提撕上达，引导人们克制自己的欲望，陶冶自己的情操，调节自己的行为，修养自己的德性，提升自己的生活品位和精神境界，故如东汉学者荀悦之名言所说，"教化之废，推中人而坠于小人之域；教化之行，引中人而纳于君子之途"（《申鉴·政体》）[①]。

基于上述对作为最佳治道意义上的、孔子儒家所谓礼乐教化之本意真谛的理解，在我们看来，在历史上儒、法之思想合流亦即儒家之期望引导人民上达向善之礼教德治理念与法家之设定所有臣民都为好利自为的奸邪之徒而必须加以刑法操控的刑罚法治理念的结合实乃一种历史的错误。当然，这一错误出于时代的局限性，以今人的眼光言之，孔子儒家的礼教德治理念实应与现代以法主治、保障人权、限制权力的法治理念相结合或相配而行，亦唯有如此才能使之在今天适应新时代的要求而重新焕发出异样的光彩并发挥和实现其作为最佳治道的功能与作用、价值与意义。当然，之所以这样讲，亦是主要针对孔子儒家礼乐教化思想的缺陷或局限性而言的。礼乐教化意在通过人们礼尚往来的交往活动或以对共同礼仪的参与为纽带而构建一种人类共同生活的文明共同体，而且，对孔子儒家而言，礼之为礼，不仅对人的行为具有一种应然性的规范意义，而且更作为人之所以为人的本质特征的体现而具有一种本体论意义，因此，对礼（义）的遵守与践行，对所有人来讲都是一种不可置身于其外的必然要求。如《礼记·冠义》曰：

> 凡人之所以为人者，礼义也。礼义之始，在于正容体，齐颜色，顺

[①] 《申鉴·政体》曰："君子以情用，小人以刑用。荣辱者，赏罚之精华也，故礼教荣辱以加君子，化其情也；桎梏鞭朴以加小人，治其刑也。君子不犯辱，况于刑乎？小人不忌刑，况于辱乎？若夫中人之伦，则刑礼兼焉。"可见，荀悦首先将人区分为君子、中人与小人三类，以为君子好荣恶辱，故宜以礼教荣辱加诸君子以化导其性情，而小人无所忌惮，故须以桎梏鞭朴加诸小人以治其刑罚。至于中人之伦，可善可恶，故应刑礼兼用，用礼以提撕上达而导其向善，用刑以禁止奸邪而防其堕落，故曰"教化之废，推中人而坠于小人之域；教化之行，引中人而纳于君子之途"。而以今日之眼光而言，吾人似不必再将人首先区分为君子、中人与小人，因为既没有天生的君子，亦没有天生的小人，我们所有人都是既可以为善亦可以为恶的，因此，刑礼兼用不能只是针对中人之伦而言，而应是针对所有人而言。

辞令。容体正，颜色齐，辞令顺，而后礼义备，以正君臣，亲父子，和长幼。君臣正，父子亲，长幼和，而后礼义立。

成人之者，将责成人礼焉也。责成人礼焉者，将责为人子、为人弟、为人臣、为人少者之礼行焉。将责四者之行于人，其礼可不重与！

故孝弟忠顺之行立而后可以为人，可以为人而后可以治人也。故圣王重礼。故曰："冠者，礼之始也，嘉事之重者也。"是故古者重冠。重冠故行之于庙，行之于庙者，所以尊重事。尊重事而不敢擅重事，不敢擅重事，所以自卑而尊先祖也。

另如《礼记·礼运》亦曰：

故礼义也者，人之大端也，所以讲信修睦而固人之肌肤之会、筋骸之束也；所以养生、送死、事鬼神之大端也；所以达天道、顺人情之大窦也。故唯圣人为知礼之不可以已也。故坏国、丧家、亡人，必先去其礼。

对人类共同的文明生活来讲，礼（义）是不可或缺的，而礼所责求于人的便是每个成人都应履行与其所扮演的伦理角色相应的人生应尽的职分、责任与义务。就此而言，礼的教化过程事实上主要就是将人纳入社群生活的"共同体"之内，使之社会化而成为受到礼仪规范约束的社会成员的过程。确乎如许多现代学者所指出的那样，这一礼教思想在个体权利意识方面是相当缺乏的，尽管事实上未必就完全忽视人的权利保障问题（通过伦理角色之间的相互依存关系而得到保障）。个体权利意识及相关法律保障方面的欠缺，势必导致群己、人我权界的观念不明与界分不清，这对于个体人格之独立自主性的养成以及个性的自由发展显然是极为不利的。因此，与保障人的自由权利的现代法治理念的结合，将会弥补和矫正孔子儒家礼教思想及其社群伦理生活理念在这方面的缺陷。当然，结合不是简单的拼加，而是相互的调适，经过调适之后的礼乐，自然已不再是纯粹的旧礼乐，而应是经过调适和转化而适应时代需要的新礼乐了，其中，古人以为不可与民变革的旧礼乐中的许多内容自然会随之而发生变革，譬如君臣一伦已被废弃，其中许多等级性的规定或不平等的人伦关系也将逐渐变得更加平等化。

其次，孔子儒家之礼说，内涵异常丰富而复杂，除了以上所论述之外，还有一些不容轻忽的重要问题需要在此稍作交代与说明。孔子在回答弟子林放"问礼之本"时尝言："大哉问！礼，与其奢也，宁俭；丧，与其易也，宁戚。"（《论语·八佾》）显然，在孔子看来，林放之问提出了一个意义重大的问题，即什么才是礼的根本所在，或者说，礼的真正的实质究竟是什么？孔子回答说，礼与其铺张得奢侈浪费，宁可质朴俭约一些；丧礼与其治办得仪文周到，宁可哀戚悲伤一些。因为礼之本在敬，丧之本在戚，无论是恭敬之心还是哀戚之情，皆应出于人之心意与情感的真诚流露，若只在外在仪文末节方面过于文饰，恰恰丧失了礼的本质与真谛[①]。可见，对孔子而言，礼有本末之分，所谓礼之"本"即是指礼的根本意义与内在精神实质，而所谓礼之"末"则是指礼的细枝末节或外在仪文形式，我们不能舍其本而求其末。换言之，前者亦可谓之礼之"义"，后者则可谓之礼之"数"，而"礼之所尊，尊其义也。失其义，陈其数，祝史之事也"（《礼记·郊特牲》）。正因为"礼之所尊，尊其义也"，故其数可变，而义不可变，如《礼记·大传》曰："立权度量，考文章，改正朔，易服色，殊徽号，异器械，别衣服，此其所得与民变革者也。其不可得变革者则有矣，亲亲也，尊尊也，长长也，男女有别，此其不可得与民变革者也。"

不仅礼如此，乐亦然。如《礼记·乐记》曰："乐者，非谓黄钟、大吕、弦歌、干扬也，乐之末节也，故童者舞之。铺筵席，陈尊俎，列笾豆，以升降为礼者，礼之末节也，故有司掌之。"除了根本与末节的分别，乐还有古今之分、雅俗之异。依孔子儒家之见，声音是由人类内心的情感活动生发出来的，人心有

---

① 另如《礼记·檀弓下》载，子路曰："伤哉贫也！生无以为养，死无以为礼也。"孔子曰："啜菽饮水尽其欢，斯之谓孝。敛手足形，还葬而无椁，称其财，斯之谓礼。"

感于外物而活动,首先表现出来的是声;声相互应和而产生变化,乃至形成一定的方式或文理,这就是所谓的"音";排比音节而用乐器演奏,同时又用干(盾牌)、戚(斧钺)、羽(雉尾)、旄(旄牛尾)进行舞蹈,这就是所谓的"乐"。一般而言,不仅乐"通伦理",而且"声音之道与政通",故审声可以知音,审音可以知乐,审乐可以知政,正所谓"治世之音安以乐,其政和;乱世之音怨以怒,其政乖;亡国之音哀以思,其民困"(《礼记·乐记》)。然而,审视、考察和比较古今音乐的变化,孔子儒家认为,唯有古圣先王所制作的德音雅乐才能感人至深而使民心向善,故曰:"夫乐者,乐也,人情之所不能免也。乐必发于声音,形于动静,人之道也。声音动静,性术之变尽于此矣。故人不耐无乐,乐不耐无形。形而不为道,不耐无乱。先王耻其乱,故制《雅》《颂》之声以道之,使其声足乐而不流,使其文足论而不息,使其曲直、繁瘠、廉肉、节奏足以感动人之善心而已矣,不使放心邪气得接焉。是先王立乐之方也。"(《礼记·乐记》)与之相反,流行于近世的"新乐"如"郑卫之音"和"桑间、濮上之音",却不过是为世俗之统治者所喜好的"亡国之音"而已。

然而,对于孔子儒家而言,礼乐之为礼乐,尚有超然于具体的外在仪文形式之外或之上的深刻意蕴与超越意境。据《礼记·仲尼燕居》载:

> 子张问政。子曰:"师乎!前!吾语女乎!君子明于礼乐,举而错之而已。"子张复问。子曰:"师!尔以为必铺几筵,升降酌献酬酢,然后谓之礼乎?尔以为必行缀兆,兴羽籥,作钟鼓,然后谓之乐乎?言而履之,礼也。行而乐之,乐也。君子力此二者,以南面而立,夫是以天下大平也。"

另据《礼记·孔子闲居》载:

> 孔子闲居,子夏侍。子夏曰:"敢问《诗》云'凯弟君子,民之父母',何如斯可谓民之父母矣?"孔子曰:"夫民之父母乎,必达于礼乐

之原，以致五至，而行三无，以横于天下，四方有败，必先知之。此之谓民之父母矣。"

子夏曰："民之父母既得而闻之矣，敢问何谓五至？"孔子曰："志之所至，诗亦至焉；诗之所至，礼亦至焉；礼之所至，乐亦至焉；乐之所至，哀亦至焉。哀乐相生。是故正明目而视之，不可得而见也；倾耳而听之，不可得而闻也；志气塞乎天地。此之谓五至。"

子夏曰："五至既得而闻之矣，敢问何谓三无？"孔子曰："无声之乐，无体之礼，无服之丧，此之谓三无。"子夏曰："三无既得略而闻之矣，敢问何诗近之？"孔子曰："'夙夜其命宥密'，无声之乐也。'威仪逮逮，不可选也'，无体之礼也。'凡民有丧，匍匐救之'，无服之丧也。"

由前一条引文可知，在孔子看来，对礼乐的通晓并不意味着对一般意义上的礼乐之具体仪文形式、有形器物载体与外在行为表达方式的精通，而是指对自己诺言的信守与践履以及由此而带来的内心愉悦感。由后一条引文可知，对孔子而言，能为民之父母者，必须是真正洞达和通晓礼乐之本原而能够做到"五至"、实行"三无"的人。所谓"五至"，是指其心意志愿所至之处，吟诵歌诗也会随之而至；吟诵歌诗所至之处，诚敬礼让也会随之而至；诚敬礼让所至之处，内心悦乐也会随之而至；内心悦乐所至之处，哀戚真情也会随之而至。唯有如此，才能与人民休戚相关、哀乐与共。这样一种与人民痌瘝一体的感情，虽然是眼睛看不见、耳朵听不到的，然而其精神志气却可以充满天地之间。所谓"三无"，是指没有声音演奏的乐，没有仪节文饰的礼，没有服制形式的丧。借用《诗经》中的诗句来表达的话，夙夜谋划以安民便是"无声之乐"的意思，威仪安和而无可挑剔便是"无体之礼"的意思，人民遭遇丧乱就匍匐救之便是"无服之丧"的意思。由此可见，所谓的礼乐，并不仅仅体现在某种外在的仪文形式和具体的器乐演奏上，而是指通过言行而展现出的某种诚笃而卓越的精神品格，特别是以民生安乐为人生使命或政治目标的理想信念与事功追求。正唯如此，尽管尊周礼、崇古乐让孔子儒家的礼乐之论看上去显得在思想上极富鲜明的保守色彩，但上述不再拘泥于礼乐之外在仪文形式与具体器乐演奏的礼论乐说确乎又向人们传达出了一种明确的信息，即在保守主义的意识形式下，孔子儒家所真正追求的乃是一种"修身践言"的美德修养、胸怀天下苍生的卓越品格和治平天下的远大政治理想，此乃真礼乐或礼乐之真谛，这也是作为最佳治道的礼乐能够与伦理、政治在义理上相互贯通的最根本的体现。职是之故，对孟子而言，人们不必再拘泥于古乐与今乐或先王之乐与世俗之乐的辨别区分，重要的是真正懂得和通晓乐之贯通古今的本义真谛，那就是"与民同乐"（《孟子·梁惠王下》）。因此，乐之为乐，已不仅仅是指一般所谓的音乐而已，而是具有了一种深刻而特别的政治含义，即治国为政者能否与人民休戚与共而同忧共乐。汉儒韩婴更进一步具体而生动地描绘了一幅乌托邦式的人类美好生活愿景或太平之世的高远社会理想，并将人们的生活状况名之为"乐"，其文如下：

> 太平之时，民行役者不逾时，男女不失时以偶，孝子不失时以养。外无旷夫，内无怨女。上无不慈之父，下无不孝之子。父子相成，夫妇相保。天下和平，国家安宁。人事备乎下，天道应乎上。故天不变经，地不易形，日月昭明，列宿有常。天施地化，阴阳和合，动以雷电，润以风雨，节以山川，均其寒暑。万民育生，各得其所，而制国用。故国有所安，地有所主。圣人剡木为舟，剡木为楫，以通四方之物，使泽人足乎木，山人足乎鱼，余衍之财有所流。故丰膏不独乐，硗确不独苦。虽遭凶年饥岁，禹汤之水旱，而民无冻饿之色。故生不乏用，死不转尸，夫是之谓乐。《诗》曰："于铄王师，遵养时晦。"（《韩诗外传》卷三）

此与《礼记·乐记》所谓"故乐行而伦清，耳目聪明，血气和平，移风易俗，天下皆宁"，实有着异曲同工的美好寓意。当然，尽管这样一种乌托邦式的社会理想是如此的美好或者是如此的优美而高远，但它并不是一蹴而就就能实现的。尤其是对生活在一个"礼崩乐坏"之时代状况下的孔子儒家而言，在追寻理想的同时仍需脚踏实地，故孔子儒家汲汲乎言礼之亟，而期期于以礼乐教化治国安民，他们深切希望通过循序渐进的方式而能够经由小康之礼治再进而实现大同太平之理想。

　　总的来讲，孔子儒家所谓的礼乐，既不遗弃根本而徒具其末节，亦不轻忽末节而空言其根本，而是试图在其外在的仪文形式与内在的精神实质之间维持一种中道的平衡。故无论是过于拘泥于外在形式的仪节文饰，还是完全顺从自己的情感而如"戎狄之道"那样"直情而径行"（《礼记·檀弓下》），都为孔子儒家所不取。如子曰："质胜文则野，文胜质则史。文质彬彬，然后君子。"（《论语·雍也》）另如《礼记·文王世子》曰："乐所以修内也，礼所以修外也。礼乐交错于中，发形于外，是故其成也怿，恭敬而温文。"可见，文质彬彬、内外兼修、温文尔雅，才是孔子儒家之礼乐所追求培养的最根本的精神品格与文明特质。而且，礼乐不仅仅关乎个人身心的修养与安顿，亦关乎着整个人伦关系与社群文明生活秩序的调节与构建，因此，不仅文质彬彬、内外兼修应是君子道德修养的人格特质，而且文质彬彬、礼乐并行亦应是社群共同生活的文明特质。唯通达乎礼乐之本末，斯可执本以御末；亦唯明辨乎德礼与刑政先后、主次、高低之位序，斯可真正懂得礼乐教化何以为治国为政、修己安民、平治天下的最佳治道。尽管礼有时被孔子儒家看作"君之大柄"，具有"别嫌明微，傧鬼神，考制度，别仁义"乃至"治政安君"（《礼记·礼运》）的功能和意义，然而，孔子儒家对于人类秩序即整个社会人伦关系与社群文明生活秩序之调节与构建问题的关切决不仅仅限于此而已，礼乐之为礼乐亦远不止是一种关于君主治国为政的最佳治道而已。当孔子儒家基于对"礼崩乐坏"之现实状况的批判反思，而亟欲通过具有非具体形式意义的亦即"无声之乐""无体之礼"的礼乐

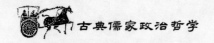
观念来表达其最深沉的精神追求、最崇高的政治情怀和最远大的社会理想时，他们无疑想向世人昭示一种乌托邦式的无限希望，借用哈贝马斯的话讲，这体现了一种"与现实完全不同的未来的向往"，从而"为开辟未来提供了精神动力"，因为"乌托邦的核心精神是批判，批判经验现实中不合理、反理性的东西，并提出一种可供选择的方案"①。孔子儒家提出的可供选择的方案不止一种，除了上述富于礼乐精神的最佳治道和社会乌托邦方案之外，还有其他更加发人深思的方案仍有待我们作出系统而富有深度的理论阐发。

---

① ［德］尤尔根·哈贝马斯、米夏埃尔·哈勒：《作为未来的过去——与著名哲学家哈贝马斯对话》，章国锋译，浙江人民出版社 2001 年版，第 122—123 页。

第四章　政与教之间
——人类秩序的形成与修齐治平的儒家智慧

　　孔子儒家生活在晚周衰乱之世，周代宗法体制与封建天下的解体，导致了"礼崩乐坏"的时代状况，使原来等级分明的社会秩序与政治世界陷入混乱无序之中。正是乱世之忧思，激发了孔子儒家和诸子百家之学的勃然而兴，他们针对周文之疲弊，而"思有以拯济之"[1]，或"思以其道易天下"（《文史通义·原道中》）。孔子愤然兴作，志道修德而讲学立教，率先致力于复兴周代的礼乐文明以重建世界秩序。"孔子以诗、书、礼、乐教"（《史记·孔子世家》），可以说奠立了儒家立基、扎根于华夏文化传统而运思立说的总基调，诗、书承载着上古尧舜三代深厚悠久的政教传统，礼乐体现了华夏民族独特一贯的文明特性[2]。然而，孔子儒家"祖述尧舜，宪章文武"（《中庸》），决不仅仅为了发一

---

① 胡适：《诸子不出于王官论》，见《中国哲学史大纲》，东方出版社1996年版，第359页。
② 正所谓"中国有礼仪之大，故称夏，有服章之美，谓之华"（《左传·定公十年》"裔不谋夏，夷不乱华"之孔颖达疏）。

己思古之幽情而已，作为一种有意义的叙事，孔子儒家关于上古尧舜三代的古典记忆，事实上孕育了一种对华夏民族作为一种历史的文明统一体的共同体意识；与之密不可分的是，孔子儒家的礼乐教化观，也不仅仅体现了一种华夏文明优越论的立场与观念，不仅仅意味着对过去时代贵族统治阶级之文化传统的传承及其制度文明的延续，而且彰显了一种意在将所有人纳入以礼乐为纽带的文明共同体之中的普遍主义诉求。孔子儒家之所以汲汲于从历史上贵族阶级以礼乐为中心的精神品格、文明传统和文化教养中寻找教育与行为标准，并以之来教化民众，且主要诉诸人的道德羞耻心，目的就是要将贵族的文明传统和文化教养扩大到人民身上，以提升人民自觉而普遍向善的道德文明教养，这不仅大大削弱了礼乐的贵族专有属性，而且更使之成了衡量和陶冶人们美德善行的普适性的标准与尺度，在此意义上，礼乐教养毋宁说乃是一种共同人性的见证。正是立基于诉诸共同人性的普遍主义立场，孔子儒家不遗余力地从事和发展一种与贵族精英教育传统相对立的、人人享有均等机会的具"有教无类"性质的私学教育事业，并提出了一系列"极高明而道中庸"、既"道不远人"（《中庸》）而又博大深邃的治国为政理念，譬如，积极倡导的人人皆应向学受教的化民成俗理念，人人皆以修身为本的修齐治平理念和由尽己之性进而尽人之性乃至尽物之性的参赞天地化育的中和治道理念等，便充分彰显了孔子儒家既立身植本于家国而又超越狭隘的家国本位的人类情怀、富于理想信念和真知远见的政治智慧。而且，决非偶然的是，正唯如此，才使儒学作为人类自我反思的一种特殊思想形式同时亦作为人类自我理解的一种普遍主义符号表达，不仅卓然成为战国之世的一大"显学"，而且更在后来的两千多年间成为中国乃至东亚社会占据统治地位的正统学术与思想主流。

一、人在宇宙大道之下的生存——精神的觉醒与存在的飞跃

放宽或拉长我们的学术视野，从世界多文明比较的角度思考，我们也许可以对儒学作为人类自我理解的一种心灵形式获得一种更具深刻意味的理解。为此，我们有必要将包括儒家在内的先秦诸子各家放在"轴心期"文明之"精神觉醒"或人类精神的"轴心突破"的背景下来加以重新反思。尽管在对中国"轴心期"的突破性发展的"精神觉醒"现象的解释问题上，如能否用"超越"的观念来解释中国"轴心期"出现的那些体现了当时精神突破性发展的核心概念如天和道的观念，在学者们中间迄今仍然存在着很大的分歧与争议，不过，如美国著名汉学家本杰明·史华兹所说，如果我们可以在对于现实世界进行一种批判性、反思性的质疑的意义上来使用"超越"一词的话，那么，我们认为，先秦思想家有关天和道的观念，譬如，不仅孔子儒家依据"唯天为大"或博厚高明悠久之"天地之道"的观念以及"天下有道"或"有道之世"的理想来对狭隘自私的无道统治者或"天下无道"的现实世界进行批判性的、反思性的质疑，具有明显的"超越"性的精神突破意义，而且，老庄道家从自然大道的角度而对现实世界的权力政治与人类世俗的贪婪欲望、智巧诈伪、有为造作等种种现象所作的具批判性、反思性意义的质疑和审视，更加鲜明地向我们展现了一种中国"轴心期"的"精神觉醒"或"精神凌空翱翔"的超越性的心灵境界。

对于在以色列和希腊所发生的"超越"性的"精神觉醒"或"哲学突破"现象，美国政治哲学大师埃里克·沃格林更喜欢用"存在的飞跃"来为之命名。根据沃格林对"人在社会和历史中的存在秩序的基本类型，以及相应的符号形式"所作的"哲学研究"[①]，发生在以色列和希腊的"存在的飞跃"，乃是具有划时代意义的"开天辟地的大事"，它意味着建立在"神佑之下"的人的"新的

---

① ［美］埃里克·沃格林：《城邦的世界（秩序与历史 卷二）》，陈周旺译，译林出版社2009年版，序言。

存在秩序真理"的发现及其与早期浑然一体的宇宙论神话真理的决裂，或者"通过发现超验的神圣秩序，突破了浑然一体的宇宙论——神圣秩序的经验"，用以表达这一"存在的飞跃"①的符号形式分别是以色列的上帝启示和希腊的哲学。而且，在以色列和希腊，"存在的飞跃"产生了不同的结果，即"在以色列，它具有一种历史生存的形式，那就是人民在上帝之下的生存；在希腊，它具有个体生存的形式，那是个体的人在神之下的生存"②。在以色列，"以色列的上帝，穿越荆棘丛莽而启示于摩西，在西奈山上启示于他的子民"，因此，"超验真理的普遍有效性，一神统治整个人类的普遍性，与人民在上帝之下的生存这一西奈山启示须臾不可分"；而在希腊，不同于以色列的上帝启示，通过"将神经验为无形的、人的尺度"，希腊人（诗人和哲学家）"在城邦秩序之上发现了人类灵魂的秩序"，并用作为"反思性的自我意识"③的哲学这一符号形式来表达他们的发现。虽然它们"都不约而同地反对神话"，但两者的结构却有所不同，即前者是一种"从神这一端出发向下伸展的运动"，其结果是"西奈山启示导致了以色列政制，那就是处于上帝之下的人民"，而后者却是一种"从'存在的伙伴'，也就是人这一端出发"的"向上的伸展"，即"从人的灵魂走向超验的'善'"的运动，其结果是"柏拉图的哲学没有产生任何具体的社会"，也就是说，"城邦，希腊独有的政治体形式，丝毫不受它的心灵形式——哲学的影响"④。因此，"诗人和哲学家的希腊，与对立的城邦之间的紧张关系，正是希腊文明的形式所在"，当然，这主要是因为"通过皈依于超验的现实而形成的个人的灵魂

① ［美］埃里克·沃格林：《城邦的世界（秩序与历史 卷二）》，陈周旺译，译林出版社2009年版，第69、196—197页。

② ［美］埃里克·沃格林：《城邦的世界（秩序与历史 卷二）》，陈周旺译，译林出版社2009年版，第242页。

③ ［美］埃里克·沃格林：《城邦的世界（秩序与历史 卷二）》，陈周旺译，译林出版社2009年版，第69、242—243页。

④ ［美］埃里克·沃格林：《城邦的世界（秩序与历史 卷二）》，陈周旺译，译林出版社2009年版，第69、29页。

秩序，无法被制度化，只能靠个人自生自灭”，但，“希腊哲学在很大程度上表达了在希腊城邦制度内生存的真实秩序”，“因为，哲学毕竟生长在城邦之内；真实的哲学存在，或许只有在一种类似城邦文化和制度的环境中才是可能的”①。

沃格林的上述“哲学研究”，特别是他对“作为一种符号形式的哲学的创造”这一“希腊的成就”②所作的情有独钟的阐扬与推崇，确乎可以让我们充分领略到一位大师独到而深刻的精辟见解和卓越才华，但不可否认的是，大师慧眼独具的见解中也明显体现出一种根深蒂固的“西方偏见”。因为，虽然沃格林承认“存在的飞跃”在其他地方也发生过，譬如，“可与之相提并论的与神话的决裂”，也曾“在佛教的印度和儒家与老子的中国同时发生”，而且那是“一番截然不同的景象”③，但他认为，“中国人生存在宇宙大道之下，印度人生存在无宇宙论的悟（illumination）之下，这都不是以色列或基督教在上帝之下的生存。中国和印度社会想必也意识到了普遍的人性，但是只有犹太教—基督教对启示的应答，达到了历史意识”④。因此，依沃格林之见，“历史哲学其实只是在西方兴起的。不存在什么非西方的历史哲学这回事。因为，历史哲学只能在一种地方兴起，在那里，人类由于在上帝之下的当下生存而成为历史的”⑤。而如果与希腊哲学相比，想必沃格林也会认为，儒家之学和道家之说亦只不过是一种关于人在宇宙大道之下的生存秩序的“思想”而已，而决不是希腊作为个人的灵魂秩序真理之符号形式的“哲学”，乃至虽然可以“对每一种秩序、每一种关于秩序的真理”表达某种程度的“尊重”，但“这种尊重，不能堕落为一种宽容，

---

① ［美］埃里克·沃格林：《城邦的世界（秩序与历史 卷二）》，陈周旺译，译林出版社2009年版，第242—243页。

② ［美］埃里克·沃格林：《城邦的世界（秩序与历史 卷二）》，陈周旺译，译林出版社2009年版，第196页。

③ ［美］埃里克·沃格林：《城邦的世界（秩序与历史 卷二）》，陈周旺译，译林出版社2009年版，第69页。

④ ⑤［美］埃里克·沃格林：《城邦的世界（秩序与历史 卷二）》，陈周旺译，译林出版社2009年版，第91页。

无视在追求真理和眼界方面存在的档次差异"①。更何况,"为秩序的真理而战,正是历史的本质所在"②,根据这一思维定式或真理范式,既然"真理道路之间的斗争是从希腊主义和基督教融合至今的西方智识史一个根本问题"③,那么,有关真理道路之间的斗争在今天恐怕也会不可避免地成为中西文化或东西文明之间的一个根本问题。

然而,中华文明却具有自身独特的演生道路并发展出了自己追求真理的道义信念④及其关于人类秩序的符号形式,尽管在其内部有关人类秩序与真理道路的道义信念之间可能同样充满了思想观念上是非对错或正确与谬误、正统与异端的分歧、冲突与斗争,但是,对中国人而言,最能体现其崇高理想而作为人类秩序与真理道路之本原的宇宙大道却具有一种最博厚无私、高明广大、覆载万物而含容一切的精神品格。如《周易·系辞上》曰:"一阴一阳之谓道。"阴阳两极,分殊而对立,相合而互依,此消彼长,变化无穷,神妙不测,故而天地万物生生不息,此之谓宇宙之大道。中国"轴心期"思想家的"精神觉醒"正是本源于对此宇宙大道的体贴领悟而发生。如孔子曰:"天无私覆,地无私载,日月无私照。"(《礼记·孔子闲居》)《中庸》曰:"天地之道:博也,厚也,高也,明也,悠也,久也""博厚,所以载物也;高明,所以覆物也;悠久,所以成物也",而"天地之所以为大也"正在于"天地之无不持载,无不覆帱"。墨子亦曰:"天之行广而无私,其施厚而不德,其明久而不衰。"(《墨子·法仪》)道家庄子亦反复申言曰:"天无不覆,地无不载"(《庄子·德充符》),"天无私覆,地无私载"(《庄子·大宗师》)。法家也不例外,如《管子·形势解》曰:

---

① [美]埃里克·沃格林:《城邦的世界(秩序与历史 卷二)》,陈周旺译,译林出版社2009年版,第91页。

② [美]埃里克·沃格林:《城邦的世界(秩序与历史 卷二)》,陈周旺译,译林出版社2009年版,第70页。

③ [美]埃里克·沃格林:《城邦的世界(秩序与历史 卷二)》,陈周旺译,译林出版社2009年版,第296页。

④ 如曹端《通书述解·师友下第二十五》曰:"道义者,兼体用而言也。道则穷天地,亘古今,只是一个道。义随时随事而处之得宜,所谓天地之常经,古今之通义也。人而身有道义,则贵且尊焉。"(《曹端集》,王秉伦点校,中华书局2003年版,第82页)

"天公平而无私，故美恶莫不覆。地公平而无私，故小大莫不载。"《管子·版法解》亦曰："天覆而无外也，其德无所不在；地载而无弃也，安固而不动，故莫不生殖。"另如，《尸子·治天下》曰："天无私于物，地无私于物。"《吕氏春秋·去私》亦曰："天无私覆也，地无私载也，日月无私烛也，四时无私行也，行其德而万物得遂长焉。"以上引文充分说明了诸子各家对于天地之道的体认有着最广泛的通见共识。

这一通见共识，一方面蕴含着一种直接的政治含义，即将这一通见共识落实在政治实践层面，引申而显现出的便是圣王天子"法天合德"式的政治正当性信念以及由此而形成的一种正当而合理的天下治理秩序理想，如孔子曰："唯天为大，唯尧则之。"（《论语·泰伯》）又孔子答子夏"三王之德参于天地"而"何如斯可谓参于天地矣"和"何谓三无私"之问曰："奉三无私以劳天下。""天无私覆，地无私载，日月无私照。奉斯三者以劳天下，此之谓三无私。"（《礼记·孔子闲居》）墨子曰："天之行广而无私，其施厚而不德，其明久而不衰，故圣王法之。"（《墨子·法仪》）《管子·版法解》亦曰："凡人君者，覆载万民而兼有之，烛临万族而事使之，是故以天地日月四时为主为质以治天下。天覆而无外也，其德无所不在；地载而无弃也，安固而不动，故莫不生殖。圣人法之，以覆载万民，故莫不得其职姓。得其职姓，则莫不为用。故曰：法天合德，象地无亲。"《尸子·治天下》曰："天无私于物，地无私于物，袭此行者谓之天子。"另一方面，由这一通见共识更进一步发展出了这样一种具普遍主义意义的人类观念与生存道义信念，即普天之下，人在宇宙大道之下的生存，理应是这样的：人人皆为天地化育所生，禀受天地（阴阳五行）之德性与秀气，故人皆可贵可尊[1]，人人皆应遵循孝悌忠信、仁恕礼义之道而行[2]，以仁爱人，以礼敬人，以诚待人；上天对所有人都是"兼而爱之""兼而利之"的，故人与人相交之际，

---

[1] 如子曰："故人者，其天地之德，阴阳之交，鬼神之会，五行之秀气也。"（《礼记·礼运》）又曰："天地之性（生），人为贵。"（《孝经·圣治章》）郭店竹简《语丛一》亦曰："天生百物，人为贵。"

[2] 如子曰："谁能出不由户？何莫由斯道也？"（《论语·雍也》）荀子曰："道也者何也？曰：礼让忠信是也。……故人莫贵乎生，莫乐乎安，所以养生乐安者莫大乎礼义。人知贵生乐安而弃礼义，辟之是犹欲寿而殇（'殇'，当为'刿'）颈也，愚莫大焉。"（《荀子·强国》）

亦皆应遵循此天志仪法而践行"兼相爱、交相利之法","相爱""相利"而非"相恶""相贼"(《墨子·兼爱中》《墨子·法仪》);人类与天地万物皆为自然造化所生,每一个人的个体生命都是独一无二的,是自然、神圣、珍贵而不可损伤的,人人皆应"贵己"而"重生"(杨朱),或者过一种"法天贵真"(《庄子·渔父》)、"同与禽兽居,族与万物并"而合乎自然天性的淳朴"天放"(《庄子·马蹄》)生活。如果说"法天合德"的政治正当性信念还前有所承而渊源有自,即由周初围绕统治者之"德"来思考和说明王朝政权之天命合法性归属(赢得或转移)的问题意识转化而来的话,那么,上述具有普遍主义意义的人类观念与生存道义信念则可以说是通过充分体现了诸子各家基于对人在宇宙大道之下生存的超越性之思而获得的一种具有普遍性意义的人类自我理解,亦正是基于这样一种自我理解,诸子各家围绕着人所共由的人类生活的正确道路(人间正道)问题而展开了其"各以其道易天下"的政治思考。

尽管诸子各家有关人类自我理解的思想意涵各有不同,当时的思想家对于诸子各家从古人内圣外王之道的全体大用和天地神人浑然一体的宇宙论信仰走向"天下多得一察焉以自好"而"道术将为天下裂"的思想宗派多元化现象亦秉持一种排斥和否定的理论立场与思想态度①,但以今人的眼光来看,这也恰恰说明了诸子各家已然走向了"精神觉醒"的高度分殊化。所谓的分殊化,不仅意味着天、天命、天志、天道、天德等在诸子各家的思想体系中各自有着相当复杂而不同的宗教的、主宰的、道德的、自然的和物质的等各种含义,而且他们对于人类在宇宙中所处位置和天人之际或分或合、相与相参的关系所持的观点与

---

① 如《庄子·天下》曰:"天下大乱,贤圣不明,道德不一。天下多得一察焉以自好。譬如耳目鼻口,皆有所明,不能相通。犹百家众技也,皆有所长,时有所用。虽然,不该不遍,一曲之士也。判天地之美,析万物之理,察古人之全。寡能备于天地之美,称神明之容。是故内圣外王之道,暗而不明,郁而不发,天下之人各为其所欲焉以自为方。悲夫,百家往而不反,必不合矣!后世之学者,不幸不见天地之纯,古人之大体,道术将为天下裂。"

看法也有种种的差别①。更为重要的是,儒、道两家基于分殊化的不同认识而分别对人通过身心的修养而使个体生命的心灵或"精神"不断提升乃至上达于天地境界这一人性潜能的大发现,在思想史上的意义决不亚于希腊人(诗人和哲学家)对于个人之"灵魂"的发现。

希腊人"在城邦秩序之上发现了人类灵魂的秩序",并用作为"反思性的自我意识"②的哲学这一符号形式来表达他们的发现。尤其是,在《理想国》中,希腊哲学家柏拉图告诉我们,"灵魂"由理性(或理智)、激情和欲望三部分构成,具有一种先天的固有的等级秩序,理性在其中理应占据主导性的地位,或者欲望应受到理性的支配。而且,只有一个人的"灵魂"处于健康状态,即"灵魂"的三部分各司且只司其职,这个人才是正义的,与之相对应的是,城邦也理应分成三个等级或三部分人,即生意人、辅助者(或武士)和护国者(或统治者),只有城邦中的三部分人"各做各的事而不相互干扰"③,这个城邦也才是正义的。对此,美国著名学者萨拜因如是评论道:"柏拉图在建构其理想国的时候以一种极其简明且朴实的方式做出了上述分析,而这种分析则是他的社会哲学所含有的最为深刻的发现之一。这一发现揭示出了被公认为对任何社会理论都具有最重要意义的人类社会的一个方面;再者,这一发现还极其明确地阐释了有关城邦的社会理论始终坚持的一个观点。简而言之,社会应当被设想为一个服务体系,而在这个体系中,每个成员既为其他人提供服务,又接受其他人的服务。国家所要关注的就是这种相互交换,而且国家所要努力安排的也是以最恰

① 即使是同一宗派内部如儒家所持观点亦不一致,或主天人相合,或主天人相分;同是力主天人相分的思想家,而其立场、观点和看法亦存在宗派性的思想差别,如庄子主张天人相分而以人顺天,故曰:"天地与我并生,而万物与我为一。"(《庄子·齐物论》)又曰:"夫形全精复,与天为一。"(《庄子·达生》)而荀子则主张天人相分而以人参天,故曰:"故明于天人之分,则可谓至人矣。……天有其时,地有其财,人有其治,夫是之谓能参。(《荀子·天论》)
② [美]埃里克·沃格林:《城邦的世界(秩序与历史 卷二)》,陈周旺译,译林出版社2009年版,第242—243页。
③ [古希腊]柏拉图:《理想国》,郭斌和、张竹明译,商务印书馆1986年版,第156页。

当的方式去满足需要和以最和谐的方式去互换服务。在这样一个体系中，人们都是某种必需的工作的践履者，而他们在社会上的重要性则取决于他们所从事的工作的价值。"①

显然，中国思想家并没有像柏拉图那样就人的"灵魂"和城邦的等级提出这样一种明确的三分法。然而，从社会劳动分工的意义上来讲，诸子各家事实上也持有与之相类似的说法和主张，譬如他们大都强调社会中不同身份地位的人应当各尽其责、各服其事，其中，尤以儒家的"正名尽分"与士农工商各载事尽职而"通功易事"之说②和墨子的"各从事其所能"（《墨子·节用》）的"分事"论③最为深切著明，可以说同样深刻而鲜明地"揭示出了被公认为对任何社

---

① ［美］乔治·萨拜因：《政治学说史》（第四版）上卷，［美］托马斯·索尔森修订，邓正来译，上海人民出版社 2008 年版，第 82 页。

② 如孟子在反驳农家许行、陈相师徒"贤者与民并耕而食，饔飧而治"的狭隘观点时尝言："以粟易械器者，不为厉陶冶；陶冶亦以其械器易粟者，岂为厉农夫哉？且许子何不为陶冶，舍皆取诸其宫中而用之？何为纷纷然与百工交易？何许子之不惮烦？""百工之事固不可耕且为也。""且一人之身，而百工之所为备。如必自为而后用之，是率天下而路也。"又曰："夫物之不齐，物之情也；或相倍蓰，或相什伯，或相千万。子比而同之，是乱天下也。巨屦小屦同贾，人岂为之哉？从许子之道，相率而为伪者也，恶能治国家？"（《孟子·滕文公上》）孟子在其回应彭更"士无事而食，不可也"的疑问时更明确地讲："子不通功易事，以羡补不足，则农有余粟，女有余布；子如通之，则梓匠轮舆皆得食于子。"（《孟子·滕文公下》，朱熹《孟子集注》："通功易事，谓通人之功而交易其事。羡，余也。有余，言无所贸易，而积于无用也。"）另如荀子曰："故先王案为之制礼义以分之，使有贵贱之等，长幼之差，知愚、能不能之分，皆使人载其事而各得其宜，然后使悫禄多少厚薄之称，是夫群居和一之道也。故仁人在上，则农以力尽田，贾以察尽财，百工以巧尽械器，士大夫以上至于公侯，莫不以仁厚知能尽官职，夫是之谓至平。故或禄天下而不自以为多，或监门、御旅、抱关、击柝而不自以为寡。故曰：'斩而齐，枉而顺，不同而一。'夫是之谓人伦。"（《荀子·荣辱》）

③ 如《墨子·非乐上》曰："君子不强听治，即刑政乱；贱人不强从事，即财用不足。今天下之士君子以吾言不然，然即姑尝数天下分事，而观乐之害。王公大人蚤朝晏退，听狱治政，此其分事也；士君子竭股肱之力，亶其思虑之智，内治官府，外收敛关市、山林、泽梁之利，以实仓廪府库，此其分事也；农夫蚤出暮入，耕稼树艺，多聚叔（通'菽'）粟，此其分事也；妇人夙兴夜寐，纺绩织纴，多治麻丝葛绪，絧（同'捆'）布縿（当作'缭'，即细绢），此其分事也。"

会理论都具有最重要意义的人类社会的一个方面",以及这样一种有关人类社会的观念,即"社会应当被设想为一个服务体系"或者社会的形成最初就是出于人民的各种需要,而人们的需求只有依靠或通过相互的努力、帮助和进行交易才能得到满足。人们的需求很多,而且没有人是自给自足的。因此,他们需要有人帮助并且相互进行交换。不过,从"精神觉醒"或"存在的飞跃"的意义上讲,我们却不难发现,儒家和道家对人之身心性命的看法及其有关"精神"的观念,无论在内涵还是在意义方面似乎都与柏拉图的"灵魂"说有着深刻而重要的差别。当然,所谓"精神",主要是就中国文化语境和思想史脉络中"精神"一词的古义而言的,与西方文化语境和哲学史脉络中"精神"一词的含义不尽相同。

对柏拉图而言,所谓"灵魂"(希腊语是心灵,psyche)[1],乃是指"一切事物的原因,是善和恶、美和丑、正义和非正义以及一切对立物的原因"[2]。灵魂是先于一切事物,"比所有造物都更为古老,是不死的东西,也是支配整个物质世界的事物";同时,"灵魂是理性的居所",而"理性是存在于诸天体中的至高无上的力量"[3]。就人而言,"我们真正的自我,即所谓不死的灵魂","灵魂"是身体的主人,或者"绝对地超越于肉体",而"肉体不过是我随身携带的自我表象而已"[4];而贪婪或贪欲则会导致"灵魂"的堕落,"它使灵魂横行霸道,伴随着有疯狂的欲望"[5],又或者"灵魂"会受到贫穷和富裕的败坏,"富裕用

① [美]弗朗西斯·福山:《身份政治:对尊严与认同的渴求》,刘芳译,中译出版社2021年版,第20页。

② [古希腊]柏拉图:《法律篇》,张智仁、何勤华译,上海人民出版社2001年版,第336页。

③ [古希腊]柏拉图:《法律篇》,张智仁、何勤华译,上海人民出版社2001年版,第417、426页。

④ [古希腊]柏拉图:《法律篇》,张智仁、何勤华译,上海人民出版社2001年版,第413页。

⑤ [古希腊]柏拉图:《法律篇》,张智仁、何勤华译,上海人民出版社2001年版,第302页。

奢侈来腐蚀人们的灵魂，贫穷用痛苦使灵魂变得无耻"①。

而在儒、道两家的思想体系和意义脉络中，精、神以及"精神"一词皆有其特定的含义，而不仅仅是"指人的意识、思维活动和一般心理状态"②而已。要想把握"精神"一词本来的古义或真义，必须将其置于中国"轴心期"天、天道由支配人类之吉凶祸福的人格神的宗教含义向为人类所当遵循效法之纯粹自然化、道德化或抽象之法则义理的形上含义发生内在转化的思想背景下来加以理解。在这一划时代的转化过程中，就诸子各家而言，作为最具宗教家精神与情怀的思想家，唯有墨子仍然笃定地坚守和阐扬传统对人格神意义上的天志鬼神的虔诚信仰，并因此而提出一套以圣王天子为中心、选拔贤能之人为各级政长、以兼爱与尚同为基本原则和根本方法、以赏罚与刑政为强制手段和制度保障的墨家政制构想，这体现了一种从有意志的人格神（天志仪法）这一端出发向下伸展的运动，而人在天志之下的生存，说到底也就是处在奉行天志仪法的圣王天子统治之下的生存，而圣王天子的神圣职责所在就是"以治天下为事"（《墨子·兼爱上》）或以"从事乎一同天下之义"（《墨子·尚同中》）为根本要务。而与之截然相反，道家则将天彻底自然化了。在老子的思想体系中，"道"成了解释世界一切现象的最高范畴，亦即化生天地万物的本原和一切事物变化与运动的终极原因，它先于一切事物，比包括天地鬼神在内的所有造物都更为古老③。仅就其字面含义而言，老子之"道"似乎与柏拉图的"灵魂"同属一物，但是，柏拉图的"灵魂"是每一事物的"主人"，反之，"事物是它的天然的仆人"，

---

① [古希腊] 柏拉图：《法律篇》，张智仁、何勤华译，上海人民出版社 2001 年版，第 364 页。

② 据《辞海》（哲学分册），"【精神】指人的意识、思维活动和一般心理状态。宗教信仰者和唯心主义者所讲的精神，是对意识的神化。唯物主义者常把精神当作和意识同一意义的概念来使用，认为它是物质的最高产物。"（上海辞书出版社 1980 年版，第 58 页）这主要是对西方哲学史上"精神"一词所作的释义。

③ 如《庄子·大宗师》曰："夫道，有情有信，无为无形；可传而不可受，可得而不可见；自本自根，未有天地，自古以固存；神鬼神帝，生天生地；在太极之上而不为高，在六极之下而不为深，先天地生而不为久，长于上古而不为老。"

柏拉图的"灵魂"亦是一切事物变化和运动的"原因"，而且，只有"反映着理性"的事物的运动和变化运行过程，才是"最好的一种灵魂"，而"这一灵魂照管着整个宇宙并且指导宇宙沿着最好的路径行进"①。与之不同的是，老子的"道"乃是天下万物之"母"，它虽然生养化育万物，却"生而不有，为而不恃，长而不宰"（《老子·第10章》《老子·第51章》），依老子之见，只有反映着这一"玄德"的事物的运动和变化运行过程，才是最合乎自然之道的方式。从事物和人在自然大道之下的生存来讲，如果说老子之"道"尚偏于事物之对立面中阴、柔、弱一面的生存方式的话，那么，由庄子之"道"所发展出的则是一种超越任何对立面之上的万物齐一而自然平等的理念，与柏拉图等级性的"灵魂秩序"可谓形成了大相径庭的鲜明对照。如果说柏拉图是通过"将神经验为无形的、人的尺度"而"在城邦秩序之上发现了人类灵魂的秩序"的话，那么，老庄道家乃是通过审美直观的方式而将道、天或天道经验为无形的、人的尺度而在世间凡俗生活之上发现了人类生活之更加美好的自然秩序②，柏拉图追求和向往的是人类灵魂的等级秩序在城邦世界中的完美实现，而庄子所追求和向往的则是人类精神的逍遥自由以及人与自然万物融为一体的和谐共生③。

在老庄道家的思想体系中，道是化生天地万物的本原或母体，不仅"生天生地"，而且"神鬼神帝"。具体而言，由道而生阴阳二气，阴阳二气和合而化生天地万物和人类④。其实，究极而言，道亦即自然，道化生天地万物，天地万物的生成、运动和变化纯为一种自然而然的过程，故人类应循道而行，唯有遵

---

① ［古希腊］柏拉图：《法律篇》，张智仁、何勤华译，上海人民出版社2001年版，第335、337页。

② 如《庄子·知北游》曰："天地有大美而不言，四时有明法而不议，万物有成理而不说。圣人者，原天地之美而达万物之理。是故至人无为，大圣不作，观于天地之谓也。"

③ 如《庄子·齐物论》曰："天地与我并生，而万物与我为一。"《庄子·马蹄》曰："夫至德之世，同与禽兽居，族与万物并。"

④ 如《老子·第42章》："道生一，一生二，二生三，三生万物。万物负阴而抱阳，冲气以为和。"

循和效法天地自然之道才是人类最合理的一种生存与生活方式。对于人与天地万物，道尚且"生而不有，为而不恃，长而不宰"，据此而言，对于人在宇宙大道之下的生存来讲，已根本不可能再有那种主宰和支配人类祸福命运的鬼神存在的余地，有的只是人类"精神"的觉醒。那么，对于道家来讲，究竟何为人之"精神"呢？汉代学者高诱注释《淮南子·精神训》名之含义曰："精者，人之气，神者，人之守也。"《庄子·知北游》曰："夫昭昭生于冥冥，有伦生于无形，精神生于道，形本生于精，而万物以形相生。"《淮南子·精神训》曰："烦气为虫，精气为人"，"夫精神者，所受于天也，而形体者，所禀于地也"。可见，在道家看来，分而言之，精即指人所禀生之精气，而神则指人内心所守之神明[1]，合而言之，实指人的整个生命和心灵状态，而且，精神与形体相对而言，精神生于道体或所受于天，而形体生于精气或所禀于地，然而，精神与形体却并非二元对立的关系，而是相依共生与相互影响的关系，两者共同构成和塑造了人的生命整体。人最理想的生命存在方式就是遵循天地自然之道来对自己的形体和精神善加养护，而既然"恬惔寂漠虚无无为"便是天地的准则和道德的本质，故体道的圣人应尽量保持一种平易恬淡的精神状态，唯有如此，才能使"忧患不能入，邪气不能袭"，乃至做到"德全而神不亏"（《庄子·刻意》）。尽量排除人世间各种世俗的悲乐、喜怒、好恶等价值偏好和情感的影响与干扰，不要过度地疲劳形体、使用精气，乃是最好的全生养神之道。道家不仅注重全生，同时更注重养神，前者是对形体生命的养护和保全，后者是对精神生命的养护和守藏，两者相互影响而彼此促进。比较而言，如果说道家杨朱学派的"贵己""重生"之说主要强调前者的话，那么道家庄子学派则更加注重后者，两派各逞精彩，将中国人的全生养神之说发挥到了极致。尤其是庄子学派，通过"心斋""坐

---

[1] 对庄子而言，心为"灵府"，乃人之精神或神明的居所，如《庄子·德充符》曰："不可入于灵府。"唐成玄英疏谓："灵府者，精神之宅也，所谓心也。"

忘"等庄学特殊的心灵修养方法[1]，以期使人之精神或人心之神明保持在最佳的至精至纯而虚灵不昧的醒悟明觉状态，乃至"乘物以游心"（《庄子·人间世》），或放任心灵遨游于"无何有之乡"[2]，又或者"独与天地精神往来而不敖倪（轻视）于万物"（《庄子·天下》），可以说最充分而淋漓尽致地彰显了中国"轴心期"的"精神觉醒"或"精神凌空翱翔"的超越性心灵境界。尽管人类已不可能像庄子所期望的那样能够完全返回到一种和谐而纯粹的自然状态中去了，但其质疑世俗一切、对人类文明进行颠覆性批评、向往化蝶飞舞或鲲鹏转化（暗喻人类心灵的转化）而凌空翱翔的超越性的"精神突破"意义却是绝对不容轻忽的。对庄子来讲，人的生命在整个宇宙当中也许是非常渺小的，但人的伟大就在于其精神的觉醒而凌空翱翔，在于其心灵不受任何世俗凡情（好名逐利、贪权嗜势、治世求功、崇礼尚法、争辩是非、喜生恶死等等）的束缚和牵绊而展现出一种逍遥、自由、开放、包容、博大、平等而无私的精神状态，这体现了一种基于天与人、自然本真与世俗愚伪二分对立的思维方式[3]而对世俗人为的一切保持深刻质疑的心灵形式与超越性境界。显然，这样一种超凡脱俗而与天、与道

---

[1] 这两种方法分别见于《庄子》书中的《人间世》篇和《大宗师》篇，而且都是假借孔子和颜回师徒之间的对话而道出。所谓"心斋"，是指"气也者，虚而待物者也。唯道集虚。虚者，心斋也"。所谓"坐忘"，是指"堕肢体，黜聪明，离形去知，同于大通，此谓坐忘"。它们都主要是通过"为道日损"的减损、内敛的方式以使心灵得以净化而达于虚灵明觉之境地的修养方法。

[2] 如《庄子·列御寇》曰："彼至人者，归精神乎无始而甘瞑（眠）乎无何有之乡。"

[3] 如《庄子·秋水》曰："牛马四足，是谓天；落（同'络'）马首，穿牛鼻，是谓人。故曰，无以人灭天，无以故灭命，无以得殉名。谨守而勿失，是谓反其真。"《庄子·渔父》曰："礼者，世俗之所为也；真者，所以受于天也，自然不可易也。故圣人法天贵真，不拘于俗。愚者反此。"

合一的超越性境界，只能诉之于个体的心灵①，而不能产生任何具体的社会，故而拥有这一心灵境界的道家圣人，迥然不同于墨子"以治天下为事"的圣人，他首先应以"完身养生"为人生要务，至于"为国家""治天下"的"帝王之功"则不过是"圣人之余事"（《庄子·让王》）而已。

当我们将目光转向孔子儒家时，不难发现他们基本上秉持的是一种介乎墨、道之间的心灵形式与致思路径，乃至在中国"轴心期""精神觉醒"的历史过程中扮演而发挥了一种特殊而重要的思想角色，从而使中国"轴心期"的超越性"突破"更加带有自身不同于他者的特别之处。中国的"轴心期"并未发生与神话的思维方式决裂或反对神话的思想斗争，至于在中国是否兴起过某种历史哲学或是否达到了某种真正的历史意识，尽管可能存在着认识和理解上的歧异，譬如沃格林会在"在上帝之下的生存"的宗教意义上给出否定的回答，而雅斯贝斯则会在"轴心期"之人类的存在作为历史而成为被反思的对象的世俗意义上给出肯定的答案，但不管怎样，不可否认的是，晚周衰乱之世"礼崩乐坏"的现实状况毫无疑问地激发和召唤出了孔子儒家天然、悠久而深厚的历史意识。他们"祖述尧舜，宪章文武"（《中庸》），不仅将尧舜三代看作中国历史上的"大道之行"的古典"黄金时代"，而且汲汲于对这一时期华夏族群自身独特的文明特质与历史演化道路作系统探寻与自我反思，这不仅使他们在诸子各家中成了中国历史文化大传统的主要代表，而且也由此而使中国"轴心期"的"精神觉醒"被赋予了一种富于"文化延续性"的独特色彩。不仅如此，将古代

---

① 老庄使用各种不同的人物名称来称谓拥有这种心灵境界的人，老子已有圣人和真人之名，庄子更另造各种新名如至人、神人、天人等，如《庄子·逍遥游》曰："至人无己，神人无功，圣人无名。"《庄子·大宗师》曰："古之真人，不知说生，不知恶死……是之谓不以心损道，不以人助天。是之谓真人。"《庄子·刻意》曰："故素也者，谓其无所与杂也；纯也者，谓其不亏其神也。能体纯素，谓之真人。"《庄子·天下》曰："不离于宗，谓之天人。不离于精，谓之神人。不离于真，谓之至人。以天为宗，以德为本，以道为门，兆于变化，谓之圣人。"

的圣王看作人类文明生活所赖以建立和维持的各种器物制度与礼义规范的制作和创建者①，以及对于人类日常生活世界之现实人伦关系和民生日用之道的格外关注和特别重视，也使他们在观念意识中并未采取一种明确而典型的神圣与凡俗截然二分的思维方式。孔子儒家并不像墨子那样笃信天鬼可对人的善恶行为予以福祸的赏罚奖惩，但他们又出于"报本反始"和培养淳厚"民德"的人文情怀与目的诉求而极为重视和讲究对天地神灵与祖先鬼神的敬事祭祀之礼。换言之，在沿袭自过去传统的祭天祀祖礼仪中，他们将天地山川、日月星辰和社稷祖先都看作神灵一般加以祭祀，而与此同时，他们又"务民之义，敬鬼神而远之"（《论语·雍也》）。因此，在他们的思想观念中，不像老庄道家那样将天地山川日月星辰纯粹自然化，但作为自然万物生生不息之创生根源的天地与传统宗教之人格神意义上的昊天上帝也决非一物。其实，对孔子儒家而言，天（包含地在内）的含义是极其丰富而复杂的，既指作为化育创生自然万物之根源含义的博大高明之天，亦指人所当效法遵循之的具义理法则含义的抽象道德之天②，有时还指主宰人事之客观遭际含义的时遇运命之天③，其各种含义或分或

---

① 根据《周易·系辞下》的说法，自包牺氏始作八卦之后，神农氏、黄帝、尧、舜等历代古圣先王以及后世圣人，在整个人类文明的发展史上可以说起到了一种决定性的塑造和引领作用，因为正是他们通过仰观天文、俯察地理而制器取象，先后创制了人类文明生活所必需的各种器物和制度，诸如渔佃之网罟、耕作之耒耜、交易之货市、交通之舟楫、日用之臼杵、威敌之弧矢，以及衣裳、宫室、棺椁、书契、百官之制等，从而满足了人类在器具物质生活方面的民生日用需求，逐渐引领人民不断脱离野蛮生存状态而走向了高度文明化的生活道路。而对于周公的"制礼作乐"，孔子儒家更是推崇备至。

② 如子曰："唯天为大，唯尧则之。"（《论语·泰伯》）《周易·系辞下》谓："天地之大德曰生。"又曰："古者包牺氏之王天下也，仰则观象于天，俯则观法于地，观鸟兽之文与地之宜，近取诸身，远取诸物，于是始作八卦，以通神明之德，以类万物之情。"

③ 如，子畏于匡，曰："文王既没，文不在兹乎？天之将丧斯文也，后死者不得与于斯文也；天之未丧斯文也，匡人其如予何？"（《论语·子罕》）又如，颜渊死，子曰："噫！天丧予！天丧予！"（《论语·先进》）

合，既并行而不悖，亦随时因人而异①。尽管如此，但大体而言，继郑国执政子产明确宣称"天道远，人道迩，非所及也"（《左传·昭公十八年》）之后，孔子也显然已经摆脱传统的那种可直接决定和支配人类祸福之天道观和鬼神信仰的羁绊②，故孔子一方面不愿谈论"怪，力，乱，神"（《论语·述而》，何晏集解："神，谓鬼神之事。"）之事，或者强调"事人"应先于"事鬼"（《论语·先进》），又或者敬事鬼神而"远之"；另一方面在使用"天"或"命"等词汇时虽然有时赋予其一种消极地表示人事运命之遭际时遇的客观限制含义，但更为重要的是，对孔子而言，天之为天，更主要意指那超越所有造物之上最伟大的神圣存在或四时运行和百物化生的自然根源③，而"知命"或"知天命"同时也具有一种更为积极的含义，即指君子对于自己为所当为之人生使命的充满自觉性的认知和了解，故虽处穷困之地而依然能"知其不可而为之"（《论语·宪问》）。很显然，在孔子那里，天的观念与鬼神的信仰已然走向了分离，这一分离带来了一系列至关重要而具有划时代意义的思想后果。正如墨子所批评的那样，孔子儒家"以天为不明，以鬼为不神"（《墨子·公孟》），也就是不再相信天鬼对人的善恶行为能够直接予以赏罚奖惩，正唯如此，对于孔子儒家而言，生活在一个作为天下之统一性力量的王权已日趋式微和赏善罚恶、福德祸淫的天道鬼神信仰已难以维系人心的混乱时代，肩负历史使命的士人君子则必须依靠自己的力量挺身而立，并发挥领袖群伦的作用，引领人民走上家齐、国治、天下均平的人间正道。为此，孔子之后，七十子之徒及其后学更加热衷于探寻天道以及论究人类性情或心性的问题，而且不断调整和转换眼界与视角，重新审视和探求天人关系问题，提出各种各样有关天人相与之际或分或合、人类本性或善或恶的

① 后来，汉儒董仲舒甚至重新恢复了对天的宗教神秘信仰，此足以说明思想发展演化历史的错综复杂性，无法在此详论。
② 如《尚书·汤诰》曰："天道福善祸淫。"
③ 如子曰："予欲无言。"子贡曰："子如不言，则小子何述焉？"子曰："天何言哉？四时行焉，百物生焉，天何言哉？"（《论语·阳货》）

理论思考，希望从超越天道的形上根源和自我心性的内在本源处，为解决当时人类文明生活所面临的各种生存困境和人自身道德人格的修养与提升问题，寻求到一种源头活水式的永恒精神力量和具有无限可能性的思想方案。其中，最值得我们注意的，也就是在他们的思想观念中最具有"精神觉醒"意义的便是其对于天地生生之德与阴阳变化不测之神的体认领悟，还有人类可以积极地效法和参赞这一创生化育的自然过程与神妙活动之能力以及增进和提升人类自身的德行修为而上达于与天合德或天人相参之精神境界的无限可能性的大发现。

依孔子儒家之见，我们从天地创生自然万物和人类的过程与活动中不仅可以体认或领悟到天地化育万物而博大无私的德行，而且可以认识和把握在其中氤氲运行、变化不测而生生不息的易理易道，如《中庸》曰："天地之道，可一言而尽也：其为物不贰，则其生物不测。天地之道：博也，厚也，高也，明也，悠也，久也。今夫天，斯昭昭之多，及其无穷也，日月星辰系焉，万物覆焉。今夫地，一撮土之多，及其广厚，载华岳而不重，振河海而不泄，万物载焉。"《周易·系辞》则曰："天地之大德曰生""一阴一阳之谓道""生生之谓易"。正是因为人类可以通过对阴阳相互交接乃至此消而彼长的观察来说明天地生生不息而变化不测的易理易道，乃至通过自然精气之聚散屈伸来了解和知晓"鬼神之情状"，如此一来，也就彻底消解掉传统人格神意义上的鬼神信仰对于人类生活的介入和干预了，换言之，人类的善恶行为已无须靠鬼神的赏罚奖惩来矫正了。正唯如此，在孔子儒家看来，对于万物和人类的化育与生存来讲，一种更加直接相关而最值得人们高度关注、深入思考乃至惊奇赞叹的现象不是"鬼神"之"神"，而是天地运行和阴阳变化而神妙莫测之"神"，正所谓"阴阳不测之谓神"[1]，"知变化之道者，其知神之所为乎！"（《周易·系辞上》）故荀子曰："天行有常，不为尧存，不为桀亡。……列星随旋，日月递炤，四时代御，阴阳大化，风雨博施，万物各得其和以生，各得其养以成，不见其事而见其功，夫是

---

[1] 韩康伯注："神也者，变化之极妙万物而为言，不可以形诘者也。"

之谓神。"（《荀子·天论》）另如《淮南子·泰族训》曰："天设日月，列星辰，调阴阳，张四时，日以暴之，夜以息之，风以干之，雨露以濡之。其生物也，莫见其所养而物长；其杀物也，莫见其所丧而物亡：此之谓神明。"毋庸讳言，在对宇宙自然化生过程或天地化育万物的认识方面，儒、道两家似有颇多的相通一致之处，如他们都认为自然万物和人类皆是由阴阳二气的氤氲运化所孕育化生，但孔子儒家的心灵形式与老庄道家极力主张消极地顺应效法自然大道、强烈反对人类自身文明的矫伪造作和心知的逐物外驰又是大为不同的。因为，在孔子儒家看来，不仅天地生生之道体现了一种广大博厚、刚健有为的品格，而不同于道家对于天道之"恬惔寂漠虚无无为"的消极体认，而且人类更可以通过积极效法和参赞天地之化育的方式来促进人类文明生活的进步，同时通过增进和提升自身的德行修为，人也可以上达于与天合德或天人相参的精神境界。《中庸》所谓的"参"乃是天人合一而至诚尽性意义上的"参"[1]，荀子所谓的"参"则是天人相分而彼此协作意义上的"参"[2]。而据《周易大传》所言，古圣先王可谓效法或参赞天地生生之德、阴阳变化之道的典范，他们通过仰观天文、俯察地理以取象制器、"备物致用"的方式来满足人类文明生活各方面的需要，以至于人类由于在天地生生不息的创生过程中的"当下生存而成为历史的"。如《周易·系辞下》曰：

> 古者包牺氏之王天下也，仰则观象于天，俯则观法于地，观鸟兽之文与地之宜，近取诸身，远取诸物，于是始作八卦，以通神明之德，以类万物之情。作结绳而为网罟，以佃以渔，盖取诸离。
>
> 包牺氏没，神农氏作，斫木为耜，揉木为耒，耒耨之利，以教天下。

---

[1] 《中庸》曰："唯天下至诚，为能尽其性；能尽其性，则能尽人之性；能尽人之性，则能尽物之性；能尽物之性，则可以赞天地之化育；可以赞天地之化育，则可以与天地参矣。"

[2] 《荀子·天论》曰："故明于天人之分，则可谓至人矣。……天有其时，地有其财，人有其治，夫是之谓能参。"

盖取诸益。日中为市，致天下之民，聚天下之货，交易而退，各得其所。盖取诸噬嗑。

神农氏没，黄帝、尧、舜氏作，通其变，使民不倦；神而化之，使民宜之。《易》，穷则变，变则通，通则久。是以自天佑之，吉无不利。黄帝、尧、舜垂衣裳而天下治，盖取诸乾坤。刳木为舟，剡木为楫，舟楫之利，以济不通致远，以利天下。盖取诸涣。服牛乘马，引重致远，以利天下。盖取诸随。重门击柝，以待暴客，盖取诸豫。断木为杵，掘地为臼，杵臼之利，万民以济。盖取诸小过。弦木为弧，剡木为矢，弧矢之利，以威天下，盖取诸睽。

上古穴居而野处，后世圣人易之以宫室，上栋下宇，以待风雨。盖取诸大壮。

古之葬者，厚衣之以薪，葬之中野，不封不树，丧期无数，后世圣人易之以棺椁，盖取诸大过。

上古结绳而治，后世圣人易之以书契，百官以治，万民以察，盖取诸夬。

由上可见，与道家反人类文明的自然主义立场不同，儒家所秉持的乃是一种不断发展进步的人类文明史观。需要在此特别强调指出的是，孔子儒家之所以格外推崇古圣先王，主要出于两个方面的重要原因：其一就是我们在上文中已反复论及的乃是因其在道德行为与优良政教方面为后世奠立了一种值得人们永远效法和学习的典范，故而将尧舜时代视为"大道之行"的"黄金时代"；其二即是此处所说因其创制和带来了人类文明生活所赖以维持的器物和制度方面的进步与发展。当然，所谓的人类文明生活并非人类师心自用的凭空杜撰，而是根源于师法天地阴阳自然变化之道的匠心创制。正唯如此，孔子儒家之崇尚古圣先王，决非出于一种故步自封而泥守古人之陈迹的心理，而是为了阐扬和学习古人师法自然造化而匠心创制的圣智神明以"开物成务"，故夫子晚而喜

《易》好《易》读《易》者，决非徒然也，实欲准易理而知来藏往、"弥纶天地之道"、"知周乎万物，而道济天下"（《周易·系辞上》）。在孔子儒家看来，只要精研易理易道而明乎天地阴阳变化之道，就可以成为"神明其德"的圣人；只要精研事物的义理而进入其神妙的境地，就可以学以致用；只要精研事物的义理而穷尽其神妙、洞晓其变化，就可以达到崇高道德的境界，正所谓"精义入神，以致用也。……穷神知化，德之盛也"（《周易·系辞下》）。一言以蔽之，人可以通过对天地之道的效法与学习而不断增进和提升自身的德行修为，乃至上达于与天地合德的精神境界，如："天行健。君子以自强不息。"（《周易·乾卦·象传》）"地势坤。君子以厚德载物。"（《周易·坤卦·象传》）"夫'大人'者与天地合其德，与日月合其明，与四时合其序，与鬼神合其吉凶，先天而天弗违，后天而奉天时。"（《周易·乾卦·文言》）①

除了对天地生生之德和阴阳变化之道的领悟体认与效法参赞之外，七十子之徒及其后学还对人类自我的身心性命问题进行了广泛思考与深入探究，而人之所以能够"精义入神"而"穷神知化"者，说到底，亦与人之天赋的本性潜能与心知神明有着密不可分的关系。孔子儒家汲汲于从事私学教育事业，其讲学立教的活动本身便预设了人性是可教的，而人性的可教也就说明了人具有一种学习求知的天赋能力。虽然，这一天赋的能力在人与人之间可能是有一定差异的，但除了极少数的"上知"与"下愚"之人外，人的天性及其天赋的认知能力大多是相近相似的。因此，一般而言，人可以说是一种天生具有"血气心知之性"（《礼记·乐记》）的动物，不仅具有"格物""致知"（《大学》）和自我反

---

① 高亨先生注曰："'夫大人者与天地合其德'，谓其使人皆安其生，皆得其养。'与日月合其明'，谓其明察普照一切事物。'与四时合其序'，谓其政令循四时之顺序。'与鬼神合其吉凶'，谓其赏善罚恶与鬼神福善祸恶一致。"（《周易大传今注》，齐鲁书社1979年版，第73页）

思的天赋能力①，而且是"有血气之属"中最卓异灵秀而有知者，同时亦是自然万物中最为可贵的懂得义理的动物。如荀子曰："凡生天地之间者，有血气之属必有知"，而"有血气之属莫知于人"（《荀子·礼论》）；又曰："水火有气而无生，草木有生而无知，禽兽有知而无义，人有气、有生、有知，亦且有义，故最为天下贵也。"（《荀子·王制》）不管怎样，正如荀子所言："凡以知，人之性也；可以知，物之理也。"（《荀子·解蔽》）对于孔子儒家而言，既然人具有天生的认知能力，而且"物之理"亦是可以为人所认知的，那么，任何事物也就都可以成为人类认知的对象，故其所谓的"知"也理应包含对于一般"物之理"的探究与认知，或者说他们不会排斥有关事物的一般性知识，尤其是那些与人类生存及其文明生活密切相关的知识。不过，他们显然也更注重对于天地化生之德、阴阳变化之道和人伦事务之理的义理探求，而且像道家一样，他们也同样把人看作一形体与精神（包括身、心、性、命诸要素）相依共生的生命综合体，所不同的是儒家并不主张仅仅因为身或形体之作为自然生命的个体性而珍视之，尽管对于秉持"天地之性人为贵"（《孝经·圣治章》）信念的孔子儒家来讲，人的自然生命之可贵乃是不言而喻的，但他们并不主张仅仅为了保全一己之自然生命而"贵己""全身""养生"，而是更加强调人在社会中生存的价值与意义②，因此，他们会因为"身体发肤，受之父母"而认为应珍视爱惜之而"不敢毁伤"（《孝经·开宗明义章》）。尤其是，依孔子儒家之见，人不能仅仅为活着而活着，人的生命是有独立意志和道德尊严的，是可杀而不可辱的③，因此，他们更会因为人能以身行道或者因"生以载义"而认为可养之贵之亦可杀之舍

---

① 如孟子曰："心之官则思。"（《孟子·告子上》）

② 如子曰："饱食终日，无所用心，难矣哉！不有博弈者乎？为之，犹贤乎已。"（《论语·阳货》）又曰："幼而不孙弟，长而无述焉，老而不死，是为贼。"（《论语·宪问》）

③ 如子曰："三军可夺帅也，匹夫不可夺志也。"（《论语·子罕》）"儒有可亲而不可劫也，可近而不可迫也，可杀而不可辱也。"（《礼记·儒行》）孟子曰："一箪食，一豆羹，得之则生，弗得则死，呼尔而与之，行道之人弗受；蹴尔而与之，乞人不屑也。"（《孟子·告子上》）

之①。可见，孔子儒家最为重视和强调的是人的道德生命，而其之所以关注为学修身的问题②，也正是为了转化和提升人的自然生命③以更好地实现人生的道德价值与社会意义，而实现这一人生可能的最终根据便在于人天赋的本性潜能与心知神明。

孟子认为，人具有天赋的良心善性，这是人类道德潜能的根基和本源，然而，天赋的良心善性是脆弱而易于陷溺迷失的，故须善加操持与存养，正所谓："苟得其养，无物不长；苟失其养，无物不消。孔子曰：'操则存，舍则亡；出入

---

① 如子曰："志士仁人，无求生以害仁，有杀身以成仁。"（《论语·卫灵公》）孟子曰："生亦我所欲也，义亦我所欲也；二者不可得兼，舍生而取义者也。"（《孟子·告子上》）《礼记·儒行》曰："爱其死以有待也，养其身以有为也。"王夫之曰："生以载义，生可贵；义以立生，生可舍。"（《尚书引义》卷五《大诰》）

② 毋庸讳言，在全身养生方面，确乎体现了道家之所长和儒家之所短，故汉世道家曾如是尖刻地批评儒家说："衰世凑学，不知原心反本，直雕琢其性，矫拂其情，以与世交。故目虽欲之，禁之以度，心虽乐之，节之以礼，趋翔周旋，诎节卑拜，肉凝而不食，酒澄而不饮；外束其形，内总其德，钳阴阳之和，而迫性命之情，故终身为悲人。达至道则不然：理情性，治心术，养以和，持以适，乐道而忘贱，安德而忘贫，性有不欲，无欲而不得，心有不乐，无乐而不为，无益情者，不以累德，而便性者，不以滑和，故纵体肆意，而度制可以为天下仪。今夫儒者，不本其所以欲，而禁其所欲，不原其所以乐，而闭其所乐，是犹决江河之源而障之以手也。夫牧民者，犹畜禽兽也，不塞其圉垣，使有野心，系绊其足，以禁其动，而欲修生寿终，岂可得乎？夫颜回、季路、子夏、冉伯牛，孔子之通学也。然颜渊夭死，季路菹于卫，子夏失明，冉伯牛为厉：此皆迫性拂情，而不得其和也。"（《淮南子·精神训》）然而，在儒家看来，人不能仅仅为了寿终正寝以能尽其天年，竟至于废《诗》《书》而不学，正如人不能因儒有邪辟者就废弃先王之道，或者因嬉戏而弃学一样，如《淮南子·修务训》曰："世俗废衰，而非学者多。""儒有邪辟者，而先王之道不废，何也？其行之者多也。今以为学者之有过而非学者，则是以一饱之故，绝谷不食，以一踬之难，辍足不行，惑也。"《淮南子·泰族训》曰："人莫不知学之有益于己也，然而不能者，嬉戏害人也。人皆多以无用害有用，故智不博而日不足。以凿观池之力耕，则田野必辟矣；以积土山之高修堤防，则水用必足矣；以食狗马鸿雁之费养士，则名誉必荣矣；以弋猎博弈之日诵诗读书，闻识必博矣。故不学之与学也，犹喑聋之比于人也。"

③ 如荀子曰："君子之学也，以美其身；小人之学也，以为禽犊。"（《荀子·劝学》）

无时，莫知其乡.'惟心之谓与？"(《孟子·告子上》)而依孟子之见，只要对天赋的良心善性善加存养和不断扩充，每个人就都可以成为尧舜那样的圣人，故而提出了一个蕴含着能够激发和引导人心向上之无限精神力量而极富人性光辉的思想命题——"人皆可以为尧舜"(《孟子·告子下》)；与此同时，孟子亦认为，只要一个人能够充分地体知体认和存养扩充其良心善性，就可以上达于"知天""事天"① 或"上下与天地同流"② 的人生境界，也只有准此修身且循道而行者，才能真正实现自身正当的生命价值③。不仅如此，孟子还特别善养其浩然之气，孟子之养气非徒为培养"血气之勇"，亦非仅能以力制其心而不动，抑或单纯为了全身养生而已，而是为了培养独立自主的道德人格与至大至刚的精神品格。故浩然之气的培养须与心志的修持相互配合而彼此促进，因为心之所之的志乃是"气之帅"，而气之充满于身亦将感发促动其心志，只有"持其志，无暴其气"而坚定专一、长期修持、善加培养、交互促进，才能真正养成浩然之正气。而养成之后的浩然之气，"其为气也，至大至刚"，因"以直养而无害"，故可以充塞于天地之间；"其为气也，配义与道"，因以心之所志的道义相配合而为之助，故能"行之勇决"而"无所疑惮"(朱熹《孟子集注》)；此浩然之气，乃是因积善集义自然而发生，"非由只行一事偶合于义"(朱熹《孟子集注》)而可以袭取于外而得之，故能行无愧怍、快于心而无馁。(以上参见《孟子·公孙丑上》)

荀子虽然主张人天生的自然本性是倾向于恶的，但他认为所有的人都具有同样的"材性知能"和天生的感官认知能力，人与人之间亦即君子小人、圣暴贤

---

① 孟子曰："尽其心者，知其性也。知其性，则知天矣。存其心，养其性，所以事天也。天寿不贰，修身以俟之，所以立命也。"(《孟子·尽心上》)
② 孟子曰："夫君子所过者化，所存者神，上下与天地同流。"(《孟子·尽心上》)
③ 孟子曰："莫非命也，顺受其正；是故知命者不立乎岩墙之下。尽其道而死者，正命也；桎梏死者，非正命也。"(《孟子·尽心上》)

愚之间的本质区别乃在于其道德品行、积习修为上的差异①。然而，差异的根源说到底就在于人心之能否发挥其理性认知的神明作用，乃至"知道"而行。故荀子曰："人何以知道？曰：心。心何以知？曰：虚壹而静。……虚壹而静，谓之大清明。"并强调说："心者，形之君也，而神明之主也，出令而无所受令。自禁也，自使也，自夺也，自取也，自行也，自止也。故口可劫而使墨云，形可劫而使诎申，心不可劫而使易意，是之则受，非之则辞。"（《荀子·解蔽》）依荀子之见，"人生而有知"或"心生而有知"（《荀子·解蔽》），认知乃人心天生具有的一种能力，也唯有人之心能够认知和把握作为万物之准衡的"道"，而且，心拥有绝对的意志自主性，是人之形体之君和神明之主②，可主宰和支配人的形体而不是相反。但人心之能"知道"并可以成为人之形体之君和神明之主，却需要人修治而使之"虚壹而静"，因为唯有"虚壹而静"、处于"大清明"或精微专一之醒觉状态的心才能"知道"。正唯如此，人之最大的祸患也就在其心术的"蔽于一曲而暗于大理"（《荀子·解蔽》），荀子之所以汲汲于非十二子而解蔽者，正为此也。正是基于对人类理性认知之心或心能"知道"的天赋能力的深刻理解与独到体认，荀子提出了一个像孟子一样而富于认知理性光辉的思想命题，即"涂之人可以为禹"。其言道：

> "涂之人可以为禹。"曷谓也？ 曰：凡禹之所以为禹者，以其为仁义法正也。然则仁义法正有可知可能之理，然而涂之人也，皆有可以知仁义法正之质，皆有可以能仁义法正之具，然则其可以为禹明

---

① 如《荀子·荣辱》曰："材性知能，君子小人一也。好荣恶辱，好利恶害，是君子小人之所同也，若其所以求之之道则异矣。"又曰："凡人有所一同：饥而欲食，寒而欲暖，劳而欲息，好利而恶害，是人之所生而有也，是无待而然者也，是禹、桀之所同也。目辨白黑美恶，耳辨音声清浊，口辨酸咸甘苦，鼻辨芬芳腥臊，骨体肤理辨寒暑疾养（养与痒同），是又人之所常生而有也，是无待而然者也，是禹、桀之所同也。可以为尧、禹，可以为桀、跖，可以为工匠，可以为农贾，在势注错习俗之所积耳。"
② 道家对此有着相似的看法，如《淮南子·精神训》曰："心者形之主也，而神者心之宝也。"

矣。……今使涂之人者以其可以知之质，可以能之具，本夫仁义之可知之理，可能之具，然则其可以为禹明矣。今使涂之人伏术为学，专心一志，思索孰察，加日县久，积善而不息，则通于神明、参于天地矣。故圣人者，人之所积而致矣。曰："圣可积而致，然而皆不可积，何也？"曰：可以而不可使也。故小人可以为君子而不肯为君子，君子可以为小人而不肯为小人。小人、君子者，未尝不可以相为也，然而不相为者，可以而不可使也。故涂之人可以为禹则然，涂之人能为禹未必然也。虽不能为禹，无害可以为禹。足可以遍行天下，然而未尝有能遍行天下者也。夫工匠、农、贾，未尝不可以相为事也，然而未尝能相为事也。用此观之，然则可以为，未必能也；虽不能，无害可以为。然则能不能之与可不可，其不同远矣，其不可以相为明矣。(《荀子·性恶》)

从字面上讲，荀子的"涂之人可以为禹"与孟子的"人皆可以为尧舜"，皆是一种强调人人皆具有可以成为圣人的可能而具有普遍主义意义的思想命题，但由于他们对人之"心""性"的认识与理解的不同，也就使两个命题的含义具有了一些既细微而又显著的差异。对孟子而言，"人皆可以为尧舜"的根据是人人皆具天赋的良心善性，只要对此道德的良心善性善加存养和扩充，就能成为尧舜那样的圣人，这既体现了每个人都天生具有的一种根于心性的普遍道德潜能，同时亦凸显了每个人都具有实现这一普遍道德潜能的现实可能性。也就是说，成为尧舜那样的圣人，既是每个人都可以做到的，也是每个人都可能做到的，唯一的问题只在于有的人自暴自弃，"不为也，非不能也"(《孟子·梁惠王上》)。而对荀子来讲，人的自然本性是倾向于恶的，故"涂之人可以为禹"的根据只在于心能"知道"，或者人之心知天生具有一种"可以知仁义法正"和"可以能仁义法正"的质禀和才具，故而任何人只要"伏术为学，专心一志，思索孰察，加日县久，积善而不息"，就都可以成为"通于神明、参于天地"的圣人。然而，在荀子看来，正因为受到自然本性之恶的限制，人虽具有这种"可以"的潜在可能性，却只是一种"未必然"或"未必能"的可能性，因此，从现实的层面来讲，并不是每个人只要愿意去做或者尽力而为就能够成为禹那样的圣人的，故而"能不能之与可不可"是相去甚远的。孟、荀思想命题的这一细微差别最终导致了一种显著不同的理论后果，即孟子的思想命题蕴含着或从道德心性之善的角度充分彰显了一种相信每个人都具有同样的道德人格尊严、也都有成为尧舜那样的圣人的现实可能性的"大平等精神"[1]，正唯如此，孟子将治平天下的希望最终寄托于每个人良心善性的存养与扩充及其对尧舜孝悌之道的普遍遵循和践行，故曰"尧舜之道，孝弟而已矣"（《孟子·告子下》），"人人亲其亲、长其长，而天下平"（《孟子·离娄上》）。而荀子的思想命题虽从心知神明的角度充分肯定了每个人都有可以成为禹那样的圣人的潜在可能性，但又基于自然本性之恶的视角而否定了每个人都有能够成为禹那样的圣人的现实可能性，正唯如此，荀子只能将治平天下的希望最终寄托于圣王的"化性起伪"和君主的礼法统治，这使荀子的思想带有一种鲜明而强烈的政治精英主义色彩。不过，荀子虽然否定了人人都能够成为圣人的现实可能性，却乐于承认人人都可以成为圣人的潜在可能性，故又曰："虽不能，无害可以为。"这说明，作为中国"轴心期""精神觉醒"谱系中的最后一位也最博学的思想大师，荀子仍然愿意为世人保留下一扇希望之门，一扇可以充分发展和运用其理性认知的心灵能力，通过"伏术为学，专心一志，思索孰察，加日县久，积善而不息"的不懈努力而成为"通于神明、参于天地"之圣人的希望之门。之所以将荀子称为最后的思想大师，那是因为在中国"轴心期""精神觉醒"的历史过程中，正是荀子培养出来的两位弟子韩非和李斯以其"明主之国，无书简之文，以法为教；无先王之语，以吏为师"（《韩非子·五蠹》）的思想实验和将人的本质贬低为纯粹好利自为的动物而加以工具性地利用和操纵的政治实践最终终结了中国"轴心期""精神觉醒"的思想自由。

---

① 唐君毅：《中西社会人文与民主精神》，见《人文精神之重建》（二），广西师范大学出版社 2005 年版，第 340、343 页。

　　我们不需要再继续在诸子各家的思想疆域中自由地纵横驰骋，很明显，我们已不难发现或足以感受到中国人的"精神觉醒"自有其自身独特的思想特点、心灵形式和符号体系。而回到沃格林所谓"存在的飞跃"的话题上来，如果说"哲学"这一希腊独树一帜或卓尔不群的符号召唤，意在在城邦走向衰落的世界中创造一种人类的正确秩序，亦即一种让激情和欲望服从理性的指挥和统治的"灵魂的正确秩序"①的话，那么，作为一种最能体现中国"轴心期""精神觉醒"的思想成就和独树一帜的心灵形式之创造和符号召唤的儒、道两家之学，则意在在列国日趋纷乱的世界中创造一种人类的正确秩序，然而，在中国思想中却缺乏希腊哲学家那样的"灵魂"观念。大体来说，对中国思想家而言，人类的正确秩序乃是一种心主乎身或心为形之君的正确秩序，这可以说是一种让情感和贪欲受到根源于宇宙大道的道义伦理、文明礼仪、心灵美德、清明心知（儒家）或自然淳朴、恬淡无为之本性（道家）的节制、规范和指引的正确秩序。对希腊哲学家而言，"人只有在他的灵魂活动中才可以经验神圣存在"，而且，"正是在有序的灵魂的结构中，他才找到一个合理构建起来的社会秩序的典范"②，而对中国思想家来说，人只有在他的身心修养或精神修炼活动中才可以经验神圣存在，一种人类本身可以通过不断提升自我的德行修为而体验到的那种与天地生生之德和阴阳变化之道相合相参的神圣存在，而且，正是在有序的身心或形神的生命体结构中，他才找到一个合理构建起来的社会秩序的典范。尽管他们强调心主乎身或心为形之君，但人的生命理应是一种身心、形神或身体与心灵相依共存而谐调统一的生命综合体，故不存在肉体与"灵魂"截然二分或二元对立的问题。存心养性或修身治心抑或全生养神，乃儒、道两家的心灵形式或生命学问所最为关切的核心议题。对他们而言，所谓"存在的飞跃"，并非因"发现超验的神圣秩序"而发生的与神话决裂的"精神突破"现象，并产生了"启

① ［美］埃里克·沃格林：《城邦的世界（秩序与历史 卷二）》，陈周旺译，译林出版社2009年版，第274页。

② ［美］埃里克·沃格林：《城邦的世界（秩序与历史 卷二）》，陈周旺译，译林出版社2009年版，阿塔纳西奥斯·莫拉卡斯"编者导言"，第23页。

示"和"哲学"那样的符号形式以及"人民在上帝之下的生存"和"个体的人在神之下的生存"那样的结果。在中国，事实上并没有发生与神话的决裂，但发生了一种创造性转化的"精神突破"现象，亦即"天"的含义由"有意识的人格神"的宗教意味转变为人类所当遵循效法之的宇宙间"自然之大理法"的抽象义理含义，由此精神的转化与突破而产生的是儒、道两家有关身心性命之生命学问的符号形式以及人在宇宙大道之下的生存之结果。这一结果，虽然使儒、道两家在有关制度化的政治结构模式上所作圣王之治的政制设想，非常类似于柏拉图有关哲学王统治的最佳政制秩序类型的构想，然而，在走出"洞穴"而实现了个人"灵魂转向"的哲学王的统治下，由于"城邦的正义在于每位成员在社会劳动分工中完成各自的任务"，在于与"灵魂"的不同部分相对应的城邦中的各部分人"各司其职"，事实上这也就意味着只有哲人才能过上一种合乎"灵魂"秩序的正义生活，即"根据理性而生活，能够控制自己的激情与欲望"，而其他人却很少能够过上正义的生活；与此同时，这也使《理想国》成为"古往今来最反民主的著作"，因为"它对哲人王的捍卫，就是对雅典民主的拒斥"，"民主坚信，公民拥有足够多的全面知识来参与政府公务"，而在柏拉图看来，雅典民主"就是多数的统治"，而"这与随心所欲的不加约束的自由是紧密相联的"。① 与之不同，真正的圣王之治却意味着首先通过身心的修养或精神的修炼而实现了自身人格提升或心灵转化的圣人乃至成了圣王的先知先觉者，理应引领人们共同过上一种合乎宇宙大道或人间正道的生活。尽管他们有的也坚定地秉持社会劳动分工的观念，但当他们从殷周时期神佑或天命之下的王权统治的秩序中走出来，致力于追求和实现与天德天道相合相参的圣王之治的政治目标时，他们心中所想望的却是一种更具普世意义的有关人类秩序或共同生活的终极社会理想，即每个人都应该也能够充分地实现其自然的或道德的本性而过上一种合乎

---

① ［美］史蒂芬·B.斯密什：《政治哲学》，贺晴川译，北京联合出版社公司2015年版，第67、73页。

道的生活，所不同的是，道家庄子认为人类自然本性的充分实现意味着人类应回归自然以与万物融为一体而和谐共生，而儒家则认为，人类道德本性的充分实现意味着人不仅可以充分实现自我的本性，而且可以帮助他人、他物充分实现其本性，从而发挥参赞天地之化育的功能，意味着人人可以通过身心的修养而成圣成贤或者具备士君子的行为品格与德性修养，这是人在宇宙大道之下或人在社会中的生存的本质特征所决定的，而且决定了在追求实现这一终极社会理想的道路上，与民同类而作为先知先觉者的圣贤人物或士人君子，要么直接担负起领袖群伦或治国安民的政治角色与社会职责，要么间接肩负起教导君主、觉民行道的政治责任与社会义务，但他们并不因此而拥有超然于同类之上进行专断统治的权力。

毋庸讳言，柏拉图的哲学王理念在西方政治思想和哲学传统里不断受到各种的攻击、诘难与批评，譬如哲学与政治之联合的可行性以及"哲人可能会滥用政治权力"[①]，这些问题甚至也迫使柏拉图本人在其晚年发生了一种深刻的思想转变，即放弃了其《理想国》中的哲学王统治的理念而在《法律篇》中提出一种法治国家的观念[②]。同样，我们也有充分的理由来对中国思想家的圣王之治理念提出同样的诘难与批评性反思，但由于中西社会政治环境的不同以及政治思想传统之发展路径的迥然有异，中国思想家推崇圣王之治的理念具有一种强烈而鲜明的反世袭制身份贵族之特权统治以及国家治权应向贤能之士充分开放的政治意蕴，不过，由于自始便欠缺或未能发展出自由、民主和真正法治的

---

① ［美］史蒂芬·B.斯密什：《政治哲学》，贺晴川译，北京联合出版社公司 2015 年版，第 69 页。

② 如萨拜因说："《理想国》的理论与《法律篇》的理论这二者之间的根本区别在于：前者所勾画的理想国家乃是一种由特别挑选出来并经过特别训练的人实施的统治——这些人不受任何一般法规的限制，而《法律篇》所概述的国家则是一种法律至上的统治，亦即统治者和臣民都必须同样服从法律。但是，这个区别却意味着所有基本统治原则的剧烈改变。"（［美］乔治·萨拜因：《政治学说史》第四版上卷，［美］托马斯·索尔森修订，邓正来译，上海人民出版社 2008 年版，第 102—103 页）

理念①而致使其思想在国家政制设计方面只能拘囿于君主体制之一途，故而其圣王之治的政治理想在后世的政治实践中极易被历代专制帝王歪曲利用为一种王圣化的思想资源或文化资本，而作为才智贤能之伦的士人精英也在通经入仕或科举取士的制度劝诱下成为政治上的特权阶级，乃至于在他们作为领袖群伦而维护民生利益和福祉抑或参与治国为政而享有统治人民特权这两种政治角色的理想与现实之间充满了难以消除的张力。然而，我们却不能因此而否定其圣贤之治的政治理想信念本身在"轴心期"所具有的"精神突破"意义。

就"存在的飞跃"而言，不同于"从神这一端出发向下伸展的运动"，儒、道两家的心灵形式表现的则是"从'存在的伙伴'，也就是人这一端出发"的"一种向上的伸展"的运动，然而，不同于柏拉图哲学形式的"从人的灵魂走向超验的'善'"的运动，儒、道两家的身心之学强调的是从人的心灵走向"与天地精神往来"或人的德行修为可与天地之德之道相合相参的精神提升运动。所不同的是，道家追求的是超凡脱俗、"虚无恬惔，乃合天德"（《庄子·刻意》）的"精神的凌空翱翔"，而儒家所追求的则是即凡而圣、"位乎天德"的"飞龙在天"（《周易·乾卦·文言》）。道家追求的是以虚无恬淡的精神自由而对天地之大美和万物之成理作审美性的直观并以无为不作的欣赏态度顺应之②，而儒家追求的则是以参赞天地之化育的精神自觉而努力促使自我、他人和万物之道德本性的充分实现。沃格林说："人在社会中的生存之所以有历史，是因为它拥有

---

① 萧公权论法家思想与秦政之败亡曰："盖先秦之法家思想，实专制思想之误称。其术阳重法而阴尊君。""古今论秦政者或讥其任刑法以致亡；或惜其行法治而不能久。吾人顷间所论如尚不误，则秦以专制失道而早亡，与法治殊少关系。法治与专制之别，在前者以法律为最高之威权，为君臣之所共守，后者为君主最高之威权，可以变更法律。持此以为标准，则先秦固无真正之法治思想，更未尝有法治之政府。"（《中国政治思想史》，新星出版社2005年版，第179页）
② 如《庄子·知北游》曰："天地有大美而不言，四时有明法而不议，万物有成理而不说。圣人者，原天地之美而达万物之理，是故至人无为，大圣不作，观于天地之谓也。"

一种超越纯粹动物式生存的精神和自由的向度。"① 我认为，道家的精神自由和儒家的精神自觉同样可以为此作人性的见证。

二、乱世中的君子与特立独行的儒者

晚周衰乱之世封建解体和"礼崩乐坏"所导致的旧规范逐渐被丢弃而新规范尚未能完全建立的人类社会秩序的"失范"和诸侯异政、列国纷争的现实世界状况，激发和催生了中国"轴心期"的"精神觉醒"以及思想家们对于人生存在宇宙大道之下的深刻思考，诸子各家纷然杂出，提出各种各样的回应时代需要的救世性方案。对此，《淮南子·要略》有简明扼要而极为精彩的叙述，其文如下：

> 孔子修成、康之道，述周公之训，以教七十子，使服其衣冠，修其篇籍，故儒者之学生焉。

> 墨子学儒者之业，受孔子之术，以为其礼烦扰而不说，厚葬靡财而贫民，久服伤生而害事，故背周道而用夏政。……故节财、薄葬、简服生焉。

> 齐桓公之时，天子卑弱，诸侯力征，南夷北狄，交伐中国，中国之不绝如线。齐国之地，东负海而北障河，地狭田少，而民多智巧。桓公忧中国之患，苦夷狄之乱，欲以存亡继绝，崇天子之位，广文、武之业，故管子之书生焉。

> …………

> 晚世之时，六国诸侯，溪异谷别，水绝山隔，各自治其境内，守其分地，握其权柄，擅其政令，下无方伯，上无天子，力征争权，胜者为右，恃连与国，约重致，剖信符，结远援，以守其国家，持其社稷，故

---

① ［美］埃里克·沃格林：《城邦的世界（秩序与历史 卷二）》，陈周旺译，译林出版社2009 年版，第 70 页。

纵横修短生焉。

申子者，韩昭厘之佐。韩，晋别国也，地墝民险，而介于大国之间，晋国之故礼未灭，韩国之新法重出，先君之令未收，后君之令又下，新故相反，前后相缪，百官背乱，不知所用，故刑名之书生焉。

秦国之俗，贪狼强力，寡义而趋利，可威以刑，而不可化以善，可劝以赏，而不可厉以名，被险而带河，四塞以为固，地利形便，畜积殷富，孝公欲以虎狼之势而吞诸侯，故商鞅之法生焉。

在诸子各家中，体大思精并对后世具有深远的秩序化影响而最为中国政治思想流派之大宗者莫过于儒、墨、道、法四大家。上引《淮南子·要略》之文，虽系统叙述了儒、墨之学以及管子之书、纵横之术和法家之刑名法术等的兴起而未言及道家，但对诸子各家之学兴起的时代背景与思想缘由的论说却是相当合理的，诚如胡适先生所说，《淮南子·要略》"以为诸子之学皆起于救世之弊应时而兴……其大旨以为学术之兴皆本于世变之所急，其说最近理"①。换言之，"诸子自老聃、孔丘至于韩非，皆忧世之乱而思有以拯济之"②。那么，诸子各家基于乱世之忧思而提出的究竟是什么性质的救世方案呢？不管其具体立说如何，而归根结底，其要旨皆在重整世界秩序或重构社会秩序。大体而言，孔子"修成、康之道，述周公之训"，对救世之弊的时代要求最先作出最具保守主义色彩的回应而提出了一种君子修道立德、治国安民的救世方案。墨子则依据其天志仪法信仰而提出了一种超越狭隘的家国观念或凌驾于对家人国民的特殊义务与私亲情感的天下主义或兼爱主义的救世方案。道家老庄更依据其"道法自然"的理念而提出了一种反人类中心主义的自然无为的救世方案。法家坚定地站在君国本位或国家主义的立场上而提出了一种以刑名法术全面控制和支

---

① 胡适：《诸子不出于王官论》，见《中国哲学史大纲》（卷上），东方出版社1996年版，第354页。

② 胡适：《诸子不出于王官论》，见《中国哲学史大纲》（卷上），东方出版社1996年版，第359页。

配臣民以便实现对一国人民的无差别的整齐划一之治和富国强兵目标的救世方案。

　　比较而言，正如我们所一再强调指出的，孔子儒家最为重视家庭亲属的孝悌之道，但亦极力主张对国民实行仁德之政，其追求天下为公或天下大同的天下主义情怀亦丝毫不逊色于墨家。而在儒家看来，墨子无差别意义上的兼爱主义，虽然并非与家庭伦理意义上的孝悌之道直接对立，但极易造成淡化或疏远人们对家庭亲属的特殊义务与亲密情感的严重流弊，故墨子的兼爱主义和道家杨朱的"贵己""为我"主张一起受到孟子的严厉斥责和尖刻批评，谓之"杨氏为我，是无君也；墨氏兼爱，是无父也。无父无君，是禽兽也"（《孟子·滕文公下》）。事实上，不同于道家消极无为的政治理念，儒、墨两家都积极地主张"以治天下为事"的圣贤政治理念，由于儒家格外重视和强调等差仁爱的观念以及建立在家国天下的差序格局基础上的世界秩序重建问题，所以儒、墨两家对于天下治平目标的具体实现路径所秉持的立场和看法显然是有着深刻差异的。而就国家的治理来讲，儒、法两家虽然都"没有在君主体制之外进行其他政治制度的设计"①，但他们却对什么样的统治者才适合做一国之君、治国为政应以谁之利益与福祉为根本乃至对于天下统一与安定的问题秉持着截然相反的立场、观点和看法。法家为中君庸主所奉献上的刑法法术，可以说极大地强化了君主体制的专制特性，而且欲以一国之富强及其虎狼之势而吞灭诸侯、统一天下；相反，孔子儒家有关仁君圣王、君子为政和民为邦本的理念，则大大增进了君主体制的开明因素，其以民生福祉为怀的王道仁政理念更使他们深信天下是不能靠暴力或武力来统一的，如孟子所言，唯有"不嗜杀人者"才能够统一天下、使人民过上安定的生活，从而真正赢得人民的拥戴、支持和归往（参见《孟子·梁惠王上》）。也许秦统一六国或历史短期的实际进程与儒家的政治理想

---

① ［德］罗哲海：《轴心时期的儒家伦理》，陈咏明、瞿德瑜译，大象出版社2009年版，第353页。

是相悖离的，反而更合乎法家的政治现实主义主张，但从秦王朝的二世而亡和历史长远的视野来看，绝对的君主专制与刑法暴政却也是短命的，不管是出于真诚的信仰还是虚伪的文饰，儒家思想在后世之所以能够成为影响两千多年、占据主流地位的政治指导思想，非徒然也。

　　然而，回顾孔子儒家在晚周衰乱无道之世中的奋斗历史，最为耐人寻味的恐怕还是他们那积极入世而以道救世的行动策略。就孔子保守主义的救世方案而言，其实，正如萧公权先生所说，"孔子之政治思想，似守旧而实维新，有因袭而复能创造"，故"孔子之功，大致在熔铸旧观念以成新思想"，或者"孔子集大成之主要工作在铸旧以融新"①。孔子将传统身份和地位意义上的君子创造性地转换为一种道德人格和品行修养意义上的君子，并以之作为政治上的新领导阶级，希望受过教育的道德君子能够治国为政而领袖群伦，为社会秩序失范的无道乱世重新树立起源自过去时代的礼乐文明和道德行为的规范标准，以实现重整世界秩序而变"天下无道"为"天下有道"的政治理想与社会目标。这是一种在无道的乱世之中努力开辟合乎文明有道的行动领域，乃至创建有道之世或天下有道的文明世界的理想与目标。

　　那么，在不友善的乱世环境中，受到天命召唤的孔子儒家究竟是如何推动和拓展实现其理想与目标的现实可能性和行动空间的呢？他们主要是通过讲学、游说、谏议亦即思想交流与和平对话的方式来增进人们对其理想与目标的理解乃至采取自觉自愿的道德行动来实现之的。因此，他们在采取积极入世而以道救世的行动时，并非简单而强聒不舍地将自己的信念强加于人，而是始终坚持文明生活和道德行为的规范标准和君子理想而与各种各样的人打交道，表现得就好像他们生活在一个由高尚道德行为与礼仪文明所构建形成的人群或社会中一样，或者就好像他们与之打交道的人都是富有道德情感和礼仪教养的文明人一样。他们就是以这样的与人打交道的行动策略来增进、拓展、开辟和创造

―――――――――――――

① 萧公权：《中国政治思想史》，新星出版社 2005 年版，第 592 页。

其以道救世的可能性的行动空间的，而且深信"德不孤，必有邻"（《论语·里仁》），意即在他们道德人格的感召与合乎礼仪文明行动的影响下，一定会有志同道合者走到一起，比邻而居乃至逐渐开创和建立一种天下有道的文明世界。

但是，他们却决非那种不懂人情、不谙世事、天真肤浅而一厢情愿的乐观主义者，他们深切了解人与人"性相近"而"习相远"（《论语·阳货》）的基本生存境况，他们更深知人类事务的错综复杂的关系特征。他们不再相信上天能够主持人间正义而予人以福祸的奖惩，他们知道人会受到食色利欲的无限诱惑，他们也深知人世间充满了各种各样的肮脏、丑恶、虚伪和暴力，而有权有势者可以摆布和操弄他人的生死、前途与命运，但他们愿意以仁爱对抗暴行，以德性对抗权势，以真诚对抗虚伪，以文明对抗粗野，以清明对抗昏乱，以教育化除愚蔽。他们愿意对各国的诸侯国君表达自己的礼敬和尊重，因为礼敬和尊重是文明秩序的关键，但他们也不惮乎对无道的昏暴之君貌然地提出他们直言不讳的、尖锐的政治批评与道德斥责，因为"君子之事君也，务引其君以当道，志于仁而已"（《孟子·告子下》）既是他们的神圣职责所在，亦是国家政治由昏乱走向清明的关键。然而，由于奉行"不可则止"（《论语·先进》《论语·颜渊》）的行动原则，从而也就使他们不得不时时面临特殊的生存困境，但他们深知穷达有时，故因做了矢志不渝的努力而无怨无悔，却不会因遭遇穷困而慢无节制地放纵自己的行为。故子曰："君子固穷，小人穷斯滥矣。"（《论语·卫灵公》）

"君子固穷"的话是孔子在穷厄、绝粮于陈、蔡之间时所讲，对此，各种文献有详略不同的记载。据《荀子·宥坐》载：

> 孔子南适楚，厄于陈、蔡之间，七日不火食，藜羹不糁（同糁），弟子皆有饥色。子路进问之曰："由闻之：为善者天报之以福，为不善者天报之以祸。今夫子累德、积义、怀美，行之日久矣，奚居之隐也？"孔子曰："由不识，吾语女。女以知者为必用邪？王子比干不见剖心乎！女以忠者为必用邪？关龙逢不见刑乎！女以谏者为必用邪？吴子胥不

磔姑苏东门外乎! 夫遇不遇者, 时也; 贤不肖者, 材也。君子博学深谋不遇时者多矣。由是观之, 不遇世者众矣, 何独丘也哉! 且夫芷兰生于深林, 非以无人而不芳。君子之学, 非为通也; 为穷而不困, 忧而意不衰也, 知祸福终始而心不惑也。夫贤不肖者, 材也; 为不为者, 人也; 遇不遇者, 时也; 死生者, 命也。今有其人不遇其时, 虽贤, 其能行乎? 苟遇其时, 何难之有? 故君子博学、深谋、修身、端行以俟其时。"

另据郭店竹简《穷达以时》曰:

有天有人, 天人有分。察天人之分, 而知所行矣。有其人, 无其世, 虽贤弗行矣。苟有其世, 何难之有哉? ……

……遇不遇, 天也。动非为达也, 故穷而不[怨。隐非]为名也, 故莫之知而不吝。[芷兰生于幽谷], [非以无人]嗅而不芳。……穷达以时, 德行一也。誉毁在旁, 听之弋母。缁白不厘, 穷达以时。幽明不再, 故君子敦于反己。

上述引文可以说充分向人们昭示了孔子儒家君子之学的本质意涵, 即在面对或穷或达的时会际遇时应笃定地持守什么样的人生立场与道德操守。

在一个上天不能对人的善恶行为报之以福祸的混乱世界里, 君子遭遇穷困是必然的, 然而, 他知道无论穷困还是通达, 这都是由时遇或外在的客观环境所决定的, 与自身的德行修为无关。正唯如此, 才会有智者不见用而被剖心、忠者不见用而被刑罚、谏者不见用而被磔戮的人间悲剧发生。但是, 君子之学的本质却取决于自身的德行修为, 而非外在的客观环境或时世的际会遭遇。故此, 即使是面对"誉毁在旁"、黑白不分的时会际遇, 他们仍然始终笃定地持守着"守死善道"的人生态度与道德理想, 而且, 他们甚至乐于将穷困之境当成他们的修行之地, 故夫子在绝粮陈、蔡之际仍然能够泰然自若地"讲诵弦歌不衰"(《史记·孔子世家》), 且曰: "夫陈、蔡之间, 丘之幸也。二三子从丘者, 皆幸人也。吾闻人君不困不成王，列士不困不成行。"（《说苑·杂言》）也就是说，他们不仅不会因一时的穷困而气馁和悲观失望，而且更对未来充满了"苟遇其时，何难之有"或"苟有其世，何难之有哉"的乐观与信心。无论是穷是达、是隐是遇，他们都能始终如一，致力于躬行博学于文、深谋远虑、修身端行的君子之学，故曰"穷达以时，德行一也"。这就是乱世中的儒家君子，以及他们所拥有和具备的一种最清明而理性的"敢于反己"的道德自觉与内省意识。

君子之所以为君子，取决于其自身的德行修为，而非外在的客观际遇，更非外表的衣着服饰。在这一点上，亦即关于个体精神品质与道德人格理想的观念、立场、态度和信念，儒、道两家的思想在某种意义上其实又可以说是颇为相通一致的。据《庄子·山木》载：

> 庄子衣大布而补之，正緳系履而过魏王。魏王曰："何先生之惫邪？"庄子曰："贫也，非惫也。士有道德不能行，惫也；衣弊履穿，贫也，非惫也；此所谓非遭时也。……今处昏上乱相之间，而欲无惫，奚可得邪？此比干之见剖心征也夫！"

另据《庄子·让王》载：

> 原宪居鲁，环堵之室，茨以生草；蓬户不完，桑以为枢；而瓮牖二室，褐以为塞；上漏下湿，匡坐而弦歌。
>
> 子贡乘大马，中绀而表素，轩车不容巷，往见原宪。原宪华冠縰履，杖藜而应门。
>
> 子贡曰："嘻！先生何病？"
>
> 原宪应之曰："宪闻之，无财谓之贫，学而不能行谓之病。今宪，贫也，非病也。"
>
> 子贡逡巡而有愧色。
>
> 原宪笑曰："夫希世而行，比周而友，学以为人，教以为己，仁义

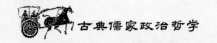

之愿，舆马之饰，宪不忍为也。"

曾子居卫，缊袍无表，颜色肿哙，手足胼胝。三日不举火，十年不制衣，正冠而缨绝，捉衿而肘见，纳屦而踵决。曳继而歌《商颂》，声满天地，若出金石。天子不得臣，诸侯不得友。故养志者忘形，养形者忘利，致道者忘心矣。

孔子谓颜回曰："回，来！家贫居卑，胡不仕乎？"

颜回对曰："不愿仕。回有郭外之田五十亩，足以给饘粥；郭内之田十亩，足以为丝麻；鼓琴足以自娱，所学夫子之道者足以自乐也。回不愿仕。"

孔子愀然变容曰："善哉回之意！丘闻之：'知足者不以利自累也，审自得者失之而不惧，行修于内者无位而不怍。'丘诵之久矣，今于回而后见之，是丘之得也。"

…………

孔子穷于陈蔡之间，七日不火食，藜羹不糁，颜色甚惫，而犹弦歌于室。颜回择菜于外，子路子贡相与言曰："夫子再逐于鲁，削迹于卫，伐树于宋，穷于商周，围于陈蔡，杀夫子者无罪，藉夫子者无禁。弦歌鼓琴，未尝绝音，君子之无耻也若此乎？"

颜回无以应，入告孔子。孔子推琴喟然而叹曰："由与赐，细人也。召而来，吾语之。"

子路子贡入。子路曰："如此者可谓穷矣！"

孔子曰："是何言也！君子通于道之谓通，穷于道之谓穷。今丘抱仁义之道以遭乱世之患，其何穷之为！故内省而不疚（穷）于道，临难而不失其德，大寒既至，霜雪既降，吾是以知松柏之茂也。陈蔡之隘，于丘其幸乎！"

孔子削然反琴而弦歌，子路扢然执干而舞。子贡曰："吾不知天之高也，地之下也。"

古之得道者，穷亦乐，通亦乐。所乐非穷通也，道德（得）于此，
则穷通为寒暑风雨之序矣。故许由娱于颖阳而共伯得志乎丘首。

此足以和上述孔子所谓"君子固穷"的观念相互发明和印证，尤其是《庄
子·让王》以赞赏的态度所记孔子与孔门弟子的故事，更充分说明了儒、道两
家实则有着极为相似的人生信念，即作为身处乱世之中的士人君子，重要的是
修道立德、励志端行，而不是患得患失，以锦衣玉食、居处安逸或富贵利达为
怀[①]，这要求士人君子必须通过身心的修养而养成自己独立自主的精神品格并
能笃定地践行自己的道德信念，而且无论穷通都能以自得于道、行修于内为
乐。即使在今天，这样的人格品行或德行修为也是最值得我们尊重并给以同情
理解的。

当然，儒、道两家有关理想人格的人生信念也存在着一些不容混淆的基本
差异。譬如，老庄道家"以自隐无名为务"（《史记·老子韩非列传》），这不仅
仅是身处乱世的一时的无奈的人生选择，而且是一种最符合自然淳朴、恬淡无
为之道的生存方式，而且，正是因为站在自然大道的超越性立场与信念的角度
来审视和质疑世俗的一切，庄子对权势采取了一种深恶痛绝的鄙视态度而拒绝
入仕。而对孔子儒家而言，生活在无道乱世中的士人君子，有时也会选择采取
"隐"的生存方式，然而，这只是一种一时无奈的不得已的人生选择，既不是他
们本来的初心所在，也决不仅仅是为了隐而隐，换言之，隐不是他们的目的，只
是一种待时而动或俟时以行的人生策略，不论所处时代环境如何，士人君子的
人生价值与意义就体现在其积极入世、以道救世的行动之上，而既要入世，也
就不可避免地要与有权有势者打交道，乃至不得不选择那种直接进入仕途的人

[①] 如子曰："士志于道，而耻恶衣恶食者，未足与议也。"（《论语·里仁》）又曰："士
而怀居，不足以为士矣。"（《论语·宪问》）

生道路，目的在居其位以行其道，因为无论个人有什么样的德行修为，如果不能拥有或居于有影响力的权势或地位，那么也就难以有所作为甚至会一事无成，故《周易·系辞下》曰："圣人之大宝曰位。"总之，孔子儒家式的士人君子"隐居以求其志，行义以达其道"（《论语·季氏》），他们身处无道之乱世，既亟欲通过自己以道救世的行动济世安民而有所作为，甚至愿意为此作出"知其不可而为之"（《论语·宪问》）的不懈努力，但又认为在时遇不济的情况下选择一种隐居不仕的处世方式其实也是自然、合理而正当的，他们既不汲汲于躁进以干禄，也不完全拒绝入仕从政的人生选择。因此，正如萧公权先生所说，他们"不拘执于必仕必隐，而一以能'行道'与否为出处之标准"[1]。正唯如此，他们唯愿"用之则行，舍之则藏"（《论语·述而》），亦即在得到任用时"行此道于世"，而在不被任用时则"藏此道在身"[2]，所以，既不像老庄道家那样将"隐"视作最合乎自然之道的人生处世方式，也不像墨子墨家那样知进而不知退、知行而不知藏地"以自苦为极"（《庄子·天下》）而力行不止。

以上所述，不仅是乱世中孔子儒家式的士人君子所应有的人生态度、立场与信念，其实也正是孔子儒家在乱世中以自己的实际言行而向世人所展现出的一种既理想而又真实的人生信念与人格样态。在我看来，《礼记·儒行》（以下称"《儒行》篇"）所记孔子对儒者品行的独特刻画即最集中而充分地彰显了这一点。当然，就实际而言，儒有君子儒与小人儒之分，其流品亦有博、雅、大、通与俗、陋、愚、贱等种种之差别，而且，后世学者对于《儒行》篇更有两种截

---

[1] 萧公权：《中国政治思想史》，新星出版社2005年版，第49页。

[2] 钱穆先生释"用之则行，舍之则藏，唯我与尔有是夫"曰："有用我者，则行此道于世。不能有用我者，则藏此道在身。""身无道，则用之无可行，舍之无可藏。用舍在外，行藏在我。孔子之许颜渊，正许其有此可行可藏之道在身。有是夫是字，即指此道。有此道，始有所谓行藏。"（《论语新解》，生活·读书·新知三联书店2012年版，第158页）

然相反的评价①，但在我看来，《儒行》篇却是一篇不容轻忽的辩诬性地向人们描绘和刻画了一种无道乱世中的真正儒者形象的经典文献。《儒行》篇记孔子答鲁哀公之问而如数家珍地胪列了十七种儒者的形象或者十七种儒者高尚可贵的精神品格与德行修为，要说孔子之时，儒者已然向世人一览无余地全部展露出了这么多维度或含义的形象、品格与德行，固然不免乎有"夸大"之嫌，又或者是"词旨夸诞"而有"矜大胜人之气"，但要说其"全无义理"却也绝不然。依我之见，这大概是战国儒者假托孔子之口而欲为儒者辩诬乃至极力要突出和彰显儒者特立独行的卓越品格所作。根据《儒行》篇，大体而言，孔子所描绘的儒者十七条，分别为：夙夜强学、心怀忠信、尽力而行的自立待时以用世之儒；"衣冠中，动作慎""难进而易退"的谦退礼让之儒；"言必先信，行必中正"之儒；"不宝金玉，而忠信以为宝"，既平易近人又能坚持道义原则而难以畜养之

---

① 负面的评价如程子曰："《儒行》之篇，此书全无义理，如后世游说之士所为夸大之说。观孔子平日语言，有如是者否？""《礼记·儒行》、《经解》，全不是。"（《二程集》上册，王孝鱼点校，中华书局2004年版，第177、254页）另如王夫之曰："《儒行》一篇，词旨夸诞……蓝田吕氏以谓'有矜大胜人之气，无从容深厚之风，与不知者力争于一旦，盖末世儒者将以自尊其教而讬为圣人之言，有道者不为也'，其说是已。顾抑曰，'其言儒者之行，不合于义理者殊寡，学者果践其言，亦不愧于儒'，则亦不知其博而寡要，有枝叶而不知根本，使循是以为之而求其合，亦必不可得之道也。"（《礼记章句》卷四十一，见《船山全书》第四册，岳麓书社1996年版，第1457页）正面的评价如康有为认为："《礼记》中的《儒行》篇，就是孔子为儒者所制作，犹如佛家的戒律或基督教的十戒。"（汪荣祖：《康有为论》，中华书局2006年版，第58页）另如章太炎更是极力表彰和推崇《儒行》与《大学》《孝经》《丧服》四篇之价值与意义曰："《孝经》以培养天性，《大学》以综括学术，《儒行》以鼓励志行，《丧服》以辅成礼教。……经术之归宿，不外乎是矣。"（《历史之重要》，见马勇编：《章太炎讲演录》，河北人民出版社2004年版，第148页）又曰："余以为今日而讲国学，《孝经》、《大学》、《儒行》、《丧服》，实万流之汇归也。不但坐而言，要在起而行矣。""《儒行》……哀公孱弱，孔子对证发药，故教之以强毅，决非他人伪造者也。"（《国学之统宗》，同上，第141、145页）又曰："盖《孝经》、《大学》、《儒行》、《丧服》四篇于今最切实用，而均应宝爱。"（《关于经学的演讲》，同上，第162页）

儒;"见利不亏其义""见死不更其守"的立身独特之儒;"可亲而不可劫也,可近而不可迫也,可杀而不可辱也"的刚强坚毅之儒;"忠信以为甲胄,礼义以为干橹;戴仁而行,抱义而处","虽有暴政"而不改变其操守的卓然自立之儒;入仕做官而能清廉奉公之儒;生不逢时、贤不遇世、"身可危"而"志不可夺",虽处危境而"犹将不忘百姓之病"的忧思之儒;博学不穷、笃行不倦、幽居不淫、上通不困、行礼贵和,有忠信之美行而能优游处世、"慕贤而容众"的宽容大度之儒;"内称不辟亲,外举不辟怨","苟利国家,不求富贵"的举贤援能之儒;"闻善以相告""见善以相示",争相推让爵位而患难相死与共的任贤举友之儒;"澡身而浴德"、陈言谏议、静处而谨守正道、"世治不轻,世乱不沮",既不结党营私也不诽谤诋毁他人的特立独行之儒;"上不臣天子,下不事诸侯"、谨慎宽和、博学强毅、"砥厉廉隅"的言行规范之儒;与志同道合之友"并立则乐",虽"久不相见"而能"闻流言不信"的行为方正、以义交友之儒;兼有温和善良、恭敬谨慎、宽宏大量、谦逊有礼等各种美好仁德犹且不敢说做到了仁的尊重谦让之儒;不因贫贱困穷和富贵利达而丧失志节,不因君王、长上和官吏的困辱、恐吓与刁难而违道失常之儒。

鲁哀公问"儒服"而孔子答曰:"丘闻之也,君子之学也博,其服也乡。丘不知儒服。"真可谓旨深而意远矣!故哀公接下来只得问"儒行"的问题,孔子乐于具体而详细地作答以满足哀公的好奇之心。"儒服"不过是有关儒者衣着服饰的问题,而"儒行"却关乎儒者的人格品行和道德修为,涉及个人修身、待人处世、入仕从政、仁德修养等诸多方面。毫无疑问,前者为末而后者为本,更何况当时的儒者面临着这样的时代性舆论压力,即"今众人之命儒也妄,常以儒相诟病",而仅从服饰的角度来看待和界定儒者的身份,实在是一种浅薄皮相之见。故孔子不能不为之辩诬正名,而其所描绘的具有仁义中正、刚强坚毅而独立不倚之精神品格和德行修为的儒者形象,尽管表面看来这种在乱世中尤其显得特立独行的儒者形象极易被人(甚至是后世之儒)误解为一种遗世独立而

"矜大胜人"的人生傲慢姿态,但深入而真切地加以品味和体会,却不难发现,它与我们上文所论述的孔子儒家式士人君子的那种"不拘执于必仕必隐,而一以能'行道'与否为出处之标准"的典型人格样态、精神品格与德行修为其实是相当近似的,或者并无根本的不同。正是这样的形象才真正能够赋予儒者或儒家的士人君子一种深刻的打动人心的力量,故《儒行》篇特以哀公之言"终没吾世,不敢以儒为戏"作结,洵为发人深思。说到底,《儒行》篇特以君子之学行品格期之于"儒者",而所谓"儒者",诚如章太炎先生所说,则亦成为"人格完善"之称矣[1]。

如果我们再从当时特殊的时代背景来看一下孔子儒家的实际表现的话,那么,《儒行》篇的儒者形象与孔、曾、思、孟所一贯强调和彰显的那种个体人格意义上独立不倚的精神风格与道德勇气其实是颇为相像的。曾子尝称述其师孔子有关"大勇"的下述遗教,曰:"吾尝闻大勇于夫子矣:自反而不缩,虽褐宽博,吾不惴焉;自反而缩,虽千万人,吾往矣。"(《孟子·公孙丑上》,《孟子集注》:"缩,直也。……惴,恐惧之也。往,往而敌之也。")大意是说:反躬自问,正义不在我这一边,即使对方是地位卑贱的人,我也不去恐吓伤害他;反躬自问,正义的确在我这一边,即使对方有千万人之多,我也会勇往直前,毫不畏惧。曾子本人亦曾讲过这样的名言:"晋、楚之富,不可及也。彼以其富,我以吾仁,彼以其爵,我以吾义,吾何慊乎哉?"(《孟子·公孙丑下》,《孟子集注》:"慊,恨也,少也。")故曾子之能"天子不得臣,诸侯不得友"(《庄子·让王》)者,非徒然也。另据《孔丛子·居卫》载:

> 曾子谓子思曰:"昔者吾从夫子游于诸侯,夫子未尝失人臣之礼,而犹圣道不行。今吾观子有傲世主之心,无乃不容乎?"子思曰:"时移世异,各有宜也。当吾先君,周制虽毁,君臣固位,上下相持若一体

---

[1] 章太炎先生尝说:"所谓儒者,亦即人格完善之谓也。"(《〈儒行〉要旨》,见马勇编:《章太炎讲演集》,河北人民出版社2004年版,第122页)

然。夫欲行其道，不执礼以求之，则不能入也。今天下诸侯方欲力争，竞招英雄以自辅翼，此乃得士则昌，失士则亡之秋也。伋于此时不自高，人将下吾；不自贵，人将贱吾。舜、禹揖让，汤武用师，非故相诡，乃各时也。"

子思谓孟轲曰："自大而不修其所以大，不大矣；自异而不修其所以异，不异矣。故君子高其行，则人莫能偕也；远其志，则人莫能及也。礼接于人，人不敢慢；辞交于人，人不敢侮。其唯高远乎？"

由上面的引文可知，子思的为人处世风格显然与其祖父孔子已有很大的不同，孔子"游于诸侯"而"未尝失人臣之礼"，子思却"有傲世主之心"，刻意高扬一种凛凛然傲世独立的人格尊严与精神气质。不过，他也并非仅仅为了向世人表现出一种盛气凌人的"矜大胜人之气"，或者仅仅为了向人君世主表现出一副傲慢无礼的姿态而已，其意只是要凸显在因"时移世异"而尊贤礼士蔚然成风的时代背景下，儒家之士君子当高远其志而"修其所以大""修其所以异"罢了。而在子思、孟子看来，儒家之士君子能"以德抗位"适足以充分彰显其"大"与"异"，故鲁缪公见子思而问"古千乘之国以友士"的问题时，子思颇为不悦地回答道："古之人有言曰，事之云乎，岂曰友之云乎？"而孟子更进而发挥道："子思之不悦也，岂不曰：'以位，则子，君也；我，臣也；何敢与君友也？以德，则子事我者也，奚可以与我友？'"（《孟子·万章下》）孟子本人更有名言曰："居天下之广居，立天下之正位，行天下之大道；得志，与民由之；不得志，独行其道。富贵不能淫，贫贱不能移，威武不能屈，此之谓大丈夫。"（《孟子·滕文公下》）并慨然说："说大人，则藐之，勿视其巍巍然。堂高数仞，榱题数尺，我得志，弗为也。食前方丈，侍妾数百人，我得志，弗为也。般乐饮酒，驱骋田猎，后车千乘，我得志，弗为也。在彼者，皆我所不为也；在我者，皆古之制也，吾何畏彼哉？"（《孟子·尽心下》）不仅思孟如此，荀子亦曾曰："天下有中，敢直其身；先王有道，敢行其意；上不循于乱世之君，下不俗于乱世之民；仁之所在无贫穷，仁之所亡无富贵；天下知之，则欲与天下同苦乐之，天下不知之，则傀然独立天地之间而不畏：是上勇也。"（《荀子·性恶》）又说："是故权利不能倾也，群众不能移也，天下不能荡也。生乎由是，死乎由是，夫是之谓德操。德操然后能定，能定然后能应，能定能应，夫是之谓成人。天见其明，地见其光，君子贵其全也。"（《荀子·劝学》）"志意修则骄富贵，道义重则轻王公，内省而外物轻矣。"（《荀子·修身》）荀子所谓"成人"，亦是"人格完善之意"[1]。由此可见，子思、孟子以及荀子对于道德人格之独立性精神品格的张扬也丝毫不亚于《儒行》篇，甚至可以说实有过之而无不及。综上所述，无论是孔、曾师徒，还是子思、孟子之辈，乃至于荀子，其所崇尚的卓然独立、中正不倚的道德人格理想其实是一脉相承而别无二致的。对他们来讲，生活在无道的乱世之中，一个人能够表现出一种独立不倚、卓然不拔的道德勇气或精神品格，非徒"矜大胜人"或狂傲自负而已，实则是一个人道德人格健全或完善的表征，这也正是所谓"儒行"或儒家士君子之学的题中应有之义。萧公权先生尝言，从孔子"以德致位"的君子之教发展为孟子"以德抗位"的激烈主张，其实正是"时代使然"的"极自然之事"[2]。准此而言，《儒行》篇对儒者独立不倚、刚强坚毅和特立独行之精神品格的标榜和阐扬，其实亦是"时代使然"的"极自然之事"。

正因其具备了独立不倚、刚强坚毅和特立独行的健全人格与德性修养，故真正的儒者或儒家士君子在穷与达、仕与隐、用与藏之间能够"一以能'行道'与否为出处之标准"。这使我们想起了《周易》中的龙的形象或隐喻，儒家之士

[1] 章太炎：《〈儒行〉要旨》，见马勇编：《章太炎讲演集》，河北人民出版社2004年版，第122页。

[2] 萧公权说："孔子欲君子之以德致位，孟子则以德抗位。二子之异，殆亦时代使然。盖晚周养士尊贤之风，肇于魏之西河而盛于齐之稷下。二者孔子皆不及见。而孔子德位兼全之理想君子既无由实现，孟子乃承战国之风，发为以德抗位之说，亦极自然之事也。"（《中国政治思想史》，新星出版社2005年版，第63页）

君子或圣贤人物或穷或达、或隐或仕、或藏或用，亦犹如龙之或潜而勿用，或见而在田，或飞而在天。故子曰："龙，德而隐者"，"遯世无闷"而"确乎其不可拔"；"龙，德而正中者"，"善世而不伐，德博而化"；"飞龙在天"，则"圣人作而万物睹"。（《周易·乾卦·文言》）生活在无道之乱世中的孔子儒家，欲求用世行道而不得，故不得不"隐居以求其志"也。然而，孔子儒家之所谓"隐"、之所谓"藏"、之所谓"潜"，非徒愤世嫉俗、遗世独立、无所事事而已也，如《周易·乾卦·文言》曰："君子以成德为行，日可见之行也。'潜'之为言也，隐而未见，行而未成，是以君子弗'用'也。"儒家之士君子虽处乱世而弗"用"于世，但决不会轻言放弃讲学修德、立言明道、弘扬仁义和治世安民的理想、抱负与高远之志的^①。正唯如此，他们才能始终坚持对时代性的生存难题与政治议题作出独立性的思考和创造性的回应，乃至提出一系列极富远见卓识的以道救世和治世安民的政治方案。

那么，除了上文所论人伦人道的观念与礼乐教化的最佳治道外，他们在政治上还提出了什么样的治世安民之道呢？从人本心理学的意义上讲，他们基于对人在宇宙大道之下的生存之道的深刻反思，究竟是如何积极回应多层次的人性需要的？下面我们将从政与教的关系角度以及人类共同体生活的领袖之道意义上，系统诠释和阐发《学记》《大学》《中庸》诸经典文献之化民成俗和修齐治平的儒家智慧的深刻意涵。

三、在政与教之间：儒家化民成俗的政教理念与修齐治平的政治智慧

（一）以政为教与以教为政

在我看来，上述乱世中的儒家君子与特立独行的儒者形象，向我们充分展

---

① 据《孟子·尽心上》载，王子垫问曰："士何事？"孟子曰："尚志。"曰："何谓尚志？"曰："仁义而已矣。杀一无罪非仁也，非其有而取之非义也。居恶在？仁是也；路恶在？义是也。居仁由义，大人之事备矣。"

示了一种但求一己之心安的道德坚贞而非道德自负的个体人格理想，充分彰显了一种鲜明而强烈的追求道德人格的自我修养、完善和自我实现的个体独立自主意识，但是，他们并非像同时代的那些隐士那样，仅仅是为了享有一种孤立的光荣而要做一个因愤世嫉俗而逃避现实、遗世独立的"自了汉"。从人本心理学的意义上讲，他们正是那种虽然生活在一个极不友善的时代生存环境之中或处在一种极端艰难困苦的生活条件之下，但依然能够矢志不渝地坚守崇高的道德理想信念和独立的个体人格操守、不断完善和超越自我、努力追求人生价值的自我实现的少数杰出人物，他们自甘于清贫，且能贫而乐道，拥有一颗不依附于权势名位、不假托于富贵利禄的健康、快乐、平和而宁静的心灵，这种内心的强大构成了他们推动时代精神变革的强大动力，从长远来看，他们的努力无疑产生了极为深远的历史影响。不过，在当时而言，由于身处污浊昏乱之世，他们那俯仰无愧而卓然独立的个体道德人格及其特立独行的儒行修为，也终究使他们很难见容于当世，然而，正唯如此，他们的品格修为及其所言所行同时也就像一面精神的镜子，烛照着现实世界的丑恶与病态，正如孔子师徒困于陈蔡之际，面对夫子"吾道非邪？"的自我考问，颜回如是所言："夫子之道至大，故天下莫能容。虽然，夫子推而行之，不容何病，不容然后见君子！夫道之不修也，是吾丑也。夫道既已大修而不用，是有国者之丑也。不容何病，不容然后见君子！"（《史记·孔子世家》）不宁唯是，志在经邦治国或以济世安民为职志而不惜与日益趋向于暴力化和功利化的整个时代潮流为敌的孔子儒家，从来就没有轻易放弃过积极入世的行动和参与政治的努力，他们更不会轻易放弃在回望历史、反思现实的基础上对治国为政的优良政术、化民成俗或修齐治平的最佳治道进行持续不断的思考与探索。

对此，我们可以从两个方面来理解，一是，就其积极入世参政的行动和努力而言，可以说充分体现了孔子儒家乐于入仕从政[①]或"以政为教（即把政治

---

① 参见钱穆：《中国文化史导论》（修订本），商务印书馆1994年版，第127页。

当作宗教)"①的理想信念与政治情怀，孔子儒家之所以乐于入仕从政或"以政为教"，乃是因为唯有如是方"可以造福人群，可以发展他的抱负与理想"②。二是，由于孔子儒家"持'政者正也'之主张，认定政治之主要工作乃在化人"，故而坚持治国为政当以道德感化或礼义教化为根本方法或最佳途径，而其目的则在"兼善天下，使人人皆有'成人'之机会"，正因为如此，所以对孔子儒家来讲，每个人之道德发展也就是"政治之最高理想"也就是在保障民生而满足人民基本物质生活条件之需求的基础上通过道德感化或礼义教化的最佳之道来促使每个人的道德发展，普遍提升人民的道德文明教养，要而言之，此即是萧公权先生所谓的"以教为政"③。

如果仅仅从字面含义来看，孔子儒家所秉持的似乎是一种"政教合一"的观念，然而，诚如张东荪先生所言，"世人以为中国是政教合一，这句话倘使按照西方情形来比附则必有错误"，因为"中国之政教合一决与西方的不相同"④，孔子儒家的"政教合一"观亦正是如此，自有其不容混淆于西方的独特涵义⑤。"以政为教"体现了儒家士人君子基于宗教信仰般的政治热诚与理想信念或基于强烈的政治使命感之上的宗教情怀，而"以教为政"则使孔子儒家将其政治思考聚焦于政治之应履行其保障民生与提升人民道德文明教养的基本职责与根本功能之上，职之之故，对孔子儒家来讲，"政治社会之本身实不异一培养人格

---

① 张东荪：《思想与社会》，辽宁教育出版社 1998 年版，第 226 页。

② 钱穆：《中国文化史导论》（修订本），商务印书馆 1994 年版，第 127 页。

③ 萧公权：《中国政治思想史》，新星出版社 2005 年版，第 45、140 页。

④ 张东荪：《思想与社会》，辽宁教育出版社 1998 年版，第 226 页。

⑤ 据张东荪言，"以政治为宗教"的儒家士人，"其信仰的态度与律己对人都却是必须有宗教性的"，"这种政教合一亦却有与西方很相同的地方"；然而，孔子儒家之"教"与西方耶教之"教"又毕竟是迥然不同的，因为"耶教是世间与出世并行的宗教，故其教义有两方面，即所谓'世间的'（temporal）与'精神的'（spiritual）。我们亦可勉强说其具有两元论色彩。中国的孔子则不然，只有世间的方面，而没有超世方面"（《思想与社会》，辽宁教育出版社 1998 年版，第 226 页）。

之伟大组织"①，而且国家理应积极地履行其立学兴教以化民成俗的基本职能。果如是言，如果我们真想从根本上避免按照西方情形来比附中西之"政教合一"的认识错误，那么，我们所最须加以明辨区分而给以恰当理解的正是孔子儒家所谓政与教的真实涵义。

作为在乱世中坚毅逆行的君子和特立独行的儒者，孔子儒家所积极探求和追寻的是这样一种最优良的治国为政之道，并致力于建设这样一个美好的人类社会：士人君子通过修身正己来为世人树立一种值得效仿与学习的道德榜样，亦即理应由修身正己的士人君子来治国为政，乃至以自身之美德善行来感化和引领世人过一种建立在仁爱、礼义、诚信、孝悌、忠恕、友善诸美德善行基础上的人类关系秩序与美好伦理生活。说到底，对孔子儒家而言，真正意义上的政与教，乃是指修身正己之为政和以德化人之为教。这样一种政与教的理念，在执迷于单纯运用权势法术来操弄和控制他人的偏执的权力主义者看来，也许是一种难以实现的道德理想，体现了一种具有空想乌托邦意味的迂腐情怀，然而，对任何一个既个性独立而又乐于与人相处的心理健康和人格健全的人来说②，从中体味出的也许恰恰是一种对于整个人类的最深沉的归属感，其中充满了对他人的深情关切、友善与仁爱。说到底，孔子儒家所持有的乃是一种把人当人看即把别人当作和自己一样的人来看待的仁道理想与政教观念，这样一种仁道理想与政教观念既不同于道家因任无为甚或在宥天下而完全放任的自然主义政治观，亦迥异于墨家和法家借由尚同一义之政术或严刑峻法之治道来实施整齐划一之治的绝对干涉主义政治观，而且，不管是道家，还是墨家或法家，他们都希望借由他们所主张的那种简单直截、易知易行的治道理念取得某种立竿见影的治理成效或国家富强的政治功利目标，正所谓"我无为而民自化"（《老子·第57章》），所谓"凡使民尚同者……富贵以道其前，明罚以率其后"而

---

① 萧公权：《中国政治思想史》，新星出版社2005年版，第45页。
② 如马斯洛所说："心理健康的人是非常独立的，但同时他也乐于与人相处。……他们既是社会上最有个性的成员，同时又是最合群、最友好的成员。"（［美］弗兰克·戈布尔：《第三思潮：马斯洛心理学》，吕明、陈红雯译，上海译文出版社1987年版，第31—32页）

"为政若此,唯欲毋与我同,将不可得也"(《墨子·尚同下》),所谓"法胜民,兵强""以奸民治,必治至强"(《商君书·说民》)。而对孔子儒家而言,他们所心向往之的仁道理想及其所极力倡导的政教理念,却不是那么容易落实和实现的,既非一般执政当权者所能实行,亦非行之一时而能奏效的,唯少数道德之君子堪当其大任,对此,他们有着相当深切而清醒的意识,故曰:"仁之难成久矣,惟君子能之。"(《礼记·表记》)而君子之为君子,其所重者首先在修养自身的德行,并以其端庄的仪容、诚信的言行与高尚的品德来为人民树立一种真正值得效仿与学习的做人的楷模和仪表[1],但他们并不以自己所能做到的来要求和责怪他人,也不以别人所不能做到的来要求和羞辱他人[2],因此,他们为政治民能够基于对民性的了解和对民情的通达[3],"不以高高在上的态度对待百姓,不引导百姓去做与他们无关的事情,不责罚百姓去干他们不愿意做的事情,不强迫百姓干无能力做的事情"[4]。但,他们乐于引领人民过一种由孝悌忠

---

[1] 正如英国著名思想家亚当·斯密所指出,对一个人"希望得到同胞认可的欲望",有必要强调的是赢得这样一种认可是否应该或值不值得赢得这样一种认可,一个真正的智者会"竭尽全力去做那些值得认可的事"并为此而感到高兴,即使他知道自己的所作所为未必能够得到认可或"根本得不到认可",而只有那些弱者或"只有最虚弱最浅薄的人才会对自己明知不该获得的认可感到心花怒放"。在此,我想说的正是,儒家意义上的真正的君子正是亚当·斯密所说的那种"竭尽全力去做那些值得认可的事"的智者,是那种"能以对美德的真爱和对罪恶的深恶痛绝来激励"他自己而非那种仅仅为了得到不该得到的同胞认可而"伪装美德和掩饰罪恶"的弱者。(参见《道德情操论》,宋德利译,译林出版社2011年版,第115页)

[2] 子曰:"君子不以其所能者病人,不以人之所不能者愧人。"(《礼记·表记》)

[3] 如子曰:"君子莅民,不可以不知民之性而达诸民之情。既知其性,又习其情,然后民乃从命矣。故世举则民亲之,政均则民无怨。故君子莅民,不临以高,不导以远,不责民之所不为,不强民之所不能。"又曰:"君子欲言之见信也,莫善乎先虚其内;欲政之速行也,莫善乎以身先之;欲民之速服也,莫善乎以道御之。故虽服必强,自非忠信,则无可以取亲于百姓者矣。内外不相应,则无可以取信于庶民者矣。此治民之至道矣,入官之大统矣。"(《孔子家语·入官》)

[4] 杨朝明、宋立林主编:《孔子家语通解》,齐鲁书社2013年版,第259页。

信、仁义礼智等诸美德善行所构筑而形成的人类文明生活。

因此，我们不难发现，在孔子儒家的文献中随处可见的"君子"这一词汇与名称，借用美国著名政治哲学家沃格林的说法，它不是对某种现实存在的一种事实描述，而是对一种理想的道德人格与新型政治主体的"召唤"，"其主要功能不在于认知（cognitive），而在于建构（formative）"[1]，"它意味着观念的出现具有激发、呼唤并进而创造政治现实的力量"[2]，以君子之名称呼一种理想的注重自我修养的道德人格与持守以德化民之立场的政治主体，其意不外是要激发、召唤和启示有志于道义担当的士人能够于乱世之中奋然兴作，勇敢地担当起经邦治国或济世安民的重大使命与神圣职责，以其美德善行引领世人，正所谓"君子动而世为天下道，行而世为天下法，言而世为天下则"（《中庸》），乃至建构一种最优良的合乎人民性情之深刻需要的治理秩序与文明且仁道的美好生活。只有这样的君子，才具备治国为政的正当资格，从而可以担负起践行儒家之仁道理想、实行儒家之政教理念的职责与使命，亦只有这样的政治精英人物才可被名为君子或配称君子之名。此即所谓的"正名"，而孔子儒家致力于这样一种"正名"的事业，正是为了借君子之名，并希望由君子践行其仁道理想，实行其政教理念来挽救混乱的现实世界，创造一种新的政治秩序，构建一种美好的人类生活，如孟子曰"君子之事君也，务引其君以当道，志于仁而已"（《孟子·告子下》），荀子曰"法者，治之端也；君子者，法之原也。……故械数者，治之流也，非治之原也；君子者，治之原也"（《荀子·君道》），其意皆在以君子为治体而变"天下无道"为"天下有道"。为此，他们不仅视政治社会之本身为一培养人格的伟大教育组织，而且极力主张君国子民者理应自觉地承担其通过立学兴教之文教事业来化民成俗的神圣职责，而无论是对人的教育，还是对

① ［美］沃格林：《政治观念史稿·卷一》，段保良译，华东师范大学出版社 2019 年版，"附录一 沃格林的《政治观念史》导言"，第 66 页。

② 李强：《西方政治秩序演变的历史分析——沃格林〈政治观念史稿〉述评》，《政治思想史》2021 年第 1 期，第 9 页。

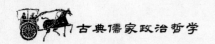

民的教化，都需要通过潜移默化的方式以收久久为功之效。

总而言之，我们只有或必须对孔子儒家之所谓政与教的本真或实质含义给予最切要而恰当的理解，才能真正领会其"以政为教"之宗教情怀的精神旨趣及其"以教为政"之政治理念的奥旨精义所在。孔子儒家不仅以君子之名向当时新兴的士人精英阶层和现实的执政当权者们发出了一种创建有道之世的时代性召唤，而且，作为一种示范性的召唤行为，他们既以其实际行动开辟了一个士人参政议政的公共政治空间，同时亦以其独立思考开创了一种致力于转化和提升现实政治的治国为政的政治新思维。而无论其"以政为教"的宗教情怀，还是其"以教为政"的政治理念，说到底，应该说都是植本于把人当成人或把他人当成和自己一样的人来对待的仁道理念，并力主以此仁道理念为根本遵循而为政施教的。准此以论，孔子儒家之政治哲学及其所蕴含的丰富的化民成俗与修齐治平的治国为政智慧，亦可以说主要便是围绕着人之何以为人和如何使人成其为人的核心问题意识而展开和运思的。具体而言，孔子儒家对于人之何以为人和如何使人成其为人的哲学人类学思想，涉及或大体可划分为三个不同层次的对人的认识和理解的问题：一是人的生命成长历程及道德人格的培养与教育问题，二是人作为共同体中的一种伦理的存在及修己治人的问题，三是人与物之本性及成己成物的问题。而在我看来，儒家的《学记》《大学》《中庸》正可谓依此哲学人类学思想而阐发显扬儒家之政教理念既简明扼要而又深切著明，而且是最具代表性的三篇经典文献，下面我们将尝试对其分别作系统的诠释和阐发。

（二）立学兴教，化民成俗——儒家"教学为先"的政教理念

如所周知，作为教育家的孔子，其一生志业重在兴学立教，而作为政治家的孔子，亦深切关注以德化民、富而教之的问题。孔子式的私学教育事业有一个鲜明特点，即在因材施教的同时，尤其强调"学"（好学、乐学）之根本重要性，而且，对孔子来讲，理想的教与学的关系实则应是一种相需依存、交互促进

的辩证关系。为了更好地理解这一点，有必要将其与18世纪欧洲启蒙思想家爱尔维修等人的教育观简单比较一下。据伯林所言，在爱尔维修看来，教育是万能的，而人就像制陶工人手里的一块黏土一样而具有无限的可塑性和无限的灵活性，"陶工可以随心所欲去铸型"，而教育"几乎可以任意改造每一个人"；这样一种教育观其实并不是把人当成人来看待并施以"成德"之教或"成人"教育，而是仅仅"把人看做自然界中的物体"或"教育随心所欲加以塑造的一种自然事物"，正如霍尔巴赫男爵所告诉我们的："'教育就是培养心智'：统治人就像饲养动物。"[1] 而对孔子儒家来讲，人当然是具有可塑性和灵活性的，否则所谓教育也就无所可为了；然而，人却决不是可以随心所欲地任意加以改造或人为加以操纵与塑造的一件物体。人之初生虽处在童蒙无知的状态，但作为一个个鲜活的生命，其身体既非一块黏土，其心灵亦决非一块白板，每个人都禀受天地之德、阴阳之化、五行之秀气而生[2]，生而具有相近的自然性情、潜在的禀赋能力和殊异的气质个性，有的难以改变，有的则可以充分发展和培养，有的须防范禁豫，有的则只能加以启发和诱导。就此而言，对于一个人的成长来说，教育无疑是必需的，且具有根本的重要性，但不是万能的；教育的目的在增进人有关事物的具体知识，培养人博学多闻的道理识见，开发人健全通达的心智志趣，成就人独立自主的道德人格，但教育的方法不宜整齐划一亦不能牵迫强制，而只能潜移默化、循序渐进和因材施教。而且，尤其重要的是，在孔子儒家的意义上，或就其根本关切的最终指向而言，教与学不仅仅是一项教育事业或仅仅具有教育学的意义而已，它还是儒家君子致力于化民成俗的根本途径或必由之路所在，从而具有至关重要的政治学意义。《礼记·学记》（以下称《学

---

[1] ［英］以赛亚·伯林：《自由及其背叛》，赵国新译，译林出版社2005年版，第22、21、15、24页。

[2] 如《礼记·礼运》曰："何谓人情？喜、怒、哀、惧、爱、恶、欲，七者弗学而能。……故人者，其天地之德，阴阳之交，鬼神之会，五行之秀气也。……故人者，天地之心也，五行之端也，食味、别声、被色而生者也。"

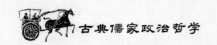

记》)对此作了极其精炼、深刻而独到的集中阐发，对于我们理解儒家的政教理念及其治国为政智慧而言，它无疑是一篇极具典范意义的经典文献。

《学记》一篇的核心要旨，最值得我们注意者，主要有如下几点：

首先，作者开宗明义即明确提出"教学为先"的治国为政原则。

依作者之见，发政谋虑而拟度于法式，招求善良之士以自辅，虽然可以赢得小的声誉，却不足以感动民众；亲近贤德之人，体恤四方利病，虽然可以感动民众，却不足以化民向善。唯有兴立学校，施行教化，才能真正化民成俗，使人民在潜移默化中崇德向善，从而日渐形成一种优良而美好的社会风俗。事实上，这也就意味着孔子儒家相信人民是可以教化的，亦即可以由"学"而知道义的，反之，"人不学，不知道"，正如"玉不琢，不成器"一样。正唯如此，《学记》篇作者援古而昌言道："古之王者建国君民，教学为先。"教学乃是建国君民者所应优先考虑之首务或根本之要务。

其次，教学所应遵循的根本原则乃是教学相长。

何以由学而能化民成俗，以及教学何以须以教学相长为原则，究竟应如何理解儒家的这样一种主张和观念？其真谛或奥义究竟何在？要想真正弄明白这一点，首先需要搞清楚并须牢记在心的就是儒家所谓教学的根本宗旨与目的所在。要言之，儒家所谓教学或师生之间的群居讲习，乃是以切磋道义、涵养德性和砥砺人格为根本目的的。以此为目的的教学活动，既不可能是一种单向的和强制性的知识灌输过程，亦不能仅仅通过任教者师心自用地将道义识见强加于学习者来完成和实现。在师生讲习的教学活动中，学习者唯有通过反躬以求而切身体认的"学"，才能不断增进自己对道义的深切体认并提升自身的德性修养而实现自我人格的转化与完善，因此，所谓"学"决不是一种消极被动的吸纳和接受知识的静态活动，而是一种积极主动的对道义加以生命体认和对德性加以切身修养与躬行实践的动态过程，与之相对应的是，所谓"教"亦决不是一种单向且单纯地讲解与传授知识的活动，尽管在儒家的教学过程中并不完全排斥某种知识性的传授与学习，但在以切磋道义、涵养德性和砥砺人格为其根本目的的教学活动中，教人者或为人师者本人亦必须以反求诸己的方式来不断加强自身对道义的生命体认和对自身德性人格的不断修养与提升，因此，相对于学生来讲，教师并不拥有一种超然于教学活动本身之外或之上的某种绝对权威，在一种理想的意义上，毋宁说，教与学、师与生之间理应构成一种相互影响和彼此促进亦即有益于双方共同成长的良性互动关系。在这种关系中，学生会在学习过程中感受和认识到自身的不足，乃至反求诸己而不断加强自身的德性修养和对道义的生命体认深度，教师也会在施教过程中感受和认识到自身的困弊，乃至发奋自强而不断增进自身的德性修养和对道义的生命体认深度。或者，这样一种关系，在促进学生不断增进、深化与提升其道德人格修养和对道义的生命体认深度的同时，也会激励教师不断增进、深化与提升自身的道德人格修养和对道义的生命体认深度，这就是所谓的"教学相长"。故《学记》曰："虽有嘉肴，弗食，不知其旨也；虽有至道，弗学，不知其善也。是故学然后知不足，教然后知困。知不足，然后能自反也；知困，然后能自强也。故曰，教学相长也。"

再次，教学过程必须遵循一定的阶段性次序，循序渐进而不断深化。

《学记》详细而具体地追述了历史上的学校建制，即"古之教者，家有塾，党有庠，术有序，国有学。"国中之学，即为大学①。接下来，作者简明扼要地总结了大学教育的阶序性的教学步骤和教育成效："比年入学，中年考校。一年视离经辨志，三年视敬业乐群，五年视博习亲师，七年视论学取友，谓之小成；九年知类通达，强立而不反，谓之大成。夫然后足以化民易俗，近者说服而远者怀之，此大学之道也。"具体而言，大学教育共需九年，每年都接受学生入学，隔一年进行一次考校，整个大学教育主要分为小成（前七年）与大成（最后两年）两个大的阶段。小成阶段，首先考校学生分析经典文义而知其旨趣的能力并辨

---

① 王夫之：《礼记章句》，见《船山全书》第四册，岳麓书社 2011 年版，第 872 页："'国'，国中。'学'，大学也。"

别学生异于流俗的志向，其次考校学生是否能敬业乐群，亦即于群体生活中既重视学业而又能和乐相处，再次考校学生是否能在广博学习中考辨同异并尊重而亲近老师，最后考校学生是否对自己学业上的心得而能自为论说并知道如何择善而交友，经过这些方面的考校之后，也就达到了"小成"的目标了。大成阶段，也就是学习的最后两年，考校学生能否知义理事类而心智通达，能否做到持之以恒而守之以固、坚强自立而临事不惑，经过最后的这次考校，也就达到了"大成"的目标了。所谓"小成"和"大成"，船山先生以为分别指"致知之功"和"力行之效"①，而依余浅见，无论是"小成"还是"大成"，都是就知行两方面而言的，是就学生心智与人格的不同成熟程度而言的，而学生在"大成"之后，作为一名正式的社会成员，或作为心智健全、人格成熟的一分子而步入社会，对整个社会生活究竟会产生什么样的影响呢？《学记》曰："夫然后足以化民易俗，近者说服而远者怀之，此大学之道也。"显然，在《学记》作者看来，影响是深切而广泛的，或者，大学教育为社会源源不断地培养和输送了众多心智健全和人格成熟的"新人"，必将带来社会成员的更新和社会风俗的变化，从而产生深远而广泛的"近者说服而远者怀之"的影响效应，这就是儒家力主"教学为先"的治国理念及其所谓"大学之道"的根本用心所在。

然而，整个教学活动要想达到上述教育的效果决不是急功近利而能一蹴而就的，而是需要遵循一定的阶段性次序，按照一定的年限循序渐进地分阶段加以实施。为此，在入学施教之始，首先必须营造一种尊师重教、威严整肃、能让学生优游以成其志业、从容以存其心思以及学不躐等、尚志为先的教育氛围与学习环境。其次，通过古今的对比可以知道，好的成功的教育一定能达到使学生"安其学而亲其师，乐其友而信其道"，乃至即使离开了师傅学友亦不会违反师教和道义的教育成效。反之，坏的失败的教育只知一味地诵读经典，喋喋不休地对学生训告解说，汲汲于让学生多多诵习而不顾其义理之安，教学生既非

---

① 船山先生以为："'小成'者，致知之功。'大成者'，力行之效。"（《礼记章句》，见《船山全书》第四册，岳麓书社 2011 年版，第 872 页）

出自真心诚意，亦不能因材施教，所施之教悖谬违理而对学生的要求亦乖戾无常。因此，这样的教育只会让学生"隐其学而疾其师，苦其难而不知其益"，乃至"虽终其业，其去之必速"，意即"痛恨学习而厌恶老师，苦恼于学习困难，而不知道学习有什么益处"[1]，乃至即使勉强完成了学业，也会将学识快速地丢弃和遗忘。

又次，大学教育尤重乎施教之方法，因为教之所由之以兴废者正在于其教法之得失，唯知乎此方为真知何以为"为师之道，教者之事"[2]。

《学记》对"大学之法"所作的具体而精到的阐述，可谓极具启发性的意义，不能不令我们深长而思之。其言道："大学之法，禁于未发之谓豫，当其可之谓时，不陵节而施之谓孙，相观而善之谓摩。此四者，教之所由兴也。"反之，"发然后禁，则扞格而不胜；时过然后学，则勤苦而难成；杂施而不孙，则坏乱而不修；独学而无友，则孤陋而寡闻；燕朋逆其师；燕辟废其学。此六者，教之所由废也。"意即：大学教人之法应遵循四项基本原则，一是在其邪欲恶念尚未萌生之前就以礼约之而加以禁防，这叫作"豫"（预防）；二是当其恰可接受教育的年龄阶段及时加以施教，这叫作"时"（时宜）；三是不凌越其浅深之次第或学习之阶序而施教，这叫作"孙"（顺之义，即循序）；四是让学生群聚讲习、相互切磋而彼此取益，这叫作"摩"（观摩）。反之，在邪欲恶念已经萌发恣肆之后，再去加以禁防，就会格格不入而抵牾不胜；错过了受教育的适当年龄阶段，再去学习，就会勤勉劳苦而难以有所成就；不遵循一定的次第、阶序或时宜而杂乱施教，就会败坏和扰乱教学活动的有序推行；独自学习而没有同学朋友之间的相互切磋和观摩交流，就会孤陋寡闻而见识浅薄；结交品行不端的朋友，就会不愿接受老师的教诲；染上不良的淫泆癖好，就会废弃自己的学习。前四项原则正是使教育事业走向兴盛的根本原因，而后六种现象则是导致教育事业坠废的罪魁祸首。只有对这些有了深切了解的君子，才真正懂得什么是真正的

---

① 王文锦：《礼记译解》下册，中华书局 2001 年版，第 517 页。

② 王夫之：《礼记章句》，见《船山全书》第四册，岳麓书社 2011 年版，第 872 页。

"为师之道，教者之事"，也才有资格去做他人的老师。而为人师者的君子在教喻他人时，一定是引导而不牵逼强迫，勉励而不摧折压制，启发而不穷尽其说的。只有这样，才能使学生心不生忿悲，和易而亲师，自思而有所得，如此方可为善于教喻。①

另外，教人者还必须了解学习者容易发生的四种过失，一是所学务求广博，其失在于贪多而学识不专精；二是所学务求专精，其失在于所知寡少而视野不开阔；三是学而不知深入研求，其失在于把至理妙道看得太过轻易；四是学而不肯精进上达，其失在于不求上进而止步不前。这反映了学习者的四种不同的心理状态，唯有清楚了解这些不同的心理状态，才能有针对性地匡救其在学习上的过失。其实，上述四类学习者虽各有所失，但亦各有所善，失在于贪多者所学广博，失在于寡少者所学专精，失在于轻易者勇于践行，失在于止步者安于循序。能匡救他们的过失，也就可以助长他们的善长。② 因此，所谓的"教"，说到底，也就是一项长善而救失的工作。而正如善歌者能够使人乐于仿效，接续而完成其歌声一样，善教者则能够使人乐于进修，接续而完成其心思与志业。

最后，相对于上述"为师之道，教者之事"，《学记》亦对"亲师为学之道，学者之事"③进行了扼要而精彩的论述，要言之，即为学之道当敬重老师，而进学之道则在乎师生之间是否善问而善答。

在《学记》作者看来，一般而言，为学之道，最难的是能使老师受人尊重与崇敬，因为"唯尊德乐道者，乃能忘势而尊师"④。只有使老师受人尊重与崇敬，

①《学记》曰："君子既知教之所由兴，又知教之所由废，然后可以为人师也。故君子之教喻也，道而弗牵，强而弗抑，开而弗达。道而弗牵则和，强而弗抑则易，开而弗达则思。和易以思，可谓善喻矣。"
② 船山曰："多、寡、易、止虽各有失，而多者便于博，寡者易以专，易者勇于行，止者安其序，亦各有善焉。救其失，则善长矣。"（《礼记章句》，见《船山全书》第四册，岳麓书社2011年版，第880页）
③ 王夫之：《礼记章句》，见《船山全书》第四册，岳麓书社2011年版，第881页。
④ 王夫之：《礼记章句》，见《船山全书》第四册，岳麓书社2011年版，第881页。

然后老师所教喻的道德义理才能受到尊重；道德义理受到尊重，然后人民才能知道重视学习。从接下来的论述中，我们知道，《学记》所讲的不是一般所谓学生应尊敬老师的问题，而是国君天子应如何尊师的问题。依《学记》作者之见，在两种情况下，身为国君者不能把这样的臣下当作臣下来对待，一是当臣下在祭祀活动中充当被祭神灵时，二是当臣下身为老师时。因此，按照大学礼仪的规定，天子前来视察大学，当老师面对天子讲授告喻之时，虽天子至尊，亦不使老师北面居臣位而讲，而是天子东面而老师西面，以表示尊师重道之意，乃至"天子尊之于上，其下莫敢不尊矣"①。

显然，在《学记》作者看来，这是一项极其严肃的大学礼仪，而决非表面文章，由此而营造和形成的尊师重道的普遍氛围，可以使人民莫不知尊师而敬学，大学的教学活动亦可以因此而得以有序开展。然而，教育不是喋喋不休地空洞说教，好的教育一定是能够教学相长和长善救失的，尤其是能够使学习者或受教者真正受益并健康地成长，这可以说是贯穿于《学记》一篇之始终的核心关切或其思想要旨。故其论"进学之道"曰："善学者，师逸而功倍，又从而庸之；不善学者，师勤而功半，又从而怨之。善问者，如攻坚木，先其易者，后其节目，及其久也，相说以解；不善问者反此。善待问者，如撞钟，叩之以小者则小鸣，叩之以大者则大鸣，待其从容，然后尽其声；不善答问者反此。此皆进学之道也。"显然，这是从学习者的角度来申论如何才能在师生之间形成一种最佳的教学关系，要而言之，要在师生之间形成一种最佳的教学关系，除了上文所论及的师者之道、教者之法外，还需要学者一方善于积极主动地求学问难。具体而言，善于学习的学生，不仅让老师在施教时身心安逸且能收到成倍的功效，而且还会把学习取得的良好成效归功于老师的教诲；反之，不善于学习的学生，不仅让老师在施教时辛勤地付出且只能取得一半的功效，而且还会埋怨老师教得不好。除了在入学受教之始，"时观而弗语，存其心也"，"幼者听而弗问，学

① 王夫之：《礼记章句》，见《船山全书》第四册，岳麓书社 2011 年版，第 882 页。

不躐等也"，学生在义理学识上要想不断取得进步和提高，还需善于向老师提问论难。善于提出疑问的学生，犹如匠人攻治坚硬的树木一样，应先从容易疏理分解的地方入手，然后再去砍斫枝节盘固坚硬的地方，学生提问题由易而渐入于难，在一问一答之间，"问者顺理，答者分明"而渐渍日久，在使"师徒共相爱说"的同时，学生亦自然而然地能够逐渐深入地晓解于义理①。而不善于提出疑问的学生，则正好与此相反。与此相应的是，善于回答疑问的老师，犹如人们撞击大钟一样，叩击敲打的力量小，钟所发出的声音就小，叩击敲打的力量大，钟所发出的声响就大，老师回答学生所提问题，亦当如是，在一问一答之间，视问题之大小深浅而从容解答晓喻，正所谓"因问而答，大者不齐，小者不滥，而意味有余，使人思而得之，引伸于无穷"②。而不善于回答疑问的老师，则正好与此相反。准此以论，那些徒能记问述诵以教人者，是"不足以为人师"的。不管怎样，真正能够使学生学识日进而受益无穷的最佳教人之法与进学之道，既不是牵迫强制的道德说教，亦不是应试教育的死记硬背，而固当于师生之间善于一问一答的求学论道或辨疑释惑的义理问难中求之。明儒陈献章有言："疑而后问，问而后知，知之真则信矣。故疑者进道之萌芽也，信则有诸己矣。"又曰："前辈谓：'学贵知疑，小疑则小进，大疑则大进。'疑者，觉悟之机也。一番觉悟，一番长进。"③

以上所述，表面看来似乎只是在论述教与学亦即今人所谓教育学或教学法的问题，从中我们亦确乎可以对儒家意义上的教与学的具体方法及其教育学的基本原理获得相当深刻的了解，但是，如果我们仅仅从今人习惯于将人类事务分割划分为社会、政治、经济、文化、教育等诸领域的眼光来看待问题，而以为

① 参见齐鲁书社编：《礼记注疏》，见《武英殿十三经注疏》第五册，齐鲁书社2019年版，第3056页。
② 王夫之：《礼记章句》，见《船山全书》第四册，岳麓书社2011年版，第883页。
③ 陈献章：《陈献章全集》上册，黎业明编校，上海古籍出版社2019年版，第117、220页。

《学记》所论只是教育学或教学法本身的问题而无关乎其他的话，那就大谬不然了。对孔子儒家而言，教育即政治，用《学记》的说法讲，立学兴教或"教学为先"其实就是最大的政治问题。在此一观念之下，究竟蕴含着一种什么样的深刻政治理念，是需要今人好好加以体认和领悟的。

就《学记》中的显白之教而言，该篇作者在论述完"为师之道，教者之事"后，耐人寻味的是，紧接着便将这一话题直接引向了何以为官长与君主的问题。其言道："君子知至学之难易，而知其美恶，然后能博喻，能博喻然后能为师，能为师然后能为长，能为长然后能为君。故师也者，所以学为君也。是故择师不可不慎也。"意即：君子既深知进学施教的难易阶序，同时又了解学生材质的美恶差别，故能针对不同学习阶段、具有不同材质的学生广泛地施行教喻，只有做到这一点然后才能做老师，能做老师然后才能做一官之长，能做一官之长然后才能做一国之君。因此，知道怎么做老师，其实也就是用以学习如何做君主的，正所谓"师也者，所以学为君也"。正唯如此，在选择老师时不可以不格外慎重。可见，在《学记》作者看来，师道是通乎君长之道的，即通过做老师可以学习如何做君长，由《学记》的这一显白之说，我们似乎也可以就其隐含之意作这样的反向推论说"君也者，所谓学为师也"，即君长之道是通乎师道的，做君长亦是学习如何做老师，换言之，从为人师者那里，做君长者同样可以学习到如何做君长的道理。果如是言，则《学记》所论"为师之道，教者之事"，不仅意在张大师道，而且，实欲以师道范导为人君长者，从而使为人君长者能师法、取则乎师道，这不仅意味着建国君民而欲化民成俗者，理应以"教学为先"，即务须以建立学校、兴教育人为首务，而且同时亦意味着身为君长者理应以师道对待和教化其治下的所有人民，而不应仅仅局限于立学兴教或学校教育本身而已。这不是简单地将师道等同于君长之职，而只是以师道作为君长之职的一项根本要务，而所谓师道，说到底即是待人以人的仁道，借用宋儒苏轼的说法，

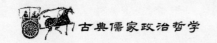

其实就是，"教之使有能，化之使有知，是待人之仁也"①。

当然，回到《学记》篇的主旨而言，其通篇所强调的重心仍然在于立学兴教的价值优先性及其对于化民成俗的根本重要意义。因此，在论述完"进学之道"和"记问之学，不足以为人师"等话题之后，总结性地指出，鼓之为声虽然不属于宫商角徵羽五音中的任何一种，但是没有鼓声的调节，五音的演奏就不能和谐；清水之水虽然不属于青赤黄白黑五色中的任何一种，但是没有清水的化解，五色的色彩就不能分明；学者所学虽然不相当于司徒、宗伯、司马、司寇、司空五官中的任何一种，但是没有学识，五官就不能良好治理；为人师者虽然不属于五服范围内的任何一种亲属，但是如果没有老师的教喻，五服的亲属就不能相亲相爱。不仅如此，大德之任不限于一官一职，大道之由不滞于一器一物，大信之用不在于约言之期，大时（天时）之恒不在于整齐划一。历史上，三代圣王在祭祀河川之时，都是先祭河然后再祭海，因为河是水流之源头，海是水流之汇聚，"源虽小而必先之，重本也"②，这就是所谓的"务本"。所有这些论说，其实都是旨在强调和凸显立学兴教或者尊师敬学对于人伦教化或化民成俗所具有的不可或缺的具枢要性的核心作用与本源意义，作为一国政教之本源，其根本重要性与价值优先性是不言而喻的。而尤其值得我们深长思之的是，此篇所论，虽重在阐述教—学所应采取和遵循的最佳方法与基本原则，而对教—学的具体内容着墨不多，然而，恰恰是对教学方法与原则的阐述使我们

---

① 这是苏轼在反驳韩愈《原人》中的观点而提出的一种待人之道，他坚持儒家爱有差等的仁道观念，认为不能将此待人之道一视同仁地用于夷狄和禽兽，其言道："愈之《原人》曰：'天者，日月星辰之主也。地者，山川草木之主也。人者，夷狄禽兽之主也。主而暴之，不得其为主之道矣。是故圣人一视而同仁，笃近而举远。'夫圣人之所为异乎墨者，以其有别焉耳。今愈之言曰'一视而同仁'，则是以待人之道待夷狄，待夷狄之道待禽兽也，而可乎？教之使有能，化之使有知，是待人之仁也。不薄其礼而致其情，不责其去而厚其来，是待夷狄之仁也。杀之以时，而用之有节，是待禽兽之仁也。"（《韩愈论》，见曾枣庄、舒大刚主编：《苏东坡全集》第 5 册，中华书局 2021 年版，第 2590 页）
② 王夫之：《礼记章句》，见《船山全书》第四册，岳麓书社 2011 年版，第 886 页。

能够深切地体味或更好地了解儒家教育的宗旨、目的与归宿，即旨在通过在师生之间构建一种优良的教—学关系以便将学生培养成一个个知道明理而身修行笃、心智成熟而道德人格健全的成人。孔子儒家之所以格外重视和凸显教学的优先性和师友一伦的重要性，乃是由于他们充分认识到了一个人学识的增进与人格的成长是离不开师友群居讲习之际在道义上由浅入深、循序渐进的教诲与辅翼、切磋和琢磨的，因此，《学记》作者始终关切而念兹在兹的最为有益而优良的教—学关系乃是建立在师生之间心灵与心灵的亲密交流、人格与人格的良性互动基础上的。学校是立德树人和社会风化之本源，是道义讲习、学识陶冶、操守培育和人格养成之地，故师生相处之道及优良的教—学关系所关至为切要与重大，诚如明儒湛若水在《大科书堂训》中所言："诸生列馆同居，本意正欲大同无我，如同舟共济，彼此朝夕饮食起居，罔非正言正行，以相点检、相警策、相观而善。若能虚心受善，则岁月之间，气质变化矣。"① 准此而论，师生相接，朋友群居，相互切磋琢磨而讲明道义，由此而逐渐使学生养成一种敬业而乐群、亲师而尊道、相友以取义的良好品行，亦正是教喻和培养一个人进入社会而适于共同生活之优良习性与美好品行的最佳途径或最优方式，故《学记》作者以为立学兴教或"教学为先"，于化民成俗实乃最为至要之良图。说到底，其意乃是要以学校为根本或源头，以优良的教—学关系或教育事业为中心，来化民成俗以构建一种建基或奠立于良风美俗之上的美好社会。

　　果如是言，在我看来，《学记》作者对于孔子之重视教育事业及其政治用心可谓有着最深刻而独到的理解，故对立学兴教之于"化民成俗"的重要政治意义或者建国君民当以"教学为先"的政教理念作了极为精到、深刻而系统的阐发和论述。很明显，《学记》作者亟欲以尊师、重道、敬学的教学理念来规范和引导人君世主，亦即希望按照或遵循师生之间的教学关系来改造和重塑君民之间的政治关系，作者对于整个教育教学的过程及其富有人性化意义的教学相长、

---

① 黄明同主编：《湛若水全集》第 12 册，上海古籍出版社 2020 年版，第 174 页。

师生良性互动的基本教育学原理和规律可以说有着相当深刻的理解并进行了全面系统的总结，并着意于在此基础上努力构建一种以之为理想范型、旨在化民成俗的优良政教关系。故综观此篇所论，诚不愧为一篇论述儒家教育学原理的杰作，同时亦可说是一篇阐明儒家政治学原理的名文。读之愈久，味之愈深，不能不使吾人喟然而叹：世人徒知政（刑政）之为政，而孰又知非政（学校、教育或教化）之为政乎？犹有进者，若徒以不伦不类之"政教合一"的说法厚加诋诬之，岂非浅薄不学之徒乎？

最后，拉长历史的视野，看一看《学记》上述"教学为先"理念对后世的影响，我们不难发现，后世之儒者确乎有能心领神会其真义，故而不遗余力地倡导和建言立学兴教或劝导人君世主治国化民应以教学为先者，如汉儒董仲舒曰："命者，天之令也；性者，生之质也；情者，人之欲也。或夭或寿，或仁或鄙，陶冶而成之，不能粹美，有治乱之所生。……故南面而治天下，莫不以教化为大务，立太学以教于国，设庠序以化于邑，渐民以仁，摩民以谊，节民以礼，故其刑罚甚轻而禁不犯者，教化行而习俗美也。"（《汉书·董仲舒传》）宋儒范仲淹、欧阳修和王安石曰："夫庠序之兴，由三代之盛王也，岂小道哉！孟子谓得天下英材而教育之，一乐也，岂偶言哉！行可数年，士风不变。斯择材之本，致理之基也。"[1]"夫善国者，莫先育材。育材之方，莫先劝学。"[2]"呜呼，盛矣！学校，王政之本也。古者致治之盛衰，视其学之兴废。《记》曰：'国有学，遂有序，党有庠，家有塾。'此三代极盛之时大备之制也。""然予闻教学之法本于人性，磨揉迁革，使趋于善，其勉于人者勤，其入于人者渐，善教者以不倦之意须迟久之功，至于礼让兴行而风俗纯美，然后为学之成。"[3]"天下不可一日而

① 范仲淹：《上执政书》，见李勇先、刘琳、王蓉贵点校：《范仲淹全集》第一册，中华书局 2020 年版，第 187 页。

② 范仲淹：《上时相议制举书》，见李勇先、刘琳、王蓉贵点校：《范仲淹全集》第一册，中华书局 2020 年版，第 203 页。

③ 欧阳修：《吉州学记》，见李逸安点校：《欧阳修全集》第二册，中华书局 2001 年版，第 572 页。

无政教，故学不可一日而亡于天下。"① 至明末清初之际，更有如黄宗羲极力主张学校议政而"公其非是于学校"乃至"使治天下之具皆出于学校"（《明夷待访录·学校》）者。但是，另一方面，揆之于现实，更不乏国家设立学校非所以兴教化、育人才、美风俗，而徒以通经入仕或科举取士之制劝诱士人以功名利禄者，故学校之所教所学唯以"讲说章句""耗精疲神"而穷力于"课试之文章"为务，乃至"非特不能成人之才而已，又从而困苦毁坏之，使不得成才者"②，又或者"所谓学者，姑视为粉饰太平之一事，而庸人俗吏直以为无益于兴衰理乱之故矣"（马端临《文献通考·自序》）。宋儒吕氏东莱先生曾论秦汉以后"惟是学校一制，与古大不同"，尤其精彩而耐人寻味，其言道：

> 先王之制度，虽自秦、汉以来皆弛坏废绝，然其他如礼乐法度，尚可因影见形，因枝叶可以寻本根；惟是学校，几乎与先王全然背驰，不可复考。……且如唐、虞、三代设教，与后世学校大段不同，只举学官一事可见。在舜时，命夔典乐教胄子；在周时，大司乐掌成均之法，以治建国之学政，而合国之子弟焉。何故？皆是掌乐之官掌教，盖其优游涵养、鼓舞动荡，有以深入人心处，却不是设一个官司。自秦、汉以后，错把作官司看了，故与唐、虞、三代题目自别，虽足以善人之形，而不足以善人之心，虽是法度具举，然亦不过以法制相临，都无深入人心道理。大抵教与政自是两事，后世错认，便把教做政看。若后世学校，全不可法。大率因枝叶可以见本根，今则但当看三代所以设教命官教养之意。……凡领于六官者，皆是法之所寓，惟是学校之官，不领于六官，非薄书期会之事。其上者三公论道不载于书，其下者学官设教不领于六官，盖此二者皆是事大体重，非官司所领。……大抵学校大意，唐、

---

① 王安石：《慈溪县学记》，见王水照主编：《王安石全集》第七册，复旦大学出版社2017年版，第1465页。

② 王安石：《上仁宗皇帝言事书》，见王水照主编：《王安石全集》第六册，复旦大学出版社2017年版，第756页。

虞、三代以前不做官司看，秦、汉以后却做官司看了。所以后世之学不可推寻，求之唐、虞、三代足矣，秦、汉之事当束之不观。……大抵看后世秦、汉一段，错认教为政，全然背驰。自秦至五代，好文之君，时复能举，如武帝表章六经，兴太学，不足论；如光武为诸生投戈讲义，初建三雍，亦不足论；如后魏孝文迁都洛阳，欲改戎狄之俗，亦不足论；如唐太宗贞观之初，功成治定，将欲文饰治具，广学舍千二百区，游学者至八千余人，亦不足道。这个都是要得铺张显设以为美观。惟是扰攘之国、僻陋之邦、刚明之君，其视学校若弊屣断梗，然而有不能已者，见得理义之在人心不可已处。今时学者，多是去看武帝、光武、魏孝文、唐太宗做是，不知这个用心内外不同，止是文饰治具，其去唐、虞、三代学校却远。（马端临《文献通考·学校考三》引述）

依吕氏之见，唐、虞、三代学官设教之本义与一般所谓的"政"即薄书期会之官司职事在性质上迥然不同，唐、虞、三代之学官设教意在"优游涵养、鼓舞动荡，有以深入人心处，却不是设一个官司"，而自秦、汉以后，学校之设却只是把"教"错认作"政"看，只是"设一个官司"而尽失"三代所以设教命官教养之意"，因此，"虽是法度具举，然亦不过以法制相临，都无深入人心道理"，而不过"止是文饰治具"而已。显然，吕氏所谓的"政"自有其特别的含义，只是指薄书期会之类的官司职事而已，故其所谓"错认教为政"之义与我们上文所说儒家"以教为政"的理想政教理念之本意截然不同，然其根本关切所在，即如何才能真正回复三代学校设教之本意，而不再"错认教为政"，即不再把学校之设立只是"做官司看了"，不仅深刻地揭示了秦汉以后学校设教的根本弊端，而且对于我们今天省察现代学校教育是否也存在"错认教为政"即把学校只是当"做官司看了"之偏失和流弊亦同样极富警示和鉴戒性的教育意义，譬如，应试教育对于德性人格与美好心灵之涵养的腐蚀与弱化，以行政支配取代教育本身所应遵循的基本原则、根本宗旨与最佳方法，乃至"以培养社会有用成员为目标的普遍教育过程，忽略甚或故意摧毁灵魂的生命"①，唯有针对诸如此类的偏失和流弊加以补救乃至消除和根治之，方能追求和实现教育的至善目标或至善的教育目标。

（三）修身为本，明德亲民——儒家修齐治平的领袖之道与共同体智慧

1. 如何理解和解读《大学》？

《学记》曰："人不学，不知道。"道者何也？要言之，即人之所当行的人生大道，或者有关人生人伦、人类社群和天下国家的至理常道。此即梁启超先生所说，孔子所教者乃"人之何以为人也，人群之何以为群也，国家之何以为国也"之道，"凡此者，文明愈进，则其研究之也愈要"②。而凡此者，亦正是继孔子而起的儒家学者所汲汲于深思探究者，且为此而极力昌言立学以兴教，尊师而崇道。如果说《学记》重在论述师者如何教人、学者如何问难进学的方法的话，那么，"《大学》之书"虽然同是"古之大学所以教人之法也"（朱熹《大学章句序》），但其所论述者却主要是大学之道的主题内涵或者大学所教所学的基本内容。

按照宋儒的说法，古人立学设教有小学和大学之分，所教内容不同而循序以进，如吕大临曰：

> 大学之书，圣人所以教人之大者，其序如此。盖古之学者，有小学，有大学。小学之教，艺也，行也；大学之教，道也，德也。礼乐、射御、书数，艺也；孝友、睦姻、任恤，行也；自致知至于修身，德也；所以治天下国家，道也。古之教者，学不躐等，必由小学，然后进于大学。自学者言之，不至于大学所止则不进；自成德者言之，不尽乎小学

---

① ［美］沃格林：《政治观念史稿》卷八，刘景联译，华东师范大学出版社2019年版，第83页。

② 梁启超：《保教非所以尊孔论》，见《饮冰室文集点校》第3集，吴松、卢云昆、王文光等点校，云南教育出版社2001年版，第1347页。

之事则不成。①

另如朱子所曰：

> 三代之隆，其法寖备，然后王宫、国都以及闾巷，莫不有学。人生
> 八岁，则自王公以下，至于庶人之子弟，皆入小学，而教之以洒扫、应
> 对、进退之节，礼乐、射御、书数之文；及其十有五年，则自天子之元
> 子、众子，以至公、卿、大夫、元士之適子，与凡民之俊秀，皆入大学，
> 而教之以穷理、正心、修己、治人之道。此又学校之教、大小之节所以
> 分也。（朱熹《大学章句序》）

对于"三代之隆"的思慕和向往，可以说表达了后世儒家学者"一寄其理想于
三代"②的一种理想，虽然未必与真正的史实完全相符，但也充分彰显了他们
自己有关学校教育的一种真实信念，特别是有关学校建制的具体规划和对于普
及教育的真挚追求。宋儒对于古代由小学而进乎大学之教育阶段性的次第节序
及其不同教学内容所作的具体而明确的阐述，其中对于小学与大学所作的明确
的阶段划分，尤其说明他们对于人之身心成长历程特别是一个人的心智和道德
人格在不同人生阶段的培养与教育问题必定已有充分、系统而深切的体察、认
识和了解，这对于我们进一步深刻理解孔门私学教育的基本内容以及《学记》
《大学》等经典文献所揭橥或表达的思想主题及其真实用心，无疑也是极富启
示意义的。然而，我们却不应因此便认为孔门私学教育以及《学记》《大学》
等篇只是在简单地沿袭和复制三代贵族教育的学校规制与教学内容而已。显
然，以成德之教为目的、以有教无类为宗旨的孔门私学教育从根本性质上已大
不同于宗法封建时代具有特权性质的贵族教育，事实上，我们可以称之为一种
普遍的人文自由教育，诚如钱穆先生所说：

> 自孔子唱教，儒墨竞起，百家争鸣，先秦诸子学派之繁兴，可谓极

---

① 吕大临：《礼记解》，见陈俊民辑校：《蓝田吕氏遗著辑校》，中华书局1993年版，第
370—371页。

② 钱穆：《政学私言》，九州出版社2011年版，第93页。

一时之盛矣。然绝未有自为教主而创一宗教者，亦绝少专为狭义的国家权力张目者。其纯粹代表贵族统治阶级之思想者惟一韩非。……墨家陈义虽高，大体皆已为儒学所包孕。其所树异于儒家者，则皆抹杀人类个性之论，因此墨学不传于后世。道家主解消大群以为放任，盖有见于人性之一偏，无见于人性之全体，其病与墨家相反而相合，故独惟孔子之教遂与中国民族传统文化相融洽相凝结而为二千年来中国人文教育之宗师。就此时期之教育精神言，其超出乎政治势力之上而求有以领导支配夫政治者则一，故此时期之教育，实可谓中国史上第一期之社会自由教育。①

事实上，孔门私学人文教育之精神，尚不止意在"超出乎政治势力之上而求以领导支配夫政治者"，而且其更为根本而深层的用心与意图乃在于以文教化行天下，即通过其人文教育的广泛努力或文德之教的普遍实施来转化和提升整个社会的人伦道德教养，乃至其范围由亲及疏、由近及远地不断扩展而逐渐构建和形成一种可以涵盖全人类的文明生活秩序，《学记》力主立学兴教以化民成俗，《大学》所谓明德亲民和修齐治平，其意皆在乎此。因此，我们必须从"为人性之发育成全而有教"②或有见于人性之全体而实施自由人文教育的普遍价值和意义的角度，来理解和诠释《学记》和《大学》等儒家经典文献的思想主旨和深远影响。而且，为了更好地理解其思想主旨，还有必要首先破除一些相沿已久的认识偏见和根深蒂固的陈词滥调。

当我们着手解读《大学》文本时，有一个必须面临和解答的令人困惑的问题，那就是修身、齐家、治国、平天下的逻辑推论链条能否成立的问题，如陈鼓应先生所说："《大学》由修身到齐家之后，便由齐家急速推广到治国。然而'家'与'国'不仅性质、领域不同，所处理的事也各异，能齐家的未必能治国。"③

① 钱穆：《政学私言》，九州出版社 2011 年版，第 186—187 页。

② 钱穆：《政学私言》，九州出版社 2011 年版，第 185 页。

③ 陈鼓应：《老子今注今译》（参照简帛本最新修订版），商务印书馆 2003 年版，第 273 页。

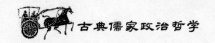

其实，谭嗣同早已指出过：

> 封建世，君臣上下，一以宗法统之。……宗法行而天下如一家。故必先齐其家，然后能治国平天下。自秦以来，封建久湮，宗法荡尽，国与家渺不相涉。家虽至齐，而国仍不治；家虽不齐，而国未尝不可治；而国之不治，则反能牵制其家，使不得齐。于是言治国者，转欲先平天下；言齐家者，亦必先治国矣。大抵经传所有，此封建世之治，与今日事务，往往相反，明者决知其必不可行。（《仁学》四十七）

显然，谭氏将封建世与秦以后区分开来的论点别具一种历史的眼光，其意似乎正是要回答陈鼓应先生所提出的那个问题，即何以由齐家而能治国。依谭氏之说，这一问题似乎可作如是回答，那是可行之于封建宗法之世的一种观念，而此一观念显然并不适合于或必不可行之于秦以后的时代。而有的现代学者则更进一步以笼统的"家国同构"的说法来解读《大学》八条目的推论逻辑，并消解掉了上述问题，如有的学者论"中国儒家的'家国同构'"说：

> 如果一个小共同体经营得很成功，就把它的经验变成大共同体的原则。这是我们中国人的基本思路。想想《大学》的八条目：格物、致知、正心、诚意、修身、齐家、治国、平天下。一个人德性有多好，就管理多大的地盘，如果德性完满，成了圣人，就该去管理整个天下。中国古代的基本社会政治结构是家国同构，家族和王朝的结构是相同的，治国和治家都要仁民爱物。《大学》的八条目是家国同构的道德和心理支撑，也是家国同构的实践路径和秩序图景。家国同构实际上是认识到"大"以后主动采取措施把"大"当作"小"来处理。①

显然，该学者意在强调，"中国古代的基本社会政治结构是家国同构，家族和王朝的结构是相同的，治国和治家都要仁民爱物。"我们暂且不说治国和治家是否都需要"仁民爱物"的问题，但毫无疑问，该学者是在一种非常笼统

---

① 李筠：《罗马史纲——超大规模共同体的兴衰》，岳麓书社2021年版，前言，第12页。

的、对封建宗法之世与秦以后的郡县之世不加任何区分的意义上来谈论"中国古代的基本社会政治结构是家国同构"的问题的，既然是"家国同构"，自然由齐家也就能治国了，如此说来，《大学》所言八条目之说是非常适合于中国古代家国同构时代的基本社会政治结构之现实需要的，不过，其暗含的意思却是说，它已必不可行之于今日，即决不再适用于家国不同构的现代复杂社会。不过，仅从历史的角度来讲，即从谭嗣同的时代划分意识和陈鼓应先生所提出的齐家未必能治国的问题来看，该学者的上述说法在处理问题时显然忽视和抹杀了中国古代社会的时代性差别，并非儒家的"家国同构"观念"在认识到'大'以后主动采取措施把'大'当作'小'来处理"，而是该学者本人在处理问题时不自觉地犯了一种非历史的"简单思维"的毛病。而尤其令人感到荒谬的是，该学者紧接着为了说明"大"与"小"问题性质之不同所列举的两个事例，一个是人口密集的大城市的公共卫生和健康问题，属于科学思维的"量级"问题，即需要运用科学手段来妥善处理和安排"城市规划、用水和污水管理、食品安全、医院和卫生所分布等大问题"的问题，而决"不等于所有人一起把个人卫生搞好"这种简单的小问题，依该学者之见，这"从科学的角度最好地说明了'大'和'小'存在本质差别，'大问题'不是'小问题'的解决方案放大就能处理得了的"①。另一个是作为超大规模共同体的罗马，这是该学者著作的核心论题，依该学者之见，"罗马是西方历史上最大的政治共同体，它所面临的问题之大、之难、之深，不是城邦、封建领地、王国能够相提并论的。在它们之中出现的问题，在罗马都出现过，但在罗马出现的问题，它们甚至都想象不到。大问题必须用复杂思维来解决，而罗马，就是我们操练复杂思维最好的演武场"②。很明显，该学者从思维方式的角度将"大"与"小"的问题截然二分而对立了起来，而且意在以"大"来否定"小"、以复杂思维

① 李筠：《罗马史纲——超大规模共同体的兴衰》，岳麓书社2021年版，前言，第12页。
② 李筠：《罗马史纲——超大规模共同体的兴衰》，岳麓书社2021年版，前言，第12页。

来否定简单思维，但问题的关键恰恰在于，相对于"大问题""大规模"和复杂思维来说，"小问题""小规模"和简单思维就真的毫无价值和意义吗？尤其是当我们近年遭遇新冠病毒流行，我们竟然还可以从科学思维的角度来如此轻忽"所有人一起把个人卫生搞好"、人人做好个人防护这样的"小问题"吗？没有人会否认，对新冠病毒的科学防治，诸如国家的财力物力人力的大量投入，政府对医疗队伍和科技力量的大规模动员与有效组织，特别是检测试剂和疫苗的科技研发，这些都属于可以发挥至关重要作用的"大问题"的范围，难道我们因此便可以说像全民动员、人人参与亦即"所有人一起把个人卫生搞好"这样的小问题就不足挂齿吗？因为"小"就意味着微不足道，没有价值和意义？"小"与"大"真的是截然对立的吗？当我们研究作为超大规模共同体的罗马时，难道就真的只能从大与小的角度来看待和论述问题，而对于"罗马的重要性从来都不在于罗马的大小"①这一点没有任何深刻的理解和认识吗？而且，如果从科学思维的功效角度来讲，当我们面临着历史上从未有过的世界大变局，研究当代的那些对我们直接构成威胁和挑战或者值得我们效仿与学习的超大规模共同体的大问题，较之于研究历史上已消失在历史烟尘中的超大规模共同体的兴衰问题，难道对于我们不是更具启发性的价值和意义？

面对上述种种疑问，我们并不想详尽地给出我们自己的答案，而只是想强调，将大问题与小问题、复杂思维与简单思维截然二分并完全对立起来，并不是思考、理解和看待问题的唯一正确的方式，似乎也不能帮助我们更好地理解《大学》文本的思想主旨，用"家国同构"的陈词滥调似乎也无法真正消解掉中国古代社会在历史演进过程中的阶段性或时代性差别。那么，我们应从什么样的富有意义的视角来重新解读《大学》，才能更好地理解其思想论旨和核心要义呢？

---

① ［美］沃格林：《政治观念史稿》卷六，谢华育译，华东师范大学出版社 2019 年版，第 38 页。

我想有必要首先提出几条我们思考和看待问题所宜采取的基本原则，以便确定好我们进一步解读《大学》文本之思想义涵的相对稳妥的立足点：

第一条是一项假定性原则。这是由美国政治哲学家罗尔斯提出来的，亦即我们有必要假定，我们正在研究的历史上的思想家总是要比我们聪明得多，乃至如果我们"在他们的论辩中发现了某个错误"，我们便假定，"他们（哲学家们）也发现了它，并且必定对它做了处理"；与此同时，在研究和讨论历史上的思想家时，我们要"根据他们对道德和政治哲学现状的理解，按照他们自己看待这些问题的方式提出他们自己的哲学问题"，也就是说，我们应努力发现"他们认为他们的主要问题是什么"，基于这样一种研究和讨论问题的思维理路，那么，政治哲学的历史就"不是对同一问题提出不同答案的历史，而是对不同问题提出不同答案的历史"[①]。罗尔斯的这一假定和思维理路，对我们是非常富有教益和启发意义的，当我们在研读中国历史上的政治哲学经典文献并讨论撰著这些经典文献的思想家们自己提出和看待问题的方式时，我们同样需要假定他们总是要比我们聪明而富有智慧得多，当我们在他们的文本表述中发现了某些思维缺陷或观念错误时，比如，《大学》的八条目竟然从"家国同构的实践路径和秩序图景"的视角而在"认识到'大'以后主动采取措施把'大'当作'小'来处理"，那么，我们便假定，《大学》的作者肯定也发现了它，并且必定对它作了处理。而在我看来，《大学》处理问题的方式就是转换了自己的视角，从本与末、先与后或体与用的关系角度来提出和讨论问题，而不是简单地"把'大'当作'小'来处理"。果真如此的话，那么，如果今天仍然有人把本与末、先与后、体与用的问题再当作大与小的问题来看待和讨论，那肯定不是《大学》本身的思想错误，而是自己的认识浅薄和歪曲误读所致。

当我们研究和讨论历史上的思想家时，我们必须根据他们自己对道德和时代生存现状的理解与感受，按照他们自己看待这些问题的方式提出他们自己的

[①] ［美］约翰·罗尔斯：《政治哲学史讲义》，［美］萨缪尔·弗里曼编，杨通进、李丽丽、林航译，中国社会科学出版社 2011 年版，"编者的话"，第 5 页。

主要问题，譬如就儒、墨、道、法等先秦诸子的主要政治思想流派来讲，虽然他们处在同样的时代生存状况与生活环境，但他们对问题的感受、认识和理解是不一样的，因此，其政治思考并不是对同一问题提出不同的答案，而是对不同问题提出不同的答案。大体而言，诸子各家虽然生活在同一个时代，面临着同样的列国纷争的时代生存现状，但法家主要立足于解决当下的国家生存问题而追求实现富国强兵的国家主义目标乃至致力于推动以一国之富强实力而吞灭兼并天下的历史进程，儒墨则基于人类社会治乱兴亡的大历史视野而汲汲于探求重建天下国家之世界图景下的人类文明生活秩序的普世目标，而道家却站在超人类或反人类中心主义的立场而极力主张人类只有完全回归自然而过一种无知无欲的淳朴天放生活，才能从根本上救治人类文明生活的种种病态。《大学》之书，即极其典型而充分地向我们昭示和彰显了儒家的主要问题意识及其所提出的救世方案，既截然不同于法家的操切刻急，亦迥然有异于道家的消极放任，与墨家主张由拥有神权意味的天子圣王依据天志仪法自上而下地强立一义而迫使天下人尚同从我的天下主义亦大为不同，《大学》的救世方案乃是立足于家国天下多层级共同体的世界图景和本末先后的思维方式，由本而末、自下而上、循序以进地实现修齐治平的普世目标。

第二条是一项平衡性原则。如果说上一条原则是一项一般性地研究和讨论思想家的问题和答案所应遵循的基本原则的话，那么，这一条原则则是专门就《大学》论述家国天下多层级共同体之问题的思想主题而言的，就此而言，我想没有人会否认某些学者所提出的大与小的问题，比如"天下"之大之重与一"身"之小之轻，以及涵盖广土众民的邦国规模之大、治理之难与由少数家人所组成的家庭规模之小、治理之易，如此比较而言，的确是"'大'和'小'存在本质差别，'大问题'不是'小问题'的解决方案放大就能处理得了的"。从一定意义上来讲，辨分大小无疑是必要而富有意义的，正唯如此，故孟子汲汲于辨分大体与小体的问题而言："从其大体为大人，从其小体为小人。"（《孟子·告子上》)然而，也不宜把大小的问题绝对化①，问题的关键在于，并非所有的问题都是只能从小与大的问题角度来看待、理解和处理的，而人类事务的复杂性及其各种问题的重要性也确乎是需要复杂一点的思维才能想明白的。比如，从道家杨朱学派看待问题的角度来讲，一身之小虽小，但其对于个人来讲，其生命之价值与意义岂不是神圣至上而最为可贵的吗？如《吕氏春秋·重己》所曰："论其贵贱，爵为天子，不足以比焉。论其轻重，富有天下，不可以易之。论其安危，一曙失之，终身不复得。此三者，有道者之所慎也。"显然，吾人若只从问题或规模之大小的角度来简单地看待问题，或者只从其政治身份地位的角度论人之贵贱，从其所拥有的财富与权势的多少大小来论人之轻重，岂知道者之定论乎？当然，你可以说这只是道家的一家之言，墨家则反乎此，而宁愿牺牲一己之生命以追求天下之治平或人民大众之最大幸福，诚哉斯言！另如，法家之商韩唯求国家之富强，而道家之庄子则但愿放任其心灵以遨游于无何有之乡。正唯如此，故儒家取法乎中道而一准乎义。具体而言，儒家究竟是如何看待问题的呢？问题复杂，在此处不宜展开论述，要言之，儒家既重视个人修身，亦关切天下治平，既极力倡导家庭伦理之孝悌亲亲，亦切切于探求邦国之优良治理，诚如宋儒小程子伊川先生所言："君子不以天下为重而身为轻，亦不以身为重而天下为轻。凡尽其所当为者，如'可以仕则仕'，'入则孝'之类是也，此孔子之道也。蔽焉而有执者，杨、墨之道也。"②准此以论，譬诸儒家立学设教固有大、小学之分，然并不以大学修齐治平之宏旨为重而以小学发蒙养正之始功为轻，反之亦然。即使就《大学》本身之八条目而言，在身、家、国与天下之间，其也既不因大而轻小，又不因小而遗大，诚可谓终始条贯而得其平衡者也。

---

① 如俗谚古训曰："尺有所短，寸有所长""勿以善小而不为，勿以恶小而为之"，皆为古人警世诲人的金玉良言。对于性质根本不同的大、小问题，我们固然不能将大问题简单化约为小问题来处理，同样也不能将小问题错看成大问题来对待，但更多时候，人们常常因小而失大，或因大而弃小，实则皆不免乎一偏之失。

② 程颢、程颐：《二程集》上册，王孝鱼点校，中华书局2004年版，第317页。

　　第三条是一项文明性原则。这条原则是说我们应放大自己的视野才能更好地理解文本的含义，尤其是那些重要的经典文本，特别是在历史上产生过广泛而深远的社会政治—思想文化影响的经典文本，我们应将它们放置于整个中国文明秩序的宏大背景及其意义架构的演生脉络与形塑历程中来审视和解读其思想义涵。中国轴心时代诸子各家的著作均属于这样的经典文本，而其中，孔子儒家的五经四书由于既上承尧舜三代之政教传统而又下启两千年思想文化之正统主流，在中国文化或中华文明史上居于承上启下的枢轴性地位，而尤其值得我们给以特别的重视和关注。这要求我们既要站在文明的角度审视和解读文本的含义，同时也要从文本的角度来看待和理解文明的问题。换言之，文本是文明的产物，文本的思想含义可被视为对文明问题的意识反应，反之，文本亦可为文明赋能，文明须从文本中汲取观念动能和意义支撑。经典文本决不仅仅是一些空洞观念或虚假言论的载体，它代表着一个民族的客观精神或一种文明的意义世界。当然，我们所谓的文明性原则，不是泛指一般性的文明性原则，而主要是指中国之为中国的文明性原则。

　　套用沃格林"罗马的重要性从来都不在罗马的大小"这一断语或说法，我们也同样可以说，中国的重要性从来都不在中国的大小。当然，这并不意味着我们看轻其作为一个国家的疆域大小以及在土地和人口数量上的多少等因素对于其实际生存的重要性，而且，它在历史上总是陷于治乱兴亡的周期性循环当中，并常常受到夷狄侵扰甚至异族统治，但正如沃格林强调西方文明有着区别于所有其他人类文明甚至客观而言优于其他文明的标志性特征一样[1]，我们也同样可以说，中国文明也有着区别于所有其他人类文明甚至客观而言优于其他文明的标志性特征。尧舜三代之治为后世中国树立了一种具有深厚久远之历史经验根基的文明传统与治理典范，特别是西周奠立了一种趋于成熟形态而影响

---

[1] 参见［美］沃格林：《政治观念史稿》卷六，谢华育译，华东师范大学出版社 2019 年版，第 39 页。

深远的以德治为中心的礼乐文明传统，充分体现了中国文明的"文化早熟"；诸子异说的思想丰富性及其以道为至高范畴而追求在现世实现天下国家之优良治理的理想目标的超越性思维更充分彰显了"中国之治"在思想上的"理性早启"；孔子儒家以文德教化或人文教育为中心的德性传统与文明秩序理念，在秦汉以后逐渐在大一统帝国的统一体中融合构成为中国文明的学术主流与思想正统；政治的统一性与文化的包容性造就了中国文明的合力，而且中国的士大夫阶层倾尽心力地在圣人之道与帝王之势之间维持一种独特而危险的平衡。所有这一切构成性的因素和力量，共同形塑了中国文明之演生道路的历史独特性及其不同于甚至优于其周边其他文明的标志性特征，当然，中国文明也有其自身特有的缺陷，乃至因力量间的失衡而必定遭受这样那样的危险。那么，对中国文明来讲，儒家的经典文本五经六艺和孔门四书究竟意味着什么呢？粗略地讲，《诗》《书》所记述的是尧舜三代之治的政教传统，《礼》《乐》所传承的是西周成熟而完备的文明制度，《易》书所昭示的是天地人三才之道的形上智慧，《春秋》所彰明的是圣人孔子正名主义的伦理思想及其寓褒贬于是非的独特历史叙事方式。而备受宋明儒者推崇的"四书"（《论语》《大学》《中庸》《孟子》）则集中而系统地阐发了孔子儒家的修齐治平之道和王道仁政理念。其中，《大学》之书向我们提供或展现了一幅完整而清晰的家国天下多层级共同体的世界图景和以修身为核心原则的文明秩序理念。在历史上，它们对于塑造中国文明的标志性特征来讲，无疑发挥了无可替代的决定性的影响与作用。

最后，亦即第四条是一项时代性原则。在解读一个文本的思想义涵的时候，我们最后仍然有必要回到孟子所谓知人论世的时代性原则上来。任何经典文本都是特殊时代的产物，文本作者会将自己的问题意识亦即对其所处时代生存状况的感受和理解直接灌注到文本当中，换言之，作者或文本的问题意识与特殊时代的生存状况紧密相关，在此意义上讲，文本的思想主题说到底也就是对作者所感受或意识到的时代性问题作出的一种回答或提出的一种答案。而且，正如罗尔斯所指出的，思想家乃是对不同问题提出不同答案，即思想家会针对自己所感受或意识到的不同问题提出不同的答案。就此而言，思想家所提出的答案决非对时代生存现状的简单反映，或者说，思想家的思想观念决非由时代生存现状简单而直接产生的分泌物，而主要是思想家对时代生存现状所作反思的产物，乃至作为这一反思之产物的思想成果或文本，其价值和意义也并不会随时代的变化而简单地消失掉。正唯如此，产生于某个时代的一些重要的经典文本才会具有不局限于一时一地的跨时代的永恒价值与普世意义。上文所言先秦诸子各家的经典文本特别是孔子儒家的五经四书，对于中国文明而言，即具有这样的永恒价值与普世意义。然而，由于他们是针对不同问题提出的不同答案，故其价值与意义亦各有其适用的问题范围。

就孔子儒家而言，他们身处列国纷争、封建解体、宗法崩坏的时代生存境遇，向往和追慕尧舜三代之治的历史典范与治道理想，故而汲汲于"祖述尧舜"而"宪章文武"（《中庸》），然而，随着列国兼并战争的急剧发展和统一进程的不断加速，逐渐形成了几个有着广土众民之强大国家之间分立争雄的竞争格局，而且，各大强国为追求国家富强目标而进行的变法改革，使得王权统治不断得到加强，官僚政治体制和行政管理技艺在各个国家的普遍推行和持续发展，最终使得整个时代朝向"专制官僚制化的社会转型"[1]或朝着郡县制时代的演进成为一种不可逆转的历史发展趋势。处此时代转型发展的过渡时期，亟需重新调整家国关系，重建文明秩序，故有诸子各家之"异说蜂起"，不仅诸子各家对于时代生存现状所作出的意识反应各不相同，而且，尤其令现代学者深感困惑的一大历史问题就是，何以宗法时代之圣人孔子及由其所开创奠立的儒家学派的思想范式，能够在秦汉以后两千多年的郡县制时代占据思想主流的统治地位？特别是像《大学》《中庸》和《孟子》这样的儒家经典，虽然在汉、唐经学时代长期未能引起统治阶级和儒家学者自身普遍的高度重视，但是，为何却在宋代儒

---

① 阎步克：《士大夫政治演生史稿》，北京大学出版社 1996 年版，第 12 页。

学复兴特别是理学思潮兴起的历史过程中，不仅逐渐引起了思想家和政治家们普遍而高度的重视，而且极大地激发和启迪了理学家们在哲学思想上的理论创造力以及对于良政善治的无限想象力？对他们而言，孔子儒家"四书"的思想魅力究竟何在？很显然，"变封建为郡县"的历史大变局，使得秦汉以后的郡县制官僚帝国与之前的封建制宗法社会在性质上已有着根本的时代性差别，因此，"家国同构"的说法适用于封建制宗法社会，却很难适用于秦汉以后的郡县制官僚帝国，而且，寄寓着上古三代之治道理想的封建、井田、学校等各种历史建制在孔孟的时代和后世均已不可能通过简单恢复的方式来加以复制，那么，孔子儒家对于尧舜三代之治的向往与追慕，以及像《大学》所描绘和想望的家国天下多层级共同体的世界图景与修齐治平的治道理想，何以对秦汉以后的思想家和政治家产生了如此深远的吸引力、引发了如此广泛的反响呢？这不是一个可以用三言两语就能给以圆满回答的问题，但有一点是可以说清楚的，那就是，像《大学》这样的文本，其思想义涵是不能从其对时代生存现状的简单反映的角度来加以理解和把握的，也就是说，它所描绘和想望的家国天下多层级共同体的世界图景与修齐治平的治道理想，既不是对封建制宗法时代的"家国同构"的实际生存现状的简单反映，也同样不是对郡县制官僚时代的家国关系的实际生存现状的直接构想，而毋宁说，它反映和体现了处在社会转型或时代变革之过渡期富有道德良知的思想家对于一种合乎人类生存之道的家国天下多层级共同体的美好世界图景和修齐治平的最佳治道理想所作出的富有意义的理性探索和意义追寻，旨在为中国文明的未来提供一种具有价值定向与道路指引意义的核心理念，在此意义上，思想家只是在完成时代赋予他们的历史使命，亦即对以修身为本的普世文明秩序的召唤。

为了更好地理解这一召唤的思想意义及其对后世深远的历史影响，我们必须再次强调的是，《大学》所论述和关切的重点乃在问题的本末先后，而不是问题的大小，即使就大小而言，身处乱世而志欲匍匐救之、周游列国而阅世甚深的孔孟儒家对其所处时代错综复杂的人情世事，难道不比我们今人了解得更加深刻而透彻吗？天子式微、列国力政，"争地以战，杀人盈野；争城以战，杀人盈城"（《孟子·离娄上》），礼崩乐坏、德位错乱，子弑其父者有之、臣弑其君者有之，暴君污吏肆虐横行、"民之憔悴于虐政，未有甚于此时者也"（《孟子·公孙丑上》），又岂止是大小可一概而论的。那么，问题的根源究竟何在呢？所有这些难道不都是人自己作的孽吗？"《太甲》曰：'天作孽，犹可违；自作孽，不可活。'"（《孟子·公孙丑上》）既然是人自己作的孽，那么，解决问题的根本办法当然也就应从人自身着手，故孔子教人"修己以敬""修己以安人""修己以安百姓"（《论语·宪问》），而《大学》则曰："自天子以至于庶人，壹是皆以修身为本。"显然，对孔子儒家来讲，修己或修身乃是最为重要而根本的问题，也许有学者会说，一己一身之修这样"小"的问题怎么都是与那些必须用科学手段加以解决的大问题的重要性无法相提并论的，相对于超大规模共同体的治理来讲，一己一身之修实在是一个太过微不足道或太小太小的问题了，不过，大小的问题也许只是看问题的角度不同所造成的，正如庄子的大小之辨所告诉我们的，一方面是"小知不及大知，小年不及大年"（《庄子·逍遥游》），而另一方面则是"天下莫大于秋豪（通'毫'）之末，而大山为小；莫寿于殇子，而彭祖为夭"（《庄子·齐物论》）。因此，换一个角度讲，也许"小"的问题才是最重要和根本的，在孔子儒家看来，克己修身便是应优先考虑的最为重要而根本的问题，这倒不是因为孔子儒家总是天真而乐观地以为"一个人德性有多好，就管理多大的地盘，如果德性完满，成了圣人，就该去管理整个天下"，而恰恰是因为孔子儒家对这样的人类生存现状有着最深刻而切实的了解，那就是即使缺德无能之辈也总是可以运用各种智力、法术、权势甚至欺诈、卑劣、无耻的手段，又或者打着善意、仁爱、正义的虚假名义或旗号，冠冕堂皇地占有或把持一个或大或小的地盘，排挤或铲除那些令自己讨厌的异己分子，打造或经营自己可以肆意妄为的一统天下。面对这样的生存现状，对于超大规模共同体的优良治理来说，运用科学的手段从制度上对权力作出合理而妥善的安排，固然是一极其重要的大问题，但是，"德之不修，学之不讲，闻义不能徙，不善不能改"（《论语·述而》），或者一身之不修，意念之不诚，心术之不正，超大规模共同体徒有其外形躯壳而缺少了根本的"道德和心理支撑"，又谈何优良治理呢？认真地读读《大学》之书，它所旨在召唤之的以修身为根本原则的文明秩序理念，不仅激发了宋代以后的思想家和政治家的思想创造力和政治想象力，也许同样可以带给今天的我们某种深富教益的不一样的意义启示。

不管怎样，我们阅读和诠释《大学》文本，首先和必须要问的一个问题就是，究竟何谓"大学之道"？要之，所谓的"大学之道"，说到底，也就是一种有关家国天下之多层级共同体的治理层次理论及其修齐治平的儒家领袖之道，从中我们可以深刻领悟到的是一种极富道德理想主义色彩的政治领导学智慧。正如张灏先生所说，在政治理想层面，儒家道德理想主义精神的基本观念就是："人类社会最重要的问题是政治的领导，而政治领导的准绳是道德精神"[1]，而就《大学》一书而言，其最重要的思想贡献就是"发挥《论语》中'修己治人'的理想：一个人的生命，以修身开其端，必须归结于从政以求治国平天下，也就是说一个人的修身成德过程最后必然要表现于参加政治，领导社会，以一个政治领导者和社会先觉者自居"[2]。

2. 《大学》"三纲领"：儒家领袖之道的三项基本原则

阅读和诠释《大学》文本，首先需要强调指出的是，孔门私学教育之宗旨与目的，乃"在教人学为人"而以德性教育为基本和归宿[3]，正唯如此，孔子儒家之施教为学特重乎由小学循序以进于大学的先后小大之次第。小学为童蒙长育教养之地，其所教所学乃孝悌忠信之德、"洒扫、应对、进退之节"和"礼乐、射

---

① 张灏：《超越意识与幽暗意识——儒家内圣外王思想之再认与反省》，见《张灏自选集》，上海教育出版社 2002 年版，第 26 页。

② 张灏：《宋明以来儒家经世思想试释》，见《张灏自选集》，上海教育出版社 2002 年版，第 61 页。

③ 参见钱穆：《现代中国学术论衡》，生活·读书·新知三联书店 2016 年版，第 174 页。

御、书数之文"，如子曰："弟子，入则孝，出则弟，谨而信，泛爱众，而亲仁。行有余力，则以学文。"(《论语·学而》)以此来培植与涵养人之仁心、德行之根基和本源。大学为大人养成讲习之所，其所教所学乃格致诚正之方法与修齐治平之大道，既向内厚植仁智德行之学养本源，更向外拓展修己治人之实践功效。诚如上引吕大临之言所说："古之教者，学不躐等，必由小学，然后进于大学。自学者言之，不至于大学所止则不进；自成德者言之，不尽乎小学之事则不成。"明乎此，则可知孔子儒家之所谓大学之道虽为大人之学而关乎修齐治平之大道，但决非空言立说，悬空以论修齐治平的道理，而必于小学教养所奠立的学行基础之上固其本植其基，方不失其为大人之学与大学之道。反之，人之为学修德亦唯由小学以进于大学，方能成就其全体之大用。不宁唯是，《大学》所论"大学之道"更自成一完备的哲理系统，而且亦自有其为学的先后本末之层级阶序与次第进境。故钱穆先生谓，继尧舜三代治统之后而"昌言中国传统政治哲理者，最备于《小戴礼记》中之《大学》篇"[1]。

《大学》开宗明义即揭橥了大学之道的宗旨与原则，即"大学之道，在明明德，在亲民，在止于至善"，这也就是朱子所说的三"纲领"。宋儒解"大学"为"大人之学"[2]，准此，从为学次第上来讲，大学也就是教人学为"大人"的，而其宗旨与原则则有三，一是彰明其光明之德性或昭明其"至德"于天下[3]，二是与人民好恶同情而亲如一体，三是追求"止于至善"的美好社会目标。此大学三纲领可谓要言不烦，简明精到地揭橥了儒家极富道德理想主义色彩的"人格本位的政治观"，依张灏先生之见，这一政治观具有两个方面的主要含义："第一，政治的最终目的不仅仅是一个国家的富强康乐，而是以全人类为对象，建立一个道德的秩序，和谐的社会。儒家思想中所谓的'天下一家'、'民胞物与'便是反映这种理想。其次道德理想主义是指一个政治秩序的建立必须从个

---

① 钱穆：《现代中国学术论衡》，生活·读书·新知三联书店 2016 年版，第 210 页。

② 吕大临：《礼记解》，见陈俊民辑校：《蓝田吕氏遗著辑校》，中华书局 1993 年版，第 371 页；朱熹：《四书章句集注》，中华书局 2011 年版，第 4 页。

③ 汉儒郑玄注曰："明明德，谓在明其至德也。"

人修身开始。一个善良的社会是建筑在善良的个人上面的。"①张先生的这两点概括，可谓抓住了《大学》"人格本位的政治观"的核心要义。不过，我们仍需对《大学》三纲领以及八条目的具体含义作更进一步深入细致的分析和梳理。就三纲领而言，在我看来，第一纲领主要彰显的是一种个体人格的道德主体意识，同时亦可以说是一种关切天下治理的政治主体意识，用现代政治学的术语讲，所谓"明明德"于天下，毋宁说最突出地体现了儒家有关以个体道德人格作为正当性根基来引领和治理天下的"道德领导"（或领袖）的概念。那么，这究竟是一种什么性质的"道德领导"呢？第二纲领所强调的"亲民"则进一步很好地昭示和阐明了这一点，具体而言，所谓"亲民"，也就是《大学》在论述"所谓平天下在治其国者"时所说，"民之所好好之，民之所恶恶之"，意即与人民好恶同情而亲如一体②。后来，孟子反复强调和申论的"与百姓同之"或"与民同

① 张灏：《宋明以来儒家经世思想试释》，见《张灏自选集》，上海教育出版社2002年版，第69—70页。

② 宋儒程子以为："亲，当作新。"朱子取"新民"之说以注释《大学》，产生了广泛久远的影响。阳明后起，仍坚持"亲民"之说。但认同和采取程朱"新民"之说者仍不乏其人，如船山先生更申论和推衍"新民"之义说："篇内屡言'新'，而经传从无有于民言'亲'者。孟子曰：'亲亲而仁民。'一本万殊之差，圣学异端之大别也。"（《礼记章句》，见《船山全书》第四册，岳麓书社2011年版，第1469页）笔者仍从"亲民"之旧说，且考之其他经传，其实亦有于民言"亲"者，如《大戴礼记·主言》曰："上之亲下也如腹心，则下之亲上也如保子之见慈母也。上下之相亲如此，然后令则从，施则行。"此所谓"上下"，实即指君主与人民。同书《哀公问五义》篇曰："所谓贤人者，好恶与民同情，取舍与民同统，行中矩绳而不伤于本。"另如《孔子家语·入官》论君子临官治民之道曰："夫临之无抗民之恶，胜之无犯民之言，量之无佼民之辞，养之无扰于其时，爱之无宽于刑法。若此，则身安誉至而民得也。""君子莅民，不可以不知民之性而达诸民之情。既知其性，又习其情，然后民乃从命矣。""君子欲言之见信也，莫善乎先虚其内；欲政之速行也，莫善乎以身先之；欲民之速服也，莫善乎以道御之。故虽服必强，自非忠信，则无可以取亲于百姓者矣。内外不相应，则无可以取信于庶民者矣。此治民之至道矣，入官之大统矣。"要而言之，君子临官治民须了解和通晓人民之性情，并与之好恶同情，方能赢得民心而使人们乐于追随从命；而且，唯有虚己谦让、内怀忠信而以身作则，方能取亲于百姓、取信于庶民，亦即赢得人民的亲近和信任。此皆正好可与《大学》所谓"亲民"之义相互发明。

乐"的思想主题(参见《孟子·梁惠王下》)和"所欲与之聚之,所恶勿施"的得民心之道(参见《孟子·离娄上》),与《大学》所谓"亲民"可谓一脉相承,而且议论更显精彩。孔子儒家常常把这样的治国者或政治领袖人物称为"民之父母",如果运用现代的领导学语言来表述的话,这也就是美国著名学者伯恩斯所说的,"领导者和被领导者之间不仅存在权力上的关系,而且存在共同的需要、渴望和价值观念的关系",而且,"道德领导并不是单纯的说教,或信誓旦旦地表明虔信,或是主张社会的顺从","道德领导来自于并总是回归于追随者的基本欲求、需要、渴望和价值观念",亦即"能够产生那种将满足追随者的真正需要的社会变革的领导"①。为了更好地理解这一点,避免"把领导误解为简单的控制或统治"②,避免人们总是将儒家所谓"民之父母"的说法片面地误解为只是对强制—顺从式的家长制权威的一种单纯强调,那么,正如伯恩斯所强调指出的,在负责任的领导与统治或赤裸裸的权力行使之间进行明确而适当区分便是十分必要的,对他人的统治只是一种赤裸裸的权力行使,"领导,不同于赤裸裸的权力行使",而"是与追随者的需要和目标不可分割的"③,亦即真正的领导致力于回归和满足追随者的基本欲求、需要、渴望和价值观念。而且,依据亚伯拉罕·马斯洛的需求层次理论和劳伦斯·科尔伯格的道德发展阶段理论,伯恩斯指出,变革型领导还致力于"将人们从较低的需求和道德发展水平提升到更高的水平"④,不仅如此,在与追随者的良性互动关系中,在致力于回应和

---

① [美]詹姆斯·麦格雷戈·伯恩斯:《领袖》,常健、孙海云等译,中国人民大学出版社 2016 年版,《序言:领导危机》,第 3 页。在此需要指出的是,儒家式"道德领导"可能相对缺乏伯恩斯所说的这样一层意思,即"追随者在回应领导者的过程中,充分了解了可选择的领导者和纲领,从而具有了在这些领导者和纲领中进行选择的能力"。

② [美]詹姆斯·麦格雷戈·伯恩斯:《领袖》,常健、孙海云等译,中国人民大学出版社 2016 年版,第 40 页。

③ [美]詹姆斯·麦格雷戈·伯恩斯:《领袖》,常健、孙海云等译,中国人民大学出版社 2016 年版,第 12 页。

④ [美]詹姆斯·麦格雷戈·伯恩斯:《领袖》,常健、孙海云等译,中国人民大学出版社 2016 年版,译者序,第 4 页。

提升追随者更高层次的道德发展和自我实现需要的同时，变革型领导事实上可以"使领导者和追随者彼此将对方的动机和道德提升到更高的水平"，换言之，"变革型领导最终会成为道德的（moral），因为它提升了领导者和被领导者双方的人类行为及道德理想的层次，因此它对双方都会产生一种变革性的影响"①。我认为，这也正是《大学》第三纲领所要表达的真实含义，即希望所有人都能够提升和达到一种"至善"的道德发展和自我实现需要的最高水平层次，唯有如此，才能真正建立一种以家国天下为组织框架的层级分明、均衡协调而又完整一体的人类文明秩序和以全人类为关怀对象的和谐、富足而富有仁道的美好社会。

当然，以上所说只是意在参照伯恩斯的领导学理论或领袖论来更好地理解《大学》三纲领的显白教诲及其潜在隐含的深刻的领导学含义或领袖论智慧，而无意于在两者之间简单地画一等号。伯恩斯的领导学或领袖论自有其丰富而复杂的现代理论内涵②，不过，亦正如伯恩斯所言，在今天呼唤道德领导之前，儒家的思想家们早就已经开始在他们的道德教诲中讲解和考察"领导的概念"③，借用梁漱溟先生的说法，《大学》所论正可谓体现了一种"文化早熟"和"理性早启"意义上的儒家式道德领导的概念与理论形态。

如果我上面理解不错的话，那么，在我看来，所谓的大学之道，实即是儒家意义上的领袖之道，而《大学》三纲领不仅各自具有其相对独立的含义，而且三者之间应是一种层层递进的关系。在此尚需稍作辨析的是，宋儒以"亲民"应

---

① ［美］詹姆斯·麦格雷戈·伯恩斯：《领袖》，常健、孙海云等译，中国人民大学出版社2016年版，第12页。

② 伯恩斯在其名著《领袖》一书中，把领导方式区分为变革型和交易型两种主要的领导类型，深入、全面而系统地探讨了领导的目的、结构和起源问题，并致力于将对相关问题的探讨和认识上升到一般理论的层次与水平。笔者将主要参照和借鉴伯恩斯所谓变革型道德领导概念的理论含义来阐释大学之道的领导学意涵。

③ ［美］詹姆斯·麦格雷戈·伯恩斯：《领袖》，常健、孙海云等译，中国人民大学出版社2016年版，《序言：领导危机》，第2页。

作"新民",而将第一、二纲领理解和解释为：先知先觉之大人,先自明其明德,而后"推吾明德,以明民之未明"①。不仅如此,如朱子释"止于至善"之义曰："止者,必至于是而不迁之意。至善,则事理当然之极也。"而且,认为第三纲领只是在"言明明德、新民,皆当至于至善之地而不迁"②。如此理解和释义,显然,使第一纲领被赋予了更加鲜明的单向性的精英主义的政治主体意识或道德领导意味,第二纲领作"新民"解则更直接地将人民置于了完全消极被动的角色地位,而第三纲领的独立含义也似乎被有意削弱甚或被完全取消了,因为依照朱子的解释,第三纲领仅仅变成了对第一、二两大纲领的一种附属性的含义解释。依余浅见,宋儒的这种理解和释义,并不符合《大学》三纲领之含义层层递进的义理脉络,更明显地与八条目之终始先后的思维理路和推论逻辑以及所有人（至少包括所有男性成员在内）皆应"以修身为本"的普世理念相违背。其实,第三纲领应具有极其重要的普世性的思想内涵与目标指向,如此才能对人类心灵或心志以及整个人类的社会理想与文明秩序发挥根本定向的作用,职是之故,《大学》紧接着第三纲领"止于至善"之后才会如是说："知止而后有定,定而后能静,静而后能安,安而后能虑,虑而后能得。"据朱子《大学章句》,此句的字面意思可译为：只有知道最终应止于什么样的至善目标,然后才能心有定向;心有定向,然后才能心静而不妄动;心静而不妄动,然后才能所处而安;所处而安,然后才能思虑精详;思虑精详,然后才能得其所止。依我之见,最后一句与其解作"得其所止",反不如郑玄注为"得事之宜"③更为妥当恰切,而如果从与下一句的关系角度来理解的话,也许解作"于道有所得"更为合适。因为下一句讲的是："物有本末,事有终始,知所先后,则近道矣。"这一句紧接知止而后有定、能静、能安、能虑、能得之后,应是对"虑而后能得"所作的具

---

① 吕大临：《礼记解》,见陈俊民辑校：《蓝田吕氏遗著辑校》,中华书局1993年版,第371页。

② 朱熹：《四书章句集注》,中华书局2011年版,第4页。

③ 齐鲁书社编：《礼记注疏》,见《武英殿十三经注疏》第五册,齐鲁书社2019年版,第3360页。

体说明，即所得者当为格物致知、做人处事、修齐治平之道。故接下来《大学》所详细论述的便是八条目之先后终始本末的问题。按照这一理解，那么，"物有本末，事有终始，知所先后，则近道矣"一句实具有一种承上启下的关键性作用，而所谓本末、终始和先后皆应是就后面的八条目来讲的。而朱子将此句理解为只是对上面有关三纲领和"知止"两节文字所作的总结，故解释此句的含义曰："明德为本，新民为末。知止为始，能得为终。本始所先，末终所后。"显然，朱子的这一释义完全忽视或割裂了上下文的意义关联，将下文中的"壹是皆以修身为本"的说法弃置而不顾，只是一味地强调和凸显第一、二两纲领的问题重要性，孤立而片面地将本末问题局限于解说第一、二两纲领之间的关系问题，至于什么"知止为始，能得为终。本始所先，末终所后"，对于我们理解三纲领和八条目的始终先后问题则全无帮助。究其原由，皆在于其对于第三纲领的独立含义及其根本定向作用缺乏必要的理解或应有的重视，那么，反过来也就势必导致了其对第一、二纲领之实质含义的片面理解以及对《大学》三纲领在含义上层层递进之义理脉络的轻忽。事实上，我们只有紧密结合八条目所阐述的先后、本末、终始的思维理路和推论逻辑，才能对三纲领各自独立的思想义涵及其层层递进的义理脉络，特别是由此而揭橥的道德领导概念的具体含义获得一种更加具体而深刻、恰当而完整的理解。

3. 《大学》"八条目"的具体内涵

(1)《大学》"八条目""以修身为本"的先后逻辑关系

那么，《大学》究竟是如何具体阐述八条目的先后、本末、终始问题的呢？

因为三纲领所集中阐述的宗旨和原则主要是明明德于天下而以全人类为关怀对象的，因此八条目问题意识的逻辑起点也正是从这一问题层次而层层向下推论的。正所谓：

古之欲明明德于天下者，先治其国；欲治其国者，先齐其家；欲齐其家者，先修其身；欲修其身者，先正其心；欲正其心者，先诚其意；欲诚其意者，先致其知；致知在格物。

由此可见，《大学》所论八条目的先后顺序问题是再清楚明白不过了。欲明明德于天下者必先治其国，欲治其国者必先齐其家，欲齐其家者必先修其身，欲修其身者必先正其心，欲正其心者必先诚其意，欲诚其意者必先致其知，致知在格物。反之，"物格而后知至，知至而后意诚，意诚而后心正，心正而后身修，身修而后家齐，家齐而后国治，国治而后天下平"。而紧接着，《大学》又直白而明确地论述本末问题曰："自天子以至于庶人，壹是皆以修身为本。其本乱而末治者否矣，其所厚者薄，而其所薄者厚，未之有也……此谓知本，此谓知之至也。"

八条目既向我们阐明了一套系统而完备的儒家学问的为学进阶即格物、致知、诚意、正心的先后次第，更向我们展现了一幅清晰而完整的家国天下多层级共同体的世界图景和修齐治平的领导智慧。其论先后终始问题可谓有条而不紊，始于格物，终乎平天下，而所谓欲平天下必先治国等等，亦决不是简单地"把'大'当作'小'来处理"，而是强调欲解决好大范围的道德领导问题，必先解决好小范围的道德领导问题，换言之，明明德于天下或平天下的目标决非架空而虚说就能实现的，必先把国治理好，而国之优良治理，亦必建立在家齐的基础之上，同样，家之齐又有赖于必先修好身，以至于欲修身必先正心，欲正心必先诚意，欲诚意必先致知，致知在格物。《大学》所谓"知所先后"，亦即八条目看待、思考和处理问题所遵循的先后顺序，决不是一种由大而小、由广而狭、由上而下、由高而低的层层归并化约的关系逻辑，而是一种由远流而始源、由枝末而根本、由高层而低层的层层回溯而推求其本源始基的思维理路。借用清儒吕留良的一句话讲，就是"此处道理，是节节推出"，而不是简单地"归并反约也"[1]。或如孟子所说："人有恒言，皆曰'天下国家'。天下之本在国，国之本在家，家之本在身。"（《孟子·离娄上》）很显然，这与《大学》八条目所强调的本末先后之义是完全一致的。而就《大学》更为完备的八条目而言，修身

---

① 吕留良：《四书讲义》下册，陈鏦编，俞国林点校，中华书局 2017 年版，第 567 页。

在其中更处于一个关键性的中间环节，具有根本性或枢轴性的重要意义，格致诚正之目的在修身，而修身构成齐家治国平天下的最终根基，故曰"自天子以至于庶人，壹是皆以修身为本"。将这一所有人皆应"以修身为本"的主张放在基于严格世袭的身份等级制的封建宗法社会背景下来加以审视，无疑是深具革命性意义的，它彻底打破了宗法世袭身份地位的等级藩篱，包括天子和国君在内的世袭贵族身份本身已不具有享有统治特权的自然正当性，所有人都需要格物致知、诚意正心以修身，而面对修身的道德要求，所有人也都是一样的或是平等的，没有什么等差之别①。这充分说明了《大学》八条目向我们所展现的家国天下多层级共同体的世界图景和修齐治平的领导智慧决不只是对其所处时代之现实生存状况的一种简单反映，而是作出的一种革命性的回应，是向"自天子以至于庶人"的所有人发出的以修身为本而建构一种理想的人类文明秩序的召唤。准此以论，则《大学》虽首先强调的是"明明德"这一纲领，但这决不意味着《大学》作者就认为，由最高统治者一厢情愿地明明德于天下就可以统治天下这偌大一个地盘，或者单凭孤身一人之德性亦即其个体道德人格的感召力就能轻易地完成和实现天下国家的治平目标。

当然，孔子儒家不仅从不否认更且极力称颂上古三代的圣哲明王为后世之人树立了一种"明明德"的伟大典范，如《尚书》之《康诰》曰："克明德。"《大甲》曰："顾諟天之明命。"《帝典》曰："克明峻德。"另如汤之《盘铭》曰："苟日新，日日新，又日新。"《康诰》曰："作新民。"《诗》曰："周虽旧邦，其命惟新。"这些文字记载无疑向后人昭示了这样一种值得所有人效仿和学习的道德领导范例，即不仅能够自己彰明光大自己的德性，时刻想着上天赋予自己的伟大使命，而且不断增进自己的修养、每天都能够更新和提升自己的德性，乃至引领人民不断修养、更新和提升自己的德性。唯有如此，才能最终实现"止于

---

① 如胡宏《知言·修身》所曰："修身以寡欲为要，行己以恭俭为先，自天子至于庶人，一也。"（《胡宏集》，吴仁华点校，中华书局1987年版，第4页）

至善"的美好社会愿景。正如《诗经·商颂·玄鸟》所曰："邦畿千里,惟民所止。"另如《诗经·小雅·绵蛮》曰："绵蛮黄鸟,止于丘隅。"孔子因此而感叹说："于止,知其所止,可以人而不如鸟乎!"这是说,邦国天下不是谁家的私有财产,而是人民居住止息的家园,就连绵蛮鸣叫的黄鸟都知道止息于丘隅的处所,人而不知所止,难道还不如一只黄鸟吗?邦国天下是人民居住栖止的自然家园,不宁唯是,仁、敬、孝、慈、信还构成了人类所当栖止生息其中的精神家园。故《大学》曰："为人君,止于仁;为人臣,止于敬;为人子,止于孝;为人父,止于慈;与国人交,止于信。"依后来孟子的说法:"夫义,路也;礼,门也。惟君子能由是路,出入是门也。"(《孟子·万章下》)"仁,人之安宅也;义,人之正路也。旷安宅而弗居,舍正路而不由,哀哉!"(《孟子·离娄上》)其意亦如《大学》所谓"知其所止",不外是强调唯有仁、义、礼等诸美德善行才能为人类构筑一个安心地栖止生活于其中的精神家园。而按照《大学》的说法,不同的人伦角色应具备不同的伦理德性,不过,从关系互动的角度来讲,也可以这样理解,君臣、父子之间,彼此双方都应该也必须以道德的方式来看待和对待对方,即君待臣以仁,则臣事君以敬,父待子以慈,则子事父以孝,比较而言,人君和人父的行为应出自更高层次的道德动机,这样才能对人臣和人子发挥或产生感召、引领和提升的作用。至于国人相交之际,则皆应遵循平等互信的道德原则。果能如是,又何患乎人与人还会相讼争斗呢?故子曰:"听讼,吾犹人也。必也使无讼乎!"(《论语·颜渊》)世人无讼,真乃天下太平矣!世人无讼而民心悦服,以至于皆自修其德而知其所止,则人人皆士君子之行矣!就这一理想愿景而言,对孔子儒家来讲,其实真正具有普世意义的乃是君子之品格德行,而君子之为君子,正在其汲汲于切磋琢磨,努力认真地不断治学自修,故终能达于盛德至善的境地,唯其如此,故亦能使人民无限敬仰而不能忘记。

因此,究竟如何才能像上古三代的圣哲明王那样"明明德"于天下呢?按照《大学》八条目的思维理路，追根溯源，不管你是天子、国君，还是一般庶人，人人皆应"以修身为本"。而修身则当自格物致知始，而后继之以诚意正心。换言之，八条目之始于格物而终于平天下或明明德于天下，这一终始条贯之序无疑是先后不可紊乱的。但，可惜的是，《大学》并未就所谓"格物""致知"以及"致知在格物"的具体含义作出说明性的论述，以至引发了后世儒家学者歧义层出而莫衷一是的释义和解说，特别是"格"之一字的字义恐怕迄今也难有定论。然而，若于"格物"之义不能首先讲明白，势必会影响到对整个八条目之观念脉络和义理结构的理解。但我们也只能根据自己个人的见解作一些必要的有助于理解其含义的尝试性的推论和诠解而已。

（2）格物致知

古今解说训释"格物"义者纷纭杂出，据明儒刘蕺山所言，总共有"七十二家"（《刘子全书》卷三十八《大学杂言》）之说，较有代表性的主要有：汉儒郑玄以"来"训"格"，故释"格物"之义为"其知于善深则来善物，其知于恶深则来恶物，言事缘人所好来也"[1]；宋儒程朱以"至"训"格"，故释"格物"之义为"即物而穷其理也"[2]；明儒王阳明以"正"训"格"，其所谓"正物"其实是"正念头"或正心之意念，故曰："格者，正也。正其不正，以归于正也。"[3]另有阳明弟子王艮"淮南格物"之说，以"絜度""絜矩""格式"训"格"，其门人王一庵将其要点概括为三："（1）'格'如格式，有比则、推度之义；（2）'物'即'物有本末'之物；（3）'格物'云者，以身为格，而格度天下国家之人，则所以处之之道，反诸吾身而自足矣。"[4]现代学者张岱年先生认为，"格"字其实"尚有一古训"，此即《仓颉篇》所曰："格，量度之也。"以此训"格物"之义，

---

① 齐鲁书社编：《礼记注疏》，见《武英殿十三经注疏》第五册，齐鲁书社2019年版，第3360页。

② 朱熹：《四书章句集注》，中华书局2011年版，第8页。

③ 王守仁：《王阳明集》上册，王晓昕、赵平略点校，中华书局2016年版，第23页。

④ 参见吴震：《王心斋"淮南格物"说新探》，《陕西师范大学学报》（哲学社会科学版）2008年第1期，第101页。

即是"量度物",而"量度物者,即对物加以审衡而分辨其本末、先后",故《大学》云:"物有本末,事有终始,知所先后,则近道矣。"而"所谓'致知',即是'知本',即知事物之中孰为本、孰为先"。依张先生之见,如此训解"格物"之义,"实明白晓畅,了无疑滞,此可谓'格物'之'格'之正解"①。尽管有以上各种解说,但《大学》"格物"之本义究竟为何,恐怕仍然是难以论定的。郑玄"来物"之说,即"其知于善深则来善物,其知于恶深则来恶物",似乎是对"格物在致知"而非对"致知在格物"的训解。朱子释"即物穷理"之义说:"盖人心之灵莫不有知,而天下之物莫不有理,惟于理有未穷,故其知有不尽也。是以《大学》始教,必使学者即凡天下之物,莫不因其已知之理而益穷之,以求至乎其极。至于用力之久,而一旦豁然贯通焉,则众物之表里精粗无不到,而吾心之全体大用无不明矣。"②第一句是说人类心灵禀有其天赋的认知能力,而天下之物亦莫不各有其必然之生理,以人心之灵去探求物理即可获得甚至穷尽有关万物之理的所有知识,此句所强调人心之灵知与物理之可知,当为《大学》"格物致知"说本身固有之义。至于《大学》始教是否就要"必使学者即凡天下之物,莫不因其已知之理而益穷之,以求至乎其极",以至于用力之久而一旦豁然贯通,则可以最终达到"众物之表里精粗无不到,而吾心之全体大用无不明矣"的完备融通的智识境地,那就只能算作朱子本人的理学灵知主义见解了。若《大学》始教即要人格物致知而"求至乎其极"的话,那么,有一个不易回答的问题就是,这是人人都可做到的吗?如果一般人做不到的话,又如何才能由格物致知转进到意、心、身的诚、正与修养问题上来呢?"求至乎其极"这一要求恐怕并非《大学》教人"格物致知"的本义,而只是一种理学精英灵知主义的理想而已,况且正如阳明所批评的那样,朱子"即物穷理"之说,其流弊所及确乎难免会产生遗内逐外而求理于物的毛病,不过,阳明的"正念头"之说一反朱子之说而只是一味地专求向内心意念上作为善去恶的工夫,恐怕亦有偏于内而

---

① 张岱年:《中国哲学大纲·补遗》十四"格物新释",见杜运辉编:《燕赵文库·张岱年集·下册〈中国哲学大纲〉》,河北人民出版社 2017 年版,第 726 页。
② 朱熹:《四书章句集注》,中华书局 2011 年版,第 8 页。

忽于外乃至片面地求理于心的毛病，且其"以格为正"亦"于下文正心之正为重复"①。不管怎样，朱子和阳明其实都有以己意强解《大学》"格物"之义的意味。至于王艮的"淮南格物"说和张岱年先生以"量度物"训"格物"之义，意思虽然不尽相同，但皆是结合《大学》所云"物有本末"来解"格物"之义，果以此为正解的话，那么，《大学》为何却不明言之呢？又或者，《大学》既明言之曰"物有本末，事有终始，知所先后，则近道矣"，又何必多此一举地还要强调"致知在格物"呢？

依余浅见，格物致知，既为八条目之最先的环节，想必自有其特别的含义。虽然《大学》本身未对其含义作具体而明确的解说，不管其缘由为何，如果我们将《大学》"格物致知"之说置于其同时代先秦诸子的思想语境和意义脉络之中来加以审视和察识，并以常识常理来作推论的话，也许更能接近其正确而恰当的含义解释。要言之，似可从以下几层意思由浅而深地来接近和省察其具体含义。

一是，人与物的关系问题。

不管"格"字的含义是什么，有一点却是确定无疑的，那就是所谓"格物"，其含义所指涉的一定是人与物的关系问题。而既然"格物"的目的在"致知"，那么，人与物的关系首先便是一种认知性的关系。然而，从先秦诸子的思想视野来讲，人与物的关系不只是认知性的关系，还有实用性或工具性的使用关系、辅助性或参赞性的化育关系以及伙伴性或一体性的共生关系。如《周易·系辞上》曰："备物致用，立功成器，以为天下利，莫大乎圣人。"荀子曰："君子生非异也，善假于物也。"（《荀子·劝学》）又曰："力不若牛，走不若马，而牛马为用，何也？曰：人能群，彼不能群也。"（《荀子·王制》）皆是意在强调人之于物的使用关系。不过，无论是儒家，还是道家，都对人类的过度物欲和贪婪

① 湛若水：《问疑续录》，见黄明同主编：《湛若水全集》第13册，上海古籍出版社2020年版，第321页。

心有着极深刻的批评反省意识，亦即人在假物以为用的同时，亦有可能"感于物而动"乃至于"好恶无节""灭天理而穷人欲"，由此所造成的祸乱之害将是至深且巨的①，因此，严格地讲，对他们来说，人之于物的使用关系理应适度而有节制，人不能过度地沉迷陷溺于物欲当中。不宁唯是，人与物的关系也不仅仅是一种使用性关系，儒、道两家还极富深意地进而探求和阐扬人与万物之间颇具生态学意蕴的参赞化育和一体共生的意义关系。如老子所谓"衣养（或引作'爱养'）万物而不为主"（《老子·第34章》）、"生而不有，为而不恃，长而不宰"（《老子·第51章》）以及"辅万物之自然而不敢为"（《老子·第64章》）等，皆意在强调人类之于万物的辅助性的化育关系。《中庸》参赞天地之化育的成己成物理念以及孟子"仁民而爱物"的观念，相比于老子道家的消极顺应观念可能更多了一些积极人为的色彩，但基本的思维理路却是相同一致的，即凸显了人之于物的非宰制性的亦即辅助性或参赞性的化育关系。另外，《周易》作者除了讲"备物致用"之外，还格外凸显了君子效法天地之道而"自强不息""厚德载物"的精神追求。至于人之于万物的伙伴性或一体性的共生关系，则为道家庄子最乐道之，故其所造"齐物"之论曰："天地与我并生，而万物与我为一。"（《庄子·齐物论》）其后学更如是描绘"至德之世"的社会理想："故至德之世，其行填填，其视颠颠。当是时也，山无蹊隧，泽无舟梁；万物群生，连属其乡；禽兽成群，草木遂长。是故禽兽可系羁而游，鸟鹊之巢可攀援而窥。夫至德之世，同与禽兽居，族与万物并。"（《庄子·马蹄》）其实，人与万物在其终极的意义上应是一种伙伴性的一体共生关系，这亦是儒家的一种崇高理想和终极关怀，正如《中庸》所曰："万物并育而不相害，道并行而不相悖。"这一

① 如《礼记·乐记》曰："人生而静，天之性也。感于物而动，性之欲也。物至知知，然后好恶形焉。好恶无节于内，知诱于外，不能反躬，天理灭矣。夫物之感人无穷，而人之好恶无节，则是物至而人化物也。人化物也者，灭天理而穷人欲者也。于是有悖逆诈伪之心，有淫泆作乱之事。是故强者胁弱，众者暴寡，知者诈愚，勇者苦怯，疾病不养，老幼孤独不得其所。此大乱之道也。"

崇高理想和终极关怀在宋明理学家那里尤其得到了极富人性化思想光辉的阐扬发挥，如张载《西铭》中的"民胞物与"之说，程颢"浑然与物同体"和阳明"以天地万物为一体"的仁道理念。尤其是阳明更以一体之仁的理念来诠释《大学》大人之学的意涵曰："大人者，以天地万物为一体者也，其视天下犹一家，中国犹一人焉。若夫间形骸而分尔我者，小人矣。大人之能以天地万物为一体也，非意之也，其心之仁本若是，其与天地万物而为一也。岂惟大人，虽小人之心亦莫不然，彼顾自小之耳。"又曰："明明德者，立其天地万物一体之体也。亲民者，达其天地万物一体之用也。"① 宋明理学的思想阐扬和义理发挥，虽然不免以自己的思想做主而对先儒的仁道理念和《大学》之义只是作创造性的诠释，但对于我们理解《大学》虽未明言却潜在蕴含着的"天下一家"、人类一体共生的至高思想境界还是大有助益的。

以上所说人与物的各种富有意义的关系，其实又是密切相关的，可从层层递进的关系角度来加以理解。然而，无论是使用关系，还是化育关系，乃至共生关系，其实说到底都需要建立在一定程度的认知关系的基础之上。这是因为，没有人对物之有用性的恰当知识，不可能有人对物的正确使用关系；没有人对物之基本属性的恰当认识，也不可能有人对物的化育关系；没有人对天地化生之道、万物本性真情的深刻洞察和领悟，更不可能有人与万物一体并育的和谐共生关系。如《周易·系辞上》所谓"备物致用"，但致用须先致知，正所谓仰观俯察，"近取诸身，远取诸物"（《周易·系辞下》），对天地之道、万物之情有了深刻认识和洞察，才能取象制器以供民用，而《易》之为书，也正是意在"开物成务，冒天下之道"②。《中庸》亦有明言曰："唯天下至诚，为能经纶天下之大经，立天下之大本，知天地之化育。夫焉有所倚？肫肫其仁！渊渊其渊！

---

① 王守仁：《王阳明集》下册，王晓昕、赵平略点校，中华书局2016年版，第823页。

② 高亨先生注曰："开物，揭开事物之真象。成务，确定事务之办法。……冒天下之道，包括天下事物之道理。"（《周易大传今注》，齐鲁书社1979年版，第534页）

浩浩其天！苟不固聪明圣知达天德者，其孰能知之？"另如宋儒程颢曰："学者须先识仁。仁者，浑然与物同体。义、礼、知、信皆仁也。识得此理，以诚敬存之而已，不须防检，不须穷索。"①此皆说明，对儒家而言，人对物的认知或关于事物之道理的认识对于其他层面的关系而言实则具有逻辑在先的基础性意义。而且，尤其难能可贵的是，《大学》作者并不认为"格物致知"只是天赋异禀的学者或先知先觉的圣人所独自享有的一种权利和能力，而是认为它是所有人都可以具备的一种基本的权利和能力，一种可以为诚、正、修、齐、治、平奠立良好认知基础的基本权利和能力，这也许就是《大学》始教即教人"格物致知"的根本用心所在。

二是，格物致知的具体方法、目的和内容。

《大学》始教之所以即教人"格物致知"，在我看来，其实是基于这样一个不言而喻的前提预设，即人具有认识事物的天赋能力，而所有事物或有关事物的道理亦是可以为人类所认识、理解和把握的。我想，这也应该是先秦诸子各家能够一致接受和认同的一种通见共识，正如《墨子·经上》曰："知，材也。"荀子更明确地讲："材性知能，君子小人一也"（《荀子·荣辱》），"凡以知，人之性也；可以知，物之理也"（《荀子·解蔽》）。而问题是，究竟如何或通过什么样的方式方法才能获得对"物"的认知或有关"物"的知识呢？从其最浅显的方面来讲，大概没有哪一家哪一派会否认，人是通过自身的感觉器官与"物"接触或相遇而获得对"物"的认知或有关"物"的知识的，如《墨子》曰："知，接也"（《经上》），"知也者以其知过（'过'疑当为'遇'）物而能貌之"（《经说上》），"惟以五路智"（《经说下》），意即人可以通过与外物接触、相遇的方式，或者通过耳目口鼻肤五种感觉器官来认识并获取有关外物的知识。另如《韩非子·解老》曰："聪明睿智，天也；动静思虑，人也。人也者，乘于天明以视，寄于天聪以听，托于天智以思虑。"这代表了道、法两家对人具有天赋之认知思

①程颢、程颐：《二程集》上册，王孝鱼点校，中华书局2004年版，第16—17页。

维能力的基本看法。而且，诸子各家也都一致认为，人对事物的认识不能仅仅局限于运用感官知觉的方式和途径，还应发挥心之理性思考的认识能力，换言之，人对事物的认识不能仅仅停留在对事物的表面或浅层的知识之上，而应将认识提升到对天地万物之最高道理的理性认识层次和水平上。也就是说，对诸子各家而言，人不仅可以通过感觉器官与外物的接触相遇而获得关于外物的具体而客观的知识，而且能够进一步发挥心智的能力或人心之灵（虚灵明觉）的作用而认识、理解和把握事物的抽象道理或关于天地之道、万物之理的理性认识，如《荀子·解蔽》曰："人何以知道？曰：心。心何以知？曰：虚壹而静。"

　　而且，诸子各家的一个更为重要的共同点在于，他们大都认为，对事物的认知或获取事物的知识本身，并不是目的，换言之，认知本身决不仅仅是为了满足一己获取知识、追求博学多识的好奇心和求知欲，更为重要的是，对事物的认知应为人类的生存和正确地对待事物的行为方式（备物致用、成己成物、化育生养万物或与万物一体共生）奠立具体而坚实、客观而合理的基础。正唯如此，我们似可以据此而作出这样的合理推论，即《大学》所谓"格物致知"的根本目的，不外乎为了获得有利于人类自身生存的关于事物之实用性的知识，以及能够促进和提升人类的心灵境界而有益于万物之生长化育和一体共生的关于天地之道和万物之情的理性认知与道理体悟。因此，我们亦可以将致知的内容大体区分为两个不同的层次，即有关事物之用的实用性知识和有关事物之道的义理性知识。

　　不可否认的是，诸子各家在有关人类认知事物的能力的具体看法以及人类能够或应该认识、理解和把握天地万物的什么道理的思想见解上，是存在极大分歧和争议的。比如，孔子认为，人与人在智力天赋和后天的自觉努力程度两方面都存在着极大的差异，故曰："生而知之者上也，学而知之者次也；困而学之，又其次也；困而不学，民斯为下矣。"（《论语·季氏》）但孔子自认为，自己属于"学而知之者"而"非生而知之者"（《论语·述而》），而且，除了少数人或唯有"上知与下愚不移"(《论语·阳货》)之外，一般人或绝大多数人都是可以通过学而知之的，故而汲汲于兴学立教并力主"有教无类"(《论语·卫灵公》)。而且，孔子儒家相信人是可以"学以致其道"(《论语·子张》)的，甚至可以积学成圣而"通于神明、参于天地"(《荀子·性恶》)的。孔老、儒道两家在为学修道的方式上截然不同，道家老庄一方面对人之耳目心智认识事物能力的局限性或有限性问题有着极深刻的认识和反省，如老子认为人应静思省虑以养神，否则过度使用视听、劳费思虑会导致聪明智识的丧失和昏乱[①]，庄子更有名言曰："吾生也有涯，而知也无涯。以有涯随无涯，殆已；已而为知者，殆而已矣。"(《庄子·养生主》)又曰："无知无能者，固人之所不免也。"(《庄子·知北游》)但另一方面，老庄同时也深信人如果能虚静其心又是能够照察万物、体知天道的，故老子曰："不出户，知天下；不窥牖，见天道。其出弥远，其知弥少。"(《老子·第47章》)《庄子·天道》曰："圣人之心静乎！天地之鉴也，万物之镜也。夫虚静恬淡寂漠无为者，天地之平，而道德之至。"受道家老子的影响，法家亦对包括君主在内的所有人在个人耳目感官知觉的认知能力方面存在着不可避免的局限性这一点有着极为明确而清醒的认识，如慎到曰："弃道术，舍度量，以求一人之识识天下，谁子之识能足焉？"(《慎子·逸文》)《吕氏春秋·任数》曰："且夫耳目知巧，固不足恃，惟修其数、行其理为可。……耳目心智，其所以知识甚阙，其所以闻见甚浅。以浅阙博居天下，安殊俗，治万民，其说固不行。十里之间而耳不能闻，帷墙之外而目不能见，三亩之宫而心不能知……故君人者，不可不察此言也。"不过，像道家一样，法家也

---

① 如《老子·第12章》曰："五色令人目盲；五音令人耳聋；五味令人口爽；驰骋畋猎，令人心发狂；难得之货，令人行妨。"(《老子·第12章》)《韩非子·解老》曰："故视强则目不明，听甚则耳不聪，思虑过度则智识乱。目不明则不能决黑白之分('分'当作'色')，耳不聪则不能别清浊之声，智识乱则不能审得失之地。目不能决黑白之色则谓之盲，耳不能别清浊之声则谓之聋，心不能审得失之地则谓之狂。盲则不能避昼日之险，聋则不能知雷霆之害，狂则不能免人间法令之祸。"

同样认为，至少那些拥有道家式虚明灵知的少数人是可以认识和把握事物之根本道理的。总之，诸子各家虽然对人之耳目心智的认识能力所持有的具体看法和对天地之道、万物之理的认识和理解迥然不同，但是，他们都重视和强调对天地万物或事物之道的义理性认识和把握，因为人应法天遵道而行，因为"夫缘道理以从事者，无不能成"或"得事理则必成功"（《韩非子·解老》）。

综上，在诸子各家之通见共识的意义上，就其最基本的含义而言，《大学》所谓的"格物致知"，其目的和内容亦不会与以上所述者相去甚远，即所致之知应包括有关事物之具体性的实用知识和有关天地万物之抽象性的根本道理，其中，当然亦包括《大学》所谓"物有本末，事有终始，知所先后"的道理。

三是，人与自身、人与人的关系问题。

以上所论涉及的似乎只是人与外在之物的关系问题，对于人与物之关系问题的深切关注、思考和探究当然具有其根本优先的合理性，因为人生存在天地万物之中，如何维持人类自身的基本生存乃至如何更好地使人类的社群生活维持一种合理而美好的秩序状态，乃是一个需要放在由天地万物所构成的宇宙论背景框架下来加以思考和探讨的不可回避的基础性问题。不仅如此，在古人的观念中，人亦是天地间之一物，故"格物"亦势必涉及人与人或人与其自身的关系问题，更何况人之为人，不仅求生存于天地万物之中，更直接生活于人伦大群之中，生活在由家国天下多层级共同体所构成的人类世界秩序之中。在此意义上，之所以《大学》始教即教人"格物致知"，在我看来，并不仅仅是为了获取有利于人类生存的有关事物之用的实用性知识和有关天地万物之道的义理性知识本身而已，而且更是为了对人处于天地万物之中的位置给以恰当、合理而明确的基本定位，对人生活于人伦大群之中、生活于家国天下多层级共同体之中所应担负的责任和义务亦即人生的价值与意义给以恰当、合理而明确的基本定向。这是因为知之为知，其根本目的不在知本身，而在于行，正如荀子所说："不闻不若闻之，闻之不若见之，见之不若知之，知之不若行之，学至于行之而

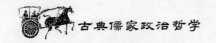

止矣。"(《荀子·儒效》)果如是言,则《大学》之所谓"格物致知",无疑也并不仅仅是为了求知本身而已,其最终的目的和意义就在于为人之心志、思想和信仰奠立正确而合理的方向,以及为人类之正确行为和美好生活奠立正确而合理的根基。正唯如此,从"格物致知"开始,才能够顺理成章地进一步过渡和转进到诚意正心和修齐治平的问题上来。

以上所论是否符合《大学》"格物致知"说的本义,富有辨识力和判断力的读者自可作出自己正确的评断。而不管怎样,我想作为《大学》之始教的"格物致知"之说,一定是自有其特别用意的。其用意也许可以被简明扼要地概括为一句话,那就是"心智之清明"。因为没有"心智之清明",接下来又如何才能教人做诚意正心、修养德性的工夫乃至于从事修齐治平的事业呢?而所谓"心智之清明",说到底,不外就是能够在认识上对于人处于天地万物之中的生存位置具备一种恰当、合理而明确的基本定位和了解,对于人生活于人伦大群之中、生活于人伦关系和家国天下多层级共同体之中所应担负的责任和义务亦即人生的价值与意义具备一种恰当、合理而明确的基本定向和理解。而如果说"格物致知"正是意在使人能够具备"心智之清明",乃至在认识上首先为人之心志、思想和信仰奠立正确而合理的方向,为人类之正确行为和美好生活奠立正确而合理的根基的话,那么,毋庸置疑的是,其中也自然应包含这样一层含义,即通过"格物致知"也应使人对于人之自身或人之所以为人者首先具备某种程度的深刻而切己的认识和理解。事实上,我们甚至可以这样说,孔子之为教,儒家之为学,几乎把其主要精力全部倾注于对这一问题的关注、探寻和思考上了。如子曰:

> 故圣人耐(能)以天下为一家,以中国为一人者,非意之也,必知其情,辟于其义,明于其利,达于其患,然后能为之。何谓人情?喜、怒、哀、惧、爱、恶、欲,七者弗学而能。何谓人义?父慈、子孝、兄良、弟弟、夫义、妇听、长惠、幼顺、君仁、臣忠,十者谓之人义。讲信

修睦，谓之人利。争夺相杀，谓之人患。故圣人之所以治人七情，修十

义，讲信修睦，尚辞让，去争夺，舍礼何以治之？（《礼记·礼运》）

以我之见，上述引文所表达的对人自身、人类关系特征及其由乱求治而追求实现的理想社会目标的基本看法，事实上正可作为我们进一步讨论《大学》八条目的认识基点。所不同的是，《礼记·礼运》论述的重点在强调礼治，而《大学》论述的重点则凸显了大学之道的领导学意义。

对孔子儒家来讲，他们生活在一个礼崩乐坏、争夺相杀的乱世之中，而心向往之的却是"天下一家""中国一人"的美好理想社会。那么，在这样一个混乱纷争的时代生存状况下，能否或如何才能实现那样一个理想社会的美好目标呢？孔子儒家不仅充满信心地回答说"能"，而且明确提出了他们变乱为治的具体救世方案和行动纲领，那就是"必知其情，辟于其义，明于其利，达于其患，然后能为之"。而所谓的"必知其情，辟于其义，明于其利，达于其患"，其实也正是"清明的心智"的一种具体体现，这也可以说就是对于人情世事拥有一种通情达理而明辨善恶是非的理性认识①。正是在这样的理性认识的意义上，"天下一家""中国一人"之美好理想社会的构想及其目标的实现问题，才不是什么空想臆说，而是为那些拥有清明之心智的人们所想往而切实可行的。当然，要想使人们采取切实的行动去追求和实现这一理想社会的美好目标，单单"格物致知"而使人们具备"心智之清明"还不够，还须在此基础上进一步修养一种"人格之健全"。按照《大学》之八条目的顺序来讲，那就是，由知而行，尚须经历一番诚意、正心、修身以养成健全之人格的修炼工夫。对此，《大学》皆有具体而明确的释义和阐述。

---

① 诚如王国维先生所说："盖孔子之说为合乎情、入乎理之圆满说也，其伦理之价值即在于此。""孔子大理想之仁，非容易达之。欲达之者，宜先自卑近之差别渐进；欲自卑近渐进，当就个人之行为判别善恶；判别善恶，在致知格物。"（《孔子之学说》，见彭华选编：《王国维儒学论集》，四川大学出版社 2010 年版，第 44 页）

(3)诚意正心修身

"格物致知"之后，当继之以"诚意正心修身"的工夫，正所谓"知至而后意诚，意诚而后心正，心正而后身修"。但通观《大学》文本全部内容，细心的读者也许会发现，《大学》作者不仅对"格物""致知"的具体含义未作具体而明确的说明和阐释，对其他各条目本身含义作了具体说明和明确阐释的其实也只有"诚意"一条①，后面的文本乃主要是对"所谓修身在正其心者""所谓齐其家在修其身者""所谓治国必先齐其家者""所谓平天下在治其国者"之先后关系问题的论述，当然，我们由此是可以推论出作者对于"修身""齐家""治国""平天下"本身之含义的具体看法的。

所谓诚其意者，就是要力求做到内心意念的真挚诚实而不自欺，这就好像人们闻到恶臭气味而心生厌恶、看到美好颜色而心生喜好一样自然真实，这就叫作自我满足或快意。《大学》所谓"诚意"，就是教人要将自己内心好善恶恶的意念"如恶恶臭，如好好色"一样真挚诚实地表现出来，不仅是不欺瞒他人，最重要的是不自己欺瞒自己或不自欺己心。因为自己内心之意念的真与不真、诚与不诚、实与不实，"盖有他人所不及知而己独知之者"②，因此，诚意的关键在于"慎其独"，故曰"君子必慎其独"。意即君子欲诚其意者，必于独处之际戒惧谨慎自己善恶的意念，不因他人所不及见、不及知而悠悠地轻易放过，因为人是决不可能欺心自瞒的。故《大学》说：小人平日闲居独处之时就恣意妄为、多行不善而无所不至，等见到君子的时候，就会遮遮掩掩地隐藏他那邪妄不善的行径而故意装出一副"善良"的样子，然而，殊不知欲盖弥彰，"欲掩其恶而卒不可掩，欲诈为善而卒不可诈"③，以至于"人之视己，如见其肺肝然"，徒自枉费心机而毫无益处。相反，人如能诚其意于内心之中，便可彰显出

---

① 笔者推测其缘故，也许由于对《大学》作者而言，各条目的具体含义都是清楚明白或不言而喻的，唯一需要解释的只有"诚意"一条。

② 朱熹：《四书章句集注》，中华书局2011年版，第8页。

③ 朱熹：《四书章句集注》，中华书局2011年版，第8页。

来而形之于外。因此，真正的君子，必须戒惧谨慎地闲居独处。正如曾子所言："十只眼睛在看着你，十只手在指着你，这是多么的严厉可畏呀！"这是说，一个人即使身在幽独之中，其善念恶意也是不可掩藏的。更何况有财富则能润饰房屋，有美德则能润饰人身，心无愧怍而广大宽平则能使身体安适舒泰，因此，真正的君子，必须保持内心意念之好善恶恶的真挚诚实。

做到了内心意念的真挚诚实，继之当做端正内心情感情绪的工夫。正如《礼记·礼运》所云："何谓人情？喜、怒、哀、惧、爱、恶、欲，七者弗学而能。"人皆有七情，属自然之禀赋，是"弗学而能"的，但"情胜欲动"而不得其正，则必使人行为悖谬而违逆人伦人道之义，故须修治端正之。《大学》论"正心"之义，与之彼此相呼应，其意思是基本一致的。也就是说，人之内心常常受到忿怒、恐惧、偏好、忧虑等各种情感情绪的搅动和干扰，从而使之不得其正。而心失其正，势必造成心不在焉、神不守舍的精神状况出现，乃至于"视而不见，听而不闻，食而不知其味"，耳目感官皆丧失其聪明知觉。事实上，这也就意味着其人于立身行己亦势必尽皆丧失其准的。故曰："修身在正其心。"而欲正其心者，当尽量排除忿怒、恐惧、偏好、忧虑等各种情感情绪对内心的搅动和干扰，"以平其心"，"心平，德和"（《左传·昭公二十年》）则正。

心得其正，才能进而修其身。而修其身之关键，在于能以正当合义或公正合理的态度和行为方式来对待他人。反之，那些不能修其身的人，对于自己所亲近喜爱的人，就过分地亲近喜爱；对于自己所轻贱厌恶的人，就过分地轻贱厌恶；对于自己所畏服敬重的人，就过分地畏服敬重；对于自己所哀怜同情的人，就过分地哀怜同情；对于自己所傲视慢待的人，就过分地傲视慢待。也就是说，这样的人立身行己不循"当然之则"，一任其偏私之心意情感所向而不加审察修治，其身之不修必矣！放眼天下，喜欢一个人而又能了解、知晓其过恶的一面，讨厌一个人而又能了解、知晓其美善的一面，这样的人实在是太少了。正因为如此，所以才有这样的说法："人们因溺爱而不知道自家孩子的过恶，因贪得而不知道自家禾苗的硕大。"因为溺爱之人偏爱自家的孩子，所以总是认为孩子是自家的好；而贪得之人贪求别人的财物，所以总是认为禾苗是人家的好。以如此偏私不公的态度和情感来对待家人和他人，自然是修不好身的，也是难以齐家的。正所谓"溺爱者不明，贪得者无厌，是则偏之为害，而家之所以不齐也。"① 故曰："齐其家在修其身"，反之，"身不修不可以齐其家"。

由上可见，《大学》阐释诚意、正心、修身之义亦可谓言简意赅，但其中所透露出的丰富意涵却是值得我们作进一步深入思考和辨析的。作为八条目的重要环节和自我心身的修养工夫，"诚意正心"显然是用来弥补格物致知之不足的，如果说修身即自我修养的目的在"人格之健全"的话，显然，在《大学》作者看来，这一目的并不是单纯靠"格物致知"就能完成和实现的，因为通过"格物致知"这种后天"学而知之"的努力尽管可以增进"心智之清明"，但依然存在一些"弗学而能"的内心意念和情感情绪方面的诸多因素会对人之身心健康或人格健全造成极为不良的影响，而这些因素又皆是"心之用，而人所不能无者"②。对这些因素及其不良影响的强调，显然不同于后来孟子对人之良知良能的正面论述和强调③。正是基于这些因素之"弗学而能"的先天存在，"诚意正心"才会被设想为继"格物致知"之后人之自我心身修养所不可或缺的重要环节。然而，意之须诚、心之须正、身之须修亦即自我心身之须慎重修养本身即说明，《大学》作者决不是那种浮浅的乐观主义者，因为他正是非常明确地针对现实生活中大多数人意之不能诚、心之不能正、身之不能修的状况，来提出和论述诚意、正心、修身的问题，并力主和强调意之当诚、心之当正、身之当修的问题的。《大学》作者对人意念之诚伪、内心之邪正、自身之修污问题的关注，

---

① 朱熹：《四书章句集注》，中华书局 2011 年版，第 10 页。

② 朱熹：《四书章句集注》，中华书局 2011 年版，第 9 页。

③ 如孟子曰："人之所不学而能者，其良能也；所不虑而知者，其良知也。孩提之童无不知爱其亲者，及其长也，无不知敬其兄也。亲亲，仁也；敬长，义也。无他，达之天下也。"（《孟子·尽心上》）

尤其是对那些偏私而对人格之健全有着严重不良影响的情感情绪因素的特别强调，毋宁说明了《大学》作者对人之善恶两面性有着最深切的感受和认识。而且，从论诚意问题时的君子小人之辨的角度来讲，《大学》作者似乎认为，只有君子才能真正地做到诚其意、正其心和修其身。换言之，从人人皆应"以修身为本"这一颇具普遍性命题的意义上来讲，也许可以说，《大学》作者之所以急切地关注、思考和激励所有人都应格物、致知、诚意、正心和修身者，乃是因为他心怀这样一种美好的理想和热切的期望，那就是希望人人都能成为君子。也许现实的残酷会让这样的理想终究难以完全实现或令这样的期望最终完全落空，但那决不是这一理想或期望本身的错，而只能说明人类自身的愚蠢及其现实生存状况的悲哀。其最根本原因就在于，我们既生而为人，实在别无选择，只能生活在人伦大群之中，恰当而正确地处理和安排好人与人的关系乃是人类最切身重要的生存生活问题。而如何才能恰当而正确地处理和安排好人与人的关系呢？归根结底，可一言以蔽之，那就是把人当人，亦即把他人当作和自己一样的一个完整的生命或人格来看待或对待，此即孔子儒家之仁道理想或人道观念的核心要义。这一理想的实现当然不可能是一蹴而就的，而要想实现它，就必须首先从自己做起，即首先立足于自我心身的修养，而不是单纯地一味妄想强制他人服从自己的意愿，强制他人服从自己控制和支配其他人的权力意志。因此，对于人来讲，对于作为社会性的人来讲，对于人的社会生活来讲，他人总是在场的，自我心身的修养问题看似是一个自我指涉的问题，其实同时亦是最直接的具有涉他性的重要问题，因此，从人与物、人与人的关系的角度和意义上来说，没有人能够完全生存生活在与他物他人相隔绝而孤立的状态之中，为了自身的生存和生活，人需要格物致知，更需要诚意正心和修身，而所谓的诚意慎独和正心修身，决不意味着在与人相隔绝或者完全遗世而孤立的生存状态中进行内心的独白和精神的修炼，而是即使在闲居独处或自己面对自己之际，亦正如直面他人之在场时一样，对于自己内心的欺伪意念和各种不良的情感与偏好，必须进行内心的反思和对话、自我的克制和修治。那么，其目的究竟何在？这不是一个多余的问题，而是一个关乎"人格之健全"的大问题。其直接目的在于自己身心生命的和谐，亦即自己与自己和谐相处，而其间接目的则在于与他人和谐相处，所谓的直接和间接，只是逻辑上的先后顺序问题，而无性质上的轻重之别，因为一个不能首先做到自我之身心生命和谐的人，也不可能做到能与他人真正地和谐相处！

最后，还需要作一些特别说明的是，从孔子儒家之为学修身理念的意义上来讲，《大学》之"八条目"，不论是"格物致知"，还是"诚意正心"，乃至于修身、齐家、治国、平天下，其实都可以说是学中之事，而且，为学修身以修养、转化和提升自我的道德品格，应是一个人终身努力为之而矢志不渝的学业①，说到底，所谓人生便是一个需要持续努力而不断追求自我道德完善的学习过程。因此，无论是"格物致知"，还是"诚意正心"，也不管是"心智的清明"，还是"人格的健全"，乃至于修身、齐家、治国、平天下，都不可能是一蹴而就地就能达到其既定目标的，这是一个持续而动态的实现过程。也就是说，《大学》之"八条目"虽然是一种环环相扣、循序递进的先后关系，但我们不宜将此先后关系作一种教条式的僵固理解，也就是说，依照这一循序递进的先后关系顺序，当进入到下一个环节之后，并不意味着上一个环节就此完结了，事实上在后面的任何一个环节总是存在着需要回溯到上一个环节重新再作一番工夫的可能性和必要性，比如在修身的过程中，有必要时时回头重新作"正心诚意"甚至"格物致知"的工夫实践。按照这一理解，无论是"心智的清明"，还是"人格的健全"，都并非一种完成式的状态，由修身而过渡到齐家的环节，也并不意味着修身环节的终结。我们必须牢牢记住的是，儒家为学修身的君子决非那种师心自用而自以为是的道德"完人"②，而是一个终身致力于经常反省自我、乐于向他

---

① 诚如钱穆先生所说："中国古人惟有学业，无教业，终其身惟有一大事业斯曰学，而谋生有所不顾。"（《现代中国学术论衡》，生活·读书·新知三联书店2016年版，第191页）

② 正如孟子所曰："人之患在好为人师。"（《孟子·离娄上》）

人学习、不断努力地修德徙义和改过迁善的"学者",如孔子曰:"若圣与仁,则吾岂敢? 抑为之不厌,诲人不倦,则可谓云尔已矣。"(《论语·述而》)"三人行,必有我师焉:择其善者而从之,其不善者而改之。"(《论语·述而》)"见贤思齐焉,见不贤而内自省也。"(《论语·里仁》)曾子曰:"吾日三省吾身——为人谋而不忠乎? 与朋友交而不信乎? 传不习乎?"(《论语·学而》)《荀子修身》曰:"见善,修然必以自存也;见不善,愀然必以自省也。善在身,介然必以自好也;不善在身,菑然必以自恶也。故非我而当者,吾师也;是我而当者,吾友也;谄谀我者,吾贼也。故君子隆师而亲友,以致恶其贼。好善无厌,受谏而能诫,虽欲无进,得乎哉!"上述理解同样适用于接下来我们要讲到的齐家、治国、平天下诸环节。

(4)齐其家而成教于国

经由"格物致知"的途径、"诚意正心"的工夫,逐渐砥砺和陶养"心智的清明"和"人格的健全",乃至于修其身以立万事之根本。这是由人的社会性以及人类事务之关系性特征所决定的,正如王国维先生所言,"人本社交的动物,自有道德的本性,与其他互相倚赖关系以立社会,故其行亦互有影响",而"人间究竟之目的,在据纯正之道理,而修德以为一完全之人。既为完全之人,则又当己立立人,己达达人,人己并立,而求圆满之幸福。所谓人生之目的,不过如是而已"[1]。《大学》所谓齐家治国平天下者,其实皆不外乎此人生之根本目的,因为所谓的家国天下,说到底,其实"皆指人与人之关系"[2]而已。对人生之根本目的的误解乃至对人与人之关系从支配和统治的角度作的暴力化或工具化的系统扭曲,自然会将《大学》对齐家治国平天下问题之富有条贯性的系统论说看作一种简单地"把'大'当作'小'来处理"的不通之论。正如一开始所

---

[1] 王国维:《孔子之学说》,见彭华选编:《王国维儒学论集》,四川大学出版社 2010 年版,第 42 页。

[2] 钱穆:《现代中国学术论衡》,生活·读书·新知三联书店 2016 年版,第 225 页。

指出的那样，《大学》所谓"大学之道"、所谓"三纲领"事实上讲的是领导学或领袖之道的问题，其具体的运作和实施就直接体现在齐家、治国、平天下的实践领域，而之前的"格物致知""诚意正心"和"修身"可以说便是儒家君子式领袖训练养成的必由之路。

正如伯恩斯所说，我们要想理解领导的真正本质及其重要作用，就需要把我们自己从"痴迷于权力"、"从过分强调权力的桎梏中解放出来"，"必须要把权力——以及领导——看作关系，而不是个人所有物。我们必须在人类动机和物质限制的背景中分析权力"①。具体地讲：

> 不把权力定义为一种财产、实体或占有物，而将其定义为一种关系，在这种关系中，两个或更多的人运用各种各样的资源相互激发各自的动机基础；这样定义权力，其目的是要理解，权力就是把广泛的人类行为纳入自身轨道。权力的舞台不再是由权力精英、当权者或者披着合法外衣的人所独享的特区。权力是普遍存在的，它渗透在人类的各种关系之中。②

> 领导者是一种特殊的权力持有者。与权力相似，领导是关系性的、集体性的和有目的的。领导与权力都承担着实现目的的重要功能。但是，领导的范围和领域要比权力更为有限，至少在短期内是如此。领导者不能完全漠视追随者的动机，尽管他们可以激发某些动机，而忽视其他的动机。他们引导其他生灵，而非物体（只有在他们认识到动物的动机时，才能引导动物——即把牛群引到牛棚里去，而不是牵去屠宰）。控制各种物——工具、矿产资源、金钱、能源——是权力的行为，而不是领导的行为，因为物体不存在动机。权力的行使者可能会

---

① ［美］詹姆斯·麦格雷戈·伯恩斯：《领袖》，常健、孙海云等译，中国人民大学出版社2016年版，第5、6页。
② ［美］詹姆斯·麦格雷戈·伯恩斯：《领袖》，常健、孙海云等译，中国人民大学出版社2016年版，第9页。

把人当作物来对待。但领导者却不可以如此。①

据上引伯恩斯所言，真正的领导关系乃是一种具有特定含义的关系模式，是一种把人当人来对待、积极回应和满足追随者的基本需求并致力于将其需求和动机提升到富有人性的更高水平和层次的良性互动关系模式。这种性质的领导关系，并不局限于政治领域，而是"存在于日常生活的各种关系之中，从伟大的领袖到母亲和教师，从同伴到顶头上司"，而且，"在每一种情况下，领导的关键都是去发现共同的目标以及在动机和价值方面的相互作用"②。也就是说，真正的领导关系或领袖之道适用范围广泛，可以适用于"由两个以上的人们在相互约束（engage）中所形成的深层人类关系构成的"③各种规模的人类群体生活领域，不管其组织规模的大小或人员构成的数量多少。还须特别强调指出的是，作为"一种特殊的权力持有者"，"所有的领导者都是实际的或潜在的权力行使者，但是并非所有的权力行使者都是领导者"④。而且，在领导者和追随者的互动过程中，有的追随者也有可能会变身而成长为真正的实际的领导者。

如果我理解不错的话，那么，在我看来，孔子儒家在乱世中所急切发出的持续而深沉的对君子的召唤，其实就是希望儒家式的道德君子能够在人类生活的广阔领域中发挥真正领导的重要作用，这些领域包括学校、家庭、宗族乡党、地方社群乃至邦国和天下。而真正的领导关系或领袖之道，就是《学记》所论那样一种性质的教学关系或教学之道，亦就是《大学》所论的"大学之道"和齐

---

① ［美］詹姆斯·麦格雷戈·伯恩斯：《领袖》，常健、孙海云等译，中国人民大学出版社2016年版，第11页。

② ［美］詹姆斯·麦格雷戈·伯恩斯：《领袖》，常健、孙海云等译，中国人民大学出版社2016年版，译者序，第4页。

③ ［美］詹姆斯·麦格雷戈·伯恩斯：《领袖》，常健、孙海云等译，中国人民大学出版社2016年版，第6页。

④ ［美］詹姆斯·麦格雷戈·伯恩斯：《领袖》，常健、孙海云等译，中国人民大学出版社2016年版，第11页。

家治国平天下之道。当然，就家、国、天下而言，并非现实中的一家之长、一国之君乃至作为天下共主的天子自然而然地就是真正意义上的领袖或领导者，在《大学》作者看来，只有经由"格物致知"的途径和"诚意正心"的工夫而能"修其身"者，才能成为真正的领袖或领导者。而依孟子之见，像桀纣那样的暴君就连君主的名号都不配称，更遑论什么天下国家的真正的领袖或领导者了。因此，也可以说，对孟子而言，并非所有的权力行使者都是真正的领袖或领导者，只有那些贤而有德的政治人物才是真正的领袖或领导者，像益、伊尹、周公那样的圣人虽然身为人臣而"不有天下"，却能"自任以天下之重"（《孟子·万章上》），像伯夷、柳下惠那样的圣人虽然无权无势，但其人格风范的流风遗教所及足以使"顽夫廉，懦夫有立志""薄夫敦，鄙夫宽"（《孟子·尽心下》），像孔子那样的圣人虽然有德无位，但"七十子之服孔子也"，"中心悦而诚服也"，这才是真正的"以德服人"（《孟子·公孙丑上》）的王者或政治领袖。对孟子而言，真正的领袖或领导者，是那些能够"格君心之非"的"大人"（《孟子·离娄上》），是那些能够"事君"而"务引其君以当道，志于仁而已"（《孟子·告子下》）的君子，是那些"虽无文王犹兴"的"豪杰之士"（《孟子·尽心上》）。

让我们从领导学或领袖论的话题回到《大学》齐家、治国、平天下的正题。依《大学》作者之见，修其身方能齐其家，家齐而后方能使国治。故曰："所谓治国必先齐其家者，其家不可教而能教人者，无之。故君子不出家而成教于国：孝者，所以事君也；弟者，所以事长也；慈者，所以使众也。"这两句话词约而义丰，既有可能激发读者无限的美好联想，亦有可能引起读者无穷的片面误解。为了更好地让读者正确理解其丰富的思想内涵，首先有必要厘清一些容易引发误解的疑难问题。

问题之一，《大学》所谓"家"者究竟何所指谓？严立三先生尝言：《大学》之所谓家，鲁三家晋六家之家也，族也。《孟子》所谓巨室之所慕，一国慕之者也，非庶人八口之家也。"①这样理解也许更符合典型宗法社会的现实状况，然而，《大学》所谓的家，显然并不拘囿于或仅仅是就典型宗法社会的现实状况而言的，否则，又何必主张庶人亦须"以修身为本"呢？因为修身的目的在齐家，所以，对《大学》作者而言，显然庶人亦有修身齐家的必要，而非只有巨室大族方有修身齐家的必要。而就孔子儒家思想中最通行的五伦观念来讲，其中的父子、兄弟、夫妇三伦，不可能只是针对贵族大家或巨室宗族内部的关系而言，而庶人八口之家内部的这三种人伦似乎是无关紧要的，孔子用以教弟子（孔子弟子大多数是平民或庶人子弟）、儒家所极力倡导的孝、悌、慈等诸伦理美德，也不可能仅仅适用于贵族大家或巨室宗族的内部关系，亦同样适用于庶人八口之家的内部关系。因此，在我看来，《大学》所谓的"家"，可以涵括或指称任何规模与意义上的"家"（核心家庭、贵族大家或巨室宗族），所谓的孝、悌、慈等诸伦理美德亦同样适用于任何规模与意义上的"家"。唯其如此，所以《大学》才会主张"君子不出家而成教于国"，亦即适用于教其家者，甚至同样可以适用于教其国，此则正如严立三先生所说："国者，国之人。家者，家之人也。身与家关系尤切，故教国必自家始。且家之道即国之道，故曰不出家而成教于国也。孝弟慈所以教家者也。然而国之事君事长使众之道即在于是，以其存心一也。"②

问题之二，在家庭生活中，修持、养成孝、悌、慈等诸伦理美德之难易的问题。这是一个非常不好回答也是很难一概而论的问题，说容易也容易，说困难也困难，那就要看处在什么样的家庭生活和人伦关系环境中了。历史上一个最极端的事例就是舜的例子，这也是一个最为儒家学者所称诵而乐道之的例子，它最充分地说明了行孝悌之道的艰难不易。据《史记·五帝本纪》载，舜不幸

① 严立三：《〈礼记·大学篇〉通释》，见梁漱溟等：《梁漱溟先生论儒佛道》，广西师范大学出版社2004年版，第244页。

② 严立三：《〈礼记·大学篇〉通释》，见梁漱溟等：《梁漱溟先生论儒佛道》，广西师范大学出版社2004年版，第242页。

生长于"父瞽叟顽，母嚚，弟象傲，皆欲杀舜"的家庭环境中，舜之父瞽叟、其继母及继母所生之弟象处心积虑地日以杀舜为事，其处境可谓艰危而家人可谓难以相处矣，舜不得不处处小心谨慎，尽力设法逃避家人的谋害，"及有小过，则受罪"。所谓父顽、母嚚、弟傲，正说明了其父瞽叟及其后母与弟的身之不修，而身之不修正源于其父瞽叟对"后妻子"的偏私溺爱以及"后母与弟"想要独占家产的贪婪欲望，而追根究底，亦可以说正是由心智的愚蔽昏昧所造成的。但不管其父及后母与弟如何对待自己，舜都"顺事父及后母与弟，日以笃谨，匪有懈"，换言之，"舜顺适不失子道，兄弟孝慈"，而且"欲杀，不可得；即求，尝在侧"。也就是说，尽管舜生长在如此糟糕的家庭环境中，却仍能不失其真诚善待家人的孝悌之心，亦即仍能自修其身而自尽其孝悌之心，正唯如此，他才被儒家树立为了"大孝"型的伟大典范。而作为最为成功的历史范例，舜最终经受住了恶劣家庭环境的磨难，而且因为自己的孝行，不仅挽救了自己的家庭，化解了家人之间相互伤害和残杀的家庭危机，同时也使自己走出了个人生存的困境并最终走向了人生事业的巅峰，舜因其孝行显闻卓著而受到尧的举荐和禅让。不管怎样，舜的孝行之德确乎是经历艰难困苦修炼而成的，充分展现和说明了修行儒家所倡导的孝行之德至为困难的一面。不过，在儒家的思想观念或伦理教诲中，家庭伦理美德的修行和实践也还有容易的一面。如孟子所言："人之所不学而能者，其良能也；所不虑而知者，其良知也。孩提之童无不知爱其亲者，及其长也，无不知敬其兄也。亲亲，仁也；敬长，义也；无他，达之天下也。"（《孟子·尽心上》）并说："道在迩而求诸远，事在易而求诸难；人人亲其亲、长其长，而天下平。"（《孟子·离娄上》）真可谓大道至简！不过，对孟子而言，事情又似乎并非像看上去那样简单而乐观，因为，现实的生存状况是，不管多么容易的事情，人们又常常是虽能之而不为的，正所谓："徐行后长者谓之弟，疾行先长者谓之不弟。夫徐行者，岂人所不能哉？所不为也。"（《孟子·告子下》）不宁唯是，法家代表人物韩非所说的那种"人为婴儿也，父母养之简，子长而怨。子盛壮成人，其供养薄，父母怒而诮之"（《韩非子·外储说左上》）的情况，恐怕也是现实生活中时常发生的一种现象。事实上，也正是因为深切感受到了"礼崩乐坏"所造成的子弑其父、臣弑其君等各种人伦祸乱现象的发生，孔子儒家才会如此急切地大力倡导孝悌亲亲之道的家庭伦理美德。然而，不管如何，对于任何一个有着正常而健康心理的人来说，希望能够过上一种美好而幸福的家庭生活当属再自然不过的事了，因此，无论是难还是易，孔子儒家所倡导和主张的孝悌亲亲之道的家庭伦理美德乃是合乎人之常情、伦之常理的，是对植根于家庭共同生活而培养伦理美德以满足人类基本需要而作出的一种极富意义的深刻回应。

然而，我们仍然不能不提出的第三个疑难问题就是，孔子儒家所倡导的家庭伦理美德是可教的吗？如果是可教的话，那么，这样的家庭伦理美德又当如何教之呢？毫无疑问，孔子儒家是主张美德可教的，因此，"有教无类"是其最根本而重要的教育主张，"教之"即对人民施以教化也是其最根本而重要的政治主张。然而，问题的关键在于，美德当如何教之呢？或者，什么才是美德之教最恰当、正确而合宜的方式方法呢？对作为教育家的孔子来讲，通过讲道理的方式进行道德教诲当然是无可避免的，但言教不如身教，空言立说的施教方式，显然不如立身行己的躬行实践方式更有说服力，故孔子在自述其为人时常常将"学"和"为"放在"诲人"之前，如子曰："默而识之，学而不厌，诲人不倦，何有于我哉？"（《论语·述而》）又曰："若圣与仁，则吾岂敢？抑为之不厌，诲人不倦，则可谓云尔已矣。"（《论语·述而》）所谓"学而不厌"之"学"，除了"学而知之"的意思之外，更重要的是"学而行之"，故又可谓之"为而不厌"。孔子不仅以身示范，而且教弟子亦先躬行孝悌之道而后学文，故曰："弟子，入则孝，出则弟，谨而信，泛爱众，而亲仁。行有余力，则以学文。"（《论语·学而》）正因为孔子强调行的根本优先性或身教重于言教，故其为鲁司寇期间，遇到父子相讼的案例，既不以严词训诫的道德说教方式惩劝之，更不以杀戮不孝不义的刑罚方式惩治之，而是采取冷处理的方式，让相讼者冷静下来自省自悟、自相和解，故"拘之"而"三月不别（决）"，最后，"其父请止，孔子舍之"（《荀子·宥坐》）。然而，不论是身教，还是言教，其实都是从外部关系来讲的，而就内部关系而言，父子之间又当如何教之呢？换言之，当美德之教用之于家庭内部时，是否会遭遇由亲情所带来的一些不可避免的实际难题呢？显然，对孔子儒家来讲，问题必然是具体而复杂的，正如舜的遭遇所示，尽管属于一种极端的特例，但也说明了有些情况下家人之间也是不可言教和理喻的，即使像舜那样的品行或其本人做得再好也未必就能很容易地与家人建立起良好而合理的人伦关系。而依孟子之见，"父子之间不责善"，"责善则离"，故君子只能"易子而教之"（《孟子·离娄上》）。这是说，父子之间的关系主要以亲情为其纽带，以正道相教必然会伤及父子间的情感，从而造成父子关系的隔阂疏离。父之于子尚且须"易而教之"，至于子之于父的关系，又当如何处之呢？当然，子对于父是不能用"教"的方法的，不教而只能"从父之令"吗？然而，孔子儒家却又明确主张子当谏诤于父或"从义不从父"，如《孝经·谏诤章》曰："父有争子，则身不陷于不义。故当不义，则子不可以不争于父，臣不可以不争于君；故当不义，则争之。从父之令，又焉得为孝乎！"《荀子·子道》曰："人孝出弟，人之小行也；上顺下笃，人之中行也；从道不从君，从义不从父，人之大行也。"既然孔子儒家主张谏诤，我们仍需对一个更加令人费解和疑惑的问题给出一个合理的解释，那就是孔老夫子为何又要教人"父为子隐，子为父隐"[1] 呢？古今注疏家一般将"隐"解释为"容隐""隐瞒"或"掩藏"。尽管如朱子集注所曰："父子相隐，天理人情之至也。故不求为直，而直在其中。"[2] 但问题是，对

---

[1] 据《论语·子路》载，叶公语孔子曰："吾党有直躬者，其父攘羊，而子证之。"孔子曰："吾党之直者异于是：父为子隐，子为父隐。——直在其中矣。"

[2] 朱熹：《四书章句集注》，中华书局 2011 年版，第 137 页。

孔子儒家来讲，"吾党之直者"之所以不告发其父而"证之"，难道是因为他们认为"其父攘羊"的盗窃行为就是正当的吗？这样理解，显然是于义窒碍而难以讲得通的。[①] 如果"其父攘羊"是一种不合义的盗窃行为或是一种过恶，所谓的"父子相隐，天理人情之至也"那就等于是为不合义的盗窃行为或过恶作合理化的辩护，那么，孔子儒家所主张的谏净便是一句自欺欺人的假话，如此又怎么能够诚意正心以修其身乃至"君子不出家而成教于国"呢？依余浅见，孔子所谓的父子相隐，不可能简单地只是意指父子相互掩藏或隐瞒其过恶或盗窃行为而已，或者，面对亲人的盗窃行为，人们只能在告发与隐瞒之间采取二者择一或非此即彼的处理事情的行为方式，也许在告发与隐瞒之间还另外存在一种既能照顾亲情而不予告发同时又合乎道德义理的合情合理的方式，我认为，这才是孔子所谓父子相隐而"直在其中"的真实含义。因此，如果我理解不错的话，造成费解和疑惑的原因也许就恰恰出自对"隐"字含义的理解和释义上，而在我看来，为家人隐瞒过恶或罪行这样一种理解和释义，显然与孔子儒家的谏净理念是相悖离的。一种相对合情合理的解释也许可以用宋儒陆九渊的说法来给出，依陆氏之见，"舜'隐恶而扬善'，说者曰：'隐，藏也'，此说非是。隐，伏也，伏绝其恶，而善自扬耳。在己在人一也。……故君子以遏恶扬善，顺天休命也"[②]。也就是说，孔子所谓的"隐"，虽然直接针对父子之间相互"证之"的揭发或告发行为而表达自己明确反对的态度和立场，但也未必就意味着它是简单地主张父子之间就应相互"掩藏"或"隐瞒"其过恶或罪行，正如陆九渊所说的那样，将"隐"字的含义解作"掩藏"或"隐瞒"未必就符合其本义或一定是恰当而正确的。从儒家力主教育和谏净的观念来讲，其父"攘羊"的行为既然是不义或不正当的，其子虽不应直接告发而"证之"，却是需要"争之"

---

① 如孟子即曾设为"今有人日攘其邻之鸡者"而认为这种行为显属君子所不为的"不义"之行（参见《孟子·滕文公下》）。

② 陆九渊：《陆九渊集》，钟哲点校，中华书局 1980 年版，第 425 页。

（谏阻劝止）以"伏绝其恶"的，反之，其子"攘羊"，难道其父不是更应教诲训诫以伏绝其子之恶吗？① 从道理上讲，或者揆之于人之常情、伦之常理，我个人认为，这是解释得通的，父子家人之间靠相互"掩藏"或"隐瞒"其过恶或罪行，是不能培养家庭内部的伦理美德的，正所谓"子不教，父之过"，反之，父不争，子之过。② 而依照《大学》修身齐家的说法，"其家不可教而能教人者"，也是从来没有过的事情。

由上可知，家庭内部父子家人之间的关系以及诸伦理美德的培育和养成问题，看似简单，其实涉及的问题是相当复杂的。孔子儒家对这些家庭人伦关系及相关伦理美德问题的看法，并非如一般人想象得那样天真而乐观，其中既关涉家人之间天然的血缘与情感纽带，亦涉及正道合义之正确行为和伦理美德之培养和教育所应采取的恰当、正确而合宜的方式方法。而且，情与义或亲情与道义二者之间常常发生冲突和矛盾，以至于必然造成家庭关系的紧张与家人内心的纠结。但，不管怎样，孔子儒家既不是浮浅的乐观主义者，也不是极端的

① 事前之"隐"，当修礼让之坊，以伏绝其恶于未萌；事后之"隐"，为修礼让之坊，亦应将所攘之羊归还失主，以伏绝其恶于已然。至于后世刑法律令中的"亲亲相隐"或"同居相为隐"的规定，也许是直接依据圣人孔子之言来制定的，但那也只是根据后世立法制刑者将"隐"字的含义片面地理解为"容隐"或"掩藏"的意思来制定的，这是否就是或完全符合孔子当初立言设教的本意，其实是大可怀疑的。而且，亦须将该项法律条文的具体规定及其复杂用意置于整个法律体系中来加以审视和理解，亦即在整个法律体系中，该项规定具有一定的适用范围，且依据人们在人伦关系中的不同角色或身份地位有着不同的规定要求，这可以说是一项特别注重维系人们长幼尊卑间等差性的关系秩序和伦理情谊的法律规定，但在我看来，却决不能将该项规定的立法本意简单地理解为就是鼓励或倡导人们对亲人的过恶罪行应不辨是非黑白地加以容隐或掩藏，这显然不符合孔子儒家教人改过迁善或崇德向善的思想本旨。

② 孔子儒家之所以主张父子谏争之义，其实正是意在强调亲亲之"仁"或父子间的亲情有时应受到社会之"义"或人际的公义的裁制，故荀子才会谓"从义不从父"乃"人之大行也"（《荀子·子道》）。如若不然，那就真的会如潘光旦先生所说："'父作贼，子隐之'，'父杀人，子窃负而逃之'之笑话，将为逻辑上所不可免，充其极，将使群居生活之秩序无法维持！"（《儒家的社会思想》，北京大学出版社2010年版，第64页）

悲观主义者。比较而言，在先秦诸子各家中，他们最为重视家庭人伦关系和家人间的亲情，积极倡导孝悌亲亲之道，视家庭为培养人类伦理情谊和伦理美德的最重要的生活共同体，而且，他们对于家人之间能够在长期亲密的共同生活过程中通过良性互动来培育和养成人类生活所必需的伦理情谊和伦理美德这一点总是充满着特别的信心的。然而，他们亦充分地认识到，简单的说理教育在家人之间可能并不能发挥其应有的作用，那么，要培育和养成孝悌亲亲之道的家庭伦理美德，最恰当而适宜的行为方式是什么呢？对此，王船山先生有极精到的论述：

> 天下有道，生养遂，风俗醇，无不顺之子弟。非其恻隐之性笃而羞恶之心不可泯也，人率其子弟之常，而已独逆焉，则无以自容于乡闾。乃天下而无道矣，羞恶之心不泯以亡者不数数矣。（《读通鉴论》卷八《桓帝》）

> 立教之道，忠孝至矣，虽有无道之主，未有不以之教其臣子者，而从违异趣，夫亦反其本而已矣。以言教者，进人子而戒之曰"尔勿不孝"；进人臣而戒之曰"尔勿不忠"；舌敝颖秃，而听之者藐藐，悖逆犹相寻也。弗足怪也，教不可以言言者也。奖忠孝而进之，抑不忠不孝而绝之，不纳叛人，不恤逆子，不怀其惠，不歆其利，伸大义以昭示天下之臣子，如是者，殆其好也，非其令也，宜可以正于家、施于国、推于天下而消其悖逆矣。然而……繇此而知忠孝者，非可立以为教而教人者也。以言教者不足道，固已；徒以行事立标准者，亦迹而已矣。

> 夫忠孝者，生于人之心者也，唯心可以相感；而身居君父之重，则唯在我之好恶，为可以起人心之恻隐羞恶，而遏其狂戾之情。……无他，心之相召，好恶之相激也。呜呼！方欲以纲常施正于裔夷，而溅血之祸起于骨肉，心之几亦严矣哉！好恶之情亦危矣哉！故藏身之恕，防情之辟，立教之本，近取之而已。政不足治，刑赏不足劝惩，况欲以

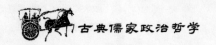

空言为求亡子之鼓乎？（《读通鉴论》卷十九《隋文帝》）

上述引文凸显了船山先生两个方面的重要看法：一是，家庭伦理美德的培育和养成不是在一种完全孤立而隔绝的环境下来进行的，外部大的社会生存环境和风俗的淳厚与浇薄势必会对家庭生活及其伦理美德的培育和养成造成最直接的重要影响；二是，父子、君臣之间忠孝之德的养成，作为根心而生的伦理美德，"言教"固不足道，即使"以行事立标准"以求其"迹"似亦难以见其真正的成效，而立教之本，唯在于"身居君父之重"者以真心相感召，以好恶相激发，只有这样，才"可以起人心之恻隐羞恶，而遏其狂戾之情"。在我看来，船山先生所谓的"唯心可以相感"或"心之相召，好恶之相激"，尤其适用于家庭内部的人伦关系和伦理美德的培育和养成。船山先生的看法虽然是在对秦汉以后近两千年积累的经验所作历史观察的基础上提出来的，但非常适合用来阐明先秦儒家有关孝悌亲亲之道的家庭伦理美德观念和《大学》所谓修身齐家以及"君子不出家而成教于国"之思想内涵的真实本义。

总结以上所述，如果我们把《大学》看作为解决上述各种疑难问题而提出的一套实践程式或儒家方案的话，那么，我们似可以这样来理解《大学》所谓的"八条目"，即《大学》作者有意识地将儒家所面对或深切感受到的人类生存难题自觉纳入一套清晰有序的八个步骤或程式中来加以系统化解决，这可以说是《大学》最富思想创见和理论贡献的一种体现。《大学》提出的是一套具有普遍意义的思想范式，其所谓的"家"并非专门指谓贵族大家或巨室宗族而已，而是一个一般性的普遍概念。儒家格外重视家庭生活及与之最直接而密切相关的父子兄弟等诸人伦关系和孝悌慈等诸伦理美德，其根本原因则正如严立三先生所说，"家之切要于人生者有三"，其一，为"群居之始"，"人生不能无群，家其始基，由是而国与天下可得而治矣"；其二，为"教化之原"，"生人之道，仁爱为首，亲亲之杀，孝弟为先，家仁国仁，家让国让，此理与势之不可易者也"；其三，为"修身之本"，人之一身不能离群类而独存，"故生人之道，相养、相长、相教之为务。仰思报德，俯冀诒谋，此所以有尽伦尽制修身立己之义也。然苟舍其父母兄弟妻子乡里盟社之朝夕相随，出入相友，患难与共，福利攸同者，而先务于其他，斯又岂事势之所能，人情之所许哉"[1]。事实上，我们也完全可以从人本心理学之需要理论的角度和意义上理解儒家所持"家"之根本重要性的观念。家是人们满足其最基本的人性需要之最重要的初级群居组织。男女婚媾、生儿育女而结合为家，在长期而亲密的共同生活中，彼此关爱而相互信赖和依靠，亲情可以营造一种最温馨、幸福和欢乐的家庭氛围，使家人获得一种爱与被爱的获得感和满足感；富有慈爱之心的父母操持家务而为子女的养育和成长问题费尽心力而无私地付出，这可以满足子女们对于安全、生存和成长的保障性需要，反之，子女为感父母养育之恩而思报父母之德，故从内心深处生发出事父母以孝敬的情感、态度与行为，乃至在长大成人后承担起反哺性地赡养父母的人生义务，这可以满足父母对于尊重和自尊以及年老失能后的基本生存需要；兄弟之间手足情深，彼此友爱而互敬互助，这可以满足同辈人在共同成长的过程中对于伙伴友谊的渴望和需求。我认为，这就是儒家之所以重视和强调"家"以及孝、悌、慈诸家庭伦理美德之重要性的根本原因所在。而且，在儒家看来，孝、悌、慈诸家庭伦理美德皆根源于或出自人的天性，其培育和养成可以奠立人所应具备的更富普遍性意义的社会性之仁义美德的根本和始基。

然而，抱持上述观点和看法的儒家还不至于迷陷于天真无邪地完全无视现实的地步，他们完全清楚地了解和知道，在现实的生活和实际的家庭中，父子兄弟之间的人伦相处关系以及家庭伦理美德的培育和养成势必会发生这样那样的问题或遭遇各种各样的难题。而就家庭生活的常情和人伦关系的常态来讲，儒家的上述观点和看法，只是表达了一种具有现实可能性而值得为之努力奋斗的理想目标。正唯如此，所以《大学》才会毫不含糊地郑重提出"自天子以至于

---

[1] 严立三：《〈礼记·大学篇〉通释》，见梁漱溟等：《梁漱溟先生论儒佛道》，广西师范大学出版社 2004 年版，第 244 页。

庶人，壹是皆以修身为本"这样一种极富深度意蕴的普遍命题和思想主张。家是需要齐的，而"齐其家在修其身"，意即齐家应建立在人们普遍修身的基础之上，身之不先修是谈不上齐其家的，而如果再向前回溯的话，正心诚意和致知格物的工夫实践又是修身齐家之必要而充分的前提条件。换言之，家之齐绝不是建立想当然之地基上的空中楼阁，而是需要以坚实而普遍的身心生命的自我修行和格致诚正的工夫实践为支撑。而且，在长期亲密的共同生活中，家庭伦理美德的培育和养成乃是一个动态的过程而非静止的状态，因此，由孝悌慈诸家庭伦理美德所维系的人伦关系也决不是一种静态的关系状态，而是一种富有意义的良性互动的关系模式。不宁唯是，尤其需要特别强调的是，儒家决非那种狭隘的家庭（宗族）中心主义论者或抱持的是一种狭隘的家庭（宗族）主义观念，他们深切地希望人们能进一步将在家庭共同生活中培育和养成的孝悌慈诸家庭伦理美德扩充推广开来，在由家庭走向社会时，像对待自己的家人一样对待他人的家人或其他的社会成员与政治角色，《孝经》所引孔子之言曰：子曰："君子之教以孝也，非家至而日见之也。教以孝，所以敬天下之为人父者也。教以悌，所以敬天下之为人兄者也。教以臣，所以敬天下之为人君者也。《诗》云：'恺悌君子，民之父母。'非至德，其孰能顺民如此其大者乎！"（《广至德章》）又曰："君子之事亲孝，故忠可移于君。事兄悌，故顺可移于长。居家理，故治可移于官。是以行成于内，而名立于后世矣。"（《广扬名章》）孟子亦有名言曰："老吾老，以及人之老；幼吾幼，以及人之幼。"（《孟子·梁惠王上》）而《大学》亦持有同样的观点和看法，故曰："君子不出家而成教于国：孝者，所以事君也；弟者，所以事长也；慈者，所以使众也。"

由此可见，儒家对于如何将家庭伦理美德加以推扩问题的表述亦并不完全一致，这需要我们小心谨慎地明辨区分其具体的含义。上引《孝经·广扬名章》移孝作忠、移悌作顺的说法最易引发异议，因为单纯就其字面含义而言，这样的说法的确含有片面强调对君长一味忠顺的语病乃至不可避免地会在现实中造成维护君长专制统治的流弊。那么，《大学》所谓"孝者，所以事君也；弟者，所以事长也"的说法,我们又当如何理解呢?是否也有同样的弊病呢?我个人认为,《大学》的说法更接近或应从上引《孝经·广至德章》所引孔子之言的意义上来理解,即只是意在强调对君、长应像对父兄一样抱持尊敬的态度而已,这也可以从《大学》本身所谓"为人君,止于仁;为人臣,止于敬;为人子,止于孝;为人父,止于慈"的含义上来理解,亦即父之慈犹如君之仁,而子之孝犹如臣之敬,故所谓"孝者,所以事君也",事君以孝事实上亦即事君以敬之义。而像孟子所言,应像对待自己的家人那样对待他人的家人,或者,他人的家人也像我们自己的家人一样是值得尊敬和关爱的,我想这是任何心智清明而富有善良意愿的人都能够认同和接受的。当然,儒家明确反对墨家的无差别的"兼爱"观念,而特别看重和强调人们应对自己的家人抱有特殊的感情,但他们也明确反对人们愚蔽偏私的情感,正如《大学》所说,"人莫知其子之恶,莫知其苗之硕",那也是无法修其身以齐其家的。对儒家来讲,"兼爱"之过会造成不别亲疏的流弊,最终使人们像对待陌生的路人一样对待自己的家人,而偏私则会造成人们封闭而狭隘的心理,以至于身家念重而丧失与他人出入相友、患难与共的一体仁爱之心,从而对他人及其家人的生存状况和命运遭遇完全漠不关心。故儒家之君子始终一贯地坚持守其常情而行乎中道的态度与立场,既重视和强调孝悌亲亲之道的家庭伦理美德,同时又认为这样的家庭伦理美德在原则上无疑具有可扩展性和普遍适用性,亦即源自家庭伦理美德的待人态度、道德准则和行为方式是可以被普遍化地加以运用的,其既适用于自己的家人,也同样应该适用于其他人及其家人。

对儒家来讲,将对待家人的家庭伦理美德推扩而用于他人及其家人,包括扩展而运用于臣下之于君上的政治关系,这是再自然、合理而正当不过的了。然而,以现代人政治与伦理截然二分的眼光来看,《大学》所谓"孝者,所以事君也;弟者,所以事长也"的说法可能仍然属于一种错误的类比推论,这样的说法极易导致将君臣之间的政治关系简单地等同于父子之间的伦理关系,尤其是所谓的孝悌,如果只是从单向服从的意义上来理解的话,就像后世的"三纲"观念那样，势必会造成难以估量的各种流弊，这是毋庸讳言的。①不过，先秦儒家的人伦关系观念的确有别于后世的"三纲"观念，而是更加凸显和强调各种人伦关系之间良性的双向互动含义，如《大学》之谓君仁臣敬、父慈子孝。而孔子儒家之所以要在父子、君臣之间作一种无差别的类比推论，一方面，或许是由于他们缺乏现代政治学或政治哲学理论的那种概念含义更加具体、明晰而精确的分殊化语言，从而无法对家与国、父子与君臣之间的分际进行严格的明辨区分，这当然是一种后见之明；而另一方面，从先秦诸子各家之思想观念的分殊化和多元化发展的意义上来讲，孔子儒家倾向于这样一种无差别的类比推论也许自有其特别的政治用意。比较一下孔子儒家凸显和强调良性双向互动的人伦关系观念与法家韩非强调单向服从的"忠孝"观念②，以及孔子儒家义以使民③、惠以使人④、慈以使众、仁义以治国的政治观念与法家商韩之明确反对儒家仁义治国的观念而极力主张充分利用人之好利自为的人性弱点、运用严刑峻法或权势法术来控御和支配臣民以实现富国强兵的目标这样一种统治的观念，我们不难发现儒、法两家观念上的分殊化无疑具有特别重要的政治含义。

---

① 详细论述参见拙文：《如何认识和理解三纲五常的历史含义》，《政治思想史》2016 年第 4 期。

② 依韩非之见，君、父拥有臣、子必须完全顺服的绝对权威，即使君、父"不肖"，也决不容许任何的质疑、批评、侵犯，更遑论反抗和颠覆了。孔子儒家不仅认为正确的事君之道应是"勿欺也"而可以"犯之"（《论语·宪问》）的，甚至明确主张人们也是可以反抗和诛杀暴君的，对此，韩非大不以为然，而批驳之曰：孔子儒家"本未知孝悌忠顺之道也"，像孔子儒家所推崇和标榜的尧舜禅让和汤武革命，其实不过一种"反君臣之义"的篡逆弑君行为而已，故真正的忠臣事君之道乃是："人臣毋称尧、舜之贤，毋誉汤、武之伐，毋言烈士之高，尽力守法，专心于事主者为忠臣。"反之，"为人臣常誉先王之德厚而愿之，是诽谤其君者也"。同样的，"夫为人子而常誉他人之亲曰：'某子之亲，夜寝早起，强力生财，以养子孙臣妾。'是诽谤其亲者也"。（《韩非子·忠孝》）

③ 如子谓子产："有君子之道四焉：其行己也恭，其事上也敬，其养民也惠，其使民也义。"（《论语·公冶长》）

④ 如子曰："惠则足以使人。"（《论语·阳货》）

正如有的学者所指出的那样，后世片面强调单向服从意义上的"三纲"观念无疑直接源自法家韩非的"忠孝"观念或深受其影响，指出这一点，对于我们了解儒、法思想的合流以及儒家思想在后世的历史变化及其实际影响无疑是大有裨益的。而转换一下观察问题的视角，也许我们更应指出的是，孔子儒家强调良性双向互动的人伦关系观念是更加值得我们特别重视和给以认真对待的，尤其是，如果我们对于孔子儒家慈惠以使众、仁义以治国的观念，愿意并能够给以无偏见的同情理解且认真领悟其深刻的政治含义的话，那么，我们从中也许正好可以发现一个贯通古今而颠扑不破的领导学原理，如《大学》曰："孝者，所以事君也；弟者，所以事长也；慈者，所以使众也。"紧接着便征引《尚书·康诰》之名言"如保赤子"，并进而曰："心诚求之，虽不中不远矣。未有学养子而后嫁者也！"很明显，在强调孝以事君、悌以事长的同时，《大学》更加凸显了慈以使众的领导理念，其真实含义是说，唯有慈爱的父母才能更好地担负起率领众子弟家人共谋美好而幸福之家庭生活的职责，这一职责要求作为领导者的父母能够养育而保障其子弟家人的基本生存需要，乃至培育、引领和提升其美好而良善的伦理道德品行，使其心智和生活能力乃至整个人格都能够得以健康成长和发展。这也同样适用于一国之君的领导角色和职责要求，即君主慈爱人民应像保育养护婴儿一样。在我看来，《大学》所谓慈以使众和"如保赤子"的领导理念，也就是上文我们借鉴和参照伯恩斯的领导学或领袖论所阐明的那种意义上的道德领导理念，即真正的领导必须回归和满足追随者的基本欲求、需要、渴望和价值观念，并进而将追随者从较低的需求和道德发展水平提升到更高的水平，如把基于家庭内部生活所养成的孝悌慈诸特殊化的伦理美德推扩而提升到更加普遍适用的社会性的、仁义化的普世道德的水平。正是在这样一种意义上，作为一家之长的父母、学校中的老师和作为一国之君的政治领袖，其所应担负的道德领导的角色及相应的责任并无实质性的分别。我们之所以将《大学》看作一部儒家领导学的经典著作，也正是因为《大学》系统论述了家长、

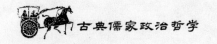

国君和天子在齐家、治国和平天下过程中所应担负起的领导责任。

尤其耐人寻味的是，《大学》作者还特别强调地指出，"未有学养子而后嫁者"，也就是说，没有人生来就是父母或君主，也没有人生来就懂得如何做父母或君主，为人父母者都是在婚嫁生子之后才开始学习并逐渐学会如何做父母和如何养子教子的，为人君主者也都是在做了君主之后才学习并逐渐学会如何做君主和如何养民教民的。当然，这需要人们能够在学中做，在做中学，而现实中也并非所有的为人父母者和为人君主者都能够在做父母和君主的过程中学习到并完成好自己应尽的职责，但《大学》作者相信，只要人们内心念兹在兹地真诚而努力地反身以求，虽然不能做到十全十美，但距离完美的目标也就会差不太远了。从这样一种意义上来讲，所谓"自天子以至于庶人，壹是皆以修身为本"，也许是有其特别含义的，即首先应是意指担任着领导责任的天子、国君和庶人之家长，都要"以修身为本"，因为无论是天子、国君还是庶人之家长，唯有能各修其身，也才能各齐其家，唯有齐其家而以孝悌慈诸家庭伦理美德立教于家人，也才能在首先使自己和自己的家人过上一种美好而幸福的家庭生活的基础和前提下进一步"成教于国"，正所谓"宜其家人，而后可以教国人"，也就是说，适宜于自己家人的也一定适宜于教一国之人。不管怎样，对《大学》作者而言，家庭生活实乃人类最佳之共同生活的范本或模板，孝悌慈诸家庭伦理美德与人类美好的良善生活是密不可分的，当人们对幸福而美好之家庭生活的向往和渴求已成为一种普遍的共同价值观，而人人都能齐心协力地孜孜于修身齐家的时候，全社会必然能够逐渐形成一种上下协同共治的良风美俗和家家和美的文明秩序。

最后，特别值得注意的是，在引领和促进上下协同共治、形成修身齐家的良风美俗和家家和美的文明秩序的过程中，《大学》作者还格外凸显和强调了天子国君应负有着不可推卸的自上而下的领导责任，亦即天子国君自身能否修身齐家对整个社会风气来说实际发挥着一种或好或坏的决定性的影响和作用。故曰：

> 一家仁，一国兴仁；一家让，一国兴让；一人贪戾，一国作乱。其机如此。此谓一言偾事，一人定国。尧舜率天下以仁而民从之，桀纣率天下以暴而民从之，其所令反其所好而民不从。是故君子有诸己而后求诸人，无诸己而后非诸人，所藏乎身不恕而能喻诸人者，未之有也。故治国在齐其家。

这是说："国君一家人仁爱相亲，那么一国人就会受到感化，兴起仁爱的风气；国君一家人谦让相敬，那么一国人就会受到感化，兴起谦让的风气；国君一人贪婪暴戾，那么一国人就会受到影响，纷纷为非作乱：国君一人一家对国家治乱的关键作用就是这样。这就叫做一句话可以败坏大事，一个人可以安定国家。尧舜用仁政统率天下，于是人民就跟从他们学仁爱；桀纣用暴政统率天下，于是人民就跟从他们学残暴。国君所颁布的政令与他本人的爱好相反，人民就不肯依从了。"① 也许这种说法的确夸大了身为天子和国君者的个人影响和作用，然而，在我看来，它也鲜明地从好与坏两个方面的影响与作用，对领导与统治作了一种深富意义的区分，即真正的道德领导是一定能够发挥"一家仁，一国兴仁；一家让，一国兴让"和"率天下以仁而民从之"的影响和作用的，反之，那些赤裸裸的权力行使者的所作所为则必然而普遍地败坏整个社会的道德风气，他们不过是造成"一人贪戾，一国作乱"之影响和作用以及"率天下以暴而民从之"的暴君而已。正是基于这一明辨区分，所以《大学》作者期望那些深明领导学原理而堪任真正的领导职责的君子，他们所遵从和奉行的道德行为准则就是"有诸己而后求诸人，无诸己而后非诸人"的恕道原则，正所谓"所藏乎身不恕而能喻诸人者，未之有也"，这就是《大学》所谓的"治

---

① 王文锦：《礼记译解》下册，中华书局 2001 年版，第 902—903 页。

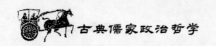

国在齐其家"，而"齐其家在修其身"。

（5）治国平天下

由上可知，依《大学》作者之见，无论是谁；不管你是天子、国君，还是一般庶人，都应自觉而努力地修好身齐好家。当然，身居权位之要而掌握风尚之枢机的天子和国君，尤其应在修身齐家方面为天下人做好带头示范作用，以发挥引领风尚、领袖群伦的普遍影响，从而为国家治理和天下太平构筑一种坚实而优良的社会根基。然而，作为一种社会性的伦理存在，或者一种伦理性的群居动物，人的生活领域并不仅仅拘囿于一家一户而已，随着交往活动范围的不断扩大，人的生活领域也势必会随之由近而及远、由亲而及疏地不断得到扩展。尽管《大学》作者强调人人皆应"以修身为本"，但其实他所始终坚持的核心理念却是，人类美好的良善生活并非以个人和个体自由权利为中心和本位，而是以家和家庭伦理美德为根基和本位，家之于人生的切要性或者家庭伦理美德的培育和养成之于治国平天下的价值优先的根本重要性就在于，家庭生活和家庭伦理美德与整个人类美好的良善生活和最佳的共同生活方式是密不可分的，基于家人之间最亲密关系和深厚感情的家庭生活以及由此而培育和养成的家庭伦理美德，乃是培育和修养可推扩而普遍适用于全体社会成员之人际互动的交往理性与道德行为准则的温床与源头，而孔子儒家决无意于教人只是做一个心灵封闭或心胸狭隘而只顾一己之身家性命及其特殊利益的家庭动物。因此，对孔子儒家而言，家只是"群居之始"，人人修其身齐其家也只是治国平天下的起点或开端而已。也就是说，人类的良善生活必然是始于家而又不止于家的，因为家并不是一个个封闭而自足的生活的孤岛，人们总是要比邻而居，乃至聚家而为邑，聚邑而为乡，聚乡而为国，聚国而为天下，人类生活的领域和范围是以家为始基而逐渐扩及于国与天下而后止的，因为人们要想真正过上一种美好的家庭生活，除了需要家人之间齐心协力、修身齐家的共同努力之外，还需要同邑乡里宗党之间能够形成一种自愿互助而患难与共亦即"出入相友，守望相助，疾病相扶持"（《孟子·滕文公上》）的良风美俗，乃至更需要有志于治国平天下的政治领袖或领导者通过制定和实施一系列保障民生的制度性政策措施，从而能够为人民提供必要而充分的生存环境和生活条件，乃至普遍提升人民的道德文明教养。这也就是《大学》所论治国平天下之道的核心要义所在。正唯如此，《大学》所论治国平天下之道，其实也正是对论齐家之道时所揭明的慈以使众、如保赤子、藏身以恕而后喻诸人的领导学的基本理念所作的进一步的更加具体详明的阐发和论述，也就是说，治国平天下之道与修身齐家之道事实上是一以贯之的。

《大学》曰："所谓平天下在治其国者：上老老而民兴孝，上长长而民兴弟，上恤孤而民不倍，是以君子有絜矩之道也。"这是说国家的治理乃至天下的太平首先需要治国平天下的领导者能够在道德行为方面为天下人树立起一种尊老、敬长和恤孤的优良模范，在领导者以身作则而率先垂范的激励、劝勉和引领下，在人民中间自然会因有所感发而兴起一种尊老敬长而不离弃幼孤的良好社会风气。这样一种想法或主张决非出于对领袖人物所寄予的一种一厢情愿的想当然的美好期望而已，而是源自人际交往互动所应遵循的"絜矩之道"。具体而言，所谓的"絜矩之道"就是："所恶于上，毋以使下；所恶于下，毋以事上；所恶于前，毋以先后；所恶于后，毋以从前；所恶于右，毋以交于左；所恶于左，毋以交于右。"意即：你厌恶上面的人怎样对待你，你就不要怎样对待你下面的人；你厌恶下面的人怎样对待你，你就不要怎样对待你上面的人；你厌恶前面的人怎样对待你，你就不要怎样对待你后面的人；你厌恶后面的人怎样对待你，你就不要怎样对待你前面的人；你厌恶右面的人怎样对待你，你就不要怎样对待你左面的人；你厌恶左面的人怎样对待你，你就不要怎样对待你右面的人。也就是说，人既然是一种"有道德性之社交的动物"①，势必要与周围上下前后左右的人打交道，一种最合乎理性而普遍适用的交往规则或道德行为准则就是，你不希望他人以什么样的态度和行为方式对待你，你也就不要以什么样的态度和行为方式对待他人，这也就是孔子所说的"己所不欲，勿施于人"（《论语·颜渊》《论语·卫灵公》）的恕道原则。说到底，你要把他人当作和你一样的人来对待。只不过恕道的原则是从消极的方面来讲的，而"己欲立而立人，己欲达而达人"（《论语·雍也》）的仁道原则则是从积极的方面来讲的，意即你希望自己能有所立有所达，你也要让他人能有所立有所达；你希望他人关爱、尊重你和你的家人，你也要关爱、尊重他人及其家人；你希望自己能够过上一种幸福而美好的家庭生活，你也要让他人能够过上一种幸福而美好的家庭生活。唯有这样，才能形成一种真正合乎交往理性而富有人道意义的人类文明秩序，也唯有这样，才能使国家得到治理、天下得以太平。

毫无疑问，有关人际交往之道德行为的上述"絜矩之道"的基本原则和交往理性，对于任何心智清明而人格健全的人来讲，都是正当合理而应该被人们普遍接受、认同和遵循的，更何况那些有志于治国平天下的政治领袖或领导者！对他们而言，治国平天下靠的既不是虚言伪饰的道德说教，更不是独断专行、贪婪而残暴的权力意志，甚至也不是一己之善良愿望，而是反躬而笃行、真诚而切实的道德行为示范，事实上，其道德行为示范也不只是一种态度或行为姿态的自我宣示，更重要的是要落实在具体而真正能够精准发挥作用、有利于民生福祉增进和人民道德文明教养提升的建制化的制度安排和保障性的政策措施之上。尽管《大学》作者所极力阐扬的只是一种关系性的"絜矩之道"或原则性的领导学原理，但像孟子所汲汲于倡导和主张的发政施仁应优先照顾和保障鳏寡孤独四类人亦即"天下之穷民而无告者"的基本生活以及制民恒产的仁政理

---

① 王国维：《孔子之学说》，见彭华选编：《王国维儒学论集》，四川大学出版社 2010 年版，第 50 页。

念(参见《孟子·梁惠王》),《礼记·王制》关于治国为政者应建立一种养老恤孤、照顾残疾的社会救济福利制度的政治构想①,诸如此类的仁政理念、制度建制和政策设想,无疑应是对《大学》所谓"上老老而民兴孝,上长长而民兴弟,上恤孤而民不倍"的理念的具体落实,或者应是与之前后相承而相互发明的,不难想象,它们也应是为《大学》作者所高度认可和赞许的。

最富有意义的是,《大学》作者基于"絜矩之道"的关系理念,紧接其后所明确揭橥和阐发的是一项可贯通古今而颠扑不破的原则性的领导学原理及其核心理念,即"民之所好好之,民之所恶恶之"和"道得众则得国,失众则失国"。《大学》作者将这样的治国为政者或天下人民的领袖称为"民之父母",而所谓的"民之父母",如朱子注曰:"言能絜矩而以民心为己心,则是爱民如子,而民爱之如父母矣。"②以现代领导学的语词言之,所谓的"民之父母",其实可以说就是关切民生、"一切从人民立场出发"③的领导者,这样的领导者在治国为政时将会与人们的好恶意愿保持高度一致,或者也可以说,是人民的好恶意愿形

---

① 具体地讲,即"养耆老以致孝,恤孤独以逮不足",乃至使矜(鳏)寡孤独之民"皆有常饩",而"喑、聋、跛、躃、断者、侏儒,百工各以其器食之",意谓应由国家或政府为矜(鳏)寡孤独之民提供经常性的粮食救济,还应收容、供养身有残疾之人,以便让他们自食其力。另如《管子·五辅》曰:"养长老,慈幼孤,恤鳏寡,问疾病,吊祸丧,此谓匡其急。衣冻寒,食饥渴,匡贫窭,赈罢露,资乏绝,此谓赈其穷。"《管子·入国》曰:"入国四旬(巡),五行九惠之教。一曰老老,二曰慈幼,三曰恤孤,四曰养疾,五月合独,六曰问疾,七曰通穷,八曰振困,九曰接绝。"可见,实行匡急振穷之慈惠性、保障性的政策举措乃是当时思想家所普遍关注的一项政治议题,这无疑是因为他们充分认识到了老弱病残、鳏寡孤独、水旱灾荒和饥寒穷困是人类生存中难以根除或不可避免的不幸现象,而且,这些都是非个人或个别家庭单纯依靠自力就能够解决的生存问题和不幸现象,因此,尽最大努力消除和减轻由此而给人们造成的生活困难,使每一个体和家庭都能过上一种基本生活有保障而有价值的人生或生活,乃是治国为政者的职责所在。
② 朱熹:《四书章句集注》,中华书局2011年版,第11页。
③ 伍庸伯口述:《〈礼记·大学篇〉解说》,见梁漱溟等:《梁漱溟先生论儒佛道》,广西师范大学出版社2004年版,第153页。

塑和引领着领导者治国为政的基本政治立场、目标方向和政策举措，而非领导者将自己偏私性的好恶意愿与独断专行的权力意志简单地强加于人民，这才是领导的真义所在。也许"民之父母"的说法在今天已经不再适用，但其所蕴含的领导学的基本原则与核心理念却是非常值得我们珍视的。只有遵循这一领导学的基本原则或领袖之道的核心理念，治国为政者才能赢得人民的支持和拥护、瞻仰和爱戴，而只有赢得了人民的支持和拥护、瞻仰和爱戴，也才能维持国家的长治久安和天下的和平安乐。那么，人民所好所恶者，究竟为何呢？清初思想家唐甄有言，"凡兹庶民，苟非乱人，亦唯求其所乐，避其所苦"（《潜书·柅政》）而已，换言之，人民之所好亦唯求其所乐，人民之所恶亦唯避其所苦而已，而以今语言之，民之所好而所求之乐，说到底就是对幸福而美好生活的追求与向往，反之，民之所恶而所避之苦，说到底就是对糟糕而不幸生活的厌恶与避免。真正的治国为政的领导者和天下人民的领袖，是乐于与这样的民之好恶意愿保持高度一致，采取和实行一切必要的制度建制和政策措施而尽可能使人民能够得其所乐而避其所苦，并以此作为自己的基本职责所在和全力以赴的奋斗目标的。以《大学》作者之见，对这样一种领导者的职责、使命和目标任务，有国者是不可不谨慎而认真对待的，只有履行其应尽的职责、担当起应负的使命、完成好应实现的目标任务，才能将国家治理好，更何况民心向背关乎着国家的安危，否则的话，"若不能絜矩而好恶殉于一己之偏，则身弑国亡，为天下之大戮矣"[①]。

如果我们理解不错的话，《大学》所论治国平天下的领袖之道的基本要义就在于，为人民所普遍向往的幸福而美好生活目标的实现及与之相关的基本需要提供必要而充分的保障。对于深明此道的领导者亦即儒家君子而言，他必须为此而首先审慎地自修其德，亦即首先应注重自身的道德修养与自我提升，故曰："是故君子先慎乎德。"这是因为，"有德此有人，有人此有土，有土此有财，有

---

① 朱熹：《四书章句集注》，中华书局 2011 年版，第 11 页。

财此有用。德者本也，财者末也，外本内末，争民施夺。是故财聚则民散，财散则民聚。"意即：能够修身以德才能赢得人民的支持和拥戴，赢得了人民的支持和拥戴才能维持国家的良好治理，从而使土地得以开发耕种，乃至于财用充足而生民安乐矣。因此，对君子式的领导者而言，道德才是根本，而财用只是末节。如果治国为政者轻根本而重末节，亦即"以德为外，以财为内"，那么，势必会"争斗其民，而施之以劫夺之教也"，然而，"财者人之所同欲，不能絜矩而欲专之，则民亦起而争夺矣"[1]。正因如此，治国为政者汲汲于聚敛财货而藏富于筐箧，那么人民就会离散叛逃；反之，治国为政者能够发散财货而藏富于民，那么人民就会凝聚归往。正如《尚书·康诰》所言："惟命不于常。"天命是不会永远保持不变的，只有良政善治才能赢得天命，而虐政恶治则会丧失天命。

那么，如何才能使天命得以常保而不坠失呢？至关重要的在于一国之君或治国为政的领导者还要懂得知人善任。《楚书》尝言："楚国无以为宝，惟善以为宝。"晋人舅犯（晋文公舅父狐偃）亦曾曰："亡人无以为宝，仁亲以为宝。"对于一个国家或流亡在外的人来说，真正珍贵的东西不是金玉，而是善人，不是权位，而是对父母家人的爱，因为唯有善人才会修德而仁民，唯有爱自己父母家人的人，才会爱他人的父母家人，说到底，唯有修德仁民的善人或能够将"仁亲"之道扩展推及他人的人，才能担负起国家治理并引领天下走向太平大治的领袖职责。当然，真正的领导者并不仅仅是靠个人一己之才智和能力来治国平天下的，而是也需要任贤而治，以便同心协力来为人民共谋幸福而美好的生活。所任贤良之人，必须是那种心胸宽广而博大、能够包容他人的人，别人有技艺才能，就好像自己有一样；别人通明贤良，他就发自内心地喜爱这个人，不仅仅是口中说说而已。反之，嫉贤妒能之人，别人有技艺才能，就心生妒忌和厌恶之情；别人通明贤良，他就排挤压制，使之不能发挥作用。只有任用有容人之量的贤良之人，才能保护子孙和黎民，反之，任用嫉贤妒能之人，不可能

---

[1] 朱熹：《四书章句集注》，中华书局 2011 年版，第 12 页。

保护子孙和黎民，只会使整个国家陷于危险的境地。治国为政而富有仁德的领导者，将会把嫉贤妒能之人流放驱逐到蛮荒之地，不与他们共同生活在作为文明国度、礼义之邦的中国。这就是所谓的"唯仁人为能爱人，能恶人"，亦即爱护贤能善良之人，憎恶嫉贤妒能之人。见到贤能善良之人而不能举荐，虽举荐而不能优先任用，这就是对贤人的怠慢；见到嫉贤妒能的不善之人而不能黜退，虽然黜退而不能驱逐到远方，这就是不能黜恶的过失。作为一国之君、治国为政的领导者或天下人民的领袖，偏偏喜爱仁人所憎恶的，憎恶仁人所喜爱的，这就是所谓违背了人之好善恶恶的本性，灾祸必然会降到这样的人身上。因此，治国为政的君子秉持修齐治平的大道，遵循领导之学的基本原则，势必要依靠忠信之德来维持天下国家的治平，骄矜恣肆则会造成天下国家的祸乱。

最后，《大学》作者将以君子为治体的领导学原理仍然归结于德与财或义与利的本末先后关系问题之上，这说明《大学》作者虽然强调德本而财末，但并非不关切和重视财用的问题，正所谓君子重本而不遗末。《周易·系辞传下》亦持有与《大学》观点相类似的看法，如谓"天地之大德曰生。圣人之大宝曰位。何以守位曰仁。何以聚人曰财。理财正辞，禁民为非曰义"。东坡《苏氏易传》释之曰：

> 位之存亡寄乎民，民之死生寄乎财。故夺民财者，害其生者也。害其生者，贼其位者也。甚矣，斯言之可畏也！以是亡国者多矣。夫理财者，疏理其出入之道，使不壅尔，非取之也。正辞者，正名也。……名一正，上之所行，皆可以名言。则财之出入有道，而民之为非者可得而禁也。民不为非，则上之用财也约矣，又安以多取为哉？ ①

另如《汉书·刑法志》曰：

> 夫人宵天地之貌（貌），怀五常之性，聪明精粹，有生之最灵者也。爪牙不足以供耆欲，趋走不足以避利害，无毛羽以御寒暑，必将役物以

---

① 曾枣庄、舒大刚主编：《苏东坡全集》第 7 册，中华书局 2021 年版，第 3551 页。

为养，任智而不恃力，此其所以为贵也。故不仁爱则不能群，不能群则不胜物，不胜物则养不足。群而不足，争心将作，上圣卓然先行敬让博爱之德者，众心说而从之。从之成群，是为君矣；归而往之，是为王矣。

上述引文向我们清晰地展现了早期儒家学者最为典型的人类观念。在他们看来，生生不息以使万物繁衍实乃天地之大德，而人虽为"有生之最灵者"，但须群聚合作以共谋相生相养之道，且有赖于圣贤和君王作为领袖群伦的领导者，而圣贤和君王之维持守护其领导地位、团结凝聚人民靠的是仁德和财富。对此，宋儒东坡先生的解说亦至为精到，即领导者之权位的存亡寄托在民心民意之向背的根基之上，而人民的生死命脉则寄托在财用之富足抑或贫乏的基础之上。对人民财用的剥夺，便是对人民生命的戕害。对人民生命的戕害，便是对自身权位的损害。这是最让那些拥有权位者深感可畏可惧的箴言警句，因为历史上发生过很多由此而亡国杀身的案例。因此，善于理财实则亦是拥有权位之治国为政者的一项重要职责，但所谓的理财，重要的是"疏理其出入之道"，即为了满足人民生活之需求，使财用能够在人民中间流通而不壅堵阻塞，与此同时，还要正其名以禁民为非。显然，东坡苏氏主要强调的是一种消极意义上的理财观念，而与之不同，《大学》作者所秉持的则是一种更加积极的"生财有道"的见解和观点[①]，故曰："生财有大道，生之者众，食之者寡，为之者疾，用之者舒，则财恒足矣。"不仅如此，《大学》作者还进一步强调指出，"仁者以财发身，不仁者以身发财"，意即富有仁德的治国为政者理应"利用财富来发扬自身的理想"[②]，而不是滥用自身的权位拼命地聚敛民脂民

[①] 正如《汉书·食货志》所说，《尚书·洪范》所谓"八政"，"一曰食，二曰货"，"食谓农殖嘉谷可食之物，货谓布帛可衣，及金、刀、龟、贝，所以分财布利通有无者也"，事实上，二者皆为"生民之本"，而且，亦唯"食足货通，然后国实民富，而教化成"。据此而论，亦可以说，东坡的理财观乃是着重就货的方面而言的，而《大学》的生财观则是着重就食的方面而言的。

[②] 王文锦：《礼记译解》下册，中华书局2001年版，第908页。

膏而大发其财。^①因为只有上面的君长或治国为政的领导者爱好仁德，下面的人民才会追随着爱好正道公义；只有人民爱好正道公义，乃至协力合作以共谋国事，国事才能终必有成而不会半途而废，而国家府库中的公共财富也才能与民同之、共享共用而"无悖出之患"^②。说到底，《大学》作者仍然坚持认为，肩负治国为政之职责和重任的领导者首先必须修养自身的仁德，因为唯有仁德之人才能堪任领袖群伦的领导者，而且，也只有在领导者之仁德的激发和感召下，才能将人民之行为的动机和需求提升到受普遍的道德公正原则所指引的层次和水平。反之，身为国家之君长而汲汲于财用之先务，这必定是受喜欢聚敛之小人的蛊惑所致，喜欢聚敛而任用小人治国为政者，灾害祸患必定会一起而至，到那时，即使是贤能善良之人，也是无可奈何的了。总之，一言以蔽之曰："此谓国不以利为利，以义为利也。"治理国家而领袖群伦，不能以一己之私利为利，而应以合乎公义为利，不是厚聚敛于人民而诛求无厌，而是能使一国之人民协力合作，共同生产、增加财富，同时亦均平分配、共享乐利。治国如此，平天下亦然，因为孔子儒家从来都不曾抱有狭隘的国家观念。诚如严立三先生所说："夫国皆以义为利，外无劫夺，内去侵渔，人相爱利，明德日新，虽欲天下不平可得乎。全章要义，所以归结于此也。"^③因此，我们认为，吕思勉先生的下述说法，即"中国人总愿意与天下之人，同进于大道，同臻于乐利。有什么办法，可以使天下的人，同进于大道，同臻于乐利，中国人总欣然接受"，而"压服他人，朘削他人，甚而至于消灭他人的思想，中国人是迄

---

① 伍庸伯先生将《大学》关于经济和理财的观念总结概括为三个方面的内容和原则，一是生产要增加，二是消费要节约，三是分配要均平。（据《〈礼记·大学篇〉解说》，见梁漱溟等：《梁漱溟先生论儒佛道》，广西师范大学出版社2004年版，第153页）这一总结概括可谓精要而切当。

② 朱熹：《四书章句集注》，中华书局2011年版，第13页。

③ 严立三：《〈礼记·大学篇〉通释》，见梁漱溟等：《梁漱溟先生论儒佛道》，广西师范大学出版社2004年版，第250页。

今没有的"①，把其中的"中国人"替换为"孔子儒家"，以此作为《大学》作者有关"平天下"观念的总结，那是再恰当合适不过的了。

4.小结：领导危机与领导召唤——教育、领导抑或操纵

综上所述，《大学》全篇可谓文辞简约而内涵丰富。其中，最值得我们关注和重视的就是，《大学》作者对于家庭人伦关系和家庭伦理美德的重视和强调，确乎蕴含或充分彰显了一种即使在今天仍然深富教益和可资借镜之价值与意义的深厚的"社群意识"，如张灏先生所说：

> 首先，在价值方面，儒家传统可资借镜的地方是它深厚的"社群意识"。人不能，也不应该离开社会而生活，这是儒家的一个基本假定。在这个假定上，社群意识强调两点，在一方面，社群生活应该以家庭为其基本模式，家庭所代表的是人与人之间的内心关切，而不是人与物之间的客观联系。易言之，家庭是一个情感交流的聚合。因此，由家庭扩大而成的社群也应该是一个情感的聚合。在另一方面，这个情感的聚合必须以家庭为出发点，不断地扩大下去，最后以包容全人类为对象。这种"天下一家"，"民胞物与"的社群意识，鉴于今日个人功利主义的泛滥，民族主义的高涨，岂可仍然视为传统的玄谈和幻想！②

张灏先生所谓的"社群意识"，其实亦可谓之为一种"共同体智慧"。它建立在儒家和谐的价值观念之上，正唯如此，"儒家不把人与世界完全视为一种对立和冲突的关系，也不把外界仅仅视为一个征服与宰治的对象。它所强调的是一种融通亲和的关系"③。当然，儒家的这一"社群意识"或"共同体智慧"并不仅仅建立在情感的聚合基础之上，而且还须建立在美德与道义的普遍根基

① 吕思勉：《中国政治思想史》，中华书局2012年版，第112、113页。
② 张灏：《传统与现代化——以传统批判现代化，以现代化批判传统》，见《张灏自选集》，上海教育出版社2002年版，第323页。
③ 张灏：《传统与现代化——以传统批判现代化，以现代化批判传统》，见《张灏自选集》，上海教育出版社2002年版，第323页。

之上。因为儒家总是希望人们能够将家人之间的特殊情感与在此基础上培育和养成的家庭伦理美德扩展推及于他人，转化提升为一种以仁义为核心而具有人之为人之道的普世意义的道德行为准则。正是基于这样一种人道主义的道德理想，《大学》作者为我们描画了一幅清晰而完整的家国天下多层级共同体的世界图景，并提出了一套系统而条贯的格致诚正的修养工夫论和修齐治平的领导学理念，从中我们可以深切地体会和领悟到的正是儒家的那种深沉厚重的家国情怀和高远超迈的天下观念，其中既充满了一种极富仁道意义的伦理想象和道德理想，同时又充分彰显了一种强烈的共同体意识。所谓共同体，请允许我们再次引用英国著名学者齐格蒙特·鲍曼的说法，其基本含义主要包括两大要点，"首先，共同体是一个'温馨'的地方，一个温暖而又舒适的场所。它就像是一个家（roof），在它的下面，可以遮风避雨；它又像是一个壁炉，在严寒的日子里，靠近它，可以暖和我们的手"，"其次，在共同体中，我们能够互相依靠对方"①。也就是说，共同体可以给人们提供一种安全感，提供一个温暖而又舒适、彼此关切而又相互依靠的"家"。对儒家而言，不仅由父子夫妇兄弟等家人所共同组成的"家"毋庸置疑就是这样一种意义上的共同体，而且，由彼此"讲信修睦"甚而以"民吾同胞"的态度和方式来相互对待的国人所共同组成的"国"，乃至由全体人类所共同组成或包含所有人在内的"天下"，也理应同样是这样一种意义上的共同体。换言之，齐家、治国、平天下的根本目的也正是要实现家家安乐、国泰民安乃至"天下一家"的伟大目标或共同体的理想愿景。

具体地讲，对《大学》作者而言，家庭人伦关系与家庭伦理美德无疑构成了人类文明生活的根基，但这并不是人类文明生活的全部，还有与之一脉相通的更大人口规模和疆域范围的邦国以及包括整个人类在内的天下。家是建立在血

---

① ［英］齐格蒙特·鲍曼：《共同体》，欧阳景根译，江苏人民出版社 2003 年版，序，第2、3 页。

缘和亲情纽带基础上而由家人自然构成的小型生活共同体，但家庭生活的本质决不仅仅体现在它是家人们之间情感纽带的寄托以及封闭狭隘的心灵港湾，而且它也是人与人之间彼此信赖和相互依靠、彼此关爱和相互关切之亲密的伦理情谊与深厚的人类共情的培养场所。国不仅仅是家的扩大而已，而且也是聚合了众多乡邑而自然形成的涵括着大大小小的家在内的中型政治共同体，而天下则是聚合了众多邦国而自然形成的涵括着所有族群在内的一种更加客观伟大的大型人类共同体。缺失了治理优良之文明国家所提供的制度性措施与和平安宁的天下秩序条件，人们所向往和追求的幸福而美好的家庭生活无疑也是得不到良好保障的。因此，《大学》儒家视域中的修齐治平或家国天下问题，实则是一个一以贯之的问题，也就是说，对于人民美好生活愿景的实现与人类普世文明秩序的建立来说，家国天下不过是一种层层递进而不断扩展、务须遵循本末先后之序而上下协同共治的具连续体性质的人类共同生活形式。在其中，无论是作为一家之长的父母，还是作为一国之君的治国为政者，又或者是作为天下共主的天子，理应扮演着一种领导者的关键角色，并势必会发挥一种决定性的伦理影响或政治作用，这也就要求他们务须"皆以修身为本"，而且应在回归和满足子女与人民的基本生存欲求和生活需要的基础上，进一步担负起儒家君子之领袖群伦的教诲角色与职责、发挥其道德领导的示范与提升作用。依余浅见，《大学》所谓的修齐治平之道，以及与之"相为表里"的《学记》[1]所论教学之道

---

[1] 如王船山先生所说："此篇之义与《大学》相为表里。《大学》以发明其所学之道，推之大，析之密，自宋以来为学者所服习，而此篇所论亲师敬业为入学之事，故或以为末而未及其本，然玩其旨趣，一皆格物致知之实功，为大学始教之切务，则抑末可以为末而忽之也。"（王夫之：《礼记章句》，见《船山全书》第四册，岳麓书社2011年版，第869页）其实，在我看来，《学记》所阐扬的教学之道的方式方法与《大学》所发明的修齐治平之道，皆具深刻的领导学意蕴，而且是一脉相承而足可以相互发明和诠证的。按照传统的说法，《大学》的作者是曾子，但更确切的说法或许应如顾炎武所言："《大学》成于曾氏之门人。"（《日知录》卷六《檀弓》）据此，故愚见以为，《大学》和《学记》的真正作者及其写作时间的先后似均不能确切判定，因此本书只是为了章节安排和论析阐述的便利起见，而将《学记》放在《大学》之前加以阐释和论述。

的政教观念，就其基本理念和核心要义来讲，无疑与伯恩斯所谓的变革型道德领导概念是古今前后若合符节的。

如所周知，孔子儒家生活在一个礼崩乐坏、列国纷争而极度衰败的混乱时代，对于他们及其所处的时代而言，正如伯恩斯所说，"一个最为普遍的渴望便是对强有力的富有创造性的领导的渴求"①，换言之，"呼唤领导"或"对领导的召唤"成了他们时代的最为迫切的"基调之一"②。不仅对孔子儒家而言是如此，事实上，对强有力的富有创造性的领导的渴求也正是诸子各家的一种最为普遍的渴望，用中国传统的术语来说，他们所渴求的乃是一种内圣外王式的"领导"，并希望借此来结束列国纷争的现实政治生存状况。然而，我们却不能不谨慎地明辨区分，诸子各家所渴求的内圣外王式的"领导"，是否就是伯恩斯所说意义上的真正的领导，更确切地讲，亦即那种变革型意义上的道德领导。

比较而言，法家极力主张变法改制，一心一意要对传统封建制宗法政治进行彻底而激进的时代性变革，然而，他们只是希望拥有绝对威权的君主运用赤裸裸的权势、法术和赏罚的手段，利用和操纵人民好利自为的低水平的欲望需求与道德动机来追求实现国家富强的政治目标，这显然不是伯恩斯意义上的真正的领导，而只能说是一种玩弄权术的强权统治，或者只是一种"伪领导"③。而道家虽然主张圣人式的领导者应"以百姓心为心"（《老子·第49章》），但道家所理解的"百姓心"或其所欲实现的治理目标只是一种简单而淳朴的婴孩

---

① ［美］詹姆斯·麦格雷戈·伯恩斯：《领袖》，常健、孙海云等译，中国人民大学出版社 2016 年版，《序言：领导危机》，第 1 页。

② ［美］詹姆斯·麦格雷戈·伯恩斯：《领袖》，常健、孙海云等译，中国人民大学出版社 2016 年版，第 380 页。

③ 正如冯友兰先生所说："把法家思想与法律和审判联系起来，是错误的。用现代的术语说，法家所讲的是组织和领导的理论和方法。谁若想组织人民，充当领袖，谁就会发现法家的理论和实践仍然很有教益，很有用处，但是有一条，就是他一定要愿意走极权主义的路线。"（《中国哲学简史》，涂又光译，北京大学出版社 1985 年版，第 186 页）

之心或无知无欲的低水平生活欲求状态^①，因此，道家的圣人式领导者从根本上缺乏提升人民需求动机和道德发展水平、回应和满足人民真正需要的道德意愿。他们不是把人民当作好利自为、自私自利而被利用和操纵的工具与目标，就是只是想要维持和强化人民"低层次的"、无知无欲的需要，从而同样使人民处于被操纵的地位。^②与他们有所不同，墨家似乎想要在回归和满足人民的基本生存需求的基础上，进而提升人民的需求动机的层次和道德发展的水平，故极力主张尊奉天志仪法的普遍主义原则并大力倡导兼爱主义的道德理想，但也只是希望上天选择聪明圣知贤能者立以为天子，然后再由这位天选的圣人天子通过选贤的方式来建立一套完整的政长系统和刑政制度，来从事一同天下之义的事业，即自上而下地确立统一之义并运用强制性的赏罚手段来迫使人民自下而上地接受、认同和顺从，乃至"唯欲毋与我同，将不可得也"（《墨子·尚同下》）。因此，墨家"尚同""尚贤"的主张事实上也具有强烈而鲜明的"精英统治"的意味。

从另外一个角度讲，墨、道、法诸家亦都是明确主张和公然鼓吹以智治愚或以智者来统治愚者的。由于个体智力天赋、后天自觉努力程度等各方面原因势必造成人在智识能力与水平上的差异，诸子各家也大都承认，在人与人之间

---

① 如老子曰："百姓皆注其耳目，圣人皆孩之。"（《老子·第49章》）又曰："不尚贤，使民不争；不贵难得之货，使民不为盗；不见可欲，使民心不乱。是以圣人之治，虚其心，实其腹，弱其志，强其骨。常使民无知无欲。使夫智者不敢为也。为无为，则无不治。"（《老子·第3章》）
② 如伯恩斯所说："仅仅激发'低层次的'或人为维持和强化的需要，会使追随者处于被操纵的地位。它对于领导者同样具有严重的后果。实质上，领导者在操纵别人的过程中也操纵着自己。在专注于追随者某个特定的'低层次'需要时，他们也专注于自己特定的动机，这种特定动机促使他们去唤起追随者（学生、顾客、选民）方面的那种需要。追随者的需要被唤起和满足得越充分，操纵者满足那种需要的动机也就越得到支持并维持得越持久。领导者和被领导者被联结在一起，以共生的方式维持着彼此的'低层次'需要。"（《领袖》，常健、孙海云等译，中国人民大学出版社2016年版，第385—386页）

不可避免地会产生"智"与"愚"的差别和分野,虽然其所谓的"智"与"愚"的具体含义不尽相同,但由此直接引出了一个共同而重要的政治观念,即天下国家应由圣知贤能者来治理。职是之故,墨家不遗余力地主张"尚贤",如墨子曰:"自贵且智者为政乎愚且贱者则治,自愚贱者为政乎贵且智者则乱,是以知尚贤之为政本也。"(《墨子·尚贤中》)显然,墨子所谓的"尚贤",其真实的含义其实就是以智治愚、以贵治贱。至如道家和法家,尽管其"绝圣弃智"之说和耳目心智"不足恃"的看法与主张具有一种鲜明的反智主义的政治意涵[①],但其实他们也都是主张以智治愚的,即应由拥有大智慧或掌握天地之道、万物之要的圣人明君来统治愚昧无知的人民。如老子曰:"圣人之治,虚其心,实其腹,弱其志,强其骨。常使民无知无欲。使夫智者不敢为也。为无为,则无不治。"(《老子·第3章》)《商君书·农战》曰:"圣人明君者,非能尽其万物也,知万物之要也。故其治国也,察要而已矣。"并直言不讳地明确主张,"民不贵学,则愚""愚农不知,不好学问,则务疾农"(《商君书·垦令》),而且"民愚则易治也"(《商君书·定分》),也就是说,愚朴的人民是最易于为君主所控制和操纵、支配和统治的。

像墨家一样,儒家也极力主张"尚贤使能"或"尊贤使能",如孔子认为治国为政应"举贤才"(《论语·子路》)或以君子为治体,孟子更明确主张:"天下有道,小德役大德,小贤役大贤;天下无道,小役大,弱役强。斯二者,天也。顺天者存,逆天者亡。"(《孟子·离娄上》)并说:"尊贤使能,俊杰在位,则天下之士皆悦,而愿立于其朝矣。"(《孟子·公孙丑上》)荀子亦主张:"君人者欲安则莫若平政爱民矣,欲荣则莫若隆礼敬士矣,欲立功名则莫若尚贤使能矣。"(《荀子·王制》)并说:"上好礼义,尚贤使能,无贪利之心,则下亦将綦

---

① 如《老子·第65章》曰:"古之善为道者,非以明民,将以愚之。民之难治,以其智多。故以智治国,国之贼;不以智治国,国之福。"《吕氏春秋·任数》曰:"去听无以闻则聪,去视无以见则明,去智无以知则公。去三者不任则治,三者任则乱。"

辞让、致忠信而谨于臣子矣。"(《荀子·君道》)毫无疑问，孔子儒家的贤能观也同样带有一种明显的精英主义色彩，与之相应，人民在政治上则被赋予了一种消极被动的角色地位。然而，与其他各家迥然不同的是，孔子儒家决不把人民仅仅看作好利自为、自私自利的动物，或者把人民当作被利用的工具而完全置于被操纵的地位，尽管他们亦极端重视民食和财用的问题，因为"民以食为天"或"民之死生寄乎财"，无食则无以养民，无财则无以聚人，但是，他们不仅强调治国为政者应回归和满足人民低层次的利益需求和低水平的基本生存需要，而且最为关切人民真正需要的问题，亦即进一步提升人民的需求动机和道德发展的层次与水平，故一方面主张要"因民之所利而利之"(《论语·尧曰》)或者制民恒产以保障民生(参见《孟子·梁惠王上》)，而另一方面则更强调要富而教之(参见《论语·子路》)，因为"人之有道也，饱食、暖衣、逸居而无教，则近于禽兽"(《孟子·滕文公上》)。所谓"教"，就是在满足人民基本的乃至富足的物质生活需求的基础上，更进一步提升人民的需求动机和道德发展水平或教育引导人民崇德向善，希望人民最终能够过上一种富足而又富有道德文明教养的人类美好生活。而且，虽然孔子儒家亦承认人与人在心智能力和德性修养方面存在着难以避免的个体差异和品级分别，但他们对此并不抱持一种教条式的绝对的静态看法①，而是始终坚持一种辩证式的相对的动态看法②。为此，孔子儒家深切地赋予君子式的道德精英或圣贤人物一种天然的使命担当，期望他们能够担负起 "使先知觉后知，使先觉觉后觉"(《孟子·万章上》)的领袖群伦的职责，发挥其义不容辞的真正的领导的作用。尽管表面上看来诸子各家似乎都是针对文明社会的这样一种基本结构而作出的某种意识反应，即"文明社会的基本结构，是显赫的少数人拥有财富、地位和知识，广大的人民都沦于

① 如法家韩非甚至认为，人之智力出自天性，如同寿命一样，是"非所学于人也"的。(参见《韩非子·显学》)

② 如我们在上文中所指出，孔子儒家认为，除了"唯上知与下愚不移"的极少数例外情况，绝大多数人都是可以"学而知之"或"学以致其道"的。

寒微、无知和贫穷之中"①，但我们必须再次强调指出的是，在先秦诸子各家分殊化和激烈竞争与冲突的各种思想观念和治道理想中，孔子儒家的这样一种"精英领导"理念与其他各家的"精英统治"或"伪领导"理念无疑具有实质性的意义差别，因为孔子儒家的"精英领导"理念意在重建人类文明秩序，即通过教育和劝谏的方式来驯化少数权贵和统治阶级，以及通过"有教无类"的士人教育或对人民实施广泛的道德教化来普遍提升士人精英和广大民众的道德人文教养水平。为了更好地理解这一点，请允许我再次引述和参照伯恩斯的领导学理论来阐明其实质含义。

伯恩斯在其名著《领袖》一书中，虽然把领导区分为变革型和交易型两种主要的类型，他本人无疑更加重视和强调变革型的领导方式，并从领导与野蛮的权力、道德领导与强权统治、领导与宣传和操纵以及逢迎和压制的明辨区分的角度和意义上，着重阐述了变革型的道德领导的目的、内涵、方式与结构。依伯恩斯之见，马基雅维利主义者基于"人在本质上是自私的、利己的和自我保护的"这样一种"所有观念中最险恶和最无人性的观念"，而将其他人"当作东西"或"视为被操纵的目标"，而"不是视为他所同情的个人"，这样的人只配被称作"玩弄权术的操纵者"而决不是"变革型领导者"②。这样的操纵者往往利用一种"市场操纵的技术"来"管理和操纵其他人"而"不是领导他们"，即"通过使用饱和促销和宣传的手段，利用低层次的欲求和需要，创造出以前并不存在的希望和渴望"，更有甚者，他们"将人当作物，当作被利用的工具，或当作像城堡一样被攻击的目标"，"他们最多也就是在人们之间和人们内心寻找动机的最低限度的共同点，而利用这些动机是为了权力行使者的利益，而不是为了权力所影响的目标的利益"，这样的领导"充其量是交易型领导——而不是变

---

① ［英］爱德华·吉本：《全译罗马帝国衰亡史（Ⅰ）》，席代岳译，北京日报出版社2021年版，第584页。

② ［美］詹姆斯·麦格雷戈·伯恩斯：《领袖》，常健、孙海云等译，中国人民大学出版社2016年版，第376页。

革型领导"①。而真正的领导，具有"领导人民向上的内涵，朝向某种更高的价值或目标，或更高的自我实现形式"②，或者，真正的领导是"有道德目的的"，亦即"变革型领导者要激发追随者的需要，提升追随者的期望，并帮助追随者形成各种价值观念——由此动员起追随者的潜能"，更进一步讲，"变革型领导者是道德的，但不是道学式的。领导者与追随者结合在一起，但是，这是从更高的道德层次上的结合；在确定目标和价值的过程中，领导者和追随者都被提升到更具原则性的判断层次上"③。要之，"对政治领导的定义只能依据在人民生活条件方面所实现的有目的的实质性的变革及其实现程度。检验领导实践的最终标准是实现那些满足人们的持久需要的预期的、真正的变革"④。而且，"领导的功能"就是"与追随者定约，而不仅仅是激发他们"，是"将需要、渴望和目标整合到一个共同的事业之中，并在这一过程中使领导者和追随者都成为更好的公民"⑤，因此，"在真正的生活中，对领导者的最实用的建议，就是不要将卒子当卒子一样对待，也不要将王当王一样对待，而是将所有人当人一样对待"⑥。总而言之，真正的变革型领导不同于玩弄权术的操纵，其"秘密"就

① ［美］詹姆斯·麦格雷戈·伯恩斯：《领袖》，常健、孙海云等译，中国人民大学出版社2016年版，第377页。
② ［美］詹姆斯·麦格雷戈·伯恩斯：《领袖》，常健、孙海云等译，中国人民大学出版社2016年版，第381页。
③ ［美］詹姆斯·麦格雷戈·伯恩斯：《领袖》，常健、孙海云等译，中国人民大学出版社2016年版，第383页。
④ ［美］詹姆斯·麦格雷戈·伯恩斯：《领袖》，常健、孙海云等译，中国人民大学出版社2016年版，第388页。
⑤ ［美］詹姆斯·麦格雷戈·伯恩斯：《领袖》，常健、孙海云等译，中国人民大学出版社2016年版，第388页。
⑥ ［美］詹姆斯·麦格雷戈·伯恩斯：《领袖》，常健、孙海云等译，中国人民大学出版社2016年版，第389页。

在于"使人民能够被提升进他们更好的自我之中"①。而且，真正的变革型领导应是一种良性互动的双向关系，亦即真正的变革型的道德领导，对领导者和被领导者都会产生一种变革性的影响，从而能够将领导者和被领导者双方的需求动机与道德发展提升到更高的层次与水平。

不宁唯是，对我们更具启发意义的是，依伯恩斯之见，如果"以最广泛和最根本的方式定义教育和领导"的话，那么，领导与教育实则有着更为近似或类同的实质关系。因为如果我们"以同样根本的方式来理解"教育和领导的话，也就是说，就老师与学生之间的教育关系和领导者与追随者之间的领导关系的实质意义而言，事实上，教育和领导都可以"被定义为动机水平的相互提升，而不是灌输或强制"。故伯恩斯说：

> 探寻"老师"与"学生"之间、领导者与追随者之间的整体性——这种充分的、共享的和情感的关系——绝不仅仅是一种个人的或者自利的追求。完全共享的领导者将他们的角色看作是构建有利于群体的未来，这种群体是他们所认同的，这种有利是被他们用可能实现的最广泛目标和可能达到的最高道德水平来定义的。领导者是任务的监管者和目标的设定者，但他们与其追随者共享着一个特定的空间和时间，共享着一组特定的动机和价值观念。如果领导者要有效地帮助动员和鼓舞他们的支持者，他们就必须是完整的人（whole persons），即有进行思考和感受的完整能力的人。他们作为教育者、作为领导者所面临的问题，并不是去促进狭隘的、自我中心式的自我实现，而是去拓展对人类需要及其满足手段的意识，去改善教育者和领导负有责任并有权力影响的更大社会的状况。……
>
> 对于与操纵相对立的领导的教授来说，所有这一切意味着什么？

---

① ［美］詹姆斯·麦格雷戈·伯恩斯：《领袖》，常健、孙海云等译，中国人民大学出版社2016年版，第389页。

"教师"——无论具有何种外表——都既不能以强制的方式对待学生，也不能将学生当成工具，而是把学生作为真理和相互实现的联合探求者。他们帮助学生确定道德价值：并不是通过将他们自己的道德观强加给学生，而是通过设定各种造成困难的道德选择的情景，然后鼓励冲突和争辩。他们试图帮助学生将道德推论提升到更高的层次，因而做出更高水平的原则性判断。教师自始至终为学生提供了一个可以学习的社会和智力环境。……

显然，这样的教育并不局限在学校里面；它开始于家庭，并潜在地存在于社会的每个主要的部门和机构中。[①]

以上是伯恩斯在提出并回答"领导可以教授吗"这一发人深思的问题时，所阐述的有关教育与领导的基本观点和看法。

在我看来，伯恩斯关于变革型领导以及教育与领导的实质关系的理论观点，对于激发和促使我们重新审视和深入领会孔子儒家以君子为治体的领导概念的实质含义以及他们对于政（领导）与教（教育）二者之间实质关系的一贯看法，无疑是大有裨益的。具体而言，正是孔子儒家始终抱持"互以对方为重"的"关系本位"的人伦人道理念与民本主义的亲民思想，使得他们更加注重和强调作为"一个道德过程"的领导概念，即领导者与追随者双方应"在共同的动机、价值观念和目标的基础之上结为一体"，"这种结合既是基于领导者的'真正'需要，也是基于追随者的'真正'需要：心理、经济、安全、精神、性、审美或物质的需要"[②]。唯有如此，领导者在回归和满足追随者的真正需要并致力于提升其需求动机和道德发展的水平的过程中，也同时满足和实现自身的真正需要，并将自身的需求动机和道德发展提升到更高的水平。正因为如此，所谓领导才

---

① ［美］詹姆斯·麦格雷戈·伯恩斯：《领袖》，常健、孙海云等译，中国人民大学出版社2016年版，第378—379页。
② ［美］詹姆斯·麦格雷戈·伯恩斯：《领袖》，常健、孙海云等译，中国人民大学出版社2016年版，第27页。

是一个动态的道德过程。正是在这样一种含义上，我认为，大学之三纲领与八条目，不仅有其各自相对独立的含义，而且彼此之间既密切相关而又有一种层层递进的关系。有必要再次强调指出的是，根据我个人的理解，《大学》第三纲领"止于至善"，并非像朱子所训释的那样，其含义仅仅是对第一、第二纲领的一种附属性诠解，即只是"言明明德、新民，皆当至于至善之地而不迁"，而是具有相对于第一、第二纲领更进一层的独立含义。如果说"明明德""亲民"就是《大学》所着重阐扬的儒家领导学原理的两大核心理念或基本原则的话，那么，所谓"止于至善"就是指基于这两大基本原则所构建形成的、由"动机水平的相互提升"所定义的理想领导关系，它必将引领整个世界走向"至善"之美好社会的目的地，换言之，"止于至善"实则意味着天下国家之和平安乐的理想愿景的最终实现，这也就是儒家君子式的领导者所努力追求实现的修己以安民的根本目标。而且，尤其深富意味的是，孔子儒家的领导概念也并不仅仅局限于治国平天下的政治领域，它首先被实际运用于的是父子兄弟家人之间培育伦理美德的家庭共同生活领域和师生之间群居讲习以切磋道义和涵养德性的学校教学领域。而根据我们在上文中所作的诠释和解读，《学记》所论教学之道（道德教育）绝不是一种简单的灌输式的道德说教，而《大学》所谓修齐治平之道（道德领导）也绝不是一种简单的操纵式的统制之术①，因为前者的目的意在化民成俗以便在人民中间能够形成一种良风美俗，而后者的目的亦是要使人民过上一种富有伦理道德意义的美好生活。因此，不论是肩负家庭伦理美德之教养责任的父母家长，还是从事立德树人之道德教育事业的老师，又或者是担当着保障民生和道德领导之职责的治国为政者，都不可能把子女、学生和人民当作好利自为、自私自利而可资利用的工具来对待。当子女身心的健康成长和家庭伦

---

① 正如严立三先生所说，《大学》"全篇立义，皆所以为君后世卿深切之诰戒，而古今小儒每于此欲为有国有家者探求所以制人之术，岂非悖谬之至乎。……《大学》所视凡长之于人，除以身化导之绝无统制之可能"（《〈礼记·大学篇〉通释》，见梁漱溟等：《梁漱溟先生论儒佛道》，广西师范大学出版社 2004 年版，第 246—247 页）。

理美德的养成成为父母家长的核心关切,当学生心智的全面发展、健全人格的熏陶培养或立德树人的道德教育成为教师的根本任务,当人民的好恶意愿或者人民对美好生活的向往与追求成为治国为政者的奋斗目标,说到底,基于孔子儒家的仁道理念,亦即在"将所有人当人一样对待"这一点上,教育与领导、修身齐家与治国平天下其实是贯通一致的,甚至是相互渗透而变得几乎不可分割的。因此,《学记》所论教学之道与《大学》所谓修齐治平之道,实则具有一种"相为表里"而可资互相发明的实质关系。也就是说,在儒家的思想视域中,无论是师生之间的教学关系(道德教育),还是修齐治平的领导关系(道德领导),都既不能以强制和操纵的方式对待学生和人民,也不能将学生和人民当成工具、当作物来对待,而是要把学生和人民当作人亦即具有各种动机的完整的人来对待,重要的是,教育者在回归和满足学生对于基本的知识技能之需求和渴望的基础上,还应更进一步激发、促进和提升学生道德人格的健康发展,领导者在回归和满足人民基本物质欲求和生存需要的基础上,还应更进一步感召、引领和提高"国民人格"[1]或使人民养成"美善之品性与行为"[2],而且,这一过程将会使教育者和学生、领导者和人民都能得到提升而成为更好的具有仁义之美德的人,故孔子在教学过程中常常激励和鼓舞学生"见贤思齐"(《论语·里仁》)和"当仁,不让于师"(《论语·卫灵公》),而《大学》作者亦意味深长地强调"未有上好仁而下不好义者也"。不管怎样,孔子儒家深切希望人民能够过上一种财用充足、物质富裕而又富有人道意义或伦理道德之文明教养的美好生活。故孔子儒家之言政治,"以目的言,则政治即道德,道德即政治。以手段

① 如梁启超先生所言,对孔子儒家来说,提高"国民人格"实为"政治上第一义"(《先秦政治思想史》,东方出版社 2012 年版,第 112、284 页)。
② 如萧公权先生所言,对孔子儒家来说,"国家之目的不仅在人民有充裕之衣食,而在其有美善之品性与行为"(《中国政治思想史》,新星出版社 2005 年版,第 44 页)。

言，则政治即教育，教育即政治"①。换言之，对于孔子儒家来说，就其目的和方式而言，道德领导与道德教育其实就是一回事。正唯如此，《大学》作者才会为我们精心描画一幅清晰而完整的家国天下多层级共同体的世界图景，并极富创造性地提出了一套系统而条贯的格致诚正的修养工夫论和修齐治平而一以贯之的领导学理念。

当然，依《大学》作者之见，无论是道德领导也好，还是道德教育也罢，要之，以德化民而引领或教化人民崇德向善，最重要的是，莫先乎"格物致知"，亦莫贵乎"诚意正心"，而"自天子以至于庶人"，一概皆应或都须"以修身为本"。然而，毋庸讳言的是，无论理想多么美好，也不论理念多么合理，现实是残酷的，面对礼崩乐坏、列国纷争的时代性混乱局面，现实生存的需求动机和实际利益的权衡考量还是让孔子儒家有关教育与领导的上述理念不得不被蒙上一层厚厚的"见以为迂远而阔于事情"的偏见性尘埃，并为当时普遍流行的急功好利、"以攻伐为贤"（《史记·孟子荀卿列传》）的政治短见所排斥和压制。《大学》作者所倾心描画的家国天下多层级共同体之和平安乐的美好世界图景以及对于修齐治平之道的富有领导学意义的深刻召唤，犹如空谷足音一样，自然是很难被他的同时代人所乐见愿闻并广泛接受和认同的。秦汉以后，在大一统帝制国家的君主专制体制及其官僚制度架构的支配和控制系统之下，不管是"罢黜百家，独尊儒术"的两汉之世，还是三教并行的两晋隋唐时代，《学记》所阐明的教学之道的理念和《大学》所揭橥的修齐治平之道的领导理念，事实上也都只能长期处于受冷落的境遇而未引起人们的普遍注意，从而也不可能被人们真正地认同、接受、遵循和践行。直到宋代新儒学思潮开始兴起，《大学》才逐渐受到理学家们普遍的高度重视和不遗余力的表章，关于它的义理发明和解说随之层出而不穷，《大学》的修齐治平之道更被广泛地遵循和躬行实践，被运用于身心的修养和家国天下多层级共同体的治平。正如许多学者所指出的那样，

---

① 梁启超：《先秦政治思想史》，东方出版社 2012 年版，第 112 页。

这与宋代士大夫普遍高涨的以天下为己任、积极参与国家治理和地方社会秩序建构的政治主体意识是密不可分的，或者是相互加强的！他们兴办书院，自由讲学，作育人才；他们注重修身齐家，精心制定家训家规家范家礼以垂训家人；他们关切敦风俗、美教化和地方社会秩序的建构，积极倡导、组织和推行乡约自治；他们亦入仕从政，不仅格外强调君德的教育和君权的义理规训，而且特别重视政范官箴政德的自觉自律和官员的自我规训；在思想论域和政治生活中，他们尤其热衷于严辨天理人欲、道统异端、君子小人、王霸义利和中国夷狄之分别。可见，他们所关心的问题领域是极为广泛的，涉及个体心性、家庭宗族、地方社群、国家乃至天下等不同层级的问题，显然与《大学》所论列的格物、致知、诚意、正心、修身、齐家、治国、平天下的条目是遥想呼应而密切相关的。他们之所以对于《大学》有关修齐治平之道的召唤作出如此深远而广泛的反响和回应，说到底，其实质意义即在于努力探寻和建构一种具有普世意义的儒家文明秩序，姑且不论其成败得失如何，但有一点却是不容否认的，他们的努力确乎是值得后人认真对待而深长思之的。尤其重要的是，我认为，《大学》所谓修齐治平之道的理论意蕴与实践意义，并未被他们的义理阐发和实际行动所穷竭耗尽。只要我们能够从根本上正确应对和恰当处理他们在过去一直未曾解决好的一些疑难问题，那么，《大学》所谓修齐治平之道的理论意蕴与实践意义就同样可以被我们真诚的信念和行动重新激活而在我们的时代大放异彩。这些疑难问题包括：

如何既坚持儒家人人"以修身为本"的道德理想，而又能避免将家庭、地域、国家和天下之不同规模层级的系统性问题混为一谈而简单地化约为"修身"的个人解决策略？

如何既坚持儒家孝悌亲亲之道的可普遍适用化的仁道原则，而又能避免人们在日常生活实践中推扩不出去的现实难题？[1]

如何既坚持儒家"精英领导"的理念，而又能避免将其误解误用作"精英统治"的工具，特别是避免将其意义仅仅限定在一种"帝王之学"的狭窄视野之内？

如果我们能够很好地处理和解决上述疑难问题，而且，不是仅仅从经验性的狭隘视角来看待《大学》所谓的家国天下及其修齐治平之道，而是把这些概念看作一种蕴含着意在构建具有普世意义的人类文明秩序的深刻的共同体意识和领导学智慧的召唤性符号，那么，我们便会深受这一召唤性符号的激励和启发，乃至在真正读懂和理解其召唤意蕴的前提下能够以实际的行动重新激活这一召唤。在我看来，这才是对儒家思想传统之精义真谛或中华优秀传统文化的真正的创造性转化和创新性发展。

（四）参赞化育，成己成物——儒家持中贵和的生命理想与学贯天人的政治智慧

《中庸》[2]与《大学》一样，虽然在汉代被挑选和汇编入了儒家文献《礼记》一书中，但长期处于儒家主流的经学见解的边缘位置，直到宋代理学思潮兴起，

---

[1] 儒家重孝悌亲亲之道，其实有两个向度，一是强调将孝悌亲亲之道普遍适用化地推扩施及于非亲缘关系的陌生他者，二是强调"亲亲之杀"或亲疏有别的礼制规定，前者意在增进社会的普遍友善与和谐，后者意在加强家族亲人之间的凝聚与团结。儒家希望在二者之间维持一种微妙的平衡，以便构建一种等差有序的和谐人伦关系秩序。但二者之间的平衡是脆弱的，在现实生活中，二者的关系一旦失衡，特别是前者一旦为后者所抵消或压制，乃至使狭隘的家庭家族主义占据社会生活中心而居于支配地位，必然会造成社会公德的沦丧和人们对无亲缘关系的陌生他者的普遍冷漠。

[2] 根据自司马迁和郑玄以来的传统主流说法，《中庸》乃孔子孙子子思（名伋）所作，亦有个别学者如清人崔述怀疑而断言"《中庸》必非子思所作"（《洙泗考信余录》卷三）。不过，较为可信的看法是，如徐复观先生所说："实则今日之《中庸》，原系分为两篇。上篇可以推定出于子思，其中或也杂有他的门人的话。下篇则是上篇思想的发展。它系出于子思之门人，即将现《中庸》编定成书之人。"（《中国人性论史·先秦篇》，上海三联书店2001年版，第91页）

才逐渐受到儒家学者和官僚士大夫们普遍的推崇和表章，与《论语》《孟子》《大学》共同成了最受世人尊崇而名为"四书"的儒家经典。不管它们在历史上产生过什么样的影响或者发挥过什么样的作用，那么，时至今日，在经历了近百年社会政治的急剧变革以及思想信仰和价值观念的根本转型之后，我们究竟应如何来理解和诠释这些经典文本的意义呢？毫无疑问，近代以来由古今中西之辨所引发的思想与文化论争，迄今仍然会给我们制造各种各样的难题和困惑，因此，正如齐格蒙特·鲍曼所说，如何在当今的社会中解读古人经典著作中所包含的源于其所处历史年代、确乎属于其时代环境之产物的开创性思想，无疑"是一个富有争议的问题"。然而，把古代思想家如亚里士多德的杰作仅仅因其时代的局限性就完全"交给过去的时代，并束之高阁"，显然"并不是解读亚里士多德的惟一方式"。作为一个时代的思想家，亚里士多德"没有，事实上也不可能超越他那个时代的社会现实"，但是，"他本人确实超出了他的同代人，他突破了受时代限制的偶然性，从而意识到了一些永恒的人类在世的属性"，或者说，"人类经历的某些方面显然是永恒的"，而"亚里士多德的超人之处"就是发现和洞察到了这些方面。[①] 在我看来，我们今天在解读和诠释像《大学》《中庸》《论语》《孟子》这样的儒家经典文献时，亦应作如是观。就像我们上文对《学记》和《大学》的解读和诠释那样，尽管其思想意识和语言表述因受到时代环境的特殊限制而常常陷于君主体制与帝王之道的话语窠臼和思想藩篱，但它们的作者无疑也确实超出了其同时代的人，突破性地洞察、意识和发现了一些永恒的人类在世的属性或人类经历的某些方面，《中庸》及其作者显然亦同样属于这一谱系，他们之间不仅在基本理念上一脉相承，而且各自作出了自己独创性的思想贡献。

那么，《中庸》又能带给我们一种什么样的思想的教益和智慧的启迪呢？要而言之，我认为，《中庸》带给我们的最重要的思想的教益和智慧的启迪就在于，

[①] 以上参见［英］齐格蒙特·鲍曼：《被围困的社会》，郇建立译，江苏人民出版社2005年版，第35—36页。

基于对世界和人生的一种真实而合理的认知与理解，而努力探寻一种合乎中和之道而具有重要伦理与政治意义的在世方式。这一在世方式，既不同于墨子不别亲疏、宁愿牺牲自我生命而爱人利他的"兼爱"主义，亦迥异于杨朱唯重个体一己之自然生命的"贵己"或"为我"主义；既不同于道家崇尚消极无为而虚静隐退、自由放任而逍遥自在的在世方式，亦迥异于权谋家和法家唯知以工具性或实用性的权谋术数或权势法术来操纵他人和统治臣民的在世方式；既未沾染上后世俗儒记诵词章而热衷于功名利禄的腐臭习气，更有别于后世外来佛教一心追求虚无寂灭之精神解脱而悖伦弃世的精神信仰。^①这一在世方式，既重视孝悌亲亲之道，同时又倡导普遍地爱人敬他；既爱惜个体之自然生命，同时又尊崇人伦之道德价值；既主张人类行动的积极有为，同时又极力反对把他人作为利用的工具、把人民作为权谋法术的操纵对象。这是一种持守中道或介乎以上相反对立之思想信仰运动而具有中间道路之意义的在世方式，一种充满人道价值和伦理意义的在世方式，一种具有深刻之道德与政治含义的在世方式，说到底，这一在世方式意在通过以仁义、忠信、诚恕之道对待他人的行为方式，来构建一种人与人相互依存、和谐共处、互惠协作的人类文明秩序。如果说这样一种在世方式已经随着时代的发展变化而完全过时了的话，那么，只能说明一点，那就是：人类已经堕落到了"自作孽，不可活"^②的地步了。

1. 《中庸》"三纲领"与中和的生命理想

《中庸》开篇明义曰："天命之谓性，率性之谓道，修道之谓教。"借用朱子

---

① 朱子在《大学章句序》中尝言："自是以来，俗儒记诵词章之习，其功倍于小学而无用；异端虚无寂灭之教，其高过于大学而无实。其他权谋术数，一切以就功名之说，与夫百家众技之流，所以惑世诬民、充塞仁义者，又纷然杂出乎其间。使其君子不幸而不得闻大道之要，其小人不幸而不得蒙至治之泽，晦盲否塞，反覆沉痼，以及五季之衰，而坏乱极矣！"这一评论也同样可以被用于《中庸》。

② 《孟子·公孙丑上》引《尚书·太甲》曰："天作孽，犹可违；自作孽，不可活。"

《大学》"三纲领"的说法，我们也可以说，这就是《中庸》的"三纲领"。①综观其全篇文字内容、义理结构及其思维脉络，《中庸》作者正是围绕着这三大纲领或三项核心理念与基本原则来展开其思想论说的。因此，像解读和诠释《大学》一样，首先搞清楚"三纲领"的实质含义，对于我们理解《中庸》全篇的思想意旨及其政治含义同样是至关重要的。

如果说我们可以把儒学看作人类的一种自我反思的特殊思想形式，或者是人类理解自身及其在世界中的位置的一种特殊的努力与尝试的话，那么，对人类自我本性作一种切己反身的真实体认和深入省思，那就必然或理应构成儒学思想的根本出发点。在孔子初步提出"性相近也，习相远也"（《论语·阳货》）的命题之后，儒家学者之所以深入持久地关注和探讨人性问题，正是为了给儒学思想确立一种由之而开展其人类学思想及其伦理思考的稳固而坚实的理论出发点。当然，其他诸子各家也同样关注和热衷于探讨人性问题，不过，由于他们所各自抱持的人性观点的不同，导致了诸子各家思想的分殊化发展。虽然这只是诸子各家思想之分殊化发展的一个方面的原因，但在诸子各家思想分殊化发展的历程中却发挥了越来越重要的枢轴性的观念作用。《中庸》开篇所谓"天命之谓性"，可以说最直截了当地切入了儒家思想的人性主题，明确提出了儒家对于人性问题的看法和主张。当然，孔子之后"儒分为八"，儒家内部对于人性的看法也充满了分歧，但《中庸》"天命之谓性"和孟子"性善论"的观念在宋以后却最终成了儒家占据主流的人性见解。

那么，《中庸》所谓"天命之谓性"究竟意味着什么呢？就其字面意思来讲，这是说人类的本性源自天之所命，换言之，天之所命而为人所禀受者即人之本性。当然，仅仅这样讲，并不能告诉我们任何实质性的内涵，也就是说，其语

---

① 依徐复观先生之见，这三句话，不仅"是全书的总纲领"，甚至"也可以说是儒学的总纲领"（《中国人性论史·先秦篇》，上海三联书店2001年版，第102页），可谓精当之卓见。

义的含糊之处事实上仍然有待于澄清。譬如，此天之所命而人所禀受的本性究竟是善是恶？除了人的本性源自天之所命之外，难道万物之本性不同样地源自天之所命？同样是源自天之所命，何以人类独能超然于万物之上而竟成为万物中之最灵秀者呢？这些都是需要作出解释的。而通观《中庸》全篇之思想论旨，这些显然正是其作者所最为关切而试图回答的核心问题。要之，在《中庸》作者看来，与天地生生之道的始源性关联无疑构成了万物之作为多样性统一的生命共同体的前提与基石，然而，人类之最卓异而灵秀之处恰恰就在于，唯有人之精神可以完全与天地之道的生生之始源彼此相贯通，乃至亦唯有人类（其最杰出的代表即圣人）的生命形态及其生存方式或生活样法能够体现出天地之道最丰富而博大的精神特征。正唯如此，《中庸》作者首要关切且予以正名定义的正是人类而非他物的本性问题，而且，他所谓的天命之性无疑具有孟子"性善论"所内含的丰富的道德之善的意涵①，这一点完全可以从后面的两大命题逆向推论出来。因为所谓"率性之谓道，修道之谓教"，意谓循性而行即为道，而君子修身立道即为教，换言之，道之为道，实即意指人之所当行之道，而教之为教，也即意指为他人树立一种可普遍效仿的人格典范和言行仪表之教。准此以论，《中庸》所谓天命之性，既然意指人所当循之而行以及君子所应修治其道以立教的本源或依据，那么，性之为性也就一定是一种可欲的善性，如孟子所谓："可欲之谓善。"（《孟子·尽心下》）此可欲之善性，说到底，亦当意指人之所以为人的本质规定性，从儒家的意义上讲，此本质规定性恰恰就体现在人作为一种社会性的伦理存在而应具备的仁义礼智或仁义忠信等诸美德善性之上。因此，我认为，《中庸》所谓"天命之谓性"，说到底，就是指人类天赋的道德本性，此道德本性即天之所命而人所禀受者。

根据以上理解，《中庸》所谓的"天命之谓性，率性之谓道，修道之谓教"，

---

① 如孟子曰："仁义礼智，非由外铄我也，我固有之也"，"仁义忠信，乐善不倦，此天爵也"。（《孟子·告子上》）

事实上在天、性、道、教之间建立起了这样一种富有意义的实质性关系，天之所命者即是人所禀受的道德本性，遵循此天赋的道德本性而行即是人所当行的"道"，而君子修治此"道"以为人群之表率或可效仿之楷模即是领袖群伦的"教"①。对儒家而言，作为人类正确行为的"道"和领袖群伦的君子之"教"乃是构建人类文明生活秩序的两大根本支柱，它们的本源和依据不是别的什么，而就是人自身从天之所命那里禀受的道德本性，说到底，这也就将人类的整个文明生活与作为万物或所有生命之开端亦即"生物不测"的天或"至诚无息"的天地之道建立起了一种彼此相贯通合一的始源性的一体关联。如朱子曰："盖人之所以为人，道之所以为道，圣人之所以为教，原其所自，无一不本于天而备于我。"② 这充分体现了《中庸》作者对于天人关系的一种根本看法，它迥然不同于将天人截然二分对立起来而或尊天或重人的思想取向，而是采取了一种推本溯源于天而循之修之在人的立场、观点和思维理路。这一立场、观点和思维理路的实质意义在于，它既然将天地视作万物之本、生命之原，也就势必将人类自身真实而合理的世界观和人生观植根于对于生命整体意义的反思之中，正唯如此，个体生命的有限性并不足以使儒家产生一种虚无主义的幻灭感，而对于人类天赋之道德本性的确信更使他们乐于积极地参与到创建人类大群之美好共同生活及其优良治理的人类事业中去，乃至参与到天地之"至诚无息"、生生不已的创生化育万物的过程之中，这既是人类实现其自身之人生价值与生命意义的至高境界与终极关怀，也正是儒家之"学"所具深远宏大之意义的根本体现。

在澄清和阐明了《中庸》"三纲领"的真实含义之后，我们当能更加深刻地

---

① 王文锦先生译之为："天所给与人的秉赋叫作性，遵循天性而行叫作道，修明此道而加以推广叫作教。"（《礼记译解》下册，中华书局2001年版，第773页）所谓"修明此道而加以推广"，其实即是"领袖群伦"的意思，因此，《中庸》所谓"教"，亦同样具有领导学的深刻意涵。
② 朱熹：《四书章句集注》，中华书局2011年版，第19页。

理解《中庸》作者何以紧接着说:"道也者,不可须臾离也,可离非道也。"因为道之为道,正是指由遵循人自身天赋的道德本性而行所展示出的那种人所当行的正确行为方式,若道而可离,则人将悖性而行,乃至"放辟邪侈"而"无不为已"(《孟子·梁惠王上》),若此,则人将不成其为人,而道亦将不成其为道矣!正唯如此,故君子欲修道而立教以领袖群伦,首先要做的就是慎其独而修身。故《中庸》曰:"是故君子戒慎乎其所不睹,恐惧乎其所不闻。莫见乎隐,莫显乎微,故君子慎其独也。"汉儒郑玄注曰:"小人闲居为不善,无所不至也。君子则不然,虽视之无人,听之无声,犹戒慎恐惧自修,正是其不须臾离道。"又曰:"慎独者,慎其闲居之所为。小人于隐者,动作言语,自以为不见睹不见闻,则必肆尽其情也,若有佔听之者,是为显见,甚于众人之中为之。"[1] 这是说,与小人闲居为不善而无所不至、肆尽其情不同,君子必于闲居独处、人所不睹不闻之际戒慎恐惧以自修其身。这与《大学》"慎独"的观念毫无二致,所不同的是,《大学》是在"诚意"的条目下讲"慎独"的,而《中庸》则是紧接着"道"之"不可须臾离"的问题来讲"慎独"的,也就是说,对《大学》而言,"慎独"主要凸显的是自我好善恶恶之意念的诚实而不自欺,而对《中庸》而言,"慎独"则意在强调不可须臾离道而自修其身,故"君子之心常存敬畏,虽不见闻,亦不敢忽"[2],这也就是《中庸》后文所谓的"修身以道",而道之为道在循性而行,因此,所谓不可须臾离道而自修其身,实即意谓为了使自我天赋的道德本性常保而不失,君子务须于闲居独处之际戒慎恐惧而做存养省察的修养工夫。不仅如此,依《中庸》作者之见,"修身则道立",意即修身的目的或者唯有通过自修其身才能为他人树立一种循性而行的道德修养的理想人格典范,正如朱子所曰:"道立,谓道成于己而可为民表,所谓皇建其有极是也。"[3]

那么,这究竟是一种什么样的道德修养的理想人格典范呢?它又会产生什

① 齐鲁书社编:《礼记注疏》,见《武英殿十三经注疏》第五册,齐鲁书社2019年版,第3262页。

② 朱熹:《四书章句集注》,中华书局2011年版,第20页。

③ 朱熹:《四书章句集注》,中华书局2011年版,第31页。

么样的功效呢？我认为，《中庸》接下来所讲的具有十分重要意义的一段话，正是对这种经由慎独修身而塑造和成就的人格典范之实质内涵及其功效作用的刻画与描述，也就是："喜怒哀乐之未发，谓之中；发而皆中节，谓之和。中也者，天下之大本也；和也者，天下之达道也。致中和，天地位焉，万物育焉。"当然，关于如何理解和诠释这段话的含义，决不是没有疑难和争议的，特别是这段话的核心主题是论喜怒哀乐之情的未发与已发问题，那么，这一问题与天命之"性"或天赋的道德本性究竟是一种什么关系，所谓"中"与"性"和"道"又是一种什么关系？如宋儒吕大临以为"中者道之所由出"和"中即性也"，而其师伊川先生则认为"中即道也"，而且，"在天曰命，在人曰性，循性曰道。性也，命也，道也，各有所当。大本言其体，达道言其用，体用自殊"，而不可"混而为一"；"中也者，所以状性之体段。……盖中之为义，无过不及而立名。……性道不可合一而言。中止可言体，而不可与性同德"①。朱子《集注》则曰："喜、怒、哀、乐，情也。其未发，则性也，无所偏倚，故谓之中。发皆中节，情之正也，无所乖戾，故谓之和。"②由此可见，三人的理解和看法是各不相同的。伊川更强调性、命、道之义"各有所当"而不可"混而为一"，而且，"中"之义"所以状性之体段"，与"道"同义，却并非指"性"而言。而朱子以"情"之"未发"即"性"即"中"，与吕大临"中即性也"的观点前后一致，这事实上是将"情"与"性"混而为一了，即将"未发"之"情"等同于"性"了，而"发皆中节，情之正也"也似乎是一纯自然的性情发露过程而无需做任何品节修治的工夫。依余浅见，情之与性，亦义各有当而必有所区分，似不可混而为一，因为对《中庸》作者而言，"率性之谓道"，即循性而行才是人所当行的正确行为方式，但这未必意味着就可以循情而行，如孔子弟子子游所说："有直情而径行者，戎狄之道也。"（《礼记·檀弓下》）另外，性为天之所命，而喜怒哀乐之情又由何而生呢？情与性究竟是一种什么关系？对此，《中庸》作者语焉不详，并未作明确

---

① 程颢、程颐：《二程集》上册，王孝鱼点校，中华书局 2004 年版，第 605—606 页。

② 朱熹：《四书章句集注》，中华书局 2011 年版，第 20 页。

的交代，而且，在自先秦以降的整个中国思想语境中，性情关系又始终都是一个看法不一的复杂问题①，因此，我们只能根据与之相近的思想材料作一些尝

---

① 如：孟子即心善而言性善，故曰："君子所性，仁义礼智根于心。"（《孟子·尽心上》）而且，依孟子之见，仁义礼智的道德本性之善的端芽主要根源于"四心"，即"恻隐之心，仁之端也；羞恶之心，义之端也；辞让之心，礼之端也；是非之心，智之端也"（《孟子·公孙丑上》）。朱子《孟子集注》曰："恻隐、羞恶、辞让、是非，情也。仁、义、礼、智，性也。心，统性情者也。"虽然孟子本人并未明确将"恻隐、羞恶、辞让、是非"直接称为"情"，但据朱子的解释，对孟子而言，不仅性善，情亦是善的，而且二者皆根源于心，是人生而固有的。不过，这一意义上的情乃属于纯粹的道德情感。与之相反，荀子主性恶说，而情和欲是性的外在表现，所以情与欲也是易于流于恶的，故曰"人情甚不美"（《荀子·性恶》）。不同于孟荀的人性善恶论，庄子主人性自然说，但其所理解的"自然"实则具有纯粹美善的含义，而且认为世俗的各种情感、欲望与好尚对于人之心性修养与自然德性的保持会起一种严重干扰和败坏的作用，正所谓："贵富显严名利六者，勃志也。容动色理气意六者，谬心也。恶欲喜怒哀乐六者，累德也。去就取与知能六者，塞道也。此四六者不荡胸中则正，正则静，静则明，明则虚，虚则无为而无不为也。"（《庄子·庚桑楚》）汉儒董仲舒有"性生于阳，情生于阴"和"阴气鄙，阳气仁"（《论衡·本性》）之说，而唐儒韩愈则认为："性也者，与生俱生也；情也者，接于物而生也。"而且，他还将五性七情均区分为上中下三品（参见《原性》）。韩愈弟子李翱虽然认为"情由性而生"而性"由情以明"，亦即"性者天之命也"而"情者性之动也"，但他所秉持的乃是一种性善情情（邪）论的观点（参见《复性书》）。宋儒王安石反对"性善情恶"说，而主张"性、情一也"，故曰："性、情一也。世有论者曰'性善情恶'，是徒识性情之名而不知性情之实也。喜、怒、哀、乐、好、恶、欲未发于外而存于心，性也；喜、怒、哀、乐、好、恶、欲发于外而见于行，情也。性者情之本，情者性之用，故吾曰性、情一也。"（《性情》）又曰："性生乎情，有情然后善恶形焉，而性不可以善恶言也。"（《原性》）苏东坡也持有类似的看法，故曰："儒者之患，患在于论性，以为喜怒哀乐皆出于情，而非性之所有。夫有喜有怒，而后有仁义；有哀有乐，而后有礼乐。以为仁义礼乐皆出于情而非性，则是相率而叛圣人之教也。"（《韩愈论》）不过，在我看来，儒家之所谓五常之性（仁义礼智信）与所谓七情（喜怒哀乐爱恶欲）虽同出天之所赋而与生俱来者，但毕竟不可将二者简单地混而为一，因为情感之发未必皆合乎节，故可率（循）性而为，但不可直情而径行。而且，情欲之情与纯粹的道德情感亦当有所分别，自宋代以后，儒家之所谓情实包括这两种意义上的情而言，如张岱年先生所说："宋代以后的著作中，所谓情既包括喜怒哀乐爱恶欲，又包括恻隐、羞恶、辞让、是非。"（《中国古典哲学概念范畴要论》，中国社会科学出版社 1989 年版，第 197 页）

试性的推论。

除了孟、荀的人性善恶论之外，在当时的儒家学者内部还有两种颇具代表性的观点，虽然在前文中已作过论述和评析，但在此仍然值得重新回顾和引述一下以便作为比较参考之用。其一，如传世文献《礼记·礼运》曰："何谓人情？喜、怒、哀、惧、爱、恶、欲，七者弗学而能。何谓人义？父慈、子孝、兄良、弟弟、夫义、妇听、长惠、幼顺、君仁、臣忠，十者谓之人义。……故圣人之所以治人七情，修十义，讲信修睦，尚辞让，去争夺，舍礼何以治之？"显然，《礼记·礼运》将人情与人义作了明确区分，所谓"治人七情"与"修十义"恐怕亦是义各有当而不可混而为一的，前者谓治人情而使之无所偏倚乖戾，后者谓顺人义而修行之。其二，如新出土文献郭店楚简《性自命出》曰："凡人虽有性，心无定志，待物而后作，待悦而后行，待习而后定。喜怒哀悲之气，性也。及其见于外，则物取之也。性自命出，命自天降。道始于情，情生于性。始者近情，终者近义。"① 显然，《性自命出》的作者认为"性"出自天之所命而"情生于性"，从字面上讲，"性自命出，命自天降"的说法与《中庸》所谓"天命之谓性"基本上是意思相同的，但《性自命出》所谓的"性"，其含义其实是相当笼统而含混的，而且论性情重在强调人性既"要受制于外物和环境"，同时又"要受制于学习和教化"②，作为"性"之流露或外在表现的"情"亦同样如此，故其所谓"道始于情，情生于性。始者近情，终者近义"，乃是"从'情'入手，来求取它后面的'性'，然后又把'义'溶入于'性'，使'性'规范于'义'"，而"'义'是人的道德标准和行为规范，即教化的目标"③，这与《中庸》所谓"天命之谓性，率性之谓道，修道之谓教"，其含义显然是大为不同的，对《中庸》作者而言，"性"恰恰是"道"与"教"之所由出的本源和终极依据。

---

① 李零：《郭店楚简校读记》（增订本），中国人民大学出版社 2007 年版，第 136 页。

② 李零：《郭店楚简校读记》（增订本），中国人民大学出版社 2007 年版，第 153 页。

③ 李零：《郭店楚简校读记》（增订本），中国人民大学出版社 2007 年版，第 154、152 页。

　　综合以上两种说法，也许我们可以更好地理解《中庸》对性情关系所可能抱持的基本观点和看法。大体而言，无论是《礼记·礼运》，还是《性自命出》，又抑或是《中庸》，对其作者来说，他们在这一点上无疑是可以达成共识的，即人类的生命形态乃是由各种不同的因素共同形构和塑造而成的，诸如身、心、性、情、血、气、形、神、智、德等，它们既相互依存而又彼此影响，而且人类为了自身的生存亦势必在与他人和外物的彼此交往、接触和相互作用的过程中形成一种错综复杂的互动关系。那么，他们究竟如何具体定义这些生命因素的具体含义，如何看待这些生命因素的相互关系以及在人际和人—物之间的复杂互动关系中所扮演和发挥的角色、功能与作用，其实又是言人人殊的。如果我理解不错的话，《中庸》对这些问题所秉持的观点与看法大体如下：首先，我们务须牢记的是，对《中庸》作者而言，天之所命而人所禀受者就是人天赋的道德本性，它是一种处在潜在状态而有待于实现的道德本性，人循性而行就是所谓的道，修道在己而可为民之仪表就是所谓的教。然而，天之生物不可能只是赋予人一种道德之善的禀性，事实上"喜、怒、哀、惧、爱、恶、欲"之"人情"[1] 亦与天命之性一样是与生俱来者。也就是说，就像我们生而就禀受着天赋的道德本性一样，我们也生而就禀赋着与生俱来的情感与欲望。尽管我们不清楚《中庸》作者是如何看待情与性的关系的，比如究竟是"情生于性"，还是因"接于物而生"，是"性善情恶"，还是"性、情一也"，但有一点似乎是确定无疑的，那就是，虽然性与情同为天之所赋而与生俱来者，但如果说天性是一种需要循之、修之才能得以充分实现的道德禀赋的话，那么，"弗学而能"的"人情"却是无须人为的努力（既无须"学"亦无须"教"）就能自求其外显与表达的。当

---

① 与《礼记·礼运》七种"人情"的说法稍有不同，荀子以"好恶喜怒哀乐"作为情的具体内容，如其曰："形具而神生，好、恶、喜、怒、哀、乐臧焉，夫是之谓天情。"（《荀子·天论》）又曰："性之好、恶、喜、怒、哀、乐谓之情。"（《荀子·正名》）《中庸》所谓"喜怒哀乐"当是对人之情感的一种简化说法，或者只是有意识地仅仅谈论此四种情感的发与未发问题。

然，情感的萌动与发露常常是需要"物取之"（《性自命出》）或者"感于物而动"（《礼记·乐记》）的，亦即情感往往是由遭遇外物或受外在境遇的刺激所引发而生的，因此，情与性的最大区别就在于，性是以其自身的实现为目的的，而情则主要是以外物或外在境遇为其发施作用的目标与对象的。而且，不管是善还是恶，人之情感与欲望都构成了人类生命（也包括动物生命在内）的最强劲的驱动力，正所谓："饮食男女，人之大欲存焉。死亡贫苦，人之大恶存焉。"（《礼记·礼运》）对于这样一种生命之欲恶与需求的现实必然性，孔子儒家从来都是采取直面正视和积极回应的立场和态度的，然而，在他们看来，道德本性是应充分加以实现的，而情感欲望却是不能任其肆意放纵而是应加以节制或只能求其合理满足的[①]。因此，作为一种道德理想主义的生命学问，儒家之"学"也好，君子之"道"抑或圣人之"教"也罢，从根本上讲，就是以"尽性"（道德本性的充分实现或成就人的道德生命）为宗旨和目的，通过情感的合理表达方式（有节制而合理地满足人之情感和欲望需求）来加以实现的。我认为，这也正是《中庸》作者所要着重阐明的核心理念，故而他一方面开篇即强调"天命之谓性，率性之谓道"，并在后文中明确提出了儒家"尽性"的根本性观念[②]，而且，倡言"喜怒哀乐"之"情"应"发而皆中节"，也说明《中庸》既主张对人情需要加以节制或品节，同时又认为道德本性的实现是离不开情感的合理表达方式这一途径的。问题在于，我们究竟应如何恰当地理解《中庸》所论情之未发和已发的问题。现代学者可能倾向于把这看作一个普遍性的抽象哲学命题，而我本人更

---

① 如孔子曰："中人之情，有余则侈，不足则俭，无禁则淫，无度则失，（"失"，读为"佚"，《家语》作"佚"）纵欲则败。饮食有量，衣服有节，宫室有度，畜聚有数，车器有限，以防乱之源也。故夫度量不可不明也，善欲（疑当作'教'）不可不听也。"（《说苑·杂言》，此文并见《家语·六本篇》，又《管子·立政篇》及《春秋繁露·服制篇》多相似语）

② 《周易·说卦》亦提出过"穷理尽性以至于命"的重要命题，但似不如《中庸》阐释得如此具体而详明。

倾向于把这看作一个儒家有关道德生命的理想情态或理想人格修养的具体实践进路问题。理解这一问题的关键在于，我们须将《中庸》对该问题的论述放到上下文的语境脉络中加以具体玩味和领会。

《中庸》论"喜怒哀乐"之情的未发已发问题，上承"君子慎其独也"的话题，而下接夫子论君子小人之中庸与反中庸以及过与不及和道之不行的问题。"慎独"的目的在"修身"，"修身"之"身"并不仅仅是指个体外在的形体躯壳，而且更是指包括身心、性情在内的整个的个体生命，因此，所谓的慎独修身是指对于身心、性情亦即个体生命的修养或个体道德人格的塑造。作为一种人生的目标与心灵的境界，儒家所追求和向往的个体之生命修养和人格塑造的理想样态究竟是什么样的呢？我认为，这正是《中庸》"喜怒哀乐"之未发与已发的思想主题所要揭示和阐明的问题。因此，就这一思想主题的实质含义来讲，我认为，"喜怒哀乐"之情的未发已发主要是对两种生命情态所作的明辨区分：一是"喜怒哀乐"之情内含而未曾萌动和发露亦即情之与性一而不二或相即而不离、依然处于本然性的纯粹中正而"无所偏倚"的生命情态或心灵状态，故"谓之中"；二是"喜怒哀乐"之情已经萌动和发露，但受到调节或品节而"无所乖戾"亦即性情经由人为的协调而和谐一致的生命情态或心灵状态，故"谓之和"。很显然，这样一种区分，并不意味着把情本身看作是好是坏抑或是善是恶，但情的萌动或发露必然会带来某种影响或产生某种作用，也确乎有过与不及或者好坏善恶之分，因此，问题的关键是情的发露以及发挥作用而富有意义的表达方式是否正确、恰当而合宜。不同的生命情态需要做不同的修养工夫，在情之内含未发而与性相即不离之际，正宜做涵养本心善性的修养工夫，以便从根本上奠立道德生命贞固笃定的心性根基；在待人接物、"情"感物而发之际，因"人之情各有所蔽"，故正宜做格物穷理、克制情感欲望、去除自私偏狭之蔽的修养工夫，以便能够"廓然而大公，物来而顺应"亦即"以物之当喜"则喜、"以物之当怒"①则怒，由此而建构一种既富有人情味而又合乎伦理之义的美好人

① 程颢：《答横渠张子厚先生（定性）书》，见程颢、程颐：《二程集》上册，王孝鱼点校，中华书局2004年版，第460—461页。

伦关系和人与人和谐共处的共同体生活。当然，不管是哪种生命情态下的工夫修养与情感表达方式，其目的只有一个，即都是要涵养和调节性情而使之协调一致，以便维持个体身心生命与道德人格之中正与和谐的本真状态，因为"中也者，天下之大本也；和也者，天下之达道也"。情之内含未发、与性相即不离而无所偏倚之"中"，乃是天下事理的根本；情之外露已发、与性相协合宜而无所乖戾之"和"，乃是通达天下的大道。将性情之德、中和之道修养扩充而推至于极境，则可以达到如同天地各安其位而万物繁育生长一样的功效。这便是儒家所追求和向往之中和生命情态的最高境界与终极理想。不过，需要说明的是，其一，如徐复观先生所说："'致中和'，不一定是就一人而言，乃是就人人而言。人人能推拓其中和之德、中庸之行，便万物各得其所。"[1]其二，我甚至认为，所谓的"致中和，天地位焉，万物育焉"，也不一定就是说人类修养扩充自身性情之德以及将中和之道推而至于极境本身可以直接造成或带来一种使"天地位焉，万物育焉"的效应与结果，这是一种人类中心主义的僭妄想法，事实上，"天地位焉，万物育焉"亦即天地各得其位以及万物生生不息的化育生成乃是一种先于人类存在的具本然性的理想状态，人类的行为本身要么干扰破坏之，要么辅助参赞之，但不可能宰制和决定之，正唯如此，《中庸》下篇才会特别强调人类可以体认、领悟、效法和模仿天地之道的精神，从而发挥一种顺应、辅助和参赞天地之化育的职能与作用。[2]尽管如此，这也并不妨碍儒家追求和向往那种

[1] 徐复观：《中国人性论史·先秦篇》，上海三联书店2001年版，第112页。

[2] 钱穆先生尝言："《中庸》言：'致中和，天地位焉，万物育焉。'中和即是道，亦即是人之性情。师教立，人之性情达于中和，而天地始得其位，万物始有其育。使人之性情失其中和，则不仅万物失其育，即天地亦失其位矣。"（《现代中国学术论衡》，生活·读书·新知三联书店2016年版，第189页）如此理解和诠释《中庸》之义，显然是将"天地位焉，万物育焉"视作完全是由人之性情来决定的，我认为这难免有过度诠释之嫌。不过，如果站在今人的立场来看，考虑到人类科学技术的飞速发展以及由此所导致的人类的破坏性活动给地球自然生态环境所造成的难以预料的深刻危机和灾难性后果，我们倒不妨说，人类性情之失其中和，确乎可以直接对"天地位焉，万物育焉"造成极其负面的影响或效果。

将理想之人生、和谐之人伦、美好之社会、生生之宇宙于身心性情之生命修养的中和状态中贯通合一的精神境界，这一精神境界之意义的深远宏大是非常值得我们后人认真对待和深长思之的！

2. "中庸"三义与"道之不行"的现实困境

上述"情"之未发已发的问题和"中和"的思想议题，既上承"慎独"的话题，而又下接夫子论君子小人之中庸与反中庸以及过与不及和道之不行的问题，在我看来，不仅阐明了慎独修身所致力于追求实现的生命修养状态的理想目标，同时为君子小人之道德人格的区分以及深入思考和探究儒家道德生命之中和理想所面临的现实困境树立或提供了一种辨别和评判的明确标准，甚至也可以说由此而确立了《中庸》全篇的核心思想要旨，即以中和的生命理想为人类的共同体生活及其文明秩序来定向。

《中庸》紧接"中和"的思想议题而引述了孔夫子的一系列言论，以说明"中庸"乃是君子最为难能可贵的一种德行或品格，而小人反乎中庸，一般民众很少能够长久地持守践行中庸，而知者贤者常常过之，愚者不肖者常常不及，由此可知，君子之道是很难实行的。那么，究竟何谓"中庸"呢？其中，"中"字的含义不难理解，易于引起歧义的是"庸"字的含义。"中"的观念可谓由来已久，而且，集中体现了自尧舜以来上古三代圣王一脉相承或薪火相传而留传下来的一种重要政治传统或治国为政之道，即《尚书·大禹谟》所谓的"允执厥中"，《论语·尧曰》所谓"允执其中"，意即治国为政应持守中道，其实这也就是《尚书·洪范》所说的"无偏无陂，遵王之义。无有作好，遵王之道。无有作恶，遵王之路。无偏无党，王道荡荡。无党无偏，王道平平。无反无侧，王道正直"[①]。孔子非常重视并极力发明阐扬这一政治传统，而且，将之创造性地

---

① 宋儒蔡沈《书集传》注曰："偏，不中也。陂，不平也。作好作恶，好恶加之意也。党，不公也。反，倍常也。侧，不正也。偏陂好恶，己私之生于心也；偏党反侧，己私之见于事也。……荡荡，广远也。平平，平易也。正直，不偏邪也。"

转化发展为一种普遍适用的道德行为准则，并提出"礼所以制中"（《礼记·仲尼燕居》）的重要观念，继孔子之后，荀子更进而倡言"礼义"之谓"中"（《荀子·儒效》）。所不同的是，《中庸》是从情之未发的角度来定义"中"的，如果我理解不错的话，情之未发实即意指天命之性体存养在内而纯然本真，无所偏倚而至为广大的生命状态[1]，而当其与"庸"连用而合为一词亦不外是指谓君子中正的德行与品格。而"中庸"一词实为孔子所首创，其言曰："中庸之为德也，其至矣乎！民鲜久矣。"（《论语·雍也》）《中庸》亦引述夫子此言曰："中庸其至矣乎！民鲜能久矣！"汉儒郑玄注曰："鲜，罕也，言中庸为道至美，顾人罕能久行。"[2] 而朱子《论语集注》引程子之说曰："自世教衰，民不兴于行，少有此德久矣。"[3] 朱子本人《中庸章句》亦曰："世教衰，民不兴行，故鲜能之，今已久矣。"[4] 所谓"民鲜（能）久矣"，郑注以为意谓一般人很少能长久持守践行中庸之德，而朱注以为意谓人民很少能持守践行中庸之德已经很久了。在我看来，两说皆可讲得通，而孔子视"中庸"为至德，亦可谓推崇备至，但问题是，"庸"字的含义究竟指的是什么？综合古今各家之说，所谓"庸"，主要有三种含义，其一为"用"，《说文解字》："庸，用也。"郑玄解《中庸》篇名首取此义，所谓"名曰《中庸》者，以其记中和之为用也，庸，用也"[5]。在此意义上，所谓

---

① 钱穆先生尝言："《中庸》所谓未发之谓中，朱子释此中字为不偏不倚。以其未发，此心之喜怒哀乐既不偏倚在外面任何一物上，则其存于内而未发者，当至为广大，浑然一体，无分别无边际可言，甚亦可谓之与天地同体。亦可谓天地亦本有喜怒哀乐，吾心之喜怒哀乐，乃本天地之自然而有，惟当其未发则无偏倚。"（钱穆：《现代中国学术论衡》，生活·读书·新知三联书店2016年版，第79页）

② 齐鲁书社编：《礼记注疏》，见《武英殿十三经注疏》第五册，齐鲁书社2019年版，第3263页。

③ 朱熹：《四书章句集注》，中华书局2011年版，第88页。

④ 朱熹：《四书章句集注》，中华书局2011年版，第21页。

⑤ 齐鲁书社编：《礼记注疏》，见《武英殿十三经注疏》第五册，齐鲁书社2019年版，第2506页。

"中庸"也就是"用中"的意思，表达的是一种儒家中道和谐的思想观念，亦即如《中庸》引述夫子对舜的评语所言："执其两端，用其中于民。"其二为"常"，即"常行""常道"之"常"，郑玄注"君子中庸"兼取此义，所谓"庸，常也，用中为常道也"①。何晏《论语集解》亦取此义，其训释《论语·雍也》"中庸之为德也"曰："庸，常也，中和可常行之道。"在此意义上，所谓"中庸"，意指将"中"作为一种常道来持守奉行而不可肆情妄行。其三为"平常"之"常"，这是朱子所取之义，与"常行"之"常"，含义"略有分别"②。朱子《中庸章句》无论解《中庸》篇名，还是注释"君子中庸"，均取"平常"之义，如朱子曰："中者，不偏不倚、无过不及之名。庸，平常也。""中庸者，不偏不倚、无过不及，而平常之理，乃天命所当然，精微之极致也。惟君子为能体之，小人反是。"③另如朱子《论语集注》引程子之说曰："不偏之谓中，不易之谓庸。中者天下之正道，庸者天下之定理。"④程子所谓"不易"之义，似乎既可以从"常行"的意义上理解，也可以从"平常"的意义上理解，所谓"中庸"即意指中正不偏为日用常行之道或平常不易之理，如张栻《论语解》曰："庸者，言其可常而不易也。"⑤

综合上述"三义"而言，张岱年先生认为，"庸虽亦有常行、平常之义，但'中庸'之庸应是'用'义"，故所谓"中庸"，也就是"用中"的意思，亦即"中的原则的运用"⑥。而如果从思维方式的意义上来讲的话，那么，诚如庞朴先生所说，所谓"中庸"，最基本的思维形式就是"把对立两端直接结合起来，以此

① 齐鲁书社编：《礼记注疏》，见《武英殿十三经注疏》第五册，齐鲁书社2019年版，第3263页。

② 张岱年：《中国古典哲学概念范畴要论》，中国社会科学出版社1989年版，第175页。

③ 朱熹：《四书章句集注》，中华书局2011年版，第19、21页。

④ 朱熹：《四书章句集注》，中华书局2011年版，第88页。

⑤ 张栻：《张栻集》上册，邓洪波校点，岳麓书社2017年版，第50页。

⑥ 张岱年：《中国古典哲学概念范畴要论》，中国社会科学出版社1989年版，第175页。

之过，济彼不及，以此之长，补彼所短，以追求最佳的'中'的状态"①。然而，在我看来，如此理解和释义，其实与将"庸"字解作"常行""平常"之义一样，"中庸"的实质含义似乎都偏重或集中在了"中"字上，亦即主要是从"中"的"运用""用中"的思维方式或者用来说明"中"为常行之道、平常之理的意义上来理解"庸"的含义。从字面意义上讲，如此理解和诠释"庸"字的含义也许都能够讲得通，而且，如此理解和释义，所谓"中庸"，与"中行""中道"的说法在含义上也并没有什么实质差别②。但是，问题似乎仍然没有得到完全解决，因为孔子使用"中庸"的说法乃是特指一种"至德"，一种君子所具备的完美至善的德行，此"中庸"之"至德"乃上承"中和"之说而来，如朱子曰："变和言庸者，游氏曰：'以性情言之，则曰中和，以德行言之，则曰中庸。'是也。然中庸之中，实兼中和之义。"③虽然朱子强调的重点仍然落在"中"字上，以为"中庸之中，实兼中和之义"，但我认为，游氏的说法似乎更为合理而应引起我们的特别注意，即"中和"是从性情的意义上来讲的，"中庸"是从德行的意义上来讲的，如果说"中庸"之德行乃是上承或直接从"中和"的生命原则引申而来的，而且，"和"字自有其不能由"中"完全涵盖的相对独立的含义，那么，"变和言庸"，"庸"字亦必有其相对独立的含义而不仅仅是用来对"中"的含义作辅助性说明的。诚如徐复观先生所言："'中'与'庸'连为一词，其所表现的特殊意义，我以为是'庸'而不是'中'；因为中的观念虽然重要，但这是传统的观念，容易了解。和'中'连在一起的'庸'的观念，却是赋予了一种新内容，新意义。所谓'庸'，是把'平常'和'用'连在一起，以形成其新内容的。……所谓'庸'者，乃指'平常的行为'而言。所谓平常的行为，是指随时随地，为每一人所应

---

① 庞朴：《"中庸"平议》，杨朝明主编：《孔子文化奖学术精粹丛书·庞朴卷》，华夏出版社 2015 年版，第 29 页。

② 如子曰："不得中行而与之，必也狂狷乎！狂者进取，狷者有所不为也。"（《论语·子路》）孟子曰："孔子岂不欲中道哉？不可必得，故思其次也。"（《孟子·尽心下》）

③ 朱熹：《四书章句集注》，中华书局 2011 年版，第 21 页。

实践，所能实现的行为。……人人可以实践，人人应当实践的行为生活，即是中庸之道，即是孔子所要建立的人道。"① 而以我之见，如果说"中和"是指由性情的修养而达致的一种理想生命状态的话，那么，"中庸"便是指根基于性情的修养或本原于"中和"的生命原则而具体展现出的一种德行与品格。分别言之，我认为，"中"当指中正亦即公道正派而不偏不倚的德行与品格，而"庸"字的含义，也许可以从其"常"（常行或平常）之义合理地引申出这样一种德行与品格特征的意涵，即温良平易而不乖不戾，此与"和"字的含义亦正是联属一致的。准此而言，正因为拥有"中"的德行与品格，故君子能"和而不流""中立而不倚"；正因为拥有"庸"的德行与品格，故君子能平易近人而"道不远人"；正因为拥有"中庸"之"至德"，故"君子遵道而行"，乃至于终能即凡而圣、上达乎天德，正所谓："君子依乎中庸，遁世不见知而不悔，唯圣者能之"，又或者是："君子之道，造端乎夫妇；及其至也，察乎天地。"

不管怎样，所谓"中庸"，从行为方式的意义上讲，乃是针对过与不及的两端行为相对而言的，故孔子儒家力主君子应奉行中和之道、依循中庸之德，而反对过与不及的偏颇、极端行为。然而，不幸的是，中和之道、中庸之德虽然平易广大而可日用常行，但一般人却鲜能长久遵循和践行；虽然君子戒慎恐惧、随时反身自修以求归乎中，但小人却直情径行或"肆欲妄行，而无所忌惮"②；知者贤者以为君子之道"不足行""不足知"，愚者不肖者对君子之道既"不知所以行"又"不求所以知"③，故或过之或不及，此正是君子之道难以实行的根本原因所在。即使就孔门弟子内部而言，在夫子眼中，也唯有弟子颜回拥有"其心三月不违仁"的德行和"不迁怒，不贰过"的"好学"（《论语·雍也》）品格，并能够做到"择乎中庸，得一善，则拳拳服膺而弗失之矣"。正唯如此，故

---

① 徐复观：《中国人性论史·先秦篇》，上海三联书店 2001 年版，第 99—100 页。
② 朱熹：《四书章句集注》，中华书局 2011 年版，第 21 页。
③ 朱熹：《四书章句集注》，中华书局 2011 年版，第 21 页。

夫子感叹曰："人莫不饮食也，鲜能知味也。"并反复申说："道之不行也，我知之矣。""道其不行矣夫！""天下国家可均也，爵禄可辞也，白刃可蹈也，中庸不可能也。"世人鲜能了解"中庸"之精义真谛，人虽或智或愚、或贤或不肖，但其知行多陷于过与不及之一偏，"中庸"之难以实行确乎令夫子感慨万千，但夫子所感叹者，乃人类之不幸，而非"中庸"本身之不可知、不能行。因此，从孔子儒家的思想视域来讲，"道之不行"的现实困境无疑是由其所处时代的生存环境造成的。正唯如此，将"道之不行"的现实困境放到其所处时代的生存环境中来加以反省审察的话，也许能够让我们更好地了解和体会孔子儒家极力倡导植根于"中和"之生命状态与原则的君子之道和"中庸"之德的真义及其良苦用心。

正如我们反复强调指出的那样，孔子儒家生活在一个礼崩乐坏、世变日亟的混乱时代，从"中庸"的思维视角来看，他们所面对的无疑是一种人类文明败坏，人们的思想信念、价值取向和行为方式普遍地日趋激进化和极端化的生存境况，这一日趋动荡不安和激烈变乱的时代潮流是与诸侯力政、列国纷争的大规模国家行为密切关联而且相互激发和促进的，也就是说，个人、家庭、宗族层次的问题与更大规模的国家甚至整个天下层次的问题是彼此纠葛而连为一体的，《大学》修齐治平的治道理想正是针对这一现实状况而提出的，《中庸》准乎"中和"的生命理想和"依乎中庸"的君子之道也是针对这一现实状况而提出的。作为对时代生存环境的意识反应，"子不语怪，力，乱，神"（《论语·述而》），而怪、力、乱、神愈来愈泛滥而盛行矣；子曰"见义不为，无勇也"（《论语·为政》），而现实中"君子有勇而无义"则"为乱"，"小人有勇而无义"则"为盗"（《论语·阳货》）；孔子儒家既重视孝悌亲亲之道而又倡导对人类普遍利益和公共福祉的仁义关怀，而墨子舍己为人、不别亲疏、大公无私的"兼爱"主义和杨朱只关心个体切身利益和自然生命价值的"贵己""为我"主义却影响日益广泛和显著而充满天下矣，正如孟子所说，"圣王不作，诸侯放恣，处士横议，杨朱、墨翟之言盈天下。天下之言不归杨，则归墨"（《孟子·滕文公下》）；孔子儒家主张礼乐教化、修己安民、忠恕待人，而道家"法天贵真"的超然智慧、放任自由的精神追求和顺乎自然、消极无为的治道理念，法家操控臣民的法术思维、强人从己的权势信念和富国强兵、愚民专制的治国思想，并兴竞立而纷纷与孔子儒家为敌矣。在诸子百家异说蜂起而相互争鸣的思想格局中，墨子、道家之道德理想的崇高、自由精神的超迈的确过乎儒家之上，而杨朱、法家因自我中心的利益观的狭隘与自私、功利心和权力欲的贪婪与卑劣，则又远不及儒家。①

孔子儒家崇智而尊贤，但反对将才智和贤能用于统治与争斗的目的，或用于争强好胜的虚荣心和权力欲的满足②。孔子儒家劝人敬业乐群，但反对人们结党而营私，故子曰："君子矜而不争，群而不党。"（《论语·卫灵公》）孔子儒家贵仁而尚义，坚持反求诸己的修身理念，真诚友善、礼让敬信和忠恕待人的道德原则以及事君交友的道义立场③，反对对人巧言令色、谄媚奉承、阴谋诈伪、冷漠无情、仗势欺凌、权术操弄。在上述意义上，孔子儒家所推崇的叩其两端而取其中的"中和"之道、"中庸"之德，决不是指那种简单地采取折中调和立场的处世之道，更不是指为孔孟所深恶痛绝的"乡愿"式的举止圆滑世故的行为表现④，而是指一种讲原则而负责任的，既公道正派而不偏不倚又温良平

① 在此，有必要说明和强调的是，关于墨子的"兼爱"主张和杨朱"为我""贵己"之说的评价，我本人并不赞同孟子将其视为"禽兽"之道的观点，墨子舍己为人的"兼爱"主义自然体现了一种高尚的道德理想主义或一种具有普世意义的崇高的伦理情怀，杨朱的"为我""贵己"主义充分凸显了对于个体生命价值之可贵及其不容他人侵犯和伤害的神圣性其实同样具有其不容抹杀的思想意义，只不过后者易于被庸俗化地利用为单纯维护个体自我之私利的借口。

② 如《庄子·人间世》曰："德荡乎名，知出乎争。名也者，相轧也；知也者，争之器也。二者凶器，非所以尽行也。"

③ 如子曰："以道事君，不可则止。"（《论语·先进》）另如，子贡问友，子曰："忠告而善道之，不可则止，毋自辱焉。"（《论语·颜渊》）

④ 如子曰："乡愿，德之贼也。"（《论语·阳货》）另如万子（章）曰："一乡皆称原人焉，无所往而不为原人，孔子以为德之贼，何哉？"（孟子）曰："非之无举也，刺之无刺也，同乎流俗，合乎污世，居之似忠信，行之似廉洁，众皆悦之，自以为是，而不可与入尧、舜之道，故曰'德之贼'也。"（《孟子·尽心下》）

易而不乖不戾的人格修养与待人接物的在世方式。因此，面对严酷而充满敌意的时代环境和"道之不行"的现实困境，孔子儒家从来都没有丧失过信心、放弃过希望，而是仍然以坚定的善意和无偏倚的心智来看待这个世界、对待自己的人类同胞，矢志不渝地探寻一种与人和谐共处的理想在世方式，努力并乐于在个人道德品质或人人以修身为本的基础上重建文明秩序，创建一个更好的人类世界或一种持久稳定、人人共享安乐的更美好的良善社会。这样一种努力本身，难道不正揭示了人类本性中所固有的宽广博大胸怀和善良真诚意愿吗？难道不正带给了我们这样一种重要启示，即应以富有道德良知和想象力的方式来理解和诠释"天命之谓性，率性之谓道，修道之谓教"的深刻含义吗？如若仍然有人对"依乎中庸"的君子之道的普遍可行的实践意义心存疑惑，那就请看《中庸》接下来是如何申论和阐明其精义真谛的吧。

3. 君子之道的实质含义及其实践进路

关于君子之道的性质、范围、作用和意义，《中庸》作了如下阐述：君子之道功用广大而意义隐微。君子之道，始则"造端乎夫妇"，故虽"夫妇之愚"亦"可以与知"，"夫妇之不肖"亦"可以能行焉"，及其至于"察乎天地"的终极境域，"虽圣人亦有所不知"，"亦有所不能焉"。即使像天地那么广大，但也有让人感到缺憾的地方，"如覆载生成之偏，及寒暑灾祥之不得其正者"[①]。若以大小而论，说它大，则"天下莫能载焉"，说它小，则"天下莫能破焉"。由此可见，君子之道所涵盖的范围及其功用至为广大，既卑近而涉及匹夫匹妇"居室之间"的日常生活，又高远而达于天地生物不测的大化流行。那么，这究竟是一种什么性质的君子之道呢？它似乎在有意挑战人们的想象力，赋予君子之道一种神秘的色彩，但其实不然，因为君子之道是从来不会远离人们的，尤其重要的是，道之为道，乃在于率性而为、循性而行，而性之为性，出乎天之所命而为人所生而固有者，因此，君子之道实则是"固众人之所能知能行者也"，反之，"若为道

---

① 朱熹：《四书章句集注》，中华书局 2011 年版，第 24 页。

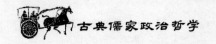

者，厌其卑近以为不足为，而反务为高远难行之事"①，则道之不可以为道矣。

不管其范围多么广大，但"依乎中庸"而行的君子之道首先具有的是一种"道不远人"和日用常行的人间性与实践性的鲜明特征。就其实质含义和具体的实践进路而言，最值得我们注意的有如下数端：

其一，与《大学》作者强调"絜矩之道"可谓一脉相承，《中庸》作者重申了人类共同生活的人伦关系特征，并特别阐明和凸显了君子之道的"忠恕违道不远"的实质内涵，故称引孔子之言曰：

> 道不远人。人之为道而远人，不可以为道。《诗》云："伐柯伐柯，其则不远。"执柯以伐柯，睨而视之，犹以为远。故君子以人治人，改而止。忠恕违道不远，施诸己而不愿，亦勿施于人。君子之道四，丘未能一焉：所求乎子，以事父未能也；所求乎臣，以事君未能也；所求乎弟，以事兄未能也；所求乎朋友，先施之未能也。庸德之行，庸言之谨，有所不足，不敢不勉，有余不敢尽；言顾行，行顾言，君子胡不慥慥尔！

为了避免误解，我们必须首先搞清楚的是，究竟何谓"君子以人治人，改而止"？古今注疏家多以为意指君子治理他人，如郑玄注曰："言人有罪过，君子以人道治之，其人改则止赦之，不责以人所不能。"②朱熹集注亦曰："故君子之治人也，即以其人之道，还治其人之身。其人能改，即止不治。盖责之以其所能知能行，非欲其远人以为道也。"③两家皆以为后一个"人"字乃指他人，如此理解和释义，似与上引《诗·伐柯》之义和接下来所讲忠恕之道皆不尽相合。"伐柯"诗文说的是人手持斧柄（柯）以伐木（砍削木头）为斧柄（柯），所持斧柄

---

① 朱熹：《四书章句集注》，中华书局2011年版，第25页。
② 齐鲁书社编：《礼记注疏》，见《武英殿十三经注疏》第五册，齐鲁书社2019年版，第3266页。
③ 朱熹：《四书章句集注》，中华书局2011年版，第25页。

即近而可为所伐斧柄尺寸之法，"此法不远人，人尚远之，明为道不可以远"①。如果我理解不错的话，那么，即使"以人治人"意指治理他人，则君子亦应如"执柯以伐柯"者一样，以所执之柯为法，即首先当修治己身而以身作则，如子曰："其身正，不令而行；其身不正，虽令不从。"（《论语·子路》）换言之，所谓的"君子以人治人"，从君子立身行己的完整含义上来理解的话，当指正己以正人，而非仅仅意味着以他人为对象而治之，或者，也可从"兼人己"的意义上来理解"以人治人"的含义，如吕留良《四书讲义》所谓"'以人治人'句，原可兼人己，故《语录》云：'我自治其身，亦是将我自得底道理，自治我之身而已'"②。正唯如此，当君子立身行己于人伦角色的生活网络或人际互动的交往关系之中，首先应当反身责己以自修其德行，而非先行责求于人，这就是所谓的反求诸己的忠恕之道，忠者"尽己之心"，恕者"推己及人"，合而言之，"施诸己而不愿，亦勿施于人"，意即你不愿有人将不敬、欺侮和伤害施加于自己身上，也就不要将不敬、欺侮和伤害施加于他人身上，你不愿受人操弄和控制，也就不要操弄和控制他人，反之，你想要他人礼敬、尊重和仁爱地对待你，也就要礼敬、尊重和仁爱地对待他人。更具体地讲，所谓君子之道，也可以说就是孝悌忠信之道，因此，如果你不愿他人对你不孝不悌不忠不信，那么，你就不要对他人不孝不悌不忠不信，反过来说，就是你想要儿子对你孝敬，首先就应以孝事父；你想要臣属对你忠诚，首先就应以忠事君；你想要弟弟对你敬重，首先就应以敬事兄；你想要朋友对你诚信，首先就应以信待友。说到底，忠恕之道乃是可被用于构建一种良善而和谐之人伦关系的道德行为准则，它并不高远而难以企及，而只需要人们在平常德行方面努力实践、在平常言语方面保持谨慎，做得有不足的地方不敢不勉力去做，行有余力的地方不敢以为已做得尽善尽美，

---

① 齐鲁书社编：《礼记注疏》，见《武英殿十三经注疏》第五册，齐鲁书社 2019 年版，第 3266 页。

② 吕留良：《四书讲义》下册，陈鏦编，俞国林点校，中华书局 2017 年版，第 532 页。

能做到"言顾行,行顾言",这就是言行一致而真诚笃实的君子。因此,真正的君子首先关切和致力的是自己的言行是否诚笃谨慎和自身的德性修养问题,而不是把个人的意志和想法专断地强加于他人。准此以论,则所谓"君子以人治人",我们既不应片面地将其理解为君子专求人之罪过并假借"人道"(人之为人之道)的名义而管制或整治他人,更不应按字面意思而将其曲解为一种"以其人之道还治其人之身"的阴谋之术,其恰当而正确的释义应该是君子应正己以正人,即以修身正己的做人之道来劝导、教诲和引领他人,而君子之修身正己不过是率性修道而已,况乎"道之不远人,则人与己本均有也"①,因此,在我看来,所谓"治",不过是"教"的另一种说法,或者,所谓的"以人治人",不过是"修道之谓教"的另一种表达方式而已。

显然,作为一种人际交往的道德行为原则,忠恕之道要求人们不能不时时反省审查自己的所作所为,换言之,忠恕之道要求人们所遵循的是一种反求诸己的基本原则,具体讲,就是反身以求而诉之于自我的生命感受和内心意愿,你希望或愿意别人怎样对待你,你就应该怎样对待别人,除非出于某种心理的病态或邪恶的目的,否则,人们所诉求的一定是自己最切身而真诚善良的生命感受和内心意愿。如果说这就是儒家君子之道所尊信和奉行的道德行为准则的话,它当然既不如单向命令并强制他人服从的主从关系观念更有力量,也不如将"应该如何"或"不准什么"的道德信条与行为戒律简单地强加于人的宗教信仰更有力量,既不如依靠武力征服或暴力手段以侵害或毁灭他人生命的暴行更能产生震慑人心的直接效果,也不如运用阴谋权诈之术暗中算计和伤害、操纵和控制他人或将他人玩弄于股掌之上更能产生损人利己的直接利益。要实行儒家君子所信奉的忠恕之道———一种真正"依乎中庸"而合乎道义的行为准则,唯一需要的就是教人反身自省自求、自修其德,在不断完善自我品格的过程中学习与人和谐相处的行为方式,学习如何正己正人,学习如何审慎地按照儒家

---

① 张栻:《张栻集》下册,邓洪波校点,岳麓书社 2017 年版,第 708 页。

把人当人的仁道原则来"以人治人"。这才是儒家君子所矢志不渝地追求和努力探寻的那种构建以中和理想为方向和目标的人类共同体生活及文明秩序所应遵循的道德行为准则和理想在世方式。正因为君子首先关注和重视的是自身的德性修养问题，因此，不管君子处在什么样的地位和境遇，他都会安于其目前所处的地位和境遇而做自己应该做的事情，而不会有出乎其位的其他非分之想，正所谓"君子素其位而行，不愿乎其外"。也就是说，无论是身处富贵，还是身遭贫贱，无论是身在夷狄，还是身罹患难，君子都始终如一，为其所当为，行其所应行，坦然心安，"无入而不自得焉"。因此，君子身居上位而不会凌侮和欺压在他下面的无权无势的人，身在下位而不会攀援和巴结在他上面的有权有势的人，正己修身而无所苛责或求乞于他人，上不怨恨于天，下不责怪于人，素位而行，心安理得，故能坦然面对和接受自己所遭遇的任何命运，相反，小人却总是铤而走险以妄图徼一时之幸。故子曰："射有似乎君子，失诸正鹄，反求诸其身。"

其二，儒家的君子之道应遵循自卑近以至高远的实践路径，正所谓"君子之道，辟如行远必自迩，辟如登高必自卑"，这可以说是对儒家君子之道的实践特征与精神品格最精要而恰当的概括。

儒家君子之道并不教人好高骛远，而是教人脚踏实地地从身边最切近的日常生活处躬行实践，也就是首先处理好自己与家人间的关系。《中庸》所引《诗经·小雅·常棣》诗文和孔子之言便是最好的说明："《诗》曰：'妻子好合，如鼓琴瑟；兄弟既翕，和乐且耽；宜尔室家，乐尔妻帑。'子曰：'父母其顺矣乎！'"在家人之间，最重要的三种关系便是夫妻、兄弟、父母子女之间的关系，夫妻之间性情相好而合，就像弹琴鼓瑟一样；兄弟之间手足情深，欢聚和睦；安排好室内家庭生活，与妻子儿女共享人伦之乐，让父母感到顺心如意。这是一种多么幸福而美好、充满着温暖的伦理情谊和人伦之乐的日常生活情景与家庭画卷！这也肯定是任何心理健康的正常之人和家庭所真心向往的一种日常生活情景与家庭画卷！"道不远人"的真实含义，就最充分而真切地体现在人们对

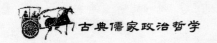

于这样一种美好家庭生活的向往与追求之中。

然而，人类生命及其共同体生活的全部价值和意义并不仅仅局限于家庭内部的日常生活和家人之间的人伦关系，或者，人并不仅仅是一种活在当下、只关心一室一家之现世生活的狭隘的家庭动物。如《礼记·礼运》曰："人者，其天地之德，阴阳之交，鬼神之会，五行之秀气也。"人之为人，乃是禀承天地之大德、感受阴阳之交感、荟萃鬼神之良能和蕴含五行之秀气而生的，因此，人类生命及其共同体生活的价值和意义还在于，必须能够上达于天地之大道和鬼神之盛德，贯通于阴阳五行的精元灵秀之气。正唯如此，在孔子儒家看来，郊祭敬事天地鬼神便理应成为人类生活中非常重要的一项礼仪性的神圣活动，故《中庸》引述孔子之言曰："鬼神之为德，其盛矣乎！视之而弗见，听之而弗闻，体物而不可遗。使天下之人齐明盛服，以承祭祀。洋洋乎！如在其上，如在其左右。"所谓鬼神，乃是天神与人鬼的合称，"万物本乎天，人本乎祖"，郊祭敬事天地鬼神的最主要目的，就是教人们"报本反始"（《礼记·郊特牲》）或"反古复始"而"不忘其所由生"（《礼记·祭义》）。对于抱持唯物观念的现代人来讲，古人的鬼神信仰也许只是一种令人难以理解的传统迷信，但对孔子儒家而言，这确乎构成了人类生命及其共同体生活的一个极其重要的宗教性维度，它对人具有一种提撕超拔、拓展心灵的功能，使人们的眼界不再仅仅局限于现世日常生活的当下狭隘视野，而是仰望天地，探求和追寻天地生生之德和化育之道，缅怀祖先，追思和赓续先辈之功德与事业。

为了更好地理解孔子儒家鬼神信仰的真实用意，在此有必要对在当时与之形成鲜明对照的墨家的鬼神信仰稍作比较分析。中国人对天命、天道和鬼神的宗教信仰可谓由来已久，昊天上帝和去世的祖先是具有人格意志而主宰着人间祸福的神灵，可以主持人间的正义而对人的善恶行为予以奖惩赏罚，正所谓"天道福善祸淫"（《尚书·汤诰》），人间的统治者上奉天命而治理天下国家，而且，西周初期的人相信统治者只有敬德保民才能赢得天命，否则就会丧失天命。这一深远悠久的传统宗教信仰为孔子儒家所继承而又有所修正，他们凸显了天道之生成万物的自然含义和天命之于君子的使命担当意义①，从而大大弱化了天直接干预人事、决定人类命运的人格神的神秘意味，对于君子而言，重要的是自我德性的修养，而这完全取决于个人自我的努力，当然，孔子儒家亦承认对于个体人生来讲存在着一种难以为个体自我所掌握与控制的命运因素，但它不是由鬼神对人的赏罚所造成的，而是由外在的客观环境与社会条件亦即个人的时遇遭际所决定的。对道义担当之使命意识的充分自觉和对个体德性修养的格外关注与重视，使孔子儒家采取了一种"务民之义，敬鬼神而远之"（《论语·雍也》）的智性态度或理性立场，所谓"远之"，我认为并非意指"疏远"或"远离"鬼神的意思，而是说他们并不认为鬼神能够直接主宰和决定人类的善恶行为与祸福命运，因此，对他们而言，重视丧祭活动而力主敬事天地鬼神的根本目的不是为了凸显鬼神在这方面的神秘威权，也不是仅仅为了满足人类自身当下现世福利的功利欲求和实际需要，而主要是为了扩展人类的心灵、培养和厚植人们"报本反始"或"慎终追远"②的品行德性根基。与之相反，墨子尊天事鬼的强烈宗教信仰则极力彰显天志鬼神的人格神含义，认为天鬼拥有一种可对人施行赏罚而主宰和决定一切人类事务的神圣威权，并明确反对任何相信人在尘世间的行动、遭遇和命运必然会受到某种客观环境和现实条件因素所限制与决定的有命论观念。墨子由天志鬼神信仰所推导出来的兼爱主义信念无疑具有一种崇高的道德理想主义色彩，但其道德理想主义的普遍推行却也因借助于其威权主义的天志鬼神信仰而极易导致一种实施极权主义统治方式的危险

---

① 如子曰："天何言哉？四时行焉，百物生焉，天何言哉？"（《论语·阳货》）又曰："不知命，无以为君子也。"（《论语·尧曰》）又曰："天生德于予。"（《论语·述而》）另如《礼记·哀公问》所载，哀公问："敢问君子何贵乎天道也？"孔子对曰："贵其不已。如日月东西相从而不已也，是天道也。不闭其久，是天道也。无为而物成，是天道也。已成而明，是天道也。"

② 如曾子曰："慎终追远，民德归厚矣。"（《论语·学而》）

后果①，即运用"尚同一义"的刑政制度与强制性的赏罚手段来支配、操纵和控制人的道德行为，从而将兼爱主义的道德信念简单而外在地强加于人。比较而言，孔子儒家同样抱持一种崇高的道德理想主义信念，但他们不愿意将自己的信念简单地强加于人，而是愿意通过教育的方式或发挥道德人格修养的示范作用，来循序渐进、润物细无声地指引、领导和感化人民遵循良善的生活方式，走上正确的生活轨道，事实上，他们的天命、天道和鬼神信仰也是要通过"神道设教"的方式来达到和实现同样的目的，因此，比之于墨子的天志鬼神信仰，无疑具有一种更加鲜明而富有深远意义的人文主义内涵。②

正是孔子儒家的这样一种深富人文主义情怀的道德理想与天命信仰，将他们进一步引向了对天下事业及与之紧密相关的政治合法性问题的深切关注。而从普通家庭其乐融融的日常生活场景，到"视之而弗见、听之而弗闻"的鬼神信仰，再到德位相符一致的圣王事业，也充分体现了儒家君子之道不断拓展扩大的人文主义视野。针对暴君污吏横行的混乱时代状况，孔子儒家汲汲于从华夏民族悠久深远的历史经验中探寻优良的治国为政之道，大力阐扬和推崇尧舜及三代圣王治平天下的伟大功德与事业，他们深信尧舜和三代圣王是上奉天命、下佑生民、法天而治的伟大历史典范，深信尧舜和三代圣王是基于他们的伟大功德而赢得天命的，如子曰："大哉尧之为君也！巍巍乎！唯天为大，唯尧则之。"（《论语·泰伯》）《中庸》亦称述孔子之言曰："大德必得其位"，"大德

---

① 如美国著名汉学家狄百瑞所说，墨子不过是在其"简单化的有关人类行为的假设"的基础之上，"强烈真诚地、直截了当地"主张"依照一种单纯的极权主义的观点来动员起一切力量"（《东亚文明——五个阶段的对话》，何兆武、何冰译，江苏人民出版社1996年版，第9页）。

② 当然，毋庸讳言的是，既不同于墨子尚兼爱、力主为了活着的人的利益而应实行"薄葬"的功利立场，更迥异于道家庄子视"天地"为"万物之父母"（《庄子·达生》）而把人生看作一种气聚气散的纯自然过程、面对生死而不喜不悲的淡漠达观的超然态度，孔子儒家重亲亲和丧祭之礼的天地鬼神信仰在历史上也确乎易于演生出等级制的祭仪葬礼日趋繁缛复杂化以及"厚葬"之风愈来愈浮夸奢靡化的严重流弊。

者必受命"。其中最著名的代表人物，就是拥有"大孝"之美德的舜，受尧的禅让而继承尧的事业并将之发扬光大，以及周代的文王、武王和周公，他们亦皆为"孝"的典范，而且父子前后相继，"父作之，子述之"，开创建立了周王朝数百年的悠久基业。历史是现实的一面镜子，它折射出了孔子儒家对现实政治状况的深刻反思及其最为深沉的政治合法性关切，尽管这种反思和关切是在传统天命观的信仰背景下来进行和展现出来的，但他们试图向世人揭示的却是这样一条政治上亘古不变的自然原理或天道法则，即唯有德者方能受天命而得其位，正所谓"天之生物，必因其材而笃焉。故栽者培之，倾者覆之"。换言之，只有在美德有报而德位相符的情况下，天下国家才能真正得到优良治理，否则，德与位脱节错位，天下国家必然走向昏乱不治。说到底，对孔子儒家而言，德与位的相符抑或悖离，乃是天下国家治理好坏及治国为政者是否具有政治合法性的试金石。另外，《中庸》所引孔子之言凸显了"孝"的这样一种重要政治含义，即"夫孝者：善继人之志，善述人之事者也"，意即孝意味着对先辈之志向和事业的赓续与传承，而且，正是在天下治平的伟大事业中，作为家庭伦理美德的孝道、德与位相符的政治合法性以及郊祭敬事天地鬼神的礼仪活动与精神信仰三者才可以实现完美的结合，如《中庸》称引孔子之言曰：

> 武王、周公，其达孝矣乎！夫孝者，善继人之志，善述人之事者也。春秋修其祖庙，陈其宗器，设其裳衣，荐其时食。宗庙之礼，所以序昭穆也；序爵，所以辨贵贱也；序事，所以辨贤也；旅酬下为上，所以逮贱也；燕毛，所以序齿也。践其位，行其礼，奏其乐，敬其所尊，爱其所亲，事死如事生，事亡如事存，孝之至也。郊社之礼，所以事上帝也；宗庙之礼，所以祀乎其先也。明乎郊社之礼、禘尝之义，治国其如示诸掌乎。

"郊社之礼、禘尝之义"并非意在宣示神权政治的神秘威权，而是蕴含着最优良的治国为政之道。

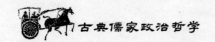

　　其三，儒家的君子之道还须具体落实在政治实践领域，而其为政理念的核心原则主要就是"为政在人"和"修身为本"，我认为这也是所谓"道不远人"的实质含义的一个重要维度。

　　紧接上文而言，在郊社禘尝等敬事上帝（天地）祖先的祭礼祀义中究竟蕴含着什么样的治国为政之道呢？我认为，《中庸》接下来所述孔子答哀公问政，就是对这一问题所作的具体而明确的回答。要之，孔子认为，他最为推崇的周代文王、武王所奠立的治国为政的优良传统和最佳治道的核心理念，就在流传下来的方策上记载着。从中我们可以知道，它的核心原则就是强调"人"的因素具有根本的重要性，或者"人"才是政治生活的决定性因素，正所谓"其人存，则其政举；其人亡，则其政息"，换言之，即"为政在人"。无疑，就其字面含义而言，孔子儒家的这一治国为政理念是极易遭人误解和歪曲滥用的。现代学者常常用"人治"的说法概括这一治国为政理念的实质含义，而问题恰恰就出在这一说法上，因为这是一个具有歧义性的概念，其负面含义是指"个人的无法统治"，而所谓的"无法"，"并不意味着没有任何形式的法律或习惯"，而是"意味着政府习惯于漠视法律，特别是意在限制政府权力的法律：一个可以改变任何法律或'至高无上的'政府就是无法的政府"①。在这一意义上，若将其中的"政府"一词替换为"君主"，便可用来说明中国传统的"人治"观念，它是指君主个人的"无法"统治或单凭个人之意志而实施统治。很显然，在中国历史上确乎存在这样一种性质的"人治"的思想观念与政治现实，但儒家所主张的是否就是这样一种性质的"人治"观念呢？我的回答是"否"。就"为政在人"的实质含义而言，诚如梁启超先生所言，儒家所主张的毋宁说是一种"贤人政治"②的观念，这一说法是不带有任何贬义性的负面含义的，因为它突出和强调的是

---

① ［美］列奥·施特劳斯、约瑟夫·克罗波西主编：《政治哲学史》上册，李天然等译，河北人民出版社1993年版，第75页。
② 梁启超：《先秦政治思想史》，东方出版社2012年版，第271页。

"人"亦即人的德才兼备的优秀品质（贤明、才智、政事能力以及道德品格或人格品行修养），关乎或决定了政治的清明和天下国家的优良治理，反之，个人专断意志的任性，却只会导致政治的败坏和天下国家的昏乱。比较而言，法家虽然主张以法治国，但因其尊君权而将君主个人的专断意志视作政治事务的最终的决定性因素，故而使君主的统治更加具有一种"个人的无法统治"性质的专制色彩。

当然，有关"人治"的富有争议性的看法还势必涉及人与制度的关系问题，即对于天下国家持久而稳定的优良治理而言，究竟是人的因素重要，还是制度的因素重要。这确是一个难以遽下定论的问题。因为人有智与愚、贤与不肖之殊，有有德与无德之分，有品质优秀与卑劣之别，制度亦有好坏、优劣、良恶之异，而且孔子儒家亦并非不重视制度的问题，比如他们格外推崇周代的礼乐制度并认为人类文明秩序的混乱与败坏正是由这一制度的崩坏造成的，但总的来讲，他们认为制度是由人（圣贤）制作的，亦是由人（特别是人的僭越行为）败坏的，因此要想重建人类文明秩序，亦同样需要由人（富有德性修养的君子）来致力于复兴周代的礼乐制度。子曰："礼者何也？即事之治也。君子有其事必有其治。治国而无礼，譬犹瞽之无相与！"又曰："礼也者，理也。乐也者，节也。君子无理不动，无节不作。""制度在礼，文为在礼，行之其在人乎！"（《礼记·仲尼燕居》）由此可见，对于人与制度、君子与礼乐之间密不可分的关系，孔子认识和阐述得再清楚明白不过了，对此，《中庸》亦有明确的阐述，即"礼仪三百，威仪三千。待其人而后行"，而君子亦须"温故而知新，敦厚以崇礼"。总之，对孔子儒家而言，礼乐制度靠人来实行，但君子亦须以礼乐修身正己；治国为政离不开礼乐制度，但礼乐制度终究要靠人来实行。

不管怎样，正如英国著名政治哲学家波普尔所言："一种纯粹的人格主义是不可能的。但也必须说，一种纯粹的制度主义同样不可能。"[①]孔子儒家虽然

---

① ［英］波普尔：《开放社会及其敌人》（第一卷），陆衢、张群群、杨光明等译，中国社会科学出版社1999年版，第237页。

主张"为政在人",但并不意谓他们就认为"为政不必有制"①。当然,制度与制度不同,儒家之礼制重在以道德性的行为规范引导和调节人的伦理行为、提升人的道德教养水平,构建一种等差有序、和谐文明的人伦秩序,而法家之法制重在以强制性的刑法规制与赏罚手段威慑、操纵和控制人民追求与获取利益的行为,以便服务于君主实现国家富强和争取国家霸权的战略目标。因此,孔子儒家主张"为政在人",强调的是人的优秀品质或道德品格的修养对于治国为政的决定性作用和意义,制度并非不重要,但制度毕竟只是治国为政的手段与途径,须由人(君子)来实行并最终服务于人的目的——人民的普遍福祉和共同体生活的文明秩序;而法家主张"以法治国",凸显了刑法制度与赏罚手段对于治国为政的决定性作用和意义,人的因素并非不重要,法制的实行尤须君主具备不徇私情、不任私智的大公无私品格,并须严禁官员徇私枉法,但对人民行为的操纵和控制最终所依靠的毕竟是刑法制度和赏罚的手段,而对人民行为的制度化操纵和控制又将最终服务于君主的专断意志及其对权力的无限贪欲。明乎此,我们再来看《中庸》所引孔子之言的实质含义,所谓"其人存,则其政举;其人亡,则其政息",决不意味着孔子和《中庸》作者就主张"政"就应随"人"之存亡而或举或息,而是说"政"的或举或息最终取决于"人"自身的因素,亦即治国为政之人在才智能力方面是否贤明、在道德品格修养方面是否优秀,最终必将影响和决定"政"的或举或息。"政"之随"人"之存亡而或举或息,这也许是不可避免的,但正唯如此,治国为政之"人"才更应该努力修身正己以便长期而稳固地维持天下国家的优良治理。果真能如此,那么,治国为政其实也并非什么难事,正所谓"人道敏政,地道敏树。夫政也者,蒲卢也"。其义则正如朱子集注所曰:"以人立政,犹以地种树,其成速矣,而蒲苇又易生之物,其成尤速也。言人存政举,其易如此。"总之,不管怎样,借用美国学者曼斯菲尔德的话讲,优秀品质也许"将总是以无法消除的暧昧状态,存在于人类事务之中",

---

① 萧公权:《中国政治思想史》,新星出版社 2005 年版,第 49 页。

虽然"不牢靠",却是"不可缺少"的^①。正是基于对治国为政之本质问题的这样一种认识与见解,故而孔子儒家极力主张治国为政应首先修身正己,而且,务须德位相符,务须谨言慎行,务须践行礼义,务须遵循仁道。故曰:"为政在人,取人以身,修身以道,修道以仁。"如果我理解不错的话,我认为,对这句话的恰当、精确而完整的含义应作这样的理解和释义,即治国为政的关键在于"人"(即人自身的优秀品质),考察、评判和选取"人"(贤德之人)的标准在于"身"(即品行是否端正),修身的方式在于"道"(即率性循道而行),修道的途径在于"仁"(即待人以仁)。

细心的读者不难发现,我上面对"为政在人"之实质含义的理解和诠释稍有别于古今注疏家的释义。郑玄注"为政在人"曰:"在于得贤人也。"注"取人以身"曰:"言明君乃能得人。"^②朱子集注亦曰:"为政在人,《家语》作'为政在于得人',语意尤备。人,谓贤臣。身,指君身。"^③很显然,这主要都是站在君主的立场或从君主的角度来理解和释义的,从文本语境的角度,亦即从孔子答鲁国君哀公问政而论"为政在人,取人以身"的问题的角度来讲,这样理解和释义当然也可以讲得通,但问题在于,孔子儒家对治国为政问题的思考和阐述是否仅仅局限于此,尤其是,因哀公问为政之道部分又见于《孔子家语·哀公问政》,而当有的学者将《中庸》与《孔子家语》所载两相比较对勘,不仅"发现《礼记·中庸》语言更为简练,似曾进行过修改、润色,这种改动明显带有西汉时期的政治风貌",而且认为《孔子家语》"为政在于得人","在《礼记·中庸》

---

① 曼斯菲尔德的原话为:"品质将总是以无法消除的暧昧状态,存在于人类事务之中,既不可缺少,也不牢靠。"([美]哈维·C.曼斯菲尔德:《驯化君主》,冯克利译,译林出版社 2005 年版,"简装本前言",第 4 页)

② 齐鲁书社编:《礼记注疏》,见《武英殿十三经注疏》第五册,齐鲁书社 2019 年版,第 3272 页。

③ 朱熹:《四书章句集注》,中华书局 2011 年版,第 29 页。

中作'为政在人',前者强调贤者的重要性,后者却是强调统治者的重要性"①时,我认为这使对"为政在人"这一说法的实质含义的理解和诠释成了一个值得认真探讨而异常尖锐的疑难问题。然而,根据我个人的理解,正好相反,"为政在于得人"的说法,显然更主要地是从作为统治者的君主的立场和角度来讲的,似乎治国为政完全是由君主的个人品质所决定的,这恰恰凸显和强调的是"统治者的重要性",郑玄与朱子注"取人以身"而谓"言明君乃能得人"和"身,指君身"所注重的其实也正是作为统治者的君主的重要性。而且,从对话的问答形式上讲,《中庸》一问一答的更为简练的形式安排,重点突出的是孔子的答语而非哀公的问辞,我个人认为这才真正符合或保留了儒家论语类文献最为常见的一般纪录形式的原始风貌,因为儒家论语类文献的性质、宗旨和根本目的主要就是纪录"子曰",即凸出和详载孔子圣人的教人答问之语而常常略于问者之辞,然而,《孔子家语》却详细纪录了哀公的反复问辞,与《中庸》一问一答的形式②截然不同,而是搞成了五问五答的形式,且全部对话的最后竟然以哀公之言"寡人既得闻此言也,惧不能果行而获罪咎"作为结束语。据我孤陋寡闻的个人所见,对于孔子与时人对话的问答形式作如此齐整完备的记录应该是极为少见的,很明显是经过"修改、润色"而造成的结果,而且,改编者似乎在刻意凸显作为一国之君的哀公的谦虚好学形象,因为中间所记哀公的问话,认真地讲其实并无多少实质性的意义,甚至可以说不过就是一些过渡性的应景式"废话"。正唯如此,在我看来,其形式上的齐整完备才更显得特别鄙俗,而这种鄙俗化的形式主义事实上不仅没有凸显出反而削弱了孔子圣人以君子修身为政之道教诲一国之君的深刻的理论意蕴,其根本目的不过是意在从形式上突出"哀公问政"本身而塑造哀公谦虚好学的正面形象,乃至于为了凸显一国之君的重

---

① 杨朝明、宋立林主编:《孔子家语通解》,齐鲁书社2013年版,第207页。

② "哀公问政"之后的第二个"子曰",朱子以为是二字为"衍文"(《四书章句集注》,中华书局2011年版,第30页)。

要性，竟然刻意地进行文字上的改动，将《中庸》"为政在人"的说法明确改作"为政在于得人"，郑玄和朱子之注也应该都是沿袭或本着《孔子家语》的这一改动来理解和注释"为政在人"之义的。

但根据我个人的理解和上面对"为政在人"的实质含义的诠释，我认为，孔子的这一答语并不仅仅是针对哀公本人而言的，它是孔子答哀公问政而对治国为政问题提出的一项具有普遍适用意义的重要政治命题，亦即孔子意在借哀公问政之机而阐述一项君子修身为政之道的普遍原理或根本原则，正如孔子答季康子问政而对曰："政者，正也。子帅以正，孰敢不正？"（《论语·颜渊》）我们不能因为是答季康子问政，就说孔子所讲的只是针对或适用于季康子这样的执政贵族而提出的一条具体建议。更确切地从理论的意义上讲，孔子的答语所指向的对象应该说是包括一国之君和有机会或希望能够参与治国为政的所有人（传统贵族和新兴士人）在内的，而且孔子希望他们都能够修身为君子，因此，作为一项普遍原理或根本原则，孔子所阐述的就是君子的或以君子为治体的治国为政之道。这样理解完全符合孔子儒家的理想化的新政治构想，即只有君子才是真正具有正当资格的治国为政的政治主体，从这一普遍原理的意义上讲，"为政在人"的说法才真正凸显了"人"（即品质优秀的士人君子或德行卓越的贤人）的重要性。当然，从对话语境的具体问答形式上讲，"为政在人"的说法就是直接针对像鲁哀公这样的一国之君而言的，或者所谓的"人"具体地意指掌握着一国之统治权的君主，即使如此理解，它也是直接而郑重地向国君发出的一种政治呼唤，即为一国之君者务须注重自身的个人品质而首先应修身正己，其目的就是要首先使自身"君子"化，正如后文在论"凡为天下国家有九经"时所提出的第一条基本原则所强调的就是"修身"。而且，一国之优良治理的目标也不可能仅仅依靠君主自身或国君一人来实现，他还需要选取任用品行端正的贤人或德行卓越的君子和他协力合作来共同完成治国为政的政治事业。然而，如果我们细心而认真地阅读和体会《中庸》后文接下来的论述就会知道，正因为孔子所提出和阐述的是一项具有广泛适用性的政治原理或根本原则，而不仅仅是一条只针对某个国君的具体建议，而且，在孔子儒家的理想化的新政治构想中，真正具有正当资格的治国为政的政治主体只能是君子，故紧接下来孔子所阐述的也正是"君子"（而不是某个具体国君）如何修身的具体途径和方式方法问题。综合以观，"修身"可谓孔子答"哀公问政"一章具有枢轴性意义的核心理念，诚如清儒吕留良所说："全章重在'修身'……'取人'句不过因上文生来，做过渡引子耳，意不重也，身不专为取人而修。"①吕氏如此理解"哀公问政"章的核心意旨，可谓深富意味而先得吾心矣。

根据《大学》的说法，"自天子以至于庶人，壹是皆以修身为本"，此"修身"观念的真实用心，恰恰就是要极力淡化人的身份贵族意识，而突出和强调人的德性品质修养。准此以论，如果说"为政在人，取人以身"就是意在凸显人的优秀品质或道德品格对于治国为政的根本重要性的话，那么，这也充分说明了不管这个所谓的"人"是抽象地意指"人"或人的优秀品质，还是具体地有所指，亦即针对天子、国君抑或参与治国为政的贤士贤臣具体而言，孔子儒家其实都希望所有担负治国为政之职责者努力修身成为君子式的领导者，而并不认为他们是那种因其出身就天然拥有自然正当之身份特权的统治者。而君子之为君子，首先就在其"以修身为本"，换言之，"修身为本"或"修身"为先正是君子之道的核心要义。那么，究竟应如何来"修身"呢？较之《大学》，《中庸》所引孔子之言对此作了更加详明而完备的具体阐述，其论"修身以道，修道以仁"曰：

> 仁者人也，亲亲为大；义者宜也，尊贤为大。亲亲之杀，尊贤之等，礼所生也。在下位不获乎上，民不可得而治矣！（郑玄注："此句在下，误重在此。"）故君子不可以不修身；思修身，不可以不事亲；思事亲，不可以不知人；思知人，不可以不知天。

① 吕留良：《四书讲义》下册，陈鏦编，俞国林点校，中华书局2017年版，第565页。

　　天下之达道五，所以行之者三：曰君臣也，父子也，夫妇也，昆弟也，朋友之交也：五者天下之达道也。知、仁、勇三者，天下之达德也，所以行之者一也。或生而知之，或学而知之，或困而知之，及其知之一也；或安而行之，或利而行之，或勉强而行之，及其成功一也。

　　好学近乎知，力行近乎仁，知耻近乎勇。知斯三者，则知所以修身；知所以修身，则知所以治人；知所以治人，则知所以治天下国家矣。

　　根据上述引文，并结合《中庸》开篇所谓的"天命之谓性，率性之谓道，修道之谓教"，我们对于孔子儒家"修身"观念的实质含义无疑可以有更为深切、全面而明确的了解。所谓"修身以道"，从"率性之谓道"的意义上讲，意即修身务须率循天赋的道德本性来涵养和修持自身的品行；所谓"修道以仁"，意即修道在身或修身立道而成就自身的仁德，从"修道之谓教"的意义上讲，则修身至此也就"道成于己而可为民表"，亦即成为治国为政的领导者或以身作则、垂范立教的"君子"矣。然而，君子修身何以能成就自身的仁德呢？《中庸》所引孔子之言并未对此清楚地阐述和说明，但从《中庸》"天命之谓性"的意义上讲，并参照后来孟子所明确阐述的"仁义礼智，非由外铄我也，我固有之也"（《孟子·告子上》）的人性观来理解，我们有理由相信，君子能够"修身以仁"的根据就在于仁乃人受天之所命的道德禀性，换言之，孔子儒家"修身""修道"的观念最终又是要溯源而归本于天之所命、人所禀受的仁义礼智的天赋道德本性的。

　　"仁者人也"，仁是人类最基本的道德属性和品行特质；仁者爱人，仁是发自内心的对他人真挚的关爱[1]；"仁者所以爱人类也"，仁是出自心平气和、恻

---

① 如《韩非子·解老》曰："仁者，谓其中心欣然爱人也。其喜人之有福而恶人之有祸也，生心之所不能已也，非求其报也。"

恒慈诚之真情而合乎人伦道理的人类之爱①；而最大的仁德就是"亲亲"，即对自己父母亲人的爱敬。"义者宜也"，义也是人类最基本的道德属性和品行特质，是人处物治事而"分别事理，各有所宜"②的行为准则；而最大的合义行为就是"尊贤"，即对贤能有德之人的尊重。正是由于对自己父母亲人的深情爱敬，因关系的远近才有了情感亲疏的差别；也正是由于对贤能有德之人的特别尊重，因德能的大小才有了等差品级的不同，由此也就产生了礼，故此，礼不过是对仁义的道德行为进行调节文饰的形式而已。因此，君子要想依礼而行、修养和成就自己仁义的美好德性，是不可以不修身的；要想修养自身的道德品行，是不可以不事亲的；要想以敬爱之心真情善事自己的亲人，是不可以不知人的；要想深刻地了解人的天赋本性或人性的真正需要，是不可以不知天的。何谓"知天"？即是对天地之道的明察与体认，而由《中庸》后文对于天地之道的阐述可知，唯有明察天地、体认天道，人才能上达乎化育万物、生生不已、一体共生的天德境界。反过来讲，一个人唯有知天，才能真正地知人，即了解人的天命之性或天赋本性，以及人与人之间应通过什么样的交往方式来构建一种和谐文明、良善有序的人伦关系与共同体生活；进而言之，一个人亦唯有知人，才能真正懂得如何以仁爱敬让之心事亲以及如何躬行礼义、端正品行以修身。因此，所谓"知人""知天"之"知"（认知和了解），其目的不在"知"本身，而是为了躬行实践之"行"，亦即应将所"知"运用而落实到人类共同体生活的伦理实践和个人身心的自我德性修养之上。这就是所谓的"天下之达道五，所以行之者三"，具体言之，所谓五"达道"，意即可以通达天下而古今所共由的大道，

---

① 如董仲舒《春秋繁露·必仁且智》曰："仁者所以爱人类也，智者所以除其害也。""何谓仁？仁者憯怛爱人，谨翕不争，好恶敦伦，无伤恶之心，无隐忌之志，无嫉妒之气，无感愁之欲，无险诐之事，无辟违之行。故其心舒，其志平，其气和，其欲节，其事易，其行道，故能平易和理而无争也。如此者谓之仁。"

② 朱熹：《四书章句集注》，中华书局 2011 年版，第 30 页。

主要是指君臣、父子、夫妇、兄弟、朋友五种最重要的伦常关系，而所谓三"达德"，意即可以通达天下而古今所同修的美德，主要是指智、仁、勇三种最重要的美好德性，前五种伦常关系是需要靠后三种美德来加以修持和维系的。不管是智，还是仁，又抑或是勇，对于修持和维系五种伦常关系来说，其目的和效果其实都是一样的。

然而，人们又如何而"知"，如何而"行"呢？依孔子儒家之见，人的智识水平和行为能力无疑是存在实际差异的。就"知"而言，有的人天赋异禀，可以生而知之；有的人中等资质，可以学而知之；有的人天资较差，可以"困"即经过艰苦努力而知之。但不管怎样，他们都是一样可以"知之"的。就"行"而言，有的人出于本性、从容安适地去做，有的人明智审慎、深知笃好地去做①，有的人勤勉尽力、自强不息地去做。但不管怎样，他们都是一样可以达到成功的。不过，需要特别指出的是，此处所论"知"与"行"的问题，并非泛泛而论，朱子以为"知之者之所知，行之者之所行，谓达道也"②，而依我之见，知之者谓知人、知天，行之者谓以智、仁、勇之三"达德"来躬行实践五"达道"之人伦常道。故接下来即阐明何以为智、仁、勇的问题，正所谓"好学近乎知，力行近

① 郑玄注"或利而行之"曰："利，谓贪荣名也。"（齐鲁书社编：《礼记注疏》，见《武英殿十三经注疏》第五册，齐鲁书社 2019 年版，第 3272 页）现代学者亦有将其译解为"为了名利"或"为了某种好处"之义者，如此释"利"字之义，显然出于一种先入为主的"道德偏见"，以为只要讲"利"就是意指自私自利之利，其实，孔子既讲"放于利而行，多怨"或"小人喻于利"（《论语·里仁》），同时亦讲"因民之所利而利之"（《论语·尧曰》），因此，对孔子儒家而言，"利"字之义并非仅限于自私利己的意思，而是亦有利人利民的意思，故此处取朱子注《论语·里仁》"仁者安人，知者利仁"一语的释义，即"利，犹贪也，盖深知笃好而必欲得之也。……惟仁者安其仁而无适不然，知者则利于仁而不易所守，盖虽深浅之不同，然皆非外物所能夺矣"（《四书章句集注》，中华书局 2011 年版，第 68 页）。

② 朱熹：《四书章句集注》，中华书局 2011 年版，第 30 页。

乎仁，知耻近乎勇"，此诚如宋儒吕大临《中庸解》所说："好学非知，然足以破愚；力行非仁，然足以忘私；知耻非勇，然足以起懦。"①知此而修身，自然可以成就其人智、仁、勇的美好德性，乃至进而真正懂得如何去"治人"以及如何去"治天下国家"，故曰："知斯三者，则知所以修身；知所以修身，则知所以治人；知所以治人，则知所以治天下国家矣。"此所谓的"治"，也正是上文所谓"以人治人"的"治"，基于前面我们对其真实含义所作的阐释与解说，再结合此处对于"知天""知人"以"事亲""修身"以及如何"知之""行之"的相关论述，在我看来，"治"的实质含义可以说呈现得再清晰明确不过了。具体而言，真正的君子，应该在充分体察和了解天地生生之道的基础上，遵循人类天赋的仁义道德本性，尽心竭力于修身事亲，乃至努力培养自己的智、仁、勇之德以躬行实践君臣、父子、夫妇、兄弟、朋友之交的五大伦常关系之道，这就是所谓的"治人"。而所谓的"治天下国家"，不过就是在修身、尊贤和亲亲的基础上进一步扩大其人际交往和生活实践的关系范围而全面建立一种和谐友善的人类关系而已。故子曰：

> 凡为天下国家有九经，曰：修身也，尊贤也，亲亲也，敬大臣也，体群臣也，子庶民也，来百工也，柔远人也，怀诸侯也。修身则道立，尊贤则不惑，亲亲则诸父昆弟不怨，敬大臣则不眩，体群臣则士之报礼重，子庶民则百姓劝，来百工则财用足，柔远人则四方归之，怀诸侯则天下畏之。

在治国平天下的九项基本纲领与原则中，修身乃是一项应最优先遵循和践行的原则，这充分体现了孔子儒家修身第一的治国为政理念，而且，在这里体现得再清楚不过的是，对孔子儒家来说，修身只是整个治国为政事业的起点和

① 吕大临：《中庸解》，见陈俊民辑校：《蓝田吕氏遗著辑校》，中华书局1993年版，第485页。朱子集注注引，见《四书章句集注》，中华书局2011年版，第30—31页。

开端，当然是最为切己重要的一个关键性或枢轴性的起点与开端，但这并不意味着他们就把所有问题都化简归约为个人的自我修身而已。对孔子儒家而言，修身的根本重要性就在于，唯有好学修身的仁人君子才真正具备或拥有治国为政的正当资格，唯有好学修身的仁人君子才真正能公正而无偏无倚地对待他人，即"唯仁人为能爱人，能恶人"（《大学》），乃至服务于增进民生福祉和整个人类共同体之共同利益的目的。因此，修身本身并非目的，为政安民才是目的，正唯如此，除了须在闲居独处之际审慎地涵养自己的性情之外，事实上君子还必须在作为共同体生活之经脉的各种人伦关系中修行自身仁义的德行与品格，尊贤为义之大者，亲亲为仁之大者，故尊贤和亲亲乃仅居于修身之次的另外两大基本原则，接下来便是敬大臣、体群臣、子庶民、来百工、柔远人和怀诸侯，总共九项基本原则。

那么，究竟应如何理解这九项基本原则的目的、意义和作用呢？遵循和奉行这九项基本原则，究竟想要达到什么样的目的、具有什么样的意义、追求什么样的实践效果？在立身行己、待人处世的行为方式和举止态度以及官职安排、行政事务和政策措施方面，又具体要求如何或需要怎样来做呢？兹分别条陈如下：

1. 修身：修身的目的在立道，即通过修养自身，以便能够"道成于己而可为民表"①。其具体做法就是：为了修养自身，务须像斋戒一样保持心灵的清净虔诚，服装仪容庄重整洁，非礼不动，遵礼而行。

2. 尊贤：尊贤的目的在举贤共治，即通过尊重贤能有德之人，让他们辅佐自己，以便使自己保持心智的清明，明白事理而不陷于迷惑。其具体做法就是：为了劝勉贤能有德之人尽心辅佐自己治理天下国家，务须摒斥谗言，疏远女色，轻视财货而注重德行品质。

---

① 朱熹：《四书章句集注》，中华书局 2011 年版，第 31 页。

3. 亲亲：亲亲的目的在维系家人亲族间的和睦关系，即通过培养爱亲敬长的伦理美德，消弭族人间的怨恨，使叔伯兄弟们都能和睦相处。其具体做法就是：为了劝勉人们爱亲敬长，务须让亲人享有尊崇的地位和丰厚的禄养，与他们好恶同情。

4. 敬大臣：敬大臣的目的在处理好行政事务，即通过对大臣的敬重和信任，让他们能够有条不紊地处理好事情。其具体做法就是：为了劝励大臣处理好行政事务，务须设置众多官职以便足以供其任使。

5. 体群臣：体群臣的目的在激励士人，即通过对群臣百官的真心体恤，使立志从政的士人尽心竭力地回报效忠。其具体做法就是：为了激励士人入仕从政，务须真心诚意地信赖和任用士人为官并给以丰厚的俸禄。

6. 子庶民：子庶民的目的在发展农业生产以满足人们的基本生存需求，即通过对人民如子女般的关心和爱护，使老百姓真正受到感化劝勉。其具体做法就是：为了劝勉老百姓致力于农业生产，务须在征用民力服劳役时不违误农时，并只向人民征收一些轻薄的赋税。

7. 来百工：来百工的目的在促进各种手工业生产以满足人们的物质财用需要，即通过努力招徕各行各业的手工匠人，使物质财用能够丰裕充足。其具体做法就是：为了招徕奖劝各行各业的手工匠人，务须时时省察、检视和考核，按照做事的能力、质量和功效给予其应得的廪米报酬。

8. 柔远人：柔远人的目的在使四方来归，即通过优容善待从远方来的人，使四方之人心悦归服。其具体做法就是：为了优容善待从远方来的人，务须派专人负责送往迎来，嘉奖那些良善有能力的人而怜恤帮助那些没有能力的人。

9. 怀诸侯：怀诸侯的目的在使天下畏服，即通过怀柔安抚各国诸侯，使整个天下都敬畏顺从①。其具体做法就是：为了怀柔安抚各国诸侯，务须延续绝嗣的世家诸侯，兴立灭亡的弱小国家，止祸平乱，扶助危难，让诸侯按时来朝见聘问，天子赏赐丰厚而诸侯贡礼轻薄。

最后，如何才能更好地实施这一系列的原则和办法呢？孔子提出的贯通所有人类事务的一条根本性建议就是："凡事豫则立，不豫则废。言前定则不跲，事前定则不困，行前定则不疚，道前定则不穷。"意即：做任何事情都需要事先做好准备，做好了准备做事就能成功，否则就会失败。讲话前，事先确定好该如何讲，说起话来就能够语言顺畅而不会颠倒窒碍；做事前，事先确定好该如何做，做起事来就能够有条不紊而不会遇到困窘；行动前，事先确定好该如何行动，行动起来就能够通行无阻而不会出现弊病；"遵道而行"前，事先确定好该如何"遵道而行"，躬行君子之道就能够矢志不渝而不会遭受穷困就半途而废，正所谓"君子遵道而行，半涂而废，吾弗能已矣"。

以上便是孔子答哀公问政所提出的一系列有关君子治国为政之道的主要内容和基本要义。要之，"为政在人"乃孔子儒家君子之道的一大核心政治理念，正唯如此，故以君子为治体的治国为政之道当以修身为大本，或者对于君子治国为政而言，修身乃具有一种价值优先的根本重要性，但治国为政虽始于修身，

---

① 吕留良《四书讲义》解"怀诸侯则天下畏"之"天下"与"畏"字义曰："'天下'二字所该者广，自方伯连帅、大小诸侯、附庸分邑、都鄙乡遂、山泽关旅人民，以暨蛮貊要荒、舟车人力、日月霜露所及者皆是。盖三代天子未尝独得天下，只诸侯归服，便是有天下，看文王三分有二，何尝尽入版图？只六州诸侯归之，便有天下之二，故曰'怀诸侯则天下畏'，天下仍指诸侯不得，专指人民不得。"何以"专指人民不得"？曰："'天下'若指民，则'畏'字于理有碍。要天下百姓畏，此是秦以后心事，三代王者必无是意，况圣人举万世不易之常经以告其君，而启其威加百姓之心乎？看上文'柔远人则四方归'，'柔'字'归'字，才是及'民'字眼，此'畏'字毕竟指小国外国，及各国有采地邑乘之君长为得。盖当时势能抗阻天子之政令不行于海内者，皆此辈不畏之故，故云然也。"（《四书讲义》下册，陈鏦编，俞国林点校，中华书局2017年版，第572、573页）吕氏的这一释义颇值得我们给以特别注意，对于我们理解孔子儒家所论治国为政理念的实质含义大有裨益。

却并不止于修身，故孔子又进而提出了一套系统而完备的治理天下国家的"九经"之说。就其根本用心与目的而言，说到底，不过就是希望通过"修身"和"尊贤"以实现天下国家的优良治理，通过"亲亲"的伦理实践以引导人们能够过上一种富有人伦道德意义的美好生活，通过"子庶民"和"来百工"以发展农业生产、促进各种手工业生产以"利用""厚生"而满足人们衣食充裕、财用丰足方面的实际需求，通过"柔远人"和"怀诸侯"以最终实现安抚四方、平治天下的远大目标。

很显然，从孔子答哀公问政的具体内容来看，孔子虽然身处混乱而变革的历史进程之中，虽然时人对于周制礼乐文明传统的僭越和破坏行为给他带来了思想和心灵上的巨大刺痛，使他最直接而深切地感受和意识到"道之不行"的无奈而可悲的时代境况，但他仍然愿意尽最大努力教诲和引导人们不要蔑弃和悖离有着悠久历史的礼乐文明传统和源自上古圣君明王的优良为政之道，正如《中庸》后文所说，"仲尼祖述尧、舜，宪章文、武"，这使其思想和主张带有一种鲜明而浓厚的文化保守主义色彩。孔子基于其文化保守主义立场所提出的君子治国为政之道，显然并非为了脱离或超越他所处时代的宗法封建秩序与政治体制架构的生活环境和现实背景，而提出的一种彻底颠覆原有社会结构和等级秩序或者完全改变现实状况的革命性的激进方案，但他心中所笃定信守的仁道理想主义、所深切怀抱着的关注民生福祉的强烈社会责任感以及矢志追求的比现实更加美好的人类文明秩序与共同体生活的理想愿景，又始终激励或敦促着他决不向混乱失序的现实状况作无原则的妥协或采取单纯适应的立场，在对人类状况的直接关怀中，他始终坚持以君子之道而非操控他人的信念与行动来努力改善现实世界的生存状况，希望能够运用基于对历史悠久深厚、不断损益完善的华夏文明传统的系统探究和反思总结而萃取提炼出来的道德理想原则和优良的治国为政之道来推动和促进现实政治的不断改良与完善。毋庸讳言，上述孔子"九经"之说中的一些思想观念和具体建议，比如用"继绝世，举废国"的做法来"怀诸侯"，不仅在当时就已不再合乎时宜，而且在秦汉之后的大一统中央集权的官僚君主制时代也很快就变得过时了①，另如用"尊其位，重其禄"的做法来"劝亲亲"，以及他那"德为圣人，尊为天子，富有四海之内"的天下王有观念，在今天也已不再适用或者早已变得过时了，但是，在孔子儒家高尚的道德动机及其对天下国家优良治理秩序或君子治国为政之道的热切探寻中，无疑包含着某种深沉而永恒的东西，即对人类文明秩序与美好的共同体生活之理想愿景的不懈追求与矢志向往，这是永远不会过时的，而且对他们而言，天下国家的优良治理就是一项全面建立一种良好而和谐的人类关系的协作性事业，而与之相反，基于对权势和私利的无限贪婪、利用人民对刑罚的畏恐惧怕并运用强权暴政或阴谋权术来统治、操弄和控制人民，不可能造就一种天下国家持久和平与人民幸福安乐的美好共同体生活和人类文明秩序。

4. 至诚尽性的圣人之道与天地境界

对孔子儒家而言，君子率性修道而由卑近以至乎高远，所能达到的最高境界就是至诚尽性、参赞天地化育的圣人化境。这就是《中庸》接下来所要重点阐述的最富创见而具深远意义的核心思想主题。而为了实现这一最崇高的人生

① 对孔子儒家而言，在封建天下的列国时代，"继绝世，举废国"无疑应是被各国普遍遵循的一项避免灭国绝世之残暴行为的文明法则，但事与愿违，他们所处的春秋战国之世，列国间"以攻伐为贤"（《史记·孟子荀卿列传》）而唯独于争霸称雄和灭国兼并的"无义战"恰恰悖离和抛弃了这一文明法则。然而，时移事异，事情亦不可一概而论，就秦汉以后已实现国家统一的大一统时代而言，当然已没有再实行"继绝世，举废国"而重回分裂纷争的列国时代的必要。不过，近代以来，我们又重新意识到，吾人依然生活在一个列国时代，当然，这是一个新的民族国家的列国时代，列国间的冲突与对抗所引发的两次世界大战究竟能带给人类什么样的警示呢？特别是值此全球军备竞赛愈演愈烈、各国竞相研发制造原子武器的新利器而日益将人类推向自我毁灭的绝境之际，也许我们仍然不宜教条化地理解并遵循和奉行"继绝世，举废国"的文明法则，以避免使已经实现统一的国家重新陷于分裂状态，但绝人家世、灭人国的战争行为在今天肯定仍然是应受到强烈谴责或应加以禁止的残暴行为，不宁唯是，我们亦深愿儒家思想传统对天下为公或天下大同的理想追求和各国协作构建人类命运共同体的共同努力能够带给人类一线生机甚至无限的希望。

理想目标，对于身处下位而有志于做治国为政之领导者的君子而言，仍需直面现实而反身切己地修养自身以获取身居上位者的信赖与任用。换言之，为了更好地实现天下国家优良治理的目标和满足人民对美好生活的向往和追求，君子必须致力于建立一种上下协同合作的信任关系，为此，《中庸》在"修身"观念的基础上又明确提出了一个"诚身"的新概念，从而既顺理成章而又极富创见地引出了"诚"这一至关重要的核心理念，并由此而实现了《中庸》全书上下篇前后文之间思想主题和政治思考重心朝新方向的话语转换。

《中庸》曰：

> 在下位不获乎上，民不可得而治矣。获乎上有道：不信乎朋友，不获乎上矣。信乎朋友有道：不顺乎亲，不信乎朋友矣。顺乎亲有道：反诸身不诚，不顺乎亲矣。诚身有道：不明乎善，不诚乎身矣。诚者，天之道也；诚之者，人之道也。诚者不勉而中，不思而得，从容中道，圣人也。诚之者，择善而固执之者也。

上述引文，《孔子家语》仍将其归于孔子答哀公问政之语，朱子则更将接下来的"博学之"至"虽柔必强"一段文字归于孔子答哀公问政之语。不过，郑玄、孔颖达注疏《礼记》而将《中庸》一篇分为上下两卷（即《礼记注疏》卷五十二和卷五十三），并将孔子答哀公问政归于上一卷，而将这段引文归于下一卷。根据我个人的理解和判断，孔子答哀公问政主要立足于身居上位者的角度来阐述如何修身为政或"治天下国家"的问题，而此下则主要是从身处下位者的角度来阐述如何"获乎上"以治民的问题，从这种论述问题的视角转换以及"诚身"和"诚"之新概念的提出和思想论域的新展开义上来讲，我认为《礼记注疏》分卷而将上述引文归于下一卷的做法应该更为合理而恰当。尤其是，作为《中庸》上下篇的一种明确的界分线，如果说此前《中庸》作者更多的是借助于引用孔子之言来表达思想见解的话，那么，此后则完全是《中庸》作者对自己独具创见的思想观念的直接论述和阐发。对此，徐复观先生有极精审独到的详尽辨析，一方面指出，从文本结构上讲，《中庸》"上下两篇，断不可混而为一"①，而另一方面同时又强调"《中庸》的下篇，是以诚的观念为中心而展开的"②，而且在思想上，"《中庸》下篇，是紧承《中庸》之上篇而发展的"，"两篇之间，可以清楚看出其发展的脉络"③。

依《中庸》作者之见，身处下位的君子要想参与到治民为政的事业中来，务须努力争取或赢得身居上位者的信任，而赢得或获取信任的办法就是要能取信于朋友，取信于朋友的办法就是要能顺应父母的心意，顺应父母心意的办法就是要能反身而诚。反之，自身不真诚是不可能做到顺应父母心意的，不能顺应父母的心意也就不能取信于朋友，不能取信于朋友也就不能获得身居上位者的信任。需要强调指出的是，我们需要正确理解所谓"顺乎亲"和"信乎友"的含义，正如吕留良所言："'顺'者，即底豫允若之谓，有以谕之于道，心与之一而未始有违，孝之至也，非父贤从而贤，父不肖从而不肖之谓顺。信乎友，亦不是便于与之交游往还，乃因其大节而信其平生。"④明乎此，那么，我们也可以这样来更好地理解"获乎上"的含义，那就是："获乎上"绝不是意指谄媚、巴结、攀援身居上位者以满足一己对权位和私利的贪欲，而是为了治民的目的，亦即为了治国为政而引导人民崇德向善的共同事业而真诚地努力与身居上位者建立一种良好的协力合作的信任关系。换言之，对孔子儒家而言，治国为政不仅需要身居上位者以"修身"为本，同样也需要身处下位者"诚身"为先，而"诚身"之道在于"明乎善"，正如郑玄注所谓"知善之为善，乃能行诚"⑤，唯先明善诚身，方能"顺乎亲"而"信乎朋友"，乃至"获乎上"。

"诚身"之"身"，亦犹"修身"之"身"，如我在上文中所指出，决非仅指个

① 徐复观：《中国人性论史·先秦篇》，上海三联书店 2001 年版，第 128 页。

② 徐复观：《中国人性论史·先秦篇》，上海三联书店 2001 年版，第 121 页。

③ 徐复观：《中国人性论史·先秦篇》，上海三联书店 2001 年版，第 128 页。

④ 吕留良：《四书讲义》下册，陈鏦编，俞国林点校，中华书局 2017 年版，第 577 页。

⑤ 齐鲁书社编：《礼记注疏》，见《武英殿十三经注疏》第五册，齐鲁书社 2019 年版，第 3276 页。

体的形体躯壳，而是就个体的整个生命而言，故人之明善而"诚身"，意味着一个人的整个生命处在一种心智清明而"不为伪妄所误"①的真诚向善状态。准此以论，《中庸》所谓"诚身"似与《大学》所谓"诚意"在义涵上有广狭之别，"诚意"主要是指个人内心意念的诚实，而"诚身"乃指个体整个生命的真诚状态，而且，这一状态应与对"善"的认知和热爱密切相关。如朱子集注所言，诚之为诚，乃"真实无妄之谓"②；而善之为善，乃是指一个人内心的善良意愿或一个人善良的德行品质或人格品行③。如果说诚是"天之道"的体现，是上天赋予人类的一种最本真的生命特质和道德品格的话，那么，"诚之"亦即人对"诚"这一生命特质和道德品格的追求与成就，便是"人之道"的体现，是人应自觉努力而为之的修行工夫。能够做到"诚"由内而外自发地充分实现者，便是"不勉而中，不思而得，从容中道"的圣人；能够做到"诚之"即自觉而努力地修行"诚"之品格者，便是"择善而固执之"的贤人君子，而修行的方法、途径或工夫

---

① 吕留良：《四书讲义》下册，陈铱编，俞国林点校，中华书局2017年版，第577页。
② 朱熹：《四书章句集注》，中华书局2011年版，第32页。
③ 在儒家内部，对"善"的含义的理解有内外之别，孔孟所谓"善"和"善人"之"善"主要是指人内心的善良意愿或一个人善良的德行品质或人格品行，如孔子曰："笃信好学，守死善道"（《论语·泰伯》）；"三人行，必有我师焉：择其善者而从之，其不善者而改之"（《论语·述而》）；"见善如不及，见不善如探汤""乐道人之善"（《论语·季氏》）；"善人为邦百年，亦可以胜残去杀矣"（《论语·子路》）；"子欲善而民善矣"（《论语·颜渊》）。孟子曰："仁义忠信，乐善不倦，此天爵也"（《孟子·告子上》）；"可欲之谓善，有诸己之谓信"（《孟子·尽心下》）。从孟子性善论的观点来讲，人之善行或人类社会性的善良的道德行为乃是由内而外生发出来的，是人天赋内在的良心善性的一种外在表现。与孔孟不同，荀子主性恶论，其所谓"善"主要是指后天人为建构的一种外部社会的良善秩序，故曰："孟子曰：'人之性善。'曰：是不然。凡古今天下之所谓善者，正理平治也；所谓恶者，偏险悖乱也。是善恶之分也已。今诚以人之性固正理平治邪？则有恶用圣王、恶用礼义矣哉！虽有圣王礼义，将曷加于正理平治也哉！今不然，人之性恶。故古者圣人以人之性恶，以为偏险而不正，悖乱而不治，故为之立君上之埶（通'势'）以临之，明礼义以化之，起法正以治之，重刑罚以禁之，使天下皆出于治、合于善也。"（《荀子·性恶》）

便是"博学之，审问之，慎思之，明辨之，笃行之"。广博地学习，精审地问疑，谨慎地思考，明晰地分辨，笃实地躬行，如果我理解不错的话，更具体地讲也可以说就是，博学乎天人之道，审问乎义理疑难，慎思乎人情善恶，明辨乎好恶是非，最后还要落实于行，即择善而固执笃行，做到知行合一。而且，贤人君子之学、问、思、辨，乃至于行，"不为则已，为则必要其成"，故不仅决不会轻言放弃或半途而废，更且"常百倍其功"①，正所谓"人一能之己百之，人十能之己千之"，果能如是，则"虽愚必明，虽柔必强"，即心智昏愚者必能变而化为清明，意志柔弱者必能变而化为坚强。这就是作为一种生命学问的儒家君子之学及其以"诚"为生命特质和人生目标之修养工夫的核心要义。

从学贯天人的意义上来讲，《中庸》之"诚"也可以说就是一种贯通天人之道的生命学问，而且是一种力求诚明合一即真诚的生命品格与清明的心智状态协和一致的生命学问。而如何才能达到诚与明的合一呢？《中庸》曰："自诚明，谓之性；自明诚，谓之教。诚则明矣，明则诚矣。"达到或实现诚明合一的途径或进路主要有两种：一是由诚而明，"诚"为天赋所性而自有者，故顺乎天道，率性而为，使"诚"由内而外地自生自发地充分实现出来，则"德无不实而明无不照"，这就是出乎本性的"圣人之德"；二是由明而诚，在博学、审问、慎思、明辨的基础上，再继之以择善固执而笃行的工夫，亦可成就"诚"的德行品格，这就是"由教而入""先明乎善"而修德的"贤人之学"②。不管怎样，依《中庸》作者之见，"诚"与"明"实可谓道德生命的两翼，亦可谓儒家圣贤学问之相辅相成而不可或缺的两个维度。不过，虽然《中庸》作者有意在"诚"与"明"之间作出一种有意义的观念分疏，意即在根源于天道的自生自发的天性之"诚"和出自人为的自觉努力而获致的心智之"明"之间作出一种明确的辨别区分，这意味着存在由诚而明和由明而诚这样两种不同的修为途径或工夫进路，

① 朱熹：《四书章句集注》，中华书局2011年版，第33页。
② 朱熹：《四书章句集注》，中华书局2011年版，第33页。

但是，修为工夫上的差异并不是本质性的，真正具有重要意义的则是不管哪一种修为途径或工夫进路，它们所要达到的目标或能够成就的功效却是别无二致的，即它们都同样能够达到或实现参赞天地之化育的理想目标。故曰：

> 唯天下至诚，为能尽其性；能尽其性，则能尽人之性；能尽人之性，则能尽物之性；能尽物之性，则可以赞天地之化育；可以赞天地之化育，则可以与天地参矣。
>
> 其次致曲，曲能有诚，诚则形，形则著，著则明，明则动，动则变，变则化，唯天下至诚为能化。

依《中庸》作者之见，最为理想的道德生命的人格范型，是天下至诚的圣人。只有天下至诚的圣人，把天性之诚扩充发挥到极致状态，才能充分而完满地实现自己天赋的本性；唯有能充分而完满地实现自己天赋的本性，才能帮助和促进他人充分而完满地实现各自天赋的本性；唯有能帮助和促进他人充分而完满地实现各自天赋的本性，才能帮助和促进万物充分而完满地实现各自天赋的本性；能帮助和促进万物充分而完满地实现各自天赋的本性，也就可以参赞辅助天地生生不息的化育过程了；可以参赞辅助天地生生不息的化育过程，也就可以与天、地相并列而鼎立为三了。其次则是那种致力于学、问、思、辨的工夫而能够明智地选择善之一端而固执笃行的贤人君子，择善而固执笃行同样可以涵养、扩充和蕴积道德生命的真诚品质，且能由内而外地显现出来，乃至日益昭明彰著地焕发出人性的光辉，从而对他人产生一种使人心悦诚服地感动和转化的人格力量，说到底，唯有天下至诚之人，才能完成和实现化行天下的教化之功。

由上可见，较之上篇的思想内容，《中庸》下篇围绕着"诚"这一中心观念而展开的思想论说，无疑向我们展现了一种深刻而微妙的话语转换与思想主题的推扩、拓展和深化以及思想境界的进一步提升。上篇"率性"的观念要人遵循天命之性而修养德行，而下篇"尽性"的观念所强调的则是由己及人进而及物地充分实现其天赋的本性。如果说上篇的天命之性与率性之道主要着重就人类自身的天赋道德本性而言的话，那么，下篇的至诚尽性观念则是贯通着人、己、物、我或涵括所有人与物而言的，故其所谓"尽性"之"性"并非仅仅局限于人类所禀受的道德本性，而是指更具普遍性意义的由天地所创生的所有生命存在之物的生命特性，而且，要实现由自我不断扩充推及于他人乃至万物的"尽性"目标，至关紧要的便是需要具备"至诚"的生命特质与精神品格。那么，这究竟是一种什么性质的生命特质与精神品格呢？《中庸》作者继而从三个维度或面向展开论述道：一是，"至诚之道，可以前知"，这是说"至诚"的生命特质与精神品格具有一种如神明一般的深刻洞察未来的先见之明，亦即预知国家之妖祥亡兴、人事之善恶福祸的超凡能力，故曰"至诚如神"；二是，"诚者物之终始，不诚无物"，这是说"诚"乃是可以贯通人、己、物、我而与物相终始的一种最为可贵的生命特质与精神品格，反之，不诚则无物可以生成，又或者说"诚"的缺失将使万物丧失其存在的价值与意义；三是，"至诚无息"，这是说"至诚"是一种永不间断止息的生命特质与精神品格，不止息故能长久，能长久故其效验可"悠远"地著于四方，乃至于其积也"博厚"而其发也"高明"[1]，而且，唯其博厚故能承载万物，唯其高明故能遍覆万物，唯其悠久故能成就万物，亦正唯其博厚高明，故能与天地之德相配而可行之悠久无疆。所谓的"博也，厚也，高也，明也，悠也，久也"，皆是指"天地之道"而言，说到底，"天地之道，可一言而尽也"，那就是：其为物（创生万物）终始如一，故能使万物生生不息而"生物之多，有莫知其所以然者"[2]。综上，如果说《中庸》上篇主要阐发的是一种具有儒家通见共识意义的修身为政的君子之道的话，那么，下篇所揭橥和显扬的则是一种更具特殊意义的至诚而博厚高明之天地境界的圣人之道，故曰：

---

[1] 如朱子曰："悠远，故其积也广博而深厚；博厚，故其发也高大而光明。"（《四书章句集注》，中华书局 2011 年版，第 35 页）

[2] 朱熹：《四书章句集注》，中华书局 2011 年版，第 35 页。

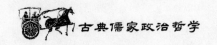

"大哉圣人之道！洋洋乎！发育万物，峻极于天。"

很显然，《中庸》作者心目中的博大圣人乃是一个至诚尽性而德合道通天地的伟大人类典范，在我看来，这决非意在树立一种为一般人所难以企及而仅仅供人瞻仰和崇拜的博厚高明的理想人格范型而已，而是要借此展开有关天人关系的最富意义的理论思考，并为世人奠立一种可普遍遵行的天人合一的人类生活理想。《中庸》作者如是来具体描述天地山水之高明、博厚与广大曰：

> 今夫天，斯昭昭之多，及其无穷也，日月星辰系焉，万物覆焉。今夫地，一撮土之多，及其广厚，载华岳而不重，振河海而不泄，万物载焉。今夫山，一卷石之多，及其广大，草木生之，禽兽居之，宝藏兴焉。今夫水，一勺之多，及其不测，鼋鼍、蛟龙、鱼鳖生焉，货财殖焉。《诗》云："维天之命，於穆不已！"盖曰天之所以为天也。

仅从字面来看，这段文字似乎只是对天地山水化育生成万物之自然图景的一种平实无奇的单纯具体描述，然而，从诸子各家广泛探究天人关系的思想背景来看，它却寄寓了儒家基于经验观察和生命体验而对于天人关系所作的最独到的理论思考而具有深刻的思想意涵。对《中庸》作者而言，天地乃是万物生生不息的创造性生命本源，此乃天地之所以为天地的博厚高明所在。比较而言，墨家之"尊天"与道家之"法天"事实上亦可以说皆是基于对天地兼爱和化生万物之博大的深刻体认（源自经验观察或审美直观的生命体验）而来，但墨家遵奉具有人格意志而可予人以赏罚的宗教性天志信仰，并将之落实在具体的政治操作层面，故而极力主张以外在强制性的尚同一义之赏罚刑政手段来贯彻实施"兼相爱、交相利"的道德理想，而道家贵尚"道法自然"或"法天贵真"，采取一种将天与人或自然与人为截然二分对立的消极无为立场，故而主张人类只能"绝圣弃智"而消极地顺因自然甚至完全回归于"同与禽兽居，族与万物并"（《庄子·马蹄》）的自然理想状态。与墨、道不同，《中庸》作者则代表甚或奠立了儒家有关天人关系的这样一种典型看法，对《中庸》作者而言，天地创生万物，万物生生不息，人类如同万物亦不过是天地的造物之一，然而，人类却可以积极地发挥自身的参赞化育之职以实现裁成辅相之功，从而过一种与万物和谐共生的天人合一的美好人类生活，既无须天志鬼神的宗教信仰与尚同一义的赏罚刑政手段的强制和胁迫，亦不必完全地"绝圣弃智"、回归自然状态，而依然可以过一种既仁且智而富于道德意义的文明生活。对《中庸》作者而言，人类与万物皆是天地创生的生命，无论自己还是他人，无论人类自身还是其他一切万物，皆禀受上天赋予的本性而生，故而人之为人以及物之为物皆须"尽性"方能实现或完成其生命的使命、价值与意义，至诚尽性的圣人之为圣人，不仅在于他能尽己之性或以充分地实现自己的本性为己任，更在于他还能尽人之性乃至尽物之性，从而可以参赞天地之化育，故而至诚尽性的圣人堪称人类最伟大的"法天合德"的终极典范[①]。因此，作为一种生命的学问，《中庸》的圣人理想实则是一种德合道通天地的至诚尽性之学或成己成物的仁智内外合一之学，这正是《中庸》作者对天地与圣人之博厚高明崇敬赞叹不已的根本用心所在，亦正是最能体现《中庸》作者之独创性的特殊思想贡献所在。

对《中庸》作者而言，圣人乃是法天合德之理想人格的终极典范，天地之道乃是人类生活的最高准绳与根本原理，唯有至诚尽性或"聪明圣知达天德者"的至德圣人，才能以身载道而成己成物乃至将博厚高明的天地之道贯彻落实于人类文明生活的创建，因为"唯天下至圣，为能聪明睿知，足以有临也；宽裕温柔，足以有容也；发强刚毅，足以有执也；齐庄中正，足以有敬也；文理密察，足以有别也"，乃至于"溥博渊泉，而时出之。溥博如天，渊泉如渊"，故而"见而民莫不敬，言而民莫不信，行而民莫不说"；因为"唯天下至诚，为能经纶天下之大经，立天下之大本，知天地之化育"，乃至于"肫肫其仁！渊渊其渊！浩浩其天！"正唯如此，故依传统的说法，《中庸》作者由此而昭明其"圣祖之德"

---

① 如《周易大传·乾文言》曰："夫'大人'者与天地合其德，与日月合其明，与四时合其序，与鬼神合其吉凶。"此所谓"大人"，实即《中庸》所谓"圣人"。

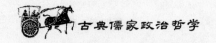

曰:"仲尼祖述尧、舜,宪章文、武;上律天时,下袭水土。辟如天地之无不持载,无不覆帱,辟如四时之错行,如日月之代明。万物并育而不相害,道并行而不相悖,小德川流,大德敦化,此天地之所以为大也。"据此而言,仲尼孔子何以能成为中国历史上最伟大的圣人呢?那是因为仲尼之为圣人,不仅在于他"祖述尧、舜,宪章、文、武"而继承发扬了历代圣王之政教传统,而且更在于他德合道通于天地日月,或者其所宗奉、修治而以之教化世人、治理天下国家的是"上律天时,下袭水土"而最为博厚高明的天地之道,而天地之所以为大正在其"万物并育而不相害,道并行而不相悖,小德川流,大德敦化"。在我看来,这一说法的真正意义并不仅仅在于对"圣祖之德"的昭明,而且更表达了《中庸》作者自己对于孔子之道或儒家思想之根本义谛的理解,并由此而充分显扬了一种儒家不同于其他各家的学派自觉意识和学统自信心态。

5. 以君子为治体的中庸之道与政治智慧

《中庸》所谓至诚尽性、成己成物的圣人之道或至诚无息、博厚高明的天地境界,可以说最充分地彰显了儒家的一种极高明的理想人格信念与人类生活理想。然而,依据儒家实践性的根本关怀,无论这样一种理想人格信念与人类生活理想多么伟大崇高或博厚高明,都必须笃切而具体地落实在日常伦理生活的社会政治实践领域才具有其真实的价值与意义,这也正是作为《中庸》下篇之中心观念的"诚"之"真实无妄"意涵的题中应有之义。那么,如何才能将上述圣人之道与天地境界落实在日常生活实践领域呢?《中庸》下篇作者同样将其寄托在儒家之君子的身上,正所谓圣人之道须"待其人而后行"。

依《中庸》下篇作者之见,君子之为君子,一是应当以诚为贵,因为君子具有诚的品格,不仅能够成就自己,同时也能够成就万物,能以至诚成就自己乃是仁道修立的体现,能以至诚成就万物乃是知(智)力广远的象征,仁与知(智)是以诚为贵的君子所应具备的两种最重要而美好的德性,它们就根源于吾人本性之内在固有,内修于己而外见于行,以时措之则无不得乎其宜。二是务须"尊德性而道问学，致广大而尽精微，极高明而道中庸"以及"温故而知新，敦厚以崇礼"。很显然，所谓的"温故而知新，敦厚以崇礼"，乃直接秉承自孔子好学崇礼的学习理念，而最能体现《中庸》作者君子理念之深造自得的思想创见的则是"尊德性而道问学，致广大而尽精微，极高明而道中庸"，意味深长而很值得我们细心体会，有必要在此试作申说。根据我个人的理解，"尊德性"乃体现了儒家学问的根本义谛或思想要旨，即意在唤醒人的道德自觉，挺立人的道德主体，乃至立基于德性意识的内在根源而成就人的道德生命，然而，人的道德生命决非空言虚说而能成就，必须经由博学、审问、慎思、明辨、笃行等诸般"道问学"之修养工夫的历练方能成就而获真实呈现，故曰"尊德性而道问学"。道德生命之成就的终极理想乃在至诚尽性而参赞天地之化育，故须推致其广大之用一如博厚高明的天地之道，然广大之用亦决非架空虚说所能致，没有对天地化育之道博厚高明的道理以及人类自身乃至万物众生性命之情竭尽其精微的深切体认，所谓的"致广大"则势必会落空，故曰"致广大而尽精微"。圣人之道既然"发育万物，峻极于天"，其精义奥旨或理想信念当然是极其高明的，但儒家的理想信念不离人伦日用常行，其精义奥旨亦须落实在下学工夫之上，而君子之为君子，身负领袖群伦、教化生民的职责，故其为学修身、治国为政理当遵循中庸之道的原则，故曰"极高明而道中庸"。正唯如此，故君子之为君子，其人则"居上不骄，为下不倍，国有道其言足以兴，国无道其默足以容"，而其道则"本诸身，征诸庶民，考诸三王而不缪，建诸天地而不悖，质诸鬼神而无疑，百世以俟圣人而不惑"。所谓"质诸鬼神而无疑"，乃"知天"之谓，知天者，知天之所以为天者在乎其大，大而博厚高明则至诚无息而生物不测；所谓"百世以俟圣人而不惑"，乃"知人"之谓，知人者，知人之所以为人者在乎其德，德而峻极于天则至诚尽性而成己成物。正唯其既能"知天"，而又能"知人"，故其动作、言行皆可为世人之法度准则而深具普遍遵从的普世意义，正所谓"君子动而世为天下道，行而世为天下法，言而世为天下则"，故君子让人"远之则

生殖。圣人法之，以覆载万民，故莫不得其职姓。得其职姓，则莫不为用。故曰：'法天合德，象地无亲。'"另如，《吕氏春秋·去私》曰："天无私覆也，地无私载也，日月无私烛也，四时无私行也，行其德而万物得遂长焉。"《吕氏春秋·贵公》曰："昔先圣王之治天下也必先公，公则天下平矣……阴阳之和，不长一类。甘露时雨，不私一物。万民之主，不阿一人。……天地大矣，生而弗子，成而弗有，万物皆被其泽、得其利而莫知其所由始，此三皇、五帝之德也。"由上可见，尽管诸子各家对于天地精神的具体意涵与特性的认识和理解存有差异而不尽一致，但在人生和政治问题上对于法天合德、与天为一的最高精神境界和终极治理目标的追求却是别无二致的。换言之，不管诸子各家所谓的天地究竟是具有主宰意志的神性之物，还是作为纯粹客观性的物质存在，不管是具有道德义理性的意涵，还是富有超越道德性的自然特质，他们都是从对"天无私覆，地无私载"的精神领悟和信念体认中，来思考人生境界之修养和提升问题，并阐发其治国为政或君主统治的理想政治信念的，乃至廓然大公的天地精神不仅为圣王明君树立了一种法天合德、随天体道或天人合一的最高精神境界与终极人生目标，而且同时也为圣王明君确立了一种治国为政、平治天下的根本治道依据。

由上可见，对于天覆地载之博大、包容、无私的精神体认，可以说是诸子各家同归一致而最具普遍性意义的通见共识，然而，他们立基于这一通见共识而作出的政治哲学思考及其具体治道推论却是大异其趣而异说纷呈的。通过比较，我们才能知其实质性差异所在，并由此而深切了解《中庸》所谓"极高明而道中庸"的真切涵义，而相对于诸子各家思想偏至之极端流弊，《中庸》之儒家义理自信及君子中庸之道的政治智慧决非徒然之臆说。具体而言，诸子各家根据其对于天地之博大无私的精神体认或通见共识而奠立证成其有关人类生活的理想信念与治国为政之道的具体主张，尤其是，像墨家一视同仁而无亲疏远近之分的兼爱主义理想信念，道家"辅万物之自然"而"生而不有，为而不恃，长而不宰"的"玄德"境界及其对政治干涉主义之欺伪与邪恶所作的极其敏锐而深刻的批判性反省,法家"不别亲疏,不殊贵贱,一断于法"的法治理念,亦不可谓不高尚美善、博大高明和公正无私。然而,问题是,墨子墨家之"兼爱"须借尚同一义的刑政体制和赏罚手段彻底改造人的自利自爱之性,强制性地使人们奉行"兼爱"之义;老庄道家之"自然"意图使人民维持在一种"无知无欲"甚至完全回归自然天放的愚朴蒙昧生活状态,故其言治崇尚"守静任化"而"废人能",以至于"无裁成天地、辅相万物之功"[①];法家特别是商鞅、韩非一派之"法治"更一味站在君国主义的立场上,将所有人看作奸邪之民,而蛊惑人君利用世人好利自为的人性弱点,严酷无情地运用专制权力与严刑峻法操控和支配其行为以服务于富国强兵的耕战目标。如果说墨法的强制迫使之政和操控支配之法代表了诸子各家治国为政之道的一个极端而易于使人民蒙受专制君主奴役之害的话,那么,老庄道家的自然无为或放任在宥之术则代表了诸子各家治国为政之道的另一个极端而易于使人民陷于心智不发达的原始生存状态。而孔子儒家崇教劝学,言政则贵尚正己修身和修己以安民,言治则力主修齐治平和至诚以尽性、成己而成物。在我看来,如果说墨法与道家诸家思想之弊端乃病在过犹不及的话,那么,孔子儒家所主张和采取的治国为政之道正是介乎两端之间的中道立场或中间路线。而且,依我之见,《中庸》下篇所谓"道中庸",其实质含义实应从这样一种思想意义上来加以理解,也就是说,与上篇作为德性概念的"中庸"之义有所不同,下篇所谓"中庸"属于"道"的范畴,应指思想、行为以及治国为政之道的中道立场或中间路线。

那么,孔子儒家所主张和采取的治国为政之道的中道立场或中间路线究竟是一种什么性质的中庸之道呢?他们仰观俯察创生万物、至诚无息、博厚高明的天地之道,这是其思想的极高明而广大之处,同时他们又深切关怀和真诚地反观省思人类与万物的身心性命之理和家国天下多层级共同体的修齐治平之

---

① 熊十力:《新唯识论》(壬辰删定本),中国人民大学出版社 2006 年版,第 82 页。

道，这是其思想的既精微而又平实之处。他们认为，人之为人，既然禀受着天命之道德本性而生，理应由之循之而生，率之修之而成，乃至存养扩充而使之得以充分地实现，如此以成就人的道德生命，以完成人的道德使命，以实现人生的价值与意义，而人之能"成社会而共生活"[①]者在此，人之能过一种富有道德伦理意义之共同生活者在此。然而，如何或通过什么方式与途径才能真正实现这一人生在世的使命与人类共同生活的目标？孔子儒家在伦理思想与价值取向上始终坚持其介乎墨子墨家"以自苦为极"的兼爱利他主义和道家杨朱以个体生命至上的"贵己""为我"主义之间的伦理本位的中道立场，而在治国为政之道方面，他们既不主张纯粹消极地顺应自然而采取完全自由放任的在宥之术，亦不主张依靠外在强制力来迫使人民崇德向善，更坚决反对单纯依靠严刑峻法对人民实施操控和奴役。孔子儒家崇教劝学，教之为教乃是以身作则式的言传身教，又或者是立德修道之教，而"学之为言觉也，以觉悟所不知也"（《白虎通·辟雍》），他们深切希望先知先觉的至诚圣人和有道君子能够通过教学之方、教化之政来激励和启发人民主动自觉的崇德向善意识和道德伦理行为，教诲和引领人民做人伦道德上应做当行之事，乃至人人尽其性、修其德、充分完成和实现其人生的使命与价值，因此，孔子儒家心目中的圣贤、仁人和君子必须是能够实现反身自求而切己体认人之道德本性并通过"道问学"的工夫而努力奋勉地进行自我修养的人，对他们而言，慎独修身而致力于自我道德人格的不断完善实乃人生最为吃紧的第一要务，此处一差，则私欲贪念暗中萌生涌动，一切思虑营求必然走作，更何谈乎治国为政之道！而依《中庸》下篇作者之"诚"的中心观念而言，以君子为治体的治国为政之道的核心要义则不过是至诚尽性而成己成物，但无论是尽己之性，还是推扩而尽人之性，乃至尽物之性，无论是成己，还是成物，其终极关切或根本目的乃是使人人乃至万物都能充分实现

---

① 梁漱溟：《中国文化要义》，见中国文化书院学术委员会编：《梁漱溟全集》第三卷，山东人民出版社1990年版，第215页。

其天赋的道德本性或生命特性，但都不可能靠简单的外力强制迫使和刑罚操控的方式、手段和途径来实现，因为《中庸》下篇之所谓"诚"，不仅意谓"至诚无妄"而已，如徐复观先生所言，"若顺着孟子言诚去了解"，则所谓的"诚"，实乃"仁心之全体呈现，而无一毫私念杂入其中的意思"①。而仁心之全体呈现，就其极高明的义理境界来讲，《中庸》下篇所谓"万物并育而不相害"可以说一语道尽了关乎人类永续生存和永恒福祉而深富生态意义的万物作为生命共同体的根本义谛——万物各循其性、各遂其长、一体相关而和谐共生的生命原则与参赞式生存智慧，而所谓"道并行而不相悖"亦可以说一语道尽了以三达德五常道为核心理念、"小德川流，大德敦化"而含洪广大、多元并行的人类道德生活理想，由此推言，宋儒所谓"民胞物与"之义、万物一体之仁、物各付物之智，无疑亦是其题中所应有者；而就其"道中庸"的思想品格来讲，极高明之义理境界的践行或实现则必须具体落实在日常人伦的关系网络和伦理政治生活形式之中，由己以及人，由近以及远，由亲以及疏，乃至由身而及家，由家而及国，由国而及天下，逐渐推扩，层层扩展，由隐而显，由微而著，而终至于天下太平的人类大同之境，正所谓"君子之道：淡而不厌，简而文，温而理，知远之近，知风之自，知微之显，可与入德矣"。

职是之故，《中庸》作者虽然深知在一个日趋功利化和暴力化而对孔子儒家的仁义学说和君子之道充满敌意的时代环境中必然遭遇"道之不行"的生存困境，但依然保持着孔子儒家对于仁道化的人类美好生活和君子之道的坚定信心与毫不动摇的理想信念，故曰："君子之道，暗然而日章；小人之道，的然而日亡。君子之道：淡而不厌，简而文，温而理，知远之近，知风之自，知微之显，可与入德矣。"此言儒家之君子"不欲希世，而道自行"，反之，功利之小人"急于媚时，而道终灭也"，诚如康有为《中庸注》所言，盖孔子之道或儒家君子之道，"无权谋法术之近效以动人，淡矣，而人伦日用久而不厌；无谈天雕龙之辨

---

① 徐复观：《中国人性论史·先秦篇》，上海三联书店 2001 年版，第 131 页。

以哗世，简矣，而改制立法备极殊文；无刑名督责以威世，温矣，而经世宰物皆中理解。"①而《中庸》作者之坚定信心，亦正来自"君子内省不疚，无恶于志"的笃实修养。正因为君子谨独修身而无愧于内心之志愿，故而能够"不动而敬，不言而信"，其道德人格温良平和而具有至诚无息的无限的亲和力，拥有领袖群伦的道德威望而根本无须以赏劝民、以刑畏民，正所谓"君子不赏而民劝，不怒而民威于铁钺"，故"君子笃恭而天下平"，又何须像法家韩非、李斯之流汲汲乎"以法术督责之术媚其君""以钳制压伏待其民"②呢？据此而言，孔子儒家以君子为治体的中庸之道与政治智慧，既非由杜撰，亦别无其他伎俩，如斯而已，而"道之不行"实则是时代之大不幸，亦是当时人类之大不幸，乃至于后世专制君主虽然名义上"独尊儒术"，但实际上奉行商、韩之"法治"，"以刑名法术督责钳制，而中国二千年受其酷毒"③，更是中国两千年之大不幸。而所幸者正在乎代不乏人而时时有有志之君子奋然兴作，以身而载道，笃行以传道，正所谓君子之道"待其人而后行"。不管怎样，从思想史的角度讲，《中庸》虽然不像《大学》那样层次分明、脉络清晰，但在思想深度和境界高远方面却无疑更胜一筹，但也留下了仍需深入探讨的关于"性与天道"与治国为政之道的思想课题有待后来者作进一步理论上的深化与完善④。

① 康有为：《孟子微 礼运注 中庸注》，楼宇烈整理，中华书局1987年版，第230—231页。依余之见，将引文中康氏所说"改制立法"改为荀子所谓"礼义文理"，也许更符合孔子儒家思想之本义。
② 康有为：《孟子微 礼运注 中庸注》，楼宇烈整理，中华书局1987年版，第12页。
③ 康有为：《孟子微 礼运注 中庸注》，楼宇烈整理，中华书局1987年版，第10页。
④ 如徐复观先生所言，《中庸》下篇言政治，"其极致为'笃恭而天下平'"，但"对孟子所说的王政的具体内容，皆无一语涉及"（《中国人性论史·先秦篇》，上海三联书店2001年版，第123页）。

第五章　人性与政治

——孟荀政治哲学思想与治国为政智慧

　　孟子（轲）荀卿（况）继孔门七十子之后而奋然兴起，他们不遗余力地维护和捍卫圣人孔子之道，而且，热衷于反思和探寻人性之善恶，并在此基础之上深入而系统地申论和阐发儒家修身为政、治国平天下之道。孟子荀卿之所以将自己的政治理论建立在其人性论的基础之上，要而言之，根本目的不外乎意在增进统治者对于人类自身本性及其多层次生存生活需要的深刻理解和敏锐感受，尽管他们对人性善恶的理论认识和思想见解大异其趣而截然相反，但他们共享着一种儒家一以贯之的伦理共识和对"人"的一致的基本看法，即人是一种生活于社会人伦关系网络中的群居性动物，而群体生活的组织与协调以及政治如何更好地服务于创造人类美好社会或良善生活特别是民生需要的切实保障与不断改善之目的，乃是他们政治理论思考所最为关切的核心问题。因此，虽然他们在思想上各有侧重而贡献不同，孟子重在趋善即汲汲于阐扬或主张存养扩充人性之善，而荀子却偏于避恶即极力地阐发或主张节制转化人性之恶，两者似乎是水火不容的，但今天我们也许不必再厚此薄彼而更应该将他们的思想主张看成是互补而不是相互对立的。可以说，孟子荀子有关人性的异说极大地扩充、丰富和深化了孔子儒家之道的思想内涵，而儒家有关政治智慧的真知灼见和治国为政的理论意旨亦因孟子荀子的系统阐发而得以大畅，正是他们最终将儒家政治哲学发展成了一种深富学理性的系统化的成熟思想形态，诚可谓战国之世的两大儒学思想大师。

一、人性之善与政治的民本含义 [①]

据《史记·孟子荀卿列传》记载，孟子"受业子思之门人。道既通，游事齐宣王，宣王不能用。适梁，梁惠王不果所言，则见以为迂远而阔于事情。当是之时，秦用商君，富国强兵；楚、魏用吴起，战胜弱敌；齐威王、宣王用孙子、田忌之徒，而诸侯东面朝齐。天下方务于合从连衡，以攻伐为贤，而孟轲乃述唐、虞、三代之德，是以所如者不合"。太史公司马迁对于孟子所处的时代政治背景所作的概述，既简明扼要，而又鲜明地凸显出了战国之世以攻伐相尚而谋求富国强兵的功利化的时代精神状况。孟子不仅生活在诸侯力争、以攻伐相尚的战国之世，而且适值"杨朱、墨翟之言盈天下""天下之言不归杨，则归墨"（《孟子·滕文公下》）之时，但他心无旁骛地愿学孔子、卫圣道 [②]，汲汲于"述唐、虞、三代之德"，虽明知"世衰道微"、人心陷溺放失，却不遗余力地阐扬和彰显人之天赋的良心善性，在我看来，其对于兴起"儒教"的事业可谓厥功至伟，诚不愧为儒门之"亚圣"。换言之，孟子无疑是继孔子之后而于儒家事业有

---

① 本节内容是在拙著《政治的境界——中国古典政治哲学研究》（中国政法大学出版社2014年版）一书第三章第二节部分内容和《"民惟邦本"：政治的民本含义——孟子民本之学的政治哲学阐释》（《四川大学学报》哲学社会科学版2014年第5期）一文的基础上整合修改而成的。

② 孟子曰："乃所愿，则学孔子也。"（《孟子·公孙丑上》）"能言距杨墨者，圣人之徒也。"（《孟子·滕文公下》）

着"振衰起儒"之伟功的思想家，其功即在捍卫孔学圣道，标榜王道仁政，发明人心善性。而且，孟子的思想多有戛戛独造而发孔子之所未发者，其中最富有原创性、意义最为深切著明者则莫过于他那"心"之一说，正所谓："《孟子》一书，只是要正人心，教人存心养性，收其放心。……千变万化，只说从心上来。人能正心，则事无足为者矣。"（朱熹《四书章句集注·孟子序说》）对孟子来讲，心为德之端、善之源、性之根、政之本。可以说，对人的内心的关注或对人心善性的发明，乃是孟子思想中最具特色的方面。然而，孟子对人心善性的发明却是与他对政治的关切密不可分的，我们甚至可以说孟子思想的最终归宿正是要平治天下。要之，我们可将孟子之学的核心要义概括为：植根于人之本心善性的发明，发而为王道仁政之用而归宿于平治天下。

　　然而，作为一位即人之本心善性而求平治天下之道的政治哲学家，无论是发明人之本心善性而向内深入探求人类道德行为的心性本源，还是汲汲于阐发和大力倡导民贵君轻、王道仁政、与民同乐之说，由于其思想一切从"为民"或民本的立场和角度倡言立论，故亦可以说孟子实则从民本的立场和角度将儒家的内圣外王之道及其治国为政智慧作了最为淋漓尽致的精彩阐发。如所周知，古今中外的政治哲人始终困惑并致力于思考和探索国家生活的性质或政治事物的本性，"民惟邦本，本固邦宁"（《尚书·五子之歌》）一语可以说最鲜明地体现了中国古典政治哲学的这一核心关切，这样一种政治理念把人民视为邦国的根本，把政治视为固本安邦的神圣事业，集中表达了古来中国人最源远流长的政治价值信念与共同体智慧，而且在古典儒学特别是孟子那里得到了最为成熟、系统、全面而深刻的理论阐述。孟子从民本的立场将政治看作一项实现人民的真正意愿和保障民生需要的人类事业，因此，在孟子那里，儒家的外王之道，实即民本之学，而绝非帝王之术。换言之，所谓的民本，并非单纯指站在维护君主统治之合法性的立场而强调君主应以民为本或为民而王的那样一种观点，它是儒家思想及其外王学本身的根本宗旨所在，而君主的统治也必须服从这一宗旨，这样一种思想宗旨是非常富有教益且能够带给我们更多启示的，值得我们认真对待。

（一）主体性的生命体验与孟子性善论的主旨

1. 主体性的生命体验

在全面解读孟子的政治哲学之前，我们不能不首先追问的一个问题就是，孟子致力于发明人之本心善性而向内深入探求人类道德行为的心性本源究竟意味着什么，或其实质性意义何在呢？在我看来，孟子发明人之本心善性而向内深入探求人类道德行为的心性本源，其意义说到底乃在于它事实上意味着一种认知或思考问题的方式方法的内在化，即必须诉诸庞朴先生所谓的"主体性的生命体验的儒家认知方法"①，以寻求人生、社会和政治问题的根本解决。具体来讲，这是一种从个体自我的内心反省或生命体验的角度来探讨各种人生、社会和政治问题的根源及其解决之道的认知方法。对孟子而言，这一认知方法之思考问题的出发点首先就是：对于我们每个人或每一个体生命来讲，什么才是我们真正可贵的东西？《孟子·告子上》集中所载的几段文字最能揭示和阐明孟子之学的这一思想要旨，故不妨将这几段文字详引于下：

> 孟子曰："鱼，我所欲也，熊掌亦我所欲也；二者不可得兼，舍鱼而取熊掌者也。生亦我所欲也，义亦我所欲也；二者不可得兼，舍生而取义者也。生亦我所欲，所欲有甚于生者，故不为苟得也；死亦我所恶，所恶有甚于死者，故患有所不辟也。如使人之所欲莫甚于生，则凡可以得生者，何不用也？使人之所恶莫甚于死者，则凡可以辟患者，何不为也？由是则生而有不用也，由是则可以辟患而有不为也，是故所欲有甚于生者，所恶有甚于死者。非独贤者有是心也，人皆有之，贤者能勿丧耳。一箪食，一豆羹，得之则生，弗得则死，嘑尔而与之，行道

---

① 庞朴：《帛书五行篇研究》，齐鲁书社 1988 年版，第 95 页。

之人弗受；蹴尔而与之，乞人不屑也。"

孟子曰："人之于身也，兼所爱。兼所爱，则兼所养也。无尺寸之肤不爱焉，则无尺寸之肤不养也。所以考其善不善者，岂有他哉？于己取之而已矣。体有贵贱，有小大。无以小害大，无以贱害贵。养其小者为小人，养其大者为大人。"

公都子问曰："钧（同'均'）是人也，或为大人，或为小人，何也？"孟子曰："从其大体为大人，从其小体为小人。"曰："钧是人也，或从其大体，或从其小体，何也？"曰："耳目之官不思，而蔽于物。物交物，则引之而已矣。心之官则思，思则得之，不思则不得也。此天之所与我者。先立乎其大者，则其小者不能夺也。此为大人而已矣。"

孟子曰："有天爵者，有人爵者。仁义忠信，乐善不倦，此天爵也；公卿大夫，此人爵也。古之人修其天爵，而人爵从之。今之人修其天爵，以要人爵；既得人爵，而弃其天爵，则惑之甚者也，终亦必亡而已矣。"

孟子曰："欲贵者，人之同心也。人人有贵于己者，弗思耳矣。人之所贵者，非良贵也。赵孟之所贵，赵孟能贱之。"

上述引文可以说将庞朴先生所谓的"主体性的生命体验的儒家认知方法"呈现得再直接明白不过了。首先，孟子的生命体验是以对人的贵贱大小之体的区分为前提的。众所周知，我们的生命形态是以个体化的身体形式而存在的，每个人的生命躯体对于我们自己来说都是最为亲近而切己的，我们对自己身体的每一部分、每一寸的肌肤也都是无不爱惜养护的，这是一种人人皆能体知的最为真实的生命体验。然而，如果我们再进一步考量体察人们对于他的生命躯体究竟爱惜养护得善之与否的话，那就需要看人们是如何反求己身而审其轻重的，这其间的差异主要就在于人们究竟选取爱惜养护身体的哪一部分了。而在孟子看来，我们的生命躯体是由其价值和意义可区分为贵贱大小的两个不同的部分所构造而成的，体之贵而大者是"心之官"，而体之贱而小者为"耳目之官"。前者是人的一种思维器官，是天所赋予我们人类的一种独特的具有反思能力的大体，善加养护则可成就己之道德人格而为大人；而后者则是人之小体，是不能思考而易为物欲所诱引障蔽的器官，只知养护小体者就会陷溺其心而沦为小人。故凡欲成为大人者，务须首先立定心志、养护大体，而使小体不能侵夺蔽害它。而孟子之所以强调心为人之大体，实旨在彰显人的内在理性或道德自主性，而由心所彰显的人的内在理性或道德自主性，毋宁说正是人的主体性之所在。易言之，在孟子看来，心之所志或心之所向决定着我们个体生命的方向，心能反思则可自作主宰而使生命朝着成就自身道德人格的正确方向前进，故孟子之所谓"心"实为人的主体性之所系。因此，依余之见，孟子以心为大体的生命体验正是一种"主体性的生命体验"。

其次，在孟子看来，唯有根源于心体的修养而来的德性或天爵才是一个人最值得尊贵的东西。孟子认为，人的生命躯体可分为大体和小体，而且，在孟子看来，正如人的小体有其相同的特性一样，大体亦有其相同的特性，故孟子曰："口之于味也，有同耆焉；耳之于声也，有同听焉；目之于色也，有同美焉。……心之所同然者何也？谓理也，义也。……故理义之悦我心，犹刍豢之悦我口。"（《孟子·告子上》）然而，尽管理义为人心之所同然者，而权势尊贵亦人心之所同欲者，其间的分别究竟意味着什么呢？依孟子之见，前者为人的本心（本然之良心）的共同的本质特性，而后者不过是一般人的共同的普遍心理，这一心理欲求的满足并不能使人自身真正可贵的生命价值得以实现。也就是说，权势尊贵的获得并不能真正显示一个人的生命价值的尊贵性，因为那不过是一种既能被他人所给予亦能被他人所剥夺的"人爵"而已。与之不同，由对天所赋予人的本心大体的存养而来的德性，亦即"仁义忠信，乐善不倦"的"天爵"，才真正是一个人值得尊贵的东西，因为它具有完全独立自足的价值和意义，不是他人能够给予和剥夺的，故为人的"良贵"。

最后，孟子更强调根于本心存养而生的"仁义忠信，乐善不倦"的德性具有超越个体生命之有限性的公共价值与意义。人所共知，个体的生命以身死为限界，此正是杨朱学派所以格外强调个体生命之可贵的理由，而人皆好生恶死，故不难理解和想象杨朱"贵己""重生"之说能够得以广泛流行的原因。而孟子之所以区分并强调体有贵贱大小之分，正是要超越杨朱"贵己""重生"之说的局限性，因为人的生活世界是一个由人伦关系交织而成的公共领域，只要我们进入这一生活世界或公共领域，我们便不可能只是给予个人的生命及其相关利益的维持一种压倒一切的关心，故孟子强调人之所欲所恶更有甚于生死者。也就是说，对于世界的存在来讲，至关重要的不是个体的生命及其利益而是公共的良好秩序的维护，而公共的良好秩序的维护靠的是根心而生的仁义德性，而不是墨子所说靠的是来自天志的外在仪法或宗教的制裁与政治的强制。而且，在孟子看来，在生命与德义二者不可得兼的情况下，人理应舍生而取义，正如人宁死而不食嗟来之食那样，而孟子之所以像孔子讲杀身成仁那样而高扬人能舍生取义的道德勇气，并非教人像侠义之士那样仅仅以轻易地舍弃生命为荣，其用心所在只是要强调：对于我们的生活世界来讲，还有比个体生命的生死问题更为重要的东西，那就是仁义德性。因此，孟子极力反对杨朱将人的个体自我看作一种具有与他人和社会相隔离的完全独立自足的价值的生命形态，在他看来，我们人的生命真正弥足珍贵的地方就在于我们有一颗我本善良的天赋的"本心"，我们的世界就建立在这颗心之上，故孟子所谓的大体之"心"，既是我们每个人做人的根本，更是整个生活世界的价值之源。

总而言之，孟子的主体性的生命体验是以心体天爵为核心而对"人人有贵于己者"的一种根本体认。这一体认既基于他对人的贵贱大小之体的区分，亦反过来激励着他深入人的内心以发掘道德的根源。在孟子看来，人人有贵于己者，意即人人都有值得尊贵的东西，或者说人自有其真正可贵之处，但不是杨朱意义上的"贵",而是"仁义忠信,乐善不倦"的"天爵"①意义上的"良贵"。而"天爵"之为贵之所以是人之"良贵",因为就天爵的修养来说,它并不像权势地位那样,贵之在人,贱之亦在人,而是人之于天爵的修不修养或修养得如何,全在自己,而非他人所能左右。也就是说,天爵是天赋的、根源于人的内心的德性,人之修养天爵或成就其道德人格靠的不是外力的作用,而是内在的心灵的力量。因此,对孟子而言,"心"是人的生命躯体的贵大之体,正因为人之有"心",人才能成为自己真正的主人;正因为人之有"心",人所具有的天赋的内心反省或内在自主性的道德理性能力也才能成为整个生活世界的唯一可靠的根基;正因为人之有"心",人的个体生命才有其真正的普遍尊严和天赋的可贵之处。这不是一个可以通过逻辑的推理或理智的论辩而能够得出的结论②,更不是专心一意地尊天事鬼的墨子或全神贯注于只关心个体生命的自我维持及其生存利益的维护的杨朱所能理解的,它是孟子运用"主体性的生命体验"的认知方法所真实体认到的或能够得出的、对他本人来讲唯一合理的关于人与世界的根本信念。

依我之见,孟子对人之本心善性的发明正是奠立在上述"主体性的生命体验"的认知方法基础之上的,其心性论亦可以说是孟子整个思想学说中最富有特色、最为精彩而影响亦至为深远的部分,而且,无论在先秦诸子中还是在儒家内部也都是最富于创见和启示性意义的。"人之初,性本善",这句《三字经》的开篇名言,无疑是我们的文化典籍中流传最为广泛而久远的一句名言,它在向我们传达孟子人性本善的哲学理念的同时,也许就在我们的心灵深处播种下了一颗善良的种子。不过,这颗善良的种子最初在孟子那里却是由对人心的深

---

① 朱熹《孟子集注》曰:"贵于己者,谓天爵也。"

② 诚如徐复观先生所言:"到孟子才明确指出道德之根源乃是人的心,'仁义礼智根于心'。孟子这句话,是中国文化在长期摸索中的结论。这不是逻辑推理所推出的结论,而是'内在经验'的陈述。"(《新的文化》,见徐复观:《中国思想史论集》,上海书店出版社 2004 年版,第 214 页)

切体认而发现的，诚如现代大儒唐君毅和徐复观所言，孟子是"即心言性"① 或"以心善言性善"② 的，正是孟子由对心体善性的发明与体认而将儒家的政治哲学理念与治国为政智慧引向了一种以内在心性本源为根基的全新思考方向。那么，这又究竟意味着什么，或者究竟具有什么样的道德的与政治的意义呢？

2. 孟子心性之学的思想背景

在我看来，我们要想更好地理解和把握孟子对人之本心善性的独到体认与发明及其实质性意义，首先必须对其产生的思想背景具备一种充分的了解。对于孟子人性理论的思想背景，中外学者都有详尽的考察和说明③。作为背景，对于我们理解孟子人性理论的含义至关重要的有以下这样一些关于人性的观念：

其一，由《左传》《国语》所见，春秋时代的人所谓的"性"，如唐君毅先生所言，"盖皆指人自然生命要求而言"④。而英国汉学家葛瑞汉在《孟子人性理论的背景》一文中对此所作的解释要稍显复杂一些，依葛瑞汉之见，"性"的概念在早期中国大体上经历了一个由最初的"前哲学的用法"到后来作为一个"哲学术语"的含义变化的过程，"性"最初作为一种"前哲学的用法"，它在通常意义上一般涉及的是"一个人的健康和长生"，亦指"人特有的生命进程"或"生命的准则"，而作为一个"哲学术语"，"性"指的是所有事物普遍的"本性"，并"被想像成规范的、一种事物特有的生的进程"，这一变化是由公元前 4 世纪提

---

① 此为唐君毅先生在其所著《中国哲学原论》（原性篇）一书中的说法，参见台湾学生书局印行《唐君毅全集》卷十三。另外，"对习言性"（孔子）、"即生言性"（告子）的说法也见于该书。

② 此为徐复观先生在其所著《中国人性论史·先秦篇》（上海三联书店 2001 年版）一书中的说法。

③ 参见唐君毅所著《中国哲学原论》（原性篇）一书和英国汉学家葛瑞汉的《孟子人性理论的背景》一文，后文见于美国汉学家江文思和安乐哲编《孟子心性之学》（梁溪译，社会科学文献出版社 2005 年版）一书。

④ 唐君毅：《中国哲学原论》（原性篇），见《唐君毅全集》卷十三，台湾学生书局 1986 年版，第 30 页。

倡"养生"的杨朱学派带来的,杨朱学派的根本主张是"人应该养其生以与其性相符合",或者是认为"追求其自身的健康、欢乐和长生,而不是普遍的善,是人的本性",这一人性哲学,"对于儒家来说,提出了一种深刻的挑战",因为它"遵循着儒家共有的前提",即"每一事物都有其本性",并认为人也应该像别的事物一样通过养其生以与其性相符合。正是针对杨朱学派的人性哲学,孟子第一个提出了一种与之对立的人性理论,即"人完善其本性"的"证明","正是当其按照道德来行动的时候,而不是当其正在追求他自己长生的时候"。①

其二,见于《孟子·告子上》中的三种流行的人性观念,它们是孟子必须直接面对并务须给以回应的。这三种流行的人性观念分别是:"性可以为善,可以为不善"说,"有性善,有性不善"说,以及告子的"性无善无不善"说。我认为,第一种人性观念强调的是人的本性的可塑性,即可以使它善良,也可以使它不善良,故在周文王武王那样的仁君圣王的统治下,人民就会好善,而在周幽王厉王那样的昏君暴王的统治下,人民就会好暴。第二种人性观念强调的是人的本性的差异性,即有的人本性生来就是善良的,而有的人本性生来就是不善良的,而且,这种本性的差异是不可改变的,因此,尧为圣君,而在其治下仍会出现象那样的不良之民;瞽瞍为不慈之父,而在其家中仍会出现舜那样的孝子;纣为暴君,而在其朝中仍会出现微子启、王子比干那样的仁人义士。第三种人性观念强调的是人的本性的自然性,亦即人的本性是无善无不善的,故曰"生之谓性"或"食色,性也"(《孟子·告子上》),这是孟子同时代的思想家告子的人性观念,正是这种"无分于善不善"的自然人性观引发了孟子与告子之间一场有关人性问题的激烈的哲学论辩。

另外,据东汉王充所言:"周人世硕以为人性有善有恶,举人之善性,养而致之则善长;性恶,养而致之则恶长。如此,则(情)性各有阴阳,善恶在所养

---

① 以上参见〔英〕葛瑞汉:《孟子人性理论的背景》,见〔美〕江文思、安乐哲编:《孟子心性之学》,梁溪译,社会科学文献出版社 2005 年版,第 14—28 页。

焉。故世子作《养书》一篇。宓子贱、漆雕开、公孙尼子之徒，亦论情性，与世子相出入，皆言性有善有恶。"（《论衡·本性》）清儒孔广森以为上述第一种人性观念即是世硕的人性学说，然而，若是细心体察的话，便不难发现二者之间含义上的微妙差别，本性的可塑性即"性可以为善，可以为不善"，并不必定意味着本性之中内含着善和恶两个方面，而似乎只是强调人性具有可以使它向善或为恶的两种潜在的可塑性或可能性，人民究竟是向善还是为恶完全取决于对人民担负着引导教化之责的统治者是好是坏。而世硕等人的"性有善有恶"之说，显然强调的是人的本性之中本来就内含着善和恶两个方面，而世硕所谓的"养性"无疑也应是指人对本性中的善性或恶性的自我养护。因此，我认为，这是不同于上述三种人性观念的另外一种人性论。

其三，在孟子之前，还有两种绝对不容忽视的人性观念，那就是孔子的与"习"相对而言的人性观，以及与郭店楚简本《老子》一起出土的一批儒家文献中的心性观。孔子极少谈论人性的问题，仅有一语言及，即："性相近也，习相远也。"（《论语·阳货》）孔子的这句话语义简略，仅就其字面含义来讲，大意是说人先天的本性是相近的，而人后天的习染却是相差很远的，而且，孔子讲这句话显然是在强调人的道德品质是由人后天的习染所决定的[①]。那么，孔子的这一人性观何以发展到后来却演变成为孟子的人性善的理论了呢？这中间必有其演变的关键环节，而郭店楚简中的一些据认为是孔孟之间的儒家文献的惊人发现，正如许多学者所指出的，无疑为我们了解孔孟之间思想发展的线索或脉络提供了强有力的证据材料，特别是其中的一篇被命名为《性自命出》的重要文献，为我们厘清孔孟之间人性理论演变的关键环节，更是提供了最弥足珍贵的材料。我们在上文中已作过较详细的论述，在此，只需强调指出的是，《性

---

① 美国汉学家郝大维、安乐哲在《通过孔子而思》一书中曾指出："孔子最关注的是，如何作一个社会和政治环境中的人，而非'人'的种种形而上学推想。"（何金俐译，北京大学出版社 2005 年版，第 65 页）

自命出》是关连着"心"来论"性"的问题的，大体而言，我们可以将《性自命出》的心性观概括如下："性"是指人普遍拥有的共同的本性，它出自天降之命；具体而言，人有好恶之性，有喜怒哀悲之气之性，有善不善之性；然而，性只是一种内在的禀性倾向，只有在外在事物、心理感受、行为积习与客观情势的刺激和影响下，它才能够外显出来，并发生作用、表现为行动以至于固定下来；大凡人之本性，感物而动，因悦而逆，有为而交，节义而厉，势迫而绌，积习而养，遵道而长。与人的本性的内在统一性相对应的，人的"心"却是"无定志"的，即人的心志是不固定的，或者说是游移不定的，而人之所以"用心各异"，乃是由于后天的教育使然，而教育的根本目的也正是为了在人们的内心当中能够养成一种德性。

上述种种的人性观念，各有其不同的问题意识，我们正可以据此来辨析和体认这些人性观念与孟子的人性理论之间或亲合或对立的关系。

首先，关于人的自然生命要求及为满足和顺应这一要求而主张自觉地追求"全生"或"养生"的人生目标这一人性观念，诚如葛瑞汉所言，这对儒家来说无疑"提出了一种深刻的挑战"。正是这一挑战激发了孟子更进一步地探寻人生的真正价值所在，在他看来，人生的价值在于对善的追求，而不在于寿命的长短，也就是说，人的真正可贵之处在于他追求普遍的善的德性，而不是仅仅关注自身生命的健康、长生与快乐，后者会引导人们只是追求个人自私的利益需求的满足，而利与善是根本对立的，正所谓："鸡鸣而起，孳孳为善者，舜之徒也；鸡鸣而起，孳孳为利者，蹠（跖）之徒也。欲知舜与蹠（跖）之分，无他，利与善之间也。"（《孟子·尽心上》）然而，孟子却也并非一定要采取与追求自身的健康和快乐、"全生"或"养生"的目标完全相逆反的人生态度或价值取向，就像墨子那样一定要"以自苦为极"，他真实的主张是教人们对于自身的生命采取一种正确的人生态度，即虽然人对于自己身体的每一部分都应爱惜养护，但重要的是人应明辨自身的贵贱大小之体，唯有大体心性的存养才是自身真正的安身立命之所，故曰："夭寿不贰，修身以俟之，所以立命也。"（《孟子·尽心上》）另外，除非是遭遇到需要一个人杀身舍生的极端道德情境，孔孟一般也是教人爱惜生命、养护身体、追求人生快乐的，爱惜生命、养护身体不是出于长生的目的，而是出于人伦的孝道以及立身行道的道德理想①，追求人生的快乐，不是追求放纵欲望的及时行乐或贪图一时的感官享乐，而是追求在朋友交际、师生教学、人伦关怀、俯仰无愧的内心生活中体验真正的快乐，这是一种由对人生真正圆满自足的体验所带来的快乐，甚至连"王天下"的功业都是不能与之相比的②。

其次，孔孟之间的人性理论的焦点是人性与人的善恶两面性的关系问题，具体地讲，这一时期的思想家主要讨论的是人类行为的善恶究竟来自哪里，与人的本性究竟有无关系或有什么样的关系？"有性善，有性不善"论者认为人的本性有的是善的、有的是恶的，也就是说，人的善恶完全取决于一个人天生的本性，而且是后天不可改变的；反之，作为"人性之无分于善不善"论者的告子却认为人的自然本性本身是无所谓善与不善的，善恶完全是外在的后天的东西；"人性有善有恶"或"性可以为善，可以为不善"论者所持的则是一种综合的观念，即认为善恶是人天生的本性中所内在固有的两个方面或者两种潜在的可能性，但人究竟是善是恶则取决于后天的政治教化或自我的修养。由于文献的阙如，我们对这几种人性观点的了解仅限于此，其中，世硕等人的综合的人性观点已论及"情"的问题，但这些人性观点似乎还都未涉及"人心"的问题。

---

① 孔子曰："爱其死以有待也，养其身以有为也。"（《礼记·儒行》）"身体发肤，受之父母，不敢毁伤，孝之始也；立身行道，扬名于后世以显父母，孝之终也。"（《孝经·开宗明义章》）孟子曰："莫非命也，顺受其正；是故知命者不立乎岩墙之下。尽其道而死者，正命也；桎梏死者，非正命也。"（《孟子·尽心上》）

② 孔子曰："学而时习之，不亦说乎？有朋自远方来，不亦乐乎？人不知而不愠，不亦君子乎？"（《论语·学而》）孟子曰："君子有三乐，而王天下不与存焉。父母俱存，兄弟无故，一乐也；仰不愧于天，俯不怍于人，二乐也；得天下英才而教育之，三乐也。君子有三乐，而王天下不与存焉。"（《孟子·尽心上》）

那么，应如何来看待或评价这些人性观点呢？从思想家的问题意识来看，他们对人性问题的讨论主要涉及的是人的善恶或者仁义与否的行为究竟与人的本性有无关系的问题，他们的人性观点主要有两个特点：一是他们对人性的讨论同时涉及人的善、恶两个方面的问题；二是他们要么认为善恶与人性有关，要么认为无关，而善恶与人性有什么样的相关性也就自然会要求人们承担什么样的相应的责任。具体地讲，第一，"有性善，有性不善"，按照这种人性观点，一个人是善是恶完全是由这个人的本性决定的，而且，是不可改变的，那么，人还能做些什么呢？这是这种人性观点必然带来的问题，它使人的任何行为与努力都将变得毫无意义，因为人是完全不需要为自己的善或恶负责的。第二，"性可以为善，可以为不善"，按照这种人性观点，人性具有既可以为善亦可以为恶的两个方面的潜在可塑性或可能性，而人们究竟是善是恶，那就要看什么样的统治者去统治他们了，也就是说，统治者应该为人们的善恶承担相应的责任。第三，"人性有善有恶"，按照这种人性观点，善恶是人性中天生就内在固有的两个方面，一个人是善是恶取决于这个人究竟是养护自己的善性还是恶性，那么，这就要求人们应该为自己的善或恶承担相应的责任了。第四，"人性之无分于善不善"，按照告子的这种人性观点，人性本身是无所谓善不善的，就像湍急的流水一样，人性亦如杞柳树，而仁义犹如杯盘，杞柳可以被做成杯盘，人性亦可以被改造成仁义。质言之，人性本身虽然是"无分于善不善"的，然而，人们可以将它改造成自己所期望的样子，或者说，正是因为人性本身是"无分于善不善"的，所以人们才能够按照自己的意愿随心所欲地把它改造成自己所希望的样子，就像人们能够将一块不是任何器物的原材料制作成自己所需要的某种器物一样，这种对人性的改造，既可能是一种自我的改造，也可能是来自外力的改造，但不管是自我的改造还是来自外力的改造，既然把本性改造成什么与本性本身的特性无关，人在改造人性时便获得了一种最充分的自由度，同时也就应为改造负完全的责任。

孟子的人性理论及其问题意识与上述任何一种人性观点都是截然不同的，尤其是告子的人性观点更激起了孟子强烈的激愤之情。在与告子的激烈论辩中，孟子既对告子的人性观点给予了严厉的批评，同时也明确地阐发了自己的人性观点。据《孟子·告子上》：

告子曰："性犹杞柳也，义犹桮棬也；以人性为仁义，犹以杞柳为桮棬。"孟子曰："子能顺杞柳之性而以为桮棬乎？将戕贼杞柳而后以为桮棬也？如将戕贼杞柳而以为桮棬，则亦将戕贼人以为仁义与？率天下之人而祸仁义者，必子之言夫！"

告子曰："性犹湍水也，决诸东方则东流，决诸西方则西流。人性之无分于善不善也，犹水之无分于东西也。"孟子曰："水信无分于东西，无分于上下乎？人性之善也，犹水之就下也。人无有不善，水无有不下。今夫水，搏而跃之，可使过颡；激而行之，可使在山。是岂水之性哉？其势则然也。人之可使为不善，其性亦犹是也。"

孟子批评告子"以人性为仁义，犹以杞柳为桮棬"的观点将"率天下之人而祸仁义"，并质疑其"生之谓性"和"仁内义外"的观点，那么，告子的观点何以会激起孟子如此强烈的反应呢？那是因为孟子意识到了告子以"义"为外在的观点将会引导人们去逆其性而为，甚至会因为人性"本无定体，而可以无所不为"（朱熹《四书章句集注》），以至于结果只会导致对人性的戕害。而当告子以水喻性时，他所举的例子的确更适合于阐明孟子的人性观点，故而为孟子顺势而借用以阐发自己"人无有不善"的人性观点，即人性本来只是善的，只要顺性而为，则人无有不善，而人之不善并非出于人性本身，只不过是人们逆性而为的结果而已。总而言之，在孟子看来，人性是无有不善的，人之不善与人的本性无关，而是由于人受到外界事物或人为之势的不良影响以至陷溺丧失了自己本然的人心善性的结果所致，正如王充所言，孟子"以为人性皆善，及其不善，物乱之也"（《论衡·本性》）。

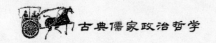

第三，孟子的人性理论无疑是由孔子的性习观、世硕等儒家学者的综合人性观以及《性自命出》的心性观逐渐发展演变而来的，不过，我在上文中之所以特别把孔子的性习观以及《性自命出》的心性观放在一起而单独地归为一类，即把它们看作一种复杂理论下的人性观念，主要是意在强调人性问题的复杂性。一方面，所谓的"复杂性"是指思想家整个思想的理论框架及其问题意识的复杂性，这决定了我们不能仅仅从其人性的观点来认识和理解思想家的思想，相反，我们需要把其人性观点放在思想家的整个思想体系的问题框架中来审视其理论的意义，像孔子的语义相对比较简略的性习观，对于我们理解孔子的复杂理论体系来讲，显然就并不具有十分重要的或决定性的理论意义。当然，随着诸子哲学论辩的日益深入的展开，对人性问题的讨论越来越具有十分重要的理论意义，人性问题甚至构成了思想家的整个思想体系中最根本性的理论基础，尽管如此，思想家对人性问题的观点与看法也仍然只是其思想理论的一部分而绝不是全部。另一方面，所谓的"复杂性"亦是指人性理论本身所涉及的问题意识的日益复杂化，如从孔子的性习观到世硕等人的综合人性观再到《性自命出》的心性观，儒家的人性理论应该说是越来越趋向于复杂化了，而这种复杂化无疑正体现了儒家关于人的本性问题的理论反思日趋于全面、系统与深入的发展过程，从《性自命出》我们已足可以体会到这样一点。在《性自命出》的作者看来，人的本性问题是与人的各种先天禀赋、人的复杂情感生活、人的变化不定的心志以及后天的德教、外在的事物、客观的情势等等密不可分地交织在一起的，我认为这是一种由世硕等人的综合观点发展而来的复杂人性观，质言之，它是这样的一种理论观点：人类的行为是人的天性（不仅仅是"善不善"之性，还有"好恶"之性以及"喜怒哀悲之气"）与各种复杂因素共同决定或相互作用的结果。而且，在《性自命出》中，我们已经发现了许多与孟子以及《中庸》相似的观念与术语，如"养性"、"求其心"、思为心之用、"苟以其情，虽过不恶"，以及"性自命出，命自天降"等，当然，这些观念与术语在含义上与孟子所谓的"养性"、"求其放心"、心为思之官、"乃若其情，则可以为善矣"以及《中庸》所谓的"天命之谓性，率性之为道"事实上存在着很大的差异，尽管如此，又正是这些观念与术语上的"家族相似性"向我们昭示了孔孟之间人性理论演变的鲜明轨迹。从孔子的性习观，到世硕等人讨论人性的善恶，再到《性自命出》的"凡人虽有性，心无定志"或"其性一也"而"用心各异"的心性观，那么，也就只差一小步，便演变到孟子的"即心言性"了。然而，就是这一小步，却带来了儒家思想上的一次大飞跃。

在《性自命出》之前，自春秋以来，人们不是"对习言性"就是"即生言性"，不是言性不及心就是言心不及性。关于"性"的各种观念，我们已有了充分的了解，而关于"心"的有关用法与观念，则需要在此稍作交代。我们且看儒家文献《诗经》和《左传》中所言之"心"。因为诗的主要功能本就是用以言志的，故《诗经》中言"心"之诗极多，然而，诗中言及"心"时所要表达的意思却是非常集中的，甚至可以说凡《诗经》中所言之"心"，几乎都是与对人的忧乐悲喜的心志情感的表达相关的，借用《性自命出》中的讲法就是："凡忧思而后悲，凡乐思而后忻"，而诗句中表达"心"之忧劳伤悲者殊多。另外，值得注意的就是，诗句中有一句"民各有心"，见于《诗经·大雅·抑》，同样是这句话，亦见于《左传·昭公四年》，而春秋郑国执政大夫子产更有言："人心之不同如其面焉。"（《左传·襄公三十一年》）《左传》中言及"心"者，还有如："谚曰：'高下在心。'"（《左传·宣公十五年》）"《史佚之志》有之曰：非我族类，其心必异。"（《左传·成公四年》）"凡有血气，皆有争心。"（《左传·昭公十年》）"生其水土，而知其人心；安其教训，而服习其道。"（《左传·僖公十五年》）"耳不听五声之和为聋，目不别五色之章为昧，心不则德义之经为顽，口不道忠信之言为嚣。"（《左传·僖公二十四年》）"哀乐而乐哀，皆丧心也。"（《左传·昭公二十五年》）"先王之济五味、和五声也，以平其心，成其政也。……心平，德和。"（《左传·昭公二十年》）凡此种种，可一言以蔽之，即《性自命出》所谓的"心无定志"或"用心各异"，而孔、老、杨、墨则皆罕言"心"，即使是言及于"心"时，亦并无特殊的哲学含义而不外于"心无定志"之意①。因此，在我看来，《性自命出》对"心"的看法可以说是对此前关于"心"的最普遍的用法及其一般含义的高度概括与总结，是最具典型性意义的，而且，《性自命出》是将对普遍人性的思考与对心的看法结合起来阐述其关于人的各种情感与行为是如何发生的观点与见解的，因此，所谓的"心无定志"应该说已经不是通常意义上的一种说法，而是一种富有深刻哲学意蕴的哲学命题了。

而孟子的心性之学正是作为"心无定志"的反命题发展而来的，也就是说，对孟子来讲，人的本然之心恰恰是有定志的。那么，什么是心之定志呢？据《孟子·尽心上》，王子垫曾经问孟子："士何事？"孟子回答："尚志。"又问："何谓尚志？"孟子答曰："仁义而已矣。"可见，在孟子看来，士之为士正在于他能够高尚其志，即志在仁义，不仅如此，孟子亦认为"无恒产而有恒心者，惟士为能"（《孟子·梁惠王上》），故合而言之，仁义正应是士人恒心定志之所在。然而，这一点并不仅仅适用于士人而已，而是具有"人皆有之"的普遍性的意义，差别只在于士人君子能够自觉地存养护持这一对于每个人来讲都是本然自足的恒心定志，而一般人却易于丧失掉而已，正所谓"非独贤者有是心也，人皆有之，贤者能勿丧耳"（《孟子·告子上》）。从《性自命出》的"心无定志"到孟子的"心有定志"，以及从《中庸》的"天命之谓性，率性之谓道，修道之谓教"到孟子对人之本心善性的明确阐发，充分体现了儒学内部思想的转折性的演进路径。而正是由于这一观念上的或逆转或顺承的曲折演进，孟子把儒家的人性

① 《论语》中言及"心"者有："从心所欲"（《为政》），"其心三月不违仁"（《雍也》），"饱食终日，无所用心"（《阳货》），"天下之民归心"（《尧曰》）等。今本《老子》中言及"心"者有："不见可欲，使民心不乱""圣人之治，虚其心"（《第3章》），"驰骋畋猎，令人心发狂"（《第12章》），"我愚人之心"（《第20章》），"圣人无常心，以百姓心为心""圣人在天下，歙歙焉，为天下浑其心"（《第49章》），"心使气曰强"（《第55章》）等，但除最后一条外，其他均不见于郭店楚简本《老子》。

观念及其关于道德与政治的理念带进了一个全新的意义境域。

3. 孟子心性之学的纲领与主旨

没有对孟子心性之学的思想背景的透彻了解，我们也就不能透彻地认识和理解孟子的心性之学在思想理论上的创见及其贡献和意义。徐复观先生曾经指出："孟子在中国文化中最大的贡献，是性善说的提出。"[①] 而且，孟子的这一重要贡献正是由他对"心"的最独到的体认而透显出来的。从孟子所处的哲学论辩的语境来讲，他的性善说是直接针对告子等人的各种人性观点提出的，在回答公都子关于提出性善之说是否就意味着其他的人性观点都是错误的问题时，孟子是这样讲的：

> 乃若其情，则可以为善矣，乃所谓善也。若夫为不善，非才之罪也。恻隐之心，人皆有之；羞恶之心，人皆有之；恭敬之心，人皆有之；是非之心，人皆有之。恻隐之心，仁也；羞恶之心，义也；恭敬之心，礼也；是非之心，智也。仁义礼智，非由外铄我也，我固有之也，弗思耳矣。故曰："求则得之，舍则失之。"或相倍蓰而无算者，不能尽其才者也。（《孟子·告子上》）

人之善与不善究竟与人的本性有何关系呢？当时的各种人性观点给出各自不同的答案，而这些答案无一能令孟子满意，于是孟子对该问题重新进行反省而给出了自己独到的回答。在他看来，只要顺情而为，人就是善的，这就足以说明人性是善的。至于有的人不善良，并不是他天生的材质性情的罪过。性情出乎天赋，天所赋予我们的尊贵的大体即是人心，人皆有恻隐、羞恶、恭敬、是非之心，而所谓的仁义礼智的德行正是根于这四心而发生的，它们不是某种强加给我们的外来的因素，而是我们天生就内在固有的东西，只是我们往往并不去反思而求之罢了。只要我们反思而求，就能得到此心，而一旦放弃，就会失掉此心。人与人之间之所以相差甚远，就是因为不能充分地实现他天生的材质

---

① 徐复观：《中国人性论史·先秦篇》，上海三联书店 2001 年版，第 139 页。

性情。牟宗三先生曾经用"仁义内在，性由心显"八个大字来概括孟子思想的纲领①，而上引孟子之言正是对这一纲领的直接阐发。

由上面的引文所见，孟子对自己心性之学的思想纲领的阐发，可以说采取了一种直截了当的言说方式。然而，这种直截了当的言说方式，恐怕并不能完全消除他人对其思想纲领之真理性的疑惑与异议，故孟子又一再地从心性的易得与易失两个方面对他的这一思想纲领反复地进行申论。如孟子曰：

> 人皆有不忍人之心。……所以谓人皆有不忍人之心者，今人乍见孺子将入于井，皆有怵惕恻隐之心——非所以内交于孺子之父母也，非所以要誉于乡党朋友也，非恶其声而然也。由是观之，无恻隐之心，非人也；无羞恶之心，非人也；无辞让之心，非人也；无是非之心，非人也。恻隐之心，仁之端也；羞恶之心，义之端也；辞让之心，礼之端也；是非之心，智之端也。人之有是四端也，犹其有四体也。（《孟子·公孙丑上》）

在孟子看来，人生而有四心，正如人生来就有四体一样，这四心就是恻隐之心、羞恶之心、辞让（即恭敬）之心和是非之心，它们分别是仁、义、礼、智四德的根源或善端。四心的核心是恻隐之心，又称不忍人之心，即不愿伤害他人的同情心、仁德心。那么，为什么说"人皆有不忍人之心"呢？孟子并没有运用逻辑推理的方式来进行辨析论证，而只是诉之于一种直接的生命体验的方式，即通过直接体察人心在一种极端生存论的情境下会自然作出什么样的本能反应来当下明示人心性之善。具体地讲，当人们猛然间看到一个小孩子将要掉到井下去而面临着生命的危险时，任何人都会自然而本能地作出一种怵惕恻隐的内心情感反应，这样一种反应既不是出于想要结交小孩子的父母的动机，也不是出于想要在乡党朋友间获得一种好名声的愿望，更不是因为讨厌小孩子掉

---

① 参见刘述先：《孟子心性论的再反思》，见［美］江文思、安乐哲编：《孟子心性之学》，梁溪译，社会科学文献出版社 2005 年版，第 194 页。

下井时而发出的惨叫声的缘故。我们绝不能把孟子所谓的"今人乍见孺子将入于井"仅仅看作一种极个别的特殊例证，从特例是不能推导出一个普遍性的结论的，依我之见，我们只有把它看作一种任何人都有可能面临同样的生命危险的极端生存论的情境，这是需要遭遇到此情此境的人刻不容缓而本能地作出同情的内心反应的一种情境，唯有这种极端情境才能将人内心最深处的、有可能早已被世俗的物欲和功利化的动机与愿望遮蔽陷溺了的真实性情激发而使之呈现出来。这样理解，我们才能真正领悟到孟子由此而得出"人皆有不忍人之心"这一普遍命题的合理性。"人皆有不忍人之心"这一普遍命题，不管一个人是什么样的身份地位，也不管他手中的权力有多大，对他也都是适用的，反之，"有是四端而自谓不能者，自贼者也；谓其君不能者，贼其君者也"（《孟子·公孙丑上》），凡自暴自弃、自贼贼君者，皆属"非人"之类。

以上是对人皆有此良心善性所作的正面的体认与直接的透显，而孟子更长于譬喻，他尝以山木为喻来阐明良心善性之本来固有却易失的深刻道理。孟子曰：

> 牛山之木尝美矣，以其郊于大国也，斧斤伐之，可以为美乎？是其日夜之所息，雨露之所润，非无萌蘖之生焉，牛羊又从而牧之，是以若彼濯濯也。人见其濯濯也，以为未尝有材焉，此岂山之性也哉？虽存乎人者，岂无仁义之心哉？其所以放其良心者，亦犹斧斤之于木也，旦旦而伐之，可以为美乎？其日夜之所息，平旦之气，其好恶与人相近也者几希，则其旦昼之所为，有梏亡之矣。梏之反覆（复），则其夜气不足以存；夜气不足以存，则其违禽兽不远矣。人见其禽兽也，而以为未尝有才焉者，是岂人之情也哉？故苟得其养，无物不长；苟失其养，无物不消。孔子曰："操则存，舍则亡；出入无时，莫知其乡。"惟心之谓与？（《孟子·告子上》）

在上述引文中，孟子告诉我们：牛山上本来是林木茂盛的，因为它就在齐国都城临淄的郊外，人们常常拿着斧子去砍伐树木，那么，它还能林木茂盛吗？人们接着再到山上放牧牛羊，因此，山上也就光秃秃的了。人们见山上光秃秃的，就以为这山上从未长出过大树木，怎么能说这就是山的本性呢？人也一样，本来怎么会没有仁义之心呢？只是由于人们不知道存养，日复一日地将它一点点桎梏、使之陷溺以至丧失掉了而已。因此，有的人的行为看上去便与禽兽相差不远了，然而，如果据此就认为这人从来就不曾有过善良的材质善性，这是不符合人的本性真情的。关键的问题在于人对自己生来固有的良心善性是否能够"专心致志"地善加操存养护。若得到滋养呵护，任何东西都能很好地生长；若失去滋养呵护，任何东西都会消失灭亡。正所谓"虽有天下易生之物也，一日暴之，十日寒之，未有能生者也"（《孟子·告子上》）。人的良心善性也是一样。

显然，孟子对人之本然固有的良心善性的发明，采取的并不是思辨性的逻辑推理的方式，而是或者直接诉之于主体性的生命体验，或者间接诉之于"天下易生之物"的譬喻，但似乎比思辨和推理更加雄辩有力。如果现在让我来归纳一下孟子心性之学的主旨的话，我认为可以将其归纳为以下四点：

1. 良心善性，天之所与，本然自足，人皆有之。这是孟子心性之学的第一义。

2. 诉之于生命的内在体验或易生之物的譬喻，是领悟第一义最好的方式方法。

3. 仁义礼智四种德性是内在固有的而不是外铄性的，因为人心是它们发生的根源。

4. 良心善性，易得亦易失；存养则得之，陷溺则失之。

除了上述四点之外，还有一点需要说明的就是，孟子所谓的"性"的具体涵义究竟是什么？英文的"human nature"（人的本性）是不是孟子所谓"人性"的"一种恰当的翻译"？人性之善究竟是一种天赋的与生俱来的"非历史的赐予"，是人在"遗传学上"或"生物学上"共同拥有的东西，还是一种"杰出的、与众不同的文化上的创造性产物"，是人"取得的文化上的成就"？围绕着这些问题，在西方汉学家华霭仁（Irene Bloom）与安乐哲（Roger T. Ames）之间曾经发生过一场极富启示性意义的著名学术讨论①，然而，我认为，更符合孟子思想本义的应是一种均衡的综合性观点。在我看来，孟子所道"性善"之"性"，既是指人天赋的共同拥有的普遍的人类的本性，又是指需要人通过自身的努力来加以扩充实现的人类的特性。

对孟子来讲，在人所共同拥有的普遍的本性的意义上，人性之善无疑是由天之所与的"人皆有之"的良心透显出来的，这也就决定了善的内在可欲性以及人人都具有向善的天赋资质甚至具有成为圣人的潜在可能性，这一点主要是通过内在的生命体验的方法认知或体悟到的。这种由心之大体所透显出来的天赋资质与潜在可能性，并不因其仅仅是一种可能性就是无关紧要的，它从根本上决定了人与动物之间的根本差异以及人按其本性来讲究竟能够有什么样的道德成就。从告孟之间人性理论的分歧上来讲，动物仅仅依靠其自然本能而生存，这就是告子主张"生之谓性"或"食色，性也"（《孟子·告子上》）所要强调的，而且，认为这种自然本性本身是无所谓善不善的，然而，在孟子看来，虽然食色亦是人之耳目小体之所必需，但真正能够彰显人之为人的本质特性的是人的大体，是人本然的良心善性，而且，只要顺着人内在固有的本心本性而为，人就能够在道德修养上成就为士君子和圣贤人物，故曰："人皆可以为尧舜"（《孟子·告子下》）。不过，这种可能性能否真的成为现实，却并不尽然，因为人的心性之中内在固有的毕竟只是德性的善端而已，端之为端正在于它有待扩而充

①以上参见［美］江文思、安乐哲编：《孟子心性之学》（梁溪译，社会科学文献出版社2005年版）一书。

之①，而且，它是极易为物欲所蔽害陷溺而丧失掉的②，因此，在有待通过人自身的努力来加以扩充实现的人类的特性的意义上，孟子所谓的人性之善事实上又意味着人与人之间在道德修养或文化成就上是必然会发生分化的，正所谓"人之所以异于禽兽者几希，庶民去之，君子存之"（《孟子·离娄下》）。所谓的"几希"，指的便是人天赋的与生俱来的既细微、脆弱而易失却又异常珍贵的那一点点良心善性，陷溺丧失掉它的便是庶民，懂得自觉存养它的便是君子。

无论是指人所共同拥有的普遍的人的本性，还是指需要人通过自身的努力来加以扩充实现的人类的特性，事实上它们共同决定了"人性"的自我实现是需要一种特别的修养工夫的，即必须顺着人的本心本性而加以存养扩充，如孟子曰："尽其心者，知其性也。知其性，则知天矣。存其心，养其性，所以事天也。"（《孟子·尽心上》）朱熹《孟子集注》注之曰："存，谓操而不舍；养，谓顺而不害。事，则奉承而不违也。"孟子所谓的"存"与"养"之义最是耐人寻味，所谓"操而不舍"或"顺而不害"，乃是一项务必掘井及泉的工作③，即对人心本性之良善应具备一种真切的体认并孜孜地反思以求，然后只需顺着本心的自觉与本性的要求来加以养护与扩充，既不使之为物欲所陷溺，亦绝不人为地去助长④，而只是不断扩充而充分地实现人所内在固有的人心本性的善良特性而已。因此，对孟子来讲，人心本性的存养犹如麦子五谷的播种，对此，他曾在《孟子·告子上》中反复地加以申论，如曰："今夫麰麦，播种而耰之，其地同，树之时又同，浡然而生，至于日至之时，皆熟矣。虽有不同，则地有肥硗，雨露

---

① 孟子曰："凡有四端于我者，知皆扩而充之矣，若火之始然，泉之始达。苟能充之，足以保四海；苟不充之，不足以事父母。"（《孟子·公孙丑上》）

② 孟子曰："饥者甘食，渴者甘饮，是未得饮食之正也，饥渴害之也。岂惟口腹有饥渴之害？人心亦皆有害。"（《孟子·尽心上》）"富岁，子弟多赖（懒）；凶岁，子弟多暴，非天之降才尔殊也，其所以陷溺其心者然也。"（《孟子·告子上》）

③ 孟子："有为者辟若掘井，掘井九轫（同'仞'）而不及泉，犹为弃井也。"（《孟子·尽心上》）

④ 孟子认为，如果揠苗助长，则"非徒无益，而又害之"（《孟子·公孙丑上》）。

之养、人事之不齐也。"又曰:"五谷者,种之美者也;苟为不熟,不如荑稗。夫仁,亦在乎熟之而已矣。"也就是说,人皆有本然的良心善性,仁德的培育、良心善性的养护也就像麦子和谷物的种子一样,只要播种适宜、土地肥沃、雨水充沛、善加耕耘护理,就一定能够生长成熟,否则,则不仅不能成熟,反而还不如稊米稗子之类。一言以蔽之,心性的存养亦可以说是一种唯"在乎熟之"而"行其所无事"(《孟子·离娄下》)的工夫。

(二)孟子政治哲学之要义及其民本学真谛

1. 人类社会及政治秩序的起源

先秦诸子各家提出了各种各样的人性论观点,他们所持有的人性论观点与其对人类社会及政治秩序的理解是密不可分的,儒家当然也不例外。尤其孟子和荀子,他们围绕人性、政治、民生需求与养教问题所展开的相关思考和论述,不仅系统全面、深切著明,而且旨趣深邃、立意宏远,应该说迥超乎其他各家诸子之上。

比较而言,儒家对于人性的看法,既不像墨子那样认为可以通过政治的手段将自爱自利的原初之人完全改造成兼相爱交相利的文明之人,也不像法家那样认为人是纯粹好名好利和趋利避害而无须加以改造的,与道家人性自然而只需因循顺应人之自然本性的观点也大为不同。无论是孔子言性近习远,还是孟子道性善,乃至荀子主性恶,可以说都是持一种介乎绝对或纯粹的至善与极恶之间的观点,在上知与下愚、至善与极恶之间,人之为人实具有两面性,即既有可学而为善、教养以成德的一面,亦具有弃学而为恶、失教则妄为的一面。孔子曰:"性相近也,习相远也。"(《论语·阳货》)正因为性相近,故人与人可以相互了解和沟通,正因为习相远,故人与人彼此行各有异、谋道不同,这既是人类相互冲突的根源,亦充分说明了人类具有一定的可塑性,故孔子力主以道德教化、礼义引导的方式来化解人际的冲突和斗争而实现人类社群的和谐与繁荣。孟子虽然道性善,但他又认为人类天赋的良心善性是容易迷失而陷溺的,故需持存和养护。荀子主性恶之论，但他又认为人类自然生就的本性、情欲虽然不可改变和去除，却是可以加以节制和转化的。因此，就人类的本性而言，儒家无疑也持这样一种观点，即人之为人，既不是神，也不是野兽，而是介乎二者之间，"人类不仅把自己组成家庭和部落，而且还组成更高级的群体；他们具有让这样的群体存在下去所必须的道德美德"①。

就孟子而言，如上所言，他主要是在回应他那个时代最为流行的各种人性观点与政治学说而提出他的性善论与政治主张的。孟子认为，人性是无有不善的，人之不善与人的本性无关，而是由于人受到外界事物或人为之势的不良影响以至陷溺丧失了自己本然的人心善性的结果所致，正如王充所言，孟子"以为人性皆善，及其不善，物乱之也"（《论衡·本性》）。

那么，孟子道性善的真实用心究竟何在呢？我想主要有两个方面，一个方面是要揭示和告诉人们人类道德行为的内在心性根源，故曰："君子所性，仁义礼智根于心。"（《孟子·尽心上》）"恻隐之心，人皆有之；羞恶之心，人皆有之；恭敬之心，人皆有之；是非之心，人皆有之。恻隐之心，仁也；羞恶之心，义也；恭敬之心，礼也；是非之心，智也。仁义礼智，非由外铄我也，我固有之也，弗思耳矣。故曰：'求则得之，舍则失之。'"（《孟子·告子上》）另一方面是要强调和指出每个人都拥有天赋的道德尊严，故孟子曰："有天爵者，有人爵者。仁义忠信，乐善不倦，此天爵也；公卿大夫，此人爵也。古之人修其天爵，而人爵从之。今之人修其天爵，以要人爵；既得人爵，而弃其天爵，则惑之甚者也，终亦必亡而已矣。"又曰："欲贵者，人之同心也。人人有贵于己者，弗思耳矣。人之所贵者，非良贵也。赵孟之所贵，赵孟能贱之。"（《孟子·告子上》）这是说人天赋的良心善性或乐善好德之心乃是人所拥有的最可贵的尊爵，而人后天获得的权势富贵则只不过是一种既能被他人所给予亦能被他人所剥夺的

---

① ［美］弗朗西斯·福山：《大分裂：人类本性与社会秩序的重建》，刘榜离、王胜利译，中国社会科学出版社 2002 年版，第 212—213 页。

"人爵"而已，前者才是最能体现人的完全独立自足的生命价值与意义的"大体"或"良贵"之物。然而，这并不意味着人不需要做任何的努力便可以自然而然地保持住其良心善性并成就其仁义道德的行为，恰恰相反，人们必须反思以求，加以持续地存养和不断地扩充，否则，人天赋的良心善性是易于陷溺和迷失的，故孟子曰："凡有四端于我者，知皆扩而充之矣，若火之始然，泉之始达。苟能充之，足以保四海；苟不充之，不足以事父母。"（《孟子·公孙丑上》）"存其心，养其性，所以事天也。"（《孟子·尽心上》）"仁，人心也；义，人路也。舍其路而弗由，放其心而不知求，哀哉！人有鸡犬放，则知求之；有放心而不知求。学问之道无他，求其放心而已矣。"（《孟子·告子上》）因此，依孟子的性善之论，每个人都应拥有其天赋的道德自主与人格尊严，这完全取决于个人的自我反思与努力，人与人的差异就在于有的人存养其心性之"大体"或"贵体"，有的人陷溺于其感官欲望之"小体"或"贱体"，前者为大人，后者则沦为小人；然而，从普遍人性及其道德成就的潜在可能性的角度讲，人与人却是没有任何差别而自然平等的，即使是圣人也是"与我同类者"（《孟子·告子上》），而且人人皆可以成为尧舜那样的圣人，因为尧舜式的圣人不过是"先得我心之所同然"（《孟子·告子上》）并能充分实现自身人性价值的人而已。

我认为，孟子性善论的上述人性观点，并不像其字面含义初看上去那样容易被人误解为是一种浮浅的乐观主义，也没有导致一种对于人类关系图景的过于理想化的简单描述。事实上，在孟子的思想中，人们必须要面对各种各样不同因素所构成的张力关系问题，如大体与小体、天爵（仁义忠信，乐善不倦）与人爵（公卿大夫，权势地位）、心性与外物、仁义与利欲等等。而孟子之所以要汲汲于"道性善"，有两个方面的重要意涵仍有待于我们作深入的认识和辨析。

首先，孟子探究和揭示人类道德行为的内在心性根源，其实意在揭示人类社会秩序的人性本源。孟子时代的思想家之所以热衷于讨论人性问题，不仅源于对人类行为的善恶与人类本性之关系问题的关切与思考，更主要的是由于当时特殊的时代环境——持续的政治动荡、残酷的军事战争和严重的社会失序状态激发了思想家对于重建社会政治秩序的热望,同时也促使他们不能不反省人类自身的本性问题,不同的人性观点为社会政治秩序的重建提供了不同的思路。那么,究竟哪一种人性观点更为可信、更适用于理解和解释人类社会秩序的根源呢?从人的本性来讲,人究竟是可以由外在的政治环境所任意塑造的,还是其善恶完全是由其天性所决定的,抑或与无善无恶的本性是毫不相干的?依孟子性善论的观点,显然,人并不是由外在的政治环境可以任意塑造的,其善恶既不是完全由其天性所决定的,也不是与本性毫不相干的,相反,是人的本性决定了人的善良,人的恶行则是由人的小体受外物的诱引而导致本性的迷失所致,说到底,人类的社会秩序源自人类天赋的良心善性或良知良能,故孟子曰:"人之所不学而能者,其良能也;所不虑而知者,其良知也。孩提之童无不知爱其亲者,及其长也,无不知敬其兄也。亲亲,仁也;敬长,义也。无他,达之天下也。"(《孟子·尽心上》)果如是言,则人类在历史上不可能像墨子和法家所描述的那样曾经生活在一种完全混乱无序的原初生存状态中,真实的情况也许正像孟子所说:"天下之生久矣,一治一乱。"(《孟子·滕文公下》)另如荀子所说:"人伦并处,同求而异道,同欲而异知,生(性)也。……离居不相待则穷,群而无分则争。"(《荀子·富国》)但不管性善性恶,人无疑天生就是一种社会动物,它必须生活在人类社群之中,必须遵守一定的社会规范,才能维持人类社群的人伦秩序,反之,良心善性的迷失或人类行为的失范,必然导致社会秩序的混乱,故人类社会由此而有治有乱。然而,只要人的良心善性没有完全丧失(完全丧失是不可能的),那么,在乱世之中重建人类社会秩序就是有希望的,这便是孟子的性善论所告诉我们的。证之于今天我们对于人性的科学了解和全面认识,这决不是一种浮浅的乐观主义,而是一种较为可信的人性观点。如美国学者福山所说:

我们人类生性就有为自己创立道德准则和社会秩序的本能。①

来自于生命科学研究的越来越多的证据表明……人生来就具有认知结构和别的习得能力，使我们能够很自然地步入社会。换言之，人性这东西的确是存在的。②

较为可信的假定应是：人类从没作为隔离的个体而存在；现代人类出现之前，社交和融入亲戚团体已成为人类行为的一部分。人类的社交性，不是因历史或文化而取得的，而是人类天生的。③

其次，除了天性或本能之外，"支撑社会秩序的第二种基础是人的理性，以及理性那种能以自发产生出解决社会合作问题办法的能力"，"但不论是天然的还是自发的秩序，它们自身都不足以产生出构成社会秩序的全部规则。在关键时刻，它们都需要由等级制权威来进行必要的补充"④。对孔孟儒家来讲，等级制权威对于维持人类社会秩序也同样是必要的。但我们必须结合孟子人性观点的第二个方面的含义，即对人类天赋的道德尊严的普遍强调，以此为前提来理解等级制权威的必要性问题。如果说每个人都普遍拥有一种天赋的道德尊严的话，那么，这样一种观点无疑对于人天生就不平等的、基于世袭特权基础上的僵固的身份等级制观念构成了极大的冲击和挑战，不先明确这一点，就草率而简单地宣称："儒家不承认人人平等的说法，它认为人与人是不同的。儒家认为人与人之间最基本的区别是'治人者'与'治于人者'的区别。"或者说，"儒家是一种诚实的学说。……它直截了当地宣告人与人是不平等的，政治是属于

① ［美］弗朗西斯·福山：《大分裂：人类本性与社会秩序的重建》，刘榜离、王胜利译，中国社会科学出版社2002年版，第176页。
② ［美］弗朗西斯·福山：《大分裂：人类本性与社会秩序的重建》，刘榜离、王胜利译，中国社会科学出版社2002年版，第199页。
③ ［美］弗朗西斯·福山：《政治秩序的起源：从前人类时代到法国大革命》，毛俊杰译，广西师范大学出版社2012年版，第34页。
④ ［美］弗朗西斯·福山：《大分裂：人类本性与社会秩序的重建》，刘榜离、王胜利译，中国社会科学出版社2002年版，第177、178页。

精英的事业, 精英实行统治, 大众接受统治。"① 无疑极易造成一种儒家只是一味简单地肯定人与人不平等甚至天生不平等的误解。毋庸讳言, 儒家从不否认人与人之间存在着各种各样的差别, 而且人们在贫富贵贱、尊卑等级、智力德行等方面的差别是不容易简单消除和一概抹平的, 正所谓 "夫物之不齐, 物之情也"(《孟子·滕文公上》), 然而, 孟子之所以要极力申言人性本善的观点, 其实正是要在这些各种各样的差别之下寻求一种人们能够更好地生活在一起的共同的人性基础, 共同的人性基础使人们拥有了同样的天赋的道德尊严, 同时也拥有了同样的经由后天努力而成圣成贤的 "机会平等", 这体现了孟子人性观中的 "大平等" 的道德理性精神, 只有明乎此, 我们才能进一步对人与人的差别作出合理的反思和正当的评价。据此, 天生不平等的世袭特权及与之相应的等级制的身份地位失去了其应有的合理性和正当性, 代之而起的则是基于人们的道德努力而形成的德行差别而来的另一种意义的社会等级制, 这也就是美国学者孟旦所说的, "整个儒家体系隐蔽地承认了社会等级的必要性, 那就是, 一种包含特权等级的社会秩序", 不过, 儒家强调 "德行是获得特权唯一标准", 而 "它与社会等级的必要性相联合, 产生出了儒家德行贵族制的观念", 即儒家贵族(士、仁人君子和圣人)获取政治上的地位、职务和特权靠的是功德或道德上的优秀而不是世袭身份②。如孟子曰: "天下有道, 小德役大德, 小贤役大贤; 天下无道, 小役大, 弱役强。斯二者, 天也。顺天者存, 逆天者亡。"(《孟子·离娄上》)显然, 孟子所向往的乃是一种基于人的德性修养和社会功绩而可以上下流动的 "道德地位的等级制"③ 和 "惟仁者宜在高位"(《孟子·离娄上》)的政治秩序。

---

① 康晓光:《仁政: 权威主义国家的合法性理论》,《战略与管理》2004 年第 2 期, 第 110 页。

② 参见[美]孟旦:《早期中国 "人" 的观念》, 丁栋、张兴东译, 北京大学出版社 2009 年版, 第 122—126、156 页。

③ [美]孟旦:《早期中国 "人" 的观念》, 丁栋、张兴东译, 北京大学出版社 2009 年版, 第 28 页。

　　毫无疑问，由人的后天努力所造成的道德人格的差异与品级分化，以及由此而形成的与之相应的"小德役大德，小贤役大贤"的政治秩序，体现了孟子基于儒家的道德理性而对人类社会秩序所作的一种理想化的理论构想，但孟子并不是一个完全无视现实条件和政治环境的实际限制的空想主义者，面对现实条件和政治环境的实际限制，孟子虽言"君仁，莫不仁；君义，莫不义；君正，莫不正。一正君而国定矣"（《孟子·离娄上》），但他并不将希望完全寄托在君主本人修身正行的自我努力上，而是希望大人"能格君心之非"（《孟子·离娄上》），或者由志尚仁义的士人君子参政事君而"务引其君以当道，志于仁而已"（《孟子·告子下》）。当然，孟子有时亦不得不对现实有所让步和妥协，故曰："为政不难，不得罪于巨室。巨室之所慕，一国慕之；一国之所慕，天下慕之；故沛然德教溢乎四海。"（《孟子·离娄上》）显然，这是希望为政者能够借助世家大族的影响力来推行道德教化。

　　毋庸讳言，孔孟儒家"没有在君主体制之外进行其他政治制度的设计"[1]，而且，认为一种基于等级制基础上的父亲和君主的道德权威对于维护家国天下多层级共同体的治理秩序来讲是不可或缺的，如孔子曰："天下有道，则礼乐征伐自天子出；天下无道，则礼乐征伐自诸侯出。……天下有道，则政不在大夫。天下有道，则庶人不议。"（《论语·季氏》）孟子亦曰："人莫大焉亡亲戚、君臣、上下。"（《孟子·尽心上》）故孔子痛斥乱臣贼子，而孟子亦力辟墨子、杨朱的"无父无君"之说为"禽兽"之道[2]，但他们也并不因此便认为君父拥有无可置疑的绝对专断权力，而臣子必须绝对地服从君父的这种权力，他们更看重的是父子之间的亲情和君臣之间的道义关系，故孔子曰："君使臣以礼，臣事君

① ［德］罗哲海：《轴心时期的儒家伦理》，陈咏明、瞿德瑜译，大象出版社 2009 年版，第 353 页。
② 《孟子·滕文公下》曰："圣王不作，诸侯放恣，处士横议，杨朱、墨翟之言盈天下。天下之言不归杨，则归墨。杨氏为我，是无君也；墨氏兼爱，是无父也。无父无君，是禽兽也。"

以忠。"(《论语·八佾》)孟子更反复申言曰："有官守者,不得其职则去;有言责者,不得其言则去"(《孟子·公孙丑下》);或者是君子之仕,"言弗行"、"礼貌未衰"则"去之"(《孟子·告子下》);又或者是"无罪而杀士,则大夫可以去;无罪而戮民,则士可以徙"(《孟子·离娄下》);又或者是,身为贵戚之卿,"君有大过则谏,反覆之而不听,则易位",身为异姓之卿,"君有过则谏,反覆之而不听,则去"(《孟子·万章下》);更甚者,"君之视臣如手足,则臣视君如腹心;君之视臣如犬马,则臣视君如国人;君之视臣如土芥,则臣视君如寇雠"(《孟子·离娄下》)。因此,孟子拒绝把统治者和政治权威当作神圣之物[1],对于那些缺乏道德操守而一味顺从迎合君主之意欲的纵横家公孙衍、张仪之流的所作所为,孟子讥刺之为"以顺为正"的"妾妇之道"(《孟子·滕文公下》);对于那些极力鼓吹实行扩张性政策和霸权、一味逢迎君主之恶行的执政当权的大夫和法家者流,孟子更是直言痛斥之为时代的罪人和助纣为虐的"民贼"(《孟子·告子下》)。

事实上,无论是杨朱的"为我"和童子牧羊式的不干涉主义的政治理想[2],还是农家"无所事圣王"而"君臣并耕"(《汉书·艺文志》)的政治理念,无论是墨子的"兼爱"和"尚同一义"的政治主张,还是法家扩张性的耕战之策和刑治主义的政治信念,都不过是试图在某一种单一原则或简单的人性观点的基础上建立一种统一有序的政治秩序的理论构想。与他们不同,孟子从其性善论的人性观点并没有引申出一种在单一原则和视角的基础上构想和重建人类社会关系及政治秩序的理论主张,综合而言,孟子所持的乃是一种以性善论为基础的多元秩序观的立场与观点。具体讲,第一,人类天赋的良心善性或爱亲敬长的

---

[1] 《孟子·尽心下》曰:"说大人,则藐之,勿视其巍巍然。"

[2] 据《说苑·政理》:"杨朱见梁王,言治天下如运诸掌然。梁王曰:'先生有一妻一妾不能治,三亩之园不能芸,言治天下如运诸手掌,何以?'杨朱曰:'臣有之。君不见夫羊乎?百羊而群,使五尺童子荷杖而随之,欲东而东,欲西而西。君且使尧牵一羊,舜荷杖而随之,则乱之始也。'"

良知良能,体现了人类具有一种能够天然地融入亲戚团体的社会性本能,而亲戚团体或家庭构成了整个人类社会生活的根基,将在亲戚团体或家庭中基于伦理情谊而培养起来的亲亲关系不断扩充推广开来,便会形成一种优良的治理状况,孟子之所以汲汲于"道性善",并"言必称尧舜"(《孟子·滕文公上》),其原因在此,因为"尧舜之道,孝弟而已矣"(《孟子·告子下》),将尧舜孝悌之道推而广之,达之天下,以使"人人亲其亲、长其长"(《孟子·离娄上》),便可以实现平治天下的目标。故孟子以孝悌仁义为人之安宅和正路,非无由也,反之,唯有那些不可理喻亦难以与有为的自暴自弃之人,才会"旷安宅而弗居,舍正路而不由"①。第二,孟子也充分认识到,"尧舜之道,不以仁政,不能平治天下"(《孟子·离娄上》),因此,通过等级制权威或君主政治来推行仁政,对于实现平治天下的目标同样是至关重要而不可或缺的,但基于上述第一点,他决不会像墨、法两家那样认为政长或君主是维持天下治理秩序的唯一源泉,或者必须由政长或君主垄断政权或运用绝对的专断权力来实施强制性统治,建构一种单一或整齐划一的基于支配—服从关系的政治秩序。相反,孟子认为,君臣关系只不过是整个人伦关系和社会秩序中的一伦而已,它并不是全部,不同的人伦关系应受到不同的关系原则的规范和支配,如"父子有亲,君臣有义,夫妇有别,长幼有叙,朋友有信"(《孟子·滕文公上》),换言之,在不同的原则和规范的基础上可以形成不同的人伦关系秩序,在其中,一种优良的君臣关系必须受到道义性原则的规范和支配,道义决定着君臣关系的离合与民心的向背。第三,百工之事不可或缺,士、农、工、商的职业分途以及或劳心或劳力的政治分工,对于维持优良的社会生活和健全的国家治理来讲,是必要和正当的。

---

① 孟子曰:"自暴者,不可与有言也;自弃者,不可与有为也。言非礼义,谓之自暴也;吾身不能居仁由义,谓之自弃也。仁,人之安宅也;义,人之正路也。旷安宅而弗居,舍正路而不由,哀哉!"(《孟子·离娄上》)

2. 君主权力的来源及权力行使的合法性与正当性问题

如上所言，从人类社会关系秩序的起源来讲，孔孟儒家并不像墨子和法家那样认为君臣关系的产生与政治秩序的形成是一种具有决定性和开端意义的历史事件，当然，君臣关系的产生与政治秩序的形成亦有其自然正当性与必要性，根据《周易·序卦》的说法，"有天地，然后万物生焉。……有天地然后有万物，有万物然后有男女。有男女然后有夫妇。有夫妇然后有父子。有父子然后有君臣，有君臣然后有上下。有上下然后礼义有所错"。这一说法可以说代表了古典儒家关于宇宙生成演化过程与人类社会关系图景的一般通识。它一方面说明了君臣上下关系产生的必然性与自然正当性，另一方面也明确告诉我们君臣上下关系是一种后生的政治关系，而且只是人类社会关系中的一部分，而不是全部，借用美国启蒙思想家托马斯·潘恩的说法就是："支配人际关系秩序大部分内容的不是政府的作用。它有着自身的来源，该来源在于社会的原则和人的自然构造之中。它先于政府而存在，即使政府形式被废除了，它依然存在。人与人之间的相互依赖和互惠利益以及文明社会相互依存的各个部分创造了将社会团结凝聚起来的伟大锁链。"①毫无疑问，从孟子的性善论观点及其对于人类社会与政治秩序的起源问题所作的思考，也可以推论出这样一种结论性的看法。这一看法对于我们理解孟子问题意识中有关君主权力的来源及权力行使的合法性与正当性的观点具有关键性的决定意义。

依潘恩之见，"正式的政府仅仅构成了文明生活的一小部分"，"政府的必要性不过在于提供若干种基本的服务，这些服务是社会与文明本身不便于胜任的"②。这对孟子而言，也肯定是一种政治的真理，如若不然，我们便无法理解孟子何以有理由说"君子有三乐，而王天下不与存焉"（《孟子·尽心上》）。显然，"父母俱存，兄弟无故"，"仰不愧于天，俯不怍于人"，"得天下英才而教育

① ［美］托马斯·潘恩：《人的权利》，田飞龙译，中国法制出版社2011年版，第121页。
② ［美］托马斯·潘恩：《人的权利》，田飞龙译，中国法制出版社2011年版，第122页。

之"（《孟子·尽心上》），亦即家庭生活中父母兄弟之间的天伦之乐，俯仰无愧的良心自安，以及为天下育英才的教育事业，君子之所以将此看作人生之三乐，乃是因为正是它们真正构成人类社会关系与道德文明生活的最为重要的核心内容，如果没有它们做根基与支柱，即使是称王天下也将变得毫无意义。反之，称王天下要成为一种富有意义的外王事业，必须以它们为根基与支柱，或者为它们提供服务和保障。孟子并不否定政府或君主政制存在的必要性，但我们必须从正、反两个方面去认识它的功能和作用，即在人类历史上，仁君圣王、明主良臣可以通过君主政制来实现其保民安民的目的，反之，独夫民贼、暴君污吏也可以假借君主政制来实施贼民害民的虐政暴行。孟子正是从这两个方面的作用和影响来反思君主政制的必要性以及君主权力的来源及权力行使的合法性与正当性问题的。

《尚书》中关于君主制产生的政治必要性及君主权力的来源的观念，是与当时统治者对皇天上帝的信仰密不可分的，如曰："惟天生民有欲，无主乃乱，惟天生聪明时乂。"（《尚书·仲虺之诰》）"惟皇上帝，降衷于下民。若有恒性，克绥厥猷惟后。"（《尚书·汤诰》）"惟天地万物父母，惟人万物之灵。亶聪明，作元后，元后作民父母。""天佑下民，作之君，作之师，惟其克相上帝，宠绥四方。"（《尚书·泰誓上》）很明显，这是一种君权神授的观念，即元后或君主的统治权力来源于主宰和支配一切的上帝或天命，而根据天命有德的观念，皇天上帝之所以将统治权授予人间的统治者，是因为他们有德，反之，无德的统治者必会失去天命，而革命者推翻暴君虐民的统治正是在恭行上天之罚。这样一种观念无疑对孔孟儒家的政治信念产生了深刻的影响，他们承认君主政制的必要性，深信君主的统治权力渊源有自，并对汤武"顺乎天而应乎人"而推翻暴君的"革命"行为赞赏有加[1]。不过，相对于之前的君权神授的观念以及汉以

---

[1] 《周易·革卦·象传》曰："天地革而四时成。汤武革命，顺乎天而应乎人。革之时，大矣哉。"

后天命信仰的重新恢复来讲，孔孟古典儒家政治信念中的神权因素无疑是相当淡化薄弱的，而且更加凸显了人或民的因素。虽然，他们有时也借用"天"的名义来诠释和说明君主权力的来源及权力行使的合法性问题，但他们所谓"天"并不具有人格神的主宰意义，如孔子所谓"四时行焉，百物生焉"的不"言"之"天"（《论语·阳货》）和"唯天为大，唯尧则之"的"天"（《论语·泰伯》），荀子所谓"治乱非天也"（《荀子·天论》）之"天"和"天之生民，非为君也；天之立君，以为民也"（《荀子·大略》）的"天"，皆是指化生宇宙万物和人类的自然之天。

至于孟子，在论及最高政治层级的天下统治权即天子权位的来源和转移的解释问题时，孟子主要是从"天与人归"的综合角度来阐述他的观点和看法的。不过，孟子所谓"天"的含义有其特定的含义，需要作具体的理解和阐释。首先，毋庸讳言，孟子所谓的"天"具有一种特别的不可化约的神圣意味，如谓："以大事小者，乐天者也；以小事大者，畏天者也。乐天者保天下，畏天者保其国。《诗》云：'畏天之威，于时保之。'"（《孟子·梁惠王下》）文末所引诗句显然仍然暗示了天的威权与神圣，然而，孟子所用以论证和强化的却不过是诸侯交邻国的仁、智之道而已，正所谓"惟仁者为能以大事小""惟智者为能以小事大"（《孟子·梁惠王下》）。另如孟子曰："尽其心者，知其性也。知其性，则知天矣。存其心，养其性，所以事天也。"（《孟子·尽心上》）此所谓"天"，则完全是孟子本人思想意义上的内在心性之"天"。再者，如钱穆先生所言，就人物与时代的关系讲，"人物有时扭转不过此时代，孔子亦叹'道之不行而归之于天'，此处所谓'天'，实即指当时之历史时代"[①]。孟子所谓的"夫天未欲平治天下也"（《孟子·公孙丑下》）和"天将降大任于是人也"（《孟子·告子下》）之"天"，显然也可以说是"当时之历史时代"意义上的"天"。准此，在天子禅位让贤的问题上，亦即在解释天子权位和平转移方式的合法性与正当性

---

① 钱穆：《中华文化十二讲》，九州出版社2012年版，第168页。

问题时，孟子将之"归之于天"，此所谓"天"亦必有其特定的某种含义，而不能简单地从传统君权神授的意义上去理解。据《孟子·万章上》，当孟子将天子权位的转移归之于天时，其所谓"天"乃是在"非人之所能为"或"莫之为而为者"的意义上来讲的，而所谓"命"亦只是"莫之致而至者"意义上的"命"。在这样一种意义上，所谓的"天"和"命"，实可说是指一种不以人的意志为转移的情势，亦是指行合事宜而势所必至的意思，正所谓"使之主祭，而百神享之，是天受之；使之主事，而事治，百姓安之，是民受之也"。所谓"天受之"，主要是从儒家所重视的祭礼的意义上来讲的，受举荐的天子候选人能够主持祭祀、行合礼仪，并非传统"天命有德""君权神授"的意思；从孟子的整个论述来看，更重要的还是在于"民受之"，即"使之主事，而事治"乃至"百姓安之"、民心所归，最终决定了天子权位转移的合法性与正当性。因此，孟子所谓的"天与人归"，事实上是在天子禅位让贤的问题上引入了一个更为重要的严格的规范性的限制条件，而反对那种认为禅让即是一种天子将权位私相授予他人的观点，这一观点极易在现实政治生活的权力斗争中演变为君位的个人私相授受或为个人私意的操纵所败坏，从而引发政治乱局的危险，战国之世燕王哙以国让于子之而引发燕国内乱的事件即是明证。正是有鉴于此，故孟子特别以"天与人归"来说明天子的权位是不能通过私相授受的方式来传递、转移和获取的，正所谓"天子不能以天下与人"，也就是说权位的转移不能由天子本人的个人意向来决定，在位之天子可以将候选之贤者举荐于天，却不能使天将天子之位授与贤者，而且天的授与也不是通过直接的命令（言），而是通过"行与事"来显示的（参见《孟子·万章上》）。总之，依孟子之见，作为天下的最高统治者，天子统治权力的合法性及其权位的转移最终取决于"天与人归"，无论是传贤，还是传子，都取决于"天与"，正所谓"天与贤，则与贤；天与子，则与子"（《孟子·万章上》）。但，"虽由'天与'，实赖'人归'"[1]，人之所归亦即民心所向，

---

[1] 萧公权：《中国政治思想史》，新星出版社 2005 年版，第 61 页。

故孟子曰"得乎丘民而为天子"（《孟子·尽心下》）。因此，在孟子看来，只要拥有"天与人归"的合法性，无论是禅让，还是世继，都是正当的权位转移方式，故曰："唐虞禅，夏后殷周继，其义一也。"（《孟子·万章上》）康晓光先生说，"仁政学说不关心为政者的权力是如何获得的，只关心为政者如何运用权力"①，这显然只是康先生本人的一己之见，而不适用于热切关注和讨论"天与人归"之合法性以及禅让与世继之权力转让方式的孟子与其他儒家学者，更准确的说法应是，从仁政学说的角度来讲，孟子并不拘执于哪一种获取权力的方式更正当，但是，权力的获取与转移必须受到严格的限制，不能基于天子个人的意志而私相授受。当然，为政者如何运用权力亦是孟子最为关切的问题，权力的运用只有合乎仁义与民心民意，才具有其正当性，故孟子曰："三代之得天下也以仁，其失天下也以不仁。国之所以废兴存亡者亦然。"又曰："桀纣之失天下也，失其民也；失其民者，失其心也。得天下有道：得其民，斯得天下矣；得其民有道：得其心，斯得民矣；得其心有道：所欲与之聚之，所恶勿施，尔也。民之归仁也，犹水之就下、兽之走圹也。"（《孟子·离娄上》）

　　以上主要是孟子在最高政治层级的天子的统治权力的来源及其权力的行使与权位的转移问题上所持有的观点和看法，据此我们可以更好地来理解他就低一政治层级的诸侯国君的权力来源及其权力行使的正当性问题的观点与看法。显然，孟子对政治问题的思考仍然依托于封建制的背景，因此，他明确指出，诸侯国君的权力并不像天子的统治权力那样直接来源于"天与人归"或民心所向，而是来自天子的授予，而大夫的权力则又来自诸侯国君的授予，故曰："得乎天子为诸侯，得乎诸侯为大夫。"（《孟子·尽心下》）因此，从天下、国家的政治分层的意义上讲，天子的最高统治权力自然是最为重要的，而支撑和决定天子最高统治权力之合法性的人民则是最具重要政治价值的，相对来讲，处于次一级的则是社稷国家和诸侯国君，由于社稷国家得自天子的分封，诸侯国君的权

---

① 康晓光：《仁政：权威主义国家的合法性理论》，《战略与管理》2004 年第 2 期，第 109 页。

力来自天子的授予，而不是直接来自民心所归，其重要性自然要轻于人民了，因此，诸侯国君无道而一旦危及社稷，"则当更立贤君"，而"土谷之神不能为民御灾捍患"，则当"变置"或"更置"社稷（参见朱熹《孟子集注》）。故孟子曰："民为贵，社稷次之，君为轻。是故得乎丘民而为天子，得乎天子为诸侯，得乎诸侯为大夫。诸侯危社稷，则变置。牺牲既成，粢盛既洁，祭祀以时，然而旱干水溢，则变置社稷。"（《孟子·尽心下》）与此同时，由于民心决定着天下的得失兴亡，"不仁而得天下"的现象在历史上是从未有过的，而在天子权威衰落式微、诸侯以力相征的时代，"不仁而得国"现象的发生乃是不可避免的，正所谓"不仁而得国者，有之矣；不仁而得天下，未之有也"（《孟子·尽心下》）。尽管如此，在统治权力的行使方式及其正当性问题上，天子和国君却并无不同，天下之所以得失，国家之所以兴废存亡的道理是一样的，而且诸侯国家的君臣理应以尧舜圣人为榜样来尽其政治人伦的职责，故孟子曰："规矩，方员之至也；圣人，人伦之至也。欲为君，尽君道；欲为臣，尽臣道。二者皆法尧舜而已矣。不以舜之所以事尧事君，不敬其君者也；不以尧之所以治民治民，贼其民者也。孔子曰：'道二，仁与不仁而已矣。'暴其民甚，则身弑国亡；不甚，则身危国削，名之曰'幽''厉'，虽孝子慈孙，百世不能改也。《诗》云：'殷鉴不远，在夏后之世'，此之谓也。"（《孟子·离娄上》）

3. 为民而王，政在保民——政治的民本含义

孟子对于人性、尧舜之道以及政治事务的所有思考，可以说最终都归宿于民本主义的思想宗旨，换言之，我们只有从民本的角度才能更好地理解孟子思想的深层意蕴和根本宗旨。具体来说，从民本的角度来理解，孟子性善之说及其言必称尧舜孝悌之道的意旨即在于强调人们的道德行为根源于人天赋的良知良能或内在的良心善性，由家庭所培植的父子兄弟之间的孝悌亲亲之情与伦理生活乃是整个人类社会生活与人伦秩序的核心内容与根基所在，说到底"人类生性就有为自己创立道德准则和社会秩序的本能"，相对于君臣上下之间政治

秩序的起源与形成，根基于人天赋的良知良能或建立在家庭伦理情谊基础上的社会生活与人伦秩序具有一种逻辑在先和价值优先的根本重要性，因此，对于整个人类社会和人伦秩序的起源和形成来讲，等级制政治权威的外在强制作用便失去了其绝对的必要性，其必要性必须被置于整体的人类文明生活和人伦秩序中来加以考量、定位和估价，因此，民心所向以及人民的生活和民生的需要最终决定了天子权位的来源和转移以及天子和国君权力行使的合法性与正当性。孟子站在其自身理论立场而对权力合法性与正当性问题所作的思考，决不同于统治者站在维护其自身威权统治的政治立场上，企图唤起并维持人民对服从或承认其统治权力的"合法性"的信仰，相反，孟子从性善论的观点出发，站在民本的立场上，企图唤起的是统治者对自身天赋良心善性的发现以及对于构成其统治权力的合法性与正当性之基础的民心民意的认可与尊重。不明白这一点，便滥用合法性概念将"仁政"看作"权威主义国家的合法性理论"，实则不过是在厚诬古人和儒家。

也许有人会说，民本与民主有着性质的不同，的确，只强调尊重民意而人民缺乏参政权的民本理念只是一种关乎政治合法性的信念，而民主制是与君主制、贵族制不同的一种政体制度安排，或者如萧公权先生所言，"在孟子之思想中民意仅能作被动之表现，治权专操于'劳心'之阶级"①。但是，就孟子的民本信念所强调的民心为贵或人民的支持与否决定着一个政权兴衰成败来讲，其意义正如美国政治哲学家汉娜·阿伦特所说："人民的支持赋予国家制度以权力，这种支持不过是创造法律和使之开始运行的人民的同意的继续。在代议制政府的形式下，人民被认为是那些管理他们的人的统治者。所有政治制度都是权力的表现和具体化；一旦不再拥有人民的支持就会变成化石和臭肉。这正是麦迪逊所谓'一切政府都建立在意见（opinion）之上'的意思，这话对于各种形

---

① 萧公权：《中国政治思想史》，新星出版社 2005 年版，第 62—63 页。

式的君主制来说和对于民主制来说一样真实。"① 果如是言，则我们大可不必为民本不是民主而纠结，我们真正应为之纠结的，借用法国著名思想家托克维尔的说法讲，就是如何在"遵循人民的真正意愿的政府"与"仅以人民的名义发号施令的政府"② 之间作出明确区分。孟子之所以汲汲于在义与利、王道与霸道之间作出明辨区分，其意正在于此。

如所周知，《孟子》一书以孟子见梁惠王开篇，而开篇即开宗明义地将义利之辨的思想议题鲜明地揭橥了出来，其文如下：

> 孟子见梁惠王。王曰："叟！不远千里而来，亦将有以利吾国乎？"
> 孟子对曰："王！何必曰利？亦有仁义而已矣。王曰：'何以利吾国？'
> 大夫曰：'何以利吾家？'士庶人曰：'何以利吾身？'上下交征利而国
> 危矣。万乘之国，弑其君者，必千乘之家；千乘之国，弑其君者，必百
> 乘之家。万取千焉，千取百焉，不为不多矣。苟为后义而先利，不夺不
> 餍。未有仁而遗其亲者也，未有义而后其君者也。王亦曰仁义而已矣，
> 何必曰利？"（《孟子·梁惠王上》）

另据《孟子·告子下》，宋牼欲"以利说秦楚之王"而罢秦楚之兵，孟子颇不以为然，而曰：

> 为人臣者怀利以事其君，为人子者怀利以事其父，为人弟者怀利
> 以事其兄，是君臣、父子、兄弟终去仁义，怀利以相接，然而不亡者，
> 未之有也。……为人臣者怀仁义以事其君，为人子者怀仁义以事其父，
> 为人弟者怀仁义以事其兄，是君臣、父子、兄弟去利，怀仁义以相接也，
> 然而不王者，未之有也。何必曰利？

除了上面义利之辨的问题外，孟子还明辨区分王道与霸道之间的分别说：

> 以力假仁者霸，霸必有大国；以德行仁者王，王不待大——汤以

① ［美］汉娜·阿伦特：《权力与暴力》，见贺照田主编：《西方现代性的曲折与展开》，吉林人民出版社2002年版，第428—429页。
② ［法］托克维尔：《论美国的民主》上卷，董果良译，商务印书馆1988年版，第252页。

七十里，文王以百里。以力服人者，非心服也，力不赡也；以德服人者，中心悦而诚服也，如七十子之服孔子也。（《孟子·公孙丑上》）

在上述引文中，我们不能仅仅从字面上抽象地去理解，需要弄清其真实的含义。正如胡适先生所说，孟子虽然严分义利，但他"所攻击的'利'字只是自私自利的利"，反之，"他所主张的'仁义'，只是最大多数的最大乐利"[①]。明乎此，我们才能真正懂得孟子严分义利的真实用心所在。显然，孟子严分义利首先是针对掌握政权的统治者而言的，他明确地反对他们只是从个人私利的角度来考虑问题，如果一国之君只是从个人私利的角度来考虑问题，那么，上行下效，必然会导致"上下交征利而国危"的恶果，乃至发生篡弑之祸而直接危及统治者自身的生命安危，因此，即使是从维护自身安危及其统治的立场来讲，统治者也必须持一种先义而后利的政治和道德的立场与态度。在孟子看来，这对于君臣、父子和兄弟等各种人伦关系都同样是适用的，人人各怀私利私心以相交接，则必至亡国破家而不止，反之，人人各怀仁义以相交接，则必能家齐国治、称王天下。表面上看，孟子的主要关切似乎是如何来更好地维护统治者的统治，但是，如果说他所谓的仁义"只是最大多数的最大乐利"的话，那么，孟子严分义利的真实用心所在，无疑只是要维护"最大多数的最大乐利"，尤其是希望当时的人君世主能够行仁政王道而解民于倒悬，故曰："行仁政而王，莫之能御也。且王者之不作，未有疏于此时者也；民之憔悴于虐政，未有甚于此时者也。饥者易为食，渴者易为饮。孔子曰：'德之流行，速于置邮而传命。'当今之时，万乘之国行仁政，民之悦之，犹解倒悬也。"（《孟子·公孙丑上》）据此而言，则孟子论政所采取的可以说正是"人民的观点"或一切为民的民本位的立场，诚如康有为所言："孟子言政，无往而非为民"，"孟子一生心术全在于民，其言政法，全在悦民，尊贤使能"，"孟子无事非为民，无言非为民，而陈太平之义，莫若同民之旨矣"。[②]另如现代学者萧公权先生所言：《尚书》有

---

① 胡适：《中国哲学史大纲》（卷上），东方出版社1996年版，第266—267页。

② 康有为：《孟子微 礼运注 中庸注》，楼宇烈整理，中华书局1987年版，第92、94、97页。

'民为邦本'之语，孟子殆最能阐发其旨。"①冯友兰先生亦曾说："儒墨及老庄皆有其政治思想。此数家之政治思想，虽不相同，然皆从人民之观点，以论政治。其专从君主或国家之观点，以论政治者，当时称为法术之士，汉人谓之为法家。"②并说："依孟子之观点，则一切皆为民设。此一切皆为民设之观点，乃孟子政治及社会哲学之根本意思。""孟子以一切政治的经济的制度皆为民设，所谓君亦为民设。"③

不过，关于孟子的民本或"为民"的政治立场，尚需作进一步的辨析，否则，仍有可能产生误解，这便需要通过明辨区分孟子所谓王道与霸道的问题，才能厘清相关的误解。依孟子的王霸之辨，王者"以德行仁"或"以德服人"，而霸者"以力假仁"或"以力服人"，这就是说，王者之德令人心悦而诚服，而且王之为王，凭借其道德威望而推行仁政，反之，霸者之治以强力或暴力强制人屈服，却又凭借其强力或暴力而假仁假义。可以说，前者行仁政乃是出于"遵循人民的真正意愿"，而后者假仁假义仅仅是意欲"以人民的名义发号施令"。前者正是孟子站在人民的观点和立场上所主张的"以民为本"的"为民而王"，而后者只是站在统治者的观点和立场上而言的"不是以民为本"的"为民而王"。前者才是孟子所谓的真正的"王道政治"，而后者却只不过是打着"为民"旗号的假王道、真霸道政治而已。

孟子所谓的王道仁政乃是以民为本的王道仁政，因此，人民的真正意愿或民生的真正需要决定了王道仁政的实质内涵，这不仅仅是民意合法性的理论而已，而且更体现了一种从民本的观点和立场对于政治之为政治的本真含义的儒家理解，质言之即为民而王，政在保民。当然，这样一种理解亦自有其传统的渊源，它前承自上古三代的民本思想传统。不过，中国传统的民本思想是与人

---

① 萧公权：《中国政治思想史》，新星出版社 2005 年版，第 59 页。
② 冯友兰：《中国哲学史》上册，中华书局 1961 年版，第 383 页。
③ 冯友兰：《中国哲学史》上册，中华书局 1961 年版，第 145、146 页。

们对于"天道福善祸淫"(《尚书·汤诰》)、天命有德以及有德者拥有"恭行天罚"(《尚书·泰誓下》)之权力等的信仰密不可分的，其中，天的意志又往往托民意以见，如"天聪明，自我民聪明；天明畏，自我民明威"(《尚书·皋陶谟》)，"民之所欲，天必从之"和"天视自我民视，天听自我民听"(《左传·襄公三十一年》和《孟子·万章上》引《尚书·泰誓》)等，这也就是梁启超先生所说的天治主义与民本主义的结合①。由这一结合不仅必然引申出"天生民而立之君"(《左传·襄公十四年》)的君主责任意识②，而且必然引申出君民相互依存以及人民拥有不服从暴君统治甚至进行革命反抗的正当权利等民本主义的政治观念，如古文《尚书》所谓："可爱非君？可畏非民？众非元后何戴？后非众罔与守邦？"(《大禹谟》)"民非后，罔克胥匡以生。后非民，罔以辟四方。"(《太甲中》)"后非民罔使，民非后罔事。"(《咸有一德》)"古人有言曰：'抚我则后，虐我则仇。'"(《泰誓下》)孔孟儒家的民本思想实即渊源于此，然而，在孔孟儒家那里，不仅天治主义的神权观念事实上已经非常淡化，而且在他们天命在我的个人责任观念中，虽然一直持有一种强烈的以士人君子为参政主体的精英主义政治意识，但是，在他们的政治观念中，他们认为国家的治乱兴亡不仅取决于统治者的个人德性修养，更取决于依据人民的真正意愿与民生需要而采取的王道仁政的政策路线，取决于民心民意的向背，而决不是什么天命神意。

孟子从其性善论的普遍观点出发而论政曰："人皆有不忍人之心。先王有不忍人之心，斯有不忍人之政矣。以不忍人之心，行不忍人之政，治天下可运之掌上。"(《孟子·公孙丑上》)也就是说，人天赋本然的良心善性不仅是人类的道德尊严所在，更是实现王道仁政的人性根据和现实世界的希望所在。那么，建立在统治者天赋本然的良心善性基础之上的王道仁政究竟是一种什么性质的

---

① 参见梁启超：《先秦政治思想史》，东方出版社 2012 年版，第 42 页。

② 参见梁启超：《先秦政治思想史》，东方出版社 2012 年版，第 43 页。

政治呢？概括地讲，主要体现在以下三个方面：

首先，它是一种以德行仁而最富于人性化的政治。像孔子一样，孟子也是极力主张统治者应以德化民而反对以"杀"为政的①，他尤其反对的是各国统治者为了争夺土地和人口而发动不义的战争，故曰："无罪而杀士，则大夫可以去；无罪而戮民，则士可以徙。"（《孟子·离娄下》）又曰："争地以战，杀人盈野；争城以战，杀人盈城，此所谓率土地而食人肉，罪不容于死。故善战者服上刑，连诸侯者次之，辟草莱、任土地者次之。"（《孟子·离娄上》）反之，孟子心目中理想的君王是以德行仁或好仁而不嗜杀的。故，当梁惠王问孟子"天下恶乎定"的时候，孟子回答说："定于一。"而梁惠王又接着问"孰能一之"时，孟子的回答是："不嗜杀人者能一之。"也就是说，在孟子看来，天下必须统一才能安定下来，而只有"不嗜杀人"的统治者才能统一天下（参见《孟子·梁惠王上》）。孟子所谓的"不嗜杀人"，无非是要强调以爱惜珍视人的生命为特征的王道政治的人性化性质，因为"人皆有不忍人之心"（《孟子·公孙丑上》），统治者亦然，而从正面来讲，也就是孟子在回答齐宣王"德何如则可以王矣"之问时所说的"保民而王"，即爱护珍惜人民的生命并使之过上安定的生活（参见《孟子·梁惠王上》）。那么，这样一种王道的政治理想究竟有无实现的可能呢？孟子的回答是乐观而肯定的，尽管孟子所处的是一个"今夫天下之人牧，未有不嗜杀人者"的时代，但也正因为如此，在孟子看来，"如有不嗜杀人者，则天下之民皆引领而望之矣。诚如是也，民归之，由水之就下，沛然谁能御之？"（《孟子·梁惠王上》）换言之，"王者之不作，未有疏于此时者也；民之憔悴于虐政，未有甚于此时者也。饥者易为食，渴者易为饮。孔子曰：'德之流行，速于置邮而传命也。'当今之时，万乘之国行仁政，民之悦之，犹解倒悬也。故事半古之人，功必倍之，惟此时为然"（《孟子·公孙丑上》）。可见，孟子的乐观

---

① 据《论语·颜渊》，季康子问政于孔子曰："如杀无道，以就有道，何如？"孔子对曰："子为政，焉用杀？子欲善而民善矣。君子之德风，小人之德草。草上之风，必偃。"

或世界的希望并非出于一种纯粹的幻想，而是既建立在统治者对"人皆有不忍人之心"的内在道德自主性的生命体验与自我反省的基础之上，又建立在对时势需要的深刻反思与物极必反之事理的深切体认的基础之上。因此，孟子的王道仁政理想在时人眼中也许是"迂远而阔于事情"的，但对孟子本人来讲，它却是最值得人民希求和向往的最富于人性化的政治理想，而且，无论是就其内在主体性的条件还是外在客观性的根据来讲，这一政治理想在当时都是最为可欲而有其实现的可能性的。对此，孟子是充满信心的，故反复申言说："国君好仁，天下无敌焉"（《孟子·尽心下》），"行仁政而王，莫之能御也"（《孟子·公孙丑上》），"保民而王，莫之能御也"，而"王之不王，不为也，非不能也"（《孟子·梁惠王上》），也可以说，王之不王，非不能也，乃是由于统治者的自暴自弃。

其次，它是一种以道德的教养为根本目的的政治。在孟子看来，一种理想的统治关系无疑是一种治理—供养型的关系，故曰："无君子，莫治野人；无野人，莫养君子。""有大人之事，有小人之事。……劳心者治人，劳力者治于人；治于人者食人，治人者食于人，天下之通义也。"（《孟子·滕文公上》）孟子所谓的"治"，决非以强权来实施控制之意，而他所谓的"养"，亦不仅仅局限于作为劳力者的小人或野人对作为劳心者的君子或治人者的单方面的供养。正如孔子所昭示的那样，当孟子也用君子—小人式的关系来表述统治者与被统治者、君主与人民之间的关系的时候，孟子仍然是旨在强调"以德化民"才是治人者的根本职责所在，而所谓的"以德化民"，用孟子喜欢的用语讲就是"以善养人"，也就是说，统治者应以己德之善来化导教养人民，或者使人民就生活在自己善良的德性光辉之下，唯有如此，统治者也才能赢得人民真正的心悦诚服与敬畏爱戴。因此，所谓的治理—供养型的关系亦可以说是一种教养—供养型的关系，即对孟子来讲，一种理想的统治关系应是一种交相养的关系，这是一种统治者与被统治者之间交互性的互惠互利的关系。一方面，孟子直言不讳地承认统治者是靠人民来供奉养活的，这是一种对事实的尊重，而另一方面，孟子则特别强调统治者更应担负起相应的对人民的养、教之责，这一关于统治者与被统治者之间应是一种交相养的关系的政治理念，可以说是孟子最独到而卓越的政治见解之一，特别是关于统治者的职责问题，诚如萧公权先生所言，"其养民之论，尤深切详明，为先秦所仅见"①。那么，统治者的养教之责究竟怎样才能得到具体的落实呢？依孟子之见，"民事不可缓也。……民之为道也，有恒产者有恒心，无恒产者无恒心"（《孟子·滕文公上》），这是孟子在理论上赋予统治者以养教之责的前提性的逻辑预设，正因为如此，为了培植养护人民的恒心善性，统治者首先必须通过正经界、"制民之产"、"省刑罚，薄税敛"、"取于民有制"、"勿夺其时"等诸"善政"的实施来保障人民基本的物质生活需要，以便使人民能够"仰足以事父母，俯足以畜妻子"、"不饥不寒"而"养生丧死无憾"②。然后再进一步施之以"善教"而化民成德，即"谨庠序之教，申之以孝悌之义""驱而之善"（《孟子·梁惠王上》），或曰"设为庠序学校以教之""教以人伦——父子有亲，君臣有义，夫妇有别，长幼有叙，朋友有信"（《孟子·滕文公上》）。质言之，孟子所倡导的以"以善养人"为宗旨的王道仁政有两大基本要义：第一，要求统治者首先制民之产而保障人民物质生活需求的基本满足；第二，在人民的生活得到保障或皆有所养的基础上，要求统治者再对人民施以人伦之教，即构建一种以五伦关系为中心、和谐有序的社会生活与人伦秩序。

---

① 萧公权：《中国政治思想史》，新星出版社 2005 年版，第 59 页。

② 吕思勉先生曾就"养生送死无憾"一语评之曰："人之生，不能无以为养；又生者不能无死，死者长已矣，而生者不可无以送之；故'养生送死'四字，为人所必不能免，余皆可有可无，视时与地而异有用与否焉者也。然则惟'养生送死无憾'六字，为真实不欺有益之语，其他皆聊以治一时之病者耳。……中国之文化，视人对人之关系为首要，而视人对物之关系次之，实实落落，以'养生送死无憾'六字为言治最高之境；而不以天国、净土等无可征验之说诳惑人。以解决社会问题，为解决人生问题之方法，而不偏重于个人之修养。此即其真实不欺，切实可行，胜于他国文化之处；盖文化必有其根源，中国文化，以古大同之世为其根源，故能美善如此也。"（《中国政治思想史》，中华书局 2012 年版，第 105 页）

对前者的强调①，充分体现了孟子作为一位思想家深切关怀民生利益的政治良知，而后者则是孟子政治信念的根本目的与归宿，因为"人之有道也，饱食、暖衣、逸居而无教，则近于禽兽"（《孟子·滕文公上》），故孟子所期望的最终是要将人伦孝悌之道"达之天下"，乃至实现"人人亲其亲、长其长"而天下太平的社会理想（参见《孟子·尽心上》《孟子·离娄上》）。

最后，它是一种君民忧乐与共的政治。如上所言，孟子言"治"重在"养民"，而将"以善养人"的精神贯彻到极致所达到的，便是君民之间能够发生情感共鸣以至彼此忧乐与共的最高政治境界。对孟子来讲，最大的政治问题或政治的最大问题便是如何赢得民心的问题，因为对于一个国家乃至整个天下的盛衰兴亡来讲，在人民中间所蕴藏着的巨大的革命性或支持性的集体行动的力量都具有着最终的决定性作用，这体现了孟子对政治问题的最深刻的理解，也是孟子之所以强调天下国家的根本问题在于"得民心"的主要原因。那么，统治者怎样才能真正赢得民心呢？依孟子之见，天下的得失、国家的兴亡、民心的向背又都取决于统治者的仁与不仁，故只要统治者能够行王道、施仁政，并能够与人民同好恶、共忧乐，便可以赢得民心的支持乃至整个天下的统一与太平。故孟子曰：

> 得天下有道：得其民，斯得天下矣；得其民有道：得其心，斯得民矣；得其心有道：所欲与之聚之，所恶勿施，尔也。民之归仁也，犹水之就下，兽之走圹也。……虽欲无王，不可得已。（《孟子·离娄上》）

> 乐民之乐者，民亦乐其乐；忧民之忧者，民亦忧其忧。乐以天下，忧以天下，然而不王者，未之有也。（《孟子·梁惠王下》）

---

① 如孟子曰："无恒产而有恒心者，惟士为能。若民，则无恒产，因无恒心。苟无恒心，放辟邪侈，无不为已。及陷于罪，然后从而刑之，是罔民也。焉有仁人在位罔民而可为也？是故明君制民之产，必使仰足以事父母，俯足以畜妻子，乐岁终身饱，凶年免于死亡；然后驱而之善，故民之从之也轻。今也制民之产，仰不足以事父母，俯不足以畜妻子；乐岁终身苦，凶年不免于死亡。此惟救死而恐不赡，奚暇治礼义哉？"（《孟子·梁惠王上》）

显然，孟子所谓的王道仁政不止于要统治者以养民、教民为务，而是更进一步地期望统治者能够与天下的人民或百姓同好恶、共忧乐，这可以说是孟子整个政治哲学中陈义最为精妙高远之处。对孟子而言，政治之为政治，说到底乃是一种最能充分而淋漓尽致地发挥人类休戚与共的精神和实现君民一体化的情感交融与共鸣的场域。显然，这是从君民相互依存、彼此应良性互动的关系角度来理解政治生活的实质的，基于这一理解，作为统治者的君主对于人民的真正意愿和民生需求作出积极而负责任的回应乃是其应尽的职责。

（三）小结

孟子曰："学问之道无他，求其放心而已矣。"（《孟子·告子上》）孟子此言所意在揭橥的正是儒家学问之道的这一真谛：人人皆生来就禀受有良心善性，但易于放失与陷溺，故须切身反思以求，求则得之，再加之以存养扩充的修身之功并以恕道推及他人，则可以治平天下。故曰："老吾老，以及人之老；幼吾幼，以及人之幼。天下可运于掌。"（《孟子·梁惠王上》）又曰："君子之守，修其身而天下平。"（《孟子·尽心下》）这不禁令人常常疑心，儒家的修齐治平之道真的就这么简单容易吗？又或者何以竟然会如是简易直截呢？儒家君子所持守的这样一种有关人生与政治的根本信念究竟意味着什么呢？

就性善论在思想史上的意义而言，诚如美籍华裔学者傅伟勋先生所说："孟子在伦理学的不朽贡献，可以说是在人伦道德所由成立的人性论奠基；他是东西哲学史上第一个发现人性论较伦理学占有哲理优位的绝顶哲学家。"[1] 而且，孟子的性善论在道德教育的应用方面自有其效率性意义上的特殊价值与功用，也就是说，"依孟子的本意，教导他人（尤其孩童）做道德上应做的事，就深一层说，即不外是从旁协助他人本心本性之实存的自我觉醒（the existential self-awakening of man's original mind or nature），只有性善论能够启发人人自我醒悟人伦道德的心性本原。有此心性醒悟，就自然容易重视人格的尊严，层层推广

---

[1] 傅伟勋：《从西方哲学到禅佛教》，生活·读书·新知三联书店 1989 年版，第 247 页。

父母子女的家庭之爱，终及一切人类之爱等等；至于其他人性论则无此教育效率性的哲理根据可言"①。当然，对人之良心善性的发明不仅体现了孟子最卓越而伟大的思想贡献，而且，他那制民恒产、保障民生的王道仁政理念与政治哲学智慧整个就奠立在他对人之良心善性的生命体认和系统发明的基础之上。因此，孟子性善论的意义决不止乎儒家君子自我道德的完善和人格尊严的凸显而已，不止乎引人向上趋善的教育意义，而且更具有平治天下之深远而广大的政治含义。

本着对人之良心善性的体认与发明，孟子极力倡导他那最富于道德理想主义意义的王道仁政主张，充分彰显出了一种鲜明的民本论义涵或人民性特质，在一个"民之憔悴于虐政，未有甚于此时者"（《孟子·公孙丑上》）的时代状况下，确乎具有振聋发聩的政治意义，而且，亦留给后人一笔最宝贵的思想遗产。依我之见，孟子之发明良心善性、倡言王道仁政的根本用意，就在于希望占有公共权力和治理职位的统治阶级通过向学问道、修身正行、存养心性来抑制自己的私利欲望，以最有利于处于被统治地位的人民大众的福祉与利益实现的方式来重建政治统治的正当性与合理性。孟子所谓制民恒产，使民八口之家有五亩之宅、百亩之田，以至于"不饥不寒""养生丧死无憾"的王道仁政（参见《孟子·梁惠王上》），而且反复三致意焉，皆可以说是本乎良心善性的仁道原则而提出的政治主张。也许有学者会认为孟子所向往、憧憬和描述的社会理想，即"五亩之宅，树之以桑，五十者可以衣帛矣。鸡豚狗彘之畜，无失其时，七十者可以食肉矣。百亩之田，勿夺其时，数口之家可以无饥矣"（《孟子·梁惠王上》）是一种水平并不高的社会理想。②然而，如果我们认真对待孟子主张中所蕴含着的政治真谛的话，那么，我们就会明白这样一个道理的重要性，如霍布豪斯在《自由主义》一书中所说的那样："国家的义务不是为公民提供食物，

---

① 傅伟勋：《从西方哲学到禅佛教》，生活·读书·新知三联书店 1989 年版，第 248 页。
② 参见丛日云主编：《西方文明讲演录》，北京大学出版社 2011 年版，第 121 页。

给他们房子住或者衣服穿。国家的义务是创造这样一些经济条件，使身心没有缺陷的正常人能通过有用的劳动使他自己和他的家庭有食物吃，有房子住和有衣服穿。"①孟子所谓的"制民之产"所要表达的根本用意，正是强调统治者（或国家）有责任和义务保障民生，即为人民创造这样一些经济条件，从而"使身心没有缺陷的正常人能通过有用的劳动使他自己和他的家庭有食物吃，有房子住和有衣服穿"，用孟子自己的话讲就是"必使仰足以事父母，俯足以畜妻子，乐岁终身饱，凶年免于死亡"（《孟子·梁惠王上》）。孟子的理想也许在水平上的确并不算高，但对统治者（或国家）责任和义务的强调却绝对值得我们认真对待。

在我看来，孟子的良心善性说和王道仁政思想深刻地昭示我们后人，儒家君子所持守的有关人生与政治的根本信念其实可归结为这样几个看似简单而实则义涵深刻的核心理念，即良心（或良知）、权力与责任。依孟子之见，统治者或真正的政治家必须将自身的政治行为奠立于人人皆生而具有的良心善性的基础之上，反之，对任何政治行为的评判亦必须最终诉之于良心的最高标准。而权力，作为政治行动之基础、"能够介入、干预这个世界"或者"有能力'换一种方式行事'"②的权力，必须被用于改善人民的生活、创造人类美好社会的目的，才是正当而合理的。一个人的政治地位越高，掌握的权力越大以及实施权力的资源越多，也就意味着他"换一种方式行事"或"介入、干预这个世界"、影响他人的能力越强，乃至于其责任也就越重。而这也正是儒家之所以格外重视和强调治国为政者理应以修身为本为先或务须正心诚意、存心养性而加强自身德性修养的根本用心所在。因此，对他们而言，治国为政完全不需要玩弄什么操控、驾驭他人的阴谋权术，亦决不意味着单纯运用一种把持性、强制性或暴力性的刑法政令手段和措施迫使人民服从自己的权力专断意志，治国为政者

---

① ［英］霍布豪斯：《自由主义》，朱曾汶译，商务印书馆1996年版，第80页。
② ［英］安东尼·吉登斯：《社会的构成：结构化理论大纲》，李康、李猛译，生活·读书·新知三联书店1998年版，第76页。

所掌握和实施的权力唯有本着良心、出乎责任并建立在服务于民生需要的真实道德基础上才是正当与合理的,任何人的权力势位的获得也都理应随其德性的修养而至,而最大的政治问题说到底其实也就是如何赢得"民心"的问题,因为民心的向背从根本上决定着天下国家的治乱兴亡。总之,统治者或治国为政者必须向人民负责,必须将自己的行为建立在良知与责任的基础之上,必须以保障民生、养民教民乃至不断改善民生、提升人民的道德文明教养为根本职责,孟子的这一教导无疑是任何时代、任何国家的统治者或治国为政者都理应遵循的最高伦理原则与道德理性要求,因而具有不可磨灭的永恒价值与意义。

总之,在我看来,中国的民本政治思想发展至孟子,可以说已达致其应有的理论高度。在孟子那里,儒家的外王之道,毋宁说就是一种民本之学。依孟子之见,人之所归,民心所向,决定着天下国家的治乱兴亡;政治的根本目的在保民,人民的真正意愿和民生的需要决定着王道仁政的实质内涵;最大的政治乃是一种统治者能够与人民休戚与共、同忧偕乐的政治。因此,从孟子民本的观点和立场来讲,如果说王者为民而王,君者为民而设,人民是政治生活的最终决定性因素,那么,所谓的君、王以及王道仁政都只不过是实现人民真正意愿和保障民生需要之根本政治目的的手段和方法而已。正唯如此,孟子才会对贼害仁义、暴虐百姓的独夫民贼、暴君污吏尤其痛加排诋与挞击而不遗余力,故曰:"贼仁者谓之'贼',贼义者谓之'残'。残贼之人谓之'一夫'。闻诛一夫纣矣,未闻弑君也。"(《孟子·梁惠王下》)因此,如果说"孔子成《春秋》"而使"乱臣贼子惧"(《孟子·滕文公下》),那么,孟子的天与人归之说、王道仁政之论及一切为民、政在保民的民本之学,则足可以使独夫民贼、暴君污吏惧。职是之故,孟子言仁政,言保民,乃是基于他对人性与政治本质的理解,不能被简单地理解为是一种维护执政当权者正当统治的"权威主义国家的合法性理论"，而徒滋"奖厉国民依赖根性"之流弊①。

二、人性之恶与政治的"群居和一之道"②

战国之世，由于各国国内的权力斗争与各国间的军事战争的形势越来越严峻和残酷，因此，各国统治者不得不通过开放政权、礼贤下士的方式吸纳才智之士参与国家的治理，向他们寻求内政外交之方和富国强兵之道，以便在权力斗争和军事竞争中最大程度地维护自身的稳固统治，谋求国家的实际利益以及能够立于不败之地的战略优势地位。因此，一方面讲究现实利益策略的权谋游说之士在各国的政治舞台上显得异常活跃，另一方面主张变法改制、富国强兵的法家人物对国家治理的参与切实促进了各国日趋加剧的变法改革历史进程。日益恶劣和残酷化的生存竞争环境和日益暴力化与功利化的时代发展状况，不仅激发了孟子阐扬人性之善的道德理想主义激情和以德抗位、引人趋善的政治批评精神，而且更进一步催生了荀子揭橥人性之恶的现实主义价值信念和起伪化性、教人避恶的政治道德情怀。诚如美国学者约翰·凯克斯立足于保守主义立场所指出的那样，一种完备的政治道德实则应该包括两个不可或缺的方面或维度即趋善和避恶，也就是说，"如果保守主义的政治道德把注意力排他性地集中在趋善上面，那么它就是严重地不完整的。一种完备的政治道德也必须认识

---

① 梁启超先生尝论之曰："孟子言仁政，言保民，今世学者汲欧美政论之流，或疑其奖厉国民依赖根性，非知治本，吾以为此苛论也。孟子应时主之问，自当因其地位而责之以善。所谓'与父言慈与子言孝'。不主张仁政，将主张虐政耶？不主张保民，将主张残民耶？且无政府则已，有政府，则其政府无论以何种分子何种形式组织，未有不宜以仁政保民为职志者也。然则孟子之言，何流弊之有？孟子言政，其所予政府权限并不大。消极的保护人民生计之安全，积极的导引人民道德之向上，曷尝于民政有所障耶？"（《先秦政治思想史》，东方出版社 2012 年版，第 124 页）而依笔者之见，将儒家"仁政"视作一种"权威主义国家的合法性理论"，正有"奖厉国民依赖根性"之流弊，此不能不辨。
② 本节内容是在拙著《政治的境界——中国古典政治哲学研究》（中国政法大学出版社 2014 年版）一书第四章第二节部分内容的基础上修改而成。

到避恶是至关重要的。……政治道德的两个方面都是为了使生活变得更好"①。今天，我们对于孟子的性善论和荀子的性恶说及其政治道德信念，也应作如是观，不管他们本人如何认为以及其思想论说表面看上去是多么的相反对立，而其根本目的却都是为了使人类的生活变得更加美好，或者意在构建一种良善而美好的人类社会。当然，人性观念的不同决定了他们的政治理论在思想进路上的迥异，如果说孟子的民本学说重在强调政治对于民生需求的保障与完善功能，那么，荀子的礼治思想则偏于凸显政治对于群体生活的组织与协调职责，要之，荀子从人性恶的角度所着力阐发的乃是一种政治的"群居和一之道"或"群居和一"的治国为政智慧。

（一）荀子的儒家立场与儒学信念

荀子生活于战国晚期，早年游学于齐国的稷下学宫，后在稷下讲学，至齐襄王时"最为老师"，并曾"三为祭酒"，成为稷下学者中思想最为宏富的思想家和教育家。在学术思想上，对诸子各家既有全面系统的批评反思，亦能兼采吸纳法、道、名诸家合理之思想资源，故其理论学说内涵庞杂，尤其是其主性恶之说，在后世颇遭訾议。因此，如欲阐明荀子政治哲学论说的纲领和主旨及其内在思维路径，有必要首先就荀子明确而坚定的儒家立场与儒学信念略作申论，这是荀子思考问题的出发点或立足点，亦是其政治哲学智慧的归宿点或归结点。

《荀子》之首篇为《劝学》，《论语》之首篇为《学而》，《荀子·劝学》开宗明义即昌言"学不可以已"，与《论语·学而》第一章"子曰：'学而时习之，不亦说乎'"，可谓前后呼应而一脉相承，格外突出和彰显了儒家重"学"的一贯立场和共同信念。而孔子儒家之所以重视和强调"学"的根本重要性，是因为"学"之为"学"，不只是一种读书求知之学，更是一种修身成德之学，也就是说，儒

---

① ［美］约翰·凯克斯：《为保守主义辩护》，应奇、葛水林译，江苏人民出版社2003年版，第72页。

者之"学"直接关乎着修身成德的人生学问，故儒者之学亦可被称为修身成德之教。对孔子而言，学以修身，最要在知行合一，故需时时习之，将所学所知时时加以实践，成为积习而体之于身、外化为行。体之身而心安，故悦。有志同道合者，来与共学，彼此相知，互勉互励，共同成长，故乐。道不同不相为谋，不舍己而从人，亦不强人以从己，故面对他人对自己的不了解，能不愠，不怒，无怨，无恨，坦然处之。荀子论学即大体本着孔子此言的宗旨和精神而阐发为学、修身、成德的道理。读荀子的《劝学》《修身》之篇，可以让人深切地感受到一种人生向上、积极向善的精神力量，《劝学》《修身》之后又继而论《不苟》《荣辱》，充分体现了他的儒家立场和儒学信念。兹将其观点扼要概述如下：

凡物必加绳墨、砥砺方能挺直和锋利，如"木受绳则直，金就砺则利"，而人亦必须通过博学而内省修身，才能成为智识明达而德行无过的君子。

每个人生来都是一样的，后天的差异是由社会生活环境和风教习俗造成的，"干、越、夷、貉之子，生而同声，长而异俗，教使之然也"，君子亦不例外，而君子之所以能够成为君子，就在于他善于学习，所谓"君子生非异也，善假于物也"，意即君子善于假学以修身。而且，"草木畴生，禽兽群焉，物各从其类也"，君子为学修身，亦需"居必择乡，游必就士，所以防邪僻而近中正也"。

凡物皆由"积"，而且要靠锲而不舍的功夫和毅力，才能有所成就，如"积土成山，风雨兴焉；积水成渊，蛟龙生焉……故不积蹞（同'跬'）步，无以至千里；不积小流，无以成江海。骐骥一跃，不能十步；驽马十驾，功在不舍。锲而舍之，朽木不折；锲而不舍，金石可镂"。同理，人亦必须通过"积善成德"，且能持之以恒、用心专一，才能上达于"神明自得，圣心备焉"的道德修为之境。

君子之学，以"美其身"（德润身）为目的，而且，君子之学有始有终，"其数（术也）则始乎诵经，终乎读礼；其义则始乎为士，终乎为圣人"；君子为学之大经，首应以贤者为师，次则自以礼检束其身；君子之学，"学至乎礼而止矣。夫是之谓道德之极"。

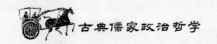

君子为学修身至于"权利不能倾也，群众不能移也，天下不能荡也"之境，并能"生乎由是，死乎由是"，如此则可谓已具备贞定应物的道德情操了。

以上为《劝学》篇之大意。

《修身》篇极言以礼修身、治气养心之术，以为"礼者，所以正身也；师者，所以正礼也"，"人无礼则不生，事无礼则不成，国家无礼则不宁"；以为士君子之为士君子，关键在于其能"不为贫穷怠乎道"，在于其"能以公义胜私欲也"，正唯如此，故能"志意修则骄富贵，道义重则轻王公，内省而外物轻矣"。从荀子之隆礼重师，我们可知，荀子对于人性的阴暗面实有着深刻的省察和审视，故曰："凡用血气、志意、知虑，由礼则治通，不由礼则勃乱提僈；食饮、衣服、居处、动静，由礼则和节，不由礼则触陷生疾；容貌、态度、进退、趋行，由礼则雅，不由礼则夷固僻违，庸众而野。"

《不苟》篇进一步申言"君子养心莫善于诚"，以为"致诚则无它事矣"，即诚心守仁行义，则能"变化代兴"而比于"天德"，故曰："夫诚者，君子之所守也，而政事之本也。"

《荣辱》篇论"人之有斗"，既由于其人"忘忘其身，内忘其亲，上忘其君"，亦源于其人"必自以为是而以人为非也"；而人之有勇，有狗彘之勇者勇于求食，有贾盗之勇者勇于求财，有小人之勇者勇于暴，唯有士君子之勇勇于义。而荣辱之分即在于"先义而后利者荣，先利而后义者辱"。世人不明智愚、不辨利害、不分荣辱、不识安危，倒行逆施、顺性妄为而自甘沦为固陋之小人、无知之庸人而不自知，故欲拨乱反治，需仁人在上，以先王之道、仁义之统、礼义之制来辨分治理，才能实现群居和一、人伦至平之治。

由上可知，荀子论君子之学以孔子儒家《诗》《书》《礼》《乐》之教为宗本，而学之根本重要性在于它是一个人修身成德的必由之路，故荀子虽强调社会生活环境与风教习俗对人的重大影响和塑造作用，但他并不是一个简单的外在环境决定论者。对荀子来说，对于一个人的修身成德而言，真正重要的是你选择做一个什么样的人以及如何努力去做，尤其是你的选择和努力是否合乎君子之学与儒家之教，正所谓："学数有终，若其义则不可须臾舍也。为之，人也；舍之，禽兽也。"（《荀子·劝学》）因此，就为学修身而言，真正具有最终决定性意义的实是君子之所学与儒家之所教，故曰"君子慎其所立"（《荀子·劝学》），且须专心一志。

而"君子，小人之反也"（《荀子·不苟》），故荀子又严辨君子小人之分，君子为学修身，下焉者为士，上焉者为圣人，与君子相反者为小人。荀子关于君子小人的辨分，与孔子言君子小人一脉相承，即强调君子小人之反，乃是道德修养、人格品行之背反，然而，最耐人寻味和发人深省的是，荀子更进一步明确指出，此背反无关乎君子小人的材性知能。荀子曰：

> 蹞步而不休，跛鳖千里；累土而不辍，丘山崇成。厌（塞）其源，开其渎，江河可竭；一进一退，一左一右，六骥不致。彼人之才性之相县（悬）也，岂若跛鳖之与六骥足哉？然而跛鳖致之，六骥不致，是无他故焉，或为之，或不为尔。（《荀子·修身》）

跛鳖与六骥之足一跛一捷，然而，跛鳖蹞步而不休，可致千里，而六骥或进或退、或左或右，步调不一而不致者，原因就在于跛鳖能够朝着一个明确的目标努力而为，六骥却不能为之。同理，人的才性并不像跛鳖与六骥之足那样相差悬殊，决定人与人之间道德修为差别的亦同样是"无他故焉"，只在于"或为之，或不为尔"，正所谓"道虽迩，不行不至；事虽小，不为不成"（《荀子·修身》）。换言之，君子小人之分，或者一个人能否成为君子，无关乎一个人的才性，而在于他是否努力地去为学以修身成德。对此，荀子在《荣辱》篇中讲得更加明确了，其言道：

> 材性知能，君子、小人一也。好荣恶辱，好利恶害，是君子小人之所同也，若其所以求之之道则异矣。……譬之越人安越，楚人安楚，君子安雅，是非知能材性然也，是注错习俗之节异（犹言适异）也。……

凡人有所一同：饥而欲食，寒而欲暖，劳而欲息，好利而恶害，是人之所生而有也，是无待而然者也，是禹、桀之所同也。目辨白黑美恶，耳辨音声清浊，口辨酸咸甘苦，鼻辨芬芳腥臊，骨体肤理辨寒暑疾养（养与痒同），是又人之所常生而有也，是无待而然者也，是禹、桀之所同也。可以为尧、禹，可以为桀、跖，可以为工匠，可以为农贾，在势注错习俗之所积耳……为尧、禹则常安荣，为桀、跖则常危辱；为尧、禹则常愉佚，为工匠农贾则常烦劳。然而人力（"力"乃"多"字之误）为此而寡为彼，何也？曰：陋也。尧、禹者，非生而具者也，夫起于变故（患难事故），成乎修为，修之待尽，而后备者也。人之生固小人，（王先谦案："生""性"字通用，此即性恶意。）无师无法则唯利之见耳。

君子小人在材性知能方面是没有什么差别的，具体而言，好荣恶辱，好利恶害，饥而欲食，寒而欲暖，劳而欲息，目辨白黑美恶，耳辨音声清浊，口辨酸咸甘苦，鼻辨芬芳腥臊，肌肤文理能辨寒暑疾痒，这些都是人生来就具有的材性知能。无论是君子还是小人，无论是尧禹还是桀跖，无论是工匠还是农贾，在生来就具有的材性知能方面都是相同一样的，人与人之间的分化与差别不在于人在材性知能方面有什么差异，而在于注错习俗之所积方面的不同与相异。所谓的注错习俗，虽然强调了外在的社会环境和生活习俗的陶冶与积累对人的变化和塑造的重要影响与作用，但这并非说人仅仅是外在的社会环境和生活习俗的被动造物而已。对荀子来讲，注错习俗只是为我们思考君子小人之分的问题提供了一种重要的参考性背景，在注错习俗对人的影响下，君子仍然有其自身之所积（即君子安雅或者积礼义）的选择，反之，小人则仅仅是君子之所积的反面而已。对此，荀子在《儒效》篇中作了更加清楚明白的论述，他说："注错习俗，所以化性也；并一而不二（并，读为併。一谓师法，二谓异端），所以成积也。习俗移志，安久移质……人积耨耕而为农夫，积斫削而为工匠，积反（读为贩）货而为商贾，积礼义而为君子。……居楚而楚，居越而越，居夏而夏，是非天性也，积靡（顺）使然也。故人知谨注错，慎习俗，大积靡，则为君子矣；纵性情而不足问学，则为小人矣。"因此，依我的理解，荀子之所以反复陈述由注错习俗的不同所造成的人与人的分化与差别，只是要强调人与人之间的分化与差别无关乎或并不取决于人生而具有的材性知能。那么，生而具有相同材性知能的人又何以会有君子与小人、尧禹与桀跖、工匠与农贾之分化与差别呢？根本原因即在于"其所以求之之道则异矣"（《荀子·荣辱》），也就是说，人求为君子则为君子，求为小人则为小人，求为尧禹则为尧禹，求为桀跖则为桀跖，求为工匠农贾则为工匠农贾，所以求之之道不同，所求之结果亦异，显然，这突出的是人自身"求则得之"的主观能动性和道德主体性。然而，问题尚不止乎此，荀子进一步追问道：世人又何以多选择求为小人、桀跖和工匠农贾而寡求为君子、尧禹呢？这便不仅仅是无关乎材性知能或由于注错习俗之所积相异的问题了，荀子对这一问题的回答使问题发生了微妙的变化和转换。最初，荀子只是在强调君子小人之分无关乎材性知能而由于注错习俗之所积相异的问题，但接下来荀子却将我们引向了对一个更深层次的问题，即关于人的本性或人性之陋的问题的思考。依荀子之见，君子之为君子，或者尧禹之为尧禹，并不是人生而具有的本性使然，乃是起于忧患、成于修饰的结果；反之，小人之为小人，正是人生而具有的本性或人性之陋使然，也就是说，小人之为小人，正是因为缺乏老师和礼法的化导和修饰，故而顺性而为、唯利是求。因此，说到底，君子小人之分，不过是由于小人顺性而为，反之，君子矫性而为罢了。故荀子曰："陋也者，天下之公患也，人之大殃大害也。"然而，"人之生固小人，又以遇乱世，得乱俗，是以小重小也，以乱得乱也"，如此，则如何才能拨乱反治呢？荀子以为，"君子非得势以临之"，则无由得开小人之心而引之向善。君子而得势者为汤武，小人而得势者为桀纣，故"汤、武存则天下从而治，桀、纣存则天下从而乱"。（参见《荀子·荣辱》）

那么，究竟何谓人性之陋呢？在荀子看来，人性之陋最主要的便体现在人

情所共同具有的欲望方面，其言曰：

> 人之情，食欲有刍豢，衣欲有文绣，行欲有舆马，又欲夫余财蓄积
> 之富也，然而穷年累世不知不足，是人之情也。今人之生也，方知（元
> 刻作"方多"）蓄鸡狗猪彘，又蓄牛羊，然而食不敢有酒肉；余刀布，有
> 囷窌，然而衣不敢有丝帛；约者有筐箧之藏，然而行不敢有舆马。是何
> 也？非不欲也，几不长虑顾后而恐无以继之故也。于是又节用御（制
> 也）欲，收敛蓄藏以继之也，是于己长虑顾后，几（读为岂）不甚善矣
> 哉！今夫偷生浅知之属，曾此而不知也，食大（读为太）侈，不顾其后，
> 俄则屈安穷矣，（屈，竭也。安，语助也。犹言屈然穷矣。）是其所以不
> 免于冻饿、操瓢囊为沟壑中瘠者也。况夫先王之道，仁义之统，《诗》、
> 《书》、《礼》、《乐》之分（制也）乎。彼固天下之大虑也，将为天下生
> 民之属长虑顾后而保万世也，其流长矣，其温（读为蕴）厚矣，其功盛
> （读为成）姚远矣，非（顺）孰修为之君子莫之能知也。……夫《诗》、
> 《书》、《礼》、《乐》之分，固非庸人之所知也。……夫贵为天子，富有
> 天下，是人情之所同欲也。然则从（读为纵）人之欲则势不能容，物不
> 能赡也。故先王案为之制礼义以分之，使有贵贱之等，长幼之差，知
> （读为智）愚、能不能之分，皆使人载（犹任也）其事而各得其宜，然后
> 使悫（当作谷）禄多少厚薄之称，是夫群居和一之道也。故仁人在上，
> 则农以力尽田，贾以察尽财，百工以巧尽械器，士大夫以上至于公侯，
> 莫不以仁厚知能尽官职，夫是之谓至平。故或禄天下而不自以为多，
> 或监门、御（读为迓）旅、抱关、击柝而不自以为寡。故曰："斩而齐，
> 枉而顺，不同而一。"夫是之谓人伦。（《荀子·荣辱》）

上述引文直接关乎着荀子对于人性的独到看法，故特别详引于上。荀子指
出，人之情有着共同的欲望，而且，人之欲望无穷而不知满足，人与人的不同就
在于有的人能够长虑顾后而节用制欲、收敛蓄藏，而有的人苟且偷生、浅知短

虑乃至不免于穷竭冻饿。由此看来，人生而具有的"好荣恶辱，好利恶害"的材性知能也并不是可有可无而无关紧要的，它本身虽无关乎君子小人之分，但一个人正确地运用其天生的材性知能来明智地分辨荣辱利害的问题，对于维持其自身生存和根本利益来讲无疑是至关重要的。当然，对荀子来讲，真正重要的仍然是儒家的"先王之道，仁义之统，《诗》、《书》、《礼》、《乐》之分"，这属于"天下之大虑"，具有"为天下生民之属长虑顾后而保万世"的意义，这一点"固非庸人之所知"，而只有具有道德修为的君子才能了解。因此，从儒家君子的视角来讲，应对、化导和矫治人情之所同欲以及由放纵人欲所带来的"势不能容，物不能赡"的败坏性社会后果，必须以先王之礼义来定分制序，必须依据先王之礼义来分辨和确立贵贱之等、长幼之差和智愚、能不能之分，并使之各任其事而各得其宜，这便是所谓的"群居和一之道"；而仁人在上，每个人虽贵贱不同，却能各当其分，这便是所谓的天下至平；在礼义之分的化导和规制下，人们生活在一种"不同而一"、优良而合理的等差秩序格局中，这便是所谓的人伦生活。

由上可知，荀子相信人具有学习的能力，学习的能力意味着人具有一种人生向上、积极向善的精神力量，具有一种自我发展、自我完善和自我实现的可贵潜能；荀子相信人靠自身努力而为便可以成就自身的德行，并通过注错习俗对人的影响而充分揭示了人的可塑性；荀子严辨君子与小人之分，认为二者只是道德修养与人格品行上的分别，君子小人之分或者一个人是成为君子抑或成为小人，并不取决于一个人先天生而具有的材性知能，而是取决于一个人后天的努力与修为，其分别只在于或为之、或不为而已。然而，荀子所谓的"学"以及所强调的积习的作用，有着儒家特定的含义，也就是说，荀子论为学修身和积善成德，严辨君子小人之分，以及"论学论治，皆以礼为宗"（王先谦《荀子集解·序》），以为先王之礼义不仅是为学修身积善成德的准则，更是天下国家治乱的关键所在，如此种种，皆出自儒家或儒学的人文理想与道德信念，反之，这亦充分凸显了荀子坚定而明确的儒家立场和儒学信念，充分体现了荀子对为学修身、积善成德、君子小人之分和天下国家治乱问题的独到思考。不过，在荀子对上述问题的思考和论述中，其中尤可注意的是，他已初步有意识地将他自己对人生而具有的材性知能和人情欲望的独特理解与这些问题联系起来，从而将问题引向了他自己颇具独创性的话语脉络、理论架构和思想语境之中，使之具有了非同一般的丰富内涵和独特意境。

（二）天人、性伪之分与人性之恶

仅就上文所论而言，荀子还没有对人生而具有的材性知能和人情欲望作出确切、恰当而清晰的辨析和区分，荀子对人性之恶的明确看法也似乎是隐而不显的。只有在荀子对天与人、知与欲、心与性、性与伪等概念及其含义有意识地作出确切而清晰的明辨区分之后，他对人性之恶的观点和看法及其确切的含义才能被我们更好地理解。

荀子曾批评说："庄子蔽于天而不知人。"（《荀子·解蔽》）在先秦诸子中，明确强调天人的二分并将二者关系完全对立起来，主张德在乎天、人法天贵真而不拘于俗[①]，的确是庄子思想的一大特色。荀子对庄子的批评确乎是切中肯綮的，不过，荀子的天论亦深受道家观点的影响，突出强调天的自然特性，而且，荀子亦主张天人的相分。故曰："天行有常，不为尧存，不为桀亡。……故明于天人之分，则可谓至人矣。"（《荀子·天论》）然而，荀子明于天人之分的目的，既不是要像庄子那样只是单纯地强调法天贵真、纯任自然，也不是故意与庄子唱反调而要"以人灭天"，而是在于天地人三者的相参，所谓"天有其时，地有其财，人有其治，夫是之谓能参"（《荀子·天论》）。那么，究竟何谓能参呢？荀子说：

---

① 《庄子·秋水》曰："天在内，人在外，德在乎天。""牛马四足，是谓天；落马首，穿牛鼻，是谓人。故曰，无以人灭天，无以故灭命，无以得殉名。谨守而勿失，是谓反其真。"《庄子·渔父》亦曰："礼者，世俗之所为也；真者，所以受于天也，自然不可易也。故圣人法天贵真，不拘于俗。愚者反此。"

列星随旋，日月递炤（照），四时代御，阴阳大化，风雨博施，万物各得其和以生，各得其养以成，不见其事而见其功，夫是之谓神。皆知其所以成，莫知其无形，夫是之谓天（功）。唯圣人为不求知天。天职既立，天功既成，形具而神生，好恶、喜怒、哀乐臧焉，夫是之谓天情。耳目鼻口形能（读为态），各有接而不相能也，夫是之谓天官。（官，犹任也。）心居中虚以治五官，夫是之谓天君。财（与裁同）非其类，以养其类，夫是之谓天养。顺其类者谓之福，逆其类者谓之祸，夫是之谓天政。暗其天君，乱其天官，弃其天养，逆其天政，背其天情，以丧天功，夫是之谓大凶。圣人清其天君，正其天官，备其天养，顺其天政，养其天情，以全其天功。如是，则知其所为，知其所不为矣，则天地官而万物役矣。（《荀子·天论》）

如上述引文所示，荀子所谓天乃是纯粹自然意义上的天，并像道家一样，对于天道生成化育万物之功，但取观赏其妙化神奇的态度，不取科学研究的客观态度，故而"不求知天"。人亦天功之所化成，形具而神生，故有好恶、喜怒、哀乐之情感，有耳目鼻口形态之官能，而心为形之君，居中虚以治五官。而且，人能裁物以自养，假若昏乱其心，声色臭味过度，好恶、喜怒、哀乐无节，不能务本节用、裁物以自养，乃至丧失、破坏天道生成之功，则会遭受大凶之灾祸，反之，圣人清明其心，声色臭味适度，好恶、喜怒、哀乐有节，务本节用、裁物以自养，则可以维护、保全天道生成之功。如此，则知道什么当有所为，什么当有所不为，便可以做到任天地而役万物了。这便是荀子明于天人之分的真正目的，他批评庄子，其实是反对庄子纯粹顺任自然、与万物一体群生的观念，因此，其天人相参的观念一方面强调顺任天地生成之功，一方面更强调发挥人的积极能动性，裁役万物以为用。不仅如此，荀子基于天人相分的观念更进一步提出和思考国家治乱的问题，其言曰：

治乱天邪？曰：日月、星辰、瑞历，是禹、桀之所同也，禹以治，

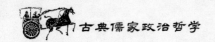

桀以乱，治乱非天也。时邪？曰：繁启蕃长于春夏，畜积收藏于秋冬，

是又禹、桀之所同也，禹以治，桀以乱，治乱非时也。地邪？曰：得地

则生，失地则死，是又禹、桀之所同也，禹以治，桀以乱，治乱非地也。

（《荀子·天论》）

天、时、地无关乎治乱，则治乱在人，而人依乎礼则治，违乎礼则乱，故曰："国之命在礼"，而与国之命不同的是，"人之命在天"，即人的生死寿命在于天。

以上是荀子在《天论》篇中所阐发的天人既相分而又相参的基本观念，其中荀子对于人类自然生就的情感、五官和心以及二者的主次关系作了明确的说明。从天人相分的观念可以引出人有其治或治乱在人的重要结论，然而，关于国家的治乱还必须深入到对人类自身的心、知、情、欲、性、伪作明辨区分和理论反思的层次，才能真正认清问题的根源所在以及应努力的方向和目标。

如上文所言，在《荣辱》篇中，荀子已对人的材性知能与人之情（欲）和人性之陋作了初步的区分，但所谓的"材性知能"仍然还是一种含混的说法，其内涵似乎涵括着三个方面的内容：一是好荣恶辱、好利恶害；二是饥而欲食、寒而欲暖、劳而欲息；三是目辨白黑美恶，耳辨声音清浊，口辨酸咸甘苦，鼻辨芬芳腥臊，肌肤文理能辨寒暑疾痒。而其实这三个方面是有分别的，第一个方面关乎人的价值偏好和认知能力，第二个方面关乎人的生理欲求和感受能力，第三个方面关乎人的感官知觉和辨别能力。这说明在荀子看来，人天生就具有一种感觉、认知和辨别外在事物的能力，同时亦天生具有伴随生存本能而来的生理的欲求和感受能力。但是，这两者之间毕竟是有大分别的，简而言之，即前者属于知的范畴，后者属于欲的范畴。不过，在"材性知能"的含混说法中，荀子对这两者并未作明确区分，并认为这些天生的知能和欲求并不直接决定人的智愚之别和君子小人之分，真正起决定作用的是一个人后天的选择以及如何去努力而为。然而，就整个人类社会生活秩序的合理有序的安排来讲，却需要知者辨别利害、长虑顾后而为之明分使群、化欲止争。故荀子曰：

> 人伦并处，同求而异道，同欲而异知，生（读为性）也。皆有可也，
> 知愚同；所可异也，知愚分。（可者，遂其意之谓也。）……欲恶同物，
> 欲多而物寡，寡则必争矣。……离居不相待则穷，群而无分则争。穷
> 者患也，争者祸也，救患除祸，则莫若明分使群矣。强胁弱也，知惧愚
> 也，民下违上，少陵长，不以德为政，如是，则老弱有失养之忧，而壮
> 者有分争之祸矣。事业（谓劳役之事）所恶也，功利所好也，职业（谓
> 官职及四民之业也）无分，如是，则人有树事之患，而有争功之祸矣。
> 男女之合，夫妇之分，婚姻娉内送逆无礼，如是，则人有失合之忧，而
> 有争色之祸矣。故知者（谓知治道者。又读为智，皆通）为之分也。
> （《荀子·富国》）

既然人类生活需要知者运用其"知"来辨别利害、长虑顾后而为之明分使群、
化欲止争，那么，这便在知与欲之间作了明确的区分。诚如陶希圣先生所言，对荀
子而言，"知或虑是于诸欲之中定其限舍的权衡"[1]，故荀子在《不苟》篇中说：

> 欲恶取舍之权：见其可欲也，则必前后虑其可恶也者；见其可利
> 也，则必前后虑其可害也者；而兼权之，孰计之，然后定其欲恶取舍。
> 如是，则常不失陷矣。凡人之患，偏伤之也。见其可欲也，则不虑其可
> 恶也者；见其可利也，则不顾其可害也者。是以动则必陷，为则必辱，
> 是偏伤之患也。

如此能够谋划、辨别事情的欲恶利害而作出正确取舍的知虑与人天生的
"材性知能"究竟是一种什么关系，荀子从未作明确的交代。依我之见，在上文
中，与欲相对而言的知或虑，事实上我们可以区分出两种，一是指能够辨别利
害、长虑顾后的知，二是指能够明分使群、化欲止争的知，前者与好荣恶辱、好
利恶害和目辨白黑美恶之类的"材性知能"显然有着更为直接的关系，而后者

---

① 陶希圣：《中国政治思想史》上册，中国大百科全书出版社 2009 年版，第 158 页。

则可能另有相关者。当然，就前者而言，仅仅靠"材性知能"也似乎并不能使人们"知明而行无过"（《荀子·劝学》），根据荀子对学知的重视可以推知，天生的"材性知能"必须经过学的积累、涵养和转化，才有可能发挥其应有的正常功能和作用，从而使一个人"知明而行无过"。而就后者而言，与那明分使群、化欲止争的知道者之知相关者又究竟是什么呢？荀子说：

> 治之要在于知道。人何以知道？曰：心。心何以知？曰：虚壹而静。……虚壹而静，谓之大清明。……心者，形之君也，而神明之主也，出令而无所受令。自禁也，自使也，自夺也，自取也，自行也，自止也。故口可劫而使墨云，形可劫而使诎申，心不可劫而使易意，是之则受，非之则辞。（《荀子·解蔽》）

> 生之所以然者谓之性。性之和所生，精合感应，不事而自然谓之性。性之好、恶、喜、怒、哀、乐谓之情。情然而心为之择谓之虑。心虑而能为之动谓之伪。虑积焉、能习焉而后成谓之伪。正利而为谓之事。正义而为谓之行。

> 心也者，道之工宰也。道也者，治之经理也。

> 凡语治而待去欲者，无以道欲而困于有欲者也。凡语治而待寡欲者，无以节欲而困于多欲者也。有欲无欲，异类也，生死也，非治乱也。欲之多寡，异类也，情之数也，非治乱也。欲不待可得，而求者从所可。欲不待可得，所受乎天也；求者从所可，受乎心也。……心之所可中理，则欲虽多，奚伤于治！欲不及而动过之，心使之也。心之所可失理，则欲虽寡，奚止于乱！故治乱在于心之所可，亡于情之所欲。（《荀子·正名》）

在上述引文中，荀子对心及其知虑功能以及性、情、伪的内涵和关系作了清晰的阐述。国家的治理系之于道、理，而能够了解和领悟道、理的是人之心，心虚一而静才能具备清明而合乎理性的智识，明辨是非而成为形体和意志的主宰；性是指人天生而具有的自然本性，其具体表现便是好、恶、喜、怒、哀、乐之情，情顺性而感发，需由心为之谋虑而作出正确的选择和取舍，在心虑的基础上能够努力而为、积习而有成谓之伪，正利而为者成就事业，正义而为者成就德行；人生而有性情，情感物而应则为欲，但欲之有无和多寡无关乎治乱，治乱的关键在心所以为可者是否合乎道、理，因此，为治者不在于去欲和寡欲，而在于以心之所可节制、化导人之情欲。故曰："性者，天之就也；情者，性之质也；欲者，情之应也。……故虽为守门，欲不可去，性之具也。虽为天子，欲不可尽。欲虽不可尽，可以近尽也；欲虽不可去，求可节也。所欲虽不可尽，求者犹近尽；欲虽不可去，所求不得，虑者欲节求也。"（《荀子·正名》）人生而有欲，欲是人天生的自然性情的外在表现，无论贵贱，任何人都不可能完全去除掉，也不可能完全给以满足，反之，欲虽不可能完全满足，却可以接近于满足，欲虽不可能完全去除掉，却可以加以节制。总而言之，节制人的欲望，或者有节制地求其满足，离不开人心之知虑合乎道、理的选择取舍之作用的发挥，而经由心虑的选择、依乎正确的道、理努力而为便是所谓"伪"。由此而言，伪的成就亦正是矫性节欲的结果。

　　而正是在对自然之性与人为之伪作出明辨区分的基础上，荀子在其《性恶》篇中明确提出并全面阐述了他那关于人性之恶的独到创见。荀子论之曰：

　　　　人之性恶，其善者伪也。今人之性，生而有好利焉，顺是，故争夺生而辞让亡焉；生而有疾（与嫉同）恶焉，顺是，故残贼生而忠信亡焉；生而有耳目之欲，有（"有"字疑衍）好声色焉，顺是，故淫乱生而礼义文理亡焉。然则从（读如纵）人之性，顺人之情，必出于争夺，合于犯分（当作"犯文"）乱理而归于暴。故必将有师法之化，礼义之道（与导同），然后出于辞让，合于文理，而归于治。用此观之，然则人之性恶明矣，其善者伪也。……孟子曰："人之学者，其性善。"曰：是不然。是不及知人之性，而不察乎人之性、伪之分者也。凡性者，天之就也，

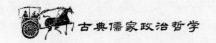

不可学，不可事；礼义者，圣人之所生也，人之所学而能、所事而成者
也。不可学、不可事而在人者谓之性，（顾千里曰："而在人者"，"而"，
疑当作"之"，"人"，疑当作"天"）可学而能、可事而成之在人者谓之
伪。是性、伪之分也。

依荀子之见，人生而有好利之情，有嫉恶之性，有耳目声色之欲，如果顺而
放纵人的情性，则必然孳生出种种争夺、残贼和淫乱的人间乱象，从而导致辞
让、忠信之德的丧败和礼义文理的沦亡。因此，人天生而具有的自然本性，并
不就是善的，而是恶的，善是人后天的努力所成就的，属于人为之伪，孟子不
察性、伪之分，故言性善。而性、伪的分别就在于，性是天然生就的，是人不学
而能、不事而成的，而伪则是圣人所兴起制作的礼义，是人可学而能、可事而成
的。从性的一方面讲，无论是尧舜还是桀跖，无论是君子还是小人，所有人都
是一样的，即"凡人之性者，尧、舜之与桀、跖，其性一也；君子之与小人，其
性一也"。而从伪的一方面讲，因人的本性是恶的，故有无师法之化、礼义之导，
决定了人与人之间道德上的根本分野，正所谓："今人之性恶，必将待师法然后
正，得礼义然后治。今人无师法则偏险而不正，无礼义则悖乱而不治。古者圣
王以人之性恶，以为偏险而不正，悖乱而不治，是以为之起礼义，制法度，以矫
饰人之情性而正之，以扰（驯也）化人之情性而导之也。始皆出于治、合于道者
也。今之人，化师法、积文学、道礼义者为君子；纵性情、安恣睢，而违礼义者为
小人。"也就是说，礼义法度之"伪"的兴起制作，正是用来矫饰、驯化人之自然
性情，以便使之正而得治，导而向善。正唯如此，故荀子在《礼论》篇中又言：

　　性者，本始材朴也；伪者，文理隆盛也。无性则伪之无所加，无伪
则性不能自美。性伪合，然后成圣人之名，一天下之功，于是就也。故
曰：天地合而万物生，阴阳接而变化起，性伪合而天下治。

今人有论古人之思想而喜立异以为高者，或者以为《性恶》篇非荀子本人
所作而是荀子后学的作品，荀子只是一位单纯地秉持"性朴论"观点的学者，甚

至认为，以荀子为"性恶论"者，乃是一个"天大的冤案"，并使荀子"背上了两千年的黑锅"①，照此说来，主张"性恶论"似乎是令人羞涩不能出口、见不得人的一件极不光彩的事。又或者以为荀子是一个主张"性恶、心善说"的思想家，"荀子的心乃道德智虑心，心好善、知善、为善，具有明确的价值诉求，故心善是说心趋向于善、可以为善"②。论者纷纷，而思路既歧，则曲解臆说，势所必至，然亦不过徒造无谓之异见而增人疑惑而已。笔者想提出的一个最大疑问就是，论者将荀子视作"性朴论"者而亟欲为之辩诬正名的目的究竟是什么？其用意究竟何在？如果我们坐实了荀子就仅仅是一个"性朴论"者，那么，这究竟是提升了还是贬损了荀子作为一个颇具独创性思想家的声望与地位？在今天，我们究竟应如何看待和评价"性朴论"和"性恶论"这两种人性观，两相比较的话，究竟哪一种人性观在思想史上更富有某种独到的价值和深刻的意蕴，或者更能体现荀子思想的独创性贡献？又或者，与道家的人性自然淳朴说比较，所谓的"性朴论"究竟有何思想上的高明之处呢？所有这些疑问，事实上都涉及如何准确而恰当地认识和评价荀子在儒学史上乃至在整个中国思想史上的学术地位和思想贡献的问题！当然，从学术讨论的角度讲，问题也许是富有争议的，产生观点和认识上的分歧是势所难免的，但基于对"性恶论"的个人偏见而为荀子辩诬正名乃至认定荀子只能是一个"性朴论"者，却是难以令人认同和接受的，不仅理据并不充分，而且也起不到辩诬正名的目的，反而恰恰有厚诬古人之嫌。而以荀子为"性恶、心善"论者，恐怕亦不解"心善"之究为何义，与孟子所谓本心之良善究竟有何分别。这些都是思想史上的大问题，此处所见有差，对古人思想的理解恐怕也只能是流于浮浅鄙陋之见了。依笔者之见，并没有充分而确切的理据足以否定荀子是一抱持"性恶论"观念的思想家，而且诚

---

① 参见周炽成：《荀韩人性论与社会历史哲学》（中山大学出版社2009年版）一书上编第一、二章。

② 梁涛：《荀子人性论辨正——论荀子的性恶、心善说》，《哲学研究》2015年第5期，第71页。

古典儒家政治哲学

如萧公权先生所说，"荀子主性恶，在先秦儒家中殆为非常之创见"①。

当然，荀子的人性论本身也并非毫无问题，譬如，"材性知能"和"本始材朴"之类的含混说法，由于缺乏明确的界定和解释，易引发误解；荀子也从未在"目辨白黑美恶"之类的感官之知（感性认识能力）与能够知"道"而思虑、辨别和判断是非善恶的心之知（理性认识能力）之间作明确的区分和辨析；尤其是，荀子在论人性之恶的同时，亦特别强调人还天生具有一种能够认知"父子之义""君臣之正"之类的人伦事理，能够认知并遵行"仁义法正"或礼义法度而趋向于善的资质和能力，正所谓："凡禹之所以为禹者，以其为仁义法正也。然则仁义法正有可知可能之理。然而涂之人也，皆有可以知仁义法正之质，皆有可以能仁义法正之具，然则其可以为禹明矣。""涂之人者，皆内可以知父子之义，外可以知君臣之正，然则其可以知之质，可以能之具，其在涂之人明矣。"（《荀子·性恶》）关于最后这一点，劳思光先生在其《新编中国哲学史》中早就提出过这样的质疑：

> 荀子承认常人（涂之人）皆有一种"质"与"具"，能知仁义法正，
> 能行仁义法正。则此种质具属性乎？不属性乎？恶乎？善乎？何自而
> 生乎？若此种质具非心灵所本有之能力，则将不能说明其何自来；若
> 此种质具是心灵本有，则此固人之"性"矣，又何以维持"性恶"之教？

依劳先生之见，"荀子之错误十分明显"，而荀子既要苦持其"性恶"之说，而又要"说明礼义师法之由来，并解释所谓'质具'之义"，为此其思想不得不"转入另一方向，欲在'性'以外求价值根源"，于是乃提出"心"观念。②

其实，王先谦早就对荀子的性恶之说提出过疑问。《性恶》篇有言："直木不待檃栝而直者，其性直也；枸木必将待檃栝、烝、矫然后直者，以其性不直也。今人之性恶，必将待圣王之治、礼义之化，然后皆出于治、合于善也。"王

① 萧公权：《中国政治思想史》，新星出版社2005年版，第70页。
② 参见劳思光：《新编中国哲学史》一卷，广西师范大学出版社2005年版，第254页。

氏据此而评论道:"余谓性恶之说,非荀子本意也。……夫使荀子而不知人性有善恶,则不知木性有枸直矣。然而其言如此,岂真不知性邪? 余因以悲荀子遭世大乱,民胥泯棼,感激而出此也。"(《荀子集解·序》)王氏以为荀子虽主性恶之说,但从其文本的字里行间我们却可以隐约发现,其对人性的看法似乎并不如此简单或单纯,而荀子之所以苦持其性恶之说,不过是有感于时世之争乱,激愤而发此论而已。这也正如孟子"道性善"一样,亦不过感激而出此,虽乐于道性善,岂又不知人性有善恶呢? 不然的话,孟子所谓"从其小体为小人"之说也是不可理解的。所不同的是,荀子苦持人性之恶,意在要人正视人性的阴暗面,孟子乐道人性之善,意在向人指点人性的光明面而已,皆无损于其捍卫"孔门儒教"之功。若此理解不错的话,则我们大可不必如英国著名思想史家斯金纳所说一定要怀抱着一种将思想家的思想和著作务必视作一个融贯的整体这一"融贯性的神话"来看待荀子的人性论,以为稍有不融贯一致之处便可断言说性恶论非荀子所持、《性恶》篇非荀子之作,此勇于怀疑的精神固然可嘉,但也容易流于荀子所谓"伦类不通""不足谓善学"(《荀子·劝学》)之弊。

不过,论者以为"《性恶》作者是要用自然欲望不加控制地发展所带来的后果之恶来论证自然欲望本身之恶"[①],这是有一定道理的。即使是这样,《性恶》篇论人性之恶的真正含义亦不是说人一生下来就是恶的,其意事实上只是说世间纷争悖乱之恶端根源于人之性,世间之恶乃是人放纵其性情、任其无节制发展的结果,正如孟子道性善也不是说人一生下来就是善的一样,只是说世间仁义道德之善端根源于人之性,世间之恶乃是人放失其良心善性的结果。所不同的是,孟子本心善以言性善,而荀子则认为人性虽恶而心却具有道德理性的认知能力,可以使人能够认识、判断和虑择是非善恶。

综上,荀子认为,天道有常而人道有治,治乱在人而不在天;人秉天地之和气而生,形具而神生,心虽为形之君和神明之主,但人却是一有情有性、有知有

---

① 周炽成:《荀韩人性论与社会历史哲学》,中山大学出版社 2009 年版,第 9 页。

欲的生物；尤其是，人性为恶而人伪为善，欲使人改恶向善，必须以礼义师法之伪矫饰人之情性，以心之所可化导情之所欲。质言之，人生来就具有的本性，虽然是我们人"所不能为"的，是不能改变和根除掉的，但是，它却是可以矫饰、节制和驯化的；美德善行的实践、积累与修为，虽然不是我们人的本性中所固有的东西，然而，它却是"可为"（《荀子·儒效》）的，是我们人通过后天的努力而可以成就的。这就是所谓的"性伪之分"。因此，荀子既不是单纯的性朴论者，也不是简单的朴、恶二元论者，而是一个在对天与人、知与欲、心与性、性与伪进行全面深思明辨基础上的性恶论者。然而，人之性情虽趋向于恶，人之心灵却可以使人明理知道，而人之作为（伪）更可以成就人类的伟大！

（三）人类生活的特质与礼义的起源和功能

荀子虽然持有性恶的观点，但这并没有使他陷入对人类彻底悲观的看法当中。就人类在整个自然界或宇宙中的地位来讲，荀子并不像道家的庄子那样，视人犹如沧海之一粟，是非常渺小和卑微的。当然，庄子的真正意思并不是要鄙视和蔑弃人类自身，而是希望人类能够大其心量，能够平等地看待自身和天地万物，能够逍遥自在地诗意地栖息于天地之间，而不要僭妄地以为自己就是整个宇宙的中心和主宰，自以为是天地万物的主人，比其他任何的生物都更为高贵。恰恰相反，荀子却认为，唯有人类才是天地万物中最为灵秀、最富有德性和智慧的动物，所以是"最为天下贵"的，或者说是天下最为尊贵的。具体来说，在荀子看来，我们可以将自然万物按照由低到高的顺序划分为不同的类别和层级：首先，是水火之类的物体，它们只是一种由气构成的物体，而不具有生命；其次，是草木之类的植物，它们虽然有生命，却没有感知能力或知觉；再次，是禽兽之类的动物，它们虽然有知觉，却没有"义"；最后，就是人类，人不仅有生命，属于有"血气之属"，而且是"有血气之属"中最有知（智慧）的①，再进而言之，也是最为重要的一点，人还是有"义"的。正是因为这最后一点，荀

---

① 《荀子·礼论》曰："凡生乎天地之间者，有血气之属必有知，有知之属莫不爱其类。……故有血气之属莫知于人，故人之于其亲也，至死无穷。"

子认为人才是"最为天下贵"的①。就这样，荀子把人类在整个自然万物中的卓越地位格外醒目地凸显了出来。

那么，究竟什么是"义"呢？除了决定或赋予人在整个自然界中"最为天下贵"的地位之外，它还意味着什么呢？

要言之，荀子所谓的"义"，其实质就是指人类的群体生活应遵循的一些基本的伦理秩序和道德行为规范。荀子认为，人之有"义"，不仅使人在自然万物中成为"最为天下贵"的生物，而且也正是人类不同于其他物类尤其是不同于禽兽的根本特征所在，是人之所以为人的本质属性所在。故荀子曰："人之所以为人者，非特以其二足而无毛也，以其有辨也。夫禽兽有父子而无父子之亲，有牝牡而无男女之别，故人道莫不有辨。"（《荀子·非相》）所谓的"辨"，也就是"分"和"别"的意思，就是"父子之亲""男女之别"，就是君臣、父子、夫妇、长幼之间不同的人伦角色及相应的伦理道德规范的差别，而这也就是所谓的"义"。而这样一些人伦义理的道德规范外在形式化为具体的行为规范和制度规定，就是所谓的"礼"。当然，"礼"还涉及人们等级性的身份地位之间尊卑贵贱的分别，乃至士农工商之间职业分工的不同规定等。"礼"与"义"密不可分，所以荀子常常将它们连接合并为一个词汇而加以使用，即所谓的"礼义"，它们共同规定着人之所以为人的本质特征，也就是人之为人的"人道"。

而在荀子看来，既然有"辨"有"分"，有"礼"有"义"，乃是人之所以为人的本质属性所在，那么，"礼义之分"即礼义规范下的"分"也就构成了人类群体生活赖以维系与延续的根本条件。也就是说，正是由于"礼义之分"才能维持人类正常的合乎"人道"的群体生活，离开了"礼义之分"，人类的群体生活便无法维持甚至将不复存在。而"能群"，即能够结成一定的群体或过一种有组织的群体性的生活，又正是人区别于动物的根本特征所在。正所谓："力不若

---

① 《荀子·王制》曰："水火有气而无生，草木有生而无知，禽兽有知而无义，人有气、有生、有知，亦且有义，故最为天下贵也。"

牛，走不若马，而牛马为用，何也？曰：人能群，彼不能群也。人何以能群？曰：分。分何以能行？曰：义。"（《荀子·王制》）荀子所谓的"群"，并不是自然成群意义上的"群"，而是相当于我们今天所说的"社会性"和"组织性"①。

无疑，荀子是从对人类在天地万物或自然宇宙中的"最为天下贵"之卓越地位的思考，来审视和界定人类独有的本质属性和人类社会生活的根本特质的，尽管限于当时的认识水平和儒家的思想偏向，他对人与其他物类之间层级性差别的看法，特别是他那以人为贵而贱视动物的看法，不见得能为现代人所认可和接受，但他的思考最终落实在人类生活的群体性特征之上，希望以"礼义之分"来化解和消除人与人之间的内部纷争，建构人类群体生活的和谐秩序，荀子的这一看法和见解还是具有相当深刻的道理的。

如果说礼义和礼义之分对于维系人类群体生活的秩序并增进其福祉有益的话，那么，它们对于人类来讲也就是可欲的，或者说是善的。按照孟子的理解，这种可欲的善对人类来讲绝不会是一种外在强加的东西，它就根源于人类内在的心性之中，具体讲，人类的一切美德善行如仁、义、礼、智等都根源于人类天赋的良心善性。然而，荀子虽然像孟子一样肯定仁、义、礼、智等是人类应修养而习得的美德善性，而且从礼义的角度凸显出人类在自然万物中的尊贵地位，但是，他对人类自然生就的本性的思考却恰恰与孟子正相反对，并在先天的自然本性和后天的修德积善的人为努力与人文成就（伪）之间作了明确的区分，提出了"性伪之分"的重要人性论命题。

在荀子看来，人在自然界中虽然处于"最为天下贵"的最高地位，但人仍然属于自然的一部分，人的天性或自然生就的本性就体现了这一点。而根据荀子的性伪相分而又相合的基本观点，正是因为有了"性"，"伪"的兴起也才有了必要；有了"伪"，"性"的矫饰和驯化也才有了可能；反之，没有"性"，"伪"也就没有了矫饰和驯化的对象；没有"伪"，"性"则不能自我矫饰而趋于美善。

① 参见刘泽华：《中国政治思想通史》（先秦卷），中国人民大学出版社2014年版，第193页。

也就是说，正是因为有"性"与"伪"的分别，所以也才有两者相合而治之的必要。职是之故，天生的自然本性与后天的人为努力，二者乃是一种相须而具备、相资而为用的关系，正所谓"无性则伪之无所加，无伪则性不能自美"（《荀子·礼论》）。总之，正是因为有了"性伪之分"，那么"性伪合而天下治"才在理论上成了荀子所要追求实现的一种理所当然的政治目标。

更进一步讲，所谓的性伪之分，其实质也就是善恶之分。恶出于性，善出于伪；人自然生就的本性之恶，是不学而能、不事而成的，也是不能改变的，而伪却是人通过学习和努力修为而能够成就的善。在荀子看来，人之所以欲为善，正因为人的本性是恶的。那么，究竟什么是"善"和"恶"呢？荀子曰："凡古今天下之所谓善者，正理平治也；所谓恶者，偏险悖乱也。是善恶之分也矣。"（《荀子·性恶》）可见，依荀子之见，所谓的"善"和"恶"，不过就是人们一般所说的"正理平治"和"偏险悖乱"，也就是人类社群生活秩序的治与乱。

那么，如何才能求得公平正义的善治，而防止和消除偏险悖乱之恶行的发生呢？也就是说，如何才能矫饰、节制和驯化人性之恶，而使人修德向善呢？

综合而言，荀子认为，可以通过这样几种基本的途径来矫饰和化导人性以实现善治的目标：

第一，是"师法之化"，即通过老师的教育，通过学习礼法，来化导人的本性；人的本性中本来没有"礼义"，通过尽力学习以寻求，便能够拥有"礼义"，人的本性本来不知道"礼义"，通过用心思虑以寻求，便能够知道"礼义"。如荀子曰："今人之性，固无礼义，故强学而求有之也；性不知礼义，故思虑而求知之也。"（《荀子·性恶》）又曰："干、越、夷、貉之子，生而同声，长而异俗，教使之然也。"（《荀子·劝学》）而荀子之所以写《劝学》之篇而不遗余力地劝人向学，其根本用意即在于希望人们能够通过受教育或通过积力求学、践礼习义，节制和驯化自己的本性，从而脱离禽兽之域而入于人类之群。

第二，是"注错习俗"，即通过外在环境和习俗的长期的熏陶与影响，使人养成某种惯常性的积习，养成某种特定的行为模式或生活方式，也就是我们所谓的文化习性，这种文化习性虽然不是出于人类的天性，却是可以通过"注错习俗"的方式来养成或加以变化的。如荀子曰："居楚而楚，居越而越，居夏而夏，是非天性也，积靡使然也。"（《荀子·儒效》）这是说，一个人长期居住和生活在楚国，就会谙习楚俗而成为楚人；一个人长期居住和生活在越国，就会谙习越俗而成为越人；一个人长期居住和生活在华夏中国，就会谙习华夏中国之俗而成为华夏中国之人，这不是出于人的天性，而是由积习造成的结果。

当然，荀子所希望和追求的乃是以华夏中国之礼义政教来统一异俗异教和平治整个天下。因此，无论是"师法之化"，还是"注错习俗"，都应遵循华夏中国的礼义政教，而华夏中国的礼义政教又何由兴起创制的呢？这就是荀子所最终强调的，最重要也最为根本的一点，即第三，由圣人起伪以化性。

从历史的角度来讲，无论是"师法之化"，还是"注错习俗"，所应遵循的华夏中国的礼义政教，无疑都兴起或根源于古圣先王的时代。正是为了矫饰和驯化人的自然本性，通过积善修德或"积思虑，习伪故"而成为圣人的古圣先王们才创制兴起了"礼义法度"，因此，能够变化人的性情、节制人的欲望的"礼义法度"，乃是"生于圣人之伪"，而不是"生于人之性"，不是人的本性天生固有的。如荀子曰："问者曰：'人之性恶，则礼义恶生？'应之曰：凡礼义者，是生于圣人之伪，非故生于人之性也。……圣人积思虑，习伪故，以生礼义而起法度，然则礼义法度者，是生于圣人之伪，非故生于人之性也。"（《荀子·性恶》）

所谓的圣人起伪以化性，意思就是，历史上的圣人或先王之所以兴起创制"礼义法度"，其根本目的就是要用之以矫饰和驯化人的自然本性。而如果转换一下观察问题的视角的话，那么，圣人起伪以化性的历史命题及其意旨也完全可以从功能主义的角度来理解，也就是说，从功能上来讲，"生于圣人之伪"的"礼义法度"，并不是由圣人凭空造作的，而是起源于对人性的矫饰和驯化，起源于对人的情欲的规范、节制和化导。故荀子曰：

> 礼起于何也？曰：人生而有欲，欲而不得，则不能无求；求而无度
> 量分界，则不能不争；争则乱，乱则穷。先王恶其乱也，故制礼义以分
> 之，以养人之欲，给人之求，使欲必不穷乎物，物必不屈于欲，两者相
> 持而长，是礼之所起也。故礼者，养也。……君子既得其养，又好其
> 别。曷谓别？曰：贵贱有等，长幼有差，贫富轻重皆有称者也。（《荀
> 子·礼论》）

由上可见，荀子论礼的起源与功能问题，意在使物质资源与人类欲求"两者相持而长"，或者旨在寻求一种有利于人类永续生存和发展的平衡持久之道，这无疑是荀子提出的最富远见卓识的一大思想创见。具体而言，礼的缘起或者兴起的原因就在于，人生来就是有欲望的，有欲望就会求得其满足。如果每个人都追求自己欲望的满足，而没有一定的"度量分界"即适当的范围和合理的限度的话，那么，人与人之间便不可避免地会发生争斗，争斗就会导致社会秩序的混乱，乃至整个社会会因混乱而陷于穷困。古圣先王厌恶这种混乱，"故制礼义以分之"，即制定礼义来为人们欲望的满足划分、确立一定的适当而合理的"度量分界"，使之都能得到应得的一份物质资源以满足其正当的欲望需求。这一方面可以避免人们因无穷的欲望需求耗尽有限的物质资源，一方面又可以实现有差别地享有物质资源以便维持一种和谐的等级秩序。因此，尽管荀子持性恶之说，并认为一味地"从人之性，顺人之情"必将使人走向恶，但他并非禁欲论者，而是主张"养人之欲，给人之求"的，但荀子所谓"礼者，养也"，也并非像有的论者所理解的那样，礼的功能和作用只是单纯地为了让情欲得到满足，更确切而恰当的说法是，礼之所养更主要的是要使人的情欲按照一定的"度量分界"而得到基本而普遍的给养，或者按照必要的社会等差秩序得到适当而合理的满足。因此，在礼义和情性之间，荀子强调的是"人一之于礼义，则两得之矣；一之于情性，则两丧之矣"（《荀子·礼论》）。就此而言，《礼论》篇所谓

"人生而有欲，欲而不得，则不能无求；求而无度量分界，则不能不争；争则乱，乱则穷。先王恶其乱也，故制礼义以分之"，与《性恶》篇论"从人之性，顺人之情，必出于争夺，合于犯分乱理而归于暴。故必将有师法之化、礼义之道，然后出于辞让，合于文理，而归于治"，两者其实在根本旨趣上并无实质性的差别。

显然，荀子并不像孔子那样，主要是从历史的角度来考察夏、商、周三代之礼的损益沿革，并强调和推崇周代礼文的灿烂完备性。他不仅仅对古圣先王"生礼义而起法度"只是作一种历史的解释和说明，更把他理论思考的触角深入到古圣先王制作礼义法度的背后，从人性的角度去探讨礼义法度的社会功能和政治作用问题。综合荀子的相关论述，概括来讲，礼义的功能和作用主要体现在以下几个方面：

一是，礼义可以用来修身。如荀子在《修身》篇中所说，人类的生命形态是由形体、血气、志意和知虑等各种因素共同构造而成的，因此，人的血气、志意和知虑等的运行和使用，如果依礼而行，就会调治畅达，否则就会悖乱弛慢；人在日常生活中的饮食、衣服、居处和动静，如果依礼而行，就会和适而有节制，否则就会陷溺而生出疾患；人的容貌、态度、进退和趋行，如果依礼而行，就会高雅而不俗，否则就会倨傲、鄙陋、庸俗而粗野。所以，荀子说："礼者，所以正身也。"（《荀子·修身》）以礼正身，就是要用礼义来克制、端正自己的言行，以及用心思理智来控制自己的性情欲望。

二是，礼义可以使人们的物质欲求得到适当而合理的满足。礼义的一个主要功能就是为人们的欲求划分、确定一个适当而合理的"度量分界"，以便"养人之欲，给人之求"。这主要包含两个方面的含义：

首先是说，人的欲求是无限的，而物质资源却是有限的，无限地满足人们的物质欲求，会使物质资源匮乏乃至穷竭，反而会使人们的物质欲求得不到满足，或者人们会为了满足各自的物质欲求而围绕着有限的物质资源彼此展开争夺和争斗。因此，为了在人们的欲求与物质资源两者之间达成一种可持续的平衡，使两者相互维持，既能使人们的物质欲求得到适当的满足，而又能使物质资源不至于匮乏穷竭，从而使人类长久地生存繁衍下去，那么，制定礼义以划分、确定一个适当而合理的"度量分界"便是十分必要的了。

其次是说，如果人们的权势地位都是平等的，而在物质欲求方面的要求也无差别的话，那么物质资源不足以使人们的物质欲求得到相同的满足，这也同样会导致社会的纷争、混乱和穷困，因此，通过制定礼义而使人们的欲求得到普遍而适度的给养和满足的同时，还需要按照等差性的区分原则有差别地而不是平等地同样满足人们的物质欲求，这就是荀子所谓的"贵贱有等，长幼有差，贫富轻重皆有称者也"（《荀子·礼论》《荀子·富国》），意思就是人们在身份地位上的贵贱长幼的等级差别和对物质财富占有的多寡应相称对应而互为表里才是合理的。

三是，礼义还具有分等差以制序、分人事以治平的重要功能。如荀子曰：

> 夫贵为天子，富有天下，是人情之所同欲也；然则从人之欲则势不能容、物不能赡也。故先王案为之制礼义以分之，使有贵贱之等，长幼之差，知愚、能不能之分，皆使人载其事而各得其宜，然后使悫（当作谷）禄多少厚薄之称，是夫群居和一之道也。故仁人在上，则农以力尽田，贾以察尽财，百工以巧尽械器，士大夫以上至于公侯，莫不以仁厚知能尽官职，夫是之谓至平。（《荀子·荣辱》）

在荀子看来，为了消弭人世间的纷争，使人们过上一种"群居和一"的文明生活，必须制定礼义，以便使人们"有贵贱之等，长幼之差，知愚、能不能之分"；而在以礼制序，即通过礼义之分而使社会形成一种等级差序格局的基础上，再使人们都能够在各自应承担的"分事"和职务上各守其业、各尽所能、各得其宜，比如农民尽力耕作种田以供粮食之需，商贾精于经商以流通货物财富，百工巧于制作以备器械之用，士人、大夫以至于公侯皆以其仁厚知能担任不同的官职，那么，尽管大家职业分工不同，知识、能力和道德修养有差异，但是，

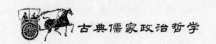

只要人们都能够尽心竭力地从事各自的"分事"，就可以实现天下的治平目标。

总之，礼义法度是由古圣先王兴起制作的，是用来矫饰和化导人类天生的自然本性、规范和节制人的情欲的重要工具，具有修身、"养人之欲，给人之求"、制序分事的重要的道德和政治功能，但礼义又绝不仅仅是一种工具性的东西，因为有义无义或者是否知礼乃是人与动物的本质区别所在，也就是说，礼义之为礼义正是人类本质属性的体现，是做人的根本要求和国家治乱的根本命脉所系，是人类文明生活之所必需或构建人类美好之良善社会的生活必需品，正所谓"人无礼则不生，事无礼则不成，国家无礼则不宁"（《荀子·修身》）。因此，对荀子来讲，所谓的礼义法度或礼义之分，毋宁说是化导人性的最佳选择，而且是最符合人类群体生活的本质特征之内在要求的修身治国之道。

（四）为君之道与礼义之治

正是基于上述思考，所以荀子在政治上提出的最主要的观点和主张就是，作为一国之统治者的君主最首要的就是应以礼义来修身治国或正身正国。

强调修身的根本重要性，这是儒家共同的道德信念，荀子亦不例外，故曰："仁义礼善之于人也，辟之若货财粟米之于家也，多有之者富，少有之者贫，至无有者穷。"（《荀子·大略》）在荀子看来，注重个人德性的修养，主要以礼义修身，以公义克制自己的私欲，培养一种自我克制、慎礼义、务忠信、好仁义的美德，乃是为人君上者的第一要务，正所谓："为人上者必将慎礼义、务忠信然后可。此君人者之大本也。"（《荀子·强国》）而且，在荀子看来，君主修身与否关系着整个国家的治乱和兴衰。如荀子曰："请问为国？曰：闻修身，未尝闻为国也。君者，仪也，（民者景也，）仪正而景正；君者，盘也，（民者水也，）盘圆而水圆。君者，盂也，盂方而水方。……故曰：闻修身，未尝闻为国也。君者，民之原也，原清则流清，原浊则流浊。"（《荀子·君道》）也就是说，君主就像仪表，而人民就像仪表的影子，仪表端正，影子便端正；君主就像盘盂，而人民就像盘盂中的水，盘是圆形的，水也就是圆的，而盂是方形的，水也就是方的。所以，君主是人民治乱的源头，源头的清浊决定着流水的清浊。据此而推言的话，则只有君主能够以礼义正身修德而去爱民、利民，人民才会亲君爱君，反之，君主不能爱民和利民，人民也就不可能亲近和爱戴君主；不亲君爱君，人民也就不愿为君主服务和作出牺牲；人民不愿为君主服务并作出牺牲，君主要想求得军队强劲和城池稳固也是不可能的，兵不强劲、城不稳固而敌人也就会前来进犯，敌人进犯则国家就会危乱、削弱乃至走向灭亡。因此，君主爱民则国家安宁，君主好士则国家尊荣，这两者君主一条都做不到的话，国家就会灭亡。故荀子曰："君人者爱民而安，好士而荣，两者无一焉而亡。"（《荀子·君道》）

可见，像孔孟一样，荀子也认为，君主在整个国家的治理当中扮演着一种决定性的政治角色，而且格外强调君主应以修身为本，不过，他对于君主政制的合理性和为君之道的问题所作的理论思考和探究较之孔孟则更进一步，也更为深刻和系统。这主要体现在以下三个方面：

一是，明确提出"立君为民"的政治理念。

关于君民关系这一古老的问题，春秋以来形成了两种主要的见解和观点：一是民为君而生，二是君为民而立。而荀子明确坚持后一种看法，故曰："天之生民，非为君也。天之立君，以为民也。"（《荀子·大略》）

所谓立君为民，像孔孟一样，荀子的意思也同样是希望统治者能够实行王道政治，而王道政治的两个基本方面就是富民和教民，正所谓"不富无以养民情，不教无以理民性"（《荀子·大略》），也就是说，富民和教民的目的在于养民情和理民性而使之能够弃恶而向善。具体而言，所谓"王者富民"（《荀子·王制》），就是应保障每家有五亩的宅院和一百亩的耕田，使人民能够安心务其本业，应"轻田野之税"（《荀子·富国》），不要侵夺或违背农时而擅兴力役，统治者自身还应节制用度等，这就是富民之道；在富民的基础上，再从中央到地方兴办各级学校，修明礼教，引导和教育人民识书达礼，这就是教民之

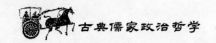

道。而且，荀子还引《诗》来说明道："《诗》曰：'饮之食之，教之诲之。'王事具矣。"（《荀子·大略》）可见，荀子所谓的富民、教民之道要解决的也是饮食民生和人民的道德教养的问题。

除了讲富民和教民之外，像孟子一样，荀子也特别强调统治者应敬畏民力的问题，即人民的反抗性力量可以推翻君主的统治，这一点足可引起统治者的深刻反省和高度警觉，也会让统治者真正懂得民力民心的向背决定着国家治乱、天下兴亡的道理。所以，荀子说，能够得到百姓尽力支持的，国家才会富裕；能够得到百姓以死效命的，国家才会强大；能够得到百姓倾心赞誉的，国家才会尊荣。这三者具备，天下的人心就会归服；这三者失去，天下的人心也就会失掉。天下人心归服，这就叫作"王"；天下人心丧失，这就叫作"亡"（《荀子·王霸》）。

如果君民之间的关系用一个最恰当而具有深刻寓意的说法来表达的话，那就是君和民之间就像船和水的关系一样，这一政治譬喻无疑抓住了君民之政治关系的本质或真谛，它告诉我们这样一个亘古不灭的政治真理，即水既可以承载船只，也可以打翻船只，故曰："君者，舟也；庶人者，水也。水则载舟，水则覆舟。"（《荀子·王制》）尽管这一著名的君舟民水论未必是荀子本人而是由孔子首先提出的，但它与荀子立君为民的观念显然是完全一致的，君舟民水论深富创见而更为深刻的思想意义就在于，它一方面指出了人民是君主统治赖以存在的根基，另一方面明确承认人民的力量能够推翻君主的统治，事实上也就肯定了人民拥有反抗暴君统治的正当权利。特别是后一方面的认识，其意义更为深远，影响也更为深刻，常常能够激发起统治者居安思危的政治忧患意识。

二是，从性恶论的角度为君主政制和礼治主义作了最强有力的理论论证。

除了明确提出"立君为民"的重要政治命题之外，荀子最为独特的理论贡献还在于，他从性恶论的角度说明了君主政制和君主的强制性权威的必要性，并为儒家旨在明分使群、教人避恶向善的礼治主义的正当性与合理性作了最强有力的论证。如荀子曰：

> 无君以制臣，无上以制下，天下害生纵欲。欲恶同物，欲多而物寡，寡则必争矣。故……离居不相待则穷，群而无分则争。穷者患也，争者祸也，救患除祸，则莫若明分使群矣。（《荀子·富国》）

> 古者圣人以人之性恶，以为偏险而不正，悖乱而不治，故为之立君上之势以临之，明礼义以化之，起法正以治之，重刑罚以禁之，使天下皆出于治、合于善也。是圣王之治，而礼义之化也。今当（"尝"之借字）试去君上之势，无礼义之化，去法正之治，无刑罚之禁，倚（立也）而观天下民人之相与也，若是，则夫强者害弱而夺之，众者暴寡而哗之，天下之悖乱而相亡不待顷矣。用此观之，然则人之性恶明矣，其善者伪也。……故性善则去圣王、息礼义矣；性恶则与（从也）圣王，贵礼义矣。故櫽栝之生，为枸木也；绳墨之起，为不直也；立君上，明礼义，为性恶也。（《荀子·性恶》）

上述引文中的最后一句，即"立君上，明礼义，为性恶也"，真可谓一语破的，最简洁而明快地道明了荀子性恶论与其政治理念之间具关联性的核心意旨和根本用心。

三是，对君主的政治职责作了深富创见的系统论述。

相较于孟子的民贵君轻论，荀子的政治态度和立场无疑具有一种明显"尊君"的倾向，正所谓："君者，国之隆也；父者，家之隆也。隆一而治，二而乱。"（《荀子·致士》）但诚如萧公权先生所说："儒家诸子中，孟氏最能发贵民之旨。荀子虽有尊君之说，而细按其实，尊君仅为养民之手段而非政治之目的，故孟贵民而轻君，荀尊君以贵民，以今语释之，儒家之政治思想皆含'民享'、'民有'之义。孟荀相较，程度有差而本质无别。"[1] 当然，依荀子之见，既然君主担负着治理国家和养教人民的"重任"，所以不能不讲求为君之道。那么，荀

---

[1] 萧公权：《中国政治思想史》，新星出版社2005年版，第127页。

子所谓的为君之道究竟指的什么呢？君之所以为君，又究竟意味着什么呢？就此，荀子提出了他独特而卓越的一大创见，那就是：君之所以为君，其职责就在于他"能群"和"善群"，能够或善于维系人类的群体性的社会生活秩序，正所谓"治国有道，人主有职"（《荀子·王霸》）。依荀子之见，人与动物的本质区别就在于人能过一种有组织的群体性或社会性生活，而之所以能够如此，又在于人能以礼义之分来维系人类有组织的群居性或社会性生活，正所谓："人生不能无群，群而无分则争，争则乱，乱则离，离则弱，弱则不能胜物，故宫室不可得而居也，不可少顷舍礼义之谓也。"（《荀子·王制》）然而，为了更好地维系人类有组织的群居性或社会性生活，还有必要建立一种优良的社会政治秩序，在其中，一国之君理应发挥一种"善群"或"能群"的重要治理职责，故曰："君者，善群也。"（《荀子·王制》）"道者何也？曰：君（之所）道也。君者何也？曰：能群也。"（《荀子·君道》）总之，人君之人君，其道即在"善群"或"能群"，因为唯有"群道当"，才能使"万物皆得其宜，六畜皆得其长，群生皆得其命"（《荀子·王制》）。更进而言之，人君之"能群也者何也"？荀子论之曰："善生养人者也，善班治人者也，善显设人者也，善藩饰人者也。"（《荀子·君道》）

具体讲，荀子所谓的为君之道或君主的职责主要体现在这样四个方面：

一是要善于生养人，即减少工商业者，增加务农之人，禁止盗贼，铲除奸邪，人民就可以生息繁衍，这就是所谓的生养人之道；

二是要善于班（辨）治人，即明分定职，自天子三公、诸侯一相而至于大夫和士，人人各守其职分，遵循法度，奉行公义，这就是所谓的班治人之道；

三是要善于显设人，即尊德尚贤，"论德而定次，量能而授官"（《荀子·君道》），根据一个人的德行而论定其地位的高低，考量一个人的才能大小而授予其相应的官职，使每个人都各有其相应的"分事"，并各得其所宜，这就是所谓的显设人之道；

四是要善于藩饰人，即修定衣冠服饰方面的等差制度，以象征和显示人的不同的身份地位，这就是所谓的藩饰人之道。

荀子认为，如果君主做到了上面的四点，人们就会亲之、安之、乐之和荣之，乃至天下人皆愿意归往之，这就是所谓的"能群"。反之，天下人则会离去他往，那么，君主也就不成其为君主了，不过是一匹夫而已。这就是所谓的"道存则国存，道亡则国亡"（《荀子·君道》）。

除了集中论述了以上四个方面的为君之道之外，荀子还对为君治国之道多有论述，比如：主张强本节用、富国裕民；主张君主应任贤使能，所以说"人主者，以官人为能者也"（《荀子·王霸》）；主张人君应"隆礼尊贤而王，重法爱民而霸"，反之，则"好利多诈而危，权谋、倾覆、幽险而亡"（《荀子·强国》）；主张治国化民应以义制利，等等。而其中，最为根本的就是，君主不仅应以礼修身、正身，更应以礼治国、导民，而上述为君之道也都可以涵盖在他的礼治主义的政治主张之下。

综上，在荀子看来，礼之所以为礼，乃是"法之大分，类之纲纪"，是"道德之极"（《荀子·劝学》）、"人道之极"（《荀子·礼论》），是学术、道德、政治和所有人类事务及人间秩序的规范性的最高标准或终极尺度。礼乃治国安民的根本，"礼之所以正国也，譬之犹衡之于轻重也，犹绳墨之于曲直也，犹规矩之于方圆也"（《荀子·王霸》）[1]，礼是人类生活、政治事务和国家治乱的根本命脉之所系。"以礼分施"，可以"均遍而不偏"（《荀子·君道》）；以礼"明分职，序事业"，任贤官能，则可以"莫不治理"（《荀子·君道》）；以礼"明分使群"，全面地安排和建构一种人间伦理秩序，则可以实现"群居和一"、天下"至平"的根本目的。总之，荀子认为，区分人类社群生活治乱的根本标准是礼义，合乎礼义的便是治，不合乎礼义的便是乱，故曰："礼义之谓治，非礼义之谓乱。"（《荀子·不苟》）又说："水行者表深，使人无陷；治民者表乱，使人无失。礼者，其表也，先王以礼表天下之乱。今废礼者，是去表也。故民迷惑而

---

[1]《荀子·大略》亦曰："礼之于正国家也，如权衡之于轻重也，如绳墨之于曲直也。"

陷祸患，此刑罚之所以繁也。"(《荀子·大略》)

（五）小结

在我看来，无论是孟子的性善论，还是荀子的性恶说，无疑都提出了一个在当时来讲最为急迫的时刻性课题，事实上它也是我们必须永远面对的一个具有深刻、永恒而普遍意义的人类性课题，那就是如何"教化人性"的问题。也许有学者会提出这样一些问题，即孟子和荀子的人性论究竟是一种本善本恶论，还是一种向善向恶论？又或者，他们所谓的性善性恶，究竟意味着人性本身就是善的或恶的，抑或只是一种善或恶的潜在倾向？根据我的理解，孟子和荀子所持的应是一种本善本恶论，但并不排斥所谓的善或恶只是一种潜在的可能倾向，它们不是现成即是的，都是需要后天的努力来加以成就的，所谓的"本"具有的是一种本源性的含义，是指具有决定性意义的人之善恶行为的源头，而决不是说人天生或生来就是善人或恶人。事实上，孟子的性善论必须解释人何以会变坏而成为无德之人或人世间的恶行何以会发生的问题，那是由于人心之迷失而陷溺堕落造成的；反之，荀子的性恶论也必须解释人何以能变好而成为有德之人或人世间的善行何以会发生的问题，那是由于人心之神明可以识道明理的缘故。面对人世间暴乱邪恶之行的泛滥，孟子阐扬人性之善，致力于直接引导、存养扩充人性以趋善，荀子昌言人性之恶，致力于防遏矫治、驯化节制人性以避恶。以人性论为根据，孟子在政治上力主以保障民生之仁政来奠立导民趋善的基本的物质生存基础或社会生活条件，而荀子在政治上则力主以明分使群之礼治来奠立使民避恶的基本的群体生存条件或社会秩序环境。

荀子曰："治之经，礼与刑，君子以修百姓宁。"(《荀子·成相》)又曰："隆礼至法则国有常。"(《荀子·君道》)可见，荀子在思想倾向上确乎具有礼刑或礼法并重的特点，但对他而言，刑法事实上仍然不过是惩恶的一种补充性手段，尽管其重要性不容轻忽，而从教化人性、预防罪恶的避恶意义上来讲，荀子所重视和强调的依然是礼义或礼乐之"正身行，广教化，美风俗"(《荀子·王制》)的根本功能。可以说，正是基于对人性之恶以及人类社会生活需辨分以合群之本质特征的深刻洞察、认识和反省，荀子才赋予了"礼义"一种对于修身治国具有根本性意义的道德价值和政治功能。因此，对荀子而言，一个治理秩序优良的美好社会，便是一个依礼义之分而合理安排其国家政制和人伦秩序的良善社会。所谓的合理安排，即是依据人们的德行和贤愚智能的差别来选任官吏、划分职业、分配财富，以便构建一种贫富贵贱等差有序、不同职业的人分工协作、群居和一的人类文明生活，故荀子曰：

> 贤能不待次而举，罢不能不待须而废，元恶不待教而诛，中庸民不待政而化。……势位齐而欲恶同，物不能澹（读为赡）则必争，争则必乱，乱则穷矣。先王恶其乱也，故制礼义以分之，使有贫富贵贱之等，足以相兼临者，是养天下之本也。《书》曰："维齐非齐。"此之谓也。（《荀子·王制》）

> 上莫不致爱其下而制之以礼，上之于下，如保赤子。……君臣上下，贵贱长幼，至于庶人，莫不以是为隆正（犹中正）。然后皆内自省以谨于分，是百王之所同也，而礼法之枢要也。然后农分田而耕，贾分货而贩，百工分事而劝，士大夫分职而听，建国诸侯之君分土而守，三公总方而议，则天子共己而止矣。出若入若，天下莫不平均，莫不治辨，是百王之所同而礼法之大分也。……故君人者立隆政本朝而当，所使要百事者诚仁人也，则身佚而国治，功大而名美，上可以王，下可以霸。（《荀子·王霸》）

毋庸讳言，在今天看来，荀子所谓的礼义之分及其有关贫富贵贱的等差观念自有其历史的局限性，但他在基于人性之恶而建构人类理想社会的时候从儒家礼治主义的角度对于明分使群的治国为政之道或人类善良生活的"群居和一之道"所作的阐发，无疑是其整个政治哲学思想中所含有的最为深刻的理论创见，揭示出了对任何时代都具有其重要意义的人类社会之群居生活的一个方面。

诚如美国学者乔治·萨拜因所言："群居的生活和组织乃是生物生存的基本手段。人类不像海龟那样有着坚韧的甲壳，也不像豪猪那样有一身刺毛，但是人类确实是过群居生活的，而且为了生存，人类还具有有效组织群居生活的能力。""我们必须根据上述背景并在这样一种境况中来理解政治理论。在很大程度上讲，政治理论就是人类为了有意识地理解和解决其群体生活和组织 (group life and organization) 中的各种问题而做出的种种努力。因此，政治理论是一种知识传统，而且政治理论的历史也是由人们因时间的变化而对政治问题的看法的演化而构成的。"① 荀子有关明分使群、"群居和一之道"的政治理论，作为有意识地理解和解决人类群体生活之组织和协调问题而作出的一种努力，毫无疑问构成了我们知识传统中值得我们今人倍加珍惜和认真汲取而深富启示意义的一项重要思想资源。②

---

① ［美］乔治·萨拜因著：《政治学说史》（第四版）上卷，［美］托马斯·索尔森修订，邓正来译，上海人民出版社 2008 年版，第 11—12 页。

② 继荀子之后，对人类群居生活之君道作出过精彩论述的，如《吕氏春秋·恃君》曰："凡人之性，爪牙不足以自守卫，肌肤不足以捍寒暑，筋骨不足以从利辟害，勇敢不足以却猛禁悍，然且犹裁万物，制禽兽，服狡虫，寒暑燥湿弗能害，不唯先有其备，而以群聚邪。群之可聚也，相与利之也。利之出于群也，君道立也。故君道立则利出于群，而人备可完矣。"另如《汉书·刑法志》曰："夫人宵天地之貌，怀五常之性，聪明精粹，有生之最灵者也。爪牙不足以供耆欲，趋走不足以避利害，无毛羽以御寒暑，必将役物以为养，任智而不恃力，此其所以为贵也。故不仁爱则不能群，不能群则不胜物，不胜物则养不足。群而不足，争心将作，上圣卓然先行敬让博爱之德者，众心说而从之。从之成群，是为君矣；归而往之，是为王矣。"

结束语

春秋战国之世，乃是中国历史上思想最富原创性的"全盛时代"，诸子百家蔚然勃兴，异说蜂起，形成和奠定了中华文明的精神"轴心"、中华文明演生发展的思想根基与观念之源，开创和奠立了在中华文明史上多元分殊、影响深远的各种政治哲学的思想范式和治国为政的智慧传统。美国著名哲学家杜威尝言："凡是站得住的文明，一定有很可靠的根据。这个根据就是有系统的思想、信仰。"①据此，我们亦可以说，正是先秦诸子百家为其后中华文明的发展提供了一种"有系统的思想、信仰"意义上的"可靠的根据"。

当然，在诸子百家中，政治哲学思想最为"体大思精"者不外儒、墨、道、法四大家而已②。儒家心性修养的道德理性及其修齐治平的仁义情怀、道义精神与民生为本的政治信念，墨家尊天事鬼的宗教精神及其兼爱非攻、尚同一义、尚贤为本的政治信仰，道家顺应自然的形上智慧与超越精神及其返道归朴、法天贵真、无为而治的政治理念，法家以君国利益为本位的法术理念及其现实主义的权力政治观念，等等，对于中国人的文化心理和精神生活有着长期而深刻的影响，特别是支配和塑造了古来中国人的政治想象力，

---

① ［美］杜威：《社会哲学与政治哲学》，见《杜威五大讲演》，胡适口译，安徽教育出版社 2005 年版，第 75 页。

② 参见萧公权：《中国政治思想史》，新星出版社 2005 年版，第 591 页。

构成了中国传统政治思考、问题意识和话语形式的主导模式。在诸子各家中，尽管墨、道、法诸家均有其思想史研究上的价值，但从政治哲学思想内涵之丰富系统以及在治国为政智慧的建设性贡献方面来讲，可以说都远不及儒家，故它们在历史上只能作为儒家思想之补充或被吸纳整合进儒家思想系统之中而发挥辅助性的作用，借用傅伟勋先生评论佛教思想特别是大乘佛法的说法讲，儒家思想的"代代开展与深化，有如一条永不枯竭的思想大河，有其教义多面性与辩证开放性，容许创造的诠释学者继续不断地重新诠释、重新发展、重新扩充与深化"①。正唯如此，我认为，儒家政治哲学思想及其治国为政智慧在今天亦最具创造性转化和创新性发展的潜在价值和无限可能。

那么，儒家的政治哲学究竟能够给我们带来一种什么样的思考和启示呢？又或者，它究竟为后人留下了一种什么样的值得我们珍视的治国为政的政治智慧呢？我在此拟提出以下几点总结性的看法，以供读者朋友批评指正并作进一步的思考和讨论。

其一，作为一种智慧传统的儒学。

美国学者孟德卫尝言，作为一种哲学思想的儒学，"最初是作为一门尊崇远古传统和圣贤教诲的学问"，事实上"代表了从古代传承下来的一种智慧传统"，如"孔子就自称只是在传递前人的智慧，并非创造智慧"，因此，"将那些与儒家传统有关的真理视为孔子的个人创造，会将这些真理沦为个人识见"②。信如斯言，那么，我们就理应将儒学看作一种圣贤相传的智慧传统，而不仅仅是体现或表达了某些思想家的一种个人识见。换言之，就作为一种智慧传统的儒学而言，我们要想对它作一种更好的理解和阐释，必须

① 傅伟勋：《生命的学问》，商戈令选编，浙江人民出版社1996年版，第117页。
② ［美］孟德卫：《1500—1800：中西方的伟大相遇》，江文君、姚霏译，新星出版社2007年版，第137、68、69页。

深入其中，透彻地领悟它所深深地植根于其中的文化传统和圣贤教诲的整体脉络和意义语境，而不是仅仅主观随意地表达自己的一种个人识见或看法。当然，我们也并不因此便轻忽或否认思想家为丰富和发展这一智慧传统所作出的个人特殊贡献。不管怎样，作为一种智慧传统，儒学之为儒学，究竟是一种什么性质的思想学说或儒家学问呢？要而言之，儒学可以说是一种既关注个人修身而又强调善待他人的群己人我一体相关的人生学问或生活伦理，也是一种既强调血缘亲情和家庭伦理而又主张治国安邦和修己安人的家国内外一脉相通的社会政治学说。

其二，儒家政治哲学的核心理念与治国为政的政治智慧。

一般而言，国家是掌握在统治阶级手中的压迫工具和暴力机关，是在一定疆域内合法地垄断了正当使用暴力手段的一种人类团体，这主要是从对外防御外敌入侵和对内维持人与人之间支配和统治的关系的角度来理解国家制度和政权组织的问题，无疑是我们迄今为止理解和解释以往阶级社会的历史所依据的一个主导性的理论视角。不过，这一理论视角并未涵盖人与人之间的关系以及国家制度与政治生活的全部性质或所有内容，与之不同，历史上的许多政治哲学家也常常从另外一种视角来观察和思考问题，那就是从调节和化解社会矛盾与人际冲突，维持人类团结与社会和谐的角度，亦即维系人与人之间和谐与团结的角度，来看待和理解国家政权或政治共同体的性质与作用问题，来理解和看待政治领导与治国为政的问题。综合上述两种视角，无疑能够使我们更加全面地理解和把握问题的实质，当然，上述两种理论视角也各有其价值和意义，各有各的问题适用范围，并能给我们带来意义不同的启示。在我们看来，儒家政治哲学的核心和实质便属于后一种理论视角，不可否认，它在历史上的具体运用和影响常常带有掩盖和文饰阶级压迫和政治支配的性质，但就其本义来讲，不是不顾他人的反抗而通过强制施行惩罚制裁或剥夺威胁的方式来实现自己意志或实行强权统治，而是从维系人类团结和实现社会和谐目标的角度来理解和看待政治领导与治国为政的问题，这不仅体现了儒家自身的政治核心理念，同时亦向我们展现了一种具有跨时代意义的政治智慧，值得我们认真汲取和借鉴。

事实上，无论是在西方还是在中国，最为流行而影响深远的总是那种视权力为暴力、视政治为充满阴谋诡计的权力斗争的说法和观点，或者如美国学者詹姆斯·伯恩斯在其《领袖论》一书中所说："十足的邪恶和残忍的权术，看起来总是比复杂的人际关系更吸引人。至少在西方文化里，恶棍总是比圣徒更出名，无情的权力斗争在某种程度上看起来更现实，而道德影响则显得更天真。这是因为强大的集权似乎对历史有更大的影响，至少在本世纪是这样。"① 这话在中国文化里也同样适用，然而，在中西文化里，将政治看作"人类试图改善生活并创造美好社会的活动"② 的政治哲人也总是不乏其人，古希腊政治哲人亚里士多德如此，儒家的先哲亦如此。不过，与古希腊政治哲人更关注各种政体的制度安排及其优劣的政治科学问题不同，儒家所关注的核心问题是执政当权者个人的道德修养与政治的道德根基以及与之相关的治国为政之道的问题，他们希望那些真正具有君子品格的人来做政治共同体的领袖，做共同体的领路人或为共同体领路，这样的领袖理应仁知、诚明兼备，既具备博大宽厚的仁德，又拥有公正无私的智慧，这样的领袖与普通民众的关系也理应是一种道德教化与礼义引导的关系，他们以其道德人格的正确典范发挥政治引领的作用，感召并潜移默化地影响他人，并在这一过程中，既成就了自己的人生价值与政治抱负，同时更实现了人类社群的共同的道德理想与和谐社会的生活目标。美国学者欧文·白璧德尝言："中国人的文明存在着诸多严重的外围的失误，然而，只要中国人不'自

---

① 丁一凡编：《权力二十讲》，天津人民出版社 2008 年版，第 276 页。

② ［英］安德鲁·海伍德：《政治学》（第二版），张立鹏译，中国人民大学出版社 2006年版，第 3 页。

弃'，换言之，只要他们面对西方的压力，坚持儒家传统中最好的东西，就会获得一种内在的力量。"①同样，我们也可以说，儒家政治哲学的核心理念及其有关道德政治的主张和信念并非十全十美，甚至存在着严重的制度方面的思维缺陷，然而，只要我们不"自弃"，仍然坚信对政治的正确理解不应是那种阴谋权术、法术控制和强权即真理的说法和观点，那么，我们就会重新发现儒家关于道德政治的理想信念中确乎蕴含着一种"将人向上提升的巨大力量"，而且我们可以从他们的政治哲学理念中借鉴和汲取到诸多有益的有关治国为政的政治智慧。

尽管由于时代性的限制，历史上的儒家始终没有摆脱君主制或君道论的观念框架或思想主题来展开他们的政治思考与政治实践，但是，这决不意味着他们围绕治国为政问题而展开的所有政治思考就仅仅是一堆完全错误的观念，其得失成败实则需要我们进行客观、公正而审慎的历史评判。而在我看来，从"有意识地理解和解决其群体生活和组织中的各种问题而做出的种种努力"的意义上来讲，特别是儒家围绕人们如何才能更好地"成社会而共生活"以及何谓优良政治的"群居和一之道"或治国为政的最佳治道等问题所展开的深入而系统的思考，只要我们愿意认真加以对待并乐于从中汲取智慧的话，那么，它们同样可以启发和激励我们深思这样的问题：我们为什么需要政治？什么才是真正的政治？如果说人本质上是一种政治性的存在，人必须过一种政治共同体的文明生活的话，那么，人究竟应该是一种什么样的政治性的存在，或者过一种政治共同体的文明生活或一种治理优良的政治文明的生活秩序，又究竟意味着什么？请允许我再次引用汉娜·阿伦特的经典之见，即我们必须摆脱"政治涉及的是统治或支配、利益、执行手段等"诸如此类的古老偏见，真正的政治处理的是"在一起"（being

---

① ［美］欧文·白璧德：《民主与领袖》，张源、张沛译，北京大学出版社2011年版，第27页。

together）的问题，尽管"这并非是要否认利益、权力、统治是极为重要的，甚至是核心的政治概念"，但对于政治而言，真正"根本的概念"却关乎着"生活在一起"（the living-together）①的问题。对于阿伦特而言，真正的政治不等于统治、支配和控制，对于孔子和儒家而言，真正的政治不等于用强制性的政令和刑罚手段来使人民屈服顺从，而是以正确的道德行为和文明的礼义规范来引领、感化人民，政治上的第一义乃是旨在"提高国民人格"②或养成人民"美善之品性与行为"③。与之相反，法家认为政治的根本目的在于专务以刑罚法令预防和禁止人们的奸邪行为，乃至把所有臣民都设想为奸邪之徒而不相信有"自善之民"；道家则认为应实行因循自然、放任在宥的无为政治。所有这些我们过去所隶属或今天仍然必须面对的政治思考传统都值得我们认真对待并加以充分领会，正如麦金太尔所说："对自己所隶属或面对的各种传统有一种充分的领会的美德"，"这一美德不可混淆于任何形式的保守主义好古癖；我并不赞成那些选择了厚古薄今、因循守旧的保守主义角色的人。相反，事实毋宁是，对传统的充分领会是在对未来可能性的把握中显示自身的，并且正是过去使这些未来可能性有益于现在。"④

不过，我们仍然认为，在上述政治思考传统中，孔子和儒家对于性近习远的人们共同"生活在一起"及其"和而不同""群居和一"之道的思想探索和政治思考，在今天仍然具有重要的启示价值和意义。在我看来，探索和思考"和而不同""群居和一"之道的最好方法和途径就是问一下"不同"真的能"和"或"群居"真的能"和一"吗。想实现"和而不同""群居和一"或多样

---

① ［美］汉娜·阿伦特：《康德政治哲学讲稿》，［加］罗纳德·贝纳尔编，曹明、苏婉儿译，上海人民出版社2013年版，第203页。

② 梁启超：《先秦政治思想史》，东方出版社2012年版，第121页。

③ 萧公权：《中国政治思想史》，新星出版社2005年版，第44页。

④ ［美］A.麦金太尔：《追寻美德：伦理理论研究》，宋继杰译，译林出版社2003年版，第283页。

性和谐的政治目标，其实是需要极为高明而含弘包容的政治智慧的，而政治之为政治，说到底也就是要通过人们之间的协作行动来创造一种美好社会、维护共同治理的优良生活秩序或实现某项伟大的人类事业。我们认为，从这意义上来讲，古今中西政治视野的会通与融合将是极富理论价值和实践意义的。

其三，以最佳治道的探求、追寻与践行来促进现实政治的改良与进步。

儒家政治哲学及其治国为政的政治智慧的实际意义，可一言以蔽之，就是以最佳治道的探求、追寻与践行来促进现实政治的改良与进步，而促进现实政治改良与进步的目的则在引领人民过一种富足、和谐而富有道德文明教养的美好生活。

如所周知，孔孟儒家生活在礼崩乐坏、列国纷争的东周衰乱之世，华夏民族已积累和拥有的数千年的悠久深厚的文明根脉与源远流长的文化传统面临着变乱丧坠、存亡绝续的深刻危机。面对文明根脉崩坏、文化传统失坠中绝的深刻危机和道德困境，面对动荡不安而充满敌意的严酷现实境遇和时代生存环境，在自身内在良知和使命担当意识的召唤与激励下，孔孟儒家奋然兴作，推崇礼乐，倡导仁义，呼唤良心善性，探寻王道仁政，自觉地担负起传承斯文、担当道义的历史使命和社会责任，他们诚不愧为中国历史上最卓越而伟大的教育家和思想家。

孔孟儒家站在礼崩乐坏的文明废墟之上，致力于变"天下无道"为"天下有道"，故而汲汲于讲学立教，周游列国，以广博的人文学识和对美德与智慧的真诚热爱，启发、激励和诱导世人下学而上达、崇德而向善、修己而安人，矢志不渝地努力探寻并向人们展示一种比现世更加美好的世界的图景，一种建立在仁爱友善、礼义诚信、良心善性基础上的良善社会。对于他们在乱世之中致力于促进现实政治的改良和进步而追寻和探求的最佳治道理念，可扼要概括如下：

强调教育的优先性和根本重要性，主张有教无类，人人都应享有受教育的平等权利，而且应通过兴学立教来化民成俗或以礼乐教化来造就文明社会的良风美俗。

反对对人民的强权控制和支配性干涉，主张制民之产、以善养人、以德化民，认为政治应关切和保障民生，应把为全体人民谋利益、谋幸福作为自己的根本目的。

主张扩大士人君子的参政权力，应选贤任能，让受过良好教育、富有社会责任感而有德行和能力的人管理政府、治理社会，以造福人群、实现善治。

主张治国为政者或掌握公共权力的人必须首先端正自己，严于律己，以身作则，认为公共的道义、人的道德良心及其独立的意志与品格高于一切，甚至高于君主的权力与权威。

主张统治者应尊重民意，顺应民心，应与人民同忧共乐，认为最大的政治乃是如何赢得民心的问题，民心向背决定着天下国家的治乱兴亡，因此，理应"让普通百姓，而不是其他人，来判断什么是好的政府，什么是坏的政府"①。

由上可见，儒家所追寻和探求的这些优良的最佳治道理念决不仅仅是为了维护统治阶级的特殊利益，更重要的是体现了一种组织和领导人类群体生活而使人们能够各有分职、相互协作、友好相处、和谐共存乃至天下公有、共同繁荣的中国式的政治信念与共同体智慧。正唯如此，修身正己、德位一致、权责相应，理应是其治国为政之最佳治道的题中应有之义。当然，他们也须正视现实政治或权力运用的实际问题，但对他们而言，权力势位既非道家视域中用来宰制他人、只会戕害人类自然本性的肮脏之物，亦非法家视域中用来控制、操纵和支配臣民的胜众之资，而是意味着责任与担当。因

---

① ［美］顾立雅：《孔子与中国之道》，高专诚译，大象出版社 2000 年版，第 187 页。

此，他们主张有德者应有其位，而有德者拥有之权力势位不是用来为所欲为、满足和获取一己之私欲私利乃至占有垄断整个天下的，而是用来领袖群伦、满足和保障民生需要乃至立学兴教、塑造良风美俗以提升人民道德文明教养的，而且，真正的王者或治平天下的政治领袖决不是单纯靠暴力手段强制自己国家和他国人民服从的"以力服人"者，而是能够以王道仁政赢得民心而使天下人民心悦诚服地拥戴或真心诚意地归往的"以德服人"（《孟子·公孙丑上》）者①。

毫无疑问，儒家的政治哲学思想及其治国为政的政治智慧中蕴含着丰富的道德理想与人文情怀，在历史上从来就没有得到全面而真正的实施和践行，而且，我们也并不天真地认为儒家就是唯一能够代表中国政治智慧传统的一个学派。在今天，我们更生活在一个思想和文化日趋多元化的时代，我们必须在多元文化的生存环境下为儒家思想以及儒学这一智慧传统的合理价值与意义作辩护，而不能自欺欺人或一厢情愿地认为它理所当然地就是一种唯一合理的具完备性的"全能教义"，复兴它就可以应对和化解我们今天所面临的各种各样的生存难题。尤其是，在现实政治被不断祛魅化的现当代，儒家的道德理想主义甚至不得不面对从公共生活领域中被放逐或被驱除出去而变成一种"游魂"的历史命运，而儒家有关人之德性生活的教义似乎只能退到修身齐家的私人生活领域来寻求和维持其存在的价值和意义。然而，如果我们能够看穿被庸俗化的现实政治的陈词滥调，而让我们的心灵直达那种试图创造人类美好社会或服务于人民对美好生活之需要目的的政治本体论，那么，儒家的政治哲学思考及其治国为政的政治智慧就仍然能够带给我们一些深刻的有益启示，且具有不可磨灭的价值和意义，特别是

---

① 不仅孟子明确区分王霸并坚定地采取尊王黜霸之政治立场的根本用意在此，荀子亦不遑稍让，故曰："天下归之谓王，天下去之之谓亡。"（《荀子·王霸》《荀子·正论》）"聪明君子者，善服人者也。人服而势从之，人不服而势去之，故王者已于服人矣。"（《荀子·王霸》）

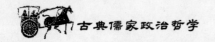**古典儒家政治哲学**

其教义的多面性与思想的开放性，在经由创造性的理论诠释与创新性的转
化发展之后，回归和重新进入公共生活领域，或许最有可能重获新生而大放
异彩，对此，我们深信不疑。

·642·

主要参考文献

孙星衍：《尚书今古文注疏》，中华书局 2004 年版。

孔安国传，孔颖达疏：《尚书正义》，北京大学出版社 1999 年版。

蔡沈注：《书经集传》，中国书店 1994 年版。

顾颉刚、刘起釪：《尚书校释译论》，中华书局 2005 年版。

程俊英：《诗经译注》，上海古籍出版社 2012 年版。

程俊英：《诗经译注》，上海古籍出版社 2004 年版。

周振甫：《诗经译注》，中华书局 2013 年版。

王弼注，孔颖达疏：《周易正义》，北京大学出版社 1999 年版。

朱熹：《周易本义》，廖名春点校，中华书局 2009 年版。

高亨：《周易大传今注》，齐鲁书社 1979 年版。

王弼、韩康伯注、孔颖达疏：《周易注疏》，清嘉庆二十年南昌府学重刊宋本十三经注疏本。

孙诒让：《周礼正义》，王文锦、陈玉霞点校，中华书局 2013 年版。

杨天宇译注：《周礼译注》，上海古籍出版社 2016 年版。

杨伯峻编著：《春秋左传注》，中华书局 1990 年版。

杨伯峻编著：《春秋左传注》，中华书局 2016 年版。

徐元诰：《国语集解》，王树民、沈长云点校，中华书局 2002 年版。

程树德：《论语集释》，程俊英、蒋见元点校，中华书局 1990 年版。

杨伯峻译注：《论语译注》，中华书局 2009 年版。

钱穆：《论语新解》，生活·读书·新知三联书店 2012 年版。

杨伯峻译注：《孟子译注》，中华书局 2010 年版。

焦循：《孟子正义》，沈文倬点校，中华书局 2015 年版。

杨伯峻译注：《孟子译注》，中华书局 2008 年版。

李隆基注，邢昺疏：《孝经注疏》，金良年整理，上海古籍出版社 2009 年版。

朱熹：《四书章句集注》，中华书局 2011 年版。

陈鼓应注译：《老子今注今译》，商务印书馆 2003 年版。

王弼注：《老子道德经注》，楼宇烈校释，中华书局 2011 年版。

郭庆藩：《庄子集释》，王孝鱼点校，中华书局 2012 年版。

陈鼓应注译：《庄子今注今译》，商务印书馆 2007 年版。

黎翔凤：《管子校注》，梁运华整理，中华书局 2004 年版。

孙诒让：《墨子闲诂》，孙启治点校，中华书局 2001 年版。

王先谦：《荀子集解》，沈啸寰、王星贤点校，中华书局 2013 年版。

梁启雄：《荀子简释》，中华书局 1983 年版。

蒋礼鸿：《商君书锥指》，中华书局 2014 年版。

蒋礼鸿：《商君书锥指》，中华书局 1986 年版。

王先慎：《韩非子集解》，钟哲点校，中华书局 2013 年版。

许维遹：《吕氏春秋集释》，梁运华整理，中华书局 2009 年版。

韩婴撰：《韩诗外传集释》，许维遹校释，中华书局 1980 年版。

齐鲁书社编：《礼记注疏》，见《武英殿十三经注疏》第五册，齐鲁书社 2019 年版。

苏舆：《春秋繁露义证》，钟哲点校，中华书局 1992 年版。

司马迁：《史记》，中华书局 1982 年版。

司马迁：《史记》，中华书局 1959 年版。

司马迁：《史记》，据武英殿本排印。

杨天宇译注：《礼记译注》，上海古籍出版社 2016 年版。

王文锦：《礼记译解》，中华书局 2001 年版。

杨朝明、宋立林主编：《孔子家语通解》，齐鲁书社 2013 年版。

刘向：《说苑校证》，向宗鲁校证，中华书局 1987 年版。

班固：《汉书》，中华书局 2007 年版。

班固：《汉书》，中华书局 1962 年版。

范晔：《后汉书》，李贤等注，中华书局 2012 年版。

阮籍：《阮籍集校注》，陈伯君校注，中华书局 1987 年版。

刘知几：《史通通释》，浦起龙通释，王煦华整理，上海古籍出版社 2009 年版。

范仲淹：《范仲淹全集》，李勇先、刘琳、王蓉贵点校，中华书局 2020 年版。

欧阳修：《欧阳修全集》，李逸安点校，中华书局 2001 年版。

李觏：《李觏集》，王国轩点校，中华书局 2011 年版。

王水照主编：《王安石全集》，复旦大学出版社 2017 年版。

程颢、程颐：《二程集》，王孝鱼点校，中华书局 2004 年版。

曾枣庄、舒大刚主编：《苏东坡全集》，中华书局 2021 年版。

陈俊民辑校：《蓝田吕氏遗著辑校》，中华书局 1993 年版。

胡宏：《胡宏集》，吴仁华点校，中华书局 1987 年版。

黎靖德编：《朱子语类》，王星贤点校，中华书局 1986 年版。

陆九渊：《陆九渊集》，钟哲点校，中华书局 1980 年版。

张栻：《张栻集》，邓洪波校点，岳麓书社 2017 年版。

陈献章：《陈献章全集》，黎业明编校，上海古籍出版社 2019 年版。

王守仁：《王阳明集》，王晓昕、赵平略点校，中华书局 2016 年版。

黄明同主编：《湛若水全集》，上海古籍出版社 2020 年版。

曹端：《曹端集》，王秉伦点校，中华书局 2003 年版。

王夫之：《读通鉴论》，中华书局 1975 年版。

王夫之：《礼记章句》，见《船山全书》第四册，岳麓书社 1996 年版。

吕留良：《四书讲义》（上下册），陈鏦编、俞国林点校，中华书局 2017 年版。

章学诚：《文史通义校注》，叶瑛校注，中华书局 2014 年版。

王钧林、周海生译注：《孔丛子》，中华书局 2012 年版。

朱用纯：《朱子家训》，延边大学出版社 2002 年版。

丁一凡编：《权力二十讲》，天津人民出版社 2008 年版。

［英］马丁·雅克：《当中国统治世界：中国的崛起和西方世界的衰落》，张莉、刘曲译，中信出版社 2010 年版。

马克思、恩格斯：《马克思恩格斯选集》第 1 卷，人民出版社 1972 年版。

马勇编：《章太炎讲演集》，河北人民出版社 2004 年版。

马振铎：《仁·人道：孔子的哲学思想》，中国社会科学出版社 1993 年版。

［美］亚伯拉罕·马斯洛：《动机与人格》，许金声等译，中国人民大学出版社 2012 年版。

马斯洛：《洞察未来》，［美］爱德华·霍夫曼编、许金声译，华夏出版社 2004 年版。

［英］波普尔：《开放社会及其敌人》，陆衡、张群群、杨光明等译，中国社会科学出版社 1999 年版。

［德］卡尔·雅斯贝尔斯：《智慧之路》，柯锦华、范进译，中国国际广播出版社 1988 年版。

［德］卡尔·雅斯贝斯：《历史的起源与目标》，魏楚雄、俞新天译，华夏出

版社 1989 年版。

［德］卡尔·雅斯贝尔斯：《苏格拉底 佛陀 孔子和耶稣》，李瑜青、胡学东译，安徽文艺出版社 1991 年版。

［德］尤尔根·哈贝马斯、米夏埃尔·哈勒：《作为未来的过去——与著名哲学家哈贝马斯对话》，章国锋译，浙江人民出版社 2001 年版。

中华书局编辑部编：《中华学术论文集》，中华书局 1981 年版。

中国文化书院学术委员会编：《梁漱溟全集》第三卷《中国文化要义》，山东人民出版社 1990 年版。

韦政通：《中国思想史》，上海书店出版社 2003 年版。

［英］以赛亚·伯林：《自由及其背叛》，赵国新译，译林出版社 2005 年版。

丛日云主编：《西方文明讲演录》，北京大学出版社 2011 年版。

冯友兰：《中国哲学简史》，涂又光译，北京大学出版社 1985 年版。

［美］弗兰克·戈布尔：《第三思潮：马斯洛心理学》，吕明、陈红雯译，上海译文出版社 1987 年版。

［美］史华兹：《古代中国的思想世界》，程钢译，江苏人民出版社 2004 年版。

［美］汉娜·阿伦特：《康德政治哲学讲稿》，［加］罗纳德·贝纳尔编，曹明、苏婉儿译，上海人民出版社 2013 年版。

［美］弗朗西斯·福山：《大分裂：人类本性与社会秩序的重建》，刘榜离、王胜利译，中国社会科学出版社 2002 年版。

［美］弗朗西斯·福山：《政治秩序的起源：从前人类时代到法国大革命》，毛俊杰译，广西师范大学出版社 2012 年版。

［美］弗朗西斯·福山：《身份政治：对尊严与认同的渴求》，刘芳译，中译出版社 2021 年版。

［美］汉密尔顿、杰伊、麦迪逊：《联邦党人文集》，程逢如、在汉、舒逊译，商务印书馆 1980 年版。

［美］史蒂芬·B.斯密什：《政治哲学》，贺晴川译，北京联合出版公司2015年版。

［美］托马斯·索维尔：《知识分子与社会》，张亚月、梁兴国译，中信出版社2013年版。

［美］托马斯·潘恩：《人的权利》，田飞龙译，中国法制出版社2011年版。

江文思、安乐哲编：《孟子心性之学》，梁溪译，社会科学文献出版社2005年版。

朱凤瀚：《商周家族形态研究》增订本，天津古籍出版社2004年版。

［英］安东尼·吉登斯：《社会的构成：结构化理论大纲》，李康、李猛译，生活·读书·新知三联书店1998年版。

［英］亚当·斯密：《道德情操论》，宋德利译，译林出版社2011年版。

许纪霖、宋宏编：《史华慈论中国》，新星出版社2006年版。

［古希腊］亚里士多德：《形而上学》，吴寿彭译，商务印书馆1959年版。

［英］迈克尔·奥克肖特：《哈佛演讲录：近代欧洲的道德与政治》，顾玫译，上海文艺出版社2003年版。

［法］托克维尔：《论美国的民主》，董果良译，商务印书馆1988年版。

牟宗三：《圆善论》，吉林出版集团有限责任公司2010年版。

牟宗三：《中国哲学十九讲》，上海古籍出版社1997年版。

刘泽华主编：《士人与社会》（先秦卷），天津人民出版社1988年版。

刘泽华：《中国政治思想史集》第一卷《先秦政治思想史》，人民出版社2008年版。

刘泽华：《中国政治思想通史》（先秦卷），中国人民大学出版社2014年版。

刘泽华：《刘泽华全集》，天津人民出版社2019年版。

［美］乔治·萨拜因：《政治学说史》（第四版），［美］托马斯·索尔森修订，邓正来译，上海人民出版社2008、2010年版。

吕思勉：《为学十六法》，中华书局 2007 年版。

吕思勉：《中国政治思想史》，中华书局 2012 年版。

吕思勉、钱基博：《经子解题 经学通志》，北京联合出版公司 2014 年版。

［英］齐格蒙特·鲍曼：《共同体》，欧阳景根译，江苏人民出版社 2003 年版。

［英］齐格蒙特·鲍曼：《被围困的社会》，郇建立译，江苏人民出版社 2005 年版。

［美］乔·萨托利：《民主新论》，冯克利、阎克文译，东方出版社 1998 年版。

［美］列奥·施特劳斯、约瑟夫·克罗波西主编：《政治哲学史》，李天然等译，河北人民出版社 1993 年版。

［英］安德鲁·海伍德：《政治学》（第二版），张立鹏译，中国人民大学出版社 2006 年版。

［美］约翰·麦克里兰：《西方政治思想史》，彭淮栋译，海南出版社 2003 年版。

［美］约翰·罗尔斯：《政治哲学史讲义》，［美］萨缪尔·弗里曼编，杨通进、李丽丽、林航译，中国社会科学出版社 2011 年版。

［美］约翰·凯克斯：《为保守主义辩护》，应奇、葛水林译，江苏人民出版社 2003 年版。

严文明主编：《中华文明史》，北京大学出版社 2006 年版。

张东荪：《思想与社会》，辽宁教育出版社 1998 年版。

［美］加布里埃尔·A.阿尔蒙德、小 G.宾厄姆·鲍威尔：《比较政治学：体系、过程和政策》，曹沛霖、郑世平、公婷译，上海译文出版社 1987 年版。

［美］劳伦斯·E.哈里森：《自由主义的核心真理：政治如何能改变文化并使之获得拯救》，严春松译，吉林出版集团有限责任公司 2010 年版。

张汝伦：《我们需要什么样的文明》，商务印书馆 2017 年版。

［美］狄百瑞：《儒家的困境》，黄水婴译，北京大学出版社 2009 年版。

［美］狄百瑞：《东亚文明——五个阶段的对话》，何兆武、何冰译，江苏人民出版社1996年版。

杜运辉编：《燕赵文库·张岱年集·下册（中国哲学大纲）》，河北人民出版社2017年版。

梁启超：《饮冰室文集点校》，吴松、卢云昆、王文光等点校，云南教育出版社2001年版。

［美］A.麦金太尔：《追寻美德：伦理理论研究》，宋继杰译，译林出版社2003年版。

张岱年：《中国古典哲学概念范畴要论》，中国社会科学出版社1987年版。

劳思光：《新编中国哲学史》，广西师范大学出版社2005年版。

［美］杜威：《社会哲学与政治哲学》，见《杜威五大讲演》，胡适口译，安徽教育出版社2005年版。

［美］克莱·G.瑞恩：《道德自负的美国：民主的危机与霸权的图谋》，程农译，上海人民出版社2008年版。

［英］伯特兰·罗素：《权力论》，吴友三译，商务印书馆1991年版。

［美］沃格林：《政治观念史稿》，段保良等译，华东师范大学出版社2019年版。

杜维明：《东亚价值与多元现代性》，中国社会科学出版社2001年版。

马承源主编：《上海博物馆藏战国楚竹书（二）》，上海古籍出版社2002年版。

李零：《郭店楚简校读记》（增订本），中国人民大学出版社2007年版。

李筠：《罗马史纲——超大规模共同体的兴衰》，岳麓书社2021年版。

张灏：《张灏自选集》，上海教育出版社2002年版。

张耀南编：《知识与文化——张东荪文化论著辑要》，中国广播电视出版社1995年版。

［美］欧文·白璧德：《民主与领袖》，张源、张沛译，北京大学出版社 2011 年版。

［美］孟旦：《早期中国"人"的观念》，丁栋、张兴东译，北京大学出版社 2009 年版。

庞朴：《帛书五行篇研究》，齐鲁书社 1988 年版。

杨向奎：《宗周社会与礼乐文明》修订本，人民出版社 1997 年版。

［伊朗］拉明·贾汉贝格鲁：《伯林谈话录》，杨祯钦译，译林出版社 2002 年版。

金岳霖：《论道》，中国人民大学出版社 2005 年版。

周炽成：《荀韩人性论与社会历史哲学》，中山大学出版社 2009 年版。

［德］罗哲海：《轴心时期的儒家伦理》，陈咏明、瞿德瑜译，大象出版社 2009 年版。

［美］明恩溥：《中国人的素质》，秦悦译，学林出版社 2001 年版。

杨朝明：《出土文献与儒家学术研究》，台湾古籍出版有限公司 2007 年版。

杨朝明主编：《孔子文化奖学术精粹丛书·庞朴卷》，华夏出版社 2015 年版。

［美］孟德卫：《1500—1800：中西方的伟大相遇》，江文君、姚霏等译，新星出版社 2007 年版。

金耀基：《中国民本思想史》，法律出版社 2008 年版。

［美］郝大维、安乐哲：《汉哲学思维的文化探源》，施忠连译，江苏人民出版社 1999 年版。

［美］郝大维、安乐哲：《先贤的民主：杜威、孔子与中国民主之希望》，何刚强译，江苏人民出版社 2004 年版。

［美］郝大维、安乐哲：《通过孔子而思》，何金俐译，北京大学出版社 2005 年版。

武汉大学中国文化研究院编：《郭店楚简国际学术研讨会论文集》，湖北人

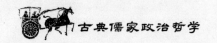

民出版社 2000 年版。

[美]威尔·杜兰特：《哲学的故事》，梁春译，中国档案出版社 2001 年版。

赵汀阳：《天下的当代性：世界秩序的实践与想象》，中信出版社 2016 年版。

[古希腊]柏拉图：《理想国》，郭斌和、张竹明译，商务印书馆 1986 年版。

[古希腊]柏拉图：《法律篇》，张智仁、何勤华译，上海人民出版社 2001 年版。

胡适：《中国哲学史大纲》（卷上），东方出版社 1996 年版。

[美]哈维·C.曼斯菲尔德：《驯化君主》，冯克利译，译林出版社 2005 年版。

贺照田主编：《西方现代性的曲折与展开》，吉林人民出版社 2002 年版。

贺麟：《文化与人生》，商务印书馆 2015 年版。

[德]诺贝特·埃利亚斯：《文明的进程》，袁志英译，生活·读书·新知三联书店 1999 年版。

[美]顾立雅：《孔子与中国之道》，高专诚译，大象出版社 2000 年版。

陶希圣：《中国政治思想史》，中国大百科全书出版社 2009 年版。

[美]埃里克·沃格林：《城邦的世界（秩序与历史 卷二）》，陈周旺译，译林出版社 2009 年版。

唐君毅：《唐君毅全集》卷十三《中国哲学原论》（原性篇），台湾学生书局 1986 年版。

唐君毅：《人文精神之重建》，广西师范大学出版社 2005 年版。

郭沫若：《十批判书》，东方出版社 1996 年版。

徐复观：《中国人性论史·先秦篇》，上海三联书店 2001 年版。

徐复观：《两汉思想史》，华东师范大学出版社 2001 年版。

徐复观：《中国思想史论集》，上海书店出版社 2004 年版。

[英]爱德华·吉本：《全译罗马帝国衰亡史》，席代岳译，北京日报出版社 2021 年版。

钱穆：《中国文化史导论》（修订本），商务印书馆 1994 年版。

钱穆：《国史大纲》（修订本），商务印书馆 1996 年版。

钱穆：《先秦诸子系年》，商务印书馆 2001 年版。

钱穆：《国史新论》，生活·读书·新知三联书店 2001 年版。

钱穆：《孔子传》，生活·读书·新知三联书店 2002 年版。

钱穆：《朱子学提纲》，生活·读书·新知三联书店 2002 年版。

钱穆：《中国学术思想史论丛》（一），安徽教育出版社 2004 年版。

钱穆：《中国思想通俗讲话》，生活·读书·新知三联书店 2005 年版。

钱穆：《宋代理学三书随劄》，生活·读书·新知三联书店 2002 年版。

钱穆：《政学私言》，九州出版社 2011 年版。

钱穆：《中华文化十二讲》，九州出版社 2012 年版。

钱穆：《中国历代政治得失》（新校本），九州出版社 2012 年版。

钱穆：《现代中国学术论衡》，生活·读书·新知三联书店 2016 年版。

萧公权：《中国政治思想史》，新星出版社 2005 年版。

康有为：《孟子微 礼运注 中庸注》，楼宇烈整理，中华书局 1987 年版。

郭沂：《郭店竹简与先秦学术思想》，上海教育出版社 2001 年版。

阎步克：《士大夫政治演生史稿》，北京大学出版社 1996 年版。

梁启超：《清代学术概论》，东方出版社 1996 年版。

梁启超：《先秦政治思想史》，东方出版社 2012 年版。

梁涛：《郭店竹简与思孟学派》，中国人民大学出版社 2008 年版。

［美］施特劳斯：《什么是政治哲学》，李世祥等译，华夏出版社 2011 年版。

梁漱溟：《梁漱溟先生论儒佛道》，广西师范大学出版社 2004 年版。

童书业：《春秋左传研究》（校订本），中华书局 2006 年版。

嵇文甫：《春秋战国思想史话》，北京出版社 2014 年版。

彭华选编：《王国维儒学论集》，四川大学出版社 2010 年版。

傅伟勋：《从西方哲学到禅佛教》，生活·读书·新知三联书店 1989 年版。

傅伟勋：《生命的学问》，商戈令选编，浙江人民出版社1996年版。

谢扶雅：《中国政治思想史纲》，台湾正中书局1954年版。

［法］谢和耐：《中国社会史》，耿昇译，江苏人民出版社1995年版。

［法］谢和耐：《中国人的智慧》，何高济译，上海古籍出版社2013年版。

［德］斐迪南·滕尼斯：《共同体与社会——纯粹社会学的基本概念》，林荣远译，北京大学出版社2010年版。

［英］葛瑞汉：《论道者：中国古代哲学论辩》，张海晏译，中国社会科学出版社2003年版。

［美］詹姆斯·克里斯蒂安：《像哲学家一样思考》，赫忠慧译，北京大学出版社2015年版。

［美］詹姆斯·麦格雷戈·伯恩斯：《领袖》，常健、孙海云等译，中国人民大学出版社2016年版。

熊十力：《原儒》，中国人民大学出版社2006年版。

熊十力：《新唯识论》（壬辰删定本），中国人民大学出版社2006年版。

熊十力：《境由心生：熊十力精选集》，陕西师范大学出版社2008年版。

［美］赫伯特·芬格莱特：《孔子：即凡而圣》，彭国翔、张华译，江苏人民出版社2002年版。

［美］赫舍尔：《安息日的真谛》，邓元尉译，上海三联书店2013年版。

［英］霍布豪斯：《自由主义》，朱曾汶译，商务印书馆1996年版。

方朝晖：《治道：概念·意义》，生活·读书·新知三联书店2022年版。

后记

　　本书是 2016 年国家社会科学基金项目"治国理政的中国哲学智慧研究"（16BZX053）的结项成果，结项成果的名称为《治国理政的中国哲学智慧研究——以孔子与古典儒家为中心》，为了更好地凸显成果的论述主题与思想主旨，特改为现在的书名《古典儒家政治哲学》。因为 2016 年底突发心梗，加之受聘为孔子研究院山东省"泰山学者"，本兼职工作繁多，导致该项目一再拖延，时断时续地坚持了六年才最终完成。申请结项以后，本想着抽时间对结项成果好好地进行一番修改完善，无奈身体状况一直欠佳，而由于精力不济，要实现这一小小的愿望并不容易，便只好以目前的形式暂且出版，呈请读者朋友多多批评指正！

　　借此机会，笔者深感有必要向读者朋友推荐和介绍最近所读萧公权先生于 1949 年 9 月 1 日发表于《民主评论》一卷六期上的《孔子政治学说的现代意义》一文中的观点。萧先生在该文中特别推尊孔子为"中国政治哲学的鼻祖"，并说：

　　　　孔子心目中的"政治"，与近代人所谓政治有一个极大不同之点。
　　近代人一提到政治，便会想到"国家""政府""主权""政党"，这一些
　　事物，并且把它们看做政治生活当中的主要内容。但是在孔子的思想
　　当中，政治的主要活动并不是治人者对被治者的管理或统治，不是当

政者的取得或保持政权，也不是政治机构的组织或运用，而是人性的合理发展与合理满足。

…………

孔子不曾正式分析人性的内容，但从他的言谈当中，我们可以推知，他发现了人性包含着三个部分：一是与禽兽同具的生物性，二是人类特有的道德性，三是与一部分禽兽共具的社会性。因此发展和满足人性必须发展或满足人类生物的、道德的和社会的要求。政治家的工作就是要给予每一个人满足这些要求的机会，并且协助或领导他去得到满足。政治社会的作用就在供给满足人性要求的秩序与制度。

…………

孔子的全部政治学说，从根本到枝节，都以"人"为其最高、最后和最直接的对象或目的。在他的学说当中，政治生活是人性的表现，是人性发展的过程，是人类活动的结果，是满足人类要求的努力。

在我看来，萧先生的上述观点真可谓颠扑不破而先得我心之论，因在写作本书时尚未读到萧先生的这篇大作，故未在书中引用，特在此表出之。

最后，本书能够顺利出版，要特别感谢国家社会科学基金项目的资助，感谢尼山世界儒学中心孔子研究院和山东友谊出版社的大力支持，尤其要感谢本书责任编辑赵锐的辛勤付出。在我联系出版著作的这么多年的经历中，从未遇见过像赵锐这样认真负责、耐心细致的编辑朋友，他出色而专业的审校工作消除了书中许多疏漏和错误，故在此特致谢忱！

林存光

2024 年 2 月 22 日